리 얼 오 리 지 널

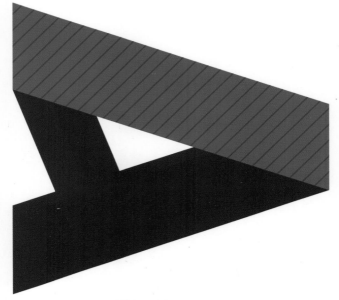

The Real series ipsifly
provide questions in previous
real test and you can practice
as real college scholastic
ability test.

2026학년도 수능 시험 대비

6·9·수능 평가원 5개년 기출 모의고사

15회 [6·9 모의평가 10회 / 수능시험 5회]

- 2021~2025학년도 5개년 [6·9·수능] 평가원 기출 15회
- 공통+선택 [확률과 통계·미적분]을 수록한 효과적인 구성
- 2025학년도 수능기출 문제 포함 [총 570문항]
- 문제 속 핵심 단서를 제시해 주는 단계별(STEP) 풀이
- 고난도 문제도 혼자서 학습이 충분한 문제 해결 꿀팁 수록
- 회차별 [정답률·SPEED 정답표·STUDY 플래너] 제공
- 자가 진단을 위한 전 회분 회차별 [등급 컷] 제공

고3 수학

공통 + 선택 [확률과 통계·미적분]

• 문 제 편 •

수능 모의고사 전문 출판

입시플라이

REAL
REAL ORIGINAL

6·9·수능 평가원
5개년 기출 모의고사

고3 수학
공통+선택 [확률과 통계+미적분]

Contents

※ 6월·9월 모의평가와 수능은 표기 명칭과 시행 연도가 다릅니다.
예 2025학년도 6월 모의평가는? ➡ 2024년도 6월에 시행!

수능 모의고사 전문 출판
입시플라이

실전은 연습처럼! 연습은 실전처럼! 「리얼 오리지널」

수능 시험장에 가면 낯선 환경과 긴장감 때문에 실력을 제대로 발휘 못하는 경우가 많습니다. 실전 연습은 여러분의 실력이 됩니다.

01

실제 시험지와 똑같은 문제지

고3 수학 6·9·수능 모의고사는 총 15회분의 문제가 수록되어 있으며, 실전과 동일하게 학습할 수 있습니다.

❶ 리얼 오리지널 모의고사는 **실제 시험지의 크기와 느낌을 그대로 살려** 실전과 동일한 조건 속에서 문제를 풀어 볼 수 있습니다.

❷ 문제를 풀기 전에 먼저 학습 체크표에 학습 날짜와 시간을 기록하고, **[100분] 타이머를 작동**해 실전처럼 풀어 보십시오.

02

2026 수능+모의평가 대비

2026학년도 수능시험과 6월·9월 평가원 모의고사까지 대비해 학습할 수 있습니다.

❶ 2026 수능을 대비해 **2025 수능을 포함한 최신 5개년 기출문제**는 필수로 풀어 봐야합니다.

❷ 6월, 9월 시행되는 모의평가를 대비해 기출 문제를 풀어 보면 **실전에서도 실력을 마음껏 발휘**할 수 있습니다.

03

공통+[확률과 통계·미적분] 수록

수능 체제와 동일하게 공통+선택(확률과 통계·미적분) 과목을 수록해 학습 효과를 높였습니다.

❶ 수험생들이 가장 많이 선택하는 **[확률과 통계·미적분] 과목만을** 수록해 필요한 과목만 학습할 수 있습니다.

❷ 실제 시험지 형식과 동일한 형태로 수록했으며, 수학 영역 공통 문제를 먼저 풀고, 선택 과목을 풀어 보시면 됩니다.

★ 해설편 앞 부분에 「SPEED 정답 체크 표」가 있습니다.
오려서 정답을 확인하거나 책갈피로 사용하시면 됩니다.

04

단계적 해설 & 문제 해결 꿀 팁

혼자서도 학습이 충분하도록 자세한 [단계적 해설]과 함께
고난도 문제는 문제 해결 꿀~팁까지 수록을 했습니다.

❶ 문제 속 핵심 단서를 제시해주는 단계별 STEP 풀이가 수록되어
있으며, 일부 문항은 다른 풀이까지 수록했습니다.
❷ 수학에서 등급을 가르는 고난도 문제는 많이 틀린 이유와 함께
문제 해결 꿀 팁까지 명쾌한 해설을 수록했습니다.

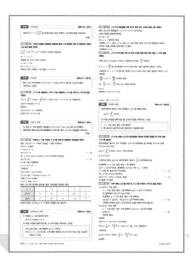
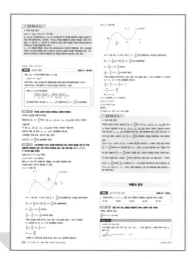

05

SPEED 정답 체크 표 & 등급 컷

빠르게 정답을 확인할 수 있는 정답 체크 표와 문제를 푼 후
등급을 확인 할 수 있는 등급 컷을 제공합니다.

❶ 회차별로 문제를 푼 후 빠르게 정답을 확인할 수 있는 SPEED
정답 체크 표를 제공하며, 오려서 책갈피로도 사용할 수 있습니다.
❷ 문제를 푼 후 바로 자신의 실력과 모의고사에서 상대적 위치를
확인할 수 있도록 등급 컷을 제공합니다.

06

STUDY 플래너 & 정답률

학습 계획에 따라 날짜와 시간 등을 기록할 수 있는 STUDY
플래너와 전 회분 [문항별] 정답률을 제공합니다.

❶ 문제를 풀기 전 먼저 STUDY 플래너에 학습 날짜, 시간, 등급을
표기하고 성적 변화를 체크하면서 학습할 수 있습니다.
❷ 문항별로 정답률을 제공하므로 문제의 난이도까지 파악할 수 있어
문제 풀이에 답답함 없는 학습이 가능합니다.

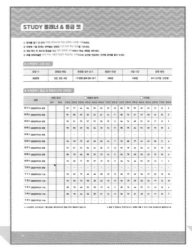

STUDY 플래너 & 등급 컷

① 문제를 풀기 전 먼저 〈학습 체크표〉에 학습 날짜와 시간을 기록하세요.
② 회분별 기출 문제는 영역별로 정해진 시간 안에 푸는 습관을 기르세요.
③ 정답 확인 후 점수와 등급을 적고 성적 변화를 체크하면서 학습 계획을 세우세요.
④ **리얼 오리지널**은 실제 수능 시험과 똑같이 학습하는 교재이므로 실전을 연습하는 것처럼 문제를 풀어 보세요.

● 수학영역 | 시험 개요

문항 수	문항당 배점	문항별 점수 표기	원점수 만점	시험 시간	문항 형태
30문항	2점, 3점, 4점	• 각 문항 끝에 점수 표기	100점	100분	5지 선다형, 단답형

● 수학영역 | 등급 컷 원점수(선택 과목별)

회분	채점 결과		☐ 확률과 통계								☐ 미적분							
	점수	등급	1등급	2등급	3등급	4등급	5등급	6등급	7등급	8등급	1등급	2등급	3등급	4등급	5등급	6등급	7등급	8등급
01회 2025학년도 6월			87	77	64	54	35	22	15	10	80	70	59	49	32	19	12	8
02회 2024학년도 6월			89	80	69	53	36	21	14	9	80	72	61	47	30	16	10	5
03회 2023학년도 6월			90	81	70	57	39	20	15	11	84	76	65	51	33	17	13	9
04회 2022학년도 6월			90	80	69	56	34	18	14	11	85	75	64	51	30	15	10	6
05회 2021학년도 6월			-	-	-	-	-	-	-	-	-	-	-	-	-	-	-	-
06회 2025학년도 9월			94	90	79	63	45	23	14	7	92	88	77	61	43	20	11	4
07회 2024학년도 9월			92	81	69	56	43	25	17	12	89	78	66	54	41	23	15	10
08회 2023학년도 9월			88	78	68	55	35	19	14	9	84	75	65	52	33	15	10	6
09회 2022학년도 9월			92	82	71	59	37	19	15	11	84	74	64	51	29	12	7	3
10회 2021학년도 9월			-	-	-	-	-	-	-	-	-	-	-	-	-	-	-	-
11회 2025학년도 수능			92	83	73	60	40	25	18	13	88	79	69	56	37	22	15	10
12회 2024학년도 수능			92	82	72	58	38	23	18	13	84	75	65	52	34	19	14	10
13회 2023학년도 수능			88	78	68	53	35	19	14	9	85	76	64	51	31	16	10	6
14회 2022학년도 수능			88	78	66	54	35	21	16	11	82	73	61	49	31	17	12	7
15회 2021학년도 수능			-	-	-	-	-	-	-	-	-	-	-	-	-	-	-	-

※ 〈수학영역〉 2021학년도 기출 문제는 재구성이므로 [등급 컷]이 제공되지 않습니다.   ※ 등급 컷 원점수는 추정치입니다. 실제와 다를 수 있으니 학습 참고용으로 활용하십시오.

2025학년도 대학수학능력시험 6월 모의평가 문제지

1

01회

수학 영역

제 2 교시

01회

● 문항수 30개 | 배점 100점 | 제한 시간 100분

● 배점은 2점, 3점 또는 4점

5지선다형

1. $\left(\dfrac{5}{\sqrt[3]{25}}\right)^{\frac{3}{2}}$ 의 값은? [2점]

① $\dfrac{1}{5}$ ② $\dfrac{\sqrt{5}}{5}$ ③ 1 ④ $\sqrt{5}$ ⑤ 5

2. 함수 $f(x) = x^2 + x + 2$ 에 대하여 $\lim\limits_{h \to 0} \dfrac{f(2+h) - f(2)}{h}$ 의 값은? [2점]

① 1 ② 2 ③ 3 ④ 4 ⑤ 5

3. 수열 $\{a_n\}$ 에 대하여 $\sum\limits_{k=1}^{5}(a_k + 1) = 9$ 이고 $a_6 = 4$ 일 때, $\sum\limits_{k=1}^{6} a_k$ 의 값은? [3점]

① 6 ② 7 ③ 8 ④ 9 ⑤ 10

4. 함수 $y = f(x)$ 의 그래프가 그림과 같다.

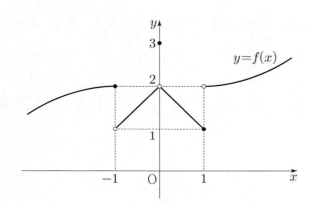

$\lim\limits_{x \to 0+} f(x) + \lim\limits_{x \to 1-} f(x)$ 의 값은? [3점]

① 1 ② 2 ③ 3 ④ 4 ⑤ 5

5. 함수 $f(x)=(x^2-1)(x^2+2x+2)$에 대하여 $f'(1)$의 값은?

[3점]

① 6   ② 7   ③ 8   ④ 9   ⑤ 10

7. x에 대한 방정식 $x^3-3x^2-9x+k=0$의 서로 다른 실근의 개수가 2가 되도록 하는 모든 실수 k의 값의 합은? [3점]

① 13   ② 16   ③ 19   ④ 22   ⑤ 25

6. $\pi<\theta<\dfrac{3}{2}\pi$인 θ에 대하여 $\sin\left(\theta-\dfrac{\pi}{2}\right)=\dfrac{3}{5}$일 때, $\sin\theta$의 값은? [3점]

① $-\dfrac{4}{5}$ ② $-\dfrac{3}{5}$ ③ $\dfrac{3}{5}$ ④ $\dfrac{3}{4}$ ⑤ $\dfrac{4}{5}$

8. $a_1 a_2 < 0$인 등비수열 $\{a_n\}$에 대하여

$$a_6 = 16, \quad 2a_8 - 3a_7 = 32$$

일 때, $a_9 + a_{11}$의 값은? [3점]

① $-\dfrac{5}{2}$ ② $-\dfrac{3}{2}$ ③ $-\dfrac{1}{2}$ ④ $\dfrac{1}{2}$ ⑤ $\dfrac{3}{2}$

9. 함수

$$f(x) = \begin{cases} x - \dfrac{1}{2} & (x < 0) \\ -x^2 + 3 & (x \ge 0) \end{cases}$$

에 대하여 함수 $(f(x) + a)^2$이 실수 전체의 집합에서 연속일 때, 상수 a의 값은? [4점]

① $-\dfrac{9}{4}$ ② $-\dfrac{7}{4}$ ③ $-\dfrac{5}{4}$ ④ $-\dfrac{3}{4}$ ⑤ $-\dfrac{1}{4}$

10. 다음 조건을 만족시키는 삼각형 ABC의 외접원의 넓이가 9π일 때, 삼각형 ABC의 넓이는? [4점]

> (가) $3\sin A = 2\sin B$
> (나) $\cos B = \cos C$

① $\dfrac{32}{9}\sqrt{2}$ ② $\dfrac{40}{9}\sqrt{2}$ ③ $\dfrac{16}{3}\sqrt{2}$

④ $\dfrac{56}{9}\sqrt{2}$ ⑤ $\dfrac{64}{9}\sqrt{2}$

11. 최고차항의 계수가 1이고 $f(0)=0$인 삼차함수 $f(x)$가

$$\lim_{x \to a} \frac{f(x)-1}{x-a}=3$$

을 만족시킨다. 곡선 $y=f(x)$ 위의 점 $(a, f(a))$에서의 접선의 y절편이 4일 때, $f(1)$의 값은? (단, a는 상수이다.) [4점]

① -1　　② -2　　③ -3　　④ -4　　⑤ -5

12. 그림과 같이 곡선 $y=1-2^{-x}$ 위의 제1사분면에 있는 점 A를 지나고 y축에 평행한 직선이 곡선 $y=2^x$과 만나는 점을 B라 하자. 점 A를 지나고 x축에 평행한 직선이 곡선 $y=2^x$과 만나는 점을 C, 점 C를 지나고 y축에 평행한 직선이 곡선 $y=1-2^{-x}$과 만나는 점을 D라 하자. $\overline{AB}=2\overline{CD}$일 때, 사각형 ABCD의 넓이는? [4점]

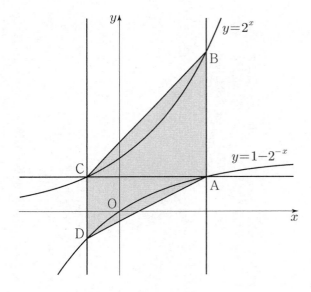

① $\dfrac{5}{2}\log_2 3 - \dfrac{5}{4}$　　② $3\log_2 3 - \dfrac{3}{2}$　　③ $\dfrac{7}{2}\log_2 3 - \dfrac{7}{4}$

④ $4\log_2 3 - 2$　　⑤ $\dfrac{9}{2}\log_2 3 - \dfrac{9}{4}$

13. 곡선 $y=\dfrac{1}{4}x^3+\dfrac{1}{2}x$ 와 직선 $y=mx+2$ 및 y축으로

둘러싸인 부분의 넓이를 A, 곡선 $y=\dfrac{1}{4}x^3+\dfrac{1}{2}x$ 와 두 직선

$y=mx+2$, $x=2$ 로 둘러싸인 부분의 넓이를 B라 하자.

$B-A=\dfrac{2}{3}$ 일 때, 상수 m의 값은? (단, $m<-1$) [4점]

① $-\dfrac{3}{2}$ ② $-\dfrac{17}{12}$ ③ $-\dfrac{4}{3}$ ④ $-\dfrac{5}{4}$ ⑤ $-\dfrac{7}{6}$

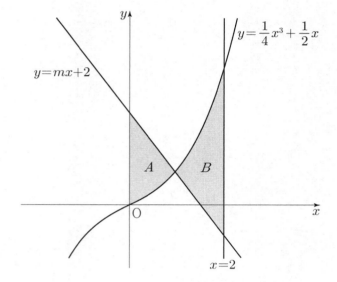

14. 다음 조건을 만족시키는 모든 자연수 k의 값의 합은? [4점]

> $\log_2\sqrt{-n^2+10n+75}-\log_4(75-kn)$ 의 값이 양수가
> 되도록 하는 자연수 n의 개수가 12이다.

① 6 ② 7 ③ 8 ④ 9 ⑤ 10

15. 최고차항의 계수가 1인 삼차함수 $f(x)$와 상수 $k\,(k \geq 0)$에 대하여 함수

$$g(x) = \begin{cases} 2x - k & (x \leq k) \\ f(x) & (x > k) \end{cases}$$

가 다음 조건을 만족시킨다.

(가) 함수 $g(x)$는 실수 전체의 집합에서 증가하고 미분가능하다.

(나) 모든 실수 x에 대하여

$$\int_0^x g(t)\left\{|t(t-1)| + t(t-1)\right\}dt \geq 0 \text{이고}$$

$$\int_3^x g(t)\left\{|(t-1)(t+2)| - (t-1)(t+2)\right\}dt \geq 0 \text{이다.}$$

$g(k+1)$의 최솟값은? [4점]

① $4 - \sqrt{6}$ ② $5 - \sqrt{6}$ ③ $6 - \sqrt{6}$

④ $7 - \sqrt{6}$ ⑤ $8 - \sqrt{6}$

단 답 형

16. 방정식 $\log_2(x+1) - 5 = \log_{\frac{1}{2}}(x-3)$을 만족시키는 실수 x의 값을 구하시오. [3점]

17. 함수 $f(x)$에 대하여 $f'(x) = 6x^2 + 2$이고 $f(0) = 3$일 때, $f(2)$의 값을 구하시오. [3점]

18. $\displaystyle\sum_{k=1}^{9}(ak^2-10k)=120$ 일 때, 상수 a의 값을 구하시오. [3점]

19. 시각 $t=0$일 때 원점을 출발하여 수직선 위를 움직이는 점 P의 시각 $t\,(t\geq 0)$에서의 속도 $v(t)$가

$$v(t)=\begin{cases} -t^2+t+2 & (0\leq t\leq 3) \\ k(t-3)-4 & (t>3) \end{cases}$$

이다. 출발한 후 점 P의 운동 방향이 두 번째로 바뀌는 시각에서의 점 P의 위치가 1일 때, 양수 k의 값을 구하시오.

[3점]

20. 5 이하의 두 자연수 a, b에 대하여 열린구간 $(0,\,2\pi)$에서 정의된 함수 $y=a\sin x+b$의 그래프가 직선 $x=\pi$와 만나는 점의 집합을 A라 하고, 두 직선 $y=1$, $y=3$과 만나는 점의 집합을 각각 B, C라 하자. $n(A\cup B\cup C)=3$이 되도록 하는 a, b의 순서쌍 $(a,\,b)$에 대하여 $a+b$의 최댓값을 M, 최솟값을 m이라 할 때, $M\times m$의 값을 구하시오. [4점]

21. 최고차항의 계수가 1인 사차함수 $f(x)$가 다음 조건을 만족시킨다.

> (가) $f'(a) \leq 0$인 실수 a의 최댓값은 2이다.
> (나) 집합 $\{x \mid f(x) = k\}$의 원소의 개수가 3 이상이
> 되도록 하는 실수 k의 최솟값은 $\dfrac{8}{3}$이다.

$f(0) = 0$, $f'(1) = 0$일 때, $f(3)$의 값을 구하시오. [4점]

22. 수열 $\{a_n\}$은

$$a_2 = -a_1$$

이고, $n \geq 2$인 모든 자연수 n에 대하여

$$a_{n+1} = \begin{cases} a_n - \sqrt{n} \times a_{\sqrt{n}} & (\sqrt{n}\text{이 자연수이고 } a_n > 0\text{인 경우}) \\ a_n + 1 & (\text{그 외의 경우}) \end{cases}$$

를 만족시킨다. $a_{15} = 1$이 되도록 하는 모든 a_1의 값의 곱을 구하시오. [4점]

※ 확인 사항

○ 답안지의 해당란에 필요한 내용을 정확히 기입(표기)했는지 확인 하시오.

○ 이어서, 「선택과목(확률과 통계)」 문제가 제시되오니, 자신이 선택한 과목인지 확인하시오.

5지선다형

23. 네 개의 숫자 1, 1, 2, 3을 모두 일렬로 나열하는 경우의
수는? [2점]

① 8   ② 10   ③ 12   ④ 14   ⑤ 16

24. 두 사건 A, B는 서로 배반사건이고

$$\mathrm{P}(A^C) = \frac{5}{6}, \quad \mathrm{P}(A \cup B) = \frac{3}{4}$$

일 때, $\mathrm{P}(B^C)$의 값은? [3점]

① $\frac{3}{8}$ ② $\frac{5}{12}$ ③ $\frac{11}{24}$ ④ $\frac{1}{2}$ ⑤ $\frac{13}{24}$

25. 다항식 $(x^2 - 2)^5$의 전개식에서 x^6의 계수는? [3점]

① -50 ② -20 ③ 10 ④ 40 ⑤ 70

26. 문자 a, b, c, d 중에서 중복을 허락하여 4개를 택해 일렬로 나열하여 만들 수 있는 모든 문자열 중에서 임의로 하나를 선택할 때, 문자 a가 한 개만 포함되거나 문자 b가 한 개만 포함된 문자열이 선택될 확률은? [3점]

① $\dfrac{5}{8}$ ② $\dfrac{41}{64}$ ③ $\dfrac{21}{32}$ ④ $\dfrac{43}{64}$ ⑤ $\dfrac{11}{16}$

27. 1부터 6까지의 자연수가 하나씩 적혀 있는 6개의 의자가 있다. 이 6개의 의자를 일정한 간격을 두고 원형으로 배열할 때, 서로 이웃한 2개의 의자에 적혀 있는 수의 합이 11이 되지 않도록 배열하는 경우의 수는?
(단, 회전하여 일치하는 것은 같은 것으로 본다.) [3점]

① 72   ② 78   ③ 84   ④ 90   ⑤ 96

28. 탁자 위에 놓인 4개의 동전에 대하여 다음 시행을 한다.

> 4개의 동전 중 임의로 한 개의 동전을 택하여 한 번 뒤집는다.

처음에 3개의 동전은 앞면이 보이도록, 1개의 동전은 뒷면이 보이도록 놓여 있다. 위의 시행을 5번 반복한 후 4개의 동전이 모두 같은 면이 보이도록 놓여 있을 때, 모두 앞면이 보이도록 놓여 있을 확률은? [4점]

① $\dfrac{17}{32}$ ② $\dfrac{35}{64}$ ③ $\dfrac{9}{16}$ ④ $\dfrac{37}{64}$ ⑤ $\dfrac{19}{32}$

앞면   앞면   앞면   뒷면

29. 40개의 공이 들어 있는 주머니가 있다. 각각의 공은 흰 공 또는 검은 공 중 하나이다.

이 주머니에서 임의로 2개의 공을 동시에 꺼낼 때, 흰 공 2개를 꺼낼 확률을 p, 흰 공 1개와 검은 공 1개를 꺼낼 확률을 q, 검은 공 2개를 꺼낼 확률을 r이라 하자. $p=q$일 때, $60r$의 값을 구하시오. (단, $p>0$) [4점]

30. 집합 $X=\{-2, -1, 0, 1, 2\}$에 대하여 다음 조건을 만족시키는 함수 $f:X \rightarrow X$의 개수를 구하시오. [4점]

> (가) X의 모든 원소 x에 대하여 $x+f(x) \in X$이다.
> (나) $x=-2, -1, 0, 1$일 때 $f(x) \geq f(x+1)$이다.

＊ 확인 사항

○ 답안지의 해당란에 필요한 내용을 정확히 기입(표기)했는지 확인 하시오.

○ 이어서, 「**선택과목(미적분)**」 문제가 제시되오니, 자신이 선택한 과목인지 확인하시오.

5 지선다형

23. $\lim\limits_{n \to \infty} \dfrac{\left(\frac{1}{2}\right)^n + \left(\frac{1}{3}\right)^{n+1}}{\left(\frac{1}{2}\right)^{n+1} + \left(\frac{1}{3}\right)^n}$ 의 값은? [2점]

① 1   ② 2   ③ 3   ④ 4   ⑤ 5

24. 곡선 $x\sin 2y + 3x = 3$ 위의 점 $\left(1, \dfrac{\pi}{2}\right)$ 에서의 접선의 기울기는? [3점]

① $\dfrac{1}{2}$ ② 1   ③ $\dfrac{3}{2}$ ④ 2   ⑤ $\dfrac{5}{2}$

25. 수열 $\{a_n\}$이

$$\sum_{n=1}^{\infty}\left(a_n - \frac{3n^2 - n}{2n^2 + 1}\right) = 2$$

를 만족시킬 때, $\lim_{n \to \infty}(a_n^2 + 2a_n)$의 값은? [3점]

① $\dfrac{17}{4}$ ② $\dfrac{19}{4}$ ③ $\dfrac{21}{4}$ ④ $\dfrac{23}{4}$ ⑤ $\dfrac{25}{4}$

26. 양수 t에 대하여 곡선 $y = e^{x^2} - 1$ $(x \geq 0)$이 두 직선 $y = t$, $y = 5t$와 만나는 점을 각각 A, B라 하고, 점 B에서 x축에 내린 수선의 발을 C라 하자. 삼각형 ABC의 넓이를 $S(t)$라 할 때, $\lim\limits_{t \to 0+} \dfrac{S(t)}{t\sqrt{t}}$의 값은? [3점]

① $\dfrac{5}{4}(\sqrt{5} - 1)$ ② $\dfrac{5}{2}(\sqrt{5} - 1)$ ③ $5(\sqrt{5} - 1)$

④ $\dfrac{5}{4}(\sqrt{5} + 1)$ ⑤ $\dfrac{5}{2}(\sqrt{5} + 1)$

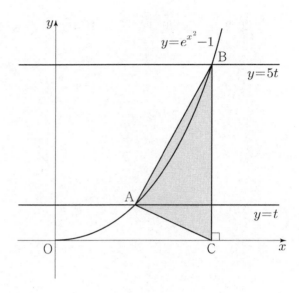

27. 상수 $a\,(a>1)$과 실수 $t\,(t>0)$에 대하여 곡선 $y=a^x$ 위의 점 $\mathrm{A}(t,\,a^t)$에서의 접선을 l이라 하자. 점 A를 지나고 직선 l에 수직인 직선이 x축과 만나는 점을 B, y축과 만나는 점을 C라 하자. $\dfrac{\overline{\mathrm{AC}}}{\overline{\mathrm{AB}}}$ 의 값이 $t=1$에서 최대일 때, a의 값은? [3점]

① $\sqrt{2}$　② $\sqrt{e}$　③ 2　④ $\sqrt{2e}$　⑤ e

28. 함수 $f(x)$가

$$f(x)=\begin{cases}(x-a-2)^2 e^x & (x\geq a)\\ e^{2a}(x-a)+4e^a & (x<a)\end{cases}$$

일 때, 실수 t에 대하여 $f(x)=t$를 만족시키는 x의 최솟값을 $g(t)$라 하자.

함수 $g(t)$가 $t=12$에서만 불연속일 때, $\dfrac{g'(f(a+2))}{g'(f(a+6))}$ 의 값은? (단, a는 상수이다.) [4점]

① $6e^4$　② $9e^4$　③ $12e^4$　④ $8e^6$　⑤ $10e^6$

29. 함수 $f(x) = \dfrac{1}{3}x^3 - x^2 + \ln(1+x^2) + a$ (a는 상수)와

두 양수 b, c에 대하여 함수

$$g(x) = \begin{cases} f(x) & (x \geq b) \\ -f(x-c) & (x < b) \end{cases}$$

는 실수 전체의 집합에서 미분가능하다.

$a+b+c = p+q\ln 2$일 때, $30(p+q)$의 값을 구하시오.

(단, p, q는 유리수이고, $\ln 2$는 무리수이다.) [4점]

30. 함수 $y = \dfrac{\sqrt{x}}{10}$의 그래프와 함수 $y = \tan x$의 그래프가

만나는 모든 점의 x좌표를 작은 수부터 크기순으로 나열할 때,

n번째 수를 a_n이라 하자.

$$\frac{1}{\pi^2} \times \lim_{n \to \infty} a_n^3 \tan^2(a_{n+1} - a_n)$$

의 값을 구하시오. [4점]

수학 영역

● 문항수 30개 | 배점 100점 | 제한 시간 100분　　　　　● 배점은 2점, 3점 또는 4점

5지선다형

1. $\sqrt[3]{27} \times 4^{-\frac{1}{2}}$ 의 값은? [2점]

① $\dfrac{1}{2}$　　② $\dfrac{3}{4}$　　③ 1　　④ $\dfrac{5}{4}$　　⑤ $\dfrac{3}{2}$

2. 함수 $f(x) = x^2 - 2x + 3$ 에 대하여 $\displaystyle\lim_{h \to 0} \dfrac{f(3+h) - f(3)}{h}$ 의 값은? [2점]

① 1　　② 2　　③ 3　　④ 4　　⑤ 5

3. 수열 $\{a_n\}$에 대하여 $\displaystyle\sum_{k=1}^{10}(2a_k + 3) = 60$ 일 때, $\displaystyle\sum_{k=1}^{10} a_k$의 값은? [3점]

① 10　　② 15　　③ 20　　④ 25　　⑤ 30

4. 실수 전체의 집합에서 연속인 함수 $f(x)$가

$$\lim_{x \to 1} f(x) = 4 - f(1)$$

을 만족시킬 때, $f(1)$의 값은? [3점]

① 1　　② 2　　③ 3　　④ 4　　⑤ 5

수학 영역

5. 다항함수 $f(x)$에 대하여 함수 $g(x)$를

$$g(x) = (x^3 + 1)f(x)$$

라 하자. $f(1) = 2$, $f'(1) = 3$일 때, $g'(1)$의 값은? [3점]

① 12 ② 14 ③ 16 ④ 18 ⑤ 20

6. $\cos\theta < 0$이고 $\sin(-\theta) = \dfrac{1}{7}\cos\theta$일 때, $\sin\theta$의 값은? [3점]

① $-\dfrac{3\sqrt{2}}{10}$ ② $-\dfrac{\sqrt{2}}{10}$ ③ 0

④ $\dfrac{\sqrt{2}}{10}$ ⑤ $\dfrac{3\sqrt{2}}{10}$

7. 상수 $a\,(a > 2)$에 대하여 함수 $y = \log_2(x-a)$의 그래프의 점근선이 두 곡선 $y = \log_2 \dfrac{x}{4}$, $y = \log_{\frac{1}{2}} x$와 만나는 점을 각각 A, B라 하자. $\overline{\text{AB}} = 4$일 때, a의 값은? [3점]

① 4 ② 6 ③ 8 ④ 10 ⑤ 12

[해설편 p.014]

8. 두 곡선 $y = 2x^2 - 1$, $y = x^3 - x^2 + k$가 만나는 점의 개수가 2가 되도록 하는 양수 k의 값은? [3점]

① 1   ② 2   ③ 3   ④ 4   ⑤ 5

9. 수열 $\{a_n\}$이 모든 자연수 n에 대하여

$$\sum_{k=1}^{n} \frac{1}{(2k-1)a_k} = n^2 + 2n$$

을 만족시킬 때, $\displaystyle\sum_{n=1}^{10} a_n$의 값은? [4점]

① $\dfrac{10}{21}$ ② $\dfrac{4}{7}$ ③ $\dfrac{2}{3}$ ④ $\dfrac{16}{21}$ ⑤ $\dfrac{6}{7}$

10. 양수 k에 대하여 함수 $f(x)$는

$$f(x) = kx(x-2)(x-3)$$

이다. 곡선 $y = f(x)$와 x축이 원점 O와 두 점 P, Q($\overline{OP} < \overline{OQ}$)에서 만난다. 곡선 $y = f(x)$와 선분 OP로 둘러싸인 영역을 A, 곡선 $y = f(x)$와 선분 PQ로 둘러싸인 영역을 B라 하자.

$$(A\text{의 넓이}) - (B\text{의 넓이}) = 3$$

일 때, k의 값은? [4점]

① $\dfrac{7}{6}$ ② $\dfrac{4}{3}$ ③ $\dfrac{3}{2}$ ④ $\dfrac{5}{3}$ ⑤ $\dfrac{11}{6}$

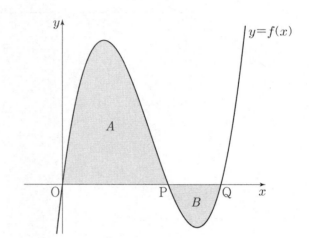

11. 그림과 같이 실수 $t\,(0<t<1)$에 대하여 곡선 $y=x^2$ 위의 점 중에서 직선 $y=2tx-1$과의 거리가 최소인 점을 P라 하고, 직선 OP가 직선 $y=2tx-1$과 만나는 점을 Q라 할 때, $\displaystyle\lim_{t\to 1-}\dfrac{\overline{PQ}}{1-t}$ 의 값은? (단, O는 원점이다.) [4점]

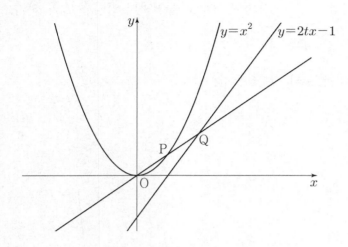

① $\sqrt{6}$　　② $\sqrt{7}$　　③ $2\sqrt{2}$　　④ 3　　⑤ $\sqrt{10}$

12. $a_2=-4$이고 공차가 0이 아닌 등차수열 $\{a_n\}$에 대하여 수열 $\{b_n\}$을 $b_n=a_n+a_{n+1}\,(n\geq 1)$이라 하고, 두 집합 A, B를

$$A=\{a_1,\,a_2,\,a_3,\,a_4,\,a_5\},\quad B=\{b_1,\,b_2,\,b_3,\,b_4,\,b_5\}$$

라 하자. $n(A\cap B)=3$이 되도록 하는 모든 수열 $\{a_n\}$에 대하여 a_{20}의 값의 합은? [4점]

① 30　　② 34　　③ 38　　④ 42　　⑤ 46

수학 영역

13. 그림과 같이

$$\overline{BC}=3, \ \overline{CD}=2, \ \cos(\angle BCD)=-\frac{1}{3}, \ \angle DAB>\frac{\pi}{2}$$

인 사각형 ABCD에서 두 삼각형 ABC와 ACD는 모두 예각삼각형이다. 선분 AC를 $1:2$로 내분하는 점 E에 대하여 선분 AE를 지름으로 하는 원이 두 선분 AB, AD와 만나는 점 중 A가 아닌 점을 각각 P_1, P_2라 하고, 선분 CE를 지름으로 하는 원이 두 선분 BC, CD와 만나는 점 중 C가 아닌 점을 각각 Q_1, Q_2라 하자.

$\overline{P_1P_2} : \overline{Q_1Q_2} = 3 : 5\sqrt{2}$ 이고 삼각형 ABD의 넓이가 2일 때, $\overline{AB}+\overline{AD}$의 값은? (단, $\overline{AB}>\overline{AD}$) [4점]

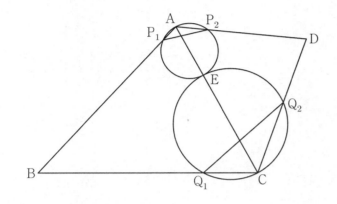

① $\sqrt{21}$　　② $\sqrt{22}$　　③ $\sqrt{23}$　　④ $2\sqrt{6}$　　⑤ 5

14. 실수 $a\,(a\geq 0)$에 대하여 수직선 위를 움직이는 점 P의 시각 $t\,(t\geq 0)$에서의 속도 $v(t)$를

$$v(t)=-t(t-1)(t-a)(t-2a)$$

라 하자. 점 P가 시각 $t=0$일 때 출발한 후 운동 방향을 한 번만 바꾸도록 하는 a에 대하여, 시각 $t=0$에서 $t=2$까지 점 P의 위치의 변화량의 최댓값은? [4점]

① $\frac{1}{5}$　　② $\frac{7}{30}$　　③ $\frac{4}{15}$　　④ $\frac{3}{10}$　　⑤ $\frac{1}{3}$

15. 자연수 k에 대하여 다음 조건을 만족시키는 수열 $\{a_n\}$이 있다.

> $a_1 = k$이고, 모든 자연수 n에 대하여
>
> $$a_{n+1} = \begin{cases} a_n + 2n - k & (a_n \leq 0) \\ a_n - 2n - k & (a_n > 0) \end{cases}$$
>
> 이다.

$a_3 \times a_4 \times a_5 \times a_6 < 0$이 되도록 하는 모든 k의 값의 합은? [4점]

① 10   ② 14   ③ 18   ④ 22   ⑤ 26

---

16. 부등식 $2^{x-6} \leq \left(\dfrac{1}{4}\right)^x$ 을 만족시키는 모든 자연수 x의 값의 합을 구하시오. [3점]

17. 함수 $f(x)$에 대하여 $f'(x) = 8x^3 - 1$이고 $f(0) = 3$일 때, $f(2)$의 값을 구하시오. [3점]

18. 두 상수 a, b에 대하여 삼차함수 $f(x) = ax^3 + bx + a$는 $x = 1$에서 극소이다. 함수 $f(x)$의 극솟값이 -2일 때, 함수 $f(x)$의 극댓값을 구하시오. [3점]

19. 두 자연수 a, b에 대하여 함수

$$f(x) = a \sin bx + 8 - a$$

가 다음 조건을 만족시킬 때, $a + b$의 값을 구하시오. [3점]

(가) 모든 실수 x에 대하여 $f(x) \geq 0$이다.

(나) $0 \leq x < 2\pi$일 때, x에 대한 방정식 $f(x) = 0$의 서로 다른 실근의 개수는 4이다.

20. 최고차항의 계수가 1인 이차함수 $f(x)$에 대하여 함수

$$g(x) = \int_0^x f(t) \, dt$$

가 다음 조건을 만족시킬 때, $f(9)$의 값을 구하시오. [4점]

$x \geq 1$인 모든 실수 x에 대하여 $g(x) \geq g(4)$이고 $|g(x)| \geq |g(3)|$이다.

21. 실수 t에 대하여 두 곡선 $y = t - \log_2 x$와 $y = 2^{x-t}$이 만나는 점의 x좌표를 $f(t)$라 하자.

<보기>의 각 명제에 대하여 다음 규칙에 따라 A, B, C의 값을 정할 때, $A + B + C$의 값을 구하시오. (단, $A + B + C \neq 0$) [4점]

- 명제 ㄱ이 참이면 $A = 100$, 거짓이면 $A = 0$이다.
- 명제 ㄴ이 참이면 $B = 10$, 거짓이면 $B = 0$이다.
- 명제 ㄷ이 참이면 $C = 1$, 거짓이면 $C = 0$이다.

─────────〈보 기〉─────────

ㄱ. $f(1) = 1$이고 $f(2) = 2$이다.

ㄴ. 실수 t의 값이 증가하면 $f(t)$의 값도 증가한다.

ㄷ. 모든 양의 실수 t에 대하여 $f(t) \geq t$이다.

22. 정수 $a \, (a \neq 0)$에 대하여 함수 $f(x)$를

$$f(x) = x^3 - 2ax^2$$

이라 하자. 다음 조건을 만족시키는 모든 정수 k의 값의 곱이 -12가 되도록 하는 a에 대하여 $f'(10)$의 값을 구하시오. [4점]

함수 $f(x)$에 대하여

$$\left\{ \frac{f(x_1) - f(x_2)}{x_1 - x_2} \right\} \times \left\{ \frac{f(x_2) - f(x_3)}{x_2 - x_3} \right\} < 0$$

을 만족시키는 세 실수 x_1, x_2, x_3이 열린구간 $\left(k, \, k + \frac{3}{2} \right)$에 존재한다.

* 확인 사항

○ 답안지의 해당란에 필요한 내용을 정확히 기입(표기)했는지 확인 하시오.

○ 이어서, 「선택과목(확률과 통계)」 문제가 제시되오니, 자신이 선택한 과목인지 확인하시오.

제 2 교시

수학 영역(확률과 통계)

5지선다형

23. 5개의 문자 a, a, b, c, d를 모두 일렬로 나열하는 경우의 수는? [2점]

① 50 ② 55 ③ 60 ④ 65 ⑤ 70

24. 두 사건 A, B에 대하여

$$P(A \cap B^C) = \frac{1}{9}, \quad P(B^C) = \frac{7}{18}$$

일 때, $P(A \cup B)$의 값은? (단, B^C은 B의 여사건이다.) [3점]

① $\frac{5}{9}$ ② $\frac{11}{18}$ ③ $\frac{2}{3}$ ④ $\frac{13}{18}$ ⑤ $\frac{7}{9}$

25. 흰색 손수건 4장, 검은색 손수건 5장이 들어 있는 상자가 있다. 이 상자에서 임의로 4장의 손수건을 동시에 꺼낼 때, 꺼낸 4장의 손수건 중에서 흰색 손수건이 2장 이상일 확률은? [3점]

① $\dfrac{1}{2}$ ② $\dfrac{4}{7}$ ③ $\dfrac{9}{14}$ ④ $\dfrac{5}{7}$ ⑤ $\dfrac{11}{14}$

26. 다항식 $(x-1)^6(2x+1)^7$의 전개식에서 x^2의 계수는? [3점]

① 15   ② 20   ③ 25   ④ 30   ⑤ 35

27. 한 개의 주사위를 두 번 던질 때 나오는 눈의 수를 차례로 a, b라 하자. $a \times b$가 4의 배수일 때, $a+b \leq 7$일 확률은? [3점]

① $\dfrac{2}{5}$ ② $\dfrac{7}{15}$ ③ $\dfrac{8}{15}$ ④ $\dfrac{3}{5}$ ⑤ $\dfrac{2}{3}$

28. 집합 $X = \{1, 2, 3, 4, 5\}$에 대하여 다음 조건을 만족시키는 함수 $f : X \rightarrow X$의 개수는? [4점]

> (가) $f(1) \times f(3) \times f(5)$는 홀수이다.
> (나) $f(2) < f(4)$
> (다) 함수 f의 치역의 원소의 개수는 3이다.

① 128   ② 132   ③ 136   ④ 140   ⑤ 144

29. 그림과 같이 2장의 검은색 카드와 1부터 8까지의 자연수가 하나씩 적혀 있는 8장의 흰색 카드가 있다. 이 카드를 모두 한 번씩 사용하여 왼쪽에서 오른쪽으로 일렬로 배열할 때, 다음 조건을 만족시키는 경우의 수를 구하시오. (단, 검은색 카드는 서로 구별하지 않는다.) [4점]

> (가) 흰색 카드에 적힌 수가 작은 수부터 크기순으로 왼쪽에서 오른쪽으로 배열되도록 카드가 놓여 있다.
>
> (나) 검은색 카드 사이에는 흰색 카드가 2장 이상 놓여 있다.
>
> (다) 검은색 카드 사이에는 3의 배수가 적힌 흰색 카드가 1장 이상 놓여 있다.

30. 주머니에 숫자 1, 2, 3, 4가 하나씩 적혀 있는 흰 공 4개와 숫자 4, 5, 6, 7이 하나씩 적혀 있는 검은 공 4개가 들어 있다. 이 주머니를 사용하여 다음 규칙에 따라 점수를 얻는 시행을 한다.

> 주머니에서 임의로 2개의 공을 동시에 꺼내어 꺼낸 공이 서로 다른 색이면 12를 점수로 얻고, 꺼낸 공이 서로 같은 색이면 꺼낸 두 공에 적힌 수의 곱을 점수로 얻는다.

이 시행을 한 번 하여 얻은 점수가 24 이하의 짝수일 확률이 $\dfrac{q}{p}$ 일 때, $p+q$의 값을 구하시오. (단, p와 q는 서로소인 자연수이다.) [4점]

* 확인 사항
○ 답안지의 해당란에 필요한 내용을 정확히 기입(표기)했는지 확인 하시오.
○ 이어서, 「선택과목(미적분)」 문제가 제시되오니, 자신이 선택한 과목인지 확인하시오.

제 2 교시

수학 영역(미적분)

02회

5지선다형

23. $\lim_{n\to\infty}\left(\sqrt{n^2+9n}-\sqrt{n^2+4n}\right)$의 값은? [2점]

① $\frac{1}{2}$ ② 1 ③ $\frac{3}{2}$ ④ 2 ⑤ $\frac{5}{2}$

24. 매개변수 t로 나타내어진 곡선

$$x=\frac{5t}{t^2+1},\quad y=3\ln\left(t^2+1\right)$$

에서 $t=2$일 때, $\frac{dy}{dx}$의 값은? [3점]

① -1 ② -2 ③ -3 ④ -4 ⑤ -5

[해설편 p.023]

25. $\lim\limits_{x \to 0} \dfrac{2^{ax+b}-8}{2^{bx}-1} = 16$ 일 때, $a+b$의 값은?

(단, a와 b는 0이 아닌 상수이다.) [3점]

① 9   ② 10   ③ 11   ④ 12   ⑤ 13

26. x에 대한 방정식 $x^2 - 5x + 2\ln x = t$의 서로 다른 실근의 개수가 2가 되도록 하는 모든 실수 t의 값의 합은? [3점]

① $-\dfrac{17}{2}$ ② $-\dfrac{33}{4}$ ③ -8 ④ $-\dfrac{31}{4}$ ⑤ $-\dfrac{15}{2}$

27. 실수 $t\,(0 < t < \pi)$에 대하여 곡선 $y = \sin x$ 위의 점 $\mathrm{P}(t, \sin t)$에서의 접선과 점 P를 지나고 기울기가 -1인 직선이 이루는 예각의 크기를 θ라 할 때, $\displaystyle\lim_{t \to \pi-} \frac{\tan\theta}{(\pi - t)^2}$의 값은? [3점]

① $\dfrac{1}{16}$ ② $\dfrac{1}{8}$ ③ $\dfrac{1}{4}$ ④ $\dfrac{1}{2}$ ⑤ 1

28. 두 상수 $a\,(a > 0)$, b에 대하여 실수 전체의 집합에서 연속인 함수 $f(x)$가 다음 조건을 만족시킬 때, $a \times b$의 값은? [4점]

(가) 모든 실수 x에 대하여
$$\{f(x)\}^2 + 2f(x) = a\cos^3 \pi x \times e^{\sin^2 \pi x} + b$$
이다.

(나) $f(0) = f(2) + 1$

① $-\dfrac{1}{16}$ ② $-\dfrac{7}{64}$ ③ $-\dfrac{5}{32}$ ④ $-\dfrac{13}{64}$ ⑤ $-\dfrac{1}{4}$

29. 세 실수 a, b, k에 대하여 두 점 $A(a, a+k)$, $B(b, b+k)$가 곡선 $C: x^2 - 2xy + 2y^2 = 15$ 위에 있다. 곡선 C 위의 점 A에서의 접선과 곡선 C 위의 점 B에서의 접선이 서로 수직일 때, k^2의 값을 구하시오. (단, $a+2k \neq 0$, $b+2k \neq 0$) [4점]

30. 수열 $\{a_n\}$은 등비수열이고, 수열 $\{b_n\}$을 모든 자연수 n에 대하여

$$b_n = \begin{cases} -1 & (a_n \leq -1) \\ a_n & (a_n > -1) \end{cases}$$

이라 할 때, 수열 $\{b_n\}$은 다음 조건을 만족시킨다.

(가) 급수 $\displaystyle\sum_{n=1}^{\infty} b_{2n-1}$은 수렴하고 그 합은 -3이다.

(나) 급수 $\displaystyle\sum_{n=1}^{\infty} b_{2n}$은 수렴하고 그 합은 8이다.

$b_3 = -1$일 때, $\displaystyle\sum_{n=1}^{\infty} |a_n|$의 값을 구하시오. [4점]

수학 영역

● 문항수 **30개** | 배점 **100점** | 제한 시간 **100분**

● 배점은 **2점, 3점 또는 4점**

5지선다형

1. $(-\sqrt{2})^4 \times 8^{-\frac{2}{3}}$ 의 값은? [2점]

① 1   ② 2   ③ 3   ④ 4   ⑤ 5

2. 함수 $f(x) = x^3 + 9$ 에 대하여 $\lim\limits_{h \to 0} \dfrac{f(2+h) - f(2)}{h}$ 의 값은? [2점]

① 11   ② 12   ③ 13   ④ 14   ⑤ 15

3. $\dfrac{\pi}{2} < \theta < \pi$ 인 θ 에 대하여 $\cos^2\theta = \dfrac{4}{9}$ 일 때, $\sin^2\theta + \cos\theta$ 의 값은? [3점]

① $-\dfrac{4}{9}$ ② $-\dfrac{1}{3}$ ③ $-\dfrac{2}{9}$ ④ $-\dfrac{1}{9}$ ⑤ 0

4. 함수 $y = f(x)$ 의 그래프가 그림과 같다.

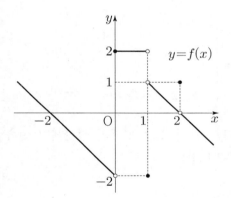

$\lim\limits_{x \to 0^-} f(x) + \lim\limits_{x \to 1^+} f(x)$ 의 값은? [3점]

① -2 ② -1 ③ 0 ④ 1 ⑤ 2

5. 모든 항이 양수인 등비수열 $\{a_n\}$ 에 대하여

$$a_1 = \frac{1}{4}, \quad a_2 + a_3 = \frac{3}{2}$$

일 때, $a_6 + a_7$ 의 값은? [3점]

① 16   ② 20   ③ 24   ④ 28   ⑤ 32

6. 두 양수 a, b에 대하여 함수 $f(x)$가

$$f(x) = \begin{cases} x+a & (x < -1) \\ x & (-1 \le x < 3) \\ bx - 2 & (x \ge 3) \end{cases}$$

이다. 함수 $|f(x)|$가 실수 전체의 집합에서 연속일 때, $a+b$의 값은? [3점]

① $\frac{7}{3}$ ② $\frac{8}{3}$ ③ 3   ④ $\frac{10}{3}$ ⑤ $\frac{11}{3}$

7. 닫힌구간 $[0, \pi]$ 에서 정의된 함수 $f(x) = -\sin 2x$ 가 $x = a$ 에서 최댓값을 갖고 $x = b$ 에서 최솟값을 갖는다. 곡선 $y = f(x)$ 위의 두 점 $(a, f(a))$, $(b, f(b))$를 지나는 직선의 기울기는? [3점]

① $\frac{1}{\pi}$ ② $\frac{2}{\pi}$ ③ $\frac{3}{\pi}$ ④ $\frac{4}{\pi}$ ⑤ $\frac{5}{\pi}$

8. 실수 전체의 집합에서 미분가능하고 다음 조건을 만족시키는 모든 함수 $f(x)$에 대하여 $f(5)$의 최솟값은? [3점]

(가) $f(1) = 3$

(나) $1 < x < 5$인 모든 실수 x에 대하여 $f'(x) \geq 5$이다.

① 21   ② 22   ③ 23   ④ 24   ⑤ 25

9. 두 함수

$$f(x) = x^3 - x + 6, \quad g(x) = x^2 + a$$

가 있다. $x \geq 0$인 모든 실수 x에 대하여 부등식

$$f(x) \geq g(x)$$

가 성립할 때, 실수 a의 최댓값은? [4점]

① 1   ② 2   ③ 3   ④ 4   ⑤ 5

10. 그림과 같이 $\overline{AB} = 3$, $\overline{BC} = 2$, $\overline{AC} > 3$이고 $\cos(\angle BAC) = \dfrac{7}{8}$인 삼각형 ABC가 있다. 선분 AC의 중점을 M, 삼각형 ABC의 외접원이 직선 BM과 만나는 점 중 B가 아닌 점을 D라 할 때, 선분 MD의 길이는? [4점]

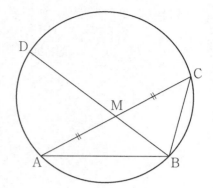

① $\dfrac{3\sqrt{10}}{5}$ ② $\dfrac{7\sqrt{10}}{10}$ ③ $\dfrac{4\sqrt{10}}{5}$

④ $\dfrac{9\sqrt{10}}{10}$ ⑤ $\sqrt{10}$

11. 시각 $t=0$일 때 동시에 원점을 출발하여 수직선 위를 움직이는 두 점 P, Q의 시각 $t\,(t \ge 0)$에서의 속도가 각각

$$v_1(t) = 2 - t, \quad v_2(t) = 3t$$

이다. 출발한 시각부터 점 P가 원점으로 돌아올 때까지 점 Q가 움직인 거리는? [4점]

① 16　　② 18　　③ 20　　④ 22　　⑤ 24

12. 공차가 3인 등차수열 $\{a_n\}$이 다음 조건을 만족시킬 때, a_{10}의 값은? [4점]

> (가) $a_5 \times a_7 < 0$
>
> (나) $\displaystyle\sum_{k=1}^{6} |a_{k+6}| = 6 + \sum_{k=1}^{6} |a_{2k}|$

① $\dfrac{21}{2}$　　② 11　　③ $\dfrac{23}{2}$　　④ 12　　⑤ $\dfrac{25}{2}$

13. 두 곡선 $y=16^x$, $y=2^x$ 과 한 점 $A(64, 2^{64})$이 있다.

점 A를 지나며 x축과 평행한 직선이 곡선 $y=16^x$ 과 만나는 점을 P_1이라 하고, 점 P_1을 지나며 y축과 평행한 직선이 곡선 $y=2^x$ 과 만나는 점을 Q_1이라 하자.

점 Q_1을 지나며 x축과 평행한 직선이 곡선 $y=16^x$ 과 만나는 점을 P_2라 하고, 점 P_2를 지나며 y축과 평행한 직선이 곡선 $y=2^x$ 과 만나는 점을 Q_2라 하자.

이와 같은 과정을 계속하여 n번째 얻은 두 점을 각각 P_n, Q_n이라 하고 점 Q_n의 x좌표를 x_n이라 할 때,

$x_n < \dfrac{1}{k}$ 을 만족시키는 n의 최솟값이 6이 되도록 하는

자연수 k의 개수는? [4점]

① 48　　② 51　　③ 54　　④ 57　　⑤ 60

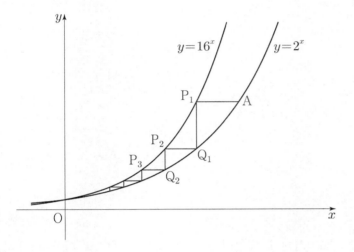

14. 실수 전체의 집합에서 연속인 함수 $f(x)$와 최고차항의 계수가 1인 삼차함수 $g(x)$가

$$g(x) = \begin{cases} -\displaystyle\int_0^x f(t)\,dt & (x < 0) \\ \displaystyle\int_0^x f(t)\,dt & (x \geq 0) \end{cases}$$

을 만족시킬 때, <보기>에서 옳은 것만을 있는 대로 고른 것은? [4점]

─────〈보 기〉─────

ㄱ. $f(0)=0$

ㄴ. 함수 $f(x)$는 극댓값을 갖는다.

ㄷ. $2 < f(1) < 4$일 때, 방정식 $f(x) = x$의 서로 다른 실근의 개수는 3이다.

① ㄱ　　　　② ㄷ　　　　③ ㄱ, ㄴ

④ ㄱ, ㄷ　　　⑤ ㄱ, ㄴ, ㄷ

15. 자연수 k에 대하여 다음 조건을 만족시키는 수열 $\{a_n\}$이 있다.

$a_1 = 0$이고, 모든 자연수 n에 대하여

$$a_{n+1} = \begin{cases} a_n + \dfrac{1}{k+1} & (a_n \leq 0) \\[2mm] a_n - \dfrac{1}{k} & (a_n > 0) \end{cases}$$

이다.

$a_{22} = 0$이 되도록 하는 모든 k의 값의 합은? [4점]

① 12 ② 14 ③ 16 ④ 18 ⑤ 20

16. 방정식 $\log_2(x+2) + \log_2(x-2) = 5$를 만족시키는 실수 x의 값을 구하시오. [3점]

17. 함수 $f(x)$에 대하여 $f'(x) = 8x^3 + 6x^2$이고 $f(0) = -1$일 때, $f(-2)$의 값을 구하시오. [3점]

18. $\displaystyle\sum_{k=1}^{10}(4k+a)=250$ 일 때, 상수 a의 값을 구하시오. [3점]

20. 최고차항의 계수가 2인 이차함수 $f(x)$에 대하여 함수 $g(x)=\displaystyle\int_{x}^{x+1}|f(t)|dt$는 $x=1$과 $x=4$에서 극소이다. $f(0)$의 값을 구하시오. [4점]

19. 함수 $f(x)=x^4+ax^2+b$는 $x=1$에서 극소이다. 함수 $f(x)$의 극댓값이 4일 때, $a+b$의 값을 구하시오. (단, a와 b는 상수이다.) [3점]

21. 자연수 n에 대하여 $4\log_{64}\left(\dfrac{3}{4n+16}\right)$의 값이 정수가 되도록

하는 1000 이하의 모든 n의 값의 합을 구하시오. [4점]

22. 두 양수 a, $b\,(b>3)$과 최고차항의 계수가 1인 이차함수 $f(x)$에 대하여 함수

$$g(x)=\begin{cases}(x+3)f(x) & (x<0)\\[2mm](x+a)f(x-b) & (x\ge 0)\end{cases}$$

이 실수 전체의 집합에서 연속이고 다음 조건을 만족시킬 때, $g(4)$의 값을 구하시오. [4점]

$$\lim_{x\to-3}\dfrac{\sqrt{|g(x)|+\{g(t)\}^2}-|g(t)|}{(x+3)^2}\text{의 값이 }\underline{\text{존재하지 않는}}$$

실수 t의 값은 -3과 6뿐이다.

* 확인 사항
○ 답안지의 해당란에 필요한 내용을 정확히 기입(표기)했는지 확인
  하시오.
○ 이어서, 「**선택과목(확률과 통계)**」 문제가 제시되오니, 자신이
  선택한 과목인지 확인하시오.

5지선다형

23. 5개의 문자 a, a, a, b, c를 모두 일렬로 나열하는 경우의 수는? [2점]

① 16 　 ② 20 　 ③ 24 　 ④ 28 　 ⑤ 32

24. 주머니 A에는 1부터 3까지의 자연수가 하나씩 적혀 있는 3장의 카드가 들어 있고, 주머니 B에는 1부터 5까지의 자연수가 하나씩 적혀 있는 5장의 카드가 들어 있다.
두 주머니 A, B에서 각각 카드를 임의로 한 장씩 꺼낼 때, 꺼낸 두 장의 카드에 적힌 수의 차가 1일 확률은? [3점]

① $\dfrac{1}{3}$ 　 ② $\dfrac{2}{5}$ 　 ③ $\dfrac{7}{15}$ 　 ④ $\dfrac{8}{15}$ 　 ⑤ $\dfrac{3}{5}$

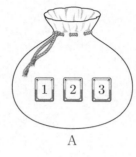
A

B

25. 수직선의 원점에 점 P가 있다. 한 개의 주사위를 사용하여 다음 시행을 한다.

주사위를 한 번 던져 나온 눈의 수가
6의 약수이면 점 P를 양의 방향으로 1만큼 이동시키고,
6의 약수가 아니면 점 P를 이동시키지 않는다.

이 시행을 4번 반복할 때, 4번째 시행 후 점 P의 좌표가 2 이상일 확률은? [3점]

① $\dfrac{13}{18}$ ② $\dfrac{7}{9}$ ③ $\dfrac{5}{6}$ ④ $\dfrac{8}{9}$ ⑤ $\dfrac{17}{18}$

26. 다항식 $(x^2+1)^4(x^3+1)^n$ 의 전개식에서 x^5 의 계수가 12일 때, x^6 의 계수는? (단, n 은 자연수이다.) [3점]

① 6   ② 7   ③ 8   ④ 9   ⑤ 10

27. 네 문자 a, b, X, Y 중에서 중복을 허락하여 6개를 택해 일렬로 나열하려고 한다. 다음 조건이 성립하도록 나열하는 경우의 수는? [3점]

> (가) 양 끝 모두에 대문자가 나온다.
> (나) a는 한 번만 나온다.

① 384   ② 408   ③ 432   ④ 456   ⑤ 480

28. 숫자 1, 2, 3, 4, 5 중에서 서로 다른 4개를 택해 일렬로 나열하여 만들 수 있는 모든 네 자리의 자연수 중에서 임의로 하나의 수를 택할 때, 택한 수가 5의 배수 또는 3500 이상일 확률은? [4점]

① $\dfrac{9}{20}$ ② $\dfrac{1}{2}$ ③ $\dfrac{11}{20}$ ④ $\dfrac{3}{5}$ ⑤ $\dfrac{13}{20}$

29. 집합 $X = \{1, 2, 3, 4, 5\}$에 대하여 다음 조건을 만족시키는 함수 $f : X \to X$의 개수를 구하시오. [4점]

(가) $f(f(1)) = 4$
(나) $f(1) \leq f(3) \leq f(5)$

30. 주머니에 1부터 12까지의 자연수가 각각 하나씩 적혀 있는 12개의 공이 들어 있다. 이 주머니에서 임의로 3개의 공을 동시에 꺼내어 공에 적혀 있는 수를 작은 수부터 크기 순서대로 a, b, c라 하자. $b - a \geq 5$일 때, $c - a \geq 10$일 확률은 $\dfrac{q}{p}$이다. $p + q$의 값을 구하시오. (단, p와 q는 서로소인 자연수이다.)

[4점]

제2교시

수학 영역(미적분)

5지선다형

23. $\lim\limits_{n \to \infty} \dfrac{1}{\sqrt{n^2+3n}-\sqrt{n^2+n}}$ 의 값은? [2점]

① 1　　② $\dfrac{3}{2}$　　③ 2　　④ $\dfrac{5}{2}$　　⑤ 3

24. 곡선 $x^2 - y\ln x + x = e$ 위의 점 (e, e^2)에서의 접선의 기울기는? [3점]

① $e+1$　　② $e+2$　　③ $e+3$　　④ $2e+1$　　⑤ $2e+2$

25. 함수 $f(x) = x^3 + 2x + 3$의 역함수를 $g(x)$라 할 때, $g'(3)$의 값은? [3점]

① 1   ② $\dfrac{1}{2}$ ③ $\dfrac{1}{3}$ ④ $\dfrac{1}{4}$ ⑤ $\dfrac{1}{5}$

26. 그림과 같이 $\overline{A_1B_1} = 2$, $\overline{B_1A_2} = 3$이고 $\angle A_1B_1A_2 = \dfrac{\pi}{3}$인 삼각형 $A_1A_2B_1$과 이 삼각형의 외접원 O_1이 있다.

점 A_2를 지나고 직선 A_1B_1에 평행한 직선이 원 O_1과 만나는 점 중 A_2가 아닌 점을 B_2라 하자. 두 선분 A_1B_2, B_1A_2가 만나는 점을 C_1이라 할 때, 두 삼각형 $A_1A_2C_1$, $B_1C_1B_2$로 만들어진 ⋛ 모양의 도형에 색칠하여 얻은 그림을 R_1이라 하자.

그림 R_1에서 점 B_2를 지나고 직선 B_1A_2에 평행한 직선이 직선 A_1A_2와 만나는 점을 A_3이라 할 때, 삼각형 $A_2A_3B_2$의 외접원을 O_2라 하자. 그림 R_1을 얻은 것과 같은 방법으로 두 점 B_3, C_2를 잡아 원 O_2에 ⋛ 모양의 도형을 그리고 색칠하여 얻은 그림을 R_2라 하자.

이와 같은 과정을 계속하여 n번째 얻은 그림 R_n에 색칠되어 있는 부분의 넓이를 S_n이라 할 때, $\lim\limits_{n\to\infty} S_n$의 값은? [3점]

R_1
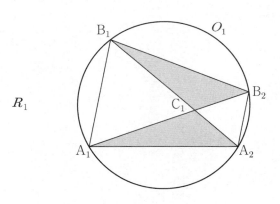

R_2
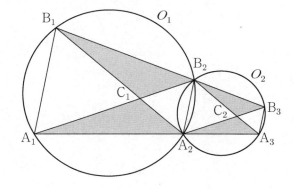

① $\dfrac{11\sqrt{3}}{9}$ ② $\dfrac{4\sqrt{3}}{3}$ ③ $\dfrac{13\sqrt{3}}{9}$

④ $\dfrac{14\sqrt{3}}{9}$ ⑤ $\dfrac{5\sqrt{3}}{3}$

27. 첫째항이 4인 등차수열 $\{a_n\}$에 대하여 급수

$$\sum_{n=1}^{\infty}\left(\frac{a_n}{n}-\frac{3n+7}{n+2}\right)$$

이 실수 S에 수렴할 때, S의 값은? [3점]

① $\frac{1}{2}$ ② 1 ③ $\frac{3}{2}$ ④ 2 ⑤ $\frac{5}{2}$

28. 최고차항의 계수가 $\frac{1}{2}$인 삼차함수 $f(x)$에 대하여 함수 $g(x)$가

$$g(x)=\begin{cases} \ln|f(x)| & (f(x)\neq 0) \\ 1 & (f(x)=0) \end{cases}$$

이고 다음 조건을 만족시킬 때, 함수 $g(x)$의 극솟값은? [4점]

(가) 함수 $g(x)$는 $x\neq 1$인 모든 실수 x에서 연속이다.

(나) 함수 $g(x)$는 $x=2$에서 극대이고, 함수 $|g(x)|$는 $x=2$에서 극소이다.

(다) 방정식 $g(x)=0$의 서로 다른 실근의 개수는 3이다.

① $\ln\frac{13}{27}$ ② $\ln\frac{16}{27}$ ③ $\ln\frac{19}{27}$ ④ $\ln\frac{22}{27}$ ⑤ $\ln\frac{25}{27}$

29. 그림과 같이 반지름의 길이가 1이고 중심각의 크기가 $\dfrac{\pi}{2}$인 부채꼴 OAB가 있다. 호 AB 위의 점 P에서 선분 OA에 내린 수선의 발을 H라 하고, ∠OAP를 이등분하는 직선과 세 선분 HP, OP, OB의 교점을 각각 Q, R, S라 하자. ∠APH$=\theta$일 때, 삼각형 AQH의 넓이를 $f(\theta)$, 삼각형 PSR의 넓이를 $g(\theta)$라 하자. $\displaystyle\lim_{\theta\to0+}\dfrac{\theta^3\times g(\theta)}{f(\theta)}=k$일 때, $100k$의 값을 구하시오. (단, $0<\theta<\dfrac{\pi}{4}$)

[4점]

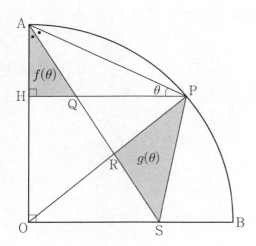

30. 양수 a에 대하여 함수 $f(x)$는

$$f(x)=\frac{x^2-ax}{e^x}$$

이다. 실수 t에 대하여 x에 대한 방정식

$$f(x)=f'(t)(x-t)+f(t)$$

의 서로 다른 실근의 개수를 $g(t)$라 하자.

$g(5)+\displaystyle\lim_{t\to5}g(t)=5$일 때, $\displaystyle\lim_{t\to k-}g(t)\neq\lim_{t\to k+}g(t)$를 만족시키는 모든 실수 k의 값의 합은 $\dfrac{q}{p}$이다. $p+q$의 값을 구하시오. (단, p와 q는 서로소인 자연수이다.) [4점]

* 확인 사항

○ 답안지의 해당란에 필요한 내용을 정확히 기입(표기)했는지 확인 하시오.

2022학년도 대학수학능력시험 6월 모의평가 문제지

1

수학 영역

제 2 교시

● 문항수 30개 | 배점 100점 | 제한 시간 100분

04회

● 배점은 2점, 3점 또는 4점

04회

5지선다형

1. $2^{\sqrt{3}} \times 2^{2-\sqrt{3}}$ 의 값은? [2점]

① $\sqrt{2}$ ② 2 ③ $2\sqrt{2}$ ④ 4 ⑤ $4\sqrt{2}$

2. 함수 $f(x)$ 가

$$f'(x) = 3x^2 - 2x, \quad f(1) = 1$$

을 만족시킬 때, $f(2)$ 의 값은? [2점]

① 1 ② 2 ③ 3 ④ 4 ⑤ 5

3. $\pi < \theta < \dfrac{3}{2}\pi$ 인 θ 에 대하여 $\tan\theta = \dfrac{12}{5}$ 일 때, $\sin\theta + \cos\theta$ 의 값은? [3점]

① $-\dfrac{17}{13}$ ② $-\dfrac{7}{13}$ ③ 0 ④ $\dfrac{7}{13}$ ⑤ $\dfrac{17}{13}$

4. 함수 $y = f(x)$ 의 그래프가 그림과 같다.

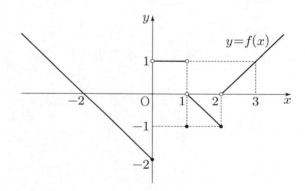

$\displaystyle\lim_{x \to 0-} f(x) + \lim_{x \to 2+} f(x)$ 의 값은? [3점]

① -2 ② -1 ③ 0 ④ 1 ⑤ 2

5. 다항함수 $f(x)$에 대하여 함수 $g(x)$를

$$g(x) = (x^2 + 3)f(x)$$

라 하자. $f(1) = 2$, $f'(1) = 1$일 때, $g'(1)$의 값은? [3점]

① 6   ② 7   ③ 8   ④ 9   ⑤ 10

6. 곡선 $y = 3x^2 - x$와 직선 $y = 5x$로 둘러싸인 부분의 넓이는? [3점]

① 1   ② 2   ③ 3   ④ 4   ⑤ 5

7. 첫째항이 2인 등차수열 $\{a_n\}$의 첫째항부터 제n항까지의 합을 S_n이라 하자.

$$a_6 = 2(S_3 - S_2)$$

일 때, S_{10}의 값은? [3점]

① 100   ② 110   ③ 120   ④ 130   ⑤ 140

8. 함수

$$f(x) = \begin{cases} -2x+6 & (x < a) \\ 2x-a & (x \geq a) \end{cases}$$

에 대하여 함수 $\{f(x)\}^2$이 실수 전체의 집합에서 연속이 되도록 하는 모든 상수 a의 값의 합은? [3점]

① 2   ② 4   ③ 6   ④ 8   ⑤ 10

9. 수열 $\{a_n\}$이 모든 자연수 n에 대하여

$$a_{n+1} = \begin{cases} \dfrac{1}{a_n} & (n\text{이 홀수인 경우}) \\ 8a_n & (n\text{이 짝수인 경우}) \end{cases}$$

이고 $a_{12} = \dfrac{1}{2}$일 때, $a_1 + a_4$의 값은? [4점]

① $\dfrac{3}{4}$ ② $\dfrac{9}{4}$ ③ $\dfrac{5}{2}$ ④ $\dfrac{17}{4}$ ⑤ $\dfrac{9}{2}$

10. $n \geq 2$인 자연수 n에 대하여 두 곡선

$$y = \log_n x, \quad y = -\log_n(x+3)+1$$

이 만나는 점의 x좌표가 1보다 크고 2보다 작도록 하는 모든 n의 값의 합은? [4점]

① 30   ② 35   ③ 40   ④ 45   ⑤ 50

04회

11. 닫힌구간 $[0, 1]$ 에서 연속인 함수 $f(x)$ 가

$$f(0) = 0, \quad f(1) = 1, \quad \int_0^1 f(x)\,dx = \frac{1}{6}$$

을 만족시킨다. 실수 전체의 집합에서 정의된 함수 $g(x)$ 가
다음 조건을 만족시킬 때, $\displaystyle\int_{-3}^{2} g(x)\,dx$ 의 값은? [4점]

> (가) $g(x) = \begin{cases} -f(x+1)+1 & (-1 < x < 0) \\ f(x) & (0 \le x \le 1) \end{cases}$
>
> (나) 모든 실수 x 에 대하여 $g(x+2) = g(x)$ 이다.

① $\dfrac{5}{2}$ ② $\dfrac{17}{6}$ ③ $\dfrac{19}{6}$ ④ $\dfrac{7}{2}$ ⑤ $\dfrac{23}{6}$

12. 그림과 같이 $\overline{AB} = 4$, $\overline{AC} = 5$ 이고 $\cos(\angle BAC) = \dfrac{1}{8}$ 인
삼각형 ABC가 있다. 선분 AC 위의 점 D와 선분 BC 위의
점 E에 대하여

$$\angle BAC = \angle BDA = \angle BED$$

일 때, 선분 DE의 길이는? [4점]

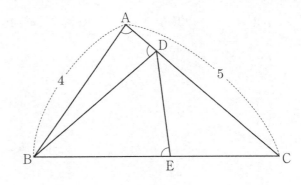

① $\dfrac{7}{3}$ ② $\dfrac{5}{2}$ ③ $\dfrac{8}{3}$ ④ $\dfrac{17}{6}$ ⑤ 3

13. 실수 전체의 집합에서 정의된 함수 $f(x)$가 구간 $(0, 1]$에서

$$f(x) = \begin{cases} 3 & (0 < x < 1) \\ 1 & (x = 1) \end{cases}$$

이고, 모든 실수 x에 대하여 $f(x+1) = f(x)$를 만족시킨다.

$\displaystyle\sum_{k=1}^{20} \dfrac{k \times f(\sqrt{k})}{3}$의 값은? [4점]

① 150 ② 160 ③ 170 ④ 180 ⑤ 190

14. 두 양수 p, q와 함수 $f(x) = x^3 - 3x^2 - 9x - 12$에 대하여 실수 전체의 집합에서 연속인 함수 $g(x)$가 다음 조건을 만족시킬 때, $p+q$의 값은? [4점]

(가) 모든 실수 x에 대하여 $xg(x) = |xf(x-p)+qx|$이다.
(나) 함수 $g(x)$가 $x=a$에서 미분가능하지 않은 실수 a의 개수는 1이다.

① 6 ② 7 ③ 8 ④ 9 ⑤ 10

15. $-1 \le t \le 1$인 실수 t에 대하여 x에 대한 방정식

$$\left(\sin\frac{\pi x}{2} - t\right)\left(\cos\frac{\pi x}{2} - t\right) = 0$$

의 실근 중에서 집합 $\{x \mid 0 \le x < 4\}$에 속하는 가장 작은 값을 $\alpha(t)$, 가장 큰 값을 $\beta(t)$라 하자. <보기>에서 옳은 것만을 있는 대로 고른 것은? [4점]

<보 기>

ㄱ. $-1 \le t < 0$인 모든 실수 t에 대하여 $\alpha(t) + \beta(t) = 5$이다.

ㄴ. $\{t \mid \beta(t) - \alpha(t) = \beta(0) - \alpha(0)\} = \left\{t \mid 0 \le t \le \dfrac{\sqrt{2}}{2}\right\}$

ㄷ. $\alpha(t_1) = \alpha(t_2)$인 두 실수 t_1, t_2에 대하여

$t_2 - t_1 = \dfrac{1}{2}$이면 $t_1 \times t_2 = \dfrac{1}{3}$이다.

① ㄱ   ② ㄱ, ㄴ   ③ ㄱ, ㄷ

④ ㄴ, ㄷ   ⑤ ㄱ, ㄴ, ㄷ

단답형

16. $\log_4 \dfrac{2}{3} + \log_4 24$의 값을 구하시오. [3점]

17. 함수 $f(x) = x^3 - 3x + 12$가 $x = a$에서 극소일 때, $a + f(a)$의 값을 구하시오. (단, a는 상수이다.) [3점]

18. 모든 항이 양수인 등비수열 $\{a_n\}$에 대하여

$$a_2 = 36, \quad a_7 = \frac{1}{3} a_5$$

일 때, a_6의 값을 구하시오. [3점]

19. 수직선 위를 움직이는 점 P의 시각 $t\,(t \geq 0)$에서의 속도 $v(t)$가

$$v(t) = 3t^2 - 4t + k$$

이다. 시각 $t = 0$에서 점 P의 위치는 0이고, 시각 $t = 1$에서 점 P의 위치는 -3이다. 시각 $t = 1$에서 $t = 3$까지 점 P의 위치의 변화량을 구하시오. (단, k는 상수이다.) [3점]

20. 실수 a와 함수 $f(x) = x^3 - 12x^2 + 45x + 3$에 대하여 함수

$$g(x) = \int_a^x \{f(x) - f(t)\} \times \{f(t)\}^4 \, dt$$

가 오직 하나의 극값을 갖도록 하는 모든 a의 값의 합을 구하시오. [4점]

21. 다음 조건을 만족시키는 최고차항의 계수가 1인 이차함수 $f(x)$가 존재하도록 하는 모든 자연수 n의 값의 합을 구하시오. [4점]

(가) x에 대한 방정식 $(x^n - 64)f(x) = 0$은 서로 다른 두 실근을 갖고, 각각의 실근은 중근이다.

(나) 함수 $f(x)$의 최솟값은 음의 정수이다.

22. 삼차함수 $f(x)$가 다음 조건을 만족시킨다.

(가) 방정식 $f(x) = 0$의 서로 다른 실근의 개수는 2이다.

(나) 방정식 $f(x - f(x)) = 0$의 서로 다른 실근의 개수는 3이다.

$f(1) = 4$, $f'(1) = 1$, $f'(0) > 1$일 때, $f(0) = \dfrac{q}{p}$이다. $p+q$의 값을 구하시오. (단, p와 q는 서로소인 자연수이다.) [4점]

* 확인 사항

○ 답안지의 해당란에 필요한 내용을 정확히 기입(표기)했는지 확인하시오.

○ 이어서, 「선택과목(확률과 통계)」 문제가 제시되오니, 자신이 선택한 과목인지 확인하시오.

제 2 교시
수학 영역(확률과 통계)
04회

5지선다형

23. 다항식 $(2x+1)^5$의 전개식에서 x^3의 계수는? [2점]

① 20   ② 40   ③ 60   ④ 80   ⑤ 100

24. 어느 동아리의 학생 20명을 대상으로 진로활동 A와 진로활동 B에 대한 선호도를 조사하였다. 이 조사에 참여한 학생은 진로활동 A와 진로활동 B 중 하나를 선택하였고, 각각의 진로활동을 선택한 학생 수는 다음과 같다.

(단위 : 명)

구분	진로활동 A	진로활동 B	합계
1학년	7	5	12
2학년	4	4	8
합계	11	9	20

이 조사에 참여한 학생 20명 중에서 임의로 선택한 한 명이 진로활동 B를 선택한 학생일 때, 이 학생이 1학년일 확률은? [3점]

① $\dfrac{1}{2}$ ② $\dfrac{5}{9}$ ③ $\dfrac{3}{5}$ ④ $\dfrac{7}{11}$ ⑤ $\dfrac{2}{3}$

25. 숫자 1, 2, 3, 4, 5 중에서 중복을 허락하여 4개를 택해 일렬로 나열하여 만들 수 있는 모든 네 자리의 자연수 중에서 임의로 하나의 수를 선택할 때, 선택한 수가 3500보다 클 확률은? [3점]

① $\dfrac{9}{25}$ ② $\dfrac{2}{5}$ ③ $\dfrac{11}{25}$ ④ $\dfrac{12}{25}$ ⑤ $\dfrac{13}{25}$

26. 빨간색 카드 4장, 파란색 카드 2장, 노란색 카드 1장이 있다. 이 7장의 카드를 세 명의 학생에게 남김없이 나누어 줄 때, 3가지 색의 카드를 각각 한 장 이상 받는 학생이 있도록 나누어 주는 경우의 수는? (단, 같은 색 카드끼리는 서로 구별하지 않고, 카드를 받지 못하는 학생이 있을 수 있다.) [3점]

① 78   ② 84   ③ 90   ④ 96   ⑤ 102

27. 주사위 2개와 동전 4개를 동시에 던질 때, 나오는 주사위의 눈의 수의 곱과 앞면이 나오는 동전의 개수가 같을 확률은? [3점]

① $\dfrac{3}{64}$ ② $\dfrac{5}{96}$ ③ $\dfrac{11}{192}$ ④ $\dfrac{1}{16}$ ⑤ $\dfrac{13}{192}$

28. 한 개의 주사위를 한 번 던져 나온 눈의 수가 3 이하이면 나온 눈의 수를 점수로 얻고, 나온 눈의 수가 4 이상이면 0점을 얻는다. 이 주사위를 네 번 던져 나온 눈의 수를 차례로 a, b, c, d 라 할 때, 얻은 네 점수의 합이 4가 되는 모든 순서쌍 (a, b, c, d)의 개수는? [4점]

① 187   ② 190   ③ 193   ④ 196   ⑤ 199

04회

29. 1부터 6까지의 자연수가 하나씩 적혀 있는 6개의 의자가
있다. 이 6개의 의자를 일정한 간격을 두고 원형으로 배열할 때,
서로 이웃한 2개의 의자에 적혀 있는 수의 곱이 12가 되지
않도록 배열하는 경우의 수를 구하시오.
(단, 회전하여 일치하는 것은 같은 것으로 본다.) [4점]

30. 숫자 1, 2, 3이 하나씩 적혀 있는 3개의 공이 들어 있는
주머니가 있다. 이 주머니에서 임의로 한 개의 공을 꺼내어
공에 적혀 있는 수를 확인한 후 다시 넣는 시행을 한다.
이 시행을 5번 반복하여 확인한 5개의 수의 곱이 6의 배수일
확률이 $\dfrac{q}{p}$일 때, $p+q$의 값을 구하시오.
(단, p와 q는 서로소인 자연수이다.) [4점]

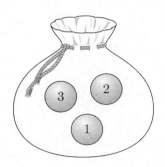

* 확인 사항

○ 답안지의 해당란에 필요한 내용을 정확히 기입(표기)했는지 확인
하시오.

○ 이어서, 「**선택과목(미적분)**」 문제가 제시되오니, 자신이 선택한
과목인지 확인하시오.

제 2 교시   **수학 영역(미적분)**   04회

5지선다형

23. $\displaystyle\lim_{n\to\infty}\dfrac{1}{\sqrt{n^2+n+1}-n}$ 의 값은? [2점]

① 1   ② 2   ③ 3   ④ 4   ⑤ 5

24. 매개변수 t 로 나타내어진 곡선

$$x=e^t+\cos t, \quad y=\sin t$$

에서 $t=0$ 일 때, $\dfrac{dy}{dx}$ 의 값은? [3점]

① $\dfrac{1}{2}$ ② 1   ③ $\dfrac{3}{2}$ ④ 2   ⑤ $\dfrac{5}{2}$

25. 원점에서 곡선 $y=e^{|x|}$ 에 그은 두 접선이 이루는 예각의 크기를 θ 라 할 때, $\tan\theta$ 의 값은? [3점]

① $\dfrac{e}{e^2+1}$　　　② $\dfrac{e}{e^2-1}$　　　③ $\dfrac{2e}{e^2+1}$

④ $\dfrac{2e}{e^2-1}$　　　⑤ 1

26. 그림과 같이 중심이 O_1, 반지름의 길이가 1이고 중심각의 크기가 $\dfrac{5\pi}{12}$ 인 부채꼴 $O_1A_1O_2$가 있다. 호 A_1O_2 위에 점 B_1을 $\angle A_1O_1B_1 = \dfrac{\pi}{4}$ 가 되도록 잡고, 부채꼴 $O_1A_1B_1$에 색칠하여 얻은 그림을 R_1이라 하자.

그림 R_1에서 점 O_2를 지나고 선분 O_1A_1에 평행한 직선이 직선 O_1B_1과 만나는 점을 A_2라 하자. 중심이 O_2이고 중심각의 크기가 $\dfrac{5\pi}{12}$ 인 부채꼴 $O_2A_2O_3$을 부채꼴 $O_1A_1B_1$과 겹치지 않도록 그린다. 호 A_2O_3 위에 점 B_2를 $\angle A_2O_2B_2 = \dfrac{\pi}{4}$ 가 되도록 잡고, 부채꼴 $O_2A_2B_2$에 색칠하여 얻은 그림을 R_2라 하자.

이와 같은 과정을 계속하여 n번째 얻은 그림 R_n에 색칠되어 있는 부분의 넓이를 S_n이라 할 때, $\lim\limits_{n\to\infty} S_n$의 값은? [3점]

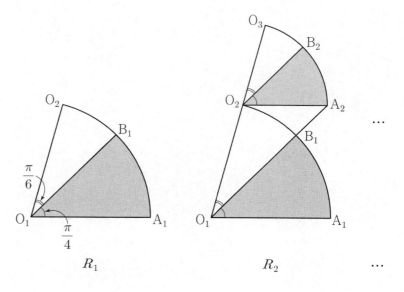

R_1　　　　　　R_2　　$\cdots$

① $\dfrac{3\pi}{16}$　　② $\dfrac{7\pi}{32}$　　③ $\dfrac{\pi}{4}$　　④ $\dfrac{9\pi}{32}$　　⑤ $\dfrac{5\pi}{16}$

27. 두 함수

$$f(x) = e^x, \quad g(x) = k\sin x$$

에 대하여 방정식 $f(x) = g(x)$의 서로 다른 양의 실근의 개수가 3일 때, 양수 k의 값은? [3점]

① $\sqrt{2}e^{\frac{3\pi}{2}}$ ② $\sqrt{2}e^{\frac{7\pi}{4}}$ ③ $\sqrt{2}e^{2\pi}$

④ $\sqrt{2}e^{\frac{9\pi}{4}}$ ⑤ $\sqrt{2}e^{\frac{5\pi}{2}}$

28. 그림과 같이 길이가 2인 선분 AB를 지름으로 하는 반원의 호 AB 위에 점 P가 있다. 선분 AB의 중점을 O라 할 때, 점 B를 지나고 선분 AB에 수직인 직선이 직선 OP와 만나는 점을 Q라 하고, ∠OQB의 이등분선이 직선 AP와 만나는 점을 R라 하자. ∠OAP $= \theta$일 때, 삼각형 OAP의 넓이를 $f(\theta)$, 삼각형 PQR의 넓이를 $g(\theta)$라 하자.

$\displaystyle\lim_{\theta \to 0+} \frac{g(\theta)}{\theta^4 \times f(\theta)}$의 값은? (단, $0 < \theta < \frac{\pi}{4}$) [4점]

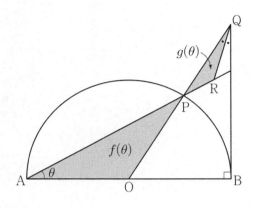

① 2 ② $\frac{5}{2}$ ③ 3 ④ $\frac{7}{2}$ ⑤ 4

단답형

29. $t > 2e$인 실수 t에 대하여 함수 $f(x) = t(\ln x)^2 - x^2$이 $x = k$에서 극대일 때, 실수 k의 값을 $g(t)$라 하면 $g(t)$는 미분가능한 함수이다. $g(\alpha) = e^2$인 실수 α에 대하여 $\alpha \times \{g'(\alpha)\}^2 = \dfrac{q}{p}$일 때, $p+q$의 값을 구하시오. (단, p와 q는 서로소인 자연수이다.) [4점]

30. $t > \dfrac{1}{2}\ln 2$인 실수 t에 대하여 곡선 $y = \ln(1 + e^{2x} - e^{-2t})$과 직선 $y = x + t$가 만나는 서로 다른 두 점 사이의 거리를 $f(t)$라 할 때, $f'(\ln 2) = \dfrac{q}{p}\sqrt{2}$이다. $p+q$의 값을 구하시오. (단, p와 q는 서로소인 자연수이다.) [4점]

* 확인 사항
○ 답안지의 해당란에 필요한 내용을 정확히 기입(표기)했는지 확인하시오.

수학 영역

제2교시

05회

● 문항수 30개 | 배점 100점 | 제한 시간 100분

● 배점은 2점, 3점 또는 4점

5지선다형

● 2021학년도 6월(고3 나)

1. $\sqrt[3]{8} \times 4^{\frac{3}{2}}$의 값은? [2점]

① 1 　　② 2 　　③ 4 　　④ 8 　　⑤ 16

● 2021학년도 6월(고3 나)

2. 함수 $f(x) = x^3 + 7x + 1$에 대하여 $f'(0)$의 값은? [2점]

① 1 　　② 3 　　③ 5 　　④ 7 　　⑤ 9

● 2015학년도 6월(고3 A)

3. 함수

$$f(x) = \begin{cases} 2x+5 & (x \neq 1) \\ a & (x = 1) \end{cases}$$

이 실수 전체의 집합에서 연속일 때, 상수 a의 값은? [3점]

① 6 　　② 7 　　③ 8 　　④ 9 　　⑤ 10

● 2021학년도 6월(고3 나)

4. 열린구간 $(0, 4)$에서 정의된 함수 $y = f(x)$의 그래프가 그림과 같다.

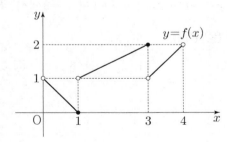

$\lim\limits_{x \to 1+} f(x) - \lim\limits_{x \to 3-} f(x)$의 값은? [3점]

① -2 　　② -1 　　③ 0 　　④ 1 　　⑤ 2

● 2021학년도 6월(고3 가)

5. 함수

$$f(x) = 2\log_{\frac{1}{2}}(x+k)$$

가 닫힌구간 $[0, 12]$에서 최댓값 -4, 최솟값 m을 갖는다. $k+m$의 값은? (단, k는 상수이다.) [3점]

① -1 ② -2 ③ -3 ④ -4 ⑤ -5

● 2021학년도 6월(고3 나)

6. 함수 $f(x) = -\frac{1}{3}x^3 + 2x^2 + mx + 1$이 $x=3$에서 극대일 때, 상수 m의 값은? [3점]

① -3 ② -1 ③ 1 ④ 3 ⑤ 5

● 2021학년도 6월(고3 가)

7. 자연수 n이 $2 \le n \le 11$일 때, $-n^2 + 9n - 18$의 n제곱근 중에서 음의 실수가 존재하도록 하는 모든 n의 값의 합은? [3점]

① 31 ② 33 ③ 35 ④ 37 ⑤ 39

[해설편 p.051]

● 2021학년도 6월(고3 나)

8. 곡선 $y = x^3 - 2x^2$과 x축으로 둘러싸인 부분의 넓이는? [3점]

① $\dfrac{7}{6}$ ② $\dfrac{4}{3}$ ③ $\dfrac{3}{2}$ ④ $\dfrac{5}{3}$ ⑤ $\dfrac{11}{6}$

● 2021학년도 6월(고3 가)

9. $0 \le \theta < 2\pi$일 때, x에 대한 이차방정식

$$x^2 - (2\sin\theta)x - 3\cos^2\theta - 5\sin\theta + 5 = 0$$

이 실근을 갖도록 하는 θ의 최솟값과 최댓값을 각각 α, β라 하자. $4\beta - 2\alpha$의 값은? [4점]

① 3π ② 4π ③ 5π ④ 6π ⑤ 7π

● 2021학년도 6월(고3 나)

10. 수직선 위를 움직이는 점 P의 시각 $t(t \ge 0)$에서의

속도 $v(t)$가

$$v(t) = -4t + 5$$

이다. 시각 $t = 3$에서 점 P의 위치가 11일 때, 시각 $t = 0$에서 점 P의 위치는? [4점]

① 11   ② 12   ③ 13   ④ 14   ⑤ 15

4   수학 영역

● 2021학년도 6월(고3 가)

11. 수열 $\{a_n\}$의 일반항은

$$a_n = (2^{2n} - 1) \times 2^{n(n-1)} + (n-1) \times 2^{-n}$$

이다. 다음은 모든 자연수 n에 대하여

$$\sum_{k=1}^{n} a_k = 2^{n(n+1)} - (n+1) \times 2^{-n} \quad \cdots\cdots (*)$$

임을 수학적 귀납법을 이용하여 증명한 것이다.

(i) $n = 1$일 때, (좌변)$= 3$, (우변)$= 3$이므로
    $(*)$이 성립한다.

(ii) $n = m$일 때, $(*)$이 성립한다고 가정하면

$$\sum_{k=1}^{m} a_k = 2^{m(m+1)} - (m+1) \times 2^{-m}$$

이다. $n = m+1$일 때,

$$\sum_{k=1}^{m+1} a_k = 2^{m(m+1)} - (m+1) \times 2^{-m}$$
$$+ (2^{2m+2} - 1) \times \boxed{(가)} + m \times 2^{-m-1}$$
$$= \boxed{(가)} \times \boxed{(나)} - \frac{m+2}{2} \times 2^{-m}$$
$$= 2^{(m+1)(m+2)} - (m+2) \times 2^{-(m+1)}$$

이다. 따라서 $n = m+1$일 때도 $(*)$이 성립한다.

(i), (ii)에 의하여 모든 자연수 n에 대하여

$$\sum_{k=1}^{n} a_k = 2^{n(n+1)} - (n+1) \times 2^{-n}$$

이다.

위의 (가), (나)에 알맞은 식을 각각 $f(m)$, $g(m)$이라 할 때,
$\dfrac{g(7)}{f(3)}$의 값은? [4점]

① 2   ② 4   ③ 8   ④ 16   ⑤ 32

● 2021학년도 6월(고3 나)

12. 함수 $f(x)$가 모든 실수 x에 대하여

$$f(x) = 4x^3 + x \int_0^1 f(t)\,dt$$

를 만족시킬 때, $f(1)$의 값은? [4점]

① 6   ② 7   ③ 8   ④ 9   ⑤ 10

● 2021학년도 6월(고3 나)

13. 방정식 $2x^3 + 6x^2 + a = 0$이 $-2 \leq x \leq 2$에서

서로 다른 두 실근을 갖도록 하는 정수 a의 개수는? [4점]

① 4   ② 6   ③ 8   ④ 10   ⑤ 12

● 2021학년도 6월(고3 나)

14. 두 곡선 $y = 2^x$과 $y = -2x^2 + 2$가 만나는 두 점을

$(x_1,\ y_1)$, $(x_2,\ y_2)$라 하자. $x_1 < x_2$일 때, <보기>에서

옳은 것만을 있는 대로 고른 것은? [4점]

─────────< 보 기 >─────────

ㄱ. $x_2 > \dfrac{1}{2}$

ㄴ. $y_2 - y_1 < x_2 - x_1$

ㄷ. $\dfrac{\sqrt{2}}{2} < y_1 y_2 < 1$

① ㄱ   ② ㄱ, ㄴ   ③ ㄱ, ㄷ
④ ㄴ, ㄷ   ⑤ ㄱ, ㄴ, ㄷ

● 2021학년도 6월(고3 가)

15. 수열 $\{a_n\}$의 일반항은

$$a_n = \log_2 \sqrt{\frac{2(n+1)}{n+2}}$$

이다. $\sum_{k=1}^{m} a_k$의 값이 100이하의 자연수가 되도록 하는

모든 자연수 m의 값의 합은? [4점]

① 150 ② 154 ③ 158 ④ 162 ⑤ 166

● 2021학년도 6월(고3 나)

16. 함수 $f(x)$가

$$f'(x) = x^3 + x, \ f(0) = 3$$

을 만족시킬 때, $f(2)$의 값을 구하시오. [3점]

● 2021학년도 6월(고3 가)

17. 반지름의 길이가 15인 원에 내접하는 삼각형 ABC에서

$\sin B = \dfrac{7}{10}$ 일 때, 선분 AC의 길이를 구하시오. [3점]

● 2021학년도 6월(고3 나)

18. 곡선 $y = x^3 - 6x^2 + 6$ 위의 점 $(1, 1)$에서의 접선이

점 $(0, a)$를 지날 때, a의 값을 구하시오. [3점]

● 2021학년도 6월(고3 나)

20. 함수 $f(x) = x^3 - 3x^2 + 5x$에서 x의 값이

0에서 a까지 변할 때의 평균변화율이 $f'(2)$의 값과

같게 되도록 하는 양수 a의 값을 구하시오. [4점]

● 2021학년도 6월(고3 나)

19. 등비수열 $\{a_n\}$의 첫째항부터 제n항까지의 합을 S_n이라 하자.

$$a_1 = 1, \quad \frac{S_6}{S_3} = 2a_4 - 7$$

일 때, a_7의 값을 구하시오. [3점]

● 2021학년도 6월(고3 나)

21. 수열 $\{a_n\}$이 모든 자연수 n에 대하여

$$\sum_{k=1}^{n} \frac{4k-3}{a_k} = 2n^2 + 7n$$

을 만족시킨다. $a_5 \times a_7 \times a_9 = \dfrac{q}{p}$일 때, $p+q$의 값을 구하시오.

(단, p와 q는 서로소인 자연수이다.) [4점]

● 2021학년도 6월(고3 나)

22. 이차함수 $f(x)$는 $x=-1$에서 극대이고,

삼차함수 $g(x)$는 이차항의 계수가 0이다. 함수

$$h(x) = \begin{cases} f(x) \ (x \le 0) \\ g(x) \ (x > 0) \end{cases}$$

이 실수 전체의 집합에서 미분가능하고 다음 조건을
만족시킬 때, $h'(-3)+h'(4)$의 값을 구하시오. [4점]

(가) 방정식 $h(x)=h(0)$의 모든 실근의 합은 1이다.

(나) 닫힌구간 $[-2, 3]$에서 함수 $h(x)$의 최댓값과 최솟값의
    차는 $3+4\sqrt{3}$ 이다.

---

* 확인 사항

○ 답안지의 해당란에 필요한 내용을 정확히 기입(표기)했는지
  확인하시오.

○ 이어서, 「선택과목(확률과 통계)」 문제가 제시되오니, 자신이
  선택한 과목인지 확인하시오.

5지선다형

● 2021학년도 6월(고3 가)

23. 6개의 문자 a, a, a, b, b, c를 모두 일렬로 나열하는 경우의 수는? [2점]

① 52　　② 56　　③ 60　　④ 64　　⑤ 68

● 2021학년도 6월(고3 나)

24. 두 사건 A, B에 대하여

$$P(A \cup B) = 1, \ P(B) = \frac{1}{3}, \ P(A \cap B) = \frac{1}{6}$$

일 때, $P(A^C)$의 값은? (단, A^C은 A의 여사건이다.) [3점]

① $\frac{1}{3}$　　② $\frac{1}{4}$　　③ $\frac{1}{5}$　　④ $\frac{1}{6}$　　⑤ $\frac{1}{7}$

● 2021학년도 6월(고3 나)

25. 다항식 $(1+2x)^4$의 전개식에서 x^2의 계수는? [3점]

① 12   ② 16   ③ 20   ④ 24   ⑤ 28

● 2021학년도 6월(고3 나)

26. 1학년 학생 2명, 2학년 학생 2명, 3학년 학생 3명이 있다. 이 7명의 학생이 일정한 간격을 두고 원 모양의 탁자에 모두 둘러앉을 때, 1학년 학생끼리 이웃하고 2학년 학생끼리 이웃하게 되는 경우의 수는? (단, 회전하여 일치하는 것은 같은 것으로 본다.) [3점]

① 96   ② 100   ③ 104   ④ 108   ⑤ 112

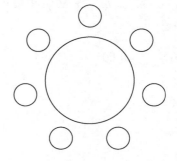

[해설편 p.056]

● 2021학년도 6월(고3 가)

27. 한 개의 주사위를 두 번 던져서 나오는 눈의 수를 차례로 a, b라 할 때, $|a-3|+|b-3|=2$이거나 $a=b$일 확률은? [3점]

① $\dfrac{1}{4}$ ② $\dfrac{1}{3}$ ③ $\dfrac{5}{12}$ ④ $\dfrac{1}{2}$ ⑤ $\dfrac{7}{12}$

● 2021학년도 6월(고3 나)

28. 주머니에 숫자 1, 2, 3, 4가 하나씩 적혀 있는 흰 공 4개와 숫자 3, 4, 5, 6이 하나씩 적혀 있는 검은 공 4개가 들어 있다. 이 주머니에서 임의로 4개의 공을 동시에 꺼내는 시행을 한다. 이 시행에서 꺼낸 공에 적혀 있는 수가 같은 것이 있을 때, 꺼낸 공 중 검은 공이 2개일 확률은? [4점]

① $\dfrac{13}{29}$ ② $\dfrac{15}{29}$ ③ $\dfrac{17}{29}$ ④ $\dfrac{19}{29}$ ⑤ $\dfrac{21}{29}$

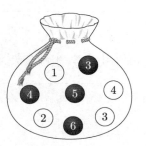

● 2021학년도 6월(고3 나)

29. 집합 $A = \{1, 2, 3, 4\}$에 대하여 A에서 A로의
모든 함수 f 중에서 임의로 하나를 선택할 때, 이 함수가
다음 조건을 만족시킬 확률은 p이다. $120p$의 값을 구하시오.

[4점]

(가) $f(1) \times f(2) \geq 9$
(나) 함수 f의 치역의 원소의 개수는 3이다.

● 2021학년도 6월(고3 가)

30. 검은색 볼펜 1자루, 파란색 볼펜 4자루, 빨간색 볼펜 4자루가
있다. 이 9자루의 볼펜 중에서 5자루를 선택하여
2명의 학생에게 남김없이 나누어 주는 경우의 수를 구하시오.
(단, 같은 색 볼펜끼리는 서로 구별하지 않고,
볼펜을 1자루도 받지 못하는 학생이 있을 수 있다.) [4점]

★ 확인 사항
○ 답안지의 해당란에 필요한 내용을 정확히 기입(표기)했는지
  확인하시오.
○ 이어서, 「**선택과목(미적분)**」 문제가 제시되오니, 자신이 선택한
  과목인지 확인하시오.

제 2 교시

수학 영역(미적분)

05회

5지선다형

● 2021학년도 6월(고3 가)

23. $\lim\limits_{n\to\infty}\left(\sqrt{9n^2+12n}-3n\right)$의 값은? [2점]

① 1　　　② 2　　　③ 3　　　④ 4　　　⑤ 5

● 2021학년도 6월(고3 가)

24. 수열 $\{a_n\}$에 대하여 $\sum\limits_{n=1}^{\infty}\dfrac{a_n}{n}=10$일 때, $\lim\limits_{n\to\infty}\dfrac{a_n+2a_n^2+3n^2}{a_n^2+n^2}$

의 값은? [3점]

① 3　　　② $\dfrac{7}{2}$　　　③ 4　　　④ $\dfrac{9}{2}$　　　⑤ 5

● 2021학년도 6월(고3 가)

25. 함수

$$f(x) = \lim_{n \to \infty} \frac{2 \times \left(\dfrac{x}{4}\right)^{2n+1} - 1}{\left(\dfrac{x}{4}\right)^{2n} + 3}$$

에 대하여 $f(k) = -\dfrac{1}{3}$ 을 만족시키는 정수 k의 개수는? [3점]

① 5   ② 7   ③ 9   ④ 11   ⑤ 13

● 2021학년도 6월(고3 가)

26. 실수 전체의 집합에서 연속인 함수 $f(x)$가
모든 실수 x에 대하여

$$(e^{2x} - 1)^2 f(x) = a - 4\cos\frac{\pi}{2}x$$

를 만족시킬 때, $a \times f(0)$의 값은? (단, a는 상수이다.) [3점]

① $\dfrac{\pi^2}{6}$ ② $\dfrac{\pi^2}{5}$ ③ $\dfrac{\pi^2}{4}$ ④ $\dfrac{\pi^2}{3}$ ⑤ $\dfrac{\pi^2}{2}$

수학 영역(미적분)

3

27. 실수 전체의 집합에서 미분가능한 함수 $f(x)$에 대하여
함수 $g(x)$를

$$g(x) = \frac{f(x)}{(e^x+1)^2}$$

라 하자. $f'(0)-f(0)=2$일 때, $g'(0)$의 값은? [3점]

① $\frac{1}{4}$ ② $\frac{3}{8}$ ③ $\frac{1}{2}$ ④ $\frac{5}{8}$ ⑤ $\frac{3}{4}$

28. 그림과 같이 $\overline{AB_1}=3$, $\overline{AC_1}=2$이고 $\angle B_1AC_1 = \frac{\pi}{3}$인

삼각형 AB_1C_1이 있다. $\angle B_1AC_1$의 이등분선이 선분 B_1C_1과
만나는 점을 D_1, 세 점 A, D_1, C_1을 지나는 원이 선분 AB_1과
만나는 점 중 A가 아닌 점을 B_2라 할 때,
두 선분 B_1B_2, B_1D_1과 호 B_2D_1로 둘러싸인 부분과 선분 C_1D_1과
호 C_1D_1로 둘러싸인 부분인 ◁ 모양의 도형에 색칠하여
얻은 그림을 R_1이라 하자.

그림 R_1에서 점 B_2를 지나고 직선 B_1C_1에 평행한 직선이
두 선분 AD_1, AC_1과 만나는 점을 각각 D_2, C_2라 하자.
세 점 A, D_2, C_2를 지나는 원이 선분 AB_2와 만나는 점 중
A가 아닌 점을 B_3이라 할 때,
두 선분 B_2B_3, B_2D_2와 호 B_3D_2로 둘러싸인 부분과
선분 C_2D_2와 호 C_2D_2로 둘러싸인 부분인 ◁ 모양의 도형에 색
칠하여 얻은 그림을 R_2라 하자.

이와 같은 과정을 계속하여 n번째 얻은 그림 R_n에 색칠되어
있는 부분의 넓이를 S_n이라 할 때, $\lim\limits_{n \to \infty} S_n$의 값은? [4점]

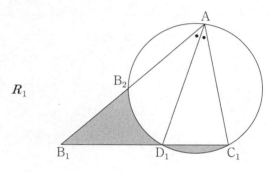

R_1

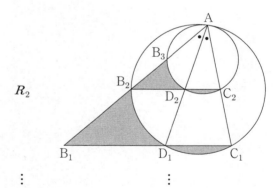

R_2

$\vdots$ $\vdots$

① $\frac{27\sqrt{3}}{46}$ ② $\frac{15\sqrt{3}}{23}$ ③ $\frac{33\sqrt{3}}{46}$

④ $\frac{18\sqrt{3}}{23}$ ⑤ $\frac{39\sqrt{3}}{46}$

수학 영역(미적분)

4

단 답 형

● 2021학년도 6월(고3 가)

29. 그림과 같이 $\overline{AB}=1$, $\overline{BC}=2$인 두 선분 AB, BC에 대하여
선분 BC의 중점을 M, 점 M에서 선분 AB에 내린
수선의 발을 H라 하자. 중심이 M이고 반지름의 길이가
$\overline{MH}$인 원이 선분 AM과 만나는 점을 D,
선분 HC가 선분 DM과 만나는 점을 E라 하자.
∠ABC $=\theta$라 할 때, 삼각형 CDE의 넓이를 $f(\theta)$,
삼각형 MEH의 넓이를 $g(\theta)$라 하자.
$\lim\limits_{\theta \to 0+} \dfrac{f(\theta)-g(\theta)}{\theta^3} = a$일 때, 80a의 값을 구하시오.

(단, $0 < \theta < \dfrac{\pi}{2}$) [4점]

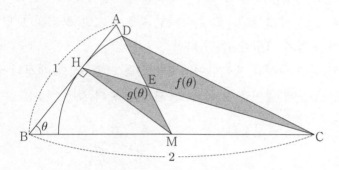

● 2021학년도 6월(고3 가)

30. 실수 전체의 집합에서 정의된 함수 $f(x)$는 $0 \le x < 3$일 때
$f(x) = |x-1| + |x-2|$이고, 모든 실수 x에 대하여
$f(x+3) = f(x)$를 만족시킨다. 함수 $g(x)$를

$$g(x) = \lim_{h \to 0+} \left| \frac{f(2^{x+h}) - f(2^x)}{h} \right|$$

이라 하자. 함수 $g(x)$가 $x=a$에서 불연속인 a의 값 중에서
열린구간 $(-5, 5)$에 속하는 모든 값을 작은 수부터 크기순으로
나열한 것을 $a_1, a_2, \cdots, a_n$ (n은 자연수)라 할 때,

$n + \sum\limits_{k=1}^{n} \dfrac{g(a_k)}{\ln 2}$의 값을 구하시오. [4점]

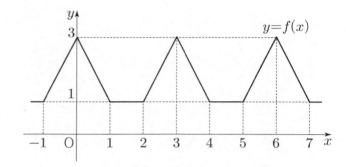

┌─────────────────────────────────────┐
│ * 확인 사항   │
│ ○ 답안지의 해당란에 필요한 내용을 정확히 기입(표기)했는지 확인 │
│   하시오.   │
└─────────────────────────────────────┘

제 2 교시

수학 영역

06회

● 문항수 **30개** | 배점 **100점** | 제한 시간 **100분**   ● 배점은 **2점, 3점 또는 4점**

5지선다형

1. $\dfrac{\sqrt[4]{32}}{\sqrt[8]{4}}$ 의 값은? [2점]

① $\sqrt{2}$ ② 2   ③ $2\sqrt{2}$ ④ 4   ⑤ $4\sqrt{2}$

2. 함수 $f(x)=x^3+3x^2-5$ 에 대하여 $\displaystyle\lim_{h\to 0}\dfrac{f(1+h)-f(1)}{h}$ 의 값은? [2점]

① 5   ② 6   ③ 7   ④ 8   ⑤ 9

3. 모든 항이 실수인 등비수열 $\{a_n\}$ 에 대하여

$$a_2 a_3 = 2, \quad a_4 = 4$$

일 때, a_6 의 값은? [3점]

① 10   ② 12   ③ 14   ④ 16   ⑤ 18

4. 함수 $y=f(x)$ 의 그래프가 그림과 같다.

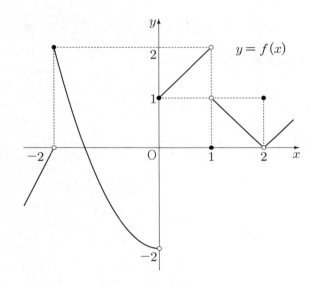

$\displaystyle\lim_{x\to 0-} f(x) + \lim_{x\to 1+} f(x)$ 의 값은? [3점]

① -2 ② -1 ③ 0   ④ 1   ⑤ 2

5. 함수 $f(x) = (x+1)(x^2+x-5)$에 대하여 $f'(2)$의 값은? [3점]

① 15   ② 16   ③ 17   ④ 18   ⑤ 19

6. $\dfrac{\pi}{2} < \theta < \pi$인 θ에 대하여 $\cos(\pi+\theta) = \dfrac{2\sqrt{5}}{5}$일 때, $\sin\theta + \cos\theta$의 값은? [3점]

① $-\dfrac{2\sqrt{5}}{5}$ ② $-\dfrac{\sqrt{5}}{5}$ ③ 0

④ $\dfrac{\sqrt{5}}{5}$ ⑤ $\dfrac{2\sqrt{5}}{5}$

7. 함수

$$f(x) = \begin{cases} (x-a)^2 & (x < 4) \\ 2x - 4 & (x \geq 4) \end{cases}$$

가 실수 전체의 집합에서 연속이 되도록 하는 모든 상수 a의 값의 곱은? [3점]

① 6   ② 9   ③ 12   ④ 15   ⑤ 18

8. $a > 2$인 상수 a에 대하여 두 수 $\log_2 a$, $\log_a 8$의 합과 곱이 각각 4, k일 때, $a + k$의 값은? [3점]

① 11   ② 12   ③ 13   ④ 14   ⑤ 15

9. 함수 $f(x) = x^2 + x$에 대하여

$$5 \int_0^1 f(x)\,dx - \int_0^1 \left(5x + f(x)\right)dx$$

의 값은? [4점]

① $\dfrac{1}{6}$ ② $\dfrac{1}{3}$ ③ $\dfrac{1}{2}$ ④ $\dfrac{2}{3}$ ⑤ $\dfrac{5}{6}$

10. $\angle A > \dfrac{\pi}{2}$인 삼각형 ABC의 꼭짓점 A에서 선분 BC에 내린 수선의 발을 H라 하자.

$$\overline{AB} : \overline{AC} = \sqrt{2} : 1, \quad \overline{AH} = 2$$

이고, 삼각형 ABC의 외접원의 넓이가 50π일 때, 선분 BH의 길이는? [4점]

① 6   ② $\dfrac{25}{4}$ ③ $\dfrac{13}{2}$ ④ $\dfrac{27}{4}$ ⑤ 7

11. 수직선 위를 움직이는 두 점 P, Q의 시각 $t\,(t \geq 0)$에서의 위치가 각각

$$x_1 = t^2 + t - 6, \quad x_2 = -t^3 + 7t^2$$

이다. 두 점 P, Q의 위치가 같아지는 순간 두 점 P, Q의 가속도를 각각 p, q라 할 때, $p-q$의 값은? [4점]

① 24　　② 27　　③ 30　　④ 33　　⑤ 36

12. 수열 $\{a_n\}$은 등차수열이고, 수열 $\{b_n\}$은 모든 자연수 n에 대하여

$$b_n = \sum_{k=1}^{n} (-1)^{k+1} a_k$$

를 만족시킨다. $b_2 = -2$, $b_3 + b_7 = 0$일 때, 수열 $\{b_n\}$의 첫째항부터 제9항까지의 합은? [4점]

① -22　　② -20　　③ -18　　④ -16　　⑤ -14

13. 함수

$$f(x) = \begin{cases} -x^2 - 2x + 6 & (x < 0) \\ -x^2 + 2x + 6 & (x \geq 0) \end{cases}$$

의 그래프가 x축과 만나는 서로 다른 두 점을 P, Q라 하고, 상수 $k\,(k > 4)$에 대하여 직선 $x = k$가 x축과 만나는 점을 R이라 하자. 곡선 $y = f(x)$와 선분 PQ로 둘러싸인 부분의 넓이를 A, 곡선 $y = f(x)$와 직선 $x = k$ 및 선분 QR로 둘러싸인 부분의 넓이를 B라 하자. $A = 2B$일 때, k의 값은? (단, 점 P의 x좌표는 음수이다.) [4점]

① $\dfrac{9}{2}$ ② 5 ③ $\dfrac{11}{2}$ ④ 6 ⑤ $\dfrac{13}{2}$

14. 자연수 n에 대하여 곡선 $y = 2^x$ 위의 두 점 A_n, B_n이 다음 조건을 만족시킨다.

(가) 직선 $A_n B_n$의 기울기는 3이다.

(나) $\overline{A_n B_n} = n \times \sqrt{10}$

중심이 직선 $y = x$ 위에 있고 두 점 A_n, B_n을 지나는 원이 곡선 $y = \log_2 x$와 만나는 두 점의 x좌표 중 큰 값을 x_n이라 하자. $x_1 + x_2 + x_3$의 값은? [4점]

① $\dfrac{150}{7}$ ② $\dfrac{155}{7}$ ③ $\dfrac{160}{7}$ ④ $\dfrac{165}{7}$ ⑤ $\dfrac{170}{7}$

15. 두 다항함수 $f(x)$, $g(x)$는 모든 실수 x에 대하여 다음 조건을 만족시킨다.

> (가) $\displaystyle\int_1^x tf(t)\,dt + \int_{-1}^x tg(t)\,dt = 3x^4 + 8x^3 - 3x^2$
>
> (나) $f(x) = xg'(x)$

$\displaystyle\int_0^3 g(x)\,dx$ 의 값은? [4점]

① 72　　　② 76　　　③ 80　　　④ 84　　　⑤ 88

단답형

16. 방정식

$$\log_3(x+2) - \log_{\frac{1}{3}}(x-4) = 3$$

을 만족시키는 실수 x의 값을 구하시오. [3점]

17. 함수 $f(x)$에 대하여 $f'(x) = 6x^2 + 2x + 1$이고 $f(0) = 1$일 때, $f(1)$의 값을 구하시오. [3점]

18. 수열 $\{a_n\}$에 대하여

$$\sum_{k=1}^{10} ka_k = 36, \quad \sum_{k=1}^{9} ka_{k+1} = 7$$

일 때, $\sum_{k=1}^{10} a_k$의 값을 구하시오. [3점]

19. 함수 $f(x) = x^3 + ax^2 - 9x + b$는 $x = 1$에서 극소이다. 함수 $f(x)$의 극댓값이 28일 때, $a + b$의 값을 구하시오. (단, a와 b는 상수이다.) [3점]

20. 닫힌구간 $[0, 2\pi]$에서 정의된 함수

$$f(x) = \begin{cases} \sin x - 1 & (0 \le x < \pi) \\ -\sqrt{2}\sin x - 1 & (\pi \le x \le 2\pi) \end{cases}$$

가 있다. $0 \le t \le 2\pi$인 실수 t에 대하여 x에 대한 방정식 $f(x) = f(t)$의 서로 다른 실근의 개수가 3이 되도록 하는 모든 t의 값의 합은 $\dfrac{q}{p}\pi$이다. $p + q$의 값을 구하시오. (단, p와 q는 서로소인 자연수이다.) [4점]

06회

21. 최고차항의 계수가 1인 삼차함수 $f(x)$가 모든 정수 k에 대하여

$$2k-8 \leq \frac{f(k+2)-f(k)}{2} \leq 4k^2+14k$$

를 만족시킬 때, $f'(3)$의 값을 구하시오. [4점]

22. 양수 k에 대하여 $a_1=k$인 수열 $\{a_n\}$이 다음 조건을 만족시킨다.

(가) $a_2 \times a_3 < 0$

(나) 모든 자연수 n에 대하여

$$\left(a_{n+1}-a_n+\frac{2}{3}k\right)\left(a_{n+1}+ka_n\right)=0$$이다.

$a_5=0$이 되도록 하는 서로 다른 모든 양수 k에 대하여 k^2의 값의 합을 구하시오. [4점]

---

* 확인 사항

○ 답안지의 해당란에 필요한 내용을 정확히 기입(표기)했는지 확인 하시오.

○ 이어서, 「선택과목(확률과 통계)」 문제가 제시되오니, 자신이 선택한 과목인지 확인하시오.

제 2 교시

수학 영역(확률과 통계)

06회

5지선다형

23. 다섯 개의 숫자 1, 2, 2, 3, 3을 모두 일렬로 나열하는 경우의 수는? [2점]

① 10   ② 15   ③ 20   ④ 25   ⑤ 30

24. 두 사건 A, B는 서로 독립이고

$$P(A) = \frac{2}{3}, \quad P(A \cap B) = \frac{1}{6}$$

일 때, $P(A \cup B)$의 값은? [3점]

① $\frac{3}{4}$ ② $\frac{19}{24}$ ③ $\frac{5}{6}$ ④ $\frac{7}{8}$ ⑤ $\frac{11}{12}$

25. 1부터 11까지의 자연수 중에서 임의로 서로 다른 2개의 수를 선택한다. 선택한 2개의 수 중 적어도 하나가 7 이상의 홀수일 확률은? [3점]

① $\dfrac{23}{55}$ ② $\dfrac{24}{55}$ ③ $\dfrac{5}{11}$ ④ $\dfrac{26}{55}$ ⑤ $\dfrac{27}{55}$

26. 정규분포 $N(m, 6^2)$을 따르는 모집단에서 크기가 9인 표본을 임의추출하여 구한 표본평균을 $\overline{X}$, 정규분포 $N(6, 2^2)$을 따르는 모집단에서 크기가 4인 표본을 임의추출하여 구한 표본평균을 $\overline{Y}$라 하자. $P(\overline{X} \le 12) + P(\overline{Y} \ge 8) = 1$이 되도록 하는 m의 값은? [3점]

① 5 ② $\dfrac{13}{2}$ ③ 8 ④ $\dfrac{19}{2}$ ⑤ 11

27. 이산확률변수 X가 가지는 값이 0부터 4까지의 정수이고

$$P(X=k) = P(X=k+2) \ (k=0, 1, 2)$$

이다. $E(X^2) = \dfrac{35}{6}$일 때, $P(X=0)$의 값은? [3점]

① $\dfrac{1}{24}$　② $\dfrac{1}{12}$　③ $\dfrac{1}{8}$　④ $\dfrac{1}{6}$　⑤ $\dfrac{5}{24}$

28. 집합 $X=\{1, 2, 3, 4\}$에 대하여 $f : X \to X$인 모든 함수 f 중에서 임의로 하나를 선택하는 시행을 한다. 이 시행에서 선택한 함수 f가 다음 조건을 만족시킬 때, $f(4)$가 짝수일 확률은? [4점]

$a \in X$, $b \in X$에 대하여
a가 b의 약수이면 $f(a)$는 $f(b)$의 약수이다.

① $\dfrac{9}{19}$　② $\dfrac{8}{15}$　③ $\dfrac{3}{5}$　④ $\dfrac{27}{40}$　⑤ $\dfrac{19}{25}$

수학 영역(확률과 통계)

29. 수직선의 원점에 점 A가 있다. 한 개의 주사위를 사용하여 다음 시행을 한다.

> 주사위를 한 번 던져 나온 눈의 수가
> 4 이하이면 점 A를 양의 방향으로 1만큼 이동시키고,
> 5 이상이면 점 A를 음의 방향으로 1만큼 이동시킨다.

이 시행을 16200번 반복하여 이동된 점 A의 위치가 5700 이하일 확률을 오른쪽 표준정규분포표를 이용하여 구한 값을 k라 하자. $1000 \times k$의 값을 구하시오. [4점]

z	$P(0 \leq Z \leq z)$
1.0	0.341
1.5	0.433
2.0	0.477
2.5	0.494

30. 흰 공 4개와 검은 공 4개를 세 명의 학생 A, B, C에게 다음 규칙에 따라 남김없이 나누어 주는 경우의 수를 구하시오. (단, 같은 색 공끼리는 서로 구별하지 않고, 공을 받지 못하는 학생이 있을 수 있다.) [4점]

> (가) 학생 A가 받는 공의 개수는 0 이상 2 이하이다.
>
> (나) 학생 B가 받는 공의 개수는 2 이상이다.

* 확인 사항

○ 답안지의 해당란에 필요한 내용을 정확히 기입(표기)했는지 확인 하시오.

○ 이어서, 「**선택과목(미적분)**」 문제가 제시되오니, 자신이 선택한 과목인지 확인하시오.

제2교시

수학 영역(미적분)

5지선다형

23. $\lim\limits_{x \to 0} \dfrac{\sin 5x}{x}$ 의 값은? [2점]

① 1　　　② 2　　　③ 3　　　④ 4　　　⑤ 5

---

24. 양의 실수 전체의 집합에서 정의된 미분가능한 함수 $f(x)$가 있다. 양수 t에 대하여 곡선 $y = f(x)$ 위의 점 $\left(t, f(t)\right)$에서의 접선의 기울기는 $\dfrac{1}{t} + 4e^{2t}$이다. $f(1) = 2e^2 + 1$일 때, $f(e)$의 값은? [3점]

① $2e^{2e} - 1$　　　② $2e^{2e}$　　　③ $2e^{2e} + 1$

④ $2e^{2e} + 2$　　　⑤ $2e^{2e} + 3$

25. 등비수열 $\{a_n\}$에 대하여

$$\lim_{n \to \infty} \frac{4^n \times a_n - 1}{3 \times 2^{n+1}} = 1$$

일 때, $a_1 + a_2$의 값은? [3점]

① $\dfrac{3}{2}$ ② $\dfrac{5}{2}$ ③ $\dfrac{7}{2}$ ④ $\dfrac{9}{2}$ ⑤ $\dfrac{11}{2}$

26. 그림과 같이 곡선 $y = 2x\sqrt{x \sin x^2}\ (0 \leq x \leq \sqrt{\pi})$와 x축 및 두 직선 $x = \sqrt{\dfrac{\pi}{6}}$, $x = \sqrt{\dfrac{\pi}{2}}$로 둘러싸인 부분을 밑면으로 하는 입체도형이 있다. 이 입체도형을 x축에 수직인 평면으로 자른 단면이 모두 반원일 때, 이 입체도형의 부피는? [3점]

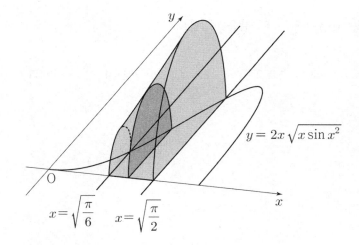

① $\dfrac{\pi^2 + 6\pi}{48}$ ② $\dfrac{\sqrt{2}\,\pi^2 + 6\pi}{48}$ ③ $\dfrac{\sqrt{3}\,\pi^2 + 6\pi}{48}$

④ $\dfrac{\sqrt{2}\,\pi^2 + 12\pi}{48}$ ⑤ $\dfrac{\sqrt{3}\,\pi^2 + 12\pi}{48}$

27. 실수 전체의 집합에서 미분가능한 함수 $f(x)$가 모든 실수 x에 대하여

$$f(x) + f\left(\frac{1}{2}\sin x\right) = \sin x$$

를 만족시킬 때, $f'(\pi)$의 값은? [3점]

① $-\frac{5}{6}$ ② $-\frac{2}{3}$ ③ $-\frac{1}{2}$ ④ $-\frac{1}{3}$ ⑤ $-\frac{1}{6}$

28. 함수 $f(x)$는 실수 전체의 집합에서 연속인 이계도함수를 갖고, 실수 전체의 집합에서 정의된 함수 $g(x)$를

$$g(x) = f'(2x)\sin \pi x + x$$

라 하자. 함수 $g(x)$는 역함수 $g^{-1}(x)$를 갖고,

$$\int_0^1 g^{-1}(x)\,dx = 2\int_0^1 f'(2x)\sin \pi x\,dx + \frac{1}{4}$$

을 만족시킬 때, $\int_0^2 f(x)\cos\frac{\pi}{2}x\,dx$ 의 값은? [4점]

① $-\frac{1}{\pi}$ ② $-\frac{1}{2\pi}$ ③ $-\frac{1}{3\pi}$ ④ $-\frac{1}{4\pi}$ ⑤ $-\frac{1}{5\pi}$

29. 수열 $\{a_n\}$의 첫째항부터 제m항까지의 합을 S_m이라 하자. 모든 자연수 m에 대하여

$$S_m = \sum_{n=1}^{\infty} \frac{m+1}{n(n+m+1)}$$

일 때, $a_1 + a_{10} = \dfrac{q}{p}$이다. $p+q$의 값을 구하시오.

(단, p와 q는 서로소인 자연수이다.) [4점]

30. 양수 k에 대하여 함수 $f(x)$를

$$f(x) = (k - |x|)e^{-x}$$

이라 하자. 실수 전체의 집합에서 미분가능하고 다음 조건을 만족시키는 모든 함수 $F(x)$에 대하여 $F(0)$의 최솟값을 $g(k)$라 하자.

모든 실수 x에 대하여 $F'(x) = f(x)$이고 $F(x) \geq f(x)$이다.

$g\left(\dfrac{1}{4}\right) + g\left(\dfrac{3}{2}\right) = pe + q$일 때, $100(p+q)$의 값을 구하시오.

(단, $\lim\limits_{x \to \infty} xe^{-x} = 0$이고, p와 q는 유리수이다.) [4점]

---

* 확인 사항

○ 답안지의 해당란에 필요한 내용을 정확히 기입(표기)했는지 확인 하시오.

2024학년도 대학수학능력시험 9월 모의평가 문제지

수학 영역

1

제 2 교시

07회

● 문항수 30개 | 배점 100점 | 제한 시간 100분

● 배점은 2점, 3점 또는 4점

07회

5지선다 형

1. $3^{1-\sqrt{5}} \times 3^{1+\sqrt{5}}$ 의 값은? [2점]

① $\dfrac{1}{9}$ ② $\dfrac{1}{3}$ ③ 1 ④ 3 ⑤ 9

2. 함수 $f(x) = 2x^2 - x$ 에 대하여 $\lim\limits_{x \to 1}\dfrac{f(x)-1}{x-1}$ 의 값은? [2점]

① 1 ② 2 ③ 3 ④ 4 ⑤ 5

3. $\dfrac{3}{2}\pi < \theta < 2\pi$ 인 θ 에 대하여 $\cos\theta = \dfrac{\sqrt{6}}{3}$ 일 때, $\tan\theta$ 의 값은? [3점]

① $-\sqrt{2}$ ② $-\dfrac{\sqrt{2}}{2}$ ③ 0 ④ $\dfrac{\sqrt{2}}{2}$ ⑤ $\sqrt{2}$

4. 함수 $y = f(x)$ 의 그래프가 그림과 같다.

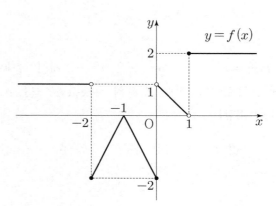

$\lim\limits_{x \to -2+} f(x) + \lim\limits_{x \to 1-} f(x)$ 의 값은? [3점]

① -2 ② -1 ③ 0 ④ 1 ⑤ 2

5. 모든 항이 양수인 등비수열 $\{a_n\}$에 대하여

$$\frac{a_3 a_8}{a_6} = 12, \quad a_5 + a_7 = 36$$

일 때, a_{11}의 값은? [3점]

① 72　　② 78　　③ 84　　④ 90　　⑤ 96

6. 함수 $f(x) = x^3 + ax^2 + bx + 1$은 $x = -1$에서 극대이고, $x = 3$에서 극소이다. 함수 $f(x)$의 극댓값은? (단, a, b는 상수이다.) [3점]

① 0　　② 3　　③ 6　　④ 9　　⑤ 12

7. 두 실수 a, b가

$$3a + 2b = \log_3 32, \quad ab = \log_9 2$$

를 만족시킬 때, $\dfrac{1}{3a} + \dfrac{1}{2b}$의 값은? [3점]

① $\dfrac{5}{12}$　　② $\dfrac{5}{6}$　　③ $\dfrac{5}{4}$　　④ $\dfrac{5}{3}$　　⑤ $\dfrac{25}{12}$

8. 다항함수 $f(x)$가

$$f'(x) = 6x^2 - 2f(1)x, \quad f(0) = 4$$

를 만족시킬 때, $f(2)$의 값은? [3점]

① 5   ② 6   ③ 7   ④ 8   ⑤ 9

9. $0 \le x \le 2\pi$일 때, 부등식

$$\cos x \le \sin \frac{\pi}{7}$$

를 만족시키는 모든 x의 값의 범위는 $\alpha \le x \le \beta$이다.
$\beta - \alpha$의 값은? [4점]

① $\dfrac{8}{7}\pi$ ② $\dfrac{17}{14}\pi$ ③ $\dfrac{9}{7}\pi$ ④ $\dfrac{19}{14}\pi$ ⑤ $\dfrac{10}{7}\pi$

10. 최고차항의 계수가 1인 삼차함수 $f(x)$에 대하여
곡선 $y = f(x)$ 위의 점 $(-2, f(-2))$에서의 접선과
곡선 $y = f(x)$ 위의 점 $(2, 3)$에서의 접선이
점 $(1, 3)$에서 만날 때, $f(0)$의 값은? [4점]

① 31   ② 33   ③ 35   ④ 37   ⑤ 39

07회

11. 두 점 P와 Q는 시각 $t=0$일 때 각각 점 A(1)과 점 B(8)에서 출발하여 수직선 위를 움직인다. 두 점 P, Q의 시각 $t\,(t \ge 0)$에서의 속도는 각각

$$v_1(t) = 3t^2 + 4t - 7, \quad v_2(t) = 2t + 4$$

이다. 출발한 시각부터 두 점 P, Q 사이의 거리가 처음으로 4가 될 때까지 점 P가 움직인 거리는? [4점]

① 10   ② 14   ③ 19   ④ 25   ⑤ 32

---

12. 첫째항이 자연수인 수열 $\{a_n\}$이 모든 자연수 n에 대하여

$$a_{n+1} = \begin{cases} a_n + 1 & (a_n \text{이 홀수인 경우}) \\[2mm] \dfrac{1}{2} a_n & (a_n \text{이 짝수인 경우}) \end{cases}$$

를 만족시킬 때, $a_2 + a_4 = 40$이 되도록 하는 모든 a_1의 값의 합은? [4점]

① 172   ② 175   ③ 178   ④ 181   ⑤ 184

수학 영역

5

13. 두 실수 a, b에 대하여 함수

$$f(x) = \begin{cases} -\dfrac{1}{3}x^3 - ax^2 - bx & (x < 0) \\ \dfrac{1}{3}x^3 + ax^2 - bx & (x \geq 0) \end{cases}$$

이 구간 $(-\infty, -1]$에서 감소하고 구간 $[-1, \infty)$에서 증가할 때, $a+b$의 최댓값을 M, 최솟값을 m이라 하자. $M-m$의 값은? [4점]

① $\dfrac{3}{2} + 3\sqrt{2}$ ② $3 + 3\sqrt{2}$ ③ $\dfrac{9}{2} + 3\sqrt{2}$

④ $6 + 3\sqrt{2}$ ⑤ $\dfrac{15}{2} + 3\sqrt{2}$

14. 두 자연수 a, b에 대하여 함수

$$f(x) = \begin{cases} 2^{x+a} + b & (x \leq -8) \\ -3^{x-3} + 8 & (x > -8) \end{cases}$$

이 다음 조건을 만족시킬 때, $a+b$의 값은? [4점]

> 집합 $\{f(x) \mid x \leq k\}$의 원소 중 정수인 것의 개수가 2가 되도록 하는 모든 실수 k의 값의 범위는 $3 \leq k < 4$이다.

① 11   ② 13   ③ 15   ④ 17   ⑤ 19

15. 최고차항의 계수가 1인 삼차함수 $f(x)$에 대하여
함수 $g(x)$를

$$g(x) = \begin{cases} \dfrac{f(x+3)\{f(x)+1\}}{f(x)} & (f(x) \neq 0) \\ 3 & (f(x) = 0) \end{cases}$$

이라 하자. $\lim\limits_{x \to 3} g(x) = g(3) - 1$일 때, $g(5)$의 값은? [4점]

① 14   ② 16   ③ 18   ④ 20   ⑤ 22

16. 방정식 $\log_2(x-1) = \log_4(13+2x)$를 만족시키는 실수 x의
값을 구하시오. [3점]

17. 두 수열 $\{a_n\}$, $\{b_n\}$에 대하여

$$\sum_{k=1}^{10}(2a_k - b_k) = 34, \quad \sum_{k=1}^{10} a_k = 10$$

일 때, $\sum_{k=1}^{10}(a_k - b_k)$의 값을 구하시오. [3점]

18. 함수 $f(x) = (x^2+1)(x^2+ax+3)$에 대하여 $f'(1) = 32$일 때, 상수 a의 값을 구하시오. [3점]

19. 두 곡선 $y = 3x^3 - 7x^2$과 $y = -x^2$으로 둘러싸인 부분의 넓이를 구하시오. [3점]

20. 그림과 같이

$$\overline{AB} = 2, \ \overline{AD} = 1, \ \angle DAB = \frac{2}{3}\pi, \ \angle BCD = \frac{3}{4}\pi$$

인 사각형 ABCD가 있다. 삼각형 BCD의 외접원의 반지름의 길이를 R_1, 삼각형 ABD의 외접원의 반지름의 길이를 R_2라 하자.

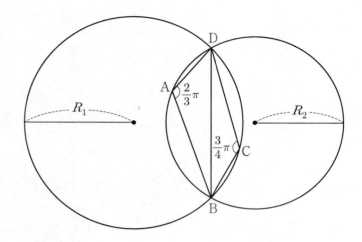

다음은 $R_1 \times R_2$의 값을 구하는 과정이다.

삼각형 BCD에서 사인법칙에 의하여
$$R_1 = \frac{\sqrt{2}}{2} \times \overline{BD}$$
이고, 삼각형 ABD에서 사인법칙에 의하여
$$R_2 = \boxed{\text{(가)}} \times \overline{BD}$$
이다. 삼각형 ABD에서 코사인법칙에 의하여
$$\overline{BD}^2 = 2^2 + 1^2 - (\boxed{\text{(나)}})$$
이므로
$$R_1 \times R_2 = \boxed{\text{(다)}}$$
이다.

위의 (가), (나), (다)에 알맞은 수를 각각 p, q, r이라 할 때, $9 \times (p \times q \times r)^2$의 값을 구하시오. [4점]

21. 모든 항이 자연수인 등차수열 $\{a_n\}$의 첫째항부터 제n항까지의 합을 S_n이라 하자. a_7이 13의 배수이고 $\displaystyle\sum_{k=1}^{7} S_k = 644$일 때, a_2의 값을 구하시오. [4점]

22. 두 다항함수 $f(x)$, $g(x)$에 대하여 $f(x)$의 한 부정적분을 $F(x)$라 하고 $g(x)$의 한 부정적분을 $G(x)$라 할 때, 이 함수들은 모든 실수 x에 대하여 다음 조건을 만족시킨다.

$$(가) \quad \int_1^x f(t)\,dt = xf(x) - 2x^2 - 1$$

$$(나) \quad f(x)G(x) + F(x)g(x) = 8x^3 + 3x^2 + 1$$

$\displaystyle\int_1^3 g(x)\,dx$의 값을 구하시오. [4점]

---

* 확인 사항

○ 답안지의 해당란에 필요한 내용을 정확히 기입(표기)했는지 확인하시오.

○ 이어서, 「**선택과목(확률과 통계)**」 문제가 제시되오니, 자신이 선택한 과목인지 확인하시오.

제 2 교시   **수학 영역(확률과 통계)**   07회

5지선다형

23. 확률변수 X가 이항분포 $B\left(30, \dfrac{1}{5}\right)$을 따를 때, $E(X)$의 값은? [2점]

① 6　　　② 7　　　③ 8　　　④ 9　　　⑤ 10

24. 그림과 같이 직사각형 모양으로 연결된 도로망이 있다. 이 도로망을 따라 A지점에서 출발하여 P지점을 거쳐 B지점까지 최단 거리로 가는 경우의 수는? [3점]

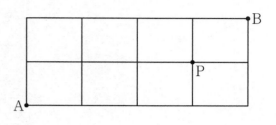

① 6　　　② 7　　　③ 8　　　④ 9　　　⑤ 10

25. 두 사건 A, B에 대하여 A와 B^C은 서로 배반사건이고

$$\mathrm{P}(A \cap B) = \frac{1}{5}, \quad \mathrm{P}(A) + \mathrm{P}(B) = \frac{7}{10}$$

일 때, $\mathrm{P}(A^C \cap B)$의 값은? (단, A^C은 A의 여사건이다.) [3점]

① $\dfrac{1}{10}$ ② $\dfrac{1}{5}$ ③ $\dfrac{3}{10}$ ④ $\dfrac{2}{5}$ ⑤ $\dfrac{1}{2}$

26. 어느 고등학교의 수학 시험에 응시한 수험생의 시험 점수는 평균이 68점, 표준편차가 10점인 정규분포를 따른다고 한다. 이 수학 시험에 응시한 수험생 중 임의로 선택한 수험생 한 명의 시험 점수가 55점 이상이고 78점 이하일 확률을 오른쪽 표준정규분포표를 이용하여 구한 것은? [3점]

z	$\mathrm{P}(0 \leq Z \leq z)$
1.0	0.3413
1.1	0.3643
1.2	0.3849
1.3	0.4032

① 0.7262 ② 0.7445 ③ 0.7492 ④ 0.7675 ⑤ 0.7881

27. 두 집합 $X = \{1, 2, 3, 4\}$, $Y = \{1, 2, 3, 4, 5, 6, 7\}$에 대하여 X에서 Y로의 모든 일대일함수 f 중에서 임의로 하나를 선택할 때, 이 함수가 다음 조건을 만족시킬 확률은? [3점]

(가) $f(2) = 2$

(나) $f(1) \times f(2) \times f(3) \times f(4)$는 4의 배수이다.

① $\dfrac{1}{14}$ ② $\dfrac{3}{35}$ ③ $\dfrac{1}{10}$ ④ $\dfrac{4}{35}$ ⑤ $\dfrac{9}{70}$

28. 주머니 A에는 숫자 1, 2, 3이 하나씩 적힌 3개의 공이 들어 있고, 주머니 B에는 숫자 1, 2, 3, 4가 하나씩 적힌 4개의 공이 들어 있다. 두 주머니 A, B와 한 개의 주사위를 사용하여 다음 시행을 한다.

주사위를 한 번 던져
나온 눈의 수가 3의 배수이면
주머니 A에서 임의로 2개의 공을 동시에 꺼내고,
나온 눈의 수가 3의 배수가 아니면
주머니 B에서 임의로 2개의 공을 동시에 꺼낸다.
꺼낸 2개의 공에 적혀 있는 수의 차를 기록한 후,
공을 꺼낸 주머니에 이 2개의 공을 다시 넣는다.

이 시행을 2번 반복하여 기록한 두 개의 수의 평균을 $\overline{X}$라 할 때, $\mathrm{P}\left(\overline{X} = 2\right)$의 값은? [4점]

① $\dfrac{11}{81}$ ② $\dfrac{13}{81}$ ③ $\dfrac{5}{27}$ ④ $\dfrac{17}{81}$ ⑤ $\dfrac{19}{81}$

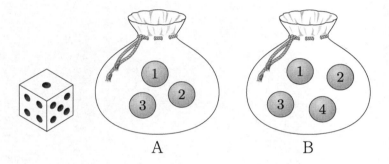

A   B

단답형

29. 앞면에는 문자 A, 뒷면에는 문자 B가 적힌 한 장의 카드가 있다. 이 카드와 한 개의 동전을 사용하여 다음 시행을 한다.

> 동전을 두 번 던져
> 앞면이 나온 횟수가 2이면 카드를 한 번 뒤집고,
> 앞면이 나온 횟수가 0 또는 1이면 카드를 그대로 둔다.

처음에 문자 A가 보이도록 카드가 놓여 있을 때, 이 시행을 5번 반복한 후 문자 B가 보이도록 카드가 놓일 확률은 p이다. $128 \times p$의 값을 구하시오. [4점]

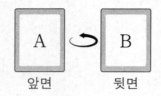

앞면   뒷면

30. 다음 조건을 만족시키는 13 이하의 자연수 a, b, c, d의 모든 순서쌍 (a, b, c, d)의 개수를 구하시오. [4점]

> (가) $a \le b \le c \le d$
> (나) $a \times d$는 홀수이고, $b + c$는 짝수이다.

* 확인 사항

○ 답안지의 해당란에 필요한 내용을 정확히 기입(표기)했는지 확인하시오.

○ 이어서, 「**선택과목(미적분)**」 문제가 제시되오니, 자신이 선택한 과목인지 확인하시오.

제 2 교시

수학 영역(미적분)

5지선다형

23. $\lim\limits_{x \to 0} \dfrac{e^{7x}-1}{e^{2x}-1}$ 의 값은? [2점]

① $\dfrac{1}{2}$ ② $\dfrac{3}{2}$ ③ $\dfrac{5}{2}$ ④ $\dfrac{7}{2}$ ⑤ $\dfrac{9}{2}$

24. 매개변수 t 로 나타내어진 곡선

$$x = t + \cos 2t, \quad y = \sin^2 t$$

에서 $t = \dfrac{\pi}{4}$ 일 때, $\dfrac{dy}{dx}$ 의 값은? [3점]

① -2 ② -1 ③ 0 ④ 1 ⑤ 2

25. 함수 $f(x)=x+\ln x$ 에 대하여 $\displaystyle\int_1^e\left(1+\frac{1}{x}\right)f(x)\,dx$ 의 값은?

[3점]

① $\dfrac{e^2}{2}+\dfrac{e}{2}$ ② $\dfrac{e^2}{2}+e$ ③ $\dfrac{e^2}{2}+2e$

④ e^2+e ⑤ e^2+2e

26. 공차가 양수인 등차수열 $\{a_n\}$ 과 등비수열 $\{b_n\}$ 에 대하여 $a_1=b_1=1$, $a_2b_2=1$ 이고

$$\sum_{n=1}^{\infty}\left(\frac{1}{a_na_{n+1}}+b_n\right)=2$$

일 때, $\displaystyle\sum_{n=1}^{\infty}b_n$ 의 값은? [3점]

① $\dfrac{7}{6}$ ② $\dfrac{6}{5}$ ③ $\dfrac{5}{4}$ ④ $\dfrac{4}{3}$ ⑤ $\dfrac{3}{2}$

27. $x = -\ln 4$ 에서 $x = 1$ 까지의 곡선 $y = \dfrac{1}{2}\left(|e^x - 1| - e^{|x|} + 1\right)$ 의

길이는? [3점]

① $\dfrac{23}{8}$ ② $\dfrac{13}{4}$ ③ $\dfrac{29}{8}$ ④ 4   ⑤ $\dfrac{35}{8}$

28. 실수 $a\,(0 < a < 2)$에 대하여 함수 $f(x)$를

$$f(x) = \begin{cases} 2|\sin 4x| & (x < 0) \\ -\sin ax & (x \geq 0) \end{cases}$$

이라 하자. 함수

$$g(x) = \left| \int_{-a\pi}^{x} f(t)\,dt \right|$$

가 실수 전체의 집합에서 미분가능할 때, a의 최솟값은? [4점]

① $\dfrac{1}{2}$ ② $\dfrac{3}{4}$ ③ 1   ④ $\dfrac{5}{4}$ ⑤ $\dfrac{3}{2}$

29. 두 실수 a, $b(a>1$, $b>1)$이

$$\lim_{n\to\infty}\frac{3^n+a^{n+1}}{3^{n+1}+a^n}=a,\quad \lim_{n\to\infty}\frac{a^n+b^{n+1}}{a^{n+1}+b^n}=\frac{9}{a}$$

를 만족시킬 때, $a+b$의 값을 구하시오. [4점]

30. 길이가 10인 선분 AB를 지름으로 하는 원과 선분 AB 위에 $\overline{AC}=4$인 점 C가 있다. 이 원 위의 점 P를 $\angle PCB=\theta$가 되도록 잡고, 점 P를 지나고 선분 AB에 수직인 직선이 이 원과 만나는 점 중 P가 아닌 점을 Q라 하자. 삼각형 PCQ의 넓이를 $S(\theta)$라 할 때, $-7\times S'\left(\dfrac{\pi}{4}\right)$의 값을 구하시오. (단, $0<\theta<\dfrac{\pi}{2}$) [4점]

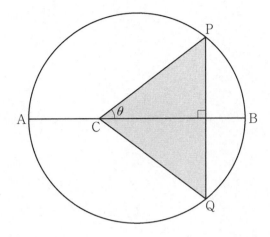

수학 영역

● 문항수 30개 | 배점 100점 | 제한 시간 100분

● 배점은 2점, 3점 또는 4점

5지선다형

1. $\left(\dfrac{2^{\sqrt{3}}}{2}\right)^{\sqrt{3}+1}$ 의 값은? [2점]

① $\dfrac{1}{16}$ ② $\dfrac{1}{4}$ ③ 1   ④ 4   ⑤ 16

2. 함수 $f(x)=2x^2+5$ 에 대하여 $\displaystyle\lim_{x\to 2}\dfrac{f(x)-f(2)}{x-2}$ 의 값은? [2점]

① 8   ② 9   ③ 10   ④ 11   ⑤ 12

3. $\sin(\pi-\theta)=\dfrac{5}{13}$ 이고 $\cos\theta<0$ 일 때, $\tan\theta$ 의 값은? [3점]

① $-\dfrac{12}{13}$ ② $-\dfrac{5}{12}$ ③ 0   ④ $\dfrac{5}{12}$ ⑤ $\dfrac{12}{13}$

4. 함수

$$f(x)=\begin{cases} -2x+a & (x\le a) \\ ax-6 & (x>a) \end{cases}$$

가 실수 전체의 집합에서 연속이 되도록 하는 모든 상수 a의 값의 합은? [3점]

① -1 ② -2 ③ -3 ④ -4 ⑤ -5

5. 등차수열 $\{a_n\}$에 대하여

$$a_1 = 2a_5, \quad a_8 + a_{12} = -6$$

일 때, a_2의 값은? [3점]

① 17   ② 19   ③ 21   ④ 23   ⑤ 25

6. 함수 $f(x) = x^3 - 3x^2 + k$의 극댓값이 9일 때, 함수 $f(x)$의 극솟값은? (단, k는 상수이다.) [3점]

① 1   ② 2   ③ 3   ④ 4   ⑤ 5

7. 수열 $\{a_n\}$의 첫째항부터 제 n항까지의 합을 S_n이라 하자.

$$S_n = \frac{1}{n(n+1)}$$ 일 때, $\displaystyle\sum_{k=1}^{10}(S_k - a_k)$의 값은? [3점]

① $\dfrac{1}{2}$ ② $\dfrac{3}{5}$ ③ $\dfrac{7}{10}$ ④ $\dfrac{4}{5}$ ⑤ $\dfrac{9}{10}$

8. 곡선 $y = x^3 - 4x + 5$ 위의 점 $(1, 2)$에서의 접선이 곡선 $y = x^4 + 3x + a$에 접할 때, 상수 a의 값은? [3점]

① 6   ② 7   ③ 8   ④ 9   ⑤ 10

9. 닫힌구간 $[0, 12]$에서 정의된 두 함수

$$f(x) = \cos \frac{\pi x}{6}, \quad g(x) = -3\cos \frac{\pi x}{6} - 1$$

이 있다. 곡선 $y = f(x)$와 직선 $y = k$가 만나는 두 점의 x좌표를 α_1, α_2라 할 때, $|\alpha_1 - \alpha_2| = 8$이다. 곡선 $y = g(x)$와 직선 $y = k$가 만나는 두 점의 x좌표를 β_1, β_2라 할 때, $|\beta_1 - \beta_2|$의 값은? (단, k는 $-1 < k < 1$인 상수이다.) [4점]

① 3   ② $\dfrac{7}{2}$ ③ 4   ④ $\dfrac{9}{2}$ ⑤ 5

10. 수직선 위의 점 $A(6)$과 시각 $t = 0$일 때 원점을 출발하여 이 수직선 위를 움직이는 점 P가 있다. 시각 $t \, (t \geq 0)$에서의 점 P의 속도 $v(t)$를

$$v(t) = 3t^2 + at \quad (a > 0)$$

이라 하자. 시각 $t = 2$에서 점 P와 점 A 사이의 거리가 10일 때, 상수 a의 값은? [4점]

① 1   ② 2   ③ 3   ④ 4   ⑤ 5

11. 함수 $f(x) = -(x-2)^2 + k$에 대하여 다음 조건을 만족시키는 자연수 n의 개수가 2일 때, 상수 k의 값은? [4점]

$$\sqrt{3}^{f(n)} \text{의 네제곱근 중 실수인 것을 모두 곱한 값이 } -9\text{이다.}$$

① 8   ② 9   ③ 10   ④ 11   ⑤ 12

12. 실수 $t\,(t>0)$에 대하여 직선 $y=x+t$와 곡선 $y=x^2$이 만나는 두 점을 A, B라 하자. 점 A를 지나고 x축에 평행한 직선이 곡선 $y=x^2$과 만나는 점 중 A가 아닌 점을 C, 점 B에서 선분 AC에 내린 수선의 발을 H라 하자.

$$\lim_{t \to 0+} \frac{\overline{AH} - \overline{CH}}{t} \text{의 값은? (단, 점 A의 } x\text{좌표는 양수이다.) [4점]}$$

① 1   ② 2   ③ 3   ④ 4   ⑤ 5

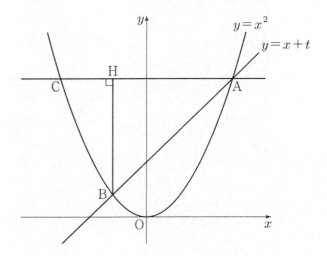

13. 그림과 같이 선분 AB를 지름으로 하는 반원의 호 AB 위에 두 점 C, D가 있다. 선분 AB의 중점 O에 대하여 두 선분 AD, CO가 점 E에서 만나고,

$$\overline{CE} = 4, \quad \overline{ED} = 3\sqrt{2}, \quad \angle CEA = \frac{3}{4}\pi$$

이다. $\overline{AC} \times \overline{CD}$ 의 값은? [4점]

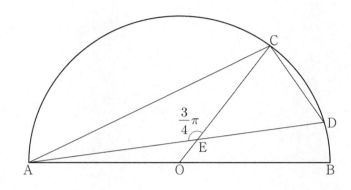

① $6\sqrt{10}$ ② $10\sqrt{5}$ ③ $16\sqrt{2}$
④ $12\sqrt{5}$ ⑤ $20\sqrt{2}$

14. 최고차항의 계수가 1이고 $f(0) = 0$, $f(1) = 0$인 삼차함수 $f(x)$에 대하여 함수 $g(t)$를

$$g(t) = \int_{t}^{t+1} f(x)\,dx - \int_{0}^{1} |f(x)|\,dx$$

라 할 때, <보기>에서 옳은 것만을 있는 대로 고른 것은? [4점]

<보 기>

ㄱ. $g(0) = 0$이면 $g(-1) < 0$이다.

ㄴ. $g(-1) > 0$이면 $f(k) = 0$을 만족시키는 $k < -1$인 실수 k가 존재한다.

ㄷ. $g(-1) > 1$이면 $g(0) < -1$이다.

① ㄱ   ② ㄱ, ㄴ   ③ ㄱ, ㄷ
④ ㄴ, ㄷ   ⑤ ㄱ, ㄴ, ㄷ

08회

15. 수열 $\{a_n\}$이 다음 조건을 만족시킨다.

> (가) 모든 자연수 k에 대하여 $a_{4k} = r^k$이다.
>
> 　　 (단, r는 $0 < |r| < 1$인 상수이다.)
>
> (나) $a_1 < 0$이고, 모든 자연수 n에 대하여
>
> $$a_{n+1} = \begin{cases} a_n + 3 & (|a_n| < 5) \\[2mm] -\dfrac{1}{2}a_n & (|a_n| \geq 5) \end{cases}$$
>
> 이다.

$|a_m| \geq 5$를 만족시키는 100 이하의 자연수 m의 개수를 p라 할 때, $p + a_1$의 값은? [4점]

① 8　　　　② 10　　　　③ 12　　　　④ 14　　　　⑤ 16

16. 방정식 $\log_3(x-4) = \log_9(x+2)$를 만족시키는 실수 x의 값을 구하시오. [3점]

17. 함수 $f(x)$에 대하여 $f'(x) = 6x^2 - 4x + 3$이고 $f(1) = 5$일 때, $f(2)$의 값을 구하시오. [3점]

수학 영역

18. 수열 $\{a_n\}$에 대하여 $\sum_{k=1}^{5} a_k = 10$일 때,

$$\sum_{k=1}^{5} c a_k = 65 + \sum_{k=1}^{5} c$$

를 만족시키는 상수 c의 값을 구하시오. [3점]

19. 방정식 $3x^4 - 4x^3 - 12x^2 + k = 0$이 서로 다른 4개의 실근을 갖도록 하는 자연수 k의 개수를 구하시오. [3점]

20. 상수 $k\,(k<0)$에 대하여 두 함수

$$f(x) = x^3 + x^2 - x, \quad g(x) = 4|x| + k$$

의 그래프가 만나는 점의 개수가 2일 때, 두 함수의 그래프로 둘러싸인 부분의 넓이를 S라 하자. $30 \times S$의 값을 구하시오. [4점]

08회

21. 그림과 같이 곡선 $y = 2^x$ 위에 두 점 $P(a, 2^a)$, $Q(b, 2^b)$이 있다. 직선 PQ의 기울기를 m이라 할 때, 점 P를 지나며 기울기가 $-m$인 직선이 x축, y축과 만나는 점을 각각 A, B라 하고, 점 Q를 지나며 기울기가 $-m$인 직선이 x축과 만나는 점을 C라 하자.

$$\overline{AB} = 4\overline{PB}, \quad \overline{CQ} = 3\overline{AB}$$

일 때, $90 \times (a+b)$의 값을 구하시오. (단, $0 < a < b$) [4점]

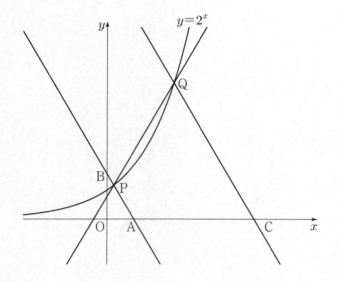

22. 최고차항의 계수가 1이고 $x = 3$에서 극댓값 8을 갖는 삼차함수 $f(x)$가 있다. 실수 t에 대하여 함수 $g(x)$를

$$g(x) = \begin{cases} f(x) & (x \geq t) \\ -f(x) + 2f(t) & (x < t) \end{cases}$$

라 할 때, 방정식 $g(x) = 0$의 서로 다른 실근의 개수를 $h(t)$라 하자. 함수 $h(t)$가 $t = a$에서 불연속인 a의 값이 두 개일 때, $f(8)$의 값을 구하시오. [4점]

＊ 확인 사항

○ 답안지의 해당란에 필요한 내용을 정확히 기입(표기)했는지 확인하시오.

○ 이어서, 「선택과목(확률과 통계)」 문제가 제시되오니, 자신이 선택한 과목인지 확인하시오.

제 2 교시

수학 영역(확률과 통계)

08회

5지선다형

23. 다항식 $(x^2+2)^6$의 전개식에서 x^4의 계수는? [2점]

① 240 ② 270 ③ 300 ④ 330 ⑤ 360

24. 두 사건 A, B에 대하여

$$\mathrm{P}(A\cup B)=1,\quad \mathrm{P}(A\cap B)=\frac{1}{4},\quad \mathrm{P}(A|B)=\mathrm{P}(B|A)$$

일 때, $\mathrm{P}(A)$의 값은? [3점]

① $\frac{1}{2}$ ② $\frac{9}{16}$ ③ $\frac{5}{8}$ ④ $\frac{11}{16}$ ⑤ $\frac{3}{4}$

[해설편 p.093]

25. 어느 인스턴트 커피 제조 회사에서 생산하는 A 제품 1개의 중량은 평균이 9, 표준편차가 0.4인 정규분포를 따르고, B 제품 1개의 중량은 평균이 20, 표준편차가 1인 정규분포를 따른다고 한다. 이 회사에서 생산한 A 제품 중에서 임의로 선택한 1개의 중량이 8.9 이상 9.4 이하일 확률과 B 제품 중에서 임의로 선택한 1개의 중량이 19 이상 k 이하일 확률이 서로 같다. 상수 k의 값은? (단, 중량의 단위는 g이다.) [3점]

① 19.5   ② 19.75   ③ 20   ④ 20.25   ⑤ 20.5

26. 세 학생 A, B, C를 포함한 7명의 학생이 원 모양의 탁자에 일정한 간격을 두고 임의로 모두 둘러앉았을 때, A가 B 또는 C와 이웃하게 될 확률은? [3점]

① $\dfrac{1}{2}$ ② $\dfrac{3}{5}$ ③ $\dfrac{7}{10}$ ④ $\dfrac{4}{5}$ ⑤ $\dfrac{9}{10}$

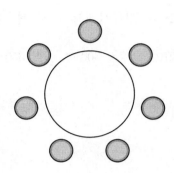

27. 이산확률변수 X의 확률분포를 표로 나타내면 다음과 같다.

X	0	1	a	합계
$\mathrm{P}(X=x)$	$\dfrac{1}{10}$	$\dfrac{1}{2}$	$\dfrac{2}{5}$	1

$\sigma(X)=\mathrm{E}(X)$일 때, $\mathrm{E}(X^2)+\mathrm{E}(X)$의 값은? (단, $a>1$) [3점]

① 29   ② 33   ③ 37   ④ 41   ⑤ 45

28. 1부터 10까지의 자연수 중에서 임의로 서로 다른 3개의 수를 선택한다. 선택된 세 개의 수의 곱이 5의 배수이고 합은 3의 배수일 확률은? [4점]

① $\dfrac{3}{20}$ ② $\dfrac{1}{6}$ ③ $\dfrac{11}{60}$ ④ $\dfrac{1}{5}$ ⑤ $\dfrac{13}{60}$

29. 1부터 6까지의 자연수가 하나씩 적힌 6장의 카드가 들어 있는 주머니가 있다. 이 주머니에서 임의로 한 장의 카드를 꺼내어 카드에 적힌 수를 확인한 후 다시 넣는 시행을 한다. 이 시행을 4번 반복하여 확인한 네 개의 수의 평균을 $\overline{X}$ 라 할 때, $P\left(\overline{X} = \dfrac{11}{4}\right) = \dfrac{q}{p}$ 이다. $p+q$의 값을 구하시오. (단, p와 q는 서로소인 자연수이다.) [4점]

30. 집합 $X = \{1, 2, 3, 4, 5\}$와 함수 $f : X \to X$에 대하여 함수 f의 치역을 A, 합성함수 $f \circ f$의 치역을 B라 할 때, 다음 조건을 만족시키는 함수 f의 개수를 구하시오. [4점]

(가) $n(A) \le 3$

(나) $n(A) = n(B)$

(다) 집합 X의 모든 원소 x에 대하여 $f(x) \ne x$이다.

제 2 교시

수학 영역(미적분)

08회

5지선다형

23. $\lim_{x \to 0} \dfrac{4^x - 2^x}{x}$ 의 값은? [2점]

① $\ln 2$ ② 1 ③ $2\ln 2$ ④ 2 ⑤ $3\ln 2$

24. $\displaystyle\int_0^\pi x\cos\left(\dfrac{\pi}{2} - x\right)dx$ 의 값은? [3점]

① $\dfrac{\pi}{2}$ ② π ③ $\dfrac{3\pi}{2}$ ④ 2π ⑤ $\dfrac{5\pi}{2}$

08회

25. 수열 $\{a_n\}$에 대하여 $\lim_{n \to \infty} \dfrac{a_n+2}{2} = 6$일 때,

$\lim_{n \to \infty} \dfrac{na_n+1}{a_n+2n}$ 의 값은? [3점]

① 1   ② 2   ③ 3   ④ 4   ⑤ 5

26. 그림과 같이 양수 k에 대하여 곡선 $y = \sqrt{\dfrac{kx}{2x^2+1}}$ 와

x축 및 두 직선 $x=1$, $x=2$로 둘러싸인 부분을 밑면으로 하고 x축에 수직인 평면으로 자른 단면이 모두 정사각형인 입체도형의 부피가 $2\ln 3$일 때, k의 값은? [3점]

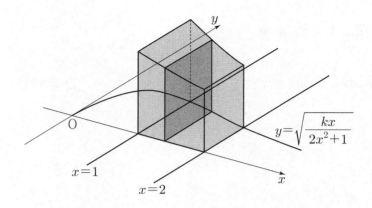

① 6   ② 7   ③ 8   ④ 9   ⑤ 10

27. 그림과 같이 $\overline{A_1B_1}=4$, $\overline{A_1D_1}=1$인 직사각형 $A_1B_1C_1D_1$에서 두 대각선의 교점을 E_1이라 하자. $\overline{A_2D_1}=\overline{D_1E_1}$, $\angle A_2D_1E_1=\dfrac{\pi}{2}$이고 선분 D_1C_1과 선분 A_2E_1이 만나도록 점 A_2를 잡고, $\overline{B_2C_1}=\overline{C_1E_1}$, $\angle B_2C_1E_1=\dfrac{\pi}{2}$이고 선분 D_1C_1과 선분 B_2E_1이 만나도록 점 B_2를 잡는다. 두 삼각형 $A_2D_1E_1$, $B_2C_1E_1$을 그린 후 ⩗ 모양의 도형에 색칠하여 얻은 그림을 R_1이라 하자.

그림 R_1에서 $\overline{A_2B_2}:\overline{A_2D_2}=4:1$이고 선분 D_2C_2가 두 선분 A_2E_1, B_2E_1과 만나지 않도록 직사각형 $A_2B_2C_2D_2$를 그린다. 그림 R_1을 얻은 것과 같은 방법으로 세 점 E_2, A_3, B_3을 잡고 두 삼각형 $A_3D_2E_2$, $B_3C_2E_2$를 그린 후 ⩗ 모양의 도형에 색칠하여 얻은 그림을 R_2라 하자.

이와 같은 과정을 계속하여 n번째 얻은 그림 R_n에 색칠되어 있는 부분의 넓이를 S_n이라 할 때, $\lim\limits_{n\to\infty}S_n$의 값은? [3점]

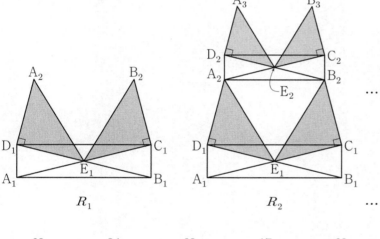

R_1 R_2 …

① $\dfrac{68}{5}$ ② $\dfrac{34}{3}$ ③ $\dfrac{68}{7}$ ④ $\dfrac{17}{2}$ ⑤ $\dfrac{68}{9}$

28. 그림과 같이 반지름의 길이가 1이고 중심각의 크기가 $\dfrac{\pi}{2}$인 부채꼴 OAB가 있다. 호 AB 위의 점 P에 대하여 $\overline{PA}=\overline{PC}=\overline{PD}$가 되도록 호 PB 위에 점 C와 선분 OA 위에 점 D를 잡는다. 점 D를 지나고 선분 OP와 평행한 직선이 선분 PA와 만나는 점을 E라 하자. $\angle POA=\theta$일 때, 삼각형 CDP의 넓이를 $f(\theta)$, 삼각형 EDA의 넓이를 $g(\theta)$라 하자. $\lim\limits_{\theta\to 0+}\dfrac{g(\theta)}{\theta^2\times f(\theta)}$의 값은? (단, $0<\theta<\dfrac{\pi}{4}$) [4점]

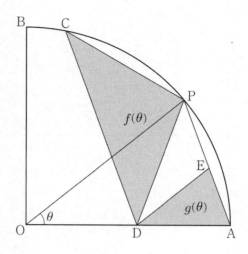

① $\dfrac{1}{8}$ ② $\dfrac{1}{4}$ ③ $\dfrac{3}{8}$ ④ $\dfrac{1}{2}$ ⑤ $\dfrac{5}{8}$

4

단답형

29. 함수 $f(x)=e^x+x$가 있다. 양수 t에 대하여 점 $(t,0)$과 점 $(x,f(x))$ 사이의 거리가 $x=s$에서 최소일 때, 실수 $f(s)$의 값을 $g(t)$라 하자. 함수 $g(t)$의 역함수를 $h(t)$라 할 때, $h'(1)$의 값을 구하시오. [4점]

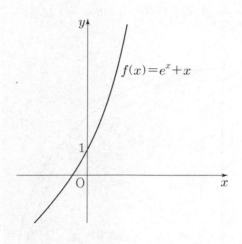

30. 최고차항의 계수가 1인 사차함수 $f(x)$와 구간 $(0,\infty)$에서 $g(x)\geq 0$인 함수 $g(x)$가 다음 조건을 만족시킨다.

> (가) $x\leq -3$인 모든 실수 x에 대하여
> $f(x)\geq f(-3)$이다.
> (나) $x>-3$인 모든 실수 x에 대하여
> $g(x+3)\{f(x)-f(0)\}^2=f'(x)$이다.

$\displaystyle\int_4^5 g(x)\,dx=\dfrac{q}{p}$일 때, $p+q$의 값을 구하시오.
(단, p와 q는 서로소인 자연수이다.) [4점]

제 2 교시

수학 영역

09회

● 문항수 30개 | 배점 100점 | 제한 시간 100분

● 배점은 2점, 3점 또는 4점

5지선다형

1. $\dfrac{1}{\sqrt[4]{3}} \times 3^{-\frac{7}{4}}$ 의 값은? [2점]

① $\dfrac{1}{9}$ ② $\dfrac{1}{3}$ ③ 1 ④ 3 ⑤ 9

2. 함수 $f(x) = 2x^3 + 4x + 5$ 에 대하여 $f'(1)$의 값은? [2점]

① 6 ② 7 ③ 8 ④ 9 ⑤ 10

3. 등비수열 $\{a_n\}$ 에 대하여

$$a_1 = 2, \quad a_2 a_4 = 36$$

일 때, $\dfrac{a_7}{a_3}$ 의 값은? [3점]

① 1 ② $\sqrt{3}$ ③ 3 ④ $3\sqrt{3}$ ⑤ 9

4. 함수

$$f(x) = \begin{cases} 2x + a & (x \le -1) \\ x^2 - 5x - a & (x > -1) \end{cases}$$

이 실수 전체의 집합에서 연속일 때, 상수 a의 값은? [3점]

① 1 ② 2 ③ 3 ④ 4 ⑤ 5

5. 함수 $f(x)=2x^3+3x^2-12x+1$ 의 극댓값과 극솟값을 각각 M, m이라 할 때, $M+m$의 값은? [3점]

① 13　　② 14　　③ 15　　④ 16　　⑤ 17

6. $\dfrac{\pi}{2}<\theta<\pi$ 인 θ에 대하여 $\dfrac{\sin\theta}{1-\sin\theta}-\dfrac{\sin\theta}{1+\sin\theta}=4$ 일 때, $\cos\theta$의 값은? [3점]

① $-\dfrac{\sqrt{3}}{3}$　② $-\dfrac{1}{3}$　③ 0　④ $\dfrac{1}{3}$　⑤ $\dfrac{\sqrt{3}}{3}$

7. 수열 $\{a_n\}$은 $a_1=-4$이고, 모든 자연수 n에 대하여

$$\sum_{k=1}^{n}\frac{a_{k+1}-a_k}{a_k\,a_{k+1}}=\frac{1}{n}$$

을 만족시킨다. a_{13}의 값은? [3점]

① -9　　② -7　　③ -5　　④ -3　　⑤ -1

8. 삼차함수 $f(x)$가

$$\lim_{x \to 0} \frac{f(x)}{x} = \lim_{x \to 1} \frac{f(x)}{x-1} = 1$$

을 만족시킬 때, $f(2)$의 값은? [3점]

① 4 ② 6 ③ 8 ④ 10 ⑤ 12

9. 수직선 위를 움직이는 점 P의 시각 $t\,(t > 0)$에서의 속도 $v(t)$가

$$v(t) = -4t^3 + 12t^2$$

이다. 시각 $t = k$에서 점 P의 가속도가 12일 때, 시각 $t = 3k$에서 $t = 4k$까지 점 P가 움직인 거리는? (단, k는 상수이다.) [4점]

① 23 ② 25 ③ 27 ④ 29 ⑤ 31

10. 두 양수 a, b에 대하여 곡선 $y = a\sin b\pi x \left(0 \le x \le \dfrac{3}{b}\right)$이 직선 $y = a$와 만나는 서로 다른 두 점을 A, B라 하자. 삼각형 OAB의 넓이가 5이고 직선 OA의 기울기와 직선 OB의 기울기의 곱이 $\dfrac{5}{4}$일 때, $a + b$의 값은? (단, O는 원점이다.) [4점]

① 1 ② 2 ③ 3 ④ 4 ⑤ 5

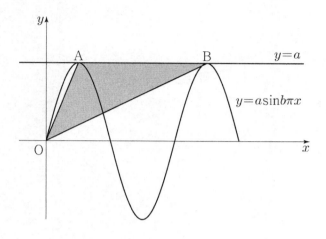

11. 다항함수 $f(x)$ 가 모든 실수 x 에 대하여

$$xf(x) = 2x^3 + ax^2 + 3a + \int_1^x f(t)\,dt$$

를 만족시킨다. $f(1) = \int_0^1 f(t)\,dt$ 일 때, $a + f(3)$ 의 값은?
(단, a 는 상수이다.) [4점]

① 5　　　② 6　　　③ 7　　　④ 8　　　⑤ 9

12. 반지름의 길이가 $2\sqrt{7}$ 인 원에 내접하고 $\angle A = \dfrac{\pi}{3}$ 인

삼각형 ABC 가 있다. 점 A 를 포함하지 않는 호 BC 위의 점 D 에

대하여 $\sin(\angle BCD) = \dfrac{2\sqrt{7}}{7}$ 일 때, $\overline{BD} + \overline{CD}$ 의 값은? [4점]

① $\dfrac{19}{2}$　　② 10　　③ $\dfrac{21}{2}$　　④ 11　　⑤ $\dfrac{23}{2}$

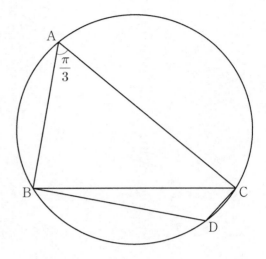

13. 첫째항이 -45이고 공차가 d인 등차수열 $\{a_n\}$이 다음 조건을 만족시키도록 하는 모든 자연수 d의 값의 합은? [4점]

> (가) $|a_m| = |a_{m+3}|$인 자연수 m이 존재한다.
>
> (나) 모든 자연수 n에 대하여 $\displaystyle\sum_{k=1}^{n} a_k > -100$이다.

① 44 ② 48 ③ 52 ④ 56 ⑤ 60

14. 최고차항의 계수가 1이고 $f'(0)=f'(2)=0$인 삼차함수 $f(x)$와 양수 p에 대하여 함수 $g(x)$를

$$g(x) = \begin{cases} f(x)-f(0) & (x \le 0) \\ f(x+p)-f(p) & (x > 0) \end{cases}$$

이라 하자. <보기>에서 옳은 것만을 있는 대로 고른 것은? [4점]

> ─────<보 기>─────
>
> ㄱ. $p=1$일 때, $g'(1)=0$이다.
>
> ㄴ. $g(x)$가 실수 전체의 집합에서 미분가능하도록 하는 양수 p의 개수는 1이다.
>
> ㄷ. $p \ge 2$일 때, $\displaystyle\int_{-1}^{1} g(x)\,dx \ge 0$이다.

① ㄱ ② ㄱ, ㄴ ③ ㄱ, ㄷ
④ ㄴ, ㄷ ⑤ ㄱ, ㄴ, ㄷ

15. 수열 $\{a_n\}$은 $|a_1| \leq 1$이고, 모든 자연수 n에 대하여

$$a_{n+1} = \begin{cases} -2a_n - 2 & \left(-1 \leq a_n < -\dfrac{1}{2}\right) \\[2mm] 2a_n & \left(-\dfrac{1}{2} \leq a_n \leq \dfrac{1}{2}\right) \\[2mm] -2a_n + 2 & \left(\dfrac{1}{2} < a_n \leq 1\right) \end{cases}$$

을 만족시킨다. $a_5 + a_6 = 0$이고 $\displaystyle\sum_{k=1}^{5} a_k > 0$이 되도록 하는 모든 a_1의 값의 합은? [4점]

① $\dfrac{9}{2}$　② 5　③ $\dfrac{11}{2}$　④ 6　⑤ $\dfrac{13}{2}$

단 답 형

16. $\log_2 100 - 2\log_2 5$의 값을 구하시오. [3점]

17. 함수 $f(x)$에 대하여 $f'(x) = 8x^3 - 12x^2 + 7$이고 $f(0) = 3$일 때, $f(1)$의 값을 구하시오. [3점]

18. 두 수열 $\{a_n\}$, $\{b_n\}$에 대하여

$$\sum_{k=1}^{10}(a_k+2b_k)=45, \qquad \sum_{k=1}^{10}(a_k-b_k)=3$$

일 때, $\displaystyle\sum_{k=1}^{10}\left(b_k-\frac{1}{2}\right)$의 값을 구하시오. [3점]

20. 함수 $f(x)=\dfrac{1}{2}x^3-\dfrac{9}{2}x^2+10x$에 대하여 x에 대한 방정식

$$f(x)+|f(x)+x|=6x+k$$

의 서로 다른 실근의 개수가 4가 되도록 하는 모든 정수 k의 값의 합을 구하시오. [4점]

19. 함수 $f(x)=x^3-6x^2+5x$에서 x의 값이 0에서 4까지 변할 때의 평균변화율과 $f'(a)$의 값이 같게 되도록 하는 $0<a<4$인 모든 실수 a의 값의 곱은 $\dfrac{q}{p}$이다. $p+q$의 값을 구하시오. (단, p와 q는 서로소인 자연수이다.) [3점]

21. $a>1$인 실수 a에 대하여 직선 $y=-x+4$가 두 곡선

$$y=a^{x-1}, \quad y=\log_a(x-1)$$

과 만나는 점을 각각 A, B라 하고, 곡선 $y=a^{x-1}$이 y축과 만나는 점을 C라 하자. $\overline{AB}=2\sqrt{2}$ 일 때, 삼각형 ABC의 넓이는 S이다. $50 \times S$의 값을 구하시오. [4점]

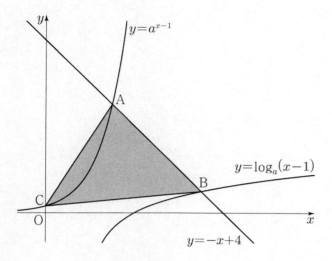

22. 최고차항의 계수가 1인 삼차함수 $f(x)$에 대하여 함수

$$g(x)=f(x-3) \times \lim_{h \to 0+} \frac{|f(x+h)|-|f(x-h)|}{h}$$

가 다음 조건을 만족시킬 때, $f(5)$의 값을 구하시오. [4점]

(가) 함수 $g(x)$는 실수 전체의 집합에서 연속이다.

(나) 방정식 $g(x)=0$은 서로 다른 네 실근 $\alpha_1, \alpha_2, \alpha_3, \alpha_4$를 갖고 $\alpha_1+\alpha_2+\alpha_3+\alpha_4=7$이다.

---

* 확인 사항

○ 답안지의 해당란에 필요한 내용을 정확히 기입(표기)했는지 확인 하시오.

○ 이어서, 「선택과목(확률과 통계)」 문제가 제시되오니, 자신이 선택한 과목인지 확인하시오.

제 2 교시 **수학 영역(확률과 통계)** 09회

5지선다형

23. 확률변수 X가 이항분포 $B\left(60, \dfrac{1}{4}\right)$을 따를 때, $E(X)$의 값은?

[2점]

① 5　　② 10　　③ 15　　④ 20　　⑤ 25

24. 네 개의 수 1, 3, 5, 7 중에서 임의로 선택한 한 개의 수를 a라 하고, 네 개의 수 2, 4, 6, 8 중에서 임의로 선택한 한 개의 수를 b라 하자. $a \times b > 31$일 확률은? [3점]

① $\dfrac{1}{16}$　　② $\dfrac{1}{8}$　　③ $\dfrac{3}{16}$　　④ $\dfrac{1}{4}$　　⑤ $\dfrac{5}{16}$

25. $\left(x^2 + \dfrac{a}{x}\right)^5$ 의 전개식에서 $\dfrac{1}{x^2}$ 의 계수와 x 의 계수가 같을 때, 양수 a 의 값은? [3점]

① 1   ② 2   ③ 3   ④ 4   ⑤ 5

26. 주머니 A 에는 흰 공 2개, 검은 공 4개가 들어 있고, 주머니 B 에는 흰 공 3개, 검은 공 3개가 들어 있다.
두 주머니 A, B 와 한 개의 주사위를 사용하여 다음 시행을 한다.

주사위를 한 번 던져
나온 눈의 수가 5 이상이면
주머니 A 에서 임의로 2개의 공을 동시에 꺼내고,
나온 눈의 수가 4 이하이면
주머니 B 에서 임의로 2개의 공을 동시에 꺼낸다.

이 시행을 한 번 하여 주머니에서 꺼낸 2개의 공이 모두 흰색일 때, 나온 눈의 수가 5 이상일 확률은? [3점]

① $\dfrac{1}{7}$ ② $\dfrac{3}{14}$ ③ $\dfrac{2}{7}$ ④ $\dfrac{5}{14}$ ⑤ $\dfrac{3}{7}$

 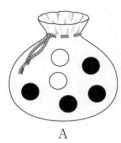 

A   B

27. 지역 A에 살고 있는 성인들의 1인 하루 물 사용량을 확률변수 X, 지역 B에 살고 있는 성인들의 1인 하루 물 사용량을 확률변수 Y라 하자. 두 확률변수 X, Y는 정규분포를 따르고 다음 조건을 만족시킨다.

> (가) 두 확률변수 X, Y의 평균은 각각 220과 240이다.
>
> (나) 확률변수 Y의 표준편차는 확률변수 X의 표준편차의 1.5배이다.

지역 A에 살고 있는 성인 중 임의추출한 n명의 1인 하루 물 사용량의 표본평균을 $\overline{X}$, 지역 B에 살고 있는 성인 중 임의추출한 $9n$명의 1인 하루 물 사용량의 표본평균을 $\overline{Y}$라 하자. $\mathrm{P}(\overline{X} \leq 215) = 0.1587$일 때, $\mathrm{P}(\overline{Y} \geq 235)$의 값을 오른쪽 표준정규분포표를 이용하여 구한 것은? (단, 물 사용량의 단위는 L이다.) [3점]

z	$\mathrm{P}(0 \leq Z \leq z)$
0.5	0.1915
1.0	0.3413
1.5	0.4332
2.0	0.4772

① 0.6915 ② 0.7745 ③ 0.8185
④ 0.8413 ⑤ 0.9772

28. 집합 $X = \{1, 2, 3, 4, 5, 6\}$에 대하여 다음 조건을 만족시키는 함수 $f : X \to X$의 개수는? [4점]

> (가) $f(3) + f(4)$는 5의 배수이다.
>
> (나) $f(1) < f(3)$이고 $f(2) < f(3)$이다.
>
> (다) $f(4) < f(5)$이고 $f(4) < f(6)$이다.

① 384 ② 394 ③ 404 ④ 414 ⑤ 424

09회

29. 두 이산확률변수 X, Y의 확률분포를 표로 나타내면 각각 다음과 같다.

X	1	3	5	7	9	합계
$P(X=x)$	a	b	c	b	a	1

Y	1	3	5	7	9	합계
$P(Y=y)$	$a+\dfrac{1}{20}$	b	$c-\dfrac{1}{10}$	b	$a+\dfrac{1}{20}$	1

$V(X)=\dfrac{31}{5}$ 일 때, $10\times V(Y)$의 값을 구하시오. [4점]

30. 네 명의 학생 A, B, C, D에게 같은 종류의 사인펜 14개를 다음 규칙에 따라 남김없이 나누어 주는 경우의 수를 구하시오. [4점]

> (가) 각 학생은 1개 이상의 사인펜을 받는다.
>
> (나) 각 학생이 받는 사인펜의 개수는 9 이하이다.
>
> (다) 적어도 한 학생은 짝수 개의 사인펜을 받는다.

제 2 교시

수학 영역(미적분)

09회

5지선다형

23. $\lim\limits_{n \to \infty} \dfrac{2 \times 3^{n+1} + 5}{3^n + 2^{n+1}}$ 의 값은? [2점]

① 2   ② 4   ③ 6   ④ 8   ⑤ 10

24. $2\cos\alpha = 3\sin\alpha$ 이고 $\tan(\alpha+\beta) = 1$ 일 때, $\tan\beta$ 의 값은? [3점]

① $\dfrac{1}{6}$ ② $\dfrac{1}{5}$ ③ $\dfrac{1}{4}$ ④ $\dfrac{1}{3}$ ⑤ $\dfrac{1}{2}$

25. 매개변수 t로 나타내어진 곡선

$$x = e^t - 4e^{-t}, \quad y = t+1$$

에서 $t = \ln 2$일 때, $\dfrac{dy}{dx}$의 값은? [3점]

① 1   ② $\dfrac{1}{2}$ ③ $\dfrac{1}{3}$ ④ $\dfrac{1}{4}$ ⑤ $\dfrac{1}{5}$

26. 그림과 같이 곡선 $y = \sqrt{\dfrac{3x+1}{x^2}}$ $(x>0)$과 x축 및

두 직선 $x=1$, $x=2$로 둘러싸인 부분을 밑면으로 하고
x축에 수직인 평면으로 자른 단면이 모두 정사각형인
입체도형의 부피는? [3점]

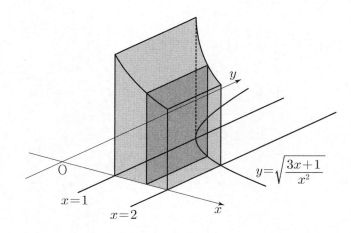

① $3\ln 2$ ② $\dfrac{1}{2} + 3\ln 2$ ③ $1 + 3\ln 2$

④ $\dfrac{1}{2} + 4\ln 2$ ⑤ $1 + 4\ln 2$

27. 그림과 같이 $\overline{AB_1}=1$, $\overline{B_1C_1}=2$인 직사각형 $AB_1C_1D_1$이 있다. $\angle AD_1C_1$을 삼등분하는 두 직선이 선분 B_1C_1과 만나는 점 중 점 B_1에 가까운 점을 E_1, 점 C_1에 가까운 점을 F_1이라 하자. $\overline{E_1F_1}=\overline{F_1G_1}$, $\angle E_1F_1G_1=\dfrac{\pi}{2}$이고 선분 AD_1과 선분 F_1G_1이 만나도록 점 G_1을 잡아 삼각형 $E_1F_1G_1$을 그린다. 선분 E_1D_1과 선분 F_1G_1이 만나는 점을 H_1이라 할 때, 두 삼각형 $G_1E_1H_1$, $H_1F_1D_1$로 만들어진 ╱╱ 모양의 도형에 색칠하여 얻은 그림을 R_1이라 하자.

그림 R_1에 선분 AB_1 위의 점 B_2, 선분 E_1G_1 위의 점 C_2, 선분 AD_1 위의 점 D_2와 점 A를 꼭짓점으로 하고 $\overline{AB_2}:\overline{B_2C_2}=1:2$인 직사각형 $AB_2C_2D_2$를 그린다. 직사각형 $AB_2C_2D_2$에 그림 R_1을 얻은 것과 같은 방법으로 ╱╱ 모양의 도형을 그리고 색칠하여 얻은 그림을 R_2라 하자.

이와 같은 과정을 계속하여 n번째 얻은 그림 R_n에 색칠되어 있는 부분의 넓이를 S_n이라 할 때, $\displaystyle\lim_{n\to\infty}S_n$의 값은? [3점]

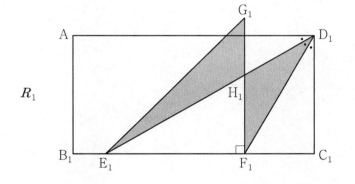

R_1

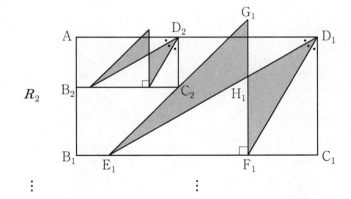

R_2

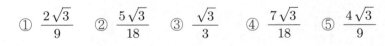

① $\dfrac{2\sqrt{3}}{9}$ ② $\dfrac{5\sqrt{3}}{18}$ ③ $\dfrac{\sqrt{3}}{3}$ ④ $\dfrac{7\sqrt{3}}{18}$ ⑤ $\dfrac{4\sqrt{3}}{9}$

28. 좌표평면에서 원점을 중심으로 하고 반지름의 길이가 2인 원 C와 두 점 $A(2,0)$, $B(0,-2)$가 있다. 원 C 위에 있고 x좌표가 음수인 점 P에 대하여 $\angle PAB=\theta$라 하자. 점 $Q(0, 2\cos\theta)$에서 직선 BP에 내린 수선의 발을 R라 하고, 두 점 P와 R 사이의 거리를 $f(\theta)$라 할 때, $\displaystyle\int_{\frac{\pi}{6}}^{\frac{\pi}{3}}f(\theta)d\theta$의 값은? [4점]

① $\dfrac{2\sqrt{3}-3}{2}$ ② $\sqrt{3}-1$ ③ $\dfrac{3\sqrt{3}-3}{2}$

④ $\dfrac{2\sqrt{3}-1}{2}$ ⑤ $\dfrac{4\sqrt{3}-3}{2}$

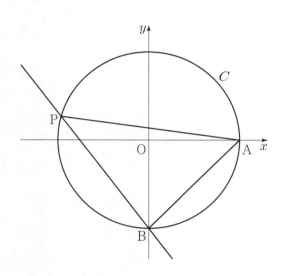

수학 영역(미적분)

29. 이차함수 $f(x)$에 대하여 함수 $g(x) = \{f(x)+2\}e^{f(x)}$이 다음 조건을 만족시킨다.

> (가) $f(a) = 6$인 a에 대하여 $g(x)$는 $x = a$에서 최댓값을 갖는다.
>
> (나) $g(x)$는 $x = b$, $x = b+6$에서 최솟값을 갖는다.

방정식 $f(x) = 0$의 서로 다른 두 실근을 α, β라 할 때, $(\alpha - \beta)^2$의 값을 구하시오. (단, a, b는 실수이다.) [4점]

30. 최고차항의 계수가 9인 삼차함수 $f(x)$가 다음 조건을 만족시킨다.

> (가) $\displaystyle\lim_{x \to 0} \frac{\sin(\pi \times f(x))}{x} = 0$
>
> (나) $f(x)$의 극댓값과 극솟값의 곱은 5이다.

함수 $g(x)$는 $0 \le x < 1$일 때 $g(x) = f(x)$이고 모든 실수 x에 대하여 $g(x+1) = g(x)$이다.

$g(x)$가 실수 전체의 집합에서 연속일 때, $\displaystyle\int_0^5 xg(x)\,dx = \frac{q}{p}$이다. $p+q$의 값을 구하시오. (단, p와 q는 서로소인 자연수이다.) [4점]

---

* 확인 사항

○ 답안지의 해당란에 필요한 내용을 정확히 기입(표기)했는지 확인 하시오.

제 2 교시

수학 영역

10회

● 문항수 30개 | 배점 100점 | 제한 시간 100분

● 배점은 2점, 3점 또는 4점

5지선다형

● 2021학년도 9월(고3 나)

1. $\sqrt[3]{2} \times 2^{\frac{2}{3}}$ 의 값은? [2점]

① 1　　② 2　　③ 4　　④ 8　　⑤ 16

● 2021학년도 9월(고3 나)

2. $\cos^2\left(\dfrac{\pi}{6}\right) + \tan^2\left(\dfrac{2\pi}{3}\right)$ 의 값은? [2점]

① $\dfrac{3}{2}$　　② $\dfrac{9}{4}$　　③ 3　　④ $\dfrac{15}{4}$　　⑤ $\dfrac{9}{2}$

● 2021학년도 9월(고3 나)

3. $\displaystyle\lim_{x \to -1} \dfrac{x^2 + 9x + 8}{x + 1}$ 의 값은? [3점]

① 6　　② 7　　③ 8　　④ 9　　⑤ 10

● 2021학년도 9월(고3 나)

4. 닫힌구간 $[-2,\ 2]$ 에서 정의된 함수 $y = f(x)$의 그래프가 그림과 같다.

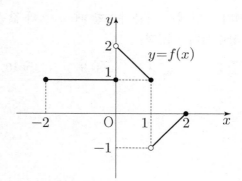

$\displaystyle\lim_{x \to 0+} f(x) + \lim_{x \to 2-} f(x)$의 값은? [3점]

① -2　　② -1　　③ 0　　④ 1　　⑤ 2

● 2021학년도 9월(고3 나)

5. $\overline{AB}=8$이고 $\angle A=45°$, $\angle B=15°$인 삼각형 ABC에서

선분 BC의 길이는? [3점]

① $2\sqrt{6}$　　　② $\dfrac{7\sqrt{6}}{3}$　　　③ $\dfrac{8\sqrt{6}}{3}$

④ $3\sqrt{6}$　　　⑤ $\dfrac{10\sqrt{6}}{3}$

● 2021학년도 9월(고3 나)

6. 함수

$$f(x)=\begin{cases} x^3+ax+b & (x<1) \\ bx+4 & (x\geq 1) \end{cases}$$

이 실수 전체의 집합에서 미분가능할 때, $a+b$의 값은?
(단, a, b는 상수이다.) [3점]

① 6　　　② 7　　　③ 8　　　④ 9　　　⑤ 10

● 2021학년도 9월(고3 나)

7. n이 자연수일 때, x에 대한 이차방정식

$$(n^2+6n+5)x^2-(n+5)x-1=0$$

의 두 근의 합을 a_n이라 하자. $\displaystyle\sum_{k=1}^{10}\dfrac{1}{a_k}$의 값은? [3점]

① 65　　② 70　　③ 75　　④ 80　　⑤ 85

● 2021학년도 9월(고3 나)

8. 수직선 위를 움직이는 점 P의 시각 t $(t \geq 0)$에서의 속도 $v(t)$가

$$v(t) = t^2 - at \ (a > 0)$$

이다. 점 P가 시각 $t = 0$일 때부터 움직이는 방향이 바뀔 때까지 움직인 거리가 $\dfrac{9}{2}$이다. 상수 a의 값은? [3점]

① 1　　② 2　　③ 3　　④ 4　　⑤ 5

● 2021학년도 9월(고3 가)

9. 곡선 $y = 2^{ax+b}$과 직선 $y = x$가 서로 다른 두 점 A, B에서 만날 때, 두 점 A, B에서 x축에 내린 수선의 발을 각각 C, D라 하자. $\overline{AB} = 6\sqrt{2}$이고 사각형 ACDB의 넓이가 30일 때, $a + b$의 값은? (단, a, b는 상수이다.) [4점]

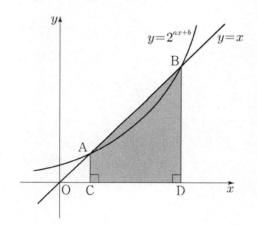

① $\dfrac{1}{6}$　　② $\dfrac{1}{3}$　　③ $\dfrac{1}{2}$　　④ $\dfrac{2}{3}$　　⑤ $\dfrac{5}{6}$

● 2021학년도 9월(고3 나)

10. 모든 자연수 n에 대하여 다음 조건을 만족시키는 x축 위의 점 P_n과 곡선 $y = \sqrt{3x}$ 위의 점 Q_n이 있다.

- 선분 OP_n과 선분 P_nQ_n이 서로 수직이다.
- 선분 OQ_n과 선분 Q_nP_{n+1}이 서로 수직이다.

다음은 점 P_1의 좌표가 $(1, 0)$일 때, 삼각형 $OP_{n+1}Q_n$의 넓이 A_n을 구하는 과정이다. (단, O는 원점이다.)

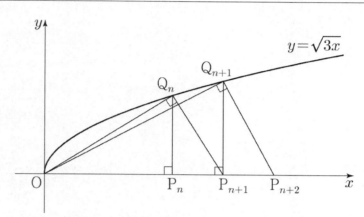

모든 자연수 n에 대하여 점 P_n의 좌표를 $(a_n, 0)$이라 하자.

$\overline{OP_{n+1}} = \overline{OP_n} + \overline{P_nP_{n+1}}$이므로

$$a_{n+1} = a_n + \overline{P_nP_{n+1}}$$

이다. 삼각형 OP_nQ_n과 삼각형 $Q_nP_nP_{n+1}$이 닮음이므로

$$\overline{OP_n} : \overline{P_nQ_n} = \overline{P_nQ_n} : \overline{P_nP_{n+1}}$$

이고, 점 Q_n의 좌표는 $(a_n, \sqrt{3a_n})$이므로

$$\overline{P_nP_{n+1}} = \boxed{\text{(가)}}$$

이다. 따라서 삼각형 $OP_{n+1}Q_n$의 넓이 A_n은

$$A_n = \frac{1}{2} \times (\boxed{\text{(나)}}) \times \sqrt{9n - 6}$$

이다.

위의 (가)에 알맞은 수를 p, (나)에 알맞은 식을 $f(n)$이라 할 때, $p + f(8)$의 값은? [4점]

① 20　　② 22　　③ 24　　④ 26　　⑤ 28

수학 영역

● 2021학년도 9월(고3 나)

11. $\angle A = 90°$ 이고 $\overline{AB} = 2\log_2 x$, $\overline{AC} = \log_4 \dfrac{16}{x}$ 인

삼각형 ABC의 넓이를 $S(x)$라 하자. $S(x)$가 $x = a$에서

최댓값 M을 가질 때, $a + M$의 값은? (단, $1 < x < 16$) [4점]

① 6   ② 7   ③ 8   ④ 9   ⑤ 10

● 2021학년도 9월(고3 나)

12. 최고차항의 계수가 a인 이차함수 $f(x)$가 모든 실수

x에 대하여

$$|f'(x)| \le 4x^2 + 5$$

를 만족시킨다. 함수 $y = f(x)$의 그래프의 대칭축이

직선 $x = 1$일 때, 실수 a의 최댓값은? [4점]

① $\dfrac{3}{2}$ ② 2   ③ $\dfrac{5}{2}$ ④ 3   ⑤ $\dfrac{7}{2}$

● 2021학년도 9월(고3 나)

13. 실수 전체의 집합에서 연속인 두 함수 $f(x)$와 $g(x)$가

모든 실수 x에 대하여 다음 조건을 만족시킨다.

> (가) $f(x) \geq g(x)$
> (나) $f(x) + g(x) = x^2 + 3x$
> (다) $f(x)g(x) = (x^2+1)(3x-1)$

$\int_0^2 f(x)dx$의 값은? [4점]

① $\dfrac{23}{6}$ ② $\dfrac{13}{3}$ ③ $\dfrac{29}{6}$ ④ $\dfrac{16}{3}$ ⑤ $\dfrac{35}{6}$

● 2021학년도 9월(고3 나)

14. 수열 $\{a_n\}$은 모든 자연수 n에 대하여

$$a_{n+2} = \begin{cases} 2a_n + a_{n+1} & (a_n \leq a_{n+1}) \\ a_n + a_{n+1} & (a_n > a_{n+1}) \end{cases}$$

을 만족시킨다. $a_3 = 2$, $a_6 = 19$가 되도록 하는

모든 a_1의 값의 합은? [4점]

① $-\dfrac{1}{2}$ ② $-\dfrac{1}{4}$ ③ 0 ④ $\dfrac{1}{4}$ ⑤ $\dfrac{1}{2}$

10회

● 2021학년도 9월(고3 가)

15. 닫힌구간 $[-2\pi, 2\pi]$에서 정의된 두 함수

$$f(x) = \sin kx + 2, \; g(x) = 3\cos 12x$$

에 대하여 다음 조건을 만족시키는 자연수 k의 개수는? [4점]

실수 a가 두 곡선 $y = f(x)$, $y = g(x)$의 교점의 y좌표이면
$$\{x \mid f(x) = a\} \subset \{x \mid g(x) = a\}$$
이다.

① 3   ② 4   ③ 5   ④ 6   ⑤ 7

● 2021학년도 9월(고3 나)

16. 함수 $f(x)$가

$$f'(x) = -x^3 + 3, \; f(2) = 10$$

을 만족시킬 때, $f(0)$의 값을 구하시오. [3점]

● 2021학년도 9월(고3 나)

17. $\log_5 40 + \log_5 \dfrac{5}{8}$의 값을 구하시오. [3점]

● 2021학년도 9월(고3 나)

18. $\overline{AB}=6$, $\overline{AC}=10$인 삼각형 ABC가 있다. 선분 AC 위에

점 D를 $\overline{AB}=\overline{AD}$가 되도록 잡는다. $\overline{BD}=\sqrt{15}$ 일 때,

선분 BC의 길이를 k라 하자. k^2의 값을 구하시오. [3점]

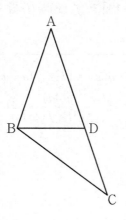

● 2021학년도 9월(고3 가)

19. 방정식

$$\log_2 x = 1 + \log_4(2x-3)$$

을 만족시키는 모든 실수 x의 값의 곱을 구하시오. [3점]

● 2021학년도 9월(고3 가)

20. 등비수열 $\{a_n\}$의 첫째항부터 제 n항까지의 합을 S_n이라

하자. 모든 자연수 n에 대하여

$$S_{n+3} - S_n = 13 \times 3^{n-1}$$

일 때, a_4의 값을 구하시오. [4점]

● 2021학년도 9월(고3 나)

21. 함수 $f(x) = -x^2 - 4x + a$에 대하여 함수

$$g(x) = \int_0^x f(t)dt$$

가 닫힌구간 $[0, 1]$에서 증가하도록 하는 실수 a의 최솟값을 구하시오. [4점]

● 2021학년도 9월(고3 나)

22. 삼차함수 $f(x)$가 다음 조건을 만족시킨다.

> (가) $f(1) = f(3) = 0$
> (나) 집합 $\{x | x \geq 1$이고 $f'(x) = 0\}$의 원소의 개수는 1이다.

상수 a에 대하여 함수 $g(x) = |f(x)f(a-x)|$가 실수 전체의 집합에서 미분가능할 때, $\dfrac{g(4a)}{f(0) \times f(4a)}$ 의 값을 구하시오. [4점]

---

* 확인 사항

○ 답안지의 해당란에 필요한 내용을 정확히 기입(표기)했는지 확인하시오.

○ 이어서, 「선택과목(확률과 통계)」 문제가 제시되오니, 자신이 선택한 과목인지 확인하시오.

제 2 교시

수학 영역(확률과 통계)

10회

5지선다형

● 2021학년도 9월(고3 가)

23. 두 사건 A, B에 대하여

$$\mathrm{P}(A) = \frac{2}{5}, \quad \mathrm{P}(B) = \frac{4}{5}, \quad \mathrm{P}(A \cup B) = \frac{9}{10}$$

일 때, $\mathrm{P}(B|A)$의 값은? [2점]

① $\dfrac{5}{12}$ ② $\dfrac{1}{2}$ ③ $\dfrac{7}{12}$ ④ $\dfrac{2}{3}$ ⑤ $\dfrac{3}{4}$

● 2021학년도 9월(고3 가)

24. 연속확률변수 X가 갖는 값의 범위는 $0 \le X \le 8$이고, X의 확률밀도함수 $f(x)$의 그래프는 직선 $x = 4$에 대하여 대칭이다.

$$3\mathrm{P}(2 \le X \le 4) = 4\mathrm{P}(6 \le X \le 8)$$

일 때, $\mathrm{P}(2 \le X \le 6)$의 값은? [3점]

① $\dfrac{3}{7}$ ② $\dfrac{1}{2}$ ③ $\dfrac{4}{7}$ ④ $\dfrac{9}{14}$ ⑤ $\dfrac{5}{7}$

● 2021학년도 9월(고3 나)

25. 네 개의 수 $1, 3, 5, 7$ 중에서 임의로 선택한 한 개의 수를 a라 하고, 네 개의 수 $4, 6, 8, 10$ 중에서 임의로 선택한 한 개의 수를 b라 하자. $1 < \dfrac{b}{a} < 4$일 확률은? [3점]

① $\dfrac{1}{2}$ ② $\dfrac{9}{16}$ ③ $\dfrac{5}{8}$ ④ $\dfrac{11}{16}$ ⑤ $\dfrac{3}{4}$

● 2021학년도 9월(고3 가)

26. 다섯 명이 둘러앉을 수 있는 원 모양의 탁자와 두 학생 A, B를 포함한 8명의 학생이 있다. 이 8명의 학생 중에서 A, B를 포함하여 5명을 선택하고 이 5명의 학생 모두를 일정한 간격으로 탁자에 둘러앉게 할 때, A와 B가 이웃하게 되는 경우의 수는? (단, 회전하여 일치하는 것은 같은 것으로 본다.) [3점]

① 180   ② 200   ③ 220   ④ 240   ⑤ 260

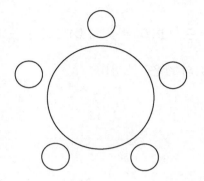

● 2021학년도 9월(고3 나)

27. 어느 회사에서 일하는 플랫폼 근로자의 일주일 근무 시간은 평균이 m시간, 표준편차가 5시간인 정규분포를 따른다고 한다. 이 회사에서 일하는 플랫폼 근로자 중에서 임의추출한 36명의 일주일 근무 시간의 표본평균이 38시간 이상일 확률을 오른쪽 표준정규분포표를 이용하여 구한 값이 0.9332일 때, m의 값은? [3점]

z	$P(0 \leq Z \leq z)$
0.5	0.1915
1.0	0.3413
1.5	0.4332
2.0	0.4772

① 38.25 ② 38.75 ③ 39.25 ④ 39.75 ⑤ 40.25

● 2021학년도 9월(고3 가)

28. 집합 $X = \{1, 2, 3, 4\}$의 공집합이 아닌 모든 부분집합 15개 중에서 임의로 서로 다른 세 부분집합을 뽑아 임의로 일렬로 나열하고, 나열된 순서대로 A, B, C라 할 때, $A \subset B \subset C$일 확률은? [4점]

① $\frac{1}{91}$ ② $\frac{2}{91}$ ③ $\frac{3}{91}$ ④ $\frac{4}{91}$ ⑤ $\frac{5}{91}$

단 답 형

● 2021학년도 9월(고3 나)

29. 두 이산확률변수 X, Y의 확률분포를 표로 나타내면 각각 다음과 같다.

X	1	2	3	4	합계
$P(X=x)$	a	b	c	d	1

Y	11	21	31	41	합계
$P(Y=y)$	a	b	c	d	1

$E(X)=2$, $E(X^2)=5$일 때, $E(Y)+V(Y)$의 값을 구하시오.

[4점]

● 2021학년도 9월(고3 나)

30. 흰 공 4개와 검은 공 6개를 세 상자 A, B, C에 남김없이 나누어 넣을 때, 각 상자에 공이 2개 이상씩 들어가도록 나누어 넣는 경우의 수를 구하시오.
(단, 같은 색 공끼리는 서로 구별하지 않는다.) [4점]

---

* 확인 사항

○ 답안지의 해당란에 필요한 내용을 정확히 기입(표기)했는지 확인하시오.

○ 이어서, 「선택과목(미적분)」 문제가 제시되오니, 자신이 선택한 과목인지 확인하시오.

제 2 교시

수학 영역(미적분)

10회

5지선다형

● 2021학년도 9월(고3 가)

23. $\lim\limits_{n \to \infty} \dfrac{(2n+1)^2 - (2n-1)^2}{2n+5}$ 의 값은? [2점]

① 1   ② 2   ③ 3   ④ 4   ⑤ 5

● 2021학년도 9월(고3 가)

24. $\sum\limits_{n=1}^{\infty} \dfrac{2}{n(n+2)}$ 의 값은? [3점]

① 1   ② $\dfrac{3}{2}$ ③ 2   ④ $\dfrac{5}{2}$ ⑤ 3

● 2021학년도 9월(고3 가)

25. $\int_{1}^{2}(x-1)e^{-x}dx$의 값은? [3점]

① $\dfrac{1}{e}-\dfrac{2}{e^{2}}$　　② $\dfrac{1}{e}-\dfrac{1}{e^{2}}$　　③ $\dfrac{1}{e}$

④ $\dfrac{2}{e}-\dfrac{2}{e^{2}}$　　⑤ $\dfrac{2}{e}-\dfrac{1}{e^{2}}$

● 2021학년도 9월(고3 가)

26. 매개변수 $t\ (t>0)$으로 나타내어진 함수

$$x=\ln t+t,\ y=-t^{3}+3t$$

에 대하여 $\dfrac{dy}{dx}$가 $t=a$에서 최댓값을 가질 때, a의 값은? [3점]

① $\dfrac{1}{6}$　　② $\dfrac{1}{5}$　　③ $\dfrac{1}{4}$　　④ $\dfrac{1}{3}$　　⑤ $\dfrac{1}{2}$

● 2021학년도 9월(고3 가)

27. 등비수열 $\{a_n\}$에 대하여 $\displaystyle\lim_{n\to\infty}\dfrac{3^n}{a_n+2^n}=6$일 때,

$\displaystyle\sum_{n=1}^{\infty}\dfrac{1}{a_n}$의 값은? [3점]

① 1   ② 2   ③ 3   ④ 4   ⑤ 5

● 2021학년도 9월(고3 가)

28. 함수 $f(x)=\sin(\pi\sqrt{x})$에 대하여 함수

$$g(x)=\int_0^x tf(x-t)dt \ (x \geq 0)$$

이 $x=a$에서 극대인 모든 a를 작은 수부터 크기순으로 나열할 때, n번째 수를 a_n이라 하자.

$k^2 < a_6 < (k+1)^2$인 자연수 k의 값은? [4점]

① 11   ② 14   ③ 17   ④ 20   ⑤ 23

┌─────────────┐
│ **단 답 형** │
└─────────────┘

● 2021학년도 9월(고3 가)

29. 그림과 같이 길이가 2인 선분 AB를 지름으로 하는 반원이 있다. 선분 AB의 중점을 O라 할 때, 호 AB 위에 두 점 P, Q를 $\angle POA=\theta$, $\angle QOB=2\theta$가 되도록 잡는다. 두 선분 PB, OQ의 교점을 R라 하고, 점 R에서 선분 PQ에 내린 수선의 발을 H라 하자. 삼각형 POR의 넓이를 $f(\theta)$, 두 선분 RQ, RB와 호 QB로 둘러싸인 부분의 넓이를 $g(\theta)$라 할 때,

$$\lim_{\theta \to 0+} \frac{f(\theta)+g(\theta)}{\overline{RH}} = \frac{q}{p}$$이다. $p+q$의 값을 구하시오.

(단, $0<\theta<\dfrac{\pi}{3}$이고, p와 q는 서로소인 자연수이다.) [4점]

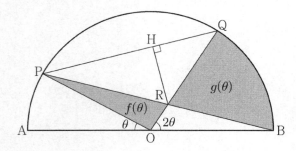

● 2021학년도 9월(고3 가)

30. 다음 조건을 만족시키는 실수 a, b에 대하여 ab의 최댓값을 M, 최솟값을 m이라 하자.

┌──────────────────────────────────┐
│ 모든 실수 x에 대하여 부등식 │
│ $\quad -e^{-x+1} \le ax+b \le e^{x-2}$ │
│ 이 성립한다. │
└──────────────────────────────────┘

$|M \times m^3| = \dfrac{q}{p}$일 때, $p+q$의 값을 구하시오. (단, p와 q는 서로소인 자연수이다.) [4점]

┌──┐
│ ＊ 확인 사항 │
│ ○ 답안지의 해당란에 필요한 내용을 정확히 기입(표기)했는지 확인 │
│ 하시오. │
└──┘

제 2 교시

수학 영역

11회

● 문항수 30개 | 배점 100점 | 제한 시간 100분

● 배점은 2점, 3점 또는 4점

5지선다형

1. $\sqrt[3]{5} \times 25^{\frac{1}{3}}$ 의 값은? [2점]

① 1 ② 2 ③ 3 ④ 4 ⑤ 5

2. 함수 $f(x) = x^3 - 8x + 7$ 에 대하여 $\lim_{h \to 0} \frac{f(2+h) - f(2)}{h}$ 의 값은? [2점]

① 1 ② 2 ③ 3 ④ 4 ⑤ 5

3. 첫째항과 공비가 모두 양수 k 인 등비수열 $\{a_n\}$ 이

$$\frac{a_4}{a_2} + \frac{a_2}{a_1} = 30$$

을 만족시킬 때, k 의 값은? [3점]

① 1 ② 2 ③ 3 ④ 4 ⑤ 5

4. 함수

$$f(x) = \begin{cases} 5x + a & (x < -2) \\ x^2 - a & (x \geq -2) \end{cases}$$

가 실수 전체의 집합에서 연속일 때, 상수 a 의 값은? [3점]

① 6 ② 7 ③ 8 ④ 9 ⑤ 10

[해설편 p.123]

5. 함수 $f(x) = (x^2+1)(3x^2-x)$ 에 대하여 $f'(1)$ 의 값은? [3점]

① 8　　② 10　　③ 12　　④ 14　　⑤ 16

6. $\cos\left(\dfrac{\pi}{2}+\theta\right) = -\dfrac{1}{5}$ 일 때, $\dfrac{\sin\theta}{1-\cos^2\theta}$ 의 값은? [3점]

① -5　　② $-\sqrt{5}$　　③ 0　　④ $\sqrt{5}$　　⑤ 5

7. 다항함수 $f(x)$ 가 모든 실수 x 에 대하여

$$\int_0^x f(t)\,dt = 3x^3 + 2x$$

를 만족시킬 때, $f(1)$ 의 값은? [3점]

① 7　　② 9　　③ 11　　④ 13　　⑤ 15

8. 두 실수 $a = 2\log \dfrac{1}{\sqrt{10}} + \log_2 20$, $b = \log 2$ 에 대하여
$a \times b$ 의 값은? [3점]

   ① 1   ② 2   ③ 3   ④ 4   ⑤ 5

9. 함수 $f(x) = 3x^2 - 16x - 20$ 에 대하여

$$\int_{-2}^{a} f(x)\,dx = \int_{-2}^{0} f(x)\,dx$$

일 때, 양수 a 의 값은? [4점]

   ① 16   ② 14   ③ 12   ④ 10   ⑤ 8

10. 닫힌구간 $[0, 2\pi]$ 에서 정의된 함수 $f(x) = a\cos bx + 3$ 이 $x = \dfrac{\pi}{3}$ 에서 최댓값 13을 갖도록 하는 두 자연수 a, b 의 순서쌍 (a, b) 에 대하여 $a + b$ 의 최솟값은? [4점]

   ① 12   ② 14   ③ 16   ④ 18   ⑤ 20

11. 시각 $t=0$일 때 출발하여 수직선 위를 움직이는 점 P의 시각 $t\,(t \geq 0)$에서의 위치 x가

$$x = t^3 - \frac{3}{2}t^2 - 6t$$

이다. 출발한 후 점 P의 운동 방향이 바뀌는 시각에서의 점 P의 가속도는? [4점]

① 6   ② 9   ③ 12   ④ 15   ⑤ 18

12. $a_1 = 2$인 수열 $\{a_n\}$과 $b_1 = 2$인 등차수열 $\{b_n\}$이 모든 자연수 n에 대하여

$$\sum_{k=1}^{n} \frac{a_k}{b_{k+1}} = \frac{1}{2}n^2$$

을 만족시킬 때, $\displaystyle\sum_{k=1}^{5} a_k$의 값은? [4점]

① 120   ② 125   ③ 130   ④ 135   ⑤ 140

13. 최고차항의 계수가 1인 삼차함수 $f(x)$가

$$f(1) = f(2) = 0, \quad f'(0) = -7$$

을 만족시킨다. 원점 O와 점 $P(3, f(3))$에 대하여 선분 OP가 곡선 $y = f(x)$와 만나는 점 중 P가 아닌 점을 Q라 하자. 곡선 $y = f(x)$와 y축 및 선분 OQ로 둘러싸인 부분의 넓이를 A, 곡선 $y = f(x)$와 선분 PQ로 둘러싸인 부분의 넓이를 B라 할 때, $B - A$의 값은? [4점]

① $\dfrac{37}{4}$ ② $\dfrac{39}{4}$ ③ $\dfrac{41}{4}$ ④ $\dfrac{43}{4}$ ⑤ $\dfrac{45}{4}$

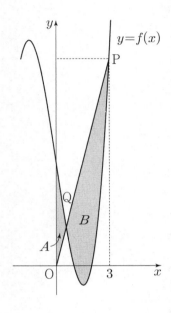

14. 그림과 같이 삼각형 ABC에서 선분 AB 위에 $\overline{\mathrm{AD}} : \overline{\mathrm{DB}} = 3 : 2$인 점 D를 잡고, 점 A를 중심으로 하고 점 D를 지나는 원을 O, 원 O와 선분 AC가 만나는 점을 E라 하자.

$\sin A : \sin C = 8 : 5$이고, 삼각형 ADE와 삼각형 ABC의 넓이의 비가 $9 : 35$이다. 삼각형 ABC의 외접원의 반지름의 길이가 7일 때, 원 O 위의 점 P에 대하여 삼각형 PBC의 넓이의 최댓값은? (단, $\overline{\mathrm{AB}} < \overline{\mathrm{AC}}$) [4점]

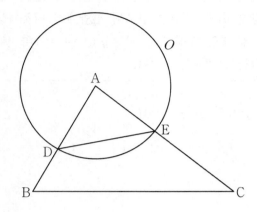

① $18 + 15\sqrt{3}$ ② $24 + 20\sqrt{3}$ ③ $30 + 25\sqrt{3}$
④ $36 + 30\sqrt{3}$ ⑤ $42 + 35\sqrt{3}$

15. 상수 $a\,(a \neq 3\sqrt{5}\,)$와 최고차항의 계수가 음수인 이차함수 $f(x)$에 대하여 함수

$$g(x) = \begin{cases} x^3 + ax^2 + 15x + 7 & (x \leq 0) \\ f(x) & (x > 0) \end{cases}$$

이 다음 조건을 만족시킨다.

(가) 함수 $g(x)$는 실수 전체의 집합에서 미분가능하다.
(나) x에 대한 방정식 $g'(x) \times g'(x-4) = 0$의 서로 다른 실근의 개수는 4이다.

$g(-2) + g(2)$의 값은? [4점]

① 30 ② 32 ③ 34 ④ 36 ⑤ 38

16. 방정식

$$\log_2(x-3) = \log_4(3x-5)$$

를 만족시키는 실수 x의 값을 구하시오. [3점]

17. 다항함수 $f(x)$에 대하여 $f'(x) = 9x^2 + 4x$이고 $f(1) = 6$일 때, $f(2)$의 값을 구하시오. [3점]

18. 수열 $\{a_n\}$이 모든 자연수 n에 대하여

$$a_n + a_{n+4} = 12$$

를 만족시킬 때, $\displaystyle\sum_{n=1}^{16} a_n$의 값을 구하시오. [3점]

19. 양수 a에 대하여 함수 $f(x)$를

$$f(x) = 2x^3 - 3ax^2 - 12a^2 x$$

라 하자. 함수 $f(x)$의 극댓값이 $\dfrac{7}{27}$일 때, $f(3)$의 값을
구하시오. [3점]

20. 곡선 $y = \left(\dfrac{1}{5}\right)^{x-3}$과 직선 $y = x$가 만나는 점의 x좌표를 k라 하자. 실수 전체의 집합에서 정의된 함수 $f(x)$가 다음 조건을 만족시킨다.

> $x > k$인 모든 실수 x에 대하여
> $f(x) = \left(\dfrac{1}{5}\right)^{x-3}$이고 $f(f(x)) = 3x$이다.

$f\left(\dfrac{1}{k^3 \times 5^{3k}}\right)$의 값을 구하시오. [4점]

11회

21. 함수 $f(x) = x^3 + ax^2 + bx + 4$가 다음 조건을 만족시키도록 하는 두 정수 a, b에 대하여 $f(1)$의 최댓값을 구하시오. [4점]

모든 실수 α에 대하여 $\displaystyle\lim_{x \to \alpha} \frac{f(2x+1)}{f(x)}$의 값이 존재한다.

22. 모든 항이 정수이고 다음 조건을 만족시키는 모든 수열 $\{a_n\}$에 대하여 $|a_1|$의 값의 합을 구하시오. [4점]

(가) 모든 자연수 n에 대하여
$$a_{n+1} = \begin{cases} a_n - 3 & (|a_n| \text{이 홀수인 경우}) \\ \dfrac{1}{2}a_n & (a_n = 0 \text{ 또는 } |a_n| \text{이 짝수인 경우}) \end{cases}$$
이다.

(나) $|a_m| = |a_{m+2}|$인 자연수 m의 최솟값은 3이다.

* 확인 사항
○ 답안지의 해당란에 필요한 내용을 정확히 기입(표기)했는지 확인하시오.
○ 이어서, 「선택과목(확률과 통계)」 문제가 제시되오니, 자신이 선택한 과목인지 확인하시오.

제2교시

수학 영역(확률과 통계)

5지선다형

23. 다항식 $(x^3+2)^5$의 전개식에서 x^6의 계수는? [2점]

① 40   ② 50   ③ 60   ④ 70   ⑤ 80

24. 두 사건 A, B에 대하여

$$P(A|B) = P(A) = \frac{1}{2}, \quad P(A \cap B) = \frac{1}{5}$$

일 때, $P(A \cup B)$의 값은? [3점]

① $\frac{1}{2}$ ② $\frac{3}{5}$ ③ $\frac{7}{10}$ ④ $\frac{4}{5}$ ⑤ $\frac{9}{10}$

25. 정규분포 $N(m, 2^2)$을 따르는 모집단에서 크기가 256인
표본을 임의추출하여 얻은 표본평균을 이용하여 구한 m에
대한 신뢰도 95%의 신뢰구간이 $a \le m \le b$이다. $b-a$의 값은?
(단, Z가 표준정규분포를 따르는 확률변수일 때,
$P(|Z| \le 1.96) = 0.95$로 계산한다.) [3점]

① 0.49　　② 0.52　　③ 0.55　　④ 0.58　　⑤ 0.61

26. 어느 학급의 학생 16명을 대상으로 과목 A와 과목 B에 대한
선호도를 조사하였다. 이 조사에 참여한 학생은 과목 A와
과목 B 중 하나를 선택하였고, 과목 A를 선택한 학생은 9명,
과목 B를 선택한 학생은 7명이다. 이 조사에 참여한 학생
16명 중에서 임의로 3명을 선택할 때, 선택한 3명의 학생
중에서 적어도 한 명이 과목 B를 선택한 학생일 확률은? [3점]

① $\dfrac{3}{4}$　　② $\dfrac{4}{5}$　　③ $\dfrac{17}{20}$　　④ $\dfrac{9}{10}$　　⑤ $\dfrac{19}{20}$

27. 숫자 1, 3, 5, 7, 9가 각각 하나씩 적혀 있는 5장의
카드가 들어 있는 주머니가 있다. 이 주머니에서 임의로
1장의 카드를 꺼내어 카드에 적혀 있는 수를 확인한 후 다시
넣는 시행을 한다. 이 시행을 3번 반복하여 확인한 세 개의 수의
평균을 $\overline{X}$ 라 하자. $V(a\overline{X}+6)=24$ 일 때, 양수 a의 값은?
[3점]

① 1   ② 2   ③ 3   ④ 4   ⑤ 5

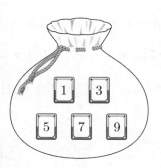

28. 집합 $X=\{1, 2, 3, 4, 5, 6\}$에 대하여 다음 조건을
만족시키는 함수 $f:X \rightarrow X$의 개수는? [4점]

(가) $f(1) \times f(6)$의 값이 6의 약수이다.
(나) $2f(1) \leq f(2) \leq f(3) \leq f(4) \leq f(5) \leq 2f(6)$

① 166   ② 171   ③ 176   ④ 181   ⑤ 186

단 답 형

29. 정규분포 $N(m_1, \sigma_1^2)$을 따르는 확률변수 X와 정규분포 $N(m_2, \sigma_2^2)$을 따르는 확률변수 Y가 다음 조건을 만족시킨다.

모든 실수 x에 대하여
$P(X \le x) = P(X \ge 40 - x)$이고
$P(Y \le x) = P(X \le x + 10)$이다.

$P(15 \le X \le 20) + P(15 \le Y \le 20)$의 값을 오른쪽 표준정규분포표를 이용하여 구한 것이 0.4772일 때, $m_1 + \sigma_2$의 값을 구하시오. (단, σ_1과 σ_2는 양수이다.) [4점]

z	$P(0 \le Z \le z)$
0.5	0.1915
1.0	0.3413
1.5	0.4332
2.0	0.4772

30. 탁자 위에 5개의 동전이 일렬로 놓여 있다. 이 5개의 동전 중 1번째 자리와 2번째 자리의 동전은 앞면이 보이도록 놓여 있고, 나머지 자리의 3개의 동전은 뒷면이 보이도록 놓여 있다. 이 5개의 동전과 한 개의 주사위를 사용하여 다음 시행을 한다.

주사위를 한 번 던져 나온 눈의 수가 k일 때,
$k \le 5$이면 k번째 자리의 동전을 한 번 뒤집어 제자리에 놓고,
$k = 6$이면 모든 동전을 한 번씩 뒤집어 제자리에 놓는다.

위의 시행을 3번 반복한 후 이 5개의 동전이 모두 앞면이 보이도록 놓여 있을 확률은 $\dfrac{q}{p}$이다. $p + q$의 값을 구하시오. (단, p와 q는 서로소인 자연수이다.) [4점]

앞면	앞면	뒷면	뒷면	뒷면
↑	↑	↑	↑	↑
1번째 자리	2번째 자리	3번째 자리	4번째 자리	5번째 자리

* 확인 사항

○ 답안지의 해당란에 필요한 내용을 정확히 기입(표기)했는지 확인 하시오.

○ 이어서, 「**선택과목(미적분)**」 문제가 제시되오니, 자신이 선택한 과목인지 확인하시오.

제 2 교시

수학 영역(미적분)

11회

5지선다형

23. $\lim\limits_{x \to 0} \dfrac{3x^2}{\sin^2 x}$ 의 값은? [2점]

① 1   ② 2   ③ 3   ④ 4   ⑤ 5

24. $\displaystyle\int_0^{10} \dfrac{x+2}{x+1}\,dx$ 의 값은? [3점]

① $10 + \ln 5$ ② $10 + \ln 7$ ③ $10 + 2\ln 3$

④ $10 + \ln 11$ ⑤ $10 + \ln 13$

25. 수열 $\{a_n\}$에 대하여 $\displaystyle\lim_{n\to\infty}\dfrac{na_n}{n^2+3}=1$일 때,

$\displaystyle\lim_{n\to\infty}\left(\sqrt{{a_n}^2+n}-a_n\right)$의 값은? [3점]

① $\dfrac{1}{3}$　　② $\dfrac{1}{2}$　　③ 1　　④ 2　　⑤ 3

26. 그림과 같이 곡선 $y=\sqrt{\dfrac{x+1}{x(x+\ln x)}}$ 과 x축 및 두 직선 $x=1$, $x=e$로 둘러싸인 부분을 밑면으로 하는 입체도형이 있다. 이 입체도형을 x축에 수직인 평면으로 자른 단면이 모두 정사각형일 때, 이 입체도형의 부피는? [3점]

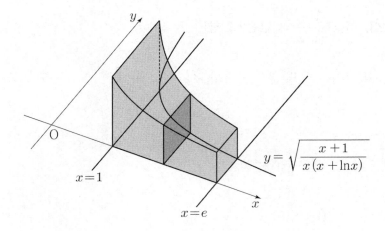

① $\ln(e+1)$　　　② $\ln(e+2)$　　　③ $\ln(e+3)$

④ $\ln(2e+1)$　　　⑤ $\ln(2e+2)$

27. 최고차항의 계수가 1인 삼차함수 $f(x)$에 대하여 함수 $g(x)$를

$$g(x) = f(e^x) + e^x$$

이라 하자. 곡선 $y = g(x)$ 위의 점 $(0,\ g(0))$에서의 접선이 x축이고 함수 $g(x)$가 역함수 $h(x)$를 가질 때, $h'(8)$의 값은? [3점]

① $\dfrac{1}{36}$　　② $\dfrac{1}{18}$　　③ $\dfrac{1}{12}$　　④ $\dfrac{1}{9}$　　⑤ $\dfrac{5}{36}$

28. 실수 전체의 집합에서 미분가능한 함수 $f(x)$의 도함수 $f'(x)$가

$$f'(x) = -x + e^{1-x^2}$$

이다. 양수 t에 대하여 곡선 $y = f(x)$ 위의 점 $(t,\ f(t))$에서의 접선과 곡선 $y = f(x)$ 및 y축으로 둘러싸인 부분의 넓이를 $g(t)$라 하자. $g(1) + g'(1)$의 값은? [4점]

① $\dfrac{1}{2}e + \dfrac{1}{2}$　　　② $\dfrac{1}{2}e + \dfrac{2}{3}$　　　③ $\dfrac{1}{2}e + \dfrac{5}{6}$

④ $\dfrac{2}{3}e + \dfrac{1}{2}$　　　⑤ $\dfrac{2}{3}e + \dfrac{2}{3}$

단답형

29. 등비수열 $\{a_n\}$이

$$\sum_{n=1}^{\infty}(|a_n|+a_n)=\frac{40}{3},\quad \sum_{n=1}^{\infty}(|a_n|-a_n)=\frac{20}{3}$$

을 만족시킨다. 부등식

$$\lim_{n\to\infty}\sum_{k=1}^{2n}\left((-1)^{\frac{k(k+1)}{2}}\times a_{m+k}\right)>\frac{1}{700}$$

을 만족시키는 모든 자연수 m의 값의 합을 구하시오. [4점]

30. 두 상수 $a(1\le a\le 2)$, b에 대하여 함수 $f(x)=\sin(ax+b+\sin x)$가 다음 조건을 만족시킨다.

(가) $f(0)=0$, $f(2\pi)=2\pi a+b$
(나) $f'(0)=f'(t)$인 양수 t의 최솟값은 4π이다.

함수 $f(x)$가 $x=\alpha$에서 극대인 α의 값 중 열린구간 $(0,4\pi)$에 속하는 모든 값의 집합을 A라 하자. 집합 A의 원소의 개수를 n, 집합 A의 원소 중 가장 작은 값을 α_1이라 하면, $n\alpha_1-ab=\frac{q}{p}\pi$이다. $p+q$의 값을 구하시오.
(단, p와 q는 서로소인 자연수이다.) [4점]

* 확인 사항

○ 답안지의 해당란에 필요한 내용을 정확히 기입(표기)했는지 확인하시오.

[해설편 p.131]

제 2 교시

수학 영역

12회

● 문항수 **30개** | 배점 **100점** | 제한 시간 **100분**

● 배점은 2점, 3점 또는 4점

5지선다형

1. $\sqrt[3]{24} \times 3^{\frac{2}{3}}$ 의 값은? [2점]

① 6　　② 7　　③ 8　　④ 9　　⑤ 10

2. 함수 $f(x) = 2x^3 - 5x^2 + 3$ 에 대하여 $\lim\limits_{h \to 0} \dfrac{f(2+h) - f(2)}{h}$ 의 값은? [2점]

① 1　　② 2　　③ 3　　④ 4　　⑤ 5

3. $\dfrac{3}{2}\pi < \theta < 2\pi$ 인 θ 에 대하여 $\sin(-\theta) = \dfrac{1}{3}$ 일 때, $\tan\theta$ 의 값은? [3점]

① $-\dfrac{\sqrt{2}}{2}$　　② $-\dfrac{\sqrt{2}}{4}$　　③ $-\dfrac{1}{4}$　　④ $\dfrac{1}{4}$　　⑤ $\dfrac{\sqrt{2}}{4}$

4. 함수

$$f(x) = \begin{cases} 3x - a & (x < 2) \\ x^2 + a & (x \geq 2) \end{cases}$$

가 실수 전체의 집합에서 연속일 때, 상수 a 의 값은? [3점]

① 1　　② 2　　③ 3　　④ 4　　⑤ 5

5. 다항함수 $f(x)$가

$$f'(x) = 3x(x-2), \quad f(1) = 6$$

을 만족시킬 때, $f(2)$의 값은? [3점]

① 1　　② 2　　③ 3　　④ 4　　⑤ 5

6. 등비수열 $\{a_n\}$의 첫째항부터 제n항까지의 합을 S_n이라 하자.

$$S_4 - S_2 = 3a_4, \quad a_5 = \frac{3}{4}$$

일 때, $a_1 + a_2$의 값은? [3점]

① 27　　② 24　　③ 21　　④ 18　　⑤ 15

7. 함수 $f(x) = \frac{1}{3}x^3 - 2x^2 - 12x + 4$가 $x = \alpha$에서 극대이고 $x = \beta$에서 극소일 때, $\beta - \alpha$의 값은? (단, α와 β는 상수이다.) [3점]

① -4　　② -1　　③ 2　　④ 5　　⑤ 8

8. 삼차함수 $f(x)$가 모든 실수 x에 대하여

$$xf(x) - f(x) = 3x^4 - 3x$$

를 만족시킬 때, $\displaystyle\int_{-2}^{2} f(x)\,dx$의 값은? [3점]

① 12　　② 16　　③ 20　　④ 24　　⑤ 28

9. 수직선 위의 두 점 $\mathrm{P}(\log_5 3)$, $\mathrm{Q}(\log_5 12)$에 대하여 선분 PQ를 $m:(1-m)$으로 내분하는 점의 좌표가 1일 때, 4^m의 값은? (단, m은 $0 < m < 1$인 상수이다.) [4점]

① $\dfrac{7}{6}$　　② $\dfrac{4}{3}$　　③ $\dfrac{3}{2}$　　④ $\dfrac{5}{3}$　　⑤ $\dfrac{11}{6}$

10. 시각 $t=0$일 때 동시에 원점을 출발하여 수직선 위를 움직이는 두 점 P, Q의 시각 $t\,(t \geq 0)$에서의 속도가 각각

$$v_1(t) = t^2 - 6t + 5, \quad v_2(t) = 2t - 7$$

이다. 시각 t에서의 두 점 P, Q 사이의 거리를 $f(t)$라 할 때, 함수 $f(t)$는 구간 $[0, a]$에서 증가하고, 구간 $[a, b]$에서 감소하고, 구간 $[b, \infty)$에서 증가한다. 시각 $t=a$에서 $t=b$까지 점 Q가 움직인 거리는? (단, $0 < a < b$) [4점]

① $\dfrac{15}{2}$　　② $\dfrac{17}{2}$　　③ $\dfrac{19}{2}$　　④ $\dfrac{21}{2}$　　⑤ $\dfrac{23}{2}$

11. 공차가 0이 아닌 등차수열 $\{a_n\}$에 대하여

$$|a_6| = a_8, \quad \sum_{k=1}^{5} \frac{1}{a_k a_{k+1}} = \frac{5}{96}$$

일 때, $\sum_{k=1}^{15} a_k$의 값은? [4점]

① 60　　② 65　　③ 70　　④ 75　　⑤ 80

12. 함수 $f(x) = \frac{1}{9}x(x-6)(x-9)$와 실수 $t\,(0 < t < 6)$에 대하여 함수 $g(x)$는

$$g(x) = \begin{cases} f(x) & (x < t) \\ -(x-t) + f(t) & (x \geq t) \end{cases}$$

이다. 함수 $y = g(x)$의 그래프와 x축으로 둘러싸인 영역의 넓이의 최댓값은? [4점]

① $\frac{125}{4}$　　② $\frac{127}{4}$　　③ $\frac{129}{4}$　　④ $\frac{131}{4}$　　⑤ $\frac{133}{4}$

13. 그림과 같이

$$\overline{AB} = 3, \quad \overline{BC} = \sqrt{13}, \quad \overline{AD} \times \overline{CD} = 9, \quad \angle BAC = \frac{\pi}{3}$$

인 사각형 ABCD가 있다. 삼각형 ABC의 넓이를 S_1, 삼각형 ACD의 넓이를 S_2라 하고, 삼각형 ACD의 외접원의 반지름의 길이를 R이라 하자.

$S_2 = \dfrac{5}{6} S_1$ 일 때, $\dfrac{R}{\sin(\angle ADC)}$ 의 값은? [4점]

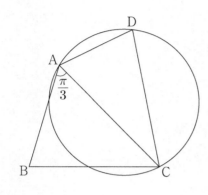

① $\dfrac{54}{25}$ ② $\dfrac{117}{50}$ ③ $\dfrac{63}{25}$ ④ $\dfrac{27}{10}$ ⑤ $\dfrac{72}{25}$

14. 두 자연수 a, b에 대하여 함수 $f(x)$는

$$f(x) = \begin{cases} 2x^3 - 6x + 1 & (x \le 2) \\ a(x-2)(x-b) + 9 & (x > 2) \end{cases}$$

이다. 실수 t에 대하여 함수 $y = f(x)$의 그래프와 직선 $y = t$가 만나는 점의 개수를 $g(t)$라 하자.

$$g(k) + \lim_{t \to k-} g(t) + \lim_{t \to k+} g(t) = 9$$

를 만족시키는 실수 k의 개수가 1이 되도록 하는 두 자연수 a, b의 순서쌍 (a, b)에 대하여 $a + b$의 최댓값은? [4점]

① 51   ② 52   ③ 53   ④ 54   ⑤ 55

12회

15. 첫째항이 자연수인 수열 $\{a_n\}$이 모든 자연수 n에 대하여

$$a_{n+1} = \begin{cases} 2^{a_n} & (a_n \text{이 홀수인 경우}) \\ \dfrac{1}{2}a_n & (a_n \text{이 짝수인 경우}) \end{cases}$$

를 만족시킬 때, $a_6 + a_7 = 3$이 되도록 하는 모든 a_1의 값의 합은? [4점]

① 139 ② 146 ③ 153 ④ 160 ⑤ 167

16. 방정식 $3^{x-8} = \left(\dfrac{1}{27}\right)^x$ 을 만족시키는 실수 x의 값을 구하시오.

[3점]

17. 함수 $f(x) = (x+1)(x^2+3)$에 대하여 $f'(1)$의 값을 구하시오.

[3점]

18. 두 수열 $\{a_n\}$, $\{b_n\}$에 대하여

$$\sum_{k=1}^{10} a_k = \sum_{k=1}^{10}(2b_k - 1), \quad \sum_{k=1}^{10}(3a_k + b_k) = 33$$

일 때, $\displaystyle\sum_{k=1}^{10} b_k$의 값을 구하시오. [3점]

19. 함수 $f(x) = \sin\dfrac{\pi}{4}x$라 할 때, $0 < x < 16$에서 부등식

$$f(2+x)f(2-x) < \dfrac{1}{4}$$

을 만족시키는 모든 자연수 x의 값의 합을 구하시오. [3점]

20. $a > \sqrt{2}$인 실수 a에 대하여 함수 $f(x)$를

$$f(x) = -x^3 + ax^2 + 2x$$

라 하자. 곡선 $y = f(x)$ 위의 점 $\mathrm{O}(0, 0)$에서의 접선이 곡선 $y = f(x)$와 만나는 점 중 O가 아닌 점을 A라 하고, 곡선 $y = f(x)$ 위의 점 A에서의 접선이 x축과 만나는 점을 B라 하자. 점 A가 선분 OB를 지름으로 하는 원 위의 점일 때, $\overline{\mathrm{OA}} \times \overline{\mathrm{AB}}$의 값을 구하시오. [4점]

21. 양수 a에 대하여 $x \geq -1$에서 정의된 함수 $f(x)$는

$$f(x) = \begin{cases} -x^2 + 6x & (-1 \leq x < 6) \\ a\log_4(x-5) & (x \geq 6) \end{cases}$$

이다. $t \geq 0$인 실수 t에 대하여 닫힌구간 $[t-1, t+1]$에서의 $f(x)$의 최댓값을 $g(t)$라 하자. 구간 $[0, \infty)$에서 함수 $g(t)$의 최솟값이 5가 되도록 하는 양수 a의 최솟값을 구하시오. [4점]

22. 최고차항의 계수가 1인 삼차함수 $f(x)$가 다음 조건을 만족시킨다.

함수 $f(x)$에 대하여
$$f(k-1)f(k+1) < 0$$
을 만족시키는 정수 k는 존재하지 않는다.

$f'\left(-\dfrac{1}{4}\right) = -\dfrac{1}{4}$, $f'\left(\dfrac{1}{4}\right) < 0$일 때, $f(8)$의 값을 구하시오. [4점]

* 확인 사항
○ 답안지의 해당란에 필요한 내용을 정확히 기입(표기)했는지 확인하시오.
○ 이어서, 「선택과목(확률과 통계)」 문제가 제시되오니, 자신이 선택한 과목인지 확인하시오.

제 2 교시 수학 영역(확률과 통계) 12회

5지선다형

23. 5개의 문자 x, x, y, y, z를 모두 일렬로 나열하는 경우의 수는? [2점]

① 10 ② 20 ③ 30 ④ 40 ⑤ 50

24. 두 사건 A, B는 서로 독립이고

$$\mathrm{P}(A\cap B)=\frac{1}{4},\quad \mathrm{P}(A^C)=2\mathrm{P}(A)$$

일 때, $\mathrm{P}(B)$의 값은? (단, A^C은 A의 여사건이다.) [3점]

① $\frac{3}{8}$ ② $\frac{1}{2}$ ③ $\frac{5}{8}$ ④ $\frac{3}{4}$ ⑤ $\frac{7}{8}$

[해설편 p.141]

25. 숫자 1, 2, 3, 4, 5, 6이 하나씩 적혀 있는 6장의 카드가 있다. 이 6장의 카드를 모두 한 번씩 사용하여 일렬로 임의로 나열할 때, 양 끝에 놓인 카드에 적힌 두 수의 합이 10 이하가 되도록 카드가 놓일 확률은? [3점]

① $\dfrac{8}{15}$ ② $\dfrac{19}{30}$ ③ $\dfrac{11}{15}$ ④ $\dfrac{5}{6}$ ⑤ $\dfrac{14}{15}$

26. 4개의 동전을 동시에 던져서 앞면이 나오는 동전의 개수를 확률변수 X라 하고, 이산확률변수 Y를

$$Y = \begin{cases} X & (X가\ 0\ 또는\ 1의\ 값을\ 가지는\ 경우) \\ 2 & (X가\ 2\ 이상의\ 값을\ 가지는\ 경우) \end{cases}$$

라 하자. $\mathrm{E}(Y)$의 값은? [3점]

① $\dfrac{25}{16}$ ② $\dfrac{13}{8}$ ③ $\dfrac{27}{16}$ ④ $\dfrac{7}{4}$ ⑤ $\dfrac{29}{16}$

27. 정규분포 $N(m, 5^2)$을 따르는 모집단에서 크기가 49인 표본을 임의추출하여 얻은 표본평균이 $\overline{x}$일 때, 모평균 m에 대한 신뢰도 95%의 신뢰구간이 $a \le m \le \dfrac{6}{5}a$이다. $\overline{x}$의 값은?

(단, Z가 표준정규분포를 따르는 확률변수일 때, $P(|Z| \le 1.96) = 0.95$로 계산한다.) [3점]

① 15.2   ② 15.4   ③ 15.6   ④ 15.8   ⑤ 16.0

28. 하나의 주머니와 두 상자 A, B가 있다. 주머니에는 숫자 1, 2, 3, 4가 하나씩 적힌 4장의 카드가 들어 있고, 상자 A에는 흰 공과 검은 공이 각각 8개 이상 들어 있고, 상자 B는 비어 있다. 이 주머니와 두 상자 A, B를 사용하여 다음 시행을 한다.

주머니에서 임의로 한 장의 카드를 꺼내어 카드에 적힌 수를 확인한 후 다시 주머니에 넣는다.

확인한 수가 1이면
상자 A에 있는 흰 공 1개를 상자 B에 넣고,

확인한 수가 2 또는 3이면
상자 A에 있는 흰 공 1개와 검은 공 1개를 상자 B에 넣고,

확인한 수가 4이면
상자 A에 있는 흰 공 2개와 검은 공 1개를 상자 B에 넣는다.

이 시행을 4번 반복한 후 상자 B에 들어 있는 공의 개수가 8일 때, 상자 B에 들어 있는 검은 공의 개수가 2일 확률은? [4점]

① $\dfrac{3}{70}$ ② $\dfrac{2}{35}$ ③ $\dfrac{1}{14}$ ④ $\dfrac{3}{35}$ ⑤ $\dfrac{1}{10}$

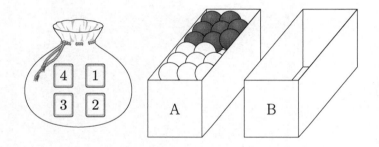

29. 다음 조건을 만족시키는 6 이하의 자연수 a, b, c, d의 모든 순서쌍 (a, b, c, d)의 개수를 구하시오. [4점]

$a \leq c \leq d$이고 $b \leq c \leq d$이다.

30. 양수 t에 대하여 확률변수 X가 정규분포 $\mathrm{N}(1, t^2)$을 따른다.

$$\mathrm{P}(X \leq 5t) \geq \frac{1}{2}$$

이 되도록 하는 모든 양수 t에 대하여 $\mathrm{P}(t^2 - t + 1 \leq X \leq t^2 + t + 1)$의 최댓값을 오른쪽 표준정규분포표를 이용하여 구한 값을 k라 하자. $1000 \times k$의 값을 구하시오. [4점]

z	$\mathrm{P}(0 \leq Z \leq z)$
0.6	0.226
0.8	0.288
1.0	0.341
1.2	0.385
1.4	0.419

* 확인 사항

○ 답안지의 해당란에 필요한 내용을 정확히 기입(표기)했는지 확인 하시오.

○ 이어서, 「**선택과목(미적분)**」 문제가 제시되오니, 자신이 선택한 과목인지 확인하시오.

제2교시

수학 영역(미적분)

5지선다형

23. $\lim\limits_{x \to 0} \dfrac{\ln(1+3x)}{\ln(1+5x)}$ 의 값은? [2점]

① $\dfrac{1}{5}$ ② $\dfrac{2}{5}$ ③ $\dfrac{3}{5}$ ④ $\dfrac{4}{5}$ ⑤ 1

24. 매개변수 $t\,(t>0)$으로 나타내어진 곡선

$$x = \ln(t^3+1), \quad y = \sin \pi t$$

에서 $t=1$일 때, $\dfrac{dy}{dx}$의 값은? [3점]

① $-\dfrac{1}{3}\pi$ ② $-\dfrac{2}{3}\pi$ ③ $-\pi$ ④ $-\dfrac{4}{3}\pi$ ⑤ $-\dfrac{5}{3}\pi$

25. 양의 실수 전체의 집합에서 정의되고 미분가능한
두 함수 $f(x)$, $g(x)$가 있다. $g(x)$는 $f(x)$의 역함수이고,
$g'(x)$는 양의 실수 전체의 집합에서 연속이다.
모든 양수 a에 대하여

$$\int_1^a \frac{1}{g'(f(x))f(x)}\,dx = 2\ln a + \ln(a+1) - \ln 2$$

이고 $f(1)=8$일 때, $f(2)$의 값은? [3점]

① 36　　　② 40　　　③ 44　　　④ 48　　　⑤ 52

26. 그림과 같이 곡선 $y=\sqrt{(1-2x)\cos x}\ \left(\dfrac{3}{4}\pi \le x \le \dfrac{5}{4}\pi\right)$와

x축 및 두 직선 $x=\dfrac{3}{4}\pi$, $x=\dfrac{5}{4}\pi$로 둘러싸인 부분을 밑면으로
하는 입체도형이 있다. 이 입체도형을 x축에 수직인 평면으로
자른 단면이 모두 정사각형일 때, 이 입체도형의 부피는? [3점]

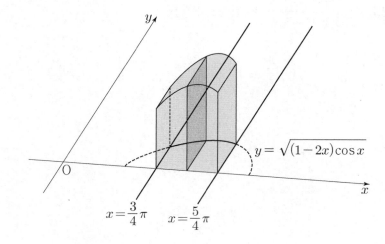

① $\sqrt{2}\pi - \sqrt{2}$　　② $\sqrt{2}\pi - 1$　　③ $2\sqrt{2}\pi - \sqrt{2}$
④ $2\sqrt{2}\pi - 1$　　⑤ $2\sqrt{2}\pi$

27. 실수 t에 대하여 원점을 지나고 곡선 $y = \dfrac{1}{e^x} + e^t$에 접하는 직선의 기울기를 $f(t)$라 하자. $f(a) = -e\sqrt{e}$를 만족시키는 상수 a에 대하여 $f'(a)$의 값은? [3점]

① $-\dfrac{1}{3}e\sqrt{e}$　　　② $-\dfrac{1}{2}e\sqrt{e}$　　　③ $-\dfrac{2}{3}e\sqrt{e}$

④ $-\dfrac{5}{6}e\sqrt{e}$　　　⑤ $-e\sqrt{e}$

28. 실수 전체의 집합에서 연속인 함수 $f(x)$가 모든 실수 x에 대하여 $f(x) \geq 0$이고, $x < 0$일 때 $f(x) = -4xe^{4x^2}$이다.
모든 양수 t에 대하여 x에 대한 방정식 $f(x) = t$의 서로 다른 실근의 개수는 2이고, 이 방정식의 두 실근 중 작은 값을 $g(t)$, 큰 값을 $h(t)$라 하자.
두 함수 $g(t)$, $h(t)$는 모든 양수 t에 대하여

$$2g(t) + h(t) = k \ (k는 상수)$$

를 만족시킨다. $\displaystyle\int_0^7 f(x)\,dx = e^4 - 1$일 때, $\dfrac{f(9)}{f(8)}$의 값은? [4점]

① $\dfrac{3}{2}e^5$　　② $\dfrac{4}{3}e^7$　　③ $\dfrac{5}{4}e^9$　　④ $\dfrac{6}{5}e^{11}$　　⑤ $\dfrac{7}{6}e^{13}$

29. 첫째항과 공비가 각각 0이 아닌 두 등비수열

$\{a_n\}$, $\{b_n\}$에 대하여 두 급수 $\sum\limits_{n=1}^{\infty} a_n$, $\sum\limits_{n=1}^{\infty} b_n$이 각각 수렴하고

$$\sum_{n=1}^{\infty} a_n b_n = \left(\sum_{n=1}^{\infty} a_n\right) \times \left(\sum_{n=1}^{\infty} b_n\right),$$

$$3 \times \sum_{n=1}^{\infty} |a_{2n}| = 7 \times \sum_{n=1}^{\infty} |a_{3n}|$$

이 성립한다. $\sum\limits_{n=1}^{\infty} \dfrac{b_{2n-1} + b_{3n+1}}{b_n} = S$일 때, $120S$의 값을 구하시오. [4점]

30. 실수 전체의 집합에서 미분가능한 함수 $f(x)$의 도함수 $f'(x)$가

$$f'(x) = |\sin x| \cos x$$

이다. 양수 a에 대하여 곡선 $y = f(x)$ 위의 점 $(a, f(a))$에서의 접선의 방정식을 $y = g(x)$라 하자. 함수

$$h(x) = \int_0^x \{f(t) - g(t)\} dt$$

가 $x = a$에서 극대 또는 극소가 되도록 하는 모든 양수 a를 작은 수부터 크기순으로 나열할 때, n번째 수를 a_n이라 하자. $\dfrac{100}{\pi} \times (a_6 - a_2)$의 값을 구하시오. [4점]

* 확인 사항

○ 답안지의 해당란에 필요한 내용을 정확히 기입(표기)했는지 확인 하시오.

2023학년도 대학수학능력시험 문제지

수학 영역

제 2 교시

● 문항수 **30개** | 배점 **100점** | 제한 시간 **100분**

13회

● 배점은 2점, 3점 또는 4점

5지선다형

1. $\left(\dfrac{4}{2^{\sqrt{2}}}\right)^{2+\sqrt{2}}$ 의 값은? [2점]

① $\dfrac{1}{4}$ ② $\dfrac{1}{2}$ ③ 1   ④ 2   ⑤ 4

2. $\lim\limits_{x \to \infty} \dfrac{\sqrt{x^2-2}+3x}{x+5}$ 의 값은? [2점]

① 1   ② 2   ③ 3   ④ 4   ⑤ 5

3. 공비가 양수인 등비수열 $\{a_n\}$ 이

$$a_2 + a_4 = 30, \quad a_4 + a_6 = \frac{15}{2}$$

를 만족시킬 때, a_1 의 값은? [3점]

① 48   ② 56   ③ 64   ④ 72   ⑤ 80

4. 다항함수 $f(x)$ 에 대하여 함수 $g(x)$ 를

$$g(x) = x^2 f(x)$$

라 하자. $f(2)=1$, $f'(2)=3$ 일 때, $g'(2)$의 값은? [3점]

① 12   ② 14   ③ 16   ④ 18   ⑤ 20

5. $\tan\theta < 0$ 이고 $\cos\left(\dfrac{\pi}{2} + \theta\right) = \dfrac{\sqrt{5}}{5}$ 일 때, $\cos\theta$ 의 값은? [3점]

① $-\dfrac{2\sqrt{5}}{5}$ ② $-\dfrac{\sqrt{5}}{5}$ ③ 0

④ $\dfrac{\sqrt{5}}{5}$ ⑤ $\dfrac{2\sqrt{5}}{5}$

6. 함수 $f(x) = 2x^3 - 9x^2 + ax + 5$ 는 $x = 1$ 에서 극대이고, $x = b$ 에서 극소이다. $a + b$ 의 값은? (단, a, b 는 상수이다.) [3점]

① 12   ② 14   ③ 16   ④ 18   ⑤ 20

7. 모든 항이 양수이고 첫째항과 공차가 같은 등차수열 $\{a_n\}$ 이

$$\sum_{k=1}^{15} \dfrac{1}{\sqrt{a_k} + \sqrt{a_{k+1}}} = 2$$

를 만족시킬 때, a_4 의 값은? [3점]

① 6   ② 7   ③ 8   ④ 9   ⑤ 10

8. 점 $(0, 4)$에서 곡선 $y = x^3 - x + 2$에 그은 접선의 x절편은?

[3점]

① $-\dfrac{1}{2}$ ② -1 ③ $-\dfrac{3}{2}$ ④ -2 ⑤ $-\dfrac{5}{2}$

9. 함수

$$f(x) = a - \sqrt{3} \tan 2x$$

가 닫힌구간 $\left[-\dfrac{\pi}{6}, b \right]$에서 최댓값 7, 최솟값 3을 가질 때, $a \times b$의 값은? (단, a, b는 상수이다.) [4점]

① $\dfrac{\pi}{2}$ ② $\dfrac{5\pi}{12}$ ③ $\dfrac{\pi}{3}$ ④ $\dfrac{\pi}{4}$ ⑤ $\dfrac{\pi}{6}$

10. 두 곡선 $y = x^3 + x^2$, $y = -x^2 + k$와 y축으로 둘러싸인 부분의 넓이를 A, 두 곡선 $y = x^3 + x^2$, $y = -x^2 + k$와 직선 $x = 2$로 둘러싸인 부분의 넓이를 B라 하자. $A = B$일 때, 상수 k의 값은? (단, $4 < k < 5$) [4점]

① $\dfrac{25}{6}$ ② $\dfrac{13}{3}$ ③ $\dfrac{9}{2}$ ④ $\dfrac{14}{3}$ ⑤ $\dfrac{29}{6}$

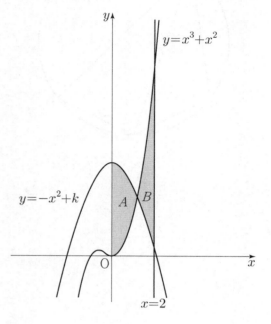

11. 그림과 같이 사각형 ABCD가 한 원에 내접하고

$$\overline{AB}=5, \ \overline{AC}=3\sqrt{5}, \ \overline{AD}=7, \ \angle BAC = \angle CAD$$

일 때, 이 원의 반지름의 길이는? [4점]

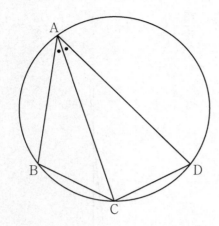

① $\dfrac{5\sqrt{2}}{2}$ ② $\dfrac{8\sqrt{5}}{5}$ ③ $\dfrac{5\sqrt{5}}{3}$

④ $\dfrac{8\sqrt{2}}{3}$ ⑤ $\dfrac{9\sqrt{3}}{4}$

12. 실수 전체의 집합에서 연속인 함수 $f(x)$가 다음 조건을 만족시킨다.

> $n-1 \le x < n$일 때, $|f(x)| = |6(x-n+1)(x-n)|$ 이다.
> (단, n은 자연수이다.)

열린구간 $(0, 4)$에서 정의된 함수

$$g(x) = \int_0^x f(t)\,dt - \int_x^4 f(t)\,dt$$

가 $x=2$에서 최솟값 0을 가질 때, $\displaystyle\int_{\frac{1}{2}}^4 f(x)\,dx$의 값은? [4점]

① $-\dfrac{3}{2}$ ② $-\dfrac{1}{2}$ ③ $\dfrac{1}{2}$ ④ $\dfrac{3}{2}$ ⑤ $\dfrac{5}{2}$

13. 자연수 $m\,(m \geq 2)$에 대하여 m^{12}의 n제곱근 중에서 정수가 존재하도록 하는 2 이상의 자연수 n의 개수를 $f(m)$이라 할 때, $\displaystyle\sum_{m=2}^{9} f(m)$의 값은? [4점]

① 37   ② 42   ③ 47   ④ 52   ⑤ 57

14. 다항함수 $f(x)$에 대하여 함수 $g(x)$를 다음과 같이 정의한다.

$$g(x) = \begin{cases} x & (x < -1 \text{ 또는 } x > 1) \\ f(x) & (-1 \leq x \leq 1) \end{cases}$$

함수 $h(x) = \displaystyle\lim_{t \to 0+} g(x+t) \times \lim_{t \to 2+} g(x+t)$에 대하여 <보기>에서 옳은 것만을 있는 대로 고른 것은? [4점]

<보 기>

ㄱ. $h(1) = 3$

ㄴ. 함수 $h(x)$는 실수 전체의 집합에서 연속이다.

ㄷ. 함수 $g(x)$가 닫힌구간 $[-1, 1]$에서 감소하고 $g(-1) = -2$이면 함수 $h(x)$는 실수 전체의 집합에서 최솟값을 갖는다.

① ㄱ   ② ㄴ   ③ ㄱ, ㄴ   ④ ㄱ, ㄷ   ⑤ ㄴ, ㄷ

15. 모든 항이 자연수이고 다음 조건을 만족시키는 모든 수열 $\{a_n\}$에 대하여 a_9의 최댓값과 최솟값을 각각 M, m이라 할 때, $M+m$의 값은? [4점]

> (가) $a_7 = 40$
>
> (나) 모든 자연수 n에 대하여
> $$a_{n+2} = \begin{cases} a_{n+1} + a_n & (a_{n+1} \text{이 } 3 \text{의 배수가 아닌 경우}) \\ \dfrac{1}{3} a_{n+1} & (a_{n+1} \text{이 } 3 \text{의 배수인 경우}) \end{cases}$$
> 이다.

① 216 ② 218 ③ 220 ④ 222 ⑤ 224

16. 방정식

$$\log_2(3x+2) = 2 + \log_2(x-2)$$

를 만족시키는 실수 x의 값을 구하시오. [3점]

17. 함수 $f(x)$에 대하여 $f'(x) = 4x^3 - 2x$이고 $f(0) = 3$일 때, $f(2)$의 값을 구하시오. [3점]

18. 두 수열 $\{a_n\}$, $\{b_n\}$에 대하여

$$\sum_{k=1}^{5}(3a_k+5)=55, \quad \sum_{k=1}^{5}(a_k+b_k)=32$$

일 때, $\displaystyle\sum_{k=1}^{5} b_k$의 값을 구하시오. [3점]

19. 방정식 $2x^3-6x^2+k=0$의 서로 다른 양의 실근의

개수가 2가 되도록 하는 정수 k의 개수를 구하시오. [3점]

20. 수직선 위를 움직이는 점 P의 시각 $t\,(t \geq 0)$에서의

속도 $v(t)$와 가속도 $a(t)$가 다음 조건을 만족시킨다.

(가) $0 \leq t \leq 2$일 때, $v(t)=2t^3-8t$이다.

(나) $t \geq 2$일 때, $a(t)=6t+4$이다.

시각 $t=0$에서 $t=3$까지 점 P가 움직인 거리를 구하시오. [4점]

21. 자연수 n에 대하여 함수 $f(x)$를

$$f(x)=\begin{cases} |3^{x+2}-n| & (x<0) \\ |\log_2(x+4)-n| & (x \ge 0) \end{cases}$$

이라 하자. 실수 t에 대하여 x에 대한 방정식 $f(x)=t$의 서로 다른 실근의 개수를 $g(t)$라 할 때, 함수 $g(t)$의 최댓값이 4가 되도록 하는 모든 자연수 n의 값의 합을 구하시오. [4점]

22. 최고차항의 계수가 1인 삼차함수 $f(x)$와 실수 전체의 집합에서 연속인 함수 $g(x)$가 다음 조건을 만족시킬 때, $f(4)$의 값을 구하시오. [4점]

(가) 모든 실수 x에 대하여
$f(x)=f(1)+(x-1)f'(g(x))$이다.

(나) 함수 $g(x)$의 최솟값은 $\frac{5}{2}$이다.

(다) $f(0)=-3$, $f(g(1))=6$

＊ 확인 사항

○ 답안지의 해당란에 필요한 내용을 정확히 기입(표기)했는지 확인하시오.

○ 이어서, 「**선택과목(확률과 통계)**」 문제가 제시되오니, 자신이 선택한 과목인지 확인하시오.

[해설편 p.152]

제 2 교시

수학 영역(확률과 통계)

5지선다형

23. 다항식 $(x^3+3)^5$의 전개식에서 x^9의 계수는? [2점]

① 30　　② 60　　③ 90　　④ 120　　⑤ 150

24. 숫자 1, 2, 3, 4, 5 중에서 중복을 허락하여 4개를 택해 일렬로 나열하여 만들 수 있는 네 자리의 자연수 중 4000 이상인 홀수의 개수는? [3점]

① 125　　② 150　　③ 175　　④ 200　　⑤ 225

25. 흰색 마스크 5개, 검은색 마스크 9개가 들어 있는 상자가 있다. 이 상자에서 임의로 3개의 마스크를 동시에 꺼낼 때, 꺼낸 3개의 마스크 중에서 적어도 한 개가 흰색 마스크일 확률은? [3점]

① $\dfrac{8}{13}$　　② $\dfrac{17}{26}$　　③ $\dfrac{9}{13}$　　④ $\dfrac{19}{26}$　　⑤ $\dfrac{10}{13}$

26. 주머니에 1이 적힌 흰 공 1개, 2가 적힌 흰 공 1개, 1이 적힌 검은 공 1개, 2가 적힌 검은 공 3개가 들어 있다. 이 주머니에서 임의로 3개의 공을 동시에 꺼내는 시행을 한다. 이 시행에서 꺼낸 3개의 공 중에서 흰 공이 1개이고 검은 공이 2개인 사건을 A, 꺼낸 3개의 공에 적혀 있는 수를 모두 곱한 값이 8인 사건을 B라 할 때, $P(A \cup B)$의 값은? [3점]

① $\dfrac{11}{20}$　　② $\dfrac{3}{5}$　　③ $\dfrac{13}{20}$　　④ $\dfrac{7}{10}$　　⑤ $\dfrac{3}{4}$

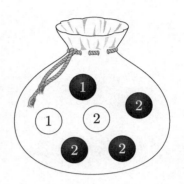

27. 어느 회사에서 생산하는 샴푸 1개의 용량은 정규분포 $N(m, \sigma^2)$을 따른다고 한다. 이 회사에서 생산하는 샴푸 중에서 16개를 임의추출하여 얻은 표본평균을 이용하여 구한 m에 대한 신뢰도 95 %의 신뢰구간이 $746.1 \leq m \leq 755.9$이다. 이 회사에서 생산하는 샴푸 중에서 n개를 임의추출하여 얻은 표본평균을 이용하여 구하는 m에 대한 신뢰도 99 %의 신뢰구간이 $a \leq m \leq b$일 때, $b-a$의 값이 6 이하가 되기 위한 자연수 n의 최솟값은? (단, 용량의 단위는 mL이고, Z가 표준정규분포를 따르는 확률변수일 때, $P(|Z| \leq 1.96) = 0.95$, $P(|Z| \leq 2.58) = 0.99$로 계산한다.) [3점]

① 70　　② 74　　③ 78　　④ 82　　⑤ 86

28. 연속확률변수 X가 갖는 값의 범위는 $0 \leq X \leq a$이고, X의 확률밀도함수의 그래프가 그림과 같다.

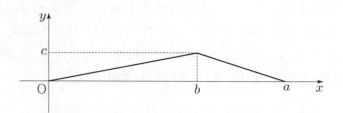

$P(X \leq b) - P(X \geq b) = \dfrac{1}{4}$, $P(X \leq \sqrt{5}) = \dfrac{1}{2}$일 때, $a+b+c$의 값은? (단, a, b, c는 상수이다.) [4점]

① $\dfrac{11}{2}$　　② 6　　③ $\dfrac{13}{2}$　　④ 7　　⑤ $\dfrac{15}{2}$

13회

단 답 형

29. 앞면에는 1부터 6까지의 자연수가 하나씩 적혀 있고
뒷면에는 모두 0이 하나씩 적혀 있는 6장의 카드가 있다.
이 6장의 카드가 그림과 같이 6 이하의 자연수 k에 대하여
k번째 자리에 자연수 k가 보이도록 놓여 있다.

이 6장의 카드와 한 개의 주사위를 사용하여 다음 시행을 한다.

주사위를 한 번 던져 나온 눈의 수가 k이면
k번째 자리에 놓여 있는 카드를 한 번 뒤집어 제자리에
놓는다.

위의 시행을 3번 반복한 후 6장의 카드에 보이는 모든 수의 합이
짝수일 때, 주사위의 1의 눈이 한 번만 나왔을 확률은 $\dfrac{q}{p}$이다.
$p+q$의 값을 구하시오. (단, p와 q는 서로소인 자연수이다.)

[4점]

30. 집합 $X = \{x \,|\, x$는 10 이하의 자연수$\}$에 대하여 다음 조건을
만족시키는 함수 $f : X \to X$의 개수를 구하시오. [4점]

(가) 9 이하의 모든 자연수 x에 대하여
$f(x) \le f(x+1)$이다.

(나) $1 \le x \le 5$일 때 $f(x) \le x$이고,
$6 \le x \le 10$일 때 $f(x) \ge x$이다.

(다) $f(6) = f(5) + 6$

* 확인 사항

○ 답안지의 해당란에 필요한 내용을 정확히 기입(표기)했는지 확인
하시오.

○ 이어서, 「**선택과목(미적분)**」 문제가 제시되오니, 자신이 선택한
과목인지 확인하시오.

제 2 교시

수학 영역(미적분)

5지선다형

23. $\lim\limits_{x \to 0} \dfrac{\ln(x+1)}{\sqrt{x+4}-2}$ 의 값은? [2점]

① 1 　　② 2 　　③ 3 　　④ 4 　　⑤ 5

24. $\lim\limits_{n \to \infty} \dfrac{1}{n} \sum\limits_{k=1}^{n} \sqrt{1+\dfrac{3k}{n}}$ 의 값은? [3점]

① $\dfrac{4}{3}$ 　② $\dfrac{13}{9}$ 　③ $\dfrac{14}{9}$ 　④ $\dfrac{5}{3}$ 　⑤ $\dfrac{16}{9}$

25. 등비수열 $\{a_n\}$에 대하여 $\displaystyle\lim_{n\to\infty}\dfrac{a_n+1}{3^n+2^{2n-1}}=3$일 때, a_2의 값은? [3점]

① 16 　② 18 　③ 20 　④ 22 　⑤ 24

26. 그림과 같이 곡선 $y=\sqrt{\sec^2 x+\tan x}\left(0\le x\le\dfrac{\pi}{3}\right)$와 x축, y축 및 직선 $x=\dfrac{\pi}{3}$로 둘러싸인 부분을 밑면으로 하는 입체도형이 있다. 이 입체도형을 x축에 수직인 평면으로 자른 단면이 모두 정사각형일 때, 이 입체도형의 부피는? [3점]

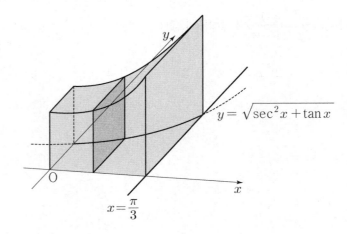

① $\dfrac{\sqrt{3}}{2}+\dfrac{\ln 2}{2}$ 　② $\dfrac{\sqrt{3}}{2}+\ln 2$ 　③ $\sqrt{3}+\dfrac{\ln 2}{2}$

④ $\sqrt{3}+\ln 2$ 　⑤ $\sqrt{3}+2\ln 2$

27. 그림과 같이 중심이 O, 반지름의 길이가 1이고 중심각의 크기가 $\frac{\pi}{2}$인 부채꼴 OA_1B_1이 있다. 호 A_1B_1 위에 점 P_1, 선분 OA_1 위에 점 C_1, 선분 OB_1 위에 점 D_1을 사각형 $OC_1P_1D_1$이 $\overline{OC_1}:\overline{OD_1}=3:4$인 직사각형이 되도록 잡는다. 부채꼴 OA_1B_1의 내부에 점 Q_1을 $\overline{P_1Q_1}=\overline{A_1Q_1}$, $\angle P_1Q_1A_1=\frac{\pi}{2}$가 되도록 잡고, 이등변삼각형 $P_1Q_1A_1$에 색칠하여 얻은 그림을 R_1이라 하자.

그림 R_1에서 선분 OA_1 위의 점 A_2와 선분 OB_1 위의 점 B_2를 $\overline{OQ_1}=\overline{OA_2}=\overline{OB_2}$가 되도록 잡고, 중심이 O, 반지름의 길이가 $\overline{OQ_1}$, 중심각의 크기가 $\frac{\pi}{2}$인 부채꼴 OA_2B_2를 그린다. 그림 R_1을 얻은 것과 같은 방법으로 네 점 P_2, C_2, D_2, Q_2를 잡고, 이등변삼각형 $P_2Q_2A_2$에 색칠하여 얻은 그림을 R_2라 하자. 이와 같은 과정을 계속하여 n번째 얻은 그림 R_n에 색칠되어 있는 부분의 넓이를 S_n이라 할 때, $\lim\limits_{n\to\infty}S_n$의 값은? [3점]

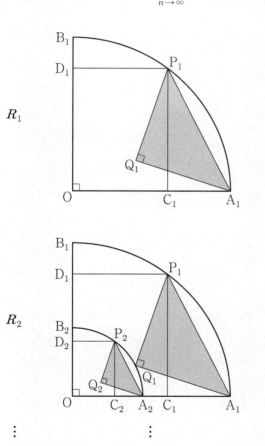

① $\frac{9}{40}$　② $\frac{1}{4}$　③ $\frac{11}{40}$　④ $\frac{3}{10}$　⑤ $\frac{13}{40}$

28. 그림과 같이 중심이 O이고 길이가 2인 선분 AB를 지름으로 하는 반원 위에 $\angle AOC = \frac{\pi}{2}$인 점 C가 있다. 호 BC 위에 점 P와 호 CA 위에 점 Q를 $\overline{PB}=\overline{QC}$가 되도록 잡고, 선분 AP 위에 점 R를 $\angle CQR=\frac{\pi}{2}$가 되도록 잡는다. 선분 AP와 선분 CO의 교점을 S라 하자. $\angle PAB=\theta$일 때, 삼각형 POB의 넓이를 $f(\theta)$, 사각형 CQRS의 넓이를 $g(\theta)$라 하자. $\lim\limits_{\theta\to 0+}\dfrac{3f(\theta)-2g(\theta)}{\theta^2}$의 값은? (단, $0<\theta<\frac{\pi}{4}$) [4점]

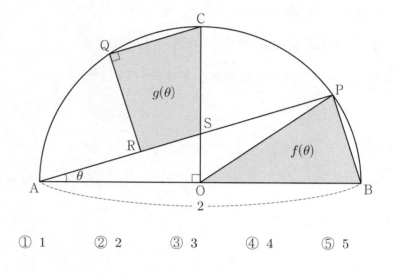

① 1　② 2　③ 3　④ 4　⑤ 5

29. 세 상수 a, b, c에 대하여 함수 $f(x) = ae^{2x} + be^x + c$가 다음 조건을 만족시킨다.

> (가) $\displaystyle\lim_{x \to -\infty} \dfrac{f(x)+6}{e^x} = 1$
>
> (나) $f(\ln 2) = 0$

함수 $f(x)$의 역함수를 $g(x)$라 할 때,
$\displaystyle\int_0^{14} g(x)\,dx = p + q\ln 2$ 이다. $p+q$의 값을 구하시오.
(단, p, q는 유리수이고, $\ln 2$는 무리수이다.) [4점]

30. 최고차항의 계수가 양수인 삼차함수 $f(x)$와 함수 $g(x) = e^{\sin \pi x} - 1$에 대하여 실수 전체의 집합에서 정의된 합성함수 $h(x) = g(f(x))$가 다음 조건을 만족시킨다.

> (가) 함수 $h(x)$는 $x = 0$에서 극댓값 0을 갖는다.
>
> (나) 열린구간 $(0, 3)$에서 방정식 $h(x) = 1$의 서로 다른 실근의 개수는 7이다.

$f(3) = \dfrac{1}{2}$, $f'(3) = 0$일 때, $f(2) = \dfrac{q}{p}$이다. $p+q$의 값을 구하시오. (단, p와 q는 서로소인 자연수이다.) [4점]

수학 영역

5지선다형

1. $\left(2^{\sqrt{3}} \times 4\right)^{\sqrt{3}-2}$ 의 값은? [2점]

① $\dfrac{1}{4}$ ② $\dfrac{1}{2}$ ③ 1   ④ 2   ⑤ 4

2. 함수 $f(x) = x^3 + 3x^2 + x - 1$ 에 대하여 $f'(1)$ 의 값은? [2점]

① 6   ② 7   ③ 8   ④ 9   ⑤ 10

3. 등차수열 $\{a_n\}$ 에 대하여

$$a_2 = 6, \quad a_4 + a_6 = 36$$

일 때, a_{10} 의 값은? [3점]

① 30   ② 32   ③ 34   ④ 36   ⑤ 38

4. 함수 $y = f(x)$ 의 그래프가 그림과 같다.

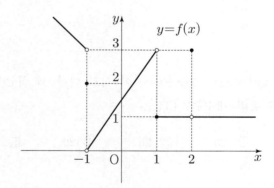

$\lim\limits_{x \to -1-} f(x) + \lim\limits_{x \to 2} f(x)$ 의 값은? [3점]

① 1   ② 2   ③ 3   ④ 4   ⑤ 5

5. 첫째항이 1인 수열 $\{a_n\}$이 모든 자연수 n에 대하여

$$a_{n+1} = \begin{cases} 2a_n & (a_n < 7) \\ a_n - 7 & (a_n \geq 7) \end{cases}$$

일 때, $\sum\limits_{k=1}^{8} a_k$의 값은? [3점]

① 30 ② 32 ③ 34 ④ 36 ⑤ 38

6. 방정식 $2x^3 - 3x^2 - 12x + k = 0$이 서로 다른 세 실근을 갖도록 하는 정수 k의 개수는? [3점]

① 20 ② 23 ③ 26 ④ 29 ⑤ 32

7. $\pi < \theta < \dfrac{3}{2}\pi$인 θ에 대하여 $\tan\theta - \dfrac{6}{\tan\theta} = 1$일 때, $\sin\theta + \cos\theta$의 값은? [3점]

① $-\dfrac{2\sqrt{10}}{5}$ ② $-\dfrac{\sqrt{10}}{5}$ ③ 0

④ $\dfrac{\sqrt{10}}{5}$ ⑤ $\dfrac{2\sqrt{10}}{5}$

8. 곡선 $y=x^2-5x$ 와 직선 $y=x$ 로 둘러싸인 부분의 넓이를 직선 $x=k$ 가 이등분할 때, 상수 k 의 값은? [3점]

① 3   ② $\dfrac{13}{4}$ ③ $\dfrac{7}{2}$ ④ $\dfrac{15}{4}$ ⑤ 4

9. 직선 $y=2x+k$ 가 두 함수

$$y=\left(\dfrac{2}{3}\right)^{x+3}+1, \quad y=\left(\dfrac{2}{3}\right)^{x+1}+\dfrac{8}{3}$$

의 그래프와 만나는 점을 각각 P, Q라 하자. $\overline{PQ}=\sqrt{5}$ 일 때, 상수 k 의 값은? [4점]

① $\dfrac{31}{6}$ ② $\dfrac{16}{3}$ ③ $\dfrac{11}{2}$ ④ $\dfrac{17}{3}$ ⑤ $\dfrac{35}{6}$

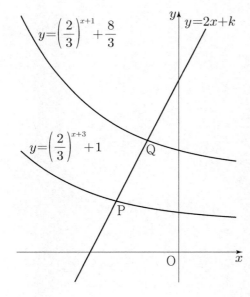

10. 삼차함수 $f(x)$ 에 대하여 곡선 $y=f(x)$ 위의 점 $(0,0)$ 에서의 접선과 곡선 $y=xf(x)$ 위의 점 $(1,2)$ 에서의 접선이 일치할 때, $f'(2)$ 의 값은? [4점]

① -18 ② -17 ③ -16 ④ -15 ⑤ -14

11. 양수 a에 대하여 집합 $\left\{x \mid -\dfrac{a}{2} < x \le a,\, x \ne \dfrac{a}{2}\right\}$에서 정의된 함수

$$f(x) = \tan\dfrac{\pi x}{a}$$

가 있다. 그림과 같이 함수 $y = f(x)$의 그래프 위의 세 점 O, A, B를 지나는 직선이 있다. 점 A를 지나고 x축에 평행한 직선이 함수 $y = f(x)$의 그래프와 만나는 점 중 A가 아닌 점을 C라 하자. 삼각형 ABC가 정삼각형일 때, 삼각형 ABC의 넓이는? (단, O는 원점이다.) [4점]

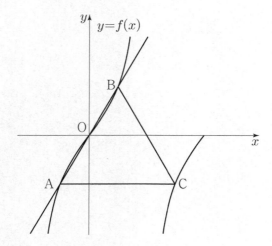

① $\dfrac{3\sqrt{3}}{2}$ ② $\dfrac{17\sqrt{3}}{12}$ ③ $\dfrac{4\sqrt{3}}{3}$

④ $\dfrac{5\sqrt{3}}{4}$ ⑤ $\dfrac{7\sqrt{3}}{6}$

12. 실수 전체의 집합에서 연속인 함수 $f(x)$가 모든 실수 x에 대하여

$$\{f(x)\}^3 - \{f(x)\}^2 - x^2 f(x) + x^2 = 0$$

을 만족시킨다. 함수 $f(x)$의 최댓값이 1이고 최솟값이 0일 때, $f\left(-\dfrac{4}{3}\right) + f(0) + f\left(\dfrac{1}{2}\right)$의 값은? [4점]

① $\dfrac{1}{2}$ ② 1 ③ $\dfrac{3}{2}$ ④ 2 ⑤ $\dfrac{5}{2}$

13. 두 상수 a, $b\,(1<a<b)$에 대하여 좌표평면 위의 두 점 $(a, \log_2 a)$, $(b, \log_2 b)$를 지나는 직선의 y절편과 두 점 $(a, \log_4 a)$, $(b, \log_4 b)$를 지나는 직선의 y절편이 같다. 함수 $f(x)=a^{bx}+b^{ax}$에 대하여 $f(1)=40$일 때, $f(2)$의 값은? [4점]

① 760 ② 800 ③ 840 ④ 880 ⑤ 920

14. 수직선 위를 움직이는 점 P의 시각 t에서의 위치 $x(t)$가 두 상수 a, b에 대하여

$$x(t)=t(t-1)(at+b)\quad(a\neq0)$$

이다. 점 P의 시각 t에서의 속도 $v(t)$가 $\displaystyle\int_0^1 |v(t)|\,dt=2$를 만족시킬 때, <보기>에서 옳은 것만을 있는 대로 고른 것은? [4점]

<보 기>

ㄱ. $\displaystyle\int_0^1 v(t)\,dt=0$

ㄴ. $|x(t_1)|>1$인 t_1이 열린구간 $(0, 1)$에 존재한다.

ㄷ. $0\le t\le1$인 모든 t에 대하여 $|x(t)|<1$이면 $x(t_2)=0$인 t_2가 열린구간 $(0, 1)$에 존재한다.

① ㄱ ② ㄱ, ㄴ ③ ㄱ, ㄷ
④ ㄴ, ㄷ ⑤ ㄱ, ㄴ, ㄷ

15. 두 점 O_1, O_2를 각각 중심으로 하고 반지름의 길이가 $\overline{O_1O_2}$인 두 원 C_1, C_2가 있다. 그림과 같이 원 C_1 위의 서로 다른 세 점 A, B, C와 원 C_2 위의 점 D가 주어져 있고, 세 점 A, O_1, O_2와 세 점 C, O_2, D가 각각 한 직선 위에 있다.

이때 $\angle BO_1A = \theta_1$, $\angle O_2O_1C = \theta_2$, $\angle O_1O_2D = \theta_3$이라 하자.

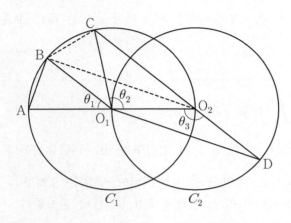

다음은 $\overline{AB} : \overline{O_1D} = 1 : 2\sqrt{2}$이고 $\theta_3 = \theta_1 + \theta_2$일 때, 선분 AB와 선분 CD의 길이의 비를 구하는 과정이다.

$\angle CO_2O_1 + \angle O_1O_2D = \pi$이므로 $\theta_3 = \dfrac{\pi}{2} + \dfrac{\theta_2}{2}$이고

$\theta_3 = \theta_1 + \theta_2$에서 $2\theta_1 + \theta_2 = \pi$이므로 $\angle CO_1B = \theta_1$이다.

이때 $\angle O_2O_1B = \theta_1 + \theta_2 = \theta_3$이므로 삼각형 O_1O_2B와 삼각형 O_2O_1D는 합동이다.

$\overline{AB} = k$라 할 때

$\overline{BO_2} = \overline{O_1D} = 2\sqrt{2}\,k$이므로 $\overline{AO_2} = \boxed{\text{(가)}}$이고,

$\angle BO_2A = \dfrac{\theta_1}{2}$이므로 $\cos\dfrac{\theta_1}{2} = \boxed{\text{(나)}}$이다.

삼각형 O_2BC에서

$\overline{BC} = k$, $\overline{BO_2} = 2\sqrt{2}\,k$, $\angle CO_2B = \dfrac{\theta_1}{2}$이므로

코사인법칙에 의하여 $\overline{O_2C} = \boxed{\text{(다)}}$이다.

$\overline{CD} = \overline{O_2D} + \overline{O_2C} = \overline{O_1O_2} + \overline{O_2C}$이므로

$\overline{AB} : \overline{CD} = k : \left(\dfrac{\boxed{\text{(가)}}}{2} + \boxed{\text{(다)}} \right)$이다.

위의 (가), (다)에 알맞은 식을 각각 $f(k)$, $g(k)$라 하고, (나)에 알맞은 수를 p라 할 때, $f(p) \times g(p)$의 값은? [4점]

① $\dfrac{169}{27}$ ② $\dfrac{56}{9}$ ③ $\dfrac{167}{27}$ ④ $\dfrac{166}{27}$ ⑤ $\dfrac{55}{9}$

단답형

16. $\log_2 120 - \dfrac{1}{\log_{15} 2}$의 값을 구하시오. [3점]

17. 함수 $f(x)$에 대하여 $f'(x) = 3x^2 + 2x$이고 $f(0) = 2$일 때, $f(1)$의 값을 구하시오. [3점]

18. 수열 $\{a_n\}$에 대하여

$$\sum_{k=1}^{10} a_k - \sum_{k=1}^{7} \frac{a_k}{2} = 56, \quad \sum_{k=1}^{10} 2a_k - \sum_{k=1}^{8} a_k = 100$$

일 때, a_8의 값을 구하시오. [3점]

19. 함수 $f(x) = x^3 + ax^2 - (a^2 - 8a)x + 3$이 실수 전체의 집합에서 증가하도록 하는 실수 a의 최댓값을 구하시오. [3점]

20. 실수 전체의 집합에서 미분가능한 함수 $f(x)$가 다음 조건을 만족시킨다.

> (가) 닫힌구간 $[0, 1]$에서 $f(x) = x$이다.
> (나) 어떤 상수 a, b에 대하여 구간 $[0, \infty)$에서 $f(x+1) - xf(x) = ax + b$이다.

$60 \times \displaystyle\int_1^2 f(x)\,dx$의 값을 구하시오. [4점]

21. 수열 $\{a_n\}$이 다음 조건을 만족시킨다.

> (가) $|a_1| = 2$
>
> (나) 모든 자연수 n에 대하여 $|a_{n+1}| = 2|a_n|$이다.
>
> (다) $\displaystyle\sum_{n=1}^{10} a_n = -14$

$a_1 + a_3 + a_5 + a_7 + a_9$의 값을 구하시오. [4점]

22. 최고차항의 계수가 $\dfrac{1}{2}$인 삼차함수 $f(x)$와 실수 t에 대하여 방정식 $f'(x) = 0$이 닫힌구간 $[t,\ t+2]$에서 갖는 실근의 개수를 $g(t)$라 할 때, 함수 $g(t)$는 다음 조건을 만족시킨다.

> (가) 모든 실수 a에 대하여 $\displaystyle\lim_{t \to a+} g(t) + \lim_{t \to a-} g(t) \le 2$이다.
>
> (나) $g(f(1)) = g(f(4)) = 2$, $g(f(0)) = 1$

$f(5)$의 값을 구하시오. [4점]

＊ 확인 사항

○ 답안지의 해당란에 필요한 내용을 정확히 기입(표기)했는지 확인하시오.

○ 이어서, 「선택과목(확률과 통계)」 문제가 제시되오니, 자신이 선택한 과목인지 확인하시오.

5지선다형

23. 다항식 $(x+2)^7$의 전개식에서 x^5의 계수는? [2점]

① 42　　② 56　　③ 70　　④ 84　　⑤ 98

24. 확률변수 X가 이항분포 $B\left(n, \dfrac{1}{3}\right)$을 따르고 $V(2X) = 40$일 때, n의 값은? [3점]

① 30　　② 35　　③ 40　　④ 45　　⑤ 50

25. 다음 조건을 만족시키는 자연수 a, b, c, d, e의 모든 순서쌍 (a, b, c, d, e)의 개수는? [3점]

(가) $a+b+c+d+e = 12$

(나) $|a^2 - b^2| = 5$

① 30   ② 32   ③ 34   ④ 36   ⑤ 38

26. 1부터 10까지 자연수가 하나씩 적혀 있는 10장의 카드가 들어 있는 주머니가 있다. 이 주머니에서 임의로 카드 3장을 동시에 꺼낼 때, 꺼낸 카드에 적혀 있는 세 자연수 중에서 가장 작은 수가 4 이하이거나 7 이상일 확률은? [3점]

① $\dfrac{4}{5}$ ② $\dfrac{5}{6}$ ③ $\dfrac{13}{15}$ ④ $\dfrac{9}{10}$ ⑤ $\dfrac{14}{15}$

27. 어느 자동차 회사에서 생산하는 전기 자동차의
1회 충전 주행 거리는 평균이 m이고 표준편차가 σ인
정규분포를 따른다고 한다.
이 자동차 회사에서 생산한 전기 자동차 100대를 임의추출하여
얻은 1회 충전 주행 거리의 표본평균이 $\overline{x_1}$일 때, 모평균 m에
대한 신뢰도 95%의 신뢰구간이 $a \le m \le b$이다.
이 자동차 회사에서 생산한 전기 자동차 400대를 임의추출하여
얻은 1회 충전 주행 거리의 표본평균이 $\overline{x_2}$일 때, 모평균 m에
대한 신뢰도 99%의 신뢰구간이 $c \le m \le d$이다.
$\overline{x_1} - \overline{x_2} = 1.34$이고 $a = c$일 때, $b - a$의 값은? (단, 주행 거리의
단위는 km이고, Z가 표준정규분포를 따르는 확률변수일 때
$\mathrm{P}(|Z| \le 1.96) = 0.95$, $\mathrm{P}(|Z| \le 2.58) = 0.99$로 계산한다.) [3점]

① 5.88 ② 7.84 ③ 9.80
④ 11.76 ⑤ 13.72

28. 두 집합 $X = \{1, 2, 3, 4, 5\}$, $Y = \{1, 2, 3, 4\}$에 대하여
다음 조건을 만족시키는 X에서 Y로의 함수 f의 개수는? [4점]

(가) 집합 X의 모든 원소 x에 대하여 $f(x) \ge \sqrt{x}$이다.

(나) 함수 f의 치역의 원소의 개수는 3이다.

---

① 128 ② 138 ③ 148 ④ 158 ⑤ 168

14회

단답형

29. 두 연속확률변수 X와 Y가 갖는 값의 범위는 $0 \le X \le 6$, $0 \le Y \le 6$이고, X와 Y의 확률밀도함수는 각각 $f(x)$, $g(x)$이다. 확률변수 X의 확률밀도함수 $f(x)$의 그래프는 그림과 같다.

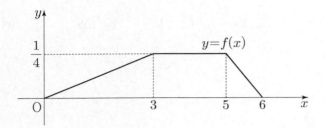

$0 \le x \le 6$인 모든 x에 대하여

$$f(x) + g(x) = k \quad (k\text{는 상수})$$

를 만족시킬 때, $\mathrm{P}(6k \le Y \le 15k) = \dfrac{q}{p}$이다. $p+q$의 값을 구하시오. (단, p와 q는 서로소인 자연수이다.) [4점]

30. 흰 공과 검은 공이 각각 10개 이상 들어 있는 바구니와 비어 있는 주머니가 있다. 한 개의 주사위를 사용하여 다음 시행을 한다.

> 주사위를 한 번 던져
> 나온 눈의 수가 5 이상이면
> 바구니에 있는 흰 공 2개를 주머니에 넣고,
> 나온 눈의 수가 4 이하이면
> 바구니에 있는 검은 공 1개를 주머니에 넣는다.

위의 시행을 5번 반복할 때, $n\,(1 \le n \le 5)$번째 시행 후 주머니에 들어 있는 흰 공과 검은 공의 개수를 각각 a_n, b_n이라 하자. $a_5 + b_5 \ge 7$일 때, $a_k = b_k$인 자연수 $k\,(1 \le k \le 5)$가 존재할 확률은 $\dfrac{q}{p}$이다. $p+q$의 값을 구하시오.

(단, p와 q는 서로소인 자연수이다.) [4점]

* 확인 사항

○ 답안지의 해당란에 필요한 내용을 정확히 기입(표기)했는지 확인하시오.

○ 이어서, 「선택과목(미적분)」 문제가 제시되오니, 자신이 선택한 과목인지 확인하시오.

제 2 교시

수학 영역(미적분)

14회

5지선다형

23. $\lim_{n \to \infty} \dfrac{\dfrac{5}{n} + \dfrac{3}{n^2}}{\dfrac{1}{n} - \dfrac{2}{n^3}}$ 의 값은? [2점]

① 1　　② 2　　③ 3　　④ 4　　⑤ 5

24. 실수 전체의 집합에서 미분가능한 함수 $f(x)$가 모든 실수 x에 대하여

$$f(x^3 + x) = e^x$$

을 만족시킬 때, $f'(2)$의 값은? [3점]

① e　　② $\dfrac{e}{2}$　　③ $\dfrac{e}{3}$　　④ $\dfrac{e}{4}$　　⑤ $\dfrac{e}{5}$

14회

[해설편 p.167]

25. 등비수열 $\{a_n\}$에 대하여

$$\sum_{n=1}^{\infty} (a_{2n-1} - a_{2n}) = 3, \quad \sum_{n=1}^{\infty} a_n^2 = 6$$

일 때, $\displaystyle\sum_{n=1}^{\infty} a_n$의 값은? [3점]

① 1   ② 2   ③ 3   ④ 4   ⑤ 5

26. $\displaystyle\lim_{n \to \infty} \sum_{k=1}^{n} \frac{k^2 + 2kn}{k^3 + 3k^2n + n^3}$의 값은? [3점]

① $\ln 5$ ② $\dfrac{\ln 5}{2}$ ③ $\dfrac{\ln 5}{3}$ ④ $\dfrac{\ln 5}{4}$ ⑤ $\dfrac{\ln 5}{5}$

27. 좌표평면 위를 움직이는 점 P의 시각 $t\,(t>0)$에서의 위치가 곡선 $y=x^2$과 직선 $y=t^2x-\dfrac{\ln t}{8}$가 만나는 서로 다른 두 점의 중점일 때, 시각 $t=1$에서 $t=e$까지 점 P가 움직인 거리는? [3점]

① $\dfrac{e^4}{2}-\dfrac{3}{8}$ ② $\dfrac{e^4}{2}-\dfrac{5}{16}$ ③ $\dfrac{e^4}{2}-\dfrac{1}{4}$

④ $\dfrac{e^4}{2}-\dfrac{3}{16}$ ⑤ $\dfrac{e^4}{2}-\dfrac{1}{8}$

28. 함수 $f(x)=6\pi(x-1)^2$에 대하여 함수 $g(x)$를

$$g(x)=3f(x)+4\cos f(x)$$

라 하자. $0<x<2$에서 함수 $g(x)$가 극소가 되는 x의 개수는? [4점]

① 6   ② 7   ③ 8   ④ 9   ⑤ 10

단답형

29. 그림과 같이 길이가 2인 선분 AB를 지름으로 하는 반원이 있다. 호 AB 위에 두 점 P, Q를 ∠PAB = θ, ∠QBA = 2θ가 되도록 잡고, 두 선분 AP, BQ의 교점을 R라 하자.
선분 AB 위의 점 S, 선분 BR 위의 점 T, 선분 AR 위의 점 U를 선분 UT가 선분 AB에 평행하고 삼각형 STU가 정삼각형이 되도록 잡는다. 두 선분 AR, QR와 호 AQ로 둘러싸인 부분의 넓이를 $f(\theta)$, 삼각형 STU의 넓이를 $g(\theta)$라 할 때,
$$\lim_{\theta \to 0+} \frac{g(\theta)}{\theta \times f(\theta)} = \frac{q}{p}\sqrt{3}$$ 이다. $p+q$의 값을 구하시오.

(단, $0 < \theta < \dfrac{\pi}{6}$이고, p와 q는 서로소인 자연수이다.) [4점]

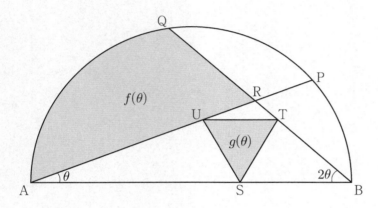

30. 실수 전체의 집합에서 증가하고 미분가능한 함수 $f(x)$가 다음 조건을 만족시킨다.

> (가) $f(1) = 1$, $\displaystyle\int_{1}^{2} f(x)\,dx = \frac{5}{4}$
>
> (나) 함수 $f(x)$의 역함수를 $g(x)$라 할 때, $x \geq 1$인 모든 실수 x에 대하여 $g(2x) = 2f(x)$이다.

$\displaystyle\int_{1}^{8} x f'(x)\,dx = \dfrac{q}{p}$ 일 때, $p+q$의 값을 구하시오.

(단, p와 q는 서로소인 자연수이다.) [4점]

[해설편 p.169]

* 확인 사항

ㅇ 답안지의 해당란에 필요한 내용을 정확히 기입(표기)했는지 확인하시오.

수학 영역

5지선다형

● 2021학년도 수능(고3 가)

1. $\sqrt[3]{9} \times 3^{\frac{1}{3}}$의 값은? [2점]

① 1   ② $3^{\frac{1}{2}}$ ③ 3   ④ $3^{\frac{3}{2}}$ ⑤ 9

● 2021학년도 수능(고3 나)

2. $\lim\limits_{x \to 2} \dfrac{x^2 + 2x - 8}{x - 2}$의 값은? [2점]

① 2   ② 4   ③ 6   ④ 8   ⑤ 10

● 2021학년도 수능(고3 나)

3. 함수 $f(x) = 4\cos x + 3$의 최댓값은? [3점]

① 6   ② 7   ③ 8   ④ 9   ⑤ 10

● 2021학년도 수능(고3 나)

4. 함수 $f(x) = x^4 + 3x - 2$에 대하여 $f'(2)$의 값은? [3점]

① 35   ② 37   ③ 39   ④ 41   ⑤ 43

● 2021학년도 수능(고3 나)

5. 부등식 $\left(\dfrac{1}{9}\right)^{x} < 3^{21-4x}$ 을 만족시키는 자연수 x의 개수는? [3점]

① 6 　　② 7 　　③ 8 　　④ 9 　　⑤ 10

● 2021학년도 수능(고3 나)

6. 곡선 $y = x^3 - 3x^2 + 2x + 2$ 위의 점 $A(0,\ 2)$에서의 접선과

수직이고 점 A를 지나는 직선의 x절편은? [3점]

① 4 　　② 6 　　③ 8 　　④ 10 　　⑤ 12

● 2021학년도 수능(고3 나)

7. 수열 $\{a_n\}$은 $a_1 = 1$이고, 모든 자연수 n에 대하여

$$\sum_{k=1}^{n}(a_k - a_{k+1}) = -n^2 + n$$

을 만족시킨다. a_{11}의 값은? [3점]

① 88 　　② 91 　　③ 94 　　④ 97 　　⑤ 100

● 2021학년도 수능(고3 가)

8. $\angle A = \dfrac{\pi}{3}$이고 $\overline{AB}:\overline{AC}=3:1$인 삼각형 ABC가 있다.

삼각형 ABC의 외접원의 반지름의 길이가 7일 때, 선분 AC의 길이는? [3점]

① $2\sqrt{5}$ ② $\sqrt{21}$ ③ $\sqrt{22}$ ④ $\sqrt{23}$ ⑤ $2\sqrt{6}$

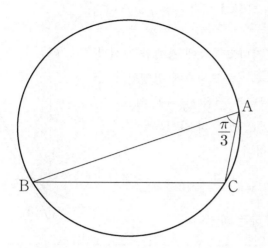

● 2021학년도 수능(고3 나)

9. 수직선 위를 움직이는 점 P의 시각 $t\,(t \geq 0)$에서의 속도 $v(t)$가

$$v(t)=2t-6$$

이다. 점 P가 시각 $t=3$에서 $t=k\,(k>3)$까지 움직인 거리가 25일 때, 상수 k의 값은? [4점]

① 6 ② 7 ③ 8 ④ 9 ⑤ 10

● 2021학년도 수능(고3 나)

10. $0 \leq x < 4\pi$일 때, 방정식

$$4\sin^2 x - 4\cos\left(\dfrac{\pi}{2}+x\right)-3=0$$

의 모든 해의 합은? [4점]

① 5π ② 6π ③ 7π ④ 8π ⑤ 9π

● 2021학년도 수능(고3 나)

11. 두 다항함수 $f(x)$, $g(x)$가

$$\lim_{x \to 0} \frac{f(x)+g(x)}{x} = 3, \quad \lim_{x \to 0} \frac{f(x)+3}{xg(x)} = 2$$

를 만족시킨다. 함수 $h(x) = f(x)g(x)$에 대하여 $h'(0)$의 값은? [4점]

① 27 ② 30 ③ 33 ④ 36 ⑤ 39

● 2021학년도 수능(고3 가)

12. 상수 $k(k > 1)$에 대하여 다음 조건을 만족시키는 수열 $\{a_n\}$이 있다.

> 모든 자연수 n에 대하여 $a_n < a_{n+1}$이고
> 곡선 $y = 2^x$ 위의 두 점 $P_n(a_n, \ 2^{a_n})$, $P_{n+1}(a_{n+1}, \ 2^{a_{n+1}})$을 지나는 직선의 기울기는 $k \times 2^{a_n}$이다.

점 P_n을 지나고 x축에 평행한 직선과 점 P_{n+1}을 지나고 y축에 평행한 직선이 만나는 점을 Q_n이라 하고 삼각형 $P_n Q_n P_{n+1}$의 넓이를 A_n이라 하자.

다음은 $a_1 = 1$, $\dfrac{A_3}{A_1} = 16$일 때, A_n을 구하는 과정이다.

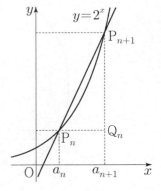

> 두 점 P_n, P_{n+1}을 지나는 직선의 기울기가 $k \times 2^{a_n}$이므로
> $$2^{a_{n+1} - a_n} = k(a_{n+1} - a_n) + 1$$
> 이다. 즉, 모든 자연수 n에 대하여 $a_{n+1} - a_n$은 방정식 $2^x = kx + 1$의 해이다.
> $k > 1$이므로 방정식 $2^x = kx + 1$은 오직 하나의 양의 실근 d를 갖는다. 따라서 모든 자연수 n에 대하여 $a_{n+1} - a_n = d$이고, 수열 $\{a_n\}$은 공차가 d인 등차수열이다.
> 점 Q_n의 좌표가 $\left(a_{n+1}, \ 2^{a_n}\right)$이므로
> $$A_n = \frac{1}{2}(a_{n+1} - a_n)\left(2^{a_{n+1}} - 2^{a_n}\right)$$
> 이다. $\dfrac{A_3}{A_1} = 16$이므로 d의 값은 (가) 이고,
> 수열 $\{a_n\}$의 일반항은
> $$a_n = \boxed{\text{(나)}}$$
> 이다. 따라서 모든 자연수 n에 대하여 $A_n = \boxed{\text{(다)}}$이다.

위의 (가)에 알맞은 수를 p, (나)와 (다)에 알맞은 식을 각각 $f(n)$, $g(n)$이라 할 때, $p + \dfrac{g(4)}{f(2)}$의 값은? [4점]

① 118 ② 121 ③ 124 ④ 127 ⑤ 130

● 2021학년도 수능(고3 나)

13. $\dfrac{1}{4}<a<1$인 실수 a에 대하여 직선 $y=1$이 두 곡선

$y=\log_a x$, $y=\log_{4a} x$와 만나는 점을 각각 A, B라 하고,

직선 $y=-1$이 두 곡선 $y=\log_a x$, $y=\log_{4a} x$와 만나는 점을

각각 C, D라 하자. <보기>에서 옳은 것만을 있는 대로 고른

것은? [4점]

--- <보 기> ---

ㄱ. 선분 AB를 $1:4$로 외분하는 점의 좌표는 $(0,\ 1)$이다.

ㄴ. 사각형 ABCD가 직사각형이면 $a=\dfrac{1}{2}$이다.

ㄷ. $\overline{AB}<\overline{CD}$이면 $\dfrac{1}{2}<a<1$이다.

① ㄱ   ② ㄷ   ③ ㄱ, ㄴ

④ ㄴ, ㄷ   ⑤ ㄱ, ㄴ, ㄷ

● 2021학년도 수능(고3 나)

14. 실수 $a(a>1)$에 대하여 함수 $f(x)$를

$$f(x)=(x+1)(x-1)(x-a)$$

라 하자. 함수

$$g(x)=x^2\int_0^x f(t)\,dt-\int_0^x t^2 f(t)\,dt$$

가 오직 하나의 극값을 갖도록 하는 a의 최댓값은? [4점]

① $\dfrac{9\sqrt{2}}{8}$ ② $\dfrac{3\sqrt{6}}{4}$ ③ $\dfrac{3\sqrt{2}}{2}$ ④ $\sqrt{6}$ ⑤ $2\sqrt{2}$

● 2021학년도 수능(고3 나)

15. 수열 $\{a_n\}$은 $0 < a_1 < 1$이고, 모든 자연수 n에 대하여 다음 조건을 만족시킨다.

> (가) $a_{2n} = a_2 \times a_n + 1$
>
> (나) $a_{2n+1} = a_2 \times a_n - 2$

$a_7 = 2$일 때, a_{25}의 값은? [4점]

① 78   ② 80   ③ 82   ④ 84   ⑤ 86

단 답 형

● 2021학년도 수능(고3 나)

16. 함수 $f(x)$에 대하여 $f'(x) = 3x^2 + 4x + 5$이고 $f(0) = 4$일 때, $f(1)$의 값을 구하시오. [3점]

● 2021학년도 수능(고3 나)

17. $\log_3 72 - \log_3 8$의 값을 구하시오. [3점]

● 2021학년도 수능(고3 나)

18. 곡선 $y = 4x^3 - 12x + 7$과 직선 $y = k$가 만나는 점의 개수가 2가 되도록 하는 양수 k의 값을 구하시오. [3점]

● 2021학년도 수능(고3 가)

19. 첫째항이 3인 등차수열 $\{a_n\}$에 대하여 $\displaystyle\sum_{k=1}^{5} a_k = 55$일 때,

$\displaystyle\sum_{k=1}^{5} k(a_k - 3)$의 값을 구하시오. [3점]

● 2021학년도 수능(고3 나)

20. 곡선 $y = x^2 - 7x + 10$과 직선 $y = -x + 10$으로 둘러싸인 부분의 넓이를 구하시오. [4점]

● 2021학년도 수능(고3 가)

21. $\log_4 2n^2 - \frac{1}{2}\log_2 \sqrt{n}$ 의 값이 40 이하의 자연수가 되도록

하는 자연수 n의 개수를 구하시오. [4점]

● 2021학년도 수능(고3 나)

22. 함수 $f(x)$는 최고차항의 계수가 1인 삼차함수이고,

함수 $g(x)$는 일차함수이다. 함수 $h(x)$를

$$h(x)=\begin{cases} |f(x)-g(x)| & (x < 1) \\ f(x)+g(x) & (x \geq 1) \end{cases}$$

이라 하자. 함수 $h(x)$가 실수 전체의 집합에서 미분가능하고,

$h(0)=0$, $h(2)=5$일 때, $h(4)$의 값을 구하시오. [4점]

---

* 확인 사항

○ 답안지의 해당란에 필요한 내용을 정확히 기입(표기)했는지 확인하시오.

○ 이어서, 「선택과목(확률과 통계)」 문제가 제시되오니, 자신이 선택한 과목인지 확인하시오.

제2교시

수학 영역(확률과 통계)

5지선다형

● 2021학년도 수능(고3 나)

23. 다항식 $(3x+1)^8$의 전개식에서 x의 계수는? [2점]

① 12 ② 15 ③ 18 ④ 21 ⑤ 24

● 2021학년도 수능(고3 나)

24. 두 사건 A와 B는 서로 독립이고

$$\mathrm{P}(A|B)=\mathrm{P}(B), \quad \mathrm{P}(A\cap B)=\frac{1}{9}$$

일 때, $\mathrm{P}(A)$의 값은? [3점]

① $\frac{7}{18}$ ② $\frac{1}{3}$ ③ $\frac{5}{18}$ ④ $\frac{2}{9}$ ⑤ $\frac{1}{6}$

● 2021학년도 수능(고3 나)

25. 한 개의 주사위를 세 번 던져서 나오는 눈의 수를 차례로 a, b, c라 할 때, $a \times b \times c = 4$일 확률은? [3점]

① $\dfrac{1}{54}$ ② $\dfrac{1}{36}$ ③ $\dfrac{1}{27}$ ④ $\dfrac{5}{108}$ ⑤ $\dfrac{1}{18}$

● 2021학년도 수능(고3 나)

26. 정규분포 $N(20, 5^2)$을 따르는 모집단에서 크기가 16인 표본을 임의추출하여 구한 표본평균을 $\overline{X}$라 할 때, $E(\overline{X}) + \sigma(\overline{X})$의 값은? [3점]

① $\dfrac{91}{4}$ ② $\dfrac{89}{4}$ ③ $\dfrac{87}{4}$ ④ $\dfrac{85}{4}$ ⑤ $\dfrac{83}{4}$

● 2021학년도 수능(고3 가)

27. 문자 A, B, C, D, E가 하나씩 적혀 있는 5장의 카드와 숫자 1, 2, 3, 4가 하나씩 적혀 있는 4장의 카드가 있다. 이 9장의 카드를 모두 한 번씩 사용하여 일렬로 임의로 나열할 때, 문자 A가 적혀 있는 카드의 바로 양 옆에 각각 숫자가 적혀 있는 카드가 놓일 확률은? [3점]

① $\dfrac{5}{12}$　② $\dfrac{1}{3}$　③ $\dfrac{1}{4}$　④ $\dfrac{1}{6}$　⑤ $\dfrac{1}{12}$

● 2021학년도 수능(고3 가)

28. 좌표평면의 원점에 점 P가 있다. 한 개의 주사위를 사용하여 다음 시행을 한다.

주사위를 한 번 던져 나온 눈의 수가
2 이하이면 점 P를 x축의 양의 방향으로 3만큼,
3 이상이면 점 P를 y축의 양의 방향으로 1만큼
이동시킨다.

이 시행을 15번 반복하여 이동된 점 P와 직선 $3x+4y=0$ 사이의 거리를 확률변수 X라 하자. E(X)의 값은? [4점]

① 13　② 15　③ 17　④ 19　⑤ 21

● 2021학년도 수능(고3 나)

29. 숫자 3, 3, 4, 4, 4가 하나씩 적힌 5개의 공이 들어 있는
주머니가 있다. 이 주머니와 한 개의 주사위를 사용하여
다음 규칙에 따라 점수를 얻는 시행을 한다.

> 주머니에서 임의로 한 개의 공을 꺼내어
> 꺼낸 공에 적힌 수가 3이면 주사위를 3번 던져서 나오는
> 세 눈의 수의 합을 점수로 하고,
> 꺼낸 공에 적힌 수가 4이면 주사위를 4번 던져서 나오는
> 네 눈의 수의 합을 점수로 한다.

이 시행을 한 번 하여 얻은 점수가 10점일 확률은 $\frac{q}{p}$이다.
$p+q$의 값을 구하시오. (단, p와 q는 서로소인 자연수이다.) [4점]

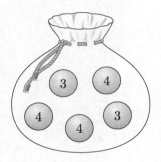

● 2021학년도 수능(고3 가)

30. 네 명의 학생 A, B, C, D에게 검은색 모자 6개와
흰색 모자 6개를 다음 규칙에 따라 남김없이 나누어 주는
경우의 수를 구하시오. (단, 같은 색 모자끼리는 서로 구별하지
않는다.) [4점]

> (가) 각 학생은 1개 이상의 모자를 받는다.
> (나) 학생 A가 받는 검은색 모자의 개수는 4 이상이다.
> (다) 흰색 모자보다 검은색 모자를 더 많이 받는 학생은
>   A를 포함하여 2명뿐이다.

* 확인 사항
○ 답안지의 해당란에 필요한 내용을 정확히 기입(표기)했는지
  확인하시오.
○ 이어서, 「선택과목(미적분)」 문제가 제시되오니, 자신이 선택한
  과목인지 확인하시오.

제2교시

수학 영역(미적분)

5지선다형

● 2021학년도 수능(고3 가)

23. $\lim\limits_{n \to \infty} \dfrac{1}{\sqrt{4n^2+2n+1}-2n}$ 의 값은? [2점]

① 1 ② 2 ③ 3 ④ 4 ⑤ 5

● 2021학년도 수능(고3 가)

24. 함수 $f(x)=(x^2-2x-7)e^x$의 극댓값과 극솟값을 각각 a, b라 할 때, $a \times b$의 값은? [3점]

① -32 ② -30 ③ -28 ④ -26 ⑤ -24

● 2021학년도 수능(고3 가)

25. 곡선 $y = e^{2x}$과 x축 및 두 직선 $x = \ln\dfrac{1}{2}$, $x = \ln 2$로

둘러싸인 부분의 넓이는? [3점]

① $\dfrac{5}{3}$ ② $\dfrac{15}{8}$ ③ $\dfrac{15}{7}$ ④ $\dfrac{5}{2}$ ⑤ 3

● 2021학년도 수능(고3 가)

26. $\displaystyle\lim_{n \to \infty} \dfrac{1}{n} \sum_{k=1}^{n} \sqrt{\dfrac{3n}{3n+k}}$ 의 값은? [3점]

① $4\sqrt{3} - 6$ ② $\sqrt{3} - 1$ ③ $5\sqrt{3} - 8$

④ $2\sqrt{3} - 3$ ⑤ $3\sqrt{3} - 5$

● 2021학년도 수능(고3 가)

27. 그림과 같이 $\overline{AB_1}=2$, $\overline{AD_1}=4$인 직사각형 $AB_1C_1D_1$이

있다. 선분 AD_1을 3:1로 내분하는 점을 E_1이라 하고,

직사각형 $AB_1C_1D_1$의 내부에 점 F_1을 $\overline{F_1E_1}=\overline{F_1C_1}$,

$\angle E_1F_1C_1=\dfrac{\pi}{2}$가 되도록 잡고 삼각형 $E_1F_1C_1$을 그린다.

사각형 $E_1F_1C_1D_1$을 색칠하여 얻은 그림을 R_1이라 하자.

그림 R_1에서 선분 AB_1 위의 점 B_2, 선분 E_1F_1 위의 점 C_2,

선분 AE_1 위의 점 D_2와 점 A를 꼭짓점으로 하고

$\overline{AB_2}:\overline{AD_2}=1:2$인 직사각형 $AB_2C_2D_2$를 그린다. 그림 R_1을

얻은 것과 같은 방법으로 직사각형 $AB_2C_2D_2$에

삼각형 $E_2F_2C_2$를 그리고 사각형 $E_2F_2C_2D_2$를 색칠하여 얻은

그림을 R_2라 하자.

이와 같은 과정을 계속하여 n번째 얻은 그림 R_n에 색칠되어

있는 부분의 넓이를 S_n이라 할 때, $\lim\limits_{n\to\infty}S_n$의 값은? [3점]

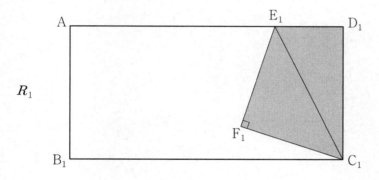

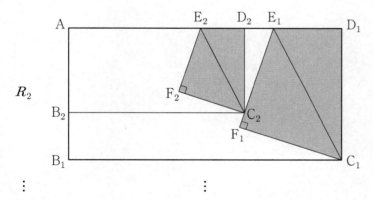

① $\dfrac{441}{103}$ ② $\dfrac{441}{109}$ ③ $\dfrac{441}{115}$ ④ $\dfrac{441}{121}$ ⑤ $\dfrac{441}{127}$

● 2021학년도 수능(고3 가)

28. 함수 $f(x)=\pi\sin2\pi x$에 대하여 정의역이 실수 전체의

집합이고 치역이 집합 $\{0,\ 1\}$인 함수 $g(x)$와 자연수 n이

다음 조건을 만족시킬 때, n의 값은? [4점]

함수 $h(x)=f(nx)g(x)$는 실수 전체의 집합에서 연속이고

$$\int_{-1}^{1}h(x)dx=2,\qquad \int_{-1}^{1}xh(x)dx=-\frac{1}{32}$$

이다.

---

① 8   ② 10   ③ 12   ④ 14   ⑤ 16

단 답 형

● 2021학년도 수능(고3 가)

29. 두 상수 a, b $(a < b)$에 대하여 함수 $f(x)$를

$$f(x) = (x-a)(x-b)^2$$

이라 하자. 함수 $g(x) = x^3 + x + 1$의 역함수 $g^{-1}(x)$에 대하여 합성함수 $h(x) = (f \circ g^{-1})(x)$가 다음 조건을 만족시킬 때, $f(8)$의 값을 구하시오. [4점]

> (가) 함수 $(x-1)|h(x)|$가 실수 전체의 집합에서 미분가능하다.
> (나) $h'(3) = 2$

● 2021학년도 수능(고3 가)

30. 최고차항의 계수가 1인 삼차함수 $f(x)$에 대하여 실수 전체의 집합에서 정의된 함수 $g(x) = f(\sin^2 \pi x)$가 다음 조건을 만족시킨다.

> (가) $0 < x < 1$에서 함수 $g(x)$가 극대가 되는 x의 개수가 3이고, 이때 극댓값이 모두 동일하다.
> (나) 함수 $g(x)$의 최댓값은 $\dfrac{1}{2}$이고 최솟값은 0이다.

$f(2) = a + b\sqrt{2}$ 일 때, $a^2 + b^2$의 값을 구하시오. (단, a와 b는 유리수이다.) [4점]

---

* 확인 사항

○ 답안지의 해당란에 필요한 내용을 정확히 기입(표기)했는지 확인하시오.

REAL
REAL ORIGINAL

6·9·수능 평가원
5개년 기출 모의고사

고3 수학 15회 | 해설편
공통+선택 [확률과 통계 · 미적분]

Contents

REAL ORIGINAL

※ 수록된 정답률은 실제와 차이가 있을 수 있습니다.
문제 난도를 파악하는데 참고용으로 활용하시기
바랍니다.

---

01 지수법칙　　정답률 80% | 정답 ④

$\left(\dfrac{5}{\sqrt[3]{25}}\right)^{\frac{3}{2}}$ 의 값은? [2점]

① $\dfrac{1}{5}$　　② $\dfrac{\sqrt{5}}{5}$　　③ 1　　④ $\sqrt{5}$　　⑤ 5

| 문제 풀이 |

$\left(\dfrac{5}{\sqrt[3]{25}}\right)^{\frac{3}{2}}=\left(\dfrac{5}{5^{\frac{2}{3}}}\right)^{\frac{3}{2}}=\left(5^{1-\frac{2}{3}}\right)^{\frac{3}{2}}=5^{\frac{1}{3}\times\frac{3}{2}}=5^{\frac{1}{2}}=\sqrt{5}$

---

02 미분계수　　정답률 83% | 정답 ⑤

함수 $f(x)=x^2+x+2$에 대하여 $\displaystyle\lim_{h\to0}\dfrac{f(2+h)-f(2)}{h}$ 의 값은? [2점]

① 1　　② 2　　③ 3　　④ 4　　⑤ 5

| 문제 풀이 |

$f(x)=x^2+x+2$에서 $f'(x)=2x+1$
따라서
$\displaystyle\lim_{h\to0}\dfrac{f(2+h)-f(2)}{h}=f'(2)=2\times2+1=5$

---

03 수열의 합　　정답률 85% | 정답 ③

수열 $\{a_n\}$에 대하여 $\displaystyle\sum_{k=1}^{5}(a_k+1)=9$이고 $a_6=4$일 때, $\displaystyle\sum_{k=1}^{6}a_k$의 값은? [3점]

① 6　　② 7　　③ 8　　④ 9　　⑤ 10

| 문제 풀이 |

$\displaystyle\sum_{k=1}^{5}(a_k+1)=\sum_{k=1}^{5}a_k+\sum_{k=1}^{5}1=\sum_{k=1}^{5}a_k+1\times5=9$에서

$\displaystyle\sum_{k=1}^{5}a_k=9-5=4$

따라서 $\displaystyle\sum_{k=1}^{6}a_k=\sum_{k=1}^{5}a_k+a_6=4+4=8$

---

04 함수의 좌극한과 우극한　　정답률 84% | 정답 ③

함수 $y=f(x)$의 그래프가 그림과 같다.

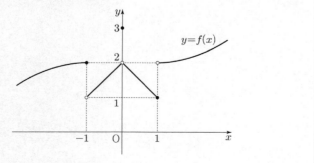

$\displaystyle\lim_{x\to0+}f(x)+\lim_{x\to1-}f(x)$ 의 값은? [3점]

① 1　　② 2　　③ 3　　④ 4　　⑤ 5

| 문제 풀이 |

$\displaystyle\lim_{x\to0+}f(x)=2$, $\displaystyle\lim_{x\to1-}f(x)=1$이므로

$\displaystyle\lim_{x\to0+}f(x)+\lim_{x\to1-}f(x)=2+1=3$

---

05 미분계수　　정답률 86% | 정답 ⑤

함수 $f(x)=(x^2-1)(x^2+2x+2)$에 대하여 $f'(1)$의 값은? [3점]

① 6　　② 7　　③ 8　　④ 9　　⑤ 10

| 문제 풀이 |

$f(x)=(x^2-1)(x^2+2x+2)$에서
$f'(x)=2x(x^2+2x+2)+(x^2-1)(2x+2)$이므로
$f'(1)=2\times5=10$

---

06 삼각함수　　정답률 61% | 정답 ①

$\pi<\theta<\dfrac{3}{2}\pi$인 θ에 대하여 $\sin\left(\theta-\dfrac{\pi}{2}\right)=\dfrac{3}{5}$일 때, $\sin\theta$의 값은? [3점]

① $-\dfrac{4}{5}$　　② $-\dfrac{3}{5}$　　③ $\dfrac{3}{5}$　　④ $\dfrac{3}{4}$　　⑤ $\dfrac{4}{5}$

| 문제 풀이 |

$\sin\left(\theta-\dfrac{\pi}{2}\right)=\dfrac{3}{5}$에서

$\sin\left(\theta-\dfrac{\pi}{2}\right)=\sin\left\{-\left(\dfrac{\pi}{2}-\theta\right)\right\}=-\sin\left(\dfrac{\pi}{2}-\theta\right)=-\cos\theta$이므로

$-\cos\theta=\dfrac{3}{5}$

즉 $\cos\theta=-\dfrac{3}{5}$

한편, $\pi<\theta<\dfrac{3}{2}\pi$에서 $\sin\theta<0$

따라서 $\sin\theta=-\sqrt{1-\cos^2\theta}=-\sqrt{1-\left(-\dfrac{3}{5}\right)^2}=-\sqrt{\dfrac{16}{25}}=-\dfrac{4}{5}$

---

07 다항함수의 미분　　정답률 82% | 정답 ④

x에 대한 방정식 $x^3-3x^2-9x+k=0$의 서로 다른 실근의 개수가 2가 되도록 하는 모든 실수 k의 값의 합은? [3점]

① 13　　② 16　　③ 19　　④ 22　　⑤ 25

| 문제 풀이 |

$f(x)=x^3-3x^2-9x+k$로 놓으면
$f'(x)=3x^2-6x-9=3(x+1)(x-3)$
$f'(x)=0$에서 $x=-1$, $x=3$
$f(-1)=k+5$, $f(3)=k-27$
삼차함수 $y=f(x)$의 그래프는
$x=-1$에서 극댓값 $k+5$를 갖고, $x=3$에서 극솟값 $k-27$을 갖는다.
이때 방정식 $f(x)=0$의 서로 다른 실근의 개수가 2가 되려면
극댓값 또는 극솟값이 0이어야 하므로
$k+5=0$ 또는 $k-27=0$
즉 $k=-5$ 또는 $k=27$
따라서 조건을 만족시키는 모든 실수 k의 값의 합은
$-5+27=22$

---

08 등비수열　　정답률 72% | 정답 ①

$a_1a_2<0$인 등비수열 $\{a_n\}$에 대하여

$a_6=16$, $2a_8-3a_7=32$

일 때, a_9+a_{11}의 값은? [3점]

① $-\dfrac{5}{2}$　　② $-\dfrac{3}{2}$　　③ $-\dfrac{1}{2}$　　④ $\dfrac{1}{2}$　　⑤ $\dfrac{3}{2}$

| 문제 풀이 |

등비수열 $\{a_n\}$의 공비를 r이라 하면 $a_6=16$이므로
$a_8=a_6\times r^2=16r^2$, $a_7=a_6\times r=16r$

$2a_8 - 3a_7 = 32$이므로

$2 \times 16r^2 - 3 \times 16r = 32$

$2r^2 - 3r - 2 = 0$, $(2r+1)(r-2) = 0$

$a_1 a_2 < 0$에서 $r < 0$이므로 $r = -\dfrac{1}{2}$

따라서

$$a_9 + a_{11} = a_6 \times r^3 + a_6 \times r^5$$
$$= 16 \times \left(-\dfrac{1}{8}\right) + 16 \times \left(-\dfrac{1}{32}\right)$$
$$= -2 + \left(-\dfrac{1}{2}\right) = -\dfrac{5}{2}$$

---

09 함수의 연속성 | 정답률 71% | 정답 ③

함수

$$f(x) = \begin{cases} x - \dfrac{1}{2} & (x < 0) \\ -x^2 + 3 & (x \geq 0) \end{cases}$$

에 대하여 함수 $(f(x) + a)^2$이 실수 전체의 집합에서 연속일 때, 상수 a의 값은? [4점]

① $-\dfrac{9}{4}$ ② $-\dfrac{7}{4}$ ③ $-\dfrac{5}{4}$ ④ $-\dfrac{3}{4}$ ⑤ $-\dfrac{1}{4}$

| 문제 풀이 |

함수 $f(x)$는 $x=0$에서만 불연속이므로

함수 $(f(x)+a)^2$이 $x=0$에서 연속이 되도록 a의 값을 정한다.

$\displaystyle\lim_{x \to 0-}(f(x)+a)^2 = (f(0)+a)^2$

$\displaystyle\lim_{x \to 0-}\left(x - \dfrac{1}{2} + a\right)^2 = (3+a)^2$

$\left(-\dfrac{1}{2} + a\right)^2 = (3+a)^2$

$a^2 - a + \dfrac{1}{4} = a^2 + 6a + 9$

$7a = -\dfrac{35}{4}$

따라서 $a = -\dfrac{5}{4}$

---

10 사인법칙, 코사인법칙 | 정답률 35% | 정답 ⑤

다음 조건을 만족시키는 삼각형 ABC의 외접원의 넓이가 9π일 때, 삼각형 ABC의 넓이는? [4점]

(가) $3\sin A = 2\sin B$
(나) $\cos B = \cos C$

① $\dfrac{32}{9}\sqrt{2}$ ② $\dfrac{40}{9}\sqrt{2}$ ③ $\dfrac{16}{3}\sqrt{2}$

④ $\dfrac{56}{9}\sqrt{2}$ ⑤ $\dfrac{64}{9}\sqrt{2}$

| 문제 풀이 |

삼각형 ABC에서 $\overline{BC} = a$, $\overline{CA} = b$, $\overline{AB} = c$라 하고, 삼각형 ABC의 외접원의 반지름의 길이를 R이라 하자.

삼각형 ABC의 외접원의 넓이가 9π이므로

$\pi R^2 = 9\pi$에서 $R = 3$

삼각형 ABC에서 사인법칙에 의하여

$\dfrac{a}{\sin A} = \dfrac{b}{\sin B} = \dfrac{c}{\sin C} = 2R$

조건 (가)에서 $3\sin A = 2\sin B$이므로

$3 \times \dfrac{a}{2R} = 2 \times \dfrac{b}{2R}$

$b = \dfrac{3}{2}a$ ······ ㉠

조건 (나)에서 $\cos B = \cos C$이므로

$b = c$ ······ ㉡

㉠, ㉡에서 양수 k에 대하여 $a = 2k$라 하면

$b = c = 3k$

삼각형 ABC에서 코사인법칙에 의하여

$$\cos A = \dfrac{b^2 + c^2 - a^2}{2bc} = \dfrac{(3k)^2 + (3k)^2 - (2k)^2}{2 \times 3k \times 3k} = \dfrac{7}{9}$$

$$\sin A = \sqrt{1 - \cos^2 A} = \sqrt{1 - \left(\dfrac{7}{9}\right)^2} = \dfrac{4}{9}\sqrt{2}$$

$\dfrac{a}{\sin A} = 2R = 2 \times 3 = 6$에서

$a = 6\sin A = 6 \times \dfrac{4}{9}\sqrt{2} = \dfrac{8}{3}\sqrt{2}$

$b = c = \dfrac{3}{2}a = \dfrac{3}{2} \times \dfrac{8}{3}\sqrt{2} = 4\sqrt{2}$

따라서 구하는 삼각형 ABC의 넓이는

$$\dfrac{1}{2}bc\sin A = \dfrac{1}{2} \times 4\sqrt{2} \times 4\sqrt{2} \times \dfrac{4}{9}\sqrt{2} = \dfrac{64}{9}\sqrt{2}$$

---

11 삼차함수의 그래프의 접선의 방정식 | 정답률 54% | 정답 ⑤

최고차항의 계수가 1이고 $f(0) = 0$인 삼차함수 $f(x)$가

$$\lim_{x \to a}\dfrac{f(x) - 1}{x - a} = 3$$

을 만족시킨다. 곡선 $y = f(x)$ 위의 점 $(a, f(a))$에서의 접선의 y절편이 4일 때, $f(1)$의 값은? (단, a는 상수이다.) [4점]

① -1 ② -2 ③ -3 ④ -4 ⑤ -5

| 문제 풀이 |

삼차함수 $f(x)$의 최고차항의 계수가 1이고

$f(0) = 0$이므로

$f(x) = x^3 + px^2 + qx$ (p, q는 상수)로 놓을 수 있다.

이때 $f'(x) = 3x^2 + 2px + q$이다.

삼차함수 $f(x)$는 실수 전체의 집합에서 연속이고 미분가능하므로

$\displaystyle\lim_{x \to a}\dfrac{f(x) - 1}{x - a} = 3$에서 $f(a) = 1$이고 $f'(a) = 3$이다.

한편, 곡선 $y = f(x)$ 위의 점 $(a, f(a))$에서의 접선의 방정식은

$y - f(a) = f'(a)(x - a)$이므로

$y = 3(x - a) + 1$, 즉 $y = 3x - 3a + 1$이다.

이 접선의 y절편이 4이므로

$-3a + 1 = 4$에서 $a = -1$

이상에서 $f(-1) = 1$, $f'(-1) = 3$이므로

$f(-1) = -1 + p - q = 1$에서

$p - q = 2$ ······ ㉠

이고,

$f'(-1) = 3 - 2p + q = 3$에서

$2p - q = 0$ ······ ㉡

㉠, ㉡을 연립하면

$p = -2$, $q = -4$이므로

$f(x) = x^3 - 2x^2 - 4x$이다.

따라서 $f(1) = 1 - 2 - 4 = -5$

---

12 지수함수의 그래프 | 정답률 29% | 정답 ③

그림과 같이 곡선 $y = 1 - 2^{-x}$ 위의 제1사분면에 있는 점 A를 지나고 y축에 평행한 직선이 곡선 $y = 2^x$과 만나는 점을 B라 하자. 점 A를 지나고 x축에 평행한 직선이 곡선 $y = 2^x$과 만나는 점을 C, 점 C를 지나고 y축에 평행한 직선이 곡선 $y = 1 - 2^{-x}$과 만나는 점을 D라 하자. $\overline{AB} = 2\overline{CD}$일 때, 사각형 ABCD의 넓이는? [4점]

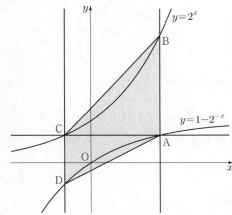

① $\dfrac{5}{2}\log_2 3-\dfrac{5}{4}$ ② $3\log_2 3-\dfrac{3}{2}$ ③ $\dfrac{7}{2}\log_2 3-\dfrac{7}{4}$

④ $4\log_2 3-2$ ⑤ $\dfrac{9}{2}\log_2 3-\dfrac{9}{4}$

| 문제 풀이 |

두 점 A, B의 x좌표를 a라 하면 A$(a,\ 1-2^{-a})$, B$(a,\ 2^a)$이므로

$\overline{\text{AB}}=2^a-(1-2^{-a})=2^a+2^{-a}-1$

두 점 C, D의 x좌표를 c라 하면 C$(c,\ 2^c)$, D$(c,\ 1-2^{-c})$이므로

$\overline{\text{CD}}=2^c-(1-2^{-c})=2^c+2^{-c}-1$

이때 두 점 A, C의 y좌표가 같으므로

$2^c=1-2^{-a}$

즉, $\overline{\text{CD}}=(1-2^{-a})+\dfrac{1}{1-2^{-a}}-1=-2^{-a}+\dfrac{2^a}{2^a-1}$

주어진 조건에 의하여 $\overline{\text{AB}}=2\overline{\text{CD}}$이므로

$2^a+2^{-a}-1=-2^{-a+1}+\dfrac{2^{a+1}}{2^a-1}$

여기서 $2^a=t$로 놓으면

$t+\dfrac{1}{t}-1=-\dfrac{2}{t}+\dfrac{2t}{t-1}$

양변에 $t(t-1)$을 곱하여 정리하면

$t^3-4t^2+4t-3=0$

$(t-3)(t^2-t+1)=0$

t는 실수이므로 $t=3$

즉, $2^a=3$이므로 $a=\log_2 3$

이때 $2^c=1-2^{-a}=1-\dfrac{1}{3}=\dfrac{2}{3}$이므로

$c=\log_2\dfrac{2}{3}=1-\log_2 3$

따라서 조건을 만족시키는 사각형 ABCD의 넓이는

$\dfrac{1}{2}\times(a-c)\times(2^a-1+2^{-c})=\dfrac{1}{2}\times(2\log_2 3-1)\times\left(3-1+\dfrac{3}{2}\right)$

$=\dfrac{7}{4}(2\log_2 3-1)$

$=\dfrac{7}{2}\log_2 3-\dfrac{7}{4}$

---

13   정적분   정답률 44% | 정답 ③

곡선 $y=\dfrac{1}{4}x^3+\dfrac{1}{2}x$와 직선 $y=mx+2$ 및 y축으로 둘러싸인 부분의 넓이를 A, 곡선 $y=\dfrac{1}{4}x^3+\dfrac{1}{2}x$와 두 직선 $y=mx+2$, $x=2$로 둘러싸인 부분의 넓이를 B라 하자. $B-A=\dfrac{2}{3}$일 때, 상수 m의 값은? (단, $m<-1$) [4점]

① $-\dfrac{3}{2}$ ② $-\dfrac{17}{12}$ ③ $-\dfrac{4}{3}$ ④ $-\dfrac{5}{4}$ ⑤ $-\dfrac{7}{6}$

| 문제 풀이 |

$f(x)=\dfrac{1}{4}x^3+\dfrac{1}{2}x$, $g(x)=mx+2$라 하고 두 곡선 $y=f(x)$, $y=g(x)$의

교점의 x좌표를 α라 하면

$A=\displaystyle\int_0^\alpha\{g(x)-f(x)\}dx$

$B=\displaystyle\int_\alpha^2\{f(x)-g(x)\}dx$

따라서

$B-A=\displaystyle\int_\alpha^2\{f(x)-g(x)\}dx-\int_0^\alpha\{g(x)-f(x)\}dx$

$=\displaystyle\int_\alpha^2\{f(x)-g(x)\}dx+\int_0^\alpha\{f(x)-g(x)\}dx$

$=\displaystyle\int_0^2\{f(x)-g(x)\}dx$

$=\displaystyle\int_0^2\left\{\left(\dfrac{1}{4}x^3+\dfrac{1}{2}x\right)-(mx+2)\right\}dx$

$=\left[\dfrac{1}{16}x^4+\dfrac{1}{4}x^2-\dfrac{m}{2}x^2-2x\right]_0^2$

$=1+1-2m-4$

$=-2m-2=\dfrac{2}{3}$

따라서 $m=-\dfrac{4}{3}$

---

14   로그의 성질 및 로그부등식   정답률 31% | 정답 ④

다음 조건을 만족시키는 모든 자연수 k의 값의 합은? [4점]

$\log_2\sqrt{-n^2+10n+75}-\log_4(75-kn)$의 값이 양수가 되도록 하는 자연수 n의 개수가 12이다.

① 6   ② 7   ③ 8   ④ 9   ⑤ 10

| 문제 풀이 |

$\log_2\sqrt{-n^2+10n+75}$ 에서 진수 조건에 의하여

$\sqrt{-n^2+10n+75}>0$, 즉 $-n^2+10n+75>0$에서

$n^2-10n-75<0$

$(n+5)(n-15)<0$

$-5<n<15$

이때, n이 자연수이므로

$1\le n<15$ ······ ㉠

또 $\log_4(75-kn)$에서 진수 조건에 의하여

$75-kn>0$, 즉 $n<\dfrac{75}{k}$ ······ ㉡

한편,

$\log_2\sqrt{-n^2+10n+75}-\log_4(75-kn)$의 값이 양수이므로

$\log_2\sqrt{-n^2+10n+75}-\log_4(75-kn)>0$에서

$\log_4(-n^2+10n+75)-\log_4(75-kn)>0$

$\log_4(-n^2+10n+75)>\log_4(75-kn)$

이때 밑 4가 1보다 크므로

$-n^2+10n+75>75-kn$

$n(n-10-k)<0$

k가 자연수이므로

$0<n<10+k$ ······ ㉢

주어진 조건을 만족시키는 자연수 n의 개수가 12이므로

㉠, ㉢에서 $10+k>12$이어야 한다.

즉, $k>2$이어야 한다.

(i) $k=3$일 때,

    ㉠, ㉡, ㉢에서

    $1\le n<13$

    따라서 자연수 n의 개수가 12이므로 주어진 조건을 만족시킨다.

(ii) $k=4$일 때,

    ㉠, ㉡, ㉢에서

    $1\le n<14$

    따라서 자연수 n의 개수가 13이므로 주어진 조건을 만족시키지 못한다.

(iii) $k=5$일 때,

    ㉠, ㉡, ㉢에서

    $1\le n<15$

    따라서 자연수 n의 개수가 14이므로 주어진 조건을 만족시키지 못한다.

(iv) $k=6$일 때,

    ㉠, ㉡, ㉢에서

    $1\le n<\dfrac{25}{2}$

    따라서 자연수 n의 개수가 12이므로 주어진 조건을 만족시킨다.

(ⅴ) $k \geq 7$일 때

$\dfrac{75}{k} < 11$이므로

주어진 조건을 만족시키지 못한다.

(ⅰ)~(ⅴ)에서

$k = 3$ 또는 $k = 6$

따라서 모든 자연수 k의 값의 합은

$3 + 6 = 9$

---

15 정적분의 성질 　　　　　 정답률 42% | 정답 ②

최고차항의 계수가 1인 삼차함수 $f(x)$와 상수 $k(k \geq 0)$에 대하여 함수

$$g(x) = \begin{cases} 2x - k & (x \leq k) \\ f(x) & (x > k) \end{cases}$$

가 다음 조건을 만족시킨다.

(가) 함수 $g(x)$는 실수 전체의 집합에서 증가하고 미분가능하다.
(나) 모든 실수 x에 대하여

$$\int_0^x g(t)\{|t(t-1)| + t(t-1)\}dt \geq 0$$이고

$$\int_3^x g(t)\{|(t-1)(t+2)| - (t-1)(t+2)\}dt \geq 0$$이다.

$g(k+1)$의 최솟값은? [4점]

① $4 - \sqrt{6}$ 　　② $5 - \sqrt{6}$ 　　③ $6 - \sqrt{6}$
④ $7 - \sqrt{6}$ 　　⑤ $8 - \sqrt{6}$

| 문제 풀이 |

삼차함수 $f(x)$에 대하여

$g(x) = \begin{cases} 2x - k & (x \leq k) \\ f(x) & (x > k) \end{cases}$ 이므로

$g'(x) = \begin{cases} 2 & (x < k) \\ f'(x) & (x > k) \end{cases}$

최고차항의 계수가 1인 삼차함수 $f(x)$를

$f(x) = x^3 + ax^2 + bx + c$ (단, a, b, c는 상수)라 하면

$f'(x) = 3x^2 + 2ax + b$

또한,

$h_1(t) = |t(t-1)| + t(t-1)$
$h_2(t) = |(t-1)(t+2)| - (t-1)(t+2)$

라 할 때,

$h_1(t) = \begin{cases} 2t(t-1) & (t \leq 0 \text{ 또는 } t \geq 1) \\ 0 & (0 < t < 1) \end{cases}$

$h_2(t) = \begin{cases} 0 & (t \leq -2 \text{ 또는 } t \geq 1) \\ -2(t-1)(t+2) & (-2 < t < 1) \end{cases}$

이므로

두 함수 $y = h_1(t)$, $y = h_2(t)$의 그래프는 각각 다음과 같다.

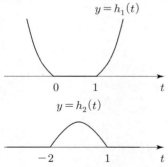

한편, p가 상수일 때, 모든 실수 x에 대하여

$\displaystyle\int_p^x h(t)dt \geq 0$이기 위해서는

구간 $[p, x]$에서는 $h(t) \geq 0$이고
구간 $[x, p]$에서는 $h(t) \leq 0$이어야 한다.

(ⅰ) 조건 (나)에서 모든 실수 x에 대하여 $\displaystyle\int_0^x g(t)h_1(t)dt \geq 0$이므로

그림과 같이 $0 \leq \dfrac{k}{2} \leq 1$, 즉 $0 \leq k \leq 2$이어야 한다.

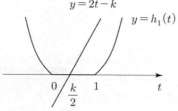

(ⅱ) 조건 (나)에서 모든 실수 x에 대하여 $\displaystyle\int_3^x g(t)h_2(t)dt \geq 0$이므로

그림과 같이 $\dfrac{k}{2} \geq 1$, 즉 $k \geq 2$이어야 한다.

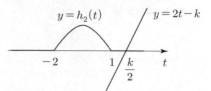

(ⅰ), (ⅱ)에 의하여 $k = 2$

조건 (가)에서 함수 $g(x)$는 실수 전체의 집합에서 미분가능하므로

$x = k = 2$에서도 미분가능하고 연속이다.

$g'(2) = f'(2) = 2$에서

$12 + 4a + b = 2$, $b = -4a - 10$

$g(2) = f(2) = 2$에서

$8 + 4a + 2b + c = 2$

$c = -4a - 2b - 6 = -4a - 2(-4a - 10) - 6 = 4a + 14$

따라서

$f(x) = x^3 + ax^2 - (4a + 10)x + 4a + 14$ …… ㉠

한편, 함수 $g(x)$는 실수 전체의 집합에서 미분가능하고 증가하므로

$g'(x) \geq 0$이다.

따라서 $x \geq 2$ 일 때 $f'(x) \geq 0$이어야 한다.

$f'(x) = 3\left(x + \dfrac{a}{3}\right)^2 + b - \dfrac{a^2}{3}$에서

① $-\dfrac{a}{3} < 2$, 즉 $a > -6$일 때

$f'(2) = 12 + 4a + b = 12 + 4a - 4a - 10 = 2 > 0$

이 되어 조건을 만족시킨다.

$a > -6$ …… ㉡

② $-\dfrac{a}{3} \geq 2$, 즉 $a \leq -6$일 때

$b - \dfrac{a^2}{3} \geq 0$, 즉 $a^2 - 3b \leq 0$이어야 하므로

$a^2 - 3b = a^2 - 3(-4a - 10) \leq 0$

$a^2 + 12a + 30 \leq 0$, $(a+6)^2 \leq 6$

$-6 - \sqrt{6} \leq a \leq -6 + \sqrt{6}$이므로

$-6 - \sqrt{6} \leq a \leq -6$ …… ㉢

㉡, ㉢에서

$a \geq -6 - \sqrt{6}$ …… ㉣

㉠에 $x = 3$을 대입하면 ㉣에서

$g(k+1) = g(3) = f(3) = 27 + 9a - 12a - 30 + 4a + 14 = a + 11 \geq 5 - \sqrt{6}$

따라서 $g(3)$의 최솟값은 $5 - \sqrt{6}$ 이다.

---

16 로그의 성질 　　　　　 정답률 75% | 정답 7

방정식 $\log_2(x+1) - 5 = \log_{\frac{1}{2}}(x-3)$을 만족시키는 실수 x의 값을 구하시오.

[3점]

| 문제 풀이 |

로그의 진수의 조건에 의하여

$x + 1 > 0$, $x - 3 > 0$

즉 $x > 3$ …… ㉠

$\log_{\frac{1}{2}}(x-3) = -\log_2(x-3)$이므로

$\log_2(x+1) - 5 = \log_{\frac{1}{2}}(x-3)$에서

$\log_2(x+1) + \log_2(x-3) = 5$

$\log_2(x+1)(x-3) = 5$

$(x+1)(x-3) = 2^5 = 32$

$x^2 - 2x - 35 = 0$

$(x+5)(x-7) = 0$

$x=-5$ 또는 $x=7$
이때 ㉠에 의하여 $x=7$

함수 $f(x)$에 대하여 $f'(x)=6x^2+2$이고 $f(0)=3$일 때, $f(2)$의 값을 구하시오. [3점]

| 문제 풀이 |

$f'(x)=6x^2+2$이므로
$f(x)=\int(6x^2+2)dx=2x^3+2x+C$ (C는 적분상수)
$f(0)=3$이므로 $C=3$
따라서 $f(x)=2x^3+2x+3$이므로
$f(2)=2\times 2^3+2\times 2+3=23$

$\sum_{k=1}^{9}(ak^2-10k)=120$일 때, 상수 a의 값을 구하시오. [3점]

| 문제 풀이 |

$$\sum_{k=1}^{9}(ak^2-10k)=a\sum_{k=1}^{9}k^2-10\sum_{k=1}^{9}k$$
$$=a\times\frac{9\times 10\times 19}{6}-10\times\frac{9\times 10}{2}$$
$$=285a-450$$
$$=120$$

$285a=570$
따라서 $a=2$

시각 $t=0$일 때 원점을 출발하여 수직선 위를 움직이는 점 P의 시각 $t(t\geq 0)$에서의 속도 $v(t)$가

$$v(t)=\begin{cases} -t^2+t+2 & (0\leq t\leq 3) \\ k(t-3)-4 & (t>3) \end{cases}$$

이다. 출발한 후 점 P의 운동 방향이 두 번째로 바뀌는 시각에서의 점 P의 위치가 1일 때, 양수 k의 값을 구하시오. [3점]

| 문제 풀이 |

점 P의 운동 방향이 바뀌는 시각에서 $v(t)=0$이다.
$0\leq t\leq 3$일 때,
$-t^2+t+2=0$에서
$(t-2)(t+1)=0$
$t>0$이므로 $t=2$
$t>3$일 때,
$k(t-3)-4=0$에서
$kt=3k+4$
$t=3+\dfrac{4}{k}$

따라서 출발 후 점 P의 운동 방향이 두 번째로 바뀌는 시각은
$t=3+\dfrac{4}{k}$

원점을 출발한 점 P의 시각 $t=3+\dfrac{4}{k}$에서의 위치가 1이므로

$\int_0^{3+\frac{4}{k}}v(t)dt=1$에서

$$\int_0^{3}v(t)dt+\int_3^{3+\frac{4}{k}}v(t)dt=\int_0^{3}(-t^2+t+2)dt+\int_3^{3+\frac{4}{k}}(kt-3k-4)dt$$

이때

$$\int_0^{3}(-t^2+t+2)dt=\left[-\frac{1}{3}t^3+\frac{1}{2}t^2+2t\right]_0^3=-9+\frac{9}{2}+6=\frac{3}{2} \quad\cdots\cdots ㉠$$

$$\int_3^{3+\frac{4}{k}}(kt-3k-4)dt=\left[\frac{1}{2}kt^2-(3k+4)t\right]_3^{3+\frac{4}{k}}=-\frac{8}{k} \quad\cdots\cdots ㉡$$

㉠, ㉡에서

$$\int_0^{3}v(t)dt+\int_3^{3+\frac{4}{k}}v(t)dt=\frac{3}{2}+\left(-\frac{8}{k}\right)=1$$

$\dfrac{8}{k}=\dfrac{1}{2}$에서 $k=16$

5 이하의 두 자연수 a, b에 대하여 열린구간 $(0,\ 2\pi)$에서 정의된 함수 $y=a\sin x+b$의 그래프가 직선 $x=\pi$와 만나는 점의 집합을 A라 하고, 두 직선 $y=1$, $y=3$과 만나는 점의 집합을 각각 B, C라 하자. $n(A\cup B\cup C)=3$이 되도록 하는 a, b의 순서쌍 $(a,\ b)$에 대하여 $a+b$의 최댓값을 M, 최솟값을 m이라 할 때, $M\times m$의 값을 구하시오. [4점]

| 문제 풀이 |

(i) $b=1$인 경우

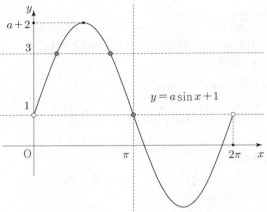

$n(A\cup B\cup C)=3$을 만족시키려면
$a+1>3$, 즉 $a>2$
이어야 하므로 5 이하의 자연수 a, b의 순서쌍 $(a,\ b)$는
$(3,\ 1)$, $(4,\ 1)$, $(5,\ 1)$ 이다.

(ii) $b=2$인 경우

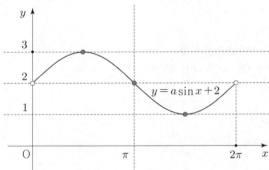

$n(A\cup B\cup C)=3$을 만족시키려면
$a=1$
이어야 하므로 5 이하의 자연수 a, b의 순서쌍 $(a,\ b)$는
$(1,\ 2)$ 이다.

(iii) $b=3$인 경우

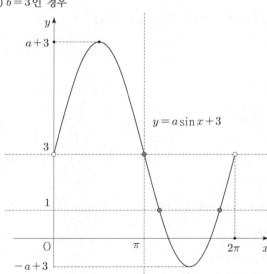

$n(A\cup B\cup C)=3$을 만족시키려면
$-a+3<1$, 즉 $a>2$
이어야 하므로 5 이하의 자연수 a, b의 순서쌍 $(a,\ b)$는
$(3,\ 3)$, $(4,\ 3)$, $(5,\ 3)$ 이다.

(iv) $b=4$인 경우

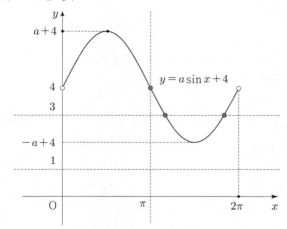

$n(A \cup B \cup C)=3$을 만족시키려면
$1<-a+4<3$, 즉 $1<a<3$
이어야 하므로 5 이하의 자연수 a, b의 순서쌍 (a, b)는
$(2, 4)$이다.

(v) $b=5$인 경우

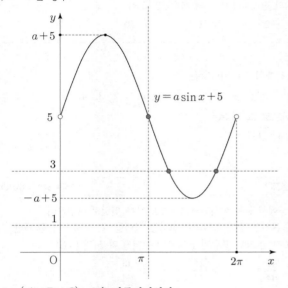

$n(A \cup B \cup C)=3$을 만족시키려면
$1<-a+5<3$, 즉 $2<a<4$
이어야 하므로 5 이하의 자연수 a, b의 순서쌍 (a, b)는
$(3, 5)$이다.
이상에서 $a+b$의 최댓값과 최솟값은 각각 $M=8$, $m=3$이므로
$M \times m=24$

---

21 다항함수의 미분과 함수의 그래프 정답률 12% | 정답 15

최고차항의 계수가 1인 사차함수 $f(x)$가 다음 조건을 만족시킨다.

(가) $f'(a) \leq 0$인 실수 a의 최댓값은 2이다.
(나) 집합 $\{x | f(x)=k\}$의 원소의 개수가 3 이상이 되도록 하는
실수 k의 최솟값은 $\dfrac{8}{3}$이다.

$f(0)=0$, $f'(1)=0$일 때, $f(3)$의 값을 구하시오. [4점]

| 문제 풀이 |
조건 (나)에서 방정식 $f(x)=k$의 서로 다른
실근의 개수가 3 이상인 실수 k의 값이 존재하므로
삼차방정식 $f'(x)=0$은 서로 다른 세 실근을 갖는다.
삼차방정식 $f'(x)=0$의 서로 다른 세 실근을 각각
α, β, $\gamma(\alpha<\beta<\gamma)$라 하면
부등식 $f'(x) \leq 0$의 해가 $x \leq \alpha$ 또는 $\beta \leq x \leq \gamma$
이므로 조건 (나)에 의하여 $\gamma=2$
$f'(1)=0$, $f'(2)=0$에서 $b \neq 1$, $b<2$인 상수 b에 대하여
$f'(x)=4(x-1)(x-2)(x-b)=4x^3-4(b+3)x^2+4(3b+2)x-8b$로 놓으면
$f(x)=\displaystyle\int f'(x)dx=x^4-\dfrac{4}{3}(b+3)x^3+2(3b+2)x^2-8bx+C$ (C는 상수)
$f(0)=0$에서 $C=0$이므로
$f(x)=x^4-\dfrac{4}{3}(b+3)x^3+2(3b+2)x^2-8bx$ …… ㉠
이때 조건 (나)를 만족시키는 경우는 다음과 같다.

(ⅰ) $b<1$이고 $f(b)<f(2)$인 경우

조건 (나)에 의하여 $f(2)=\dfrac{8}{3}$이어야 하므로 ㉠에서
$f(2)=16-\dfrac{32}{3}(b+3)+8(3b+2)-16b=-\dfrac{8}{3}b=\dfrac{8}{3}$, $b=-1$
$f(x)=x^4-\dfrac{8}{3}x^3-2x^2+8x$에서
$f(-1)=1+\dfrac{8}{3}-2-8=-\dfrac{19}{3}<\dfrac{8}{3}$이므로
조건을 만족시킨다.
따라서 $f(3)=81-72-18+24=15$

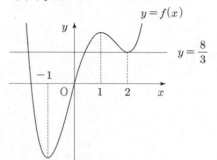

(ⅱ) $b<1$이고 $f(2)<f(b)$인 경우

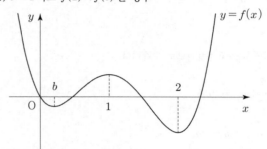

함수 $f(x)$는 $x=b$에서 극소이고 $f(0)=0$이므로
$f(b) \leq 0$이다.
따라서 방정식 $f(x)=k$의 서로 다른 실근의 개수가
3 이상이 되도록 하는 실수 k의 최솟값은 0 또는 음수이므로
조건 (나)를 만족시키지 않는다.

(ⅲ) $1<b<2$인 경우

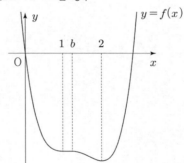

함수 $f(x)$는 $x=1$에서 극소이고 $f(0)=0$이므로 $f(1)<0$이다.
따라서 방정식 $f(x)=k$의 서로 다른 실근의 개수가
3 이상이 되도록 하는 실수 k의 최솟값은 음수이므로
조건 (나)를 만족시키지 않는다.
(ⅰ), (ⅱ), (ⅲ)에서 $f(3)=15$이다.

---

22 수열의 귀납적 정의 정답률 4% | 정답 231

수열 $\{a_n\}$은
$a_2=-a_1$
이고, $n \geq 2$인 모든 자연수 n에 대하여
$a_{n+1}=\begin{cases} a_n-\sqrt{n} \times a_{\sqrt{n}} & (\sqrt{n}\text{이 자연수이고 } a_n>0\text{인 경우}) \\ a_n+1 & (\text{그 외의 경우}) \end{cases}$
를 만족시킨다. $a_{15}=1$이 되도록 하는 모든 a_1의 값의 곱을 구하시오. [4점]

| 문제 풀이 |
15 이하의 자연수 n에 대하여 $n \neq 4$, $n \neq 9$이면 $a_{n+1}=a_n+1$이므로
$a_n=a_{n+1}-1$
그러므로 $a_{15}=1$에서
$a_{14}=a_{15}-1=0$, $a_{13}=a_{14}-1=-1$, $a_{12}=a_{13}-1=-2$
$a_{11}=a_{12}-1=-3$, $a_{10}=a_{11}-1=-4$

(ⅰ) $a_9 > 0$일 때

$$a_9 - \sqrt{9} \times a_{\sqrt{9}} = a_{10} = -4$$

그러므로 $a_9 = 3a_3 - 4$에서 $a_5 = 3a_3 - 8$

ⅰ) $a_4 > 0$일 때

$a_5 = a_4 - \sqrt{4} \times a_{\sqrt{4}}$이므로

$a_4 - 2a_2 = 3a_3 - 8$. 즉, $a_4 = 3a_3 + 2a_2 - 8$

그러므로 $a_4 = a_3 + 1$에서 $a_3 = a_4 - 1$이므로

$a_3 = 3a_3 + 2a_2 - 9$

즉, $a_3 + a_2 = \dfrac{9}{2}$

$a_3 = a_2 + 1$이므로 $a_2 = \dfrac{7}{4}$, $a_3 = \dfrac{11}{4}$

$a_9 = \dfrac{33}{4} - 4 > 0$, $a_4 = \dfrac{33}{4} + \dfrac{14}{4} - 8 > 0$

그러므로 $a_1 = -a_2 = -\dfrac{7}{4}$

ⅱ) $a_4 \leq 0$일 때

$a_4 + 1 = a_5 = 3a_3 - 8$

그러므로 $a_4 = 3a_3 - 9$에서

$a_3 = a_4 - 1 = 3a_3 - 9 - 1$

$a_3 = 3a_3 - 10$

즉, $a_3 = 5$

그런데 $a_3 = 5$이면 $a_4 = 6 > 0$이므로 모순이다.

(ⅱ) $a_9 \leq 0$일 때

$a_9 = a_{10} - 1 = -5$에서 $a_5 = -9$

ⅰ) $a_4 > 0$일 때

$a_5 = a_4 - \sqrt{4} \times a_{\sqrt{4}} = a_4 - 2a_2$

즉, $a_4 = a_5 + 2a_2$이므로 $a_4 = 2a_2 - 9$

또, $a_3 = a_4 - 1 = 2a_2 - 9 - 1 = 2a_2 - 10$

그런데 $a_3 = a_2 + 1$이므로

$a_2 + 1 = 2a_2 - 10$

$a_2 = 11$

$a_4 = 2 \times 11 - 9 > 0$

그러므로 $a_1 = -a_2 = -11$

ⅱ) $a_4 \leq 0$일 때

$a_5 = a_4 + 1 = -9$

그러므로 $a_4 = -10$에서

$a_3 = -11$, $a_2 = -12$

그러므로 $a_1 = -a_2 = 12$

(ⅰ), (ⅱ)에서 모든 a_1의 곱은

$$-\dfrac{7}{4} \times (-11) \times 12 = 231$$

확률과 통계

23 순열의 수   정답률 90% | 정답 ③

네 개의 숫자 1, 1, 2, 3을 모두 일렬로 나열하는 경우의 수는? [2점]

① 8　　② 10　　③ 12　　④ 14　　⑤ 16

| 문제 풀이 |

네 개의 숫자 1, 1, 2, 3을 모두 일렬로 나열하는 경우의 수는

$$\dfrac{4!}{2!} = 12$$

24 확률의 덧셈정리   정답률 79% | 정답 ②

두 사건 A, B는 서로 배반사건이고

$$P(A^C) = \dfrac{5}{6}, \quad P(A \cup B) = \dfrac{3}{4}$$

일 때, $P(B^C)$의 값은? [3점]

① $\dfrac{3}{8}$　② $\dfrac{5}{12}$　③ $\dfrac{11}{24}$　④ $\dfrac{1}{2}$　⑤ $\dfrac{13}{24}$

| 문제 풀이 |

여사건의 확률에 의하여

$$P(A) = 1 - P(A^C) = 1 - \dfrac{5}{6} = \dfrac{1}{6}$$

두 사건 A, B는 서로 배반사건이므로 확률의 덧셈정리에 의하여

$$P(A \cup B) = P(A) + P(B) - P(A \cap B)$$
$$= \dfrac{1}{6} + P(B) - 0 = \dfrac{3}{4}$$

따라서

$$P(B) = \dfrac{3}{4} - \dfrac{1}{6} = \dfrac{7}{12}$$이므로

$$P(B^C) = 1 - P(B)$$
$$= 1 - \dfrac{7}{12}$$
$$= \dfrac{5}{12}$$

25 이항정리   정답률 82% | 정답 ④

다항식 $(x^2 - 2)^5$의 전개식에서 x^6의 계수는? [3점]

① -50　② -20　③ 10　④ 40　⑤ 70

| 문제 풀이 |

다항식 $(x^2 - 2)^5$의 전개식에서 일반항은

$${}_5C_r \times (x^2)^r \times (-2)^{5-r} = {}_5C_r (-2)^{5-r} \times x^{2r} (r = 0,\ 1,\ 2,\ 3,\ 4,\ 5)$$

x^6항은 $r = 3$일 때이므로 그 계수는

$${}_5C_3 (-2)^{5-3} = 10 \times 4 = 40$$

26 확률의 덧셈정리   정답률 57% | 정답 ③

문자 a, b, c, d 중에서 중복을 허락하여 4개를 택해 일렬로 나열하여 만들 수 있는 모든 문자열 중에서 임의로 하나를 선택할 때, 문자 a가 한 개만 포함되거나 문자 b가 한 개만 포함된 문자열이 선택될 확률은? [3점]

① $\dfrac{5}{8}$　② $\dfrac{41}{64}$　③ $\dfrac{21}{32}$　④ $\dfrac{43}{64}$　⑤ $\dfrac{11}{16}$

| 문제 풀이 |

문자 a, b, c, d 중에서 중복을 허락하여
4개를 택해 일렬로 나열하여 만들 수 있는 모든 문자열의 개수는

$${}_4\Pi_4 = 4^4$$

문자 a가 한 개만 포함되는 사건을 A,
문자 b가 한 개만 포함되는 사건을 B라 하면
구하는 확률은 $P(A \cup B)$이다.

문자 a가 한 개만 포함되는 경우의 수는
문자 a가 나열될 한 곳을 택한 후
나머지 세 곳에는 b, c, d 중에서 중복을 허락하여
3개를 택해 일렬로 나열하는 경우의 수와 같으므로

$${}_4C_1 \times {}_3\Pi_3 = 4 \times 3^3$$

그러므로 $P(A) = \dfrac{4 \times 3^3}{4^4} = \dfrac{27}{64}$

문자 b가 한 개만 포함되는 경우의 수는 문자 a가 한 개만 포함되는 경우의 수와 같으므로

$$P(B) = \dfrac{4 \times 3^3}{4^4} = \dfrac{27}{64}$$

한편 사건 $A \cap B$는 문자 a와 문자 b가 각각 한 개만 포함되는 사건이다.
문자 a와 문자 b는 각각 한 개만 포함되는 경우의 수는
문자 a와 문자 b가 나열될 두 곳을 택하여 두 문자 a, b를 나열하고,
나머지 두 곳에는 c, d 중에서 중복을 허락하여
2개를 택해 일렬로 나열하는 경우의 수와 같으므로

$${}_4P_2 \times {}_2\Pi_2 = (4 \times 3) \times 2^2 = 3 \times 4^2$$

그러므로 $P(A \cap B) = \dfrac{3 \times 4^2}{4^4} = \dfrac{3}{16}$

따라서
$$P(A \cup B) = P(A) + P(B) - P(A \cap B)$$
$$= \dfrac{27}{64} + \dfrac{27}{64} - \dfrac{3}{16}$$
$$= \dfrac{21}{32}$$

27 원순열
정답률 65% | 정답 ①

1부터 6까지의 자연수가 하나씩 적혀 있는 6개의 의자가 있다. 이 6개의 의자를 일정한 간격을 두고 원형으로 배열할 때, 서로 이웃한 2개의 의자에 적혀 있는 수의 합이 11이 되지 않도록 배열하는 경우의 수는? (단, 회전하여 일치하는 것은 같은 것으로 본다.) [3점]

① 72   ② 78   ③ 84   ④ 90   ⑤ 96

| 문제 풀이 |

6개의 의자를 일정한 간격을 두고 원형으로 배열하는 원순열의 수는

$$(6-1)! = 120$$

이때 이웃한 2개의 의자에 적혀 있는 수의 합이 11이 되려면
5와 6이 적힌 의자가 서로 이웃해야 한다.
따라서 5와 6이 적힌 의자를 묶어서 하나의 의자로 생각하여
모두 5개의 의자를 일정한 간격을 두고 원형으로 배열하는 원순열의 수는

$$(5-1)! = 24$$

이때 5와 6이 적힌 의자의 위치를 서로 바꾸는 경우의 수는 2이므로
5와 6이 적힌 의자가 서로 이웃하도록 배열하는 경우의 수는

$$24 \times 2 = 48$$

따라서 구하는 경우의 수는

$$120 - 48 = 72$$

28 조건부확률
정답률 20% | 정답 ①

탁자 위에 놓인 4개의 동전에 대하여 다음 시행을 한다.

> 4개의 동전 중 임의로 한 개의 동전을 택하여 한 번 뒤집는다.

처음에 3개의 동전은 앞면이 보이도록, 1개의 동전은 뒷면이 보이도록 놓여있다. 위의 시행을 5번 반복한 후 4개의 동전이 모두 같은 면이 보이도록 놓여 있을 때, 모두 앞면이 보이도록 놓여 있을 확률은? [4점]

① $\dfrac{17}{32}$ ② $\dfrac{35}{64}$ ③ $\dfrac{9}{16}$ ④ $\dfrac{37}{64}$ ⑤ $\dfrac{19}{32}$

앞면   앞면   앞면   뒷면

| 문제 풀이 |

시행을 5번 반복한 후 4개의 동전이
모두 같은 면이 보이도록 놓여 있는 사건을 A,
모두 앞면이 보이도록 놓여 있는 사건을 B라 하면 구하는 확률은
$\mathrm{P}(B|A)$이다.
동전을 왼쪽부터 ①②③④로 나타내자.

(i) 시행을 5번 반복한 후 4개의 동전이 모두 앞면이 보이도록 놓여 있는 경우

   ㉠ ④만 5번 뒤집는 경우의 수는 1

   ㉡ ④를 3번, ①, ②, ③ 중에서 1개를 2번 뒤집는 경우의 수는

$$_3\mathrm{C}_1 \times \frac{5!}{3!2!} = 30$$

   ㉢ ④를 1번, ①, ②, ③ 중에서 1개를 4번 뒤집는 경우의 수는

$$_3\mathrm{C}_1 \times \frac{5!}{4!} = 15$$

   ㉣ ④를 1번, ①, ②, ③ 중에서 서로 다른 2개를 각각 2번씩 뒤집는 경우의 수는

$$_3\mathrm{C}_2 \times \frac{5!}{2!2!} = 90$$

   ㉠ ~ ㉣에서 이 경우의 수는

$$1 + 30 + 15 + 90 = 136$$

(ii) 시행을 5번 반복한 후 4개의 동전이 모두 뒷면이 보이도록 놓여 있는 경우

   ㉠ ①, ②, ③ 중에서 1개를 3번, 나머지 2개를 각각 1번씩 뒤집는 경우의 수는

$$_3\mathrm{C}_1 \times \frac{5!}{3!} = 60$$

   ㉡ ①, ②, ③을 각각 1번씩 뒤집고, ④를 2번 뒤집는 경우의 수는

$$\frac{5!}{2!} = 60$$

   ㉠, ㉡에서 이 경우의 수는

$$60 + 60 = 120$$

(i)~(ii)에서

$$\mathrm{P}(A) = \frac{136 + 120}{4^5} = \frac{1}{4}$$

$$\mathrm{P}(A \cap B) = \frac{136}{4^5} = \frac{17}{128}$$

따라서

$$\mathrm{P}(B|A) = \frac{\mathrm{P}(A \cap B)}{\mathrm{P}(B|A)} = \frac{\frac{17}{128}}{\frac{1}{4}} = \frac{17}{32}$$

29 확률
정답률 41% | 정답 6

40개의 공이 들어 있는 주머니가 있다. 각각의 공은 흰 공 또는 검은 공 중 하나이다. 이 주머니에서 임의로 2개의 공을 동시에 꺼낼 때, 흰 공 2개를 꺼낼 확률을 p, 흰 공 1개와 검은 공 1개를 꺼낼 확률을 q, 검은 공 2개를 꺼낼 확률을 r이라 하자. $p = q$일 때, $60r$의 값을 구하시오. (단, $p > 0$) [4점]

| 문제 풀이 |

$p > 0$이므로 $p = q$에서 $q > 0$이다.
따라서 흰 공의 개수를 $n(2 \le n \le 39)$이라 하면 검은 공의 개수는 $40 - n$이다.
이때

$$p = \frac{_n\mathrm{C}_2}{_{40}\mathrm{C}_2}, \quad q = \frac{_n\mathrm{C}_1 \times {_{40-n}}\mathrm{C}_1}{_{40}\mathrm{C}_2}$$ 이고, $p = q$이므로

$$_n\mathrm{C}_2 = {_n}\mathrm{C}_1 \times {_{40-n}}\mathrm{C}_1$$

$$\frac{n(n-1)}{2} = n \times (40 - n)$$

$$n - 1 = 80 - 2n, \quad 3n = 81$$

$$n = 27$$

따라서 검은 공의 개수는

$40 - 27 = 13$이므로

$$r = \frac{_{13}\mathrm{C}_2}{_{40}\mathrm{C}_2} = \frac{\frac{13 \times 12}{2}}{\frac{40 \times 39}{2}} = \frac{1}{10}$$

$$60r = 60 \times \frac{1}{10} = 6$$

30 중복조합
정답률 5% | 정답 108

집합 $X = \{-2, -1, 0, 1, 2\}$에 대하여 다음 조건을 만족시키는 함수 $f: X \to X$의 개수를 구하시오. [4점]

> (가) X의 모든 원소 x에 대하여 $x + f(x) \in X$이다.
> (나) $x = -2, -1, 0, 1$일 때 $f(x) \ge f(x+1)$이다.

| 문제 풀이 |

조건 (가)에 의하여

$f(-2) \ne -2$, $f(-2) \ne -1$, $f(-1) \ne -2$, $f(1) \ne 2$, $f(2) \ne 1$, $f(2) \ne 2$

조건 (나)에 의하여

$f(-2) \ge f(-1) \ge f(0) \ge f(1) \ge f(2)$

(i) $f(-2) = 0$인 경우

   $f(-1)$, $f(0)$, $f(1)$, $f(2)$의 값이 될 수 있는 경우의 수는
   $-2, -1, 0$
   중에서 중복을 허용하여 4개를 택하는 중복조합의 수에서
   $f(-1) = -2$인 경우를 제외하면 되므로

$$_3\mathrm{H}_4 - 1 = {_6}\mathrm{C}_4 - 1 = {_6}\mathrm{C}_2 - 1 = 14$$

(ii) $f(-2) = 1$인 경우

   $f(-1)$, $f(0)$, $f(1)$, $f(2)$의 값이 될 수 있는 경우의 수는
   $-2, -1, 0, 1$ 중에서 중복을 허용하여 4개를 택하는 중복조합의 수에서
   $f(-1) = -2$인 경우와 $f(2) = 1$인 경우를 제외하면 되므로

$$_4\mathrm{H}_4 - 2 = {_7}\mathrm{C}_4 - 2 = {_7}\mathrm{C}_3 - 2 = 33$$

(iii) $f(-2)=2$인 경우

$f(-1)$, $f(0)$, $f(1)$, $f(2)$의 값이 될 수 있는 경우의 수는

-2, -1, 0, 1, 2

중에서 중복을 허용하여 4개를 택하는 중복조합의 수에서

다음 경우의 수를 제외하면 된다.

㉠ $f(-1)=-2$인 경우 1가지

㉡ $f(1)=2$인 경우 $f(2)=-2$, -1, 0, 1, 2의 5가지

㉢ $f(1)\neq 2$, $f(2)=1$인 경우 $f(1)=1$이어야 하므로

$f(0)=1$, $f(-1)=1$

또는 $f(0)=1$, $f(-1)=2$

또는 $f(0)=2$, $f(-1)=2$의 3가지

그러므로 $f(-2)=2$인 경우의 수는

$_5H_4-1-5-3 = {}_8C_4-9 = 61$

따라서 조건을 만족시키는 함수의 개수는

$14+33+61 = 108$

다른 풀이

조건 (나)에 의하여

$f(-2)\geq f(-1)\geq f(0)\geq f(1)\geq f(2)$이므로

-2, -1, 0, 1, 2에서 조건 (나)를 만족시키도록

$f(-2)$, $f(-1)$, $f(0)$, $f(1)$, $f(2)$의 함숫값을 정하는 경우의 수는

$_5H_5 = {}_9C_5 = {}_9C_4 = 126$

이때 조건 (가)에 의하여

$f(-2)\neq -2$, $f(-2)\neq -1$, $f(-1)\neq -2$, $f(1)\neq 2$, $f(2)\neq 1$, $f(2)\neq 2$

이므로 다음 경우를 제외해야 한다.

(i) $f(-2)=-2$인 경우

$f(-1)=f(0)=f(1)=f(2)=-2$이어야 하므로 이 경우의 수는 1

(ii) $f(-2)=-1$인 경우

$f(-1)$, $f(0)$, $f(1)$, $f(2)$의 값은 -2, -1 중에서만 택할 수 있으므로

이 경우의 수는

$_2H_4 = {}_5C_4 = {}_5C_1 = 5$

(iii) $f(-2)\neq -2$, $f(-2)\neq -1$, $f(-1)=-2$인 경우

$f(-2)$의 값은 0, 1, 2 중에서 택할 수 있고,

$f(0)=f(1)=f(2)=-2$이어야 하므로 이 경우의 수는 3

(iv) $f(2)=2$인 경우

$f(-2)=f(-1)=f(0)=f(1)=2$이어야 하므로 이 경우의 수는 1

(v) $f(2)=1$인 경우

$f(-2)$, $f(-1)$, $f(0)$, $f(1)$의 값은 1, 2 중에서만 택할 수 있으므로

이 경우의 수는

$_2H_4 = {}_5C_4 = {}_5C_1 = 5$

(vi) $f(2)\neq 2$, $f(2)\neq 1$, $f(1)=2$인 경우

$f(2)$의 값은 -2, -1, 0 중에서 택할 수 있고,

$f(-2)=f(-1)=f(0)=2$이어야 하므로 이 경우의 수는 3

(i)~(vi)에서 중복되는 경우는 없으므로 구하는 경우의 수는

$126-(1+5+3+1+5+3) = 108$

미적분

23 등비수열의 극한값
정답률 90% | 정답 ②

$\lim\limits_{n\to\infty}\dfrac{\left(\dfrac{1}{2}\right)^n+\left(\dfrac{1}{3}\right)^{n+1}}{\left(\dfrac{1}{2}\right)^{n+1}+\left(\dfrac{1}{3}\right)^n}$의 값은? [2점]

① 1   ② 2   ③ 3   ④ 4   ⑤ 5

| 문제 풀이 |

$\lim\limits_{n\to\infty}\dfrac{\left(\dfrac{1}{2}\right)^n+\left(\dfrac{1}{3}\right)^{n+1}}{\left(\dfrac{1}{2}\right)^{n+1}+\left(\dfrac{1}{3}\right)^n} = \lim\limits_{n\to\infty}\dfrac{1+\dfrac{1}{3}\left(\dfrac{2}{3}\right)^n}{\dfrac{1}{2}+\left(\dfrac{2}{3}\right)^n} = \dfrac{1+\dfrac{1}{3}\times 0}{\dfrac{1}{2}+0} = 2$

24 음함수의 미분법
정답률 82% | 정답 ③

곡선 $x\sin 2y+3x=3$ 위의 점 $\left(1, \dfrac{\pi}{2}\right)$에서의 접선의 기울기는? [3점]

① $\dfrac{1}{2}$ ② 1   ③ $\dfrac{3}{2}$ ④ 2   ⑤ $\dfrac{5}{2}$

| 문제 풀이 |

$x\sin 2y+3x=3$에서 y를 x의 함수로 보고 각 항을 x에 대하여 미분하면

$\sin 2y+x\cos 2y\times 2\times\dfrac{dy}{dx}+3=0$

$\dfrac{dy}{dx} = \dfrac{\sin 2y+3}{-2x\cos 2y}$ (단, $x\cos 2y\neq 0$)

따라서 점 $\left(1, \dfrac{\pi}{2}\right)$에서의 접선의 기울기는

$\dfrac{\sin\left(2\times\dfrac{\pi}{2}\right)+3}{-2\times 1\times\cos\left(2\times\dfrac{\pi}{2}\right)} = \dfrac{\sin\pi+3}{-2\cos\pi} = \dfrac{3}{-(-2)} = \dfrac{3}{2}$

25 급수와 일반항 사이의 관계
정답률 86% | 정답 ③

수열 $\{a_n\}$이

$$\sum_{n=1}^{\infty}\left(a_n-\frac{3n^2-n}{2n^2+1}\right)=2$$

를 만족시킬 때, $\lim\limits_{n\to\infty}(a_n^2+2a_n)$의 값은? [3점]

① $\dfrac{17}{4}$ ② $\dfrac{19}{4}$ ③ $\dfrac{21}{4}$ ④ $\dfrac{23}{4}$ ⑤ $\dfrac{25}{4}$

| 문제 풀이 |

$\sum\limits_{n=1}^{\infty}\left(a_n-\dfrac{3n^2-n}{2n^2+1}\right)=2$이므로

$\lim\limits_{n\to\infty}\left(a_n-\dfrac{3n^2-n}{2n^2+1}\right)=0$

이때 $\lim\limits_{n\to\infty}\dfrac{3n^2-n}{2n^2+1} = \lim\limits_{n\to\infty}\dfrac{3-\dfrac{1}{n}}{2+\dfrac{1}{n^2}} = \dfrac{3}{2}$이므로

$\lim\limits_{n\to\infty}a_n = \lim\limits_{n\to\infty}\left\{\left(a_n-\dfrac{3n^2-n}{2n^2+1}\right)+\dfrac{3n^2-n}{2n^2+1}\right\}$

$= \lim\limits_{n\to\infty}\left(a_n-\dfrac{3n^2-n}{2n^2+1}\right)+\lim\limits_{n\to\infty}\dfrac{3n^2-n}{2n^2+1}$

$= 0+\dfrac{3}{2} = \dfrac{3}{2}$

따라서

$\lim\limits_{n\to\infty}(a_n^2+2a_n) = \lim\limits_{n\to\infty}a_n\times\lim\limits_{n\to\infty}a_n+2\lim\limits_{n\to\infty}a_n$

$= \left(\dfrac{3}{2}\right)^2+2\times\dfrac{3}{2}$

$= \dfrac{9}{4}+3 = \dfrac{21}{4}$

26 로그함수의 극한값
정답률 70% | 정답 ②

양수 t에 대하여 곡선 $y=e^{x^2}-1(x\geq 0)$이 두 직선 $y=t$, $y=5t$와 만나는 점을 각각 A, B라 하고, 점 B에서 x축에 내린 수선의 발을 C라 하자.

삼각형 ABC의 넓이를 $S(t)$라 할 때, $\lim\limits_{t\to 0+}\dfrac{S(t)}{t\sqrt{t}}$의 값은? [3점]

① $\dfrac{5}{4}(\sqrt{5}-1)$ ② $\dfrac{5}{2}(\sqrt{5}-1)$ ③ $5(\sqrt{5}-1)$

④ $\dfrac{5}{4}(\sqrt{5}+1)$ ⑤ $\dfrac{5}{2}(\sqrt{5}+1)$

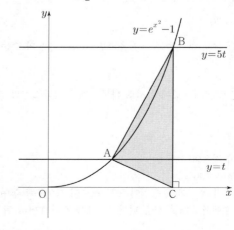

| 문제 풀이 |

점 A의 x좌표를 a라 하면 $e^{a^2}-1=t$이므로

$a^2=\ln(1+t)$

$a>0$이므로 $a=\sqrt{\ln(1+t)}$

또, 점 B의 x좌표를 b라 하면 $e^{b^2}-1=5t$이므로

$b^2=\ln(1+5t)$

$b>0$이므로 $b=\sqrt{\ln(1+5t)}$

그러므로 삼각형 ABC의 넓이는

$S(t)=\dfrac{1}{2}\times 5t\times\left(\sqrt{\ln(1+5t)}-\sqrt{\ln(1+t)}\right)$

따라서

$$\lim_{t\to 0+}\frac{S(t)}{t\sqrt{t}}=\lim_{t\to 0+}\frac{5t\left(\sqrt{\ln(1+5t)}-\sqrt{\ln(1+t)}\right)}{2t\sqrt{t}}$$

$$=\lim_{t\to 0+}\frac{5}{2}\left(\sqrt{\frac{\ln(1+5t)}{t}}-\sqrt{\frac{\ln(1+t)}{t}}\right)$$

$$=\frac{5}{2}(\sqrt{5}-1)$$

---

27 접선의 방정식과 함수의 최댓값 정답률 34% | 정답 ②

상수 $a(a>1)$과 실수 $t(t>0)$에 대하여 곡선 $y=a^x$ 위의 점 $A(t,a^t)$에서의 접선을 l이라 하자. 점 A를 지나고 직선 l에 수직인 직선이 x축과 만나는 점을 B, y축과 만나는 점을 C라 하자. $\dfrac{\overline{AC}}{\overline{AB}}$의 값이 $t=1$에서 최대일 때, a의 값은? [3점]

① $\sqrt{2}$ ② $\sqrt{e}$ ③ 2 ④ $\sqrt{2e}$ ⑤ e

| 문제 풀이 |

$y=a^x$에서 $y'=a^x\ln a$

이때 점 $A(t,a^t)$에서의 접선 l의 기울기는 $a^t\ln a$이므로

직선 l에 수직인 직선의 기울기는 $-\dfrac{1}{a^t\ln a}$

그러므로 점 A를 지나고 직선 l에 수직인 직선의 방정식은

$y-a^t=-\dfrac{1}{a^t\ln a}(x-t)$

이 식에 $y=0$을 대입하면

$-a^t=-\dfrac{1}{a^t\ln a}(x-t)$

$x=t+a^{2t}\ln a$

이므로 점 B의 좌표는 $B(t+a^{2t}\ln a, 0)$

한편 점 A에서 x축에 내린 수선의 발을 H, 원점을 O라 하면

$\dfrac{\overline{AC}}{\overline{AB}}=\dfrac{\overline{HO}}{\overline{HB}}=\dfrac{t}{a^{2t}\ln a}$

$f(t)=\dfrac{t}{a^{2t}\ln a}$라 하면

$f'(t)=\dfrac{a^{2t}\ln a-ta^{2t}\times 2(\ln a)^2}{(a^{2t}\ln a)^2}$

$f'(t)=0$에서

$1-2t\ln a=0$

$t=\dfrac{1}{2\ln a}$

이고, 함수 $f(t)$의 증가와 감소를 조사하면

함수 $f(t)$는 $t=\dfrac{1}{2\ln a}$에서 최댓값을 가짐을 알 수 있다.

따라서 $\dfrac{1}{2\ln a}=1$이므로

$\ln a=\dfrac{1}{2}$

$a=\sqrt{e}$

---

28 미분계수 정답률 52% | 정답 ④

함수 $f(x)$가

$f(x)=\begin{cases}(x-a-2)^2e^x & (x\ge a)\\ e^{2a}(x-a)+4e^a & (x<a)\end{cases}$

일 때, 실수 t에 대하여 $f(x)=t$를 만족시키는 x의 최솟값을 $g(t)$라 하자. 함수 $g(t)$가 $t=12$에서만 불연속일 때, $\dfrac{g'(f(a+2))}{g'(f(a+6))}$의 값은? (단, a는 상수이다.) [4점]

① $6e^4$ ② $9e^4$ ③ $12e^4$ ④ $8e^6$ ⑤ $10e^6$

| 문제 풀이 |

$h_1(x)=(x-a-2)^2e^x$

$h_2(x)=e^{2a}(x-a)+4e^a$이라 하면

$f(x)=\begin{cases}h_1(x) & (x\ge a)\\ h_2(x) & (x<a)\end{cases}$이고

$h_1'(x)=2(x-a-2)e^x+(x-a-2)^2e^x=(x-a)(x-a-2)e^x$

$h_2'(x)=e^{2a}$이므로

$f'(x)=\begin{cases}(x-a)(x-a-2)e^x & (x>a)\\ e^{2a} & (x<a)\end{cases}$이다.

$f(a)=4e^a$이므로 함수 $y=f(x)$의 그래프는 다음과 같다.

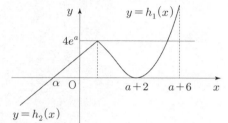

이때 실수 t에 대하여 $f(x)=t$를 만족시키는 x의 최솟값이 $g(t)$이므로

$t\le 4e^a$일 때, $h_2(g(t))=t$

$t>4e^a$일 때, $h_1(g(t))=t$가 성립한다.

또한, 함수 $g(t)$는 $t=4e^a$에서 불연속이므로

$4e^a=12$, 즉 $e^a=3$

$t=f(a+2)=0<4e^a$이므로

$h_2'(g(t))\times g'(t)=1$에서

$h_2'(g(f(a+2)))\times g'(f(a+2))=1$

직선 $y=h_2(x)$가 x축과 만나는 점의 x좌표를 $\alpha(\alpha<a)$라 하면

$g(0)=\alpha$이므로

$g'(f(a+2))=\dfrac{1}{h_2'(g(f(a+2)))}=\dfrac{1}{h_2'(\alpha)}=\dfrac{1}{e^{2a}}$ …… ㉠

$t=f(a+6)=16e^{a+6}>4e^a$이므로

$h_1'(g(t))\times g'(t)=1$에서

$h_1'(g(f(a+6)))\times g'(f(a+6))=1$

$g'(f(a+6))=\dfrac{1}{h_1'(g(f(a+6)))}$

$=\dfrac{1}{h_1'(a+6)}$

$=\dfrac{1}{6\times 4\times e^{a+6}}$

$=\dfrac{1}{24e^{a+6}}$ …… ㉡

㉠, ㉡에서 $e^a=3$이므로

$\dfrac{g'(f(a+2))}{g'(f(a+6))}=\dfrac{24e^{a+6}}{e^{2a}}=\dfrac{24e^6}{e^a}=\dfrac{24}{3}e^6=8e^6$

---

29 미분을 이용한 함수의 추론 정답률 12% | 정답 55

함수 $f(x)=\dfrac{1}{3}x^3-x^2+\ln(1+x^2)+a$($a$는 상수)와 두 양수 b, c에 대하여 함수

$g(x)=\begin{cases}f(x) & (x\ge b)\\ -f(x-c) & (x<b)\end{cases}$

는 실수 전체의 집합에서 미분가능하다. $a+b+c=p+q\ln 2$일 때, $30(p+q)$의 값을 구하시오. (단, p, q는 유리수이고, $\ln 2$는 무리수이다.)

[4점]

| 문제 풀이 |

$f(x)=\dfrac{1}{3}x^3-x^2+\ln(1+x^2)+a$에서

$$f'(x)=x^2-2x+\frac{2x}{1+x^2}=\frac{x^2(x-1)^2}{x^2+1}$$

이때 $f'(x)=0$ 에서 $x=0$ 또는 $x=1$
이고 $f'(x)\geq 0$ 이므로 함수 $f(x)$ 는 실수 전체의 집합에서 증가한다.
또한

$$f''(x)=\frac{(4x^3-6x^2+2x)(x^2+1)-(x^4-2x^3+x^2)\times 2x}{(x^2+1)^2}$$

$$=\frac{2x(x-1)(x^3+2x-1)}{(x^2+1)^2}$$

이고 $h(x)=x^3+2x-1$ 이라 하면
$$h'(x)=3x^2+2>0$$
이므로 $h(x)=0$ 을 만족시키는 x 의 값을 α 라 하면
$h(0)=-1$, $h(1)=2$ 이므로 $0<\alpha<1$
따라서 변곡점은 $(0, f(0))$, $(\alpha, f(\alpha))$, $(1, f(1))$
이고 변곡점에서의 미분계수는 $f'(0)=0$, $f'(\alpha)>0$, $f'(1)=0$
즉 곡선 $y=f(x)$ 의 개형은 그림과 같다.

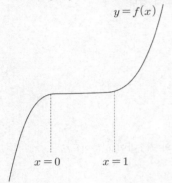

또한, 곡선 $y=-f(x-c)$ 는 곡선 $y=f(x)$ 를
x 축의 방향으로 c 만큼 평행이동한 후
x 축에 대하여 대칭이동한 것이므로
곡선 $y=-f(x-c)$ 의 개형은 그림과 같다.

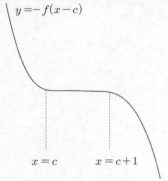

이때 함수 $g(x)=\begin{cases} f(x) & (x\geq b) \\ -f(x-c) & (x<b) \end{cases}$ 가

실수 전체의 집합에서 미분가능하려면 $x=b$ 에서 연속이어야 한다.
그런데 $a\geq 0$ 인 경우에는 함수 $y=g(x)$ 의 그래프의 개형이 그림과 같다.

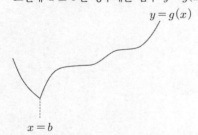

즉 $\lim\limits_{x\to b-}g'(x)<0$, $\lim\limits_{x\to b+}g'(x)\geq 0$ 이므로
함수 $g(x)$ 는 $x=b$ 에서 미분가능하지 않다.
$a<0$ 인 경우
$f(0)=a$, $f'(0)=0$,
$f(1)=-\dfrac{2}{3}+\ln 2+a$, $f'(1)=0$ 이고
$x<b$ 에서 $\lim\limits_{x\to b-}g'(x)\leq 0$
$x\geq b$ 에서 $\lim\limits_{x\to b+}g'(x)\geq 0$
이므로 $x=b$ 에서 미분가능하려면
$\lim\limits_{x\to b-}g'(x)=\lim\limits_{x\to b+}g'(x)=0$
즉 $\lim\limits_{x\to b}g'(x)=0$ 이어야 한다.
따라서, $|f(0)|=|f(1)|$, $b=1$, $c=1$ 이면
함수 $g(x)$ 는 실수 전체의 집합에서 미분가능하다.

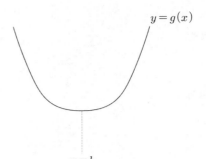

즉 $-a=-\dfrac{2}{3}+\ln 2+a$ 에서 $a=\dfrac{1}{3}-\dfrac{1}{2}\ln 2$ 이므로

$$a+b+c=\left(\frac{1}{3}-\frac{1}{2}\ln 2\right)+1+1=\frac{7}{3}-\frac{1}{2}\ln 2$$

따라서 $p=\dfrac{7}{3}$, $q=-\dfrac{1}{2}$ 이므로

$$30(p+q)=30\left(\frac{7}{3}-\frac{1}{2}\right)=30\times\frac{11}{6}=55$$

---

30 수열의 극한값   정답률 5% | 정답 25

함수 $y=\dfrac{\sqrt{x}}{10}$ 의 그래프와 함수 $y=\tan x$ 의 그래프가 만나는 모든 점의
x 좌표를 작은 수부터 크기순으로 나열할 때, n 번째 수를 a_n 이라 하자.
$\dfrac{1}{\pi^2}\times\lim\limits_{n\to\infty}a_n^3\tan^2(a_{n+1}-a_n)$ 의 값을 구하시오. [4점]

| 문제 풀이 |

두 함수 $y=\dfrac{\sqrt{x}}{10}$, $y=\tan x$ 의 그래프와 수열 $\{a_n\}$ 을 좌표평면에 나타내면
다음과 같다.

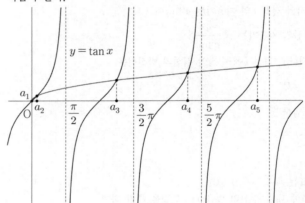

이때 $\dfrac{\sqrt{a_n}}{10}=\tan a_n$ 이므로 삼각함수의 덧셈정리에 의하여

$$\tan(a_{n+1}-a_n)=\frac{\tan a_{n+1}-\tan a_n}{1+\tan a_{n+1}\tan a_n}$$

$$=\frac{\dfrac{\sqrt{a_{n+1}}}{10}-\dfrac{\sqrt{a_n}}{10}}{1+\dfrac{\sqrt{a_{n+1}}}{10}\times\dfrac{\sqrt{a_n}}{10}}$$

$$=\frac{\dfrac{\sqrt{a_{n+1}}-\sqrt{a_n}}{10}}{\dfrac{100+\sqrt{a_{n+1}a_n}}{100}}$$

$$=10\times\frac{\sqrt{a_{n+1}}-\sqrt{a_n}}{100+\sqrt{a_{n+1}a_n}}$$

$$=\frac{10(a_{n+1}-a_n)}{(\sqrt{a_{n+1}}+\sqrt{a_n})(100+\sqrt{a_{n+1}a_n})}$$

즉,

$$\tan^2(a_{n+1}-a_n)=\frac{100(a_{n+1}-a_n)^2}{(\sqrt{a_{n+1}}+\sqrt{a_n})^2(100+\sqrt{a_{n+1}a_n})^2}$$

한편, 곡선 $y=\tan x$ 의 점근선의 방정식은 $x=\dfrac{2n-1}{2}\pi$ (n 은 정수)이고

$n\to\infty$ 일 때 $\dfrac{\sqrt{a_n}}{10}\to\infty$ 이므로 위의 그래프에서

$\lim\limits_{n\to\infty}\left(a_n-\dfrac{2n-3}{2}\pi\right)=0$ 임을 알 수 있다.

이때 $b_n = a_n - \dfrac{2n-3}{2}\pi$로 놓으면 $\lim\limits_{n\to\infty}b_n = 0$이므로

$$\lim_{n\to\infty}(a_{n+1}-a_n) = \lim_{n\to\infty}\left(b_{n+1}+\frac{2n-1}{2}\pi - b_n - \frac{2n-3}{2}\pi\right)$$
$$= \lim_{n\to\infty}(b_{n+1}-b_n+\pi)$$
$$= 0-0+\pi = \pi$$이고

$$\lim_{n\to\infty}\frac{a_{n+1}}{a_n} = \lim_{n\to\infty}\frac{b_{n+1}+\dfrac{2n-1}{2}\pi}{b_n+\dfrac{2n-3}{2}\pi}$$
$$= \lim_{n\to\infty}\frac{\dfrac{b_{n+1}}{n}+\dfrac{2n-1}{2n}\pi}{\dfrac{b_n}{n}+\dfrac{2n-3}{2n}\pi}$$
$$= \frac{0+\pi}{0+\pi} = 1$$이다.

이때

$$\lim_{n\to\infty}\frac{(\sqrt{a_{n+1}}+\sqrt{a_n})^2}{a_n} = \lim_{n\to\infty}\left(\frac{\sqrt{a_{n+1}}+\sqrt{a_n}}{\sqrt{a_n}}\right)^2$$
$$= \lim_{n\to\infty}\left(\sqrt{\frac{a_{n+1}}{a_n}}+\sqrt{\frac{a_n}{a_n}}\right)^2$$
$$= (\sqrt{1}+\sqrt{1})^2 = 4$$이고,

$$\lim_{n\to\infty}\frac{(100+\sqrt{a_{n+1}a_n})^2}{a_n^2} = \lim_{n\to\infty}\left(\frac{100}{a_n}+\frac{\sqrt{a_{n+1}a_n}}{a_n}\right)^2$$
$$= \lim_{n\to\infty}\left(\frac{100}{a_n}+\sqrt{\frac{a_{n+1}}{a_n}}\right)^2$$
$$= (0+\sqrt{1})^2 = 1$$이므로

$$\lim_{n\to\infty}a_n^3\tan^2(a_{n+1}-a_n) = \lim_{n\to\infty}\frac{100a_n^3(a_{n+1}-a_n)^2}{(\sqrt{a_{n+1}}+\sqrt{a_n})^2(100+\sqrt{a_{n+1}a_n})^2}$$
$$= \lim_{n\to\infty}\frac{\dfrac{100(a_{n+1}-a_n)^2}{(\sqrt{a_{n+1}}+\sqrt{a_n})^2(100+\sqrt{a_{n+1}a_n})^2}}{a_n^3}$$
$$= \lim_{n\to\infty}\frac{100(a_{n+1}-a_n)^2}{\dfrac{(\sqrt{a_{n+1}}+\sqrt{a_n})^2}{a_n}\times\dfrac{(100+\sqrt{a_{n+1}a_n})^2}{a_n^2}}$$
$$= \frac{100\pi^2}{4\times 1} = 25\pi^2$$

따라서 $\dfrac{1}{\pi^2}\times\lim\limits_{n\to\infty}a_n^3\tan^2(a_{n+1}-a_n) = 25$

•정답•

공통 | 수학
01 ⑤ 02 ④ 03 ② 04 ② 05 ① 06 ④ 07 ③ 08 ② 09 ① 10 ② 11 ③ 12 ⑤ 13 ① 14 ③ 15 ②
16 3 17 33 18 6 19 8 20 39 ★ 21 110 ★ 22 380 ★

선택 | 확률과 통계
23 ③ 24 ④ 25 ③ 26 ① 27 ② 28 ⑤ ★ 29 25 30 51 ★

선택 | 미적분
23 ⑤ 24 ④ 25 ① 26 ② 27 ③ 28 ② ★ 29 5 30 24

★ 표기된 문항은 [등급을 가르는 문항]에 해당하는 문제입니다.

01   지수법칙   정답률 89% | 정답 ⑤

❶ $\sqrt[3]{27}\times 4^{-\frac{1}{2}}$의 값은? [2점]

① $\dfrac{1}{2}$ ② $\dfrac{3}{4}$ ③ 1   ④ $\dfrac{5}{4}$ ⑤ $\dfrac{3}{2}$

STEP 01 지수법칙으로 ❶을 계산하여 값을 구한다.

$$\sqrt[3]{27}\times 4^{-\frac{1}{2}} = (3^3)^{\frac{1}{3}}\times(2^2)^{-\frac{1}{2}} = 3\times 2^{-1} = 3\times\frac{1}{2} = \frac{3}{2}$$

02   미분계수의 정의   정답률 85% | 정답 ④

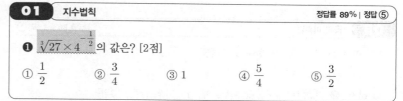

함수 $f(x) = x^2-2x+3$에 대하여 $\lim\limits_{h\to 0}\dfrac{f(3+h)-f(3)}{h}$의 값은? [2점]

① 1   ② 2   ③ 3   ④ 4   ⑤ 5

STEP 01 $f(x)$를 미분한 후 미분계수의 정의에 의해 $f'(3)$의 값을 구한다.

$f(x) = x^2-2x+3$에서 $f'(x) = 2x-2$이므로

$$\lim_{h\to 0}\frac{f(3+h)-f(3)}{h} = f'(3) = 2\times 3-2 = 4$$

●핵심 공식

▶ 미분계수의 정의를 이용한 극한값의 계산

① $\lim\limits_{h\to 0}\dfrac{f(a+h)-f(a)}{h} = f'(a)$ ② $\lim\limits_{h\to 0}\dfrac{f(a+ph)-f(a)}{h} = pf'(a)$

③ $\lim\limits_{x\to a}\dfrac{f(x)-f(a)}{x-a} = f'(a)$ ④ $\lim\limits_{x\to a}\dfrac{af(x)-xf(a)}{x-a} = af'(a)-f(a)$

03   ∑의 성질   정답률 81% | 정답 ②

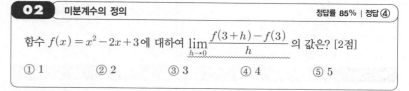

수열 $\{a_n\}$에 대하여 ❶ $\sum\limits_{k=1}^{10}(2a_k+3) = 60$일 때, $\sum\limits_{k=1}^{10}a_k$의 값은? [3점]

① 10   ② 15   ③ 20   ④ 25   ⑤ 30

STEP 01 ❶에서 ∑의 성질을 이용하여 $\sum\limits_{k=1}^{10}a_k$의 값을 구한다.

$$\sum_{k=1}^{10}(2a_k+3) = 2\sum_{k=1}^{10}a_k + \sum_{k=1}^{10}3 = 2\sum_{k=1}^{10}a_k + 3\times 10$$
$$= 2\sum_{k=1}^{10}a_k + 30 = 60$$이므로

$$2\sum_{k=1}^{10}a_k = 30$$

따라서 $\sum\limits_{k=1}^{10}a_k = 15$

04   함수의 연속 조건   정답률 75% | 정답 ②

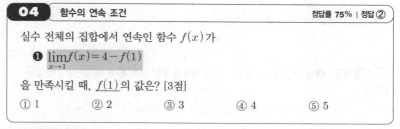

실수 전체의 집합에서 연속인 함수 $f(x)$가

❶ $\lim\limits_{x\to 1}f(x) = 4-f(1)$

을 만족시킬 때, $f(1)$의 값은? [3점]

① 1   ② 2   ③ 3   ④ 4   ⑤ 5

STEP 01 ❶에서 $f(x)$가 $x=1$에서 연속일 조건으로 $f(1)$의 값을 구한다.

함수 $f(x)$가 실수 전체의 집합에서 연속이므로 $x=1$에서도 연속이다.

$\lim_{x \to 1} f(x) = f(1)$이므로

$\lim_{x \to 1} f(x) = 4 - f(1)$에서

$f(1) = 4 - f(1)$

$2f(1) = 4$

따라서 $f(1) = 2$

●핵심 공식

▶ 함수의 연속

$x = n$에서 연속이려면 함수값 =좌극한 =우극한이어야 한다.

$f(n) = \lim_{x \to n-} f(x) = \lim_{x \to n+} f(x)$

---

05 곱의 미분법   정답률 80% | 정답 ①

다항함수 $f(x)$에 대하여 함수 $g(x)$를

$$g(x) = (x^3 + 1)f(x)$$

라 하자. ❶ $f(1) = 2$, $f'(1) = 3$일 때, $g'(1)$의 값은? [3점]

① 12   ② 14   ③ 16   ④ 18   ⑤ 20

STEP 01 곱의 미분법으로 $g(x)$를 미분하여 $g'(x)$를 구한 후 ❶을 이용하여 $g'(1)$의 값을 구한다.

$g(x) = (x^3 + 1)f(x)$이므로

$g'(x) = 3x^2 f(x) + (x^3 + 1)f'(x)$

이때 $f(1) = 2$, $f'(1) = 3$이므로

$g'(1) = 3f(1) + 2f'(1) = 3 \times 2 + 2 \times 3 = 12$

●핵심 공식

▶ 곱의 미분

$f(x) = g(x) \cdot h(x)$라 하면, $f'(x) = g'(x) \cdot h(x) + g(x) \cdot h'(x)$

---

06 삼각함수 사이의 관계   정답률 64% | 정답 ④

❶ $\cos\theta < 0$이고 $\sin(-\theta) = \dfrac{1}{7}\cos\theta$일 때, $\sin\theta$의 값은? [3점]

① $-\dfrac{3\sqrt{2}}{10}$ ② $-\dfrac{\sqrt{2}}{10}$ ③ 0 ④ $\dfrac{\sqrt{2}}{10}$ ⑤ $\dfrac{3\sqrt{2}}{10}$

STEP 01 삼각함수 사이의 관계를 이용하여 ❶에서 $\sin\theta$의 값을 구한다.

$\sin(-\theta) = -\sin\theta$이므로

$\sin(-\theta) = \dfrac{1}{7}\cos\theta$에서

$\cos\theta = -7\sin\theta$

이때 $\sin^2\theta + \cos^2\theta = 1$이므로

$\sin^2\theta + 49\sin^2\theta = 1$

$\sin^2\theta = \dfrac{1}{50}$

한편, $\cos\theta < 0$이므로

$\sin\theta = -\dfrac{1}{7}\cos\theta > 0$

따라서 $\sin\theta = \dfrac{1}{5\sqrt{2}} = \dfrac{\sqrt{2}}{10}$

---

07 로그함수   정답률 71% | 정답 ③

상수 $a(a > 2)$에 대하여 함수 ❶ $y = \log_2(x - a)$의 그래프의 점근선이

두 곡선 $y = \log_2 \dfrac{x}{4}$, $y = \log_{\frac{1}{2}} x$와 만나는 점을 각각 A, B라 하자.

❷ $\overline{AB} = 4$일 때, a의 값은? [3점]

① 4   ② 6   ③ 8   ④ 10   ⑤ 12

STEP 01 ❶을 구한 후 두 점 A, B의 좌표를 구한 다음 ❷를 이용하여 a의 값을 구한다.

함수 $y = \log_2(x - a)$의 그래프의 점근선은 직선 $x = a$이다.

곡선 $y = \log_2 \dfrac{x}{4}$와 직선 $x = a$가 만나는 점 A의 좌표는 $\left(a, \log_2 \dfrac{a}{4}\right)$

곡선 $y = \log_{\frac{1}{2}} x$와 직선 $x = a$가 만나는 점 B의 좌표는 $\left(a, \log_{\frac{1}{2}} a\right)$

한편, $a > 2$에서

$\log_2 \dfrac{a}{4} > \log_2 \dfrac{2}{4} = -1$, $\log_{\frac{1}{2}} a < \log_{\frac{1}{2}} 2 = -1$이므로

$\log_2 \dfrac{a}{4} > \log_{\frac{1}{2}} a$

이때,

$\overline{AB} = \log_2 \dfrac{a}{4} - \log_{\frac{1}{2}} a = (\log_2 a - 2) + \log_2 a = 2\log_2 a - 2$이고

$\overline{AB} = 4$이므로

$2\log_2 a - 2 = 4$, $\log_2 a = 3$

따라서 $a = 2^3 = 8$

---

08 다항함수의 미분   정답률 67% | 정답 ③

두 곡선 ❶ $y = 2x^2 - 1$, $y = x^3 - x^2 + k$가 ❷ 만나는 점의 개수가 2가 되도록 하는 양수 k의 값은? [3점]

① 1   ② 2   ③ 3   ④ 4   ⑤ 5

STEP 01 ❶의 두 식을 연립한 방정식에서 극값을 구한 후 그래프의 개형을 그려 ❷를 성립하도록 하는 양수 k의 값을 구한다.

두 곡선 $y = 2x^2 - 1$, $y = x^3 - x^2 + k$가 만나는 점의 개수가 2가 되려면

방정식 $2x^2 - 1 = x^3 - x^2 + k$,

$-x^3 + 3x^2 - 1 = k$ ⋯⋯ ㉠

이 서로 다른 두 실근을 가져야 한다.

방정식 ㉠이 서로 다른 두 실근을 가지려면 곡선 $y = -x^3 + 3x^2 - 1$과 직선 $y = k$가 서로 다른 두 점에서 만나야 한다.

$f(x) = -x^3 + 3x^2 - 1$이라 하면

$f'(x) = -3x^2 + 6x = -3x(x - 2)$

$f'(x) = 0$에서 $x = 0$ 또는 $x = 2$

함수 $f(x)$의 증가와 감소를 표로 나타내면 다음과 같다.

x	⋯	0	⋯	2	⋯
$f'(x)$	−	0	+	0	−
$f(x)$	↘	극소	↗	극대	↘

함수 $f(x)$는 $x = 0$에서 극솟값 $f(0) = -1$을 갖고, $x = 2$에서 극댓값 $f(2) = 3$을 갖는다.

이때 함수 $y = f(x)$의 그래프는 그림과 같다.

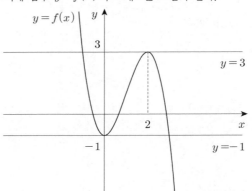

따라서 함수 $y = f(x)$의 그래프와 직선 $y = k$가 서로 다른 두 점에서 만나도록 하는 양수 k의 값은 3이다.

---

09 여러 가지 수열의 합   정답률 42% | 정답 ①

수열 $\{a_n\}$이 모든 자연수 n에 대하여

❶ $\displaystyle\sum_{k=1}^{n} \dfrac{1}{(2k-1)a_k} = n^2 + 2n$

을 만족시킬 때, $\displaystyle\sum_{n=1}^{10} a_n$의 값은? [4점]

① $\dfrac{10}{21}$ ② $\dfrac{4}{7}$ ③ $\dfrac{2}{3}$ ④ $\dfrac{16}{21}$ ⑤ $\dfrac{6}{7}$

STEP 01 ❶에서 a_n을 구한 후 $\displaystyle\sum_{n=1}^{10} a_n$에 대입한 다음 부분분수의 합으로 값을 구한다.

$\displaystyle\sum_{k=1}^{n} \dfrac{1}{(2k-1)a_k} = n^2 + 2n$에서

$n=1$일 때

$\dfrac{1}{a_1}=3$이므로 $a_1=\dfrac{1}{3}$

$n\geq2$일 때

$$\dfrac{1}{(2n-1)a_n}=\sum_{k=1}^{n}\dfrac{1}{(2k-1)a_k}-\sum_{k=1}^{n-1}\dfrac{1}{(2k-1)a_k}$$
$$=n^2+2n-\{(n-1)^2+2(n-1)\}$$
$$=2n+1$$

이므로 $(2n-1)a_n=\dfrac{1}{2n+1}$에서

$$a_n=\dfrac{1}{(2n-1)(2n+1)}$$

이때 $n=1$일 때 $a_1=\dfrac{1}{3}$이므로

$$a_n=\dfrac{1}{(2n-1)(2n+1)}\ (n\geq1)$$

따라서

$$\sum_{n=1}^{10}a_n=\sum_{n=1}^{10}\dfrac{1}{(2n-1)(2n+1)}$$
$$=\dfrac{1}{2}\sum_{n=1}^{10}\left(\dfrac{1}{2n-1}-\dfrac{1}{2n+1}\right)$$
$$=\dfrac{1}{2}\left\{\left(1-\dfrac{1}{3}\right)+\left(\dfrac{1}{3}-\dfrac{1}{5}\right)+\left(\dfrac{1}{5}-\dfrac{1}{7}\right)+\cdots+\left(\dfrac{1}{19}-\dfrac{1}{21}\right)\right\}$$
$$=\dfrac{1}{2}\left(1-\dfrac{1}{21}\right)$$
$$=\dfrac{1}{2}\times\dfrac{20}{21}=\dfrac{10}{21}$$

● 핵심 공식

▶ 부분분수

$\dfrac{1}{A\cdot B}=\dfrac{1}{B-A}\left(\dfrac{1}{A}-\dfrac{1}{B}\right)$ (단, $0<A<B$)

10 정적분을 이용한 넓이　　　정답률 59% | 정답 ②

양수 k에 대하여 함수 $f(x)$는

$$f(x)=kx(x-2)(x-3)$$

이다. 곡선 $y=f(x)$와 x축이 원점 O와 두 점 P, Q $(\overline{\mathrm{OP}}<\overline{\mathrm{OQ}})$에서 만난다. 곡선 $y=f(x)$와 선분 OP로 둘러싸인 영역을 A, 곡선 $y=f(x)$와 선분 PQ로 둘러싸인 영역을 B라 하자.

❶ $(A의 넓이)-(B의 넓이)=3$

일 때, k의 값은? [4점]

① $\dfrac{7}{6}$　　② $\dfrac{4}{3}$　　③ $\dfrac{3}{2}$　　④ $\dfrac{5}{3}$　　⑤ $\dfrac{11}{6}$

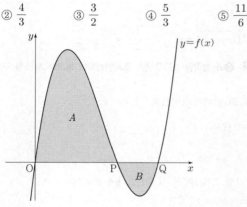

STEP 01 ❶을 적분으로 나타낸 후 $f(x)$를 적분하여 k의 값을 구한다.

$f(x)=0$에서 $x=0$ 또는 $x=2$ 또는 $x=3$이므로

두 점 P, Q의 좌표는 각각 $(2,0)$, $(3,0)$이다.

이때

$(A의 넓이)=\displaystyle\int_0^2 f(x)dx$, $(B의 넓이)=\displaystyle\int_2^3\{-f(x)\}dx$이므로

$$(A의 넓이)-(B의 넓이)=\int_0^2 f(x)dx-\int_2^3\{-f(x)\}dx$$
$$=\int_0^2 f(x)dx+\int_2^3 f(x)dx$$
$$=\int_0^3 f(x)dx=3$$

이어야 한다.

이때

$$\int_0^3 f(x)dx=k\int_0^3(x^3-5x^2+6x)dx=k\left[\dfrac{1}{4}x^4-\dfrac{5}{3}x^3+3x^2\right]_0^3$$
$$=k\left(\dfrac{81}{4}-45+27\right)=\dfrac{9}{4}k$$

이므로 $\dfrac{9}{4}k=3$

따라서 $k=\dfrac{4}{3}$

11 도함수의 활용　　　정답률 53% | 정답 ③

그림과 같이 실수 $t(0<t<1)$에 대하여 곡선 $y=x^2$ 위의 점 중에서 직선 $y=2tx-1$과의 거리가 최소인 점을 P라 하고, 직선 OP가 직선 $y=2tx-1$과 만나는 점을 Q라 할 때, ❶ $\displaystyle\lim_{t\to1-}\dfrac{\overline{\mathrm{PQ}}}{1-t}$의 값은? (단, O는 원점이다.) [4점]

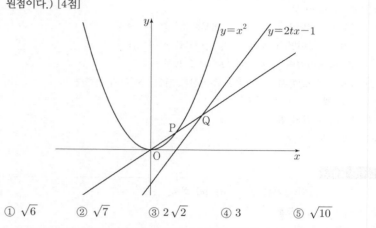

① $\sqrt{6}$　　② $\sqrt{7}$　　③ $2\sqrt{2}$　　④ 3　　⑤ $\sqrt{10}$

STEP 01 $y=x^2$의 미분을 이용하여 점 P의 좌표를 구한 후 점 Q의 좌표를 구한다.

점 P의 좌표를 (s,s^2)이라 하면 점 P에서 곡선 $y=x^2$에 접하는 직선의 기울기가 $2t$가 되어야 한다.

$f(x)=x^2$이라 하면 $f'(x)=2x$이므로

$2s=2t$에서 $s=t$

즉, P(t,t^2)

이때 직선 OP의 방정식은 $y=tx$이므로

$tx=2tx-1$에서 $x=\dfrac{1}{t}$

즉, 점 Q의 좌표는 Q$\left(\dfrac{1}{t},1\right)$

STEP 02 두 점 P, Q의 좌표에서 $\overline{\mathrm{PQ}}$를 구하여 ❶에 대입한 후 극한값을 구한다.

따라서

$$\lim_{t\to1-}\dfrac{\overline{\mathrm{PQ}}}{1-t}=\lim_{t\to1-}\dfrac{\sqrt{\left(\dfrac{1}{t}-t\right)^2+(1-t^2)^2}}{1-t}=\lim_{t\to1-}\dfrac{(1-t^2)\sqrt{\dfrac{1}{t^2}+1}}{1-t}$$
$$=\lim_{t\to1-}(1+t)\sqrt{\dfrac{1}{t^2}+1}=2\sqrt{2}$$

12 등차수열의 정의와 성질　　　정답률 39% | 정답 ⑤

$a_2=-4$이고 공차가 0이 아닌 등차수열 $\{a_n\}$에 대하여 수열 $\{b_n\}$을 ❶ $b_n=a_n+a_{n+1}\ (n\geq1)$이라 하고, 두 집합 A, B를

$$A=\{a_1,\ a_2,\ a_3,\ a_4,\ a_5\},\ B=\{b_1,\ b_2,\ b_3,\ b_4,\ b_5\}$$

라 하자. ❷ $n(A\cap B)=3$이 되도록 하는 모든 수열 $\{a_n\}$에 대하여 a_{20}의 값의 합은? [4점]

① 30　　② 34　　③ 38　　④ 42　　⑤ 46

STEP 01 ❶에서 수열 b_n의 종류를 파악한 후 공차가 양수일 때와 음수일 때로 경우를 나누어 ❷를 성립하는 경우를 찾아 공차를 구한 다음 a_{20}을 구하여 합을 구한다.

등차수열 $\{a_n\}$의 공차를 $d(d\neq0)$이라 하자.

$b_n=a_n+a_{n+1}$이므로

$b_{n+1}-b_n=(a_{n+1}+a_{n+2})-(a_n+a_{n+1})=a_{n+2}-a_n=2d$

수열 $\{b_n\}$은 공차가 $2d$인 등차수열이다.

(ⅰ) $d>0$일 때

$a_1=a_2-d=-4-d<0$

$a_2 = -4 < 0$이므로
$b_1 = a_1 + a_2 = -8 - d < a_1$
$n(A \cap B) = 3$이려면 $b_2 = a_1$ 또는 $b_3 = a_1$이어야 한다.

ⅰ) $b_2 = a_1$일 때
　$b_3 = a_3$, $b_4 = a_5$이므로 $n(A \cap B) = 3$이다.
　한편, $b_2 = b_1 + 2d = -8 + d$이므로 $b_2 = a_1$에서
　$-8 + d = -4 - d$
　$2d = 4$, $d = 2$
　따라서 $a_{20} = a_2 + 18d = -4 + 18 \times 2 = 32$

ⅱ) $b_3 = a_1$일 때
　$b_4 = a_3$, $b_5 = a_5$이므로 $n(A \cap B) = 3$이다.
　한편, $b_3 = b_1 + 4d = -8 + 3d$이므로 $b_3 = a_1$에서
　$-8 + 3d = -4 - d$
　$4d = 4$, $d = 1$
　따라서 $a_{20} = a_2 + 18d = -4 + 18 \times 1 = 14$

(ⅱ) $d < 0$일 때
　ⅰ) $a_1 > 0$이면 $a_2 < b_1 < a_1$이므로 $n(A \cap B) = 0$
　ⅱ) $a_1 = 0$이면 $b_1 = a_2$, $b_2 = a_4$이므로 $n(A \cap B) = 2$
　ⅲ) $a_1 < 0$이면 $b_1 < a_2$이므로 $n(A \cap B) \leq 2$
　ⅰ), ⅱ), ⅲ)에서 $d < 0$이면 주어진 조건을 만족하지 못한다.

(ⅰ), (ⅱ)에서 $a_{20} = 32$ 또는 $a_{20} = 14$
따라서 a_{20}의 값의 합은
$32 + 14 = 46$

다른 풀이

등차수열 $\{a_n\}$의 공차를 $d (d \neq 0)$이라 하자.
$b_n = a_n + a_{n+1}$이므로
$b_{n+1} - b_n = (a_{n+1} + a_{n+2}) - (a_n + a_{n+1}) = a_{n+2} - a_n = 2d$
수열 $\{b_n\}$은 공차가 $2d$인 등차수열이다.
$n(A \cap B) = 3$이려면
$A \cap B = \{a_1, a_3, a_5\} = \{b_i, b_{i+1}, b_{i+2}\}$ (단, $i = 1, 2, 3$)이어야 한다.
(ⅰ) $\{a_1, a_3, a_5\} = \{b_1, b_2, b_3\}$인 경우
　$a_1 = b_1$이어야 한다.
　이때, $b_1 = a_1 + a_2 = a_1 - 4$이므로 $a_1 = a_1 - 4$
　즉, a_1의 값은 존재하지 않는다.
(ⅱ) $\{a_1, a_3, a_5\} = \{b_2, b_3, b_4\}$인 경우
　$a_1 = b_2$이어야 한다.
　이때, $b_2 = b_1 + 2d = -8 + d$이므로 $a_1 = b_2$에서
　$-4 - d = -8 + d$
　$2d = 4$, $d = 2$
　따라서
　$a_{20} = a_2 + 18d = -4 + 18 \times 2 = 32$
(ⅲ) $\{a_1, a_3, a_5\} = \{b_3, b_4, b_5\}$인 경우
　$a_1 = b_3$이어야 한다.
　이때, $b_3 = b_1 + 4d = -8 + 3d$이므로 $a_1 = b_3$에서
　$-4 - d = -8 + 3d$
　$4d = 4$, $d = 1$
　따라서
　$a_{20} = a_2 + 18d = -4 + 18 \times 1 = 14$
(ⅰ), (ⅱ), (ⅲ)에서 $a_{20} = 32$ 또는 $a_{20} = 14$
따라서 a_{20}의 값의 합은
$32 + 14 = 46$

●핵심 공식

▶ 등차수열
첫째항이 a, 공차가 d인 등차수열의 일반항 a_n은
$a_n = a + (n-1)d$ $(n = 1, 2, 3, \cdots)$

13　사인법칙과 코사인법칙　정답률 19% | 정답 ①

그림과 같이
$\overline{BC} = 3$, $\overline{CD} = 2$, ❶ $\boxed{\cos(\angle BCD) = -\dfrac{1}{3}}$, $\angle DAB > \dfrac{\pi}{2}$
인 사각형 ABCD에서 두 삼각형 ABC와 ACD는 모두 예각삼각형이다.

❷ 선분 AC를 $1 : 2$로 내분하는 점 E에 대하여 선분 AE를 지름으로 하는 원이 두 선분 AB, AD와 만나는 점 중 A가 아닌 점을 각각 P_1, P_2라 하고, 선분 CE를 지름으로 하는 원이 두 선분 BC, CD와 만나는 점 중 C가 아닌 점을 각각 Q_1, Q_2라 하자. ❸ $\overline{P_1 P_2} : \overline{Q_1 Q_2} = 3 : 5\sqrt{2}$이고 ❹ 삼각형 ABD의 넓이가 2일 때, $\overline{AB} + \overline{AD}$의 값은? (단, $\overline{AB} > \overline{AD}$) [4점]

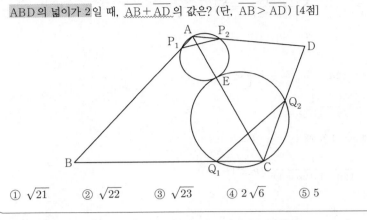

① $\sqrt{21}$　② $\sqrt{22}$　③ $\sqrt{23}$　④ $2\sqrt{6}$　⑤ 5

STEP 01　삼각형 BCD에서 코사인법칙에 의하여 $\overline{BD}^2$을 구한다.

$\angle BCD = \alpha$, $\angle DAB = \beta \left(\dfrac{\pi}{2} < \beta < \pi \right)$, $\overline{AB} = a$, $\overline{AD} = b$라 하자.

삼각형 BCD에서
$\overline{BC} = 3$, $\overline{CD} = 2$, $\cos(\angle BCD) = -\dfrac{1}{3}$
이므로 코사인법칙에 의하여
$\overline{BD}^2 = 9 + 4 - 2 \times 3 \times 2 \times \left(-\dfrac{1}{3}\right) = 17$

STEP 02　❷, ❸에 의해 사인법칙에서 $\sin \alpha$와 $\sin \beta$의 비를 구한 후 ❶을 이용하여 $\sin \alpha$를 구한 다음 $\sin \beta$, $\cos \beta$를 구한다.

한편, 점 E가 선분 AC를 $1 : 2$로 내분하는 점이므로
두 삼각형 $AP_1 P_2$, $CQ_1 Q_2$의 외접원의 반지름의 길이를 각각 r, $2r$로 놓을 수 있다.
이때 사인법칙에 의하여
$\dfrac{\overline{P_1 P_2}}{\sin \beta} = 2r$, $\dfrac{\overline{Q_1 Q_2}}{\sin \alpha} = 4r$이므로
$\sin \alpha : \sin \beta = \dfrac{\overline{Q_1 Q_2}}{4r} : \dfrac{\overline{P_1 P_2}}{2r} = \dfrac{5\sqrt{2}}{2} : 3$
즉, $\sin \beta = \dfrac{6 \sin \alpha}{5\sqrt{2}}$
이때 $\sin \alpha = \sqrt{1 - \cos^2 \alpha} = \sqrt{1 - \dfrac{1}{9}} = \dfrac{2\sqrt{2}}{3}$이므로
$\sin \beta = \dfrac{6}{5\sqrt{2}} \times \dfrac{2\sqrt{2}}{3} = \dfrac{4}{5}$
$\cos \beta < 0$이므로
$\cos \beta = -\sqrt{1 - \sin^2 \beta} = -\sqrt{1 - \dfrac{16}{25}} = -\sqrt{\dfrac{9}{25}} = -\dfrac{3}{5}$

STEP 03　❹와 삼각형 ABD에서 코사인법칙에 의하여 a, b를 구한 다음 $a + b$의 값을 구한다.

삼각형 ABD의 넓이가 2이므로
$\dfrac{1}{2} ab \sin \beta = 2$에서
$\dfrac{1}{2} ab \times \dfrac{4}{5} = 2$, $ab = 5$
그러므로 삼각형 ABD에서 코사인법칙에 의하여
$a^2 + b^2 - 2ab \cos \beta = 17$에서
$a^2 + b^2 - 2 \times 5 \times \left(-\dfrac{3}{5}\right) = 17$
$a^2 + b^2 = 11$
따라서 $(a + b)^2 = a^2 + b^2 + 2ab = 11 + 2 \times 5 = 21$이므로
$a + b = \sqrt{21}$

●핵심 공식

▶ 코사인법칙
세 변의 길이를 각각 a, b, c라 하고 b, c 사이의 끼인각을 A라 하면
$a^2 = b^2 + c^2 - 2bc \cos A$, $\left(\cos A = \dfrac{b^2 + c^2 - a^2}{2bc}\right)$

▶ 사인법칙
$\triangle ABC$에 대하여 $\triangle ABC$의 외접원의 반지름의 길이를 R라고 할 때,
$\dfrac{a}{\sin A} = \dfrac{b}{\sin B} = \dfrac{c}{\sin C} = 2R$

▶ 삼각형의 넓이

두 변 b, c와 끼인각 A가 주어졌을 때 $\triangle ABC$의 넓이 S는

$$S = \frac{1}{2}bc\sin A$$

---

14 정적분의 활용　　　　　　정답률 43% | 정답 ③

실수 $a(a \geq 0)$에 대하여 수직선 위를 움직이는 점 P의 시각 $t(t \geq 0)$에서의 속도 $v(t)$를

$$v(t) = -t(t-1)(t-a)(t-2a)$$

라 하자. 점 P가 시각 $t = 0$일 때 ❶ 출발한 후 운동 방향을 한 번만 바꾸도록 하는 a에 대하여, ❷ 시각 $t = 0$에서 $t = 2$까지 점 P의 위치의 변화량의 최댓값은? [4점]

① $\frac{1}{5}$　② $\frac{7}{30}$　③ $\frac{4}{15}$　④ $\frac{3}{10}$　⑤ $\frac{1}{3}$

STEP 01 ❶을 만족하는 각 a에 대하여 $v(t)$의 적분으로 ❷를 구한 후 최댓값을 구한다.

$a \neq 0$, $a \neq \frac{1}{2}$, $a \neq 1$이면 점 P는 출발 후 운동 방향을 세 번 바꾼다.

그러므로 다음 각 경우로 나눌 수 있다.

(i) $a = 0$일 때

$$v(t) = -t^3(t-1)$$

이때 점 P는 출발 후 운동 방향을 $t = 1$에서 한 번만 바꾸므로 조건을 만족시킨다.

그러므로 시각 $t = 0$에서 $t = 2$까지 점 P의 위치의 변화량은

$$\int_0^2 -t^3(t-1)dt = \int_0^2 (-t^4 + t^3)dt = \left[-\frac{1}{5}t^5 + \frac{1}{4}t^4\right]_0^2$$
$$= -\frac{32}{5} + 4 = -\frac{12}{5}$$

(ii) $a = \frac{1}{2}$일 때

$$v(t) = -t\left(t - \frac{1}{2}\right)(t-1)^2$$

이때 점 P는 출발 후 운동 방향을 $t = \frac{1}{2}$에서 한 번만 바꾸므로 조건을 만족시킨다.

그러므로 시각 $t = 0$에서 $t = 2$까지 점 P의 위치의 변화량은

$$\int_0^2 -t\left(t - \frac{1}{2}\right)(t-1)^2 dt = \int_0^2 -\left(t^2 - \frac{1}{2}t\right)(t^2 - 2t + 1)dt$$
$$= \int_0^2 \left(-t^4 + \frac{5}{2}t^3 - 2t^2 + \frac{1}{2}t\right)dt$$
$$= \left[-\frac{1}{5}t^5 + \frac{5}{8}t^4 - \frac{2}{3}t^3 + \frac{1}{4}t^2\right]_0^2$$
$$= -\frac{32}{5} + 10 - \frac{16}{3} + 1$$
$$= -\frac{32}{5} - \frac{16}{3} + 11$$
$$= \frac{(-96) + (-80) + 165}{15}$$
$$= -\frac{11}{15}$$

(iii) $a = 1$일 때

$$v(t) = -t(t-1)^2(t-2)$$

이때 점 P는 출발 후 운동방향을 $t = 2$에서 한 번만 바꾸므로 조건을 만족시킨다.

그러므로 시각 $t = 0$에서 $t = 2$까지 점 P의 위치의 변화량은

$$\int_0^2 -t(t-1)^2(t-2)dt = \int_0^2 -t(t^2 - 2t + 1)(t-2)dt$$
$$= \int_0^2 (-t^4 + 4t^3 - 5t^2 + 2t)dt$$
$$= \left[-\frac{1}{5}t^5 + t^4 - \frac{5}{3}t^3 + t^2\right]_0^2$$
$$= -\frac{32}{5} + 16 - \frac{40}{3} + 4$$
$$= -\frac{32}{5} - \frac{40}{3} + 20$$
$$= \frac{(-96) + (-200) + 300}{15} = \frac{4}{15}$$

(i), (ii), (iii)에서 구하는 점 P의 위치의 변화량의 최댓값은 $\frac{4}{15}$이다.

●핵심 공식

▶ 속도와 이동거리 및 위치

수직선 위를 움직이는 점 p의 시각 t에서의 속도를 $v(t)$라 할 때,

$t = a$에서 $t = b$ $(a < b)$까지의 실제 이동거리 s는 $s = \int_a^b |v(t)|dt$이고

점 p가 원점을 출발하여 $t = a$에서의 점 p의 위치는 $\int_0^a v(t)dt$이다.

---

15 귀납적으로 정의된 수열　　　　　정답률 20% | 정답 ②

자연수 k에 대하여 다음 조건을 만족시키는 수열 $\{a_n\}$이 있다.

> $a_1 = k$이고, 모든 자연수 n에 대하여
> ❶ $a_{n+1} = \begin{cases} a_n + 2n - k & (a_n \leq 0) \\ a_n - 2n - k & (a_n > 0) \end{cases}$
>
> 이다.

❷ $a_3 \times a_4 \times a_5 \times a_6 < 0$이 되도록 하는 모든 k의 값의 합은? [4점]

① 10　② 14　③ 18　④ 22　⑤ 26

STEP 01 ❶에 $n = 1$부터 대입하여 a_n을 구한 후 a_n의 부호에 따라 경우를 나누어 다음 항을 차례로 구하여 ❷를 만족하도록 하는 k를 구한 다음 합을 구한다.

$a_3 \times a_4 \times a_5 \times a_6 < 0$이므로

a_3, a_4, a_5, a_6은 어느 것도 0이 될 수 없다.

$a_1 = k > 0$이므로

$a_2 = a_1 - 2 - k = -2 < 0$

$a_3 = a_2 + 4 - k = 2 - k$

(i) $a_3 = 2 - k > 0$인 경우

$2 - k > 0$에서 $k < 2$

즉 $k = 1$이므로

$a_4 = a_3 - 6 - k = -6 < 0$

$a_5 = a_4 + 8 - k = 1 > 0$

$a_6 = a_5 - 10 - k = -10 < 0$

따라서 $a_3 \times a_4 \times a_5 \times a_6 > 0$이므로 주어진 조건을 만족시키지 못한다.

(ii) $a_3 = 2 - k < 0$인 경우

$k > 2$이므로

$a_4 = a_3 + 6 - k = 8 - 2k$

　i) $a_4 = 8 - 2k > 0$인 경우

　　$k < 4$이므로 $2 < k < 4$에서 $k = 3$

　　$a_4 = 8 - 6 = 2$

　　$a_5 = a_4 - 8 - k = -9 < 0$

　　$a_6 = a_5 + 10 - k = -2 < 0$

　　따라서 $a_3 \times a_4 \times a_5 \times a_6 < 0$이므로 주어진 조건을 만족시킨다.

　ii) $a_4 = 8 - 2k < 0$인 경우

　　$k > 4$이므로

　　$a_5 = a_4 + 8 - k = 16 - 3k$

　　ㄱ) $a_5 = 16 - 3k > 0$인 경우

　　　$k < \frac{16}{3}$이므로 $4 < k < \frac{16}{3}$에서 $k = 5$

　　　$a_5 = 16 - 15 = 1$

　　　$a_6 = a_5 - 10 - k = -14 < 0$

　　　따라서 $a_3 \times a_4 \times a_5 \times a_6 < 0$이므로 주어진 조건을 만족시킨다.

　　ㄴ) $a_5 = 16 - 3k < 0$인 경우

　　　$k > \frac{16}{3}$이므로 $k \geq 6$인 경우이다.

　　　이때 $a_6 = a_5 + 10 - k = 26 - 4k$이고

　　　$a_3 \times a_4 \times a_5 \times a_6 < 0$이기 위해서는 $a_6 > 0$이어야 하므로

　　　$a_6 = 26 - 4k > 0$

　　　$k < \frac{13}{2}$

　　　즉 $6 \leq k < \frac{13}{2}$에서 $k = 6$

(i), (ii)에 의하여 주어진 조건을 만족시키는 모든 k의 값의 합은

$3 + 5 + 6 = 14$

부등식 $2^{x-6} \leq \left(\dfrac{1}{4}\right)^x$ 을 만족시키는 모든 자연수 x의 값의 합을 구하시오.

[3점]

STEP 01 지수의 성질을 이용하여 부등식을 풀어 x의 범위를 구한 후 만족하는 자연수 x의 값의 합을 구한다.

$\left(\dfrac{1}{4}\right)^x = (2^{-2})^x = 2^{-2x}$ 이므로 주어진 부등식은

$2^{x-6} \leq 2^{-2x}$

양변의 밑 2가 1보다 크므로

$x-6 \leq -2x$

$3x \leq 6, \; x \leq 2$

따라서 모든 자연수 x의 합은 $1+2=3$

함수 $f(x)$에 대하여 $f'(x)=8x^3-1$이고 $f(0)=3$일 때, $f(2)$의 값을 구하시오. [3점]

STEP 01 $f'(x)$를 적분하고 $f(0)=3$을 이용하여 $f(x)$를 구한 후 $f(2)$의 값을 구한다.

$f(x) = \displaystyle\int f'(x)dx = \int (8x^3-1)dx = 2x^4-x+C \,(C \text{는 적분상수})$

$f(0)=3$이므로 $C=3$

따라서

$f(x)=2x^4-x+3$이므로

$f(2)=32-2+3=33$

두 상수 a, b에 대하여 삼차함수 $f(x)=ax^3+bx+a$는 ❶ $x=1$에서 극소이다. 함수 $f(x)$의 극솟값이 -2일 때, 함수 $f(x)$의 극댓값을 구하시오.

[3점]

STEP 01 ❶에서 a, b를 구하여 $f(x)$를 구한 후 미분하여 극댓값을 구한다.

함수 $f(x)$가 $x=1$에서 극솟값 -2를 가지므로

$f(1)=-2$에서

$a+b+a=-2$

$2a+b=-2$ …… ㉠

또, $f'(x)=3ax^2+b$이고 $f'(1)=0$이어야 하므로

$3a+b=0$ …… ㉡

㉠과 ㉡을 연립하면

$a=2, \; b=-6$

그러므로

$f(x)=2x^3-6x+2$이고

$f'(x)=6x^2-6=6(x+1)(x-1)$

이때 $f'(x)=0$에서

$x=-1$ 또는 $x=1$

함수 $f(x)$의 증가와 감소를 표로 나타내면 다음과 같다.

x	…	-1	…	1	…
$f'(x)$	$+$	0	$-$	0	$+$
$f(x)$	↗	6	↘	-2	↗

따라서 함수 $f(x)$는 $x=-1$에서 극댓값 6을 갖는다.

두 자연수 a, b에 대하여 함수

$f(x)=a\sin bx+8-a$

가 다음 조건을 만족시킬 때, $a+b$의 값을 구하시오. [3점]

(가) 모든 실수 x에 대하여 $f(x)\geq 0$이다.

(나) $0\leq x<2\pi$일 때, x에 대한 방정식 $f(x)=0$의 서로 다른 실근의 개수는 4이다.

STEP 01 $f(x)$의 최솟값을 구한 후 두 조건 (가), (나)에 의해 a를 구한다.

함수 $f(x)$의 최솟값이 $-a+8-a=8-2a$이므로

조건 (가)를 만족시키려면

$8-2a \geq 0$

즉, $a \leq 4$이어야 한다.

그런데, $a=1$ 또는 $a=2$ 또는 $a=3$일 때는 함수 $f(x)$의 최솟값이 0보다 크므로 조건 (나)를 만족시킬 수 없다.

그러므로 $a=4$

STEP 02 $f(x)$의 주기를 구한 후 조건 (나)에 의해 b를 구한 다음 $a+b$의 값을 구한다.

이때 $f(x)=4\sin bx+4$이고 이 함수의 주기는 $\dfrac{2\pi}{b}$이므로

$0 \leq x \leq \dfrac{2\pi}{b}$일 때 방정식 $f(x)=0$의 서로 다른 실근의 개수는 1이다.

그러므로 $0 \leq x < 2\pi$일 때, 방정식 $f(x)=0$의 서로 다른 실근의 개수가 4가 되려면

$\dfrac{15\pi}{2b} < 2\pi \leq \dfrac{19\pi}{2b}$이어야 한다.

즉, $\dfrac{15}{4} < b \leq \dfrac{19}{4}$이고 b는 자연수이므로

$b=4$

따라서 $a+b=4+4=8$

★★★ 등급을 가르는 문제!

최고차항의 계수가 1인 이차함수 $f(x)$에 대하여 함수

$g(x)=\displaystyle\int_0^x f(t)dt$

가 다음 조건을 만족시킬 때, $f(9)$의 값을 구하시오. [4점]

$x \geq 1$인 모든 실수 x에 대하여
❶ $g(x) \geq g(4)$이고 ❷ $|g(x)| \geq |g(3)|$이다.

STEP 01 $f(x)$에 의해 $g(x)$의 최고차항의 계수와 차수를 결정한 후 ❶에 의해 $f(x)$를 놓는다.

최고차항의 계수가 1인 이차함수 $f(x)$의 부정적분 중 하나를 $F(x)$라 하면 $F'(x)=f(x)$이고

$g(x)=\displaystyle\int_0^x f(t)dt = F(x)-F(0)$이므로

$g'(x)=f(x)$

그러므로 함수 $g(x)$는 최고차항의 계수가 $\dfrac{1}{3}$인 삼차함수이다.

조건에서 $x \geq 1$인 모든 실수 x에 대하여 $g(x) \geq g(4)$이므로 삼차함수 $g(x)$는 구간 $[1, \infty)$에서 $x=4$일 때 최소이자 극소이다.   …… ㉠

즉, $g'(4)=f(4)=0$이므로

$f(x)=(x-4)(x-a)\,(a\text{는 상수})$ …… ㉡

로 놓을 수 있다.

STEP 02 ❷에 의해 $g(3)$을 구한 후 $f(x)$를 구하여 $f(9)$의 값을 구한다.

(i) $g(4) \geq 0$인 경우

$x \geq 1$인 모든 실수 x에 대하여 $g(x) \geq g(4) \geq 0$이므로 이 범위에서 $|g(x)|=g(x)$이다.

조건에서 $x \geq 1$인 모든 실수 x에 대하여

$|g(x)| \geq |g(3)|$, 즉 $g(x) \geq g(3)$이어야 한다.   …… ㉢

그런데 ㉠에서 $g(3) > g(4)$이므로 ㉢을 만족시키지 않는다.

(ii) $g(4) < 0$인 경우

$x \geq 1$인 모든 실수 x에 대하여 $|g(x)| \geq |g(3)|$이려면

$g(3)=0$ …… ㉣

이어야 한다.

㉡에서

$f(x)=x^2-(a+4)x+4a$이므로

$F(x)=\dfrac{1}{3}x^3-\dfrac{a+4}{2}x^2+4ax+C$ (단, C는 적분상수)

그러므로

$g(x)=F(x)-F(0)=\dfrac{1}{3}x^3-\dfrac{a+4}{2}x^2+4ax$

㉣에서

$$g(3) = 9 - \frac{9}{2}(a+4) + 12a = 0$$

$$\frac{15}{2}a = 9, \quad a = \frac{6}{5}$$

따라서

$$f(x) = (x-4)\left(x - \frac{6}{5}\right)$$이므로

$$f(9) = (9-4)\left(9 - \frac{6}{5}\right) = 5 \times \frac{39}{5} = 39$$

다른 풀이

최고차항의 계수가 1인 이차함수 $f(x)$에 대하여 함수

$$g(x) = \int_0^x f(t)dt \qquad \cdots\cdots \text{㉠}$$

는 최고차항의 계수가 $\frac{1}{3}$인 삼차함수이다.

㉠에서

$$g(0) = 0 \qquad \cdots\cdots \text{㉡}$$

조건에서 $x \geq 1$인 모든 실수 x에 대하여 $g(x) \geq g(4)$이므로

삼차함수 $g(x)$는 구간 $[1, \infty)$에서 $x=4$일 때 최소이자 극소이다. $\cdots\cdots$ ㉢

그러므로 $g'(4) = 0$ $\qquad \cdots\cdots$ ㉣

(ⅰ) $g(4) \geq 0$인 경우

$x \geq 1$인 모든 실수 x에 대하여 $g(x) \geq g(4) \geq 0$이므로 이 범위에서 $|g(x)| = g(x)$이다.

조건에서 $x \geq 1$인 모든 실수 x에 대하여 $|g(x)| \geq |g(3)|$,

즉 $g(x) \geq g(3)$이어야 하므로 $g(3) = g(4)$이어야 한다.

이는 ㉢에 모순이다.

(ⅱ) $g(4) < 0$인 경우

$x \geq 1$인 모든 실수 x에 대하여 $|g(x)| \geq |g(3)|$이려면

$$g(3) = 0 \qquad \cdots\cdots \text{㉤}$$

이어야 한다.

㉡, ㉤에서

$$g(x) = \frac{1}{3}x(x-3)(x+a) = \frac{1}{3}x^3 + \frac{a-3}{3}x^2 - ax \ (a는 상수)$$

로 놓을 수 있다.

$$g'(x) = x^2 + \frac{2(a-3)}{3}x - a$$

㉣에서

$$g'(4) = 16 + \frac{8}{3}(a-3) - a = 8 + \frac{5}{3}a = 0,$$

$$a = -\frac{24}{5}$$

㉠에서

$$f(x) = g'(x) = x^2 - \frac{26}{5}x + \frac{24}{5}$$이므로

$$f(9) = 81 - \frac{234}{5} + \frac{24}{5} = 81 - \frac{210}{5} = 39$$

★★ 문제 해결 꿀~팁 ★★

▶ **문제 해결 방법**

$F'(x) = f(x)$이면 $g'(x) = f(x)$이고 $g(x)$는 최고차항의 계수가 $\frac{1}{3}$인 삼차함수이다. 또한 $g(x) \geq g(4)$이므로 $g'(4) = f(4) = 0$이고 $f(x) = (x-4)(x-a)$ (a는 상수)로 놓을 수 있다. $f(x)$와 $g(x)$의 관계에서 $g(x)$의 차수를 알 수 있고 $g(x) \geq g(4)$에서 $g(x)$가 구간 $[1, \infty)$에서 $x=4$일 때 최소이자 극소임을 알 수 있다. 그러므로 $f(x) = (x-4)(x-a)$로 놓을 수 있다. 또한 $|g(x)| \geq |g(3)|$이므로 $g(3) = 0$에서 a를 구할 수 있어야 한다. 그렇지 않으면 $f(x)$를 구하기가 어렵다.

그래프의 개형을 추론하여 조건에서 주어진 각각의 식에서 필요한 정보를 빠르게 유추할 수 있어야 한다.

★★★ 등급을 가르는 문제!

21 지수함수와 로그함수의 그래프   정답률 10% | 정답 110

실수 t에 대하여 두 곡선 ❶ $y = t - \log_2 x$와 $y = 2^{x-t}$이 만나는 점의 x좌표를 $f(t)$라 하자. 〈보기〉의 각 명제에 대하여 다음 규칙에 따라 A, B, C의 값을 정할 때, $A+B+C$의 값을 구하시오. (단, $A+B+C \neq 0$) [4점]

- 명제 ㄱ이 참이면 $A = 100$, 거짓이면 $A = 0$이다.
- 명제 ㄴ이 참이면 $B = 10$, 거짓이면 $B = 0$이다.
- 명제 ㄷ이 참이면 $C = 1$, 거짓이면 $C = 0$이다.

─── 〈보기〉 ───

ㄱ. $f(1) = 1$이고 $f(2) = 2$이다.

ㄴ. 실수 t의 값이 증가하면 $f(t)$의 값도 증가한다.

ㄷ. 모든 양의 실수 t에 대하여 $f(t) \geq t$이다.

STEP 01 ㄱ. $t=1$, $x=1$일 때와 $t=2$, $x=2$일 때 ❶의 두 그래프가 지나는 점의 좌표를 구하여 참, 거짓을 판별한다.

ㄱ. 곡선 $y = t - \log_2 x$는 곡선 $y = \log_2 x$를 x축에 대하여 대칭이동한 후 y축의 방향으로 t만큼 평행이동한 것이므로 x의 값이 증가하면 y의 값은 감소한다.

또, 곡선 $y = 2^{x-t}$은 곡선 $y = 2^x$을 x축의 방향으로 t만큼 평행이동한 것이므로 x의 값이 증가하면 y의 값도 증가한다.

그러므로 두 곡선 $y = t - \log_2 x$, $y = 2^{x-t}$은 한 점에서 만난다.

$t=1$일 때

곡선 $y = 1 - \log_2 x$는 $x=1$일 때 $y=1$이므로

점 $(1, 1)$을 지난다.

또, 곡선 $y = 2^{x-1}$은 $x=1$일 때 $y=1$이므로 점 $(1, 1)$을 지난다.

그러므로 $f(1) = 1$

$t=2$일 때

곡선 $y = 2 - \log_2 x$는 $x=2$일 때 $y=1$이므로

점 $(2, 1)$을 지난다.

또, 곡선 $y = 2^{x-2}$은 $x=2$일 때 $y=1$이므로 점 $(2, 1)$을 지난다.

그러므로 $f(2) = 2$

이 명제가 참이므로 $A = 100$

STEP 02 ㄴ. t의 값이 증가할 때 두 곡선의 평행이동을 고려하여 t의 값이 증가하기 전의 교점의 x좌표의 위치와 t의 값이 증가 후 교점의 x좌표의 위치를 비교하여 참, 거짓을 판별한다.

ㄴ. 곡선 $y = t - \log_2 x$는 곡선 $y = -\log_2 x$를 y축의 방향으로 t만큼 평행이동한 것이다.

이때 t의 값이 증가하면 두 곡선 $y = t - \log_2 x$, $y = 2^x$의 교점의 x좌표는 증가한다.

이때 곡선 $y = 2^{x-t}$은 곡선 $y = 2^x$을 x축의 방향으로 t만큼 평행이동한 것이므로 t의 값이 증가하면 두 곡선 $y = t - \log_2 x$, $y = 2^{x-t}$의 교점의 x좌표는 두 곡선 $y = t - \log_2 x$, $y = 2^x$의 교점의 x좌표보다 커진다.

그러므로 t의 값이 증가하면 $f(t)$의 값도 증가한다.

이 명제가 참이므로 $B = 10$

STEP 03 ㄷ. 두 함수가 증가함수인지 감소함수인지를 파악하여 $f(t) \geq t$를 만족하도록 하는 부등식을 세우고 모든 양의 실수 t에 대하여 성립하는지 확인하여 참, 거짓을 판별한다.

ㄷ. $g(x) = t - \log_2 x$, $h(x) = 2^{x-t}$이라 하면

함수 $y = g(x)$는 감소함수이고, 함수 $y = h(x)$는 증가함수이므로 $f(t) \geq t$이기 위해서는 $g(t) \geq h(t)$ 이어야 한다. 즉,

$$t - \log_2 t \geq 2^{t-t}$$

$$t - 1 \geq \log_2 t \qquad \cdots\cdots \text{㉠}$$

이때 두 함수 $y = \log_2 t$, $y = t-1$의 그래프는 두 점 $(1, 0)$, $(2, 1)$에서 만나고 다음 그림과 같다.

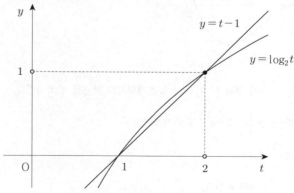

위에서 $1 < t < 2$일 때는 함수 $y = \log_2 t$의 그래프가 직선 $y = t-1$보다 위쪽에 있으므로 ㉠을 만족시키지 못한다.

즉, $1 < t < 2$일 때는 부등식 $f(t) \geq t$를 만족시키지 못한다.

이 명제가 거짓이므로

$$C = 0$$

이상에서 $A = 100$, $B = 10$, $C = 0$이므로

$$A + B + C = 100 + 10 + 0 = 110$$

▶ 문제 해결 방법

$g(x)=t-\log_2 x$, $h(x)=2^{x-t}$라 하자.

$y=g(x)$는 로그함수이고 $y=h(x)$는 지수함수로 두 함수를 연립하여 교점의 좌표를 구하는 것은 불가능하다. 그러므로 ㄱ의 참, 거짓을 판별할 때 교점의 좌표를 구하려 하지 말고 $x=1$일 때, $x=2$일 때 각 그래프가 지나는 점의 좌표를 구하여 일치하는지를 확인하여 참, 거짓을 판별하여야 한다.

ㄴ, ㄷ도 교점의 좌표를 구하는 것이 불가능하므로 그래프의 평행이동, 증가, 감소등을 따져서 t의 값의 변화에 따른 두 함수의 그래프의 교점의 위치를 추론하여야 한다. 지수함수와 로그함수의 그래프의 평행이동 및 특징을 정확하게 알아두는 것이 좋다.

★★★ 등급을 가르는 문제!

22 도함수의 활용   정답률 3% | 정답 380

정수 $a(a \neq 0)$에 대하여 함수 $f(x)$를

$$f(x)=x^3-2ax^2$$

이라 하자. 다음 조건을 ❶ 만족시키는 모든 정수 k의 값의 곱이 -12가 되도록 하는 a에 대하여 $f'(10)$의 값을 구하시오. [4점]

> 함수 $y=f(x)$에 대하여
> $$\left\{\frac{f(x_1)-f(x_2)}{x_1-x_2}\right\}\times\left\{\frac{f(x_2)-f(x_3)}{x_2-x_3}\right\}<0$$
> 을 만족시키는 세 실수 x_1, x_2, x_3이 열린구간 $\left(k,\ k+\frac{3}{2}\right)$에 존재한다.

STEP 01 주어진 조건의 의미와 만족하는 경우를 파악한다.

주어진 조건을 만족시키려면

열린구간 $\left(k,\ k+\frac{3}{2}\right)$에 두 점 $(x_1, f(x_1))$, $(x_2, f(x_2))$를 지나는 직선의

기울기와

두 점 $(x_2, f(x_2))$, $(x_3, f(x_3))$을 지나는 직선의 기울기의

부호가 다른 세 실수 x_1, x_2, x_3이 존재해야 하는데,

그러려면 극대 또는 극소가 되는 점이

구간 $\left(k,\ k+\frac{3}{2}\right)$에 존재해야 한다.

STEP 02 a의 범위를 나누어 조건을 만족하도록 하는 극값의 범위를 구한 후 ❶을 이용하여 만족하는 정수 k를 구하여 만족하는 정수 a를 구한 다음 $f(x)$, $f'(x)$, $f'(10)$의 값을 구한다.

이때 $f(x)=x^3-2ax^2$에서

$f'(x)=3x^2-4ax$이므로

함수 $y=f(x)$의 그래프의 개형을 a의 값의 범위에 따라

다음과 같이 나누어 생각할 수 있다.

(i) $a>0$일 때

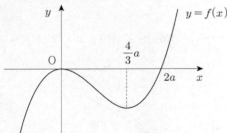

$k=-1$일 때 $x=0$이 구간 $\left(-1,\ \frac{1}{2}\right)$에 존재하므로 조건을 만족시킨다.

또, $x=\frac{4}{3}a$가 구간 $\left(k,\ k+\frac{3}{2}\right)$에 존재하려면

$k<\frac{4}{3}a<k+\frac{3}{2}$이므로

$\frac{4}{3}a-\frac{3}{2}<k<\frac{4}{3}a$이어야 한다.

이때 조건을 만족시키는 모든 정수 k의 값의 곱이 -12가 되려면

이 구간에 $k=3$, $k=4$가 존재해야 하므로

$\frac{4}{3}a-\frac{3}{2}<3$, $\frac{4}{3}a>4$

$3<a<\frac{27}{8}$

그런데 이 부등식을 만족시키는 정수 a는 존재하지 않는다.

(ii) $a<0$일 때

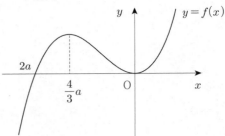

$k=-1$일 때 $x=0$이 구간 $\left(-1,\ \frac{1}{2}\right)$에 존재하므로 조건을 만족시킨다.

또, $x=\frac{4}{3}a$가 구간 $\left(k,\ k+\frac{3}{2}\right)$에 존재하려면

$k<\frac{4}{3}a<k+\frac{3}{2}$이므로

$\frac{4}{3}a-\frac{3}{2}<k<\frac{4}{3}a$이어야 한다.

이때 조건을 만족시키는 모든 정수 k의 값의 곱이 -12가 되려면 이 구간에 $k=-4$, $k=-3$이 존재해야 하므로

$\frac{4}{3}a-\frac{3}{2}<-4$, $\frac{4}{3}a>-3$

$-\frac{9}{4}<a<-\frac{15}{8}$

즉, $a=-2$

(i), (ii)에서 $a=-2$이므로

$f(x)=x^3+4x^2$

$f'(x)=3x^2+8x$

따라서

$f'(10)=3\times 10^2+8\times 10=380$

★★ 문제 해결 꿀~팁 ★★

▶ 문제 해결 방법

주어진 조건의 의미가 '열린구간 $\left(k,\ k+\frac{3}{2}\right)$에 두 점 $(x_1, f(x_1))$, $(x_2, f(x_2))$를 지나는 직선의 기울기와 두 점 $(x_2, f(x_2))$, $(x_3, f(x_3))$을 지나는 직선의 기울기의 부호가 다른 세 실수 x_1, x_2, x_3이 존재해야 한다'라는 것을 파악해야 한다. 또한 극대 또는 극소가 되는 점의 x좌표가 구간 $\left(k,\ k+\frac{3}{2}\right)$에 존재해야 조건을 만족한다는 것도 알아야 한다.

$f(x)=x^2(x-2a)$로 $f(x)$는 $x=0$에서 중근을 가지므로 $x=0$에서 극값 0을 가지며 $\left(k,\ k+\frac{3}{2}\right)$사이에 0이 있으려면 정수 $k=-1$이다. $f(x)$를 미분하여 다른 극값을 구하여 같은 방법으로 $\left(k,\ k+\frac{3}{2}\right)$사이에 극값을 갖는 x좌표가 존재할 조건을 구해야 한다.

또 다른 극값을 갖는 x좌표는 $\frac{4}{3}a$이며 만족시키는 모든 정수 k의 값의 곱이 -12이려면 $\left(k,\ k+\frac{3}{2}\right)$사이에 $\frac{4}{3}a$가 존재하고 $k=-1$이 조건을 만족하므로 나머지 만족하는 정수 $k=3$, 4 또는 $k=-3$, -4이다. 이를 이용하여 k 및 a의 부등식을 세워 만족하는 a를 구하면 된다.

확률과 통계

23 같은 것이 있는 순열   정답률 90% | 정답 ③

5개의 문자 a, a, b, c, d를 모두 일렬로 나열하는 경우의 수는? [2점]

① 50   ② 55   ③ 60   ④ 65   ⑤ 70

STEP 01 같은 것이 있는 순열을 이용하여 구하는 경우의 수를 구한다.

구하는 경우의 수는

$$\frac{5!}{2!}=5\times 4\times 3=60$$

● 핵심 공식

▶ 같은 것이 있는 순열

n개 중에서 같은 것이 각각 p개, q개, r개, $\cdots$, s개 있을 때, n개를 택하여 만든 순열의 수는

$$\frac{n!}{p!\,q!\,r!\cdots s!}\ (n=p+q+r+\cdots+s)$$

24 확률의 덧셈정리

두 사건 A, B에 대하여

$$P(A \cap B^C) = \frac{1}{9}, \quad ❶\ P(B^C) = \frac{7}{18}$$

일 때, $P(A \cup B)$의 값은? (단, B^C은 B의 여사건이다.) [3점]

① $\frac{5}{9}$ ② $\frac{11}{18}$ ③ $\frac{2}{3}$ ④ $\frac{13}{18}$ ⑤ $\frac{7}{9}$

STEP 01 ❶에서 $P(B)$를 구한 후 $P(A \cup B)$의 값을 구한다.

$$P(B) = 1 - P(B^C) = 1 - \frac{7}{18} = \frac{11}{18}$$

따라서 두 사건 $A \cap B^C$와 B는 서로소이므로

$$P(A \cup B) = P(A \cap B^C) + P(B) = \frac{1}{9} + \frac{11}{18} = \frac{13}{18}$$

25 여사건의 확률

흰색 손수건 4장, 검은색 손수건 5장이 들어있는 상자가 있다. 이 상자에서 임의로 4장의 손수건을 동시에 꺼낼 때, 꺼낸 4장의 손수건 중에서 ❶ 흰색 손수건이 2장 이상일 확률은? [3점]

① $\frac{1}{2}$ ② $\frac{4}{7}$ ③ $\frac{9}{14}$ ④ $\frac{5}{7}$ ⑤ $\frac{11}{14}$

STEP 01 ❶의 여사건의 확률을 구하여 구하는 확률을 구한다.

흰색 손수건이 2장 이상인 사건을 A라 하면 A^C는 흰색 손수건이 없거나 1장인 사건이다.

$$P(A^C) = \frac{{}_4C_0 \times {}_5C_4}{{}_9C_4} + \frac{{}_4C_1 \times {}_5C_3}{{}_9C_4} = \frac{1 \times 5}{126} + \frac{4 \times 10}{126} = \frac{5}{14}$$

따라서

$$P(A) = 1 - P(A^C) = 1 - \frac{5}{14} = \frac{9}{14}$$

26 이항정리

다항식 ❶ $(x-1)^6(2x+1)^7$의 전개식에서 x^2의 계수는? [3점]

① 15 ② 20 ③ 25 ④ 30 ⑤ 35

STEP 01 ❶에서 x^2 항이 나오는 경우를 나누어 각각 이항정리를 이용하여 x^2의 계수를 구한다.

$(x-1)^6(2x+1)^7$의 전개식에서 x^2의 계수는 다음과 같이 나누어 구할 수 있다.

(i) $(x-1)^6$의 전개식의 x^2항은 ${}_6C_2 x^2(-1)^4 = 15x^2$
    $(2x+1)^7$의 전개식에서 상수항은 $1^7 = 1$

(ii) $(x-1)^6$의 전개식에서 x항은 ${}_6C_1 x^1(-1)^5 = -6x$
    $(2x+1)^7$의 전개식에서 x항은 ${}_7C_1(2x)1^6 = 14x$

(iii) $(x-1)^6$의 전개식에서 상수항은 $(-1)^6 = 1$
    $(2x+1)^7$의 전개식에서 x^2항은 ${}_7C_2(2x)^2 1^5 = 21 \times 4x^2 = 84x^2$

(i), (ii), (iii)에서 $(x-1)^6(2x+1)^7$의 전개식에서 x^2의 계수는
$15x^2 \times 1 + (-6x) \times 14x + 1 \times 84x^2 = 15x^2 - 84x^2 + 84x^2 = 15x^2$이므로
x^2의 계수는 15이다.

● 핵심 공식

▶ 이항정리

이항정리는 이항 다항식 $x+y$의 거듭제곱 $(x+y)^n$에 대해서, 전개한 각 항 $x^k y^{n-k}$의 계수 값을 구하는 정리이다.

구체적으로 $x^k y^{n-k}$의 계수는 n개에서 k개를 고르는 조합의 가짓수인 ${}_nC_k$이고, 이를 이항계수라고 부른다. 따라서 다음의 식이 성립한다.

$$(x+y)^n = \sum_{k=0}^{n} {}_nC_k x^k y^{n-k}$$

27 조건부확률

한 개의 주사위를 두 번 던질 때 나오는 눈의 수를 차례로 a, b라 하자. ❶ $a \times b$가 4의 배수일 때, ❷ $a+b \le 7$일 확률은? [3점]

① $\frac{2}{5}$ ② $\frac{7}{15}$ ③ $\frac{8}{15}$ ④ $\frac{3}{5}$ ⑤ $\frac{2}{3}$

STEP 01 독립시행을 이용하여 ❶의 확률을 구한다.

한 개의 주사위를 두 번 던질 때 $a \times b$가 4의 배수인 사건을 A, $a+b \le 7$인 사건을 B라 하면 구하는 확률은 $P(B \mid A)$이다.

(i) a, b가 모두 짝수일 확률은

$${}_2C_2\left(\frac{1}{2}\right)^2 = \frac{1}{4}$$

(ii) a, b중 하나는 4이고 다른 하나는 홀수일 확률은

$${}_2C_1\left(\frac{1}{6}\right)\left(\frac{1}{2}\right) = \frac{1}{6}$$

(i), (ii)에서 $P(A) = \frac{1}{4} + \frac{1}{6} = \frac{5}{12}$

STEP 02 ❶, ❷를 동시에 만족할 확률을 구한 다음 조건부확률을 이용하여 구하는 확률을 구한다.

한편, 한 개의 주사위를 두 번 던질 때 나오는 눈의 수의 모든 순서쌍 (a, b)의 개수는 $6 \times 6 = 36$이다.

(iii) a, b가 모두 짝수인 동시에 $a+b \le 7$인 순서쌍 (a, b)는
    $(2, 2)$, $(2, 4)$, $(4, 2)$의 3개다.

(iv) a, b중 하나는 4이고 다른 하나는 홀수인 동시에 $a+b \le 7$인 순서쌍 (a, b)는
    $(4, 1)$, $(4, 3)$, $(1, 4)$, $(3, 4)$의 4개다.

(iii), (iv)에서 $P(A \cap B) = \frac{3+4}{36} = \frac{7}{36}$

따라서 구하는 확률은

$$P(B \mid A) = \frac{P(A \cap B)}{P(A)} = \frac{\frac{7}{36}}{\frac{5}{12}} = \frac{7}{15}$$

● 핵심 공식

▶ 조건부확률

확률이 0이 아닌 두 사건 A, B에 대하여 사건 A가 일어났다고 가정할 때, 사건 B가 일어날 확률을 사건 A가 일어났을 때의 사건 B의 조건부 확률이라 하고, 이것을 $P(B \mid A)$로 나타낸다.

$$P(B \mid A) = \frac{P(A \cap B)}{P(A)} \quad (단, P(A) > 0)$$

28 중복순열을 이용한 함수의 개수

집합 $X = \{1, 2, 3, 4, 5\}$에 대하여 다음 조건을 만족시키는 함수 $f : X \to X$의 개수는? [4점]

(가) $f(1) \times f(3) \times f(5)$는 홀수이다.
(나) $f(2) < f(4)$
(다) 함수 f의 치역의 원소의 개수는 3이다.

① 128 ② 132 ③ 136 ④ 140 ⑤ 144

STEP 01 치역에 포함된 홀수의 개수에 따라 경우를 나누어 조합과 중복순열을 이용하여 두 조건 (가), (나)를 만족하도록 하는 경우의 수를 구한 다음 구하는 함수의 개수를 구한다.

조건 (가)에서 $f(1)$, $f(3)$, $f(5)$의 값은 모두 홀수이다.

(i) 함수 f의 치역에 홀수가 1개 포함된 경우
    홀수를 정하는 경우의 수는 ${}_3C_1 = 3$
    이때 $f(2) = 2$, $f(4) = 4$이므로 구하는 함수 f의 개수는 3

(ii) 함수 f의 치역에 홀수가 2개 포함된 경우
    홀수를 정하는 경우의 수는 ${}_3C_2 = 3$
    i) 집합 $\{f(1), f(3), f(5)\}$의 원소의 개수가 1이면
        $f(1)$, $f(3)$, $f(5)$의 값을 정하는 경우의 수는 2
        $f(2)$, $f(4)$의 값을 정하는 경우의 수는 2
    ii) 집합 $\{f(1), f(3), f(5)\}$의 원소의 개수가 2이면
        $f(1)$, $f(3)$, $f(5)$의 값을 정하는 경우의 수는 ${}_2\Pi_3 - 2 = 6$
        $f(2)$, $f(4)$의 값을 정하는 경우의 수는 $2 \times 2 = 4$
    이상에서 구하는 함수 f의 개수는 $3 \times (2 \times 2 + 6 \times 4) = 84$

(iii) 함수 f의 치역에 홀수가 3개 포함된 경우
    홀수를 정하는 경우의 수는 ${}_3C_1 = 1$
    i) 집합 $\{f(1), f(3), f(5)\}$의 원소의 개수가 1이면
        $f(1)$, $f(3)$, $f(5)$의 값을 정하는 경우의 수는 3
        $f(2)$, $f(4)$의 값을 정하는 경우의 수는 1
    ii) 집합 $\{f(1), f(3), f(5)\}$의 원소의 개수가 2이면

$f(1)$, $f(3)$, $f(5)$의 값을 정하는 경우의 수는 $_3C_2 \times (_2\Pi_3 - 2) = 18$

$f(2)$, $f(4)$의 값을 정하는 경우의 수는 2

iii) 집합 $\{f(1), f(3), f(5)\}$의 원소의 개수가 3이면

$f(1)$, $f(3)$, $f(5)$의 값을 정하는 경우의 수는 $3! = 6$

$f(2)$, $f(4)$의 값을 정하는 경우의 수는 $_3C_2 = 3$

이상에서 구하는 함수 f의 개수는

$1 \times (3 \times 1 + 18 \times 2 + 6 \times 3) = 57$

(i), (ii), (iii)에서 구하는 함수 f의 개수는

$3 + 84 + 57 = 144$

●핵심 공식

▶ 중복순열

서로 다른 n개의 물건에서 중복을 허락하여, r개를 택해 일렬로 배열한 것을 서로 다른 n개에서 중복을 허락하여 r개를 택한 중복순열이라 하고, 중복순열의 총갯수는 $_n\Pi_r$로 나타낸다.

$\therefore {}_n\Pi_r = n \times n \times n \times \cdots \times n = n^r$

└────── r개 ──────┘

29   중복조합   정답률 20% | 정답 25

그림과 같이 2장의 검은색 카드와 1부터 8까지의 자연수가 하나씩 적혀 있는 8장의 흰색 카드가 있다. 이 카드를 모두 한 번씩 사용하여 왼쪽에서 오른쪽으로 일렬로 배열할 때, 다음 조건을 만족시키는 경우의 수를 구하시오. (단, 검은색 카드는 서로 구별하지 않는다.) [4점]

> (가) 흰색 카드에 적힌 수가 작은 수부터 크기순으로 왼쪽에서 오른쪽으로 배열되도록 카드가 놓여 있다.
> (나) 검은색 카드 사이에는 흰색 카드가 2장 이상 놓여 있다.
> (다) 검은색 카드 사이에는 3의 배수가 적힌 흰색 카드가 1장 이상 놓여 있다.

STEP 01 검은색 카드 2장의 양쪽과 가운데 있는 흰색 카드의 수를 각각 미지수로 놓고 중복조합으로 두 조건 (나), (다)를 만족하도록 카드를 나열하는 경우의 수를 구한다.

검은색 카드의 왼쪽에 있는 흰색 카드의 장수를 a,

두 검은색 카드의 사이에 있는 흰색 카드의 장수를 b,

검은색 카드의 오른쪽에 있는 흰색 카드의 장수를 c라 하면

$a + b + c = 8$

조건 (나)와 조건 (다)에서 $b \geq 2$이고, 검은색 카드 사이의 흰색 카드에 적힌 수가 모두 3의 배수가 아닌 경우를 제외해야 한다.

음이 아닌 정수 b'에 대하여 $b = b' + 2$로 놓으면

$a + (b' + 2) + c = 8$, $a + b' + c = 6$

방정식 $a + b' + c = 6$을 만족시키는 음이 아닌 정수 a, b', c의 모든 순서쌍 (a, b', c)의 개수는 서로 다른 3개에서 중복을 허락하여 6개를 택하는 중복조합의 수와 같으므로

$_3H_6 = {}_8C_6 = {}_8C_2 = 28$

이때 검은색 카드 사이의 흰색 카드에 적힌 수가

1, 2인 경우, 4, 5인 경우, 7, 8인 경우를 제외해야 한다.

따라서 구하는 경우의 수는

$28 - 3 = 25$

다른 풀이

(i) 왼쪽의 검은색 카드가 1이 적힌 카드의 왼쪽에 있는 경우

오른쪽의 검은색 카드가 놓이는 위치는 3이 적힌 카드의 오른쪽이므로

경우의 수는 6

(ii) 왼쪽의 검은색 카드가 1이 적힌 카드와 2가 적힌 카드의 사이에 있는 경우

오른쪽의 검은색 카드가 놓이는 위치는 3이 적힌 카드의 오른쪽이므로

경우의 수는 6

(iii) 왼쪽의 검은색 카드가 2가 적힌 카드와 3이 적힌 카드의 사이에 있는 경우

오른쪽의 검은색 카드가 놓이는 위치는 4가 적힌 카드의 오른쪽이므로

경우의 수는 5

(iv) 왼쪽의 검은색 카드가 3이 적힌 카드와 4가 적힌 카드의 사이에 있는 경우

오른쪽의 검은색 카드가 놓이는 위치는 6이 적힌 카드의 오른쪽이므로

경우의 수는 3

(v) 왼쪽의 검은색 카드가 4가 적힌 카드와 5가 적힌 카드의 사이에 있는 경우

오른쪽의 검은색 카드가 놓이는 위치는 6이 적힌 카드의 오른쪽이므로

경우의 수는 3

(vi) 왼쪽의 검은색 카드가 5가 적힌 카드와 6이 적힌 카드의 사이에 있는 경우

오른쪽의 검은색 카드가 놓이는 위치는 7이 적힌 카드의 오른쪽이므로

경우의 수는 2

(i)~(vi)에서 구하는 경우의 수는

$6 + 6 + 5 + 3 + 3 + 2 = 25$

●핵심 공식

▶ 중복조합

$_nH_r$은 서로 다른 n개의 원소에서 r개를 뽑는 경우의 수이다.

$_nH_r = {}_{n+r-1}C_r$

★★★ 등급을 가르는 문제!

30   확률   정답률 19% | 정답 51

주머니에 숫자 1, 2, 3, 4가 하나씩 적혀 있는 흰 공 4개와 숫자 4, 5, 6, 7이 하나씩 적혀 있는 검은 공 4개가 들어 있다. 이 주머니를 사용하여 다음 규칙에 따라 점수를 얻는 시행을 한다.

> 주머니에서 임의로 2개의 공을 동시에 꺼내어 꺼낸 공이 서로 다른 색이면 12를 점수로 얻고, 꺼낸 공이 서로 같은 색이면 꺼낸 두 공에 적힌 수의 곱을 점수로 얻는다.

이 시행을 한 번 하여 얻은 점수가 24 이하의 짝수일 확률이 $\dfrac{q}{p}$일 때, $p+q$의 값을 구하시오. (단, p와 q는 서로소인 자연수이다.) [4점]

STEP 01 꺼낸 두 공의 색의 종류에 따라 경우를 나누어 조합을 이용하여 조건을 만족하는 경우의 수를 구하여 구하는 확률을 구한다.

(i) 꺼낸 두 공이 서로 다른 색인 경우

얻는 점수가 12이므로 조건을 만족시킨다. 이 경우의 확률은

$\dfrac{_4C_1 \times _4C_1}{_8C_2} = \dfrac{16}{28} = \dfrac{4}{7}$

(ii) 꺼낸 두 공이 서로 같은 색인 경우

8개의 공 중에서 2개의 공을 동시에 꺼내는 경우의 수는

$_8C_2 = 28$

   i) 꺼낸 두 공의 색이 모두 흰 색인 경우

두 공에 적힌 수의 곱이 짝수이면 조건을 만족시키므로 이 경우의 수는

$_4C_2 - {}_2C_2 = 6 - 1 = 5$

   ii) 꺼낸 두 공이 모두 검은 색인 경우

두 공에 적힌 수의 집합이 $\{4, 5\}$, $\{4, 6\}$이어야 하므로 이 경우의 수는 2

그러므로 꺼낸 두 공이 서로 같은 색이고 얻은 점수가 24 이하의 짝수일 확률은

$\dfrac{5+2}{28} = \dfrac{7}{28} = \dfrac{1}{4}$

(i), (ii)에서 구하는 확률은

$\dfrac{4}{7} + \dfrac{1}{4} = \dfrac{23}{28}$이므로

$p + q = 28 + 23 = 51$

★★ 문제 해결 꿀~팁 ★★

▶ 문제 해결 방법

꺼낸 두 공이 서로 다른 색이면 얻는 점수가 12이므로 조건을 만족시킨다. 이때 두 수의 곱은 신경쓰지 않아도 되므로 혹시라도 색이 같은 경우와 혼동하여 곱이 홀수인 경우를 제외하거나 해서는 안된다.

꺼낸 두 공이 모두 흰 색인 경우는 $\{1, 3\}$을 꺼내는 경우를 제외하고 모두 만족하므로 경우의 수는 $_4C_2 - 1$이다.

마지막으로 꺼낸 두 공이 모두 검은 색인 경우는 두 공에 적힌 수의 집합이 $\{4, 5\}$, $\{4, 6\}$인 경우이다.

꺼낸 두 공의 색의 조합에 따라 만족하는 경우를 꼼꼼하게 따져 경우의 수를 구하고 확률을 구하면 된다.

23 수열의 극한값   정답률 90% | 정답 ⑤

❶ $\lim\limits_{n\to\infty}(\sqrt{n^2+9n}-\sqrt{n^2+4n})$의 값은? [2점]

① $\dfrac{1}{2}$ ② 1 ③ $\dfrac{3}{2}$ ④ 2 ⑤ $\dfrac{5}{2}$

STEP 01 ❶을 유리화하여 극한값을 구한다.

$$\lim_{n\to\infty}(\sqrt{n^2+9n}-\sqrt{n^2+4n})=\lim_{n\to\infty}\frac{5n}{\sqrt{n^2+9n}+\sqrt{n^2+4n}}$$
$$=\lim_{n\to\infty}\frac{5}{\sqrt{1+\dfrac{9}{n}}+\sqrt{1+\dfrac{4}{n}}}=\frac{5}{2}$$

24 매개변수로 나타내어진 함수의 미분계수   정답률 78% | 정답 ④

매개변수 t로 나타내어진 곡선

❶ $x=\dfrac{5t}{t^2+1},\ y=3\ln(t^2+1)$

에서 $t=2$일 때, $\dfrac{dy}{dx}$의 값은? [3점]

① -1 ② -2 ③ -3 ④ -4 ⑤ -5

STEP 01 ❶에서 $\dfrac{dx}{dt},\ \dfrac{dy}{dt}$를 구한 후 $\dfrac{dy}{dx}$를 구한 다음 $t=2$를 대입하여 값을 구한다.

$$\frac{dx}{dt}=\frac{5(t^2+1)-5t\times2t}{(t^2+1)^2}=\frac{-5t^2+5}{(t^2+1)^2}$$
$$\frac{dy}{dt}=\frac{3}{t^2+1}\times2t=\frac{6t}{t^2+1}$$
$$\frac{dy}{dx}=\frac{\dfrac{dy}{dt}}{\dfrac{dx}{dt}}=\frac{\dfrac{6t}{t^2+1}}{\dfrac{-5t^2+5}{(t^2+1)^2}}=\frac{6t(t^2+1)}{-5t^2+5}$$

따라서 $t=2$일 때 $\dfrac{dy}{dx}$의 값은

$$\frac{6\times2\times(2^2+1)}{-5\times2^2+5}=\frac{60}{-15}=-4$$

25 지수함수의 극한값   정답률 71% | 정답 ①

❶ $\lim\limits_{x\to0}\dfrac{2^{ax+b}-8}{2^{bx}-1}=16$일 때, $a+b$의 값은? (단, a와 b는 0이 아닌 상수이다.) [3점]

① 9 ② 10 ③ 11 ④ 12 ⑤ 13

STEP 01 ❶의 극한값이 존재할 조건으로 b를 구한 후 지수함수의 극한으로 극한값을 구하여 a를 구한 다음 $a+b$의 값을 구한다.

$\lim\limits_{x\to0}\dfrac{2^{ax+b}-8}{2^{bx}-1}=16$에서 $x\to0$일 때, (분모)$\to0$이고 극한값이 존재하므로 (분자)$\to0$이어야 한다.

이때 함수 $2^{ax+b}-8$은 실수 전체의 집합에서 연속이므로

$$\lim_{x\to0}(2^{ax+b}-8)=2^b-8=0$$
$$2^b=8,\ b=3$$
$$\lim_{x\to0}\frac{2^{ax+3}-8}{2^{3x}-1}=\lim_{x\to0}\frac{8(2^{ax}-1)}{2^{3x}-1}$$
$$=\frac{8a}{3}\times\lim_{x\to0}\frac{\dfrac{2^{ax}-1}{ax}}{\dfrac{2^{3x}-1}{3x}}$$
$$=\frac{8a}{3}\times\frac{\ln2}{\ln2}=\frac{8a}{3}$$

이므로 $\dfrac{8a}{3}=16$에서 $a=6$

따라서 $a+b=6+3=9$

26 미분의 활용   정답률 67% | 정답 ②

x에 대한 방정식 ❶ $x^2-5x+2\ln x=t$의 서로 다른 실근의 개수가 2가 되도록 하는 모든 실수 t의 값의 합은? [3점]

① $-\dfrac{17}{2}$ ② $-\dfrac{33}{4}$ ③ -8 ④ $-\dfrac{31}{4}$ ⑤ $-\dfrac{15}{2}$

STEP 01 ❶을 미분하여 극값을 구한 후 그래프의 개형을 그려 $y=t$와의 교점의 개수가 2가 되도록 하는 t를 구한 후 합을 구한다.

$x^2-5x+2\ln x=t$에서

$f(x)=x^2-5x+2\ln x$라 하면

$$f'(x)=2x-5+\frac{2}{x}=\frac{2x^2-5x+2}{x}=\frac{(2x-1)(x-2)}{x}$$

따라서 함수 $f(x)$의 증가와 감소를 표로 나타내면 다음과 같다.

x	(0)	$\cdots$	$\dfrac{1}{2}$	$\cdots$	2	$\cdots$
$f'(x)$		$+$	0	$-$	0	$+$
$f(x)$		↗	극대	↘	극소	↗

이때 함수 $f(x)$의 극댓값은

$$f\left(\frac{1}{2}\right)=\left(\frac{1}{2}\right)^2-5\times\frac{1}{2}+2\ln\frac{1}{2}=-\frac{9}{4}-2\ln2$$

극솟값은

$$f(2)=2^2-5\times2+2\ln2=-6+2\ln2$$

이므로 함수 $y=f(x)$의 그래프는 다음과 같다.

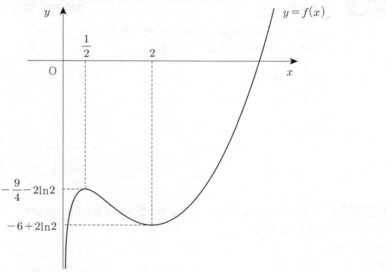

이때 x에 대한 방정식 $x^2-5x+2\ln x=t$의 서로 다른 실근의 개수가 2가 되기 위해서는

함수 $y=f(x)$의 그래프와 직선 $y=t$의 교점의 개수가 2가 되어야 하므로

$$t=-\frac{9}{4}-2\ln2 \ \text{또는}\ t=-6+2\ln2$$

따라서 모든 실수 t의 값의 합은

$$\left(-\frac{9}{4}-2\ln2\right)+(-6+2\ln2)=-\frac{33}{4}$$

27 함수의 극한값   정답률 60% | 정답 ③

실수 $t\,(0<t<\pi)$에 대하여 곡선 $y=\sin x$ 위의 ❶ 점 $\mathrm{P}\,(t,\ \sin t)$에서의 접선과 점 P를 지나고 기울기가 -1인 직선이 이루는 예각의 크기를 θ라 할 때, ❷ $\lim\limits_{t\to\pi-}\dfrac{\tan\theta}{(\pi-t)^2}$의 값은? [3점]

① $\dfrac{1}{16}$ ② $\dfrac{1}{8}$ ③ $\dfrac{1}{4}$ ④ $\dfrac{1}{2}$ ⑤ 1

STEP 01 ❶의 기울기를 구한 후 $\tan\theta$를 구한다.

$y=\sin x$에서 $y'=\cos x$이므로

곡선 $y=\sin x$ 위의 점 $\mathrm{P}(t,\ \sin t)$에서의 접선의 기울기는 $\cos t$이다.

따라서 점 P에서의 접선과 점 P를 지나고 기울기가 -1인 직선이 이루는 예각의 크기가 θ이므로

$$\tan\theta=\left|\frac{\cos t-(-1)}{1+\cos t\times(-1)}\right|=\left|\frac{\cos t+1}{1-\cos t}\right|$$

그런데 $0<t<\pi$이므로

$$\tan\theta=\frac{\cos t+1}{1-\cos t}$$

$\lim\limits_{t\to\pi-}\dfrac{\tan\theta}{(\pi-t)^2}=\lim\limits_{t\to\pi-}\dfrac{\frac{\cos t+1}{1-\cos t}}{(\pi-t)^2}=\lim\limits_{t\to\pi-}\dfrac{\cos t+1}{(\pi-t)^2(1-\cos t)}$ 이므로

$\pi-t=x$라 하면 $t\to\pi-$일 때 $x\to 0+$이고

$\cos t=\cos(\pi-x)=-\cos x$이므로

$\lim\limits_{t\to\pi-}\dfrac{\tan\theta}{(\pi-t)^2}=\lim\limits_{t\to\pi-}\dfrac{\cos t+1}{(\pi-t)^2(1-\cos t)}=\lim\limits_{x\to 0+}\dfrac{1-\cos x}{x^2(1+\cos x)}$

$\qquad=\lim\limits_{x\to 0+}\dfrac{1-\cos^2 x}{x^2(1+\cos x)^2}=\lim\limits_{x\to 0+}\dfrac{\sin^2 x}{x^2(1+\cos x)^2}$

$\qquad=\lim\limits_{x\to 0+}\left\{\left(\dfrac{\sin x}{x}\right)^2\times\dfrac{1}{(1+\cos x)^2}\right\}=1^2\times\dfrac{1}{2^2}=\dfrac{1}{4}$

●핵심 공식

▶ $\dfrac{0}{0}$ 꼴의 삼각함수의 극한

x의 단위는 라디안일 때

① $\lim\limits_{x\to 0}\dfrac{\sin x}{x}=1$

② $\lim\limits_{x\to 0}\dfrac{\tan x}{x}=1$

③ $\lim\limits_{x\to 0}\dfrac{\sin bx}{ax}=\dfrac{b}{a}$

④ $\lim\limits_{x\to 0}\dfrac{\tan bx}{ax}=\dfrac{b}{a}$

⑤ $\lim\limits_{x\to 0}\dfrac{\sin bx}{\tan ax}=\dfrac{b}{a}$

---

28 함수의 추론 　　　정답률 23% | 정답 ②

두 상수 $a(a>0)$, b에 대하여 실수 전체의 집합에서 연속인 함수 $f(x)$가 다음 조건을 만족시킬 때, $a\times b$의 값은? [4점]

(가) 모든 실수 x에 대하여
$\{f(x)\}^2+2f(x)=a\cos^3\pi x\times e^{\sin^2\pi x}+b$
이다.
(나) $f(0)=f(2)+1$

① $-\dfrac{1}{16}$ 　② $-\dfrac{7}{64}$ 　③ $-\dfrac{5}{32}$ 　④ $-\dfrac{13}{64}$ 　⑤ $-\dfrac{1}{4}$

STEP 01 조건 (가)의 양변에 $x=0$, $x=2$를 대입한 식과 조건 (나)를 이용하여 $f(2)$와 a, b의 관계식을 구한다.

조건 (가)에서
양변에 $x=0$을 대입하면
$\{f(0)\}^2+2f(0)=a+b$ 　　　　 …… ㉠
조건 (가)에서
양변에 $x=2$를 대입하면
$\{f(2)\}^2+2f(2)=a+b$ 　　　　 …… ㉡
㉠, ㉡에서
$\{f(0)\}^2+2f(0)=\{f(2)\}^2+2f(2)$
$\{f(2)-f(0)\}\{f(2)+f(0)+2\}=0$
$f(2)=f(0)$ 또는 $f(2)+f(0)+2=0$
$f(2)=f(0)$이면 조건 (나)를 만족시키지 못하므로
$f(2)+f(0)+2=0$ 　　　　 …… ㉢
조건 (나)에서
$f(0)=f(2)+1$을 ㉢에 대입하면
$2f(2)+3=0$
$f(2)=-\dfrac{3}{2}$
조건 (나)에서
$f(0)=f(2)+1=-\dfrac{3}{2}+1=-\dfrac{1}{2}$

$f(0)=-\dfrac{1}{2}$을 ㉠에 대입하면

$\left(-\dfrac{1}{2}\right)^2+2\times\left(-\dfrac{1}{2}\right)=a+b$

$a+b=-\dfrac{3}{4}$ 　　　　 …… ㉣

STEP 02 조건 (가)의 우변의 극값을 이용하여 $f(1)$을 구한다.

한편, 조건 (가)에서
양변에 1을 더하면
$\{f(x)\}^2+2f(x)+1=a\cos^3\pi x\times e^{\sin^2\pi x}+b+1$

$\{f(x)+1\}^2=a\cos^3\pi x\times e^{\sin^2\pi x}+b+1$

이때 $g(x)=a\cos^3\pi x\times e^{\sin^2\pi x}+b+1$이라 하면
$\{f(x)+1\}^2=g(x)$ 　　　　 …… ㉤

에서 모든 실수 x에 대하여
$g(x)\geq 0$이고,
$f(x)=-1\pm\sqrt{g(x)}$ 이다.

$f(0)=-\dfrac{1}{2}>-1$, $f(2)=-\dfrac{3}{2}<-1$

이고 함수 $f(x)$가 실수 전체의 집합에서 연속이므로
$f(c)=-1$인 상수 c가 열린 구간 $(0,2)$에 적어도 하나 존재한다.
$f(c)=-1\pm\sqrt{g(c)}=-1$에서 $g(c)=0$
함수 $g(x)$는 실수 전체의 집합에서 미분가능하고 모든 실수 x에 대하여
$g(x)\geq 0$이므로 함수 $g(x)$는 $x=c\,(0<c<2)$에서 극소이다.
한편,
$g'(x)=3a\cos^2\pi x\times(-\pi\sin\pi x)\times e^{\sin^2\pi x}+a\cos^3\pi x\times e^{\sin^2\pi x}$
$\qquad\qquad\qquad\qquad\qquad\times 2\sin\pi x\times\pi\cos\pi x$
$\qquad=a\pi\cos^2\pi x\times\sin\pi x\times e^{\sin^2\pi x}\times(-3+2\cos^2\pi x)$
열린구간 $(0,2)$에서
$\cos^2\pi x\geq 0$, $e^{\sin^2\pi x}>0$, $-3+2\cos^2\pi x<0$이고,
$\sin\pi x=0$에서 $x=1$
이때, $a>0$이므로 열린구간 $(0,2)$에서 함수 $g(x)$는 $x=1$에서만 극소이다.
따라서 $c=1$이므로 $g(1)=0$이다.
㉤의 양변에 $x=1$을 대입하면
$\{f(x)+1\}^2=g(1)$에서
$\{f(x)+1\}^2=0$
$f(1)=-1$

STEP 03 조건 (가)의 양변에 $x=1$을 대입한 식과 ㉣을 연립하여 a, b를 구한 후 $a\times b$의 값을 구한다.

조건 (가)에서
양변에 $x=1$을 대입하면
$\{f(1)\}^2+2f(1)=-a+b$
$(-1)^2+2\times(-1)=-a+b$
$-a+b=-1$ 　　　　 …… ㉥
㉣, ㉥을 연립하면
$a=\dfrac{1}{8}$, $b=-\dfrac{7}{8}$

따라서 $a\times b=\dfrac{1}{8}\times\left(-\dfrac{7}{8}\right)=-\dfrac{7}{64}$

---

29 음함수의 미분법 　　　정답률 17% | 정답 5

세 실수 a, b, k에 대하여 두 점 $A(a,a+k)$, $B(b,b+k)$가 곡선 $C:x^2-2xy+2y^2=15$ 위에 있다. ❶ 곡선 C 위의 점 A에서의 접선과 곡선 C 위의 점 B에서의 접선이 서로 수직일 때, k^2의 값을 구하시오.
(단, $a+2k\neq 0$, $b+2k\neq 0$) [4점]

STEP 01 ❶의 두 접선의 기울기를 구한 후 ❶을 이용하여 식을 세운다.

곡선 $x^2-2xy+2y^2=15$에서 양변을 x에 대하여 미분하면

$2x-2y-2x\dfrac{dy}{dx}+4y\dfrac{dy}{dx}=0$

$\dfrac{dy}{dx}=\dfrac{x-y}{x-2y}$ (단, $x\neq 2y$)

점 $A(a,a+k)$에서의 접선의 기울기는

$\dfrac{a-(a+k)}{a-2(a+k)}=\dfrac{k}{a+2k}$

점 $B(b,b+k)$에서의 접선의 기울기는

$\dfrac{b-(b+k)}{b-2(b+k)}=\dfrac{k}{b+2k}$

두 점 A, B에서의 접선이 서로 수직이므로

$\dfrac{k}{a+2k}\times\dfrac{k}{b+2k}=-1$

$ab+2(a+b)k+5k^2=0$ 　　　　 …… ㉠

STEP 02 두 점 A, B가 곡선 C 위의 점임을 이용하여 a, b, k의 관계식을 구한다.

점 A가 곡선 $x^2-2xy+2y^2=15$
즉, $(x-y)^2+y^2=15$ 위의 점이므로
$k^2+(a+k)^2=15$ 　　　　 …… ㉡

점 B가 곡선 $x^2-2xy+2y^2=15$

즉, $(x-y)^2+y^2=15$ 위의 점이므로

$k^2+(b+k)^2=15$ …… ㉢

㉡, ㉢에서

$(a+k)^2=(b+k)^2$

$(a-b)(a+b+2k)=0$

$a \neq b$이므로

$a+b=-2k$ …… ㉣

STEP 03 위에서 구한 식들을 연립하여 k^2의 값을 구한다.

㉣을 ㉠에 대입하면

$ab-4k^2+5k^2=0$

$k^2=-ab$ …… ㉤

㉡에서

$2k^2+2ak+a^2=15$

㉣, ㉤을 위 식에 대입하면

$-2ab+a(-a-b)+a^2=15$, $ab=-5$

따라서 $k^2=-ab=-(-5)=5$

★★★ 등급을 가르는 문제!

30 급수의 합   정답률 8% | 정답 24

수열 $\{a_n\}$은 등비수열이고, 수열 $\{b_n\}$을 모든 자연수 n에 대하여

$$b_n=\begin{cases} -1 & (a_n \leq -1) \\ a_n & (a_n > -1) \end{cases}$$

이라 할 때, 수열 $\{b_n\}$은 다음 조건을 만족시킨다.

> (가) 급수 $\displaystyle\sum_{n=1}^{\infty} b_{2n-1}$은 수렴하고 그 합은 -3이다.
>
> (나) 급수 $\displaystyle\sum_{n=1}^{\infty} b_{2n}$은 수렴하고 그 합은 8이다.

❶ $b_3=-1$일 때, $\displaystyle\sum_{n=1}^{\infty}|a_n|$의 값을 구하시오. [4점]

STEP 01 $\displaystyle\sum_{n=1}^{\infty} b_n$이 수렴하도록 수열 a_n의 공비의 범위를 구한다.

등비수열 $\{a_n\}$의 일반항을 $a_n=a_1 r^{n-1}$이라 하자.

이때 주어진 조건을 만족시키기 위해서는 $a_1 \neq 0$이다.

(i) $r>1$인 경우

 a_n의 절댓값이 한없이 커지므로 주어진 조건을 만족시킬 수 없다.

(ii) $r=1$인 경우

 a_n의 값이 일정한 값을 가지므로 주어진 조건을 만족시킬 수 없다.

(iii) $r=-1$인 경우

 a_n의 값이 a_1, $-a_1$, a_1, $-a_1$, a_1, $\cdots$이 반복되므로 주어진 조건을
 만족시킬 수 없다.

(iv) $r<-1$인 경우

 a_n의 절댓값이 한없이 커지므로 주어진 조건을 만족시킬 수 없다.

(v) $r=0$인 경우

 a_n의 값이 첫째항을 제외하고 모두 0이므로 주어진 조건을 만족시킬 수 없다.

따라서 $-1<r<0$ 또는 $0<r<1$이다.

그런데 $b_3=-1$이므로 $a_3 \leq -1$이다.

즉 $a_1 r^2 \leq -1$이다.

그런데 $0<r^2<1$이므로

$a_1 \leq -1$

따라서 $b_1=-1$이다.

또한 $a_1 \leq -1$이므로 $0<r<1$이면 a_n의 모든 항은 음수이므로 주어진 조건을
만족시킬 수 없다.

따라서 $-1<r<0$이다.

STEP 02 ❶을 이용하여 a_2, b_2부터 차례로 구하여 규칙을 찾아 b_n을 구한다.

 i) $a_2=a_1 r \leq -1$일 때

  $r \geq -\dfrac{1}{a_1}>0$이므로 모순이다.

  따라서 $a_2=a_1 r>-1$이므로 $b_2=a_2=a_1 r$

 ii) $b_3=-1$이므로 $a_3=a_1 r^2 \leq -1$

iii) $a_4=a_1 r^3 \leq -1$일 때

 $a_4=a_1 r^3=a_1 r^2 \times r \geq -r>0$이므로 모순이다.

 즉 $a_4>-1$이므로 $b_4=a_4=a_1 r^3$

iv) $a_5=a_1 r^4 \leq -1$일 때

 $b_5=-1$인데 $b_1+b_3+b_5=-3$이므로 조건 (가)에 의하여 모순이다.

 $b_5=a_5=a_1 r^4$

v) $a_6=a_4 r^2$이고 $a_4>-1$이므로

 $a_6>-r^2>-1$

 따라서

 $b_6=a_6=a_1 r^5$

 같은 방법으로 생각하면

 $b_7=a_7$, $b_8=a_8$, $b_9=a_9$, $\cdots$

 이므로

$$b_n=\begin{cases} -1 & (n=1,\ n=3) \\ a_1 r^{n-1} & (n=2,\ n \geq 4) \end{cases}$$

STEP 03 b_n을 두 조건에 대입하고 등비급수를 이용하여 극한값을 구하여 a_1과 공비를
구한 후 a_n을 구하여 $\displaystyle\sum_{n=1}^{\infty}|a_n|$의 값을 구한다.

조건 (가)에서

$\displaystyle\sum_{n=1}^{\infty} b_{2n-1}=-1+(-1)+a_1 r^4+a_1 r^6+a_1 r^8+\cdots=-2+\dfrac{a_1 r^4}{1-r^2}=-3$

$\dfrac{a_1 r^4}{1-r^2}=-1$

$a_1 r^4=r^2-1$ …… ㉠

조건 (나)에서

$\displaystyle\sum_{n=1}^{\infty} b_{2n}=a_1 r+a_1 r^3+a_1 r^5+\cdots=\dfrac{a_1 r}{1-r^2}=8$

$a_1 r=8-8r^2=8(1-r^2)$ …… ㉡

㉠, ㉡에서

$a_1 r=-8a_1 r^4$이므로

$r^3=-\dfrac{1}{8}$, $r=-\dfrac{1}{2}$

이므로 ㉡에 대입하면

$-\dfrac{1}{2}a_1=6$, $a_1=-12$

따라서 $a_n=-12\left(-\dfrac{1}{2}\right)^{n-1}$이므로

$\displaystyle\sum_{n=1}^{\infty}|a_n|=\sum_{n=1}^{\infty}\left|-12\left(-\dfrac{1}{2}\right)^{n-1}\right|$

$\displaystyle\quad\quad\quad=\sum_{n=1}^{\infty}12\left(\dfrac{1}{2}\right)^{n-1}=\dfrac{12}{1-\dfrac{1}{2}}=24$

다른 풀이

b_2, b_3, $\cdots$의 값을 조사하면 다음과 같다.

(i) b_2의 값

 $a_1 \leq -1$이고 $-1<r<0$이므로 $a_2>0$

(ii) b_3의 값

 주어진 조건으로부터 $b_3=-1$

(iii) b_4의 값

 $a_3 \leq -1$이고 $-1<r<0$이므로 $a_4>0$

 그러므로 $b_4=a_4$

 그러므로 $a_{2n}>0$이므로 $b_{2n}=a_{2n}$

조건 (나)에서

$\displaystyle\sum_{n=1}^{\infty} b_{2n}=8$이므로

$a_1 r+a_1 r^3+a_1 r^5+\cdots=8$

한편, 조건 (가)에서

$\displaystyle\sum_{n=1}^{\infty} b_{2n-1}=-3$이고 $b_1=b_3=-1$, $b_5=a_1 r^4$, $b_7=a_1 r^6$, $\cdots$ 이므로

$\displaystyle\sum_{n=1}^{\infty} b_{2n-1}=(-1)+(-1)+r^3\sum_{n=1}^{\infty} b_{2n}=-3$, $r^3 \times 8=-1$

$r=-\dfrac{1}{2}$

▶ 무한등비급수

무한등비급수 $\sum_{n=1}^{\infty} ar^{n-1} = a + ar + ar^2 + \cdots + ar^{n-1} + \cdots \ (a \neq 0)$

에서 $|r| < 1$이면 수렴하고 그 합은 $\dfrac{a}{1-r}$ 이다.

★★ 문제 해결 꿀~팁 ★★

▶ 문제 해결 방법

조건 (가), (나)에서 $\sum_{n=1}^{\infty} b_n$이 수렴하려면 일단은 수열 a_n의 공비가 $-1 < r < 1$이어야 한다. 그러므로 모든 범위의 r에 대하여 두 조건을 성립하는지 확인하는 것보다 $-1 < r < 1$의 공비에 대하여 두 조건을 성립하는지를 확인하는 것이 보다 효과적이다. 그런데 $a_1 \leq -1$이므로 $0 < r < 1$이면 a_n의 모든 항은 음수이므로 $-1 < r < 0$이다. $b_3 = -1$을 이용하여 a_2, b_2부터 차례로 구하여 규칙을 찾아 b_n을 구하면 b_1, b_3만 -1이고 나머지 항은 a_n이다.

이제 두 조건의 식에서 등비급수를 이용하여 식을 세운 후 두 식을 연립하면 a_n의 공비와 첫째항을 구할 수 있고 이를 이용하여 a_n을 구하면 된다.

주어진 항이 $b_3 = -1$뿐이나 이를 이용하여 b_n의 항을 차례로 구하여야 b_n의 규칙을 찾을 수 있다.

귀납적으로 정의된 수열에서는 주어진 항의 값을 이용하여 앞, 뒤의 항을 차례로 구하여 수열의 규칙을 찾아야 한다. 주어진 항의 앞뒤의 항이 여러 가지 값을 가질 가능성이 있는 경우에도 모든 경우에 대하여 주어진 조건을 만족할 수 있는지 확인하여 만족하는 값을 정하여야 한다.

등비급수의 합이 존재할 조건과 등비급수를 구하는 공식을 알고 있어야 함은 물론이거니와 귀납적으로 정의된 수열에서 각항을 차례로 구하여 수열의 규칙을 찾을 수 있어야 한다.

| 정답과 해설 |

03회 | 2023학년도 6월 모의평가 [고3]

●정답

공통 | 수학
01 ① 02 ② 03 ④ 04 ② 05 ③ 06 ⑤ 07 ④ 08 ③ 09 ⑤ 10 ③ 11 ⑤ 12 ③ 13 ① 14 ④ 15 ②
16 6 17 15 18 3 19 2 20 13 21 4 26 22 19
선택 | 확률과 통계
23 ② 24 ① 25 ④ 26 ② 27 ③ 28 ④ 29 115 30 9
선택 | 미적분
23 ① 24 ① 25 ② 26 ② 27 ③ 28 ⑤ 29 50 30 16

★ 표기된 문항은 [등급을 가르는 문항]에 해당하는 문제입니다.

01 지수법칙 정답률 86% | 정답 ①

❶ $(-\sqrt{2})^4 \times 8^{-\frac{2}{3}}$ 의 값은? [2점]

① 1 ② 2 ③ 3 ④ 4 ⑤ 5

STEP 01 지수법칙으로 ❶의 값을 구한다.

$(-\sqrt{2})^4 \times 8^{-\frac{2}{3}} = (-1)^4 \times \left(2^{\frac{1}{2}}\right)^4 \times (2^3)^{-\frac{2}{3}}$

$\qquad = 1 \times 2^{\frac{1}{2} \times 4} \times 2^{3 \times \left(-\frac{2}{3}\right)}$

$\qquad = 2^{2+(-2)} = 2^0 = 1$

02 미분계수 정답률 85% | 정답 ②

함수 $f(x) = x^3 + 9$에 대하여 ❶ $\lim_{h \to 0} \dfrac{f(2+h) - f(2)}{h}$ 의 값은? [2점]

① 11 ② 12 ③ 13 ④ 14 ⑤ 15

STEP 01 $f(x)$를 미분한 후 미분계수의 정의에 의하여 ❶의 값을 구한다.

$f(x) = x^3 + 9$에서 $f'(x) = 3x^2$이므로

$\lim_{h \to 0} \dfrac{f(2+h) - f(2)}{h} = f'(2) = 3 \times 2^2 = 12$

03 삼각함수 사이의 관계 정답률 85% | 정답 ④

❶ $\dfrac{\pi}{2} < \theta < \pi$인 θ에 대하여 $\cos^2\theta = \dfrac{4}{9}$일 때, $\sin^2\theta + \cos\theta$의 값은? [3점]

① $-\dfrac{4}{9}$ ② $-\dfrac{1}{3}$ ③ $-\dfrac{2}{9}$ ④ $-\dfrac{1}{9}$ ⑤ 0

STEP 01 ❶에서 $\cos\theta$를 구한 후 $\sin^2\theta + \cos\theta$의 값을 구한다.

$\cos^2\theta = \dfrac{4}{9}$ 이고 $\dfrac{\pi}{2} < \theta < \pi$일 때 $\cos\theta < 0$ 이므로 $\cos\theta = -\dfrac{2}{3}$

한편, $\sin^2\theta + \cos^2\theta = 1$ 이므로

$\sin^2\theta = 1 - \cos^2\theta = 1 - \dfrac{4}{9} = \dfrac{5}{9}$

따라서 $\sin^2\theta + \cos\theta = \dfrac{5}{9} + \left(-\dfrac{2}{3}\right) = -\dfrac{1}{9}$

04 함수의 극한 정답률 87% | 정답 ②

함수 $y = f(x)$의 그래프가 그림과 같다.

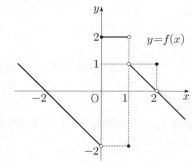

❶ $\lim_{x \to 0-} f(x) + \lim_{x \to 1+} f(x)$ 의 값은? [3점]

① -2 ② -1 ③ 0 ④ 1 ⑤ 2

STEP 01 그래프에서 ❶의 극한값을 각각 구한 후 합을 구한다.

$x \to 0-$일 때 $f(x) \to -2$이고, $x \to 1+$일 때
$f(x) \to 1$이므로
$$\lim_{x \to 0-} f(x) + \lim_{x \to 1+} f(x) = (-2) + 1 = -1$$

---

05 등비수열 정답률 87% | 정답 ③

모든 항이 양수인 등비수열 $\{a_n\}$에 대하여
$$a_1 = \frac{1}{4},\ \text{❶}\ a_2 + a_3 = \frac{3}{2}$$
일 때, $a_6 + a_7$의 값은? [3점]

① 16　② 20　③ 24　④ 28　⑤ 32

STEP 01 ❶에서 공비를 구한 후 $a_6 + a_7$의 값을 구한다.

등비수열 $\{a_n\}$의 모든 항이 양수이므로
공비를 $r(r>0)$라 하면
$$a_2 + a_3 = a_1 r + a_1 r^2 = \frac{1}{4}r + \frac{1}{4}r^2 = \frac{3}{2}$$
$$r^2 + r - 6 = 0,\ (r+3)(r-2) = 0$$
$r > 0$이므로 $r = 2$
따라서
$$a_6 + a_7 = a_1 r^5 + a_1 r^6 = \frac{1}{4} \times 2^5 + \frac{1}{4} \times 2^6 = 24$$

●핵심 공식

▶ 등비수열

첫째항이 a, 공비가 r인 등비수열에서 일반항 a_n은 $a_n = ar^{n-1}$ ($n=1, 2, 3, \cdots$)

---

06 함수의 연속 정답률 71% | 정답 ⑤

두 양수 a, b에 대하여 함수 $f(x)$가
$$f(x) = \begin{cases} x+a & (x < -1) \\ x & (-1 \le x < 3) \\ bx-2 & (x \ge 3) \end{cases}$$
이다. 함수 $|f(x)|$가 실수 전체의 집합에서 연속일 때, $a \pm b$의 값은? [3점]

① $\frac{7}{3}$　② $\frac{8}{3}$　③ 3　④ $\frac{10}{3}$　⑤ $\frac{11}{3}$

STEP 01 $|f(x)|$가 $x=-1$, $x=3$에서 연속일 조건으로 a, b를 구한 후 합을 구한다.

함수 $|f(x)|$가 실수 전체의 집합에서 연속이므로 $x=-1$, $x=3$에서도 연속이어야 한다.
(i) 함수 $|f(x)|$가 $x=-1$에서 연속이므로
$$\lim_{x \to -1-}|f(x)| = \lim_{x \to -1+}|f(x)| = |f(-1)|$$
이어야 한다. 이때
$$\lim_{x \to -1-}|f(x)| = \lim_{x \to -1-}|x+a| = |-1+a|,$$
$$\lim_{x \to -1+}|f(x)| = \lim_{x \to -1+}|x| = 1,$$
$$|f(-1)| = |-1| = 1$$이므로
$$|-1+a| = 1$$
$a > 0$이므로 $a = 2$
(ii) 함수 $|f(x)|$가 $x=3$에서 연속이므로
$$\lim_{x \to 3-}|f(x)| = \lim_{x \to 3+}|f(x)| = |f(3)|$$
이어야 한다. 이때
$$\lim_{x \to 3-}|f(x)| = \lim_{x \to 3-}|x| = 3,$$
$$\lim_{x \to 3+}|f(x)| = \lim_{x \to 3+}|bx-2| = |3b-2|,$$
$$|f(3)| = |3b-2|$$이므로
$$|3b-2| = 3$$
$b > 0$이므로 $b = \frac{5}{3}$
(i), (ii)에 의하여
$$a + b = 2 + \frac{5}{3} = \frac{11}{3}$$

---

07 삼각함수의 그래프 정답률 69% | 정답 ④

닫힌구간 $[0, \pi]$에서 정의된 함수 $f(x) = -\sin 2x$가 $x=a$에서 최댓값을 갖고 $x=b$에서 최솟값을 갖는다. 곡선 $y=f(x)$ 위의 ❶ 두 점 $(a, f(a))$, $(b, f(b))$를 지나는 직선의 기울기는? [3점]

① $\frac{1}{\pi}$　② $\frac{2}{\pi}$　③ $\frac{3}{\pi}$　④ $\frac{4}{\pi}$　⑤ $\frac{5}{\pi}$

STEP 01 함수 $y=f(x)$의 그래프를 그려 a, b를 구한 후 ❶을 구한다.

함수 $f(x) = -\sin 2x$의 주기는 $\frac{2\pi}{2} = \pi$이므로 함수 $y=f(x)$의 그래프는 다음과 같다.

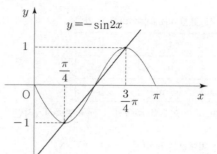

함수 $f(x)$는
$x = \frac{\pi}{4}$일 때 최솟값 $f\left(\frac{\pi}{4}\right) = -\sin\frac{\pi}{2} = -1$을 갖고,
$x = \frac{3}{4}\pi$일 때 최댓값 $f\left(\frac{3}{4}\pi\right) = -\sin\frac{3}{2}\pi = 1$을 갖는다.
따라서 $a = \frac{3\pi}{4}$, $b = \frac{\pi}{4}$이므로 두 점 $\left(\frac{3}{4}\pi, 1\right)$, $\left(\frac{\pi}{4}, -1\right)$을 지나는 직선의
기울기는
$$\frac{1-(-1)}{\frac{3}{4}\pi - \frac{\pi}{4}} = \frac{2}{\frac{\pi}{2}} = \frac{4}{\pi}$$

●핵심 공식

▶ 삼각함수의 그래프

$y = a\sin(bx+c) \Rightarrow$ 주기 : $\frac{2\pi}{|b|}$, 최댓값 $|a|$, 최솟값 $-|a|$

$y = a\cos(bx+c) \Rightarrow$ 주기 : $\frac{2\pi}{|b|}$, 최댓값 $|a|$, 최솟값 $-|a|$

$y = a\tan(bx+c) \Rightarrow$ 주기 : $\frac{\pi}{|b|}$, 최댓값과 최솟값은 없다.

---

08 평균값의 정리 정답률 59% | 정답 ③

실수 전체의 집합에서 미분가능하고 다음 조건을 만족시키는 모든 함수 $f(x)$에 대하여 $f(5)$의 최솟값은? [3점]

(가) $f(1) = 3$
(나) $1 < x < 5$인 모든 실수 x에 대하여 $f'(x) \ge 5$이다.

① 21　② 22　③ 23　④ 24　⑤ 25

STEP 01 평균값의 정리를 이용하여 $f(5)$의 최솟값을 구한다.

함수 $f(x)$는 닫힌구간 $[1, 5]$에서 연속이고
열린구간 $(1, 5)$에서 미분가능하므로 평균값의 정리에 의하여
$$\frac{f(5)-f(1)}{5-1} = f'(c) \qquad \cdots\cdots \ominus$$
를 만족하는 상수 c가 열린구간 $(1, 5)$에 적어도 하나 존재한다.
이때, 조건 (나)에 의하여 $f'(c) \ge 5$이므로
$\ominus$에서 $\frac{f(5)-3}{4} \ge 5$
$$f(5) \ge 23$$
따라서 $f(5)$의 최솟값은 23이다.

---

09 도함수의 활용 정답률 74% | 정답 ⑤

두 함수
$$f(x) = x^3 - x + 6,\ g(x) = x^2 + a$$
가 있다. $x \ge 0$인 모든 실수 x에 대하여 부등식
❶ $f(x) \ge g(x)$

가 성립할 때, 실수 a의 최댓값은? [4점]

① 1 ② 2 ③ 3 ④ 4 ⑤ 5

STEP 01 $f(x)-g(x)$를 미분하여 최솟값을 구한 후 ❶을 만족하도록 하는 a의 범위를 구하여 a의 최댓값을 구한다.

$h(x)=f(x)-g(x)$라 하면 $h(x)=x^3-x^2-x+6-a$

이때 $x \geq 0$인 모든 실수 x에 대하여 부등식 $h(x) \geq 0$이 성립하려면 $x \geq 0$에서 함수 $h(x)$의 최솟값이 0 이상이어야 한다.

$h'(x)=3x^2-2x-1=(3x+1)(x-1)$이므로

$h'(x)=0$에서

$x=-\dfrac{1}{3}$ 또는 $x=1$

$x \geq 0$에서 함수 $h(x)$의 증가와 감소를 표로 나타내면 다음과 같다.

x	0	$\cdots$	1	$\cdots$
$h'(x)$		$-$	0	$+$
$h(x)$	$6-a$	$\searrow$	$5-a$	$\nearrow$

즉, $x \geq 0$에서 함수 $h(x)$의 최솟값이 $5-a$이므로 주어진 조건을 만족시키려면 $5-a \geq 0$이어야 한다.

따라서 $a \leq 5$이므로 구하는 실수 a의 최댓값은 5이다.

---

10 코사인법칙 ┃ 정답률 48% ┃ 정답 ③

그림과 같이 $\overline{AB}=3$, $\overline{BC}=2$, $\overline{AC}>3$이고 $\cos(\angle BAC)=\dfrac{7}{8}$인 삼각형 ABC가 있다. 선분 AC의 중점을 M, 삼각형 ABC의 외접원이 직선 BM과 만나는 점 중 B가 아닌 점을 D라 할 때, 선분 MD의 길이는? [4점]

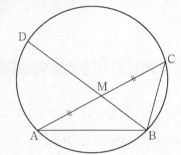

① $\dfrac{3\sqrt{10}}{5}$ ② $\dfrac{7\sqrt{10}}{10}$ ③ $\dfrac{4\sqrt{10}}{5}$ ④ $\dfrac{9\sqrt{10}}{10}$ ⑤ $\sqrt{10}$

STEP 01 두 삼각형 ABC와 ABM에서 각각 코사인법칙에 의하여 $\overline{AC}$, $\overline{MB}$를 구한다.

$\angle BAC=\theta$, $\overline{AC}=a$라 하면 삼각형 ABC에서 코사인법칙에 의하여

$\overline{BC}^2=\overline{AB}^2+\overline{AC}^2-2 \times \overline{AB} \times \overline{AC} \times \cos\theta$

즉,

$2^2=3^2+a^2-2 \times 3 \times a \times \dfrac{7}{8}$

$a^2-\dfrac{21}{4}a+5=0$

$4a^2-21a+20=0$

$(4a-5)(a-4)=0$

따라서 조건에서 $a>3$이므로 $a=4$

$\overline{AM}=\overline{CM}=\dfrac{a}{2}=2$

같은 방법으로 삼각형 ABM에서 코사인법칙에 의하여

$\overline{MB}^2=\overline{AB}^2+\overline{AM}^2-2 \times \overline{AB} \times \overline{AM} \times \cos\theta$

$=3^2+2^2-2 \times 3 \times 2 \times \dfrac{7}{8}=\dfrac{5}{2}$

이므로

$\overline{MB}=\sqrt{\dfrac{5}{2}}=\dfrac{\sqrt{10}}{2}$

STEP 02 두 삼각형 ABM와 DCM의 닮음을 이용하여 $\overline{MD}$를 구한다.

이때 두 삼각형 ABM, DCM은 서로 닮은 도형이므로

$\overline{MA} \times \overline{MC}=\overline{MB} \times \overline{MD}$에서

$2 \times 2=\dfrac{\sqrt{10}}{2} \times \overline{MD}$

따라서 $\overline{MD}=\dfrac{8}{\sqrt{10}}=\dfrac{4\sqrt{10}}{5}$

▶ 코사인법칙

세 변의 길이를 각각 a, b, c라 하고 b, c 사이의 끼인각을 A라 하면

$$a^2=b^2+c^2-2bc\cos A, \left(\cos A=\dfrac{b^2+c^2-a^2}{2bc}\right)$$

---

11 적분의 활용 ┃ 정답률 62% ┃ 정답 ⑤

시각 $t=0$일 때 동시에 원점을 출발하여 수직선 위를 움직이는 두 점 P, Q의 시각 $t(t \geq 0)$에서의 속도가 각각

$$v_1(t)=2-t, \quad v_2(t)=3t$$

이다. ❶ 출발한 시각부터 점 P가 원점으로 돌아올 때까지 ❷ 점 Q가 움직인 거리는? [4점]

① 16 ② 18 ③ 20 ④ 22 ⑤ 24

STEP 01 $v_1(t)$를 적분하여 ❶의 t를 구한 후 $v_2(t)$의 적분을 이용하여 ❷를 구한다.

점 P의 시각 $t(t \geq 0)$에서의 위치를 $x_1(t)$라 하면

$x_1(t)=\displaystyle\int_0^t (2-t)dt=\left[2t-\dfrac{1}{2}t^2\right]_0^t=2t-\dfrac{1}{2}t^2$

따라서, 출발 후 점 P가 다시 원점으로 돌아온 시각은

$2t-\dfrac{1}{2}t^2=0$, $t^2-4t=0$

$t(t-4)=0$

$t=4$이므로

출발한 시각부터 점 P가 원점으로 돌아올 때까지 점 Q가 움직인 거리는

$\displaystyle\int_0^4 |3t|dt=\int_0^4 3t\,dt=\left[\dfrac{3}{2}t^2\right]_0^4=24$

●핵심 공식

▶ 속도와 이동거리

수직선 위를 움직이는 점 p의 시각 t에서의 속도를 $v(t)$라 할 때, $t=a$에서 $t=b$ $(a<b)$까지의 실제 이동거리 s는 $s=\displaystyle\int_a^b |v(t)|dt$이다.

---

12 등차수열의 활용 ┃ 정답률 53% ┃ 정답 ③

공차가 3인 등차수열 $\{a_n\}$이 다음 조건을 만족시킬 때, a_{10}의 값은? [4점]

(가) $a_5 \times a_7 < 0$

(나) $\displaystyle\sum_{k=1}^{6}|a_{k+6}|=6+\sum_{k=1}^{6}|a_{2k}|$

① $\dfrac{21}{2}$ ② 11 ③ $\dfrac{23}{2}$ ④ 12 ⑤ $\dfrac{25}{2}$

STEP 01 조건 (가)에서 a_5, a_7의 부호를 판단한 후 조건 (나)를 전개한다.

등차수열 $\{a_n\}$의 공차가 양수이고 조건 (가)에서

$a_5 \times a_7 < 0$이므로 $a_5 < 0$, $a_7 > 0$

즉, $n \leq 5$일 때 $a_n < 0$이고, $n \geq 7$일 때 $a_n > 0$이다.

이때 조건 (나)에서

$\displaystyle\sum_{k=1}^{6}|a_{k+6}|=6+\sum_{k=1}^{6}|a_{2k}|$이므로

$|a_7|+|a_8|+|a_9|+|a_{10}|+|a_{11}|+|a_{12}|$

$=6+|a_2|+|a_4|+|a_6|+|a_8|+|a_{10}|+|a_{12}|$

$a_7+a_9+a_{11}=6-a_2-a_4+|a_6|$

등차수열 $\{a_n\}$의 공차가 3이므로

$(a_1+18)+(a_1+24)+(a_1+30)=6-(a_1+3)-(a_1+9)+|a_1+15|$

$|a_1+15|=5a_1+78$ ······ ㉠

STEP 02 ㉠에서 만족하는 a_1을 구한 후 등차수열의 일반항으로 a_{10}의 값을 구한다.

㉠에서 $a_1+15 \geq 0$이면

$a_1+15=5a_1+78$

$4a_1=-63$

$a_1=-\dfrac{63}{4}<-15$

이므로 조건을 만족시키지 않는다.

즉, $a_1 + 15 < 0$이므로 ㉠에서
$$-a_1 - 15 = 5a_1 + 78$$
$$6a_1 = -93$$
$$a_1 = -\frac{31}{2}$$
따라서
$$a_{10} = a_1 + 9 \times 3 = -\frac{31}{2} + 27 = \frac{23}{2}$$

●핵심 공식

▶ 등차수열

첫째항이 a, 공차가 d인 등차수열의 일반항 a_n은 $a_n = a + (n-1)d$ $(n = 1, 2, 3, \cdots)$

---

13 등비수열과 지수방정식 정답률 45% | 정답 ①

두 곡선 $y = 16^x$, $y = 2^x$과 한 점 $A(64, 2^{64})$이 있다.
점 A를 지나며 x축과 평행한 직선이 곡선 $y = 16^x$과 만나는 점을 P_1이라 하고, 점 P_1을 지나며 y축과 평행한 직선이 곡선 $y = 2^x$과 만나는 점을 Q_1이라 하자.
점 Q_1을 지나며 x축과 평행한 직선이 곡선 $y = 16^x$과 만나는 점을 P_2라 하고, 점 P_2를 지나며 y축과 평행한 직선이 곡선 $y = 2^x$과 만나는 점을 Q_2라 하자.
이와 같은 과정을 계속하여 n번째 얻은 두 점을 각각 P_n, Q_n이라 하고 점 Q_n의 x좌표를 x_n이라 할 때, ❶ $x_n < \dfrac{1}{k}$을 만족시키는 n의 최솟값이 6이 되도록 하는 자연수 k의 개수는? [4점]
① 48　② 51　③ 54　④ 57　⑤ 60

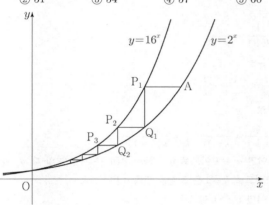

STEP 01 점 A의 좌표를 이용하여 두 점 Q_1, P_1의 좌표를 구한 후 x_n을 구한다.

점 A의 x좌표는 64이고 점 Q_1의 x좌표는 x_1이다.
이때 두 점 A와 P_1의 y좌표가 같으므로
$2^{64} = 16^{x_1}$에서 $2^{64} = 2^{4x_1}$
$4x_1 = 64$에서 $x_1 = 16$
같은 방법으로 모든 자연수 n에 대하여 두 점 P_n, Q_n의 x좌표는 x_n으로 서로 같고, 두 점 Q_n, P_{n+1}의 y좌표는 같으므로
$2^{x_n} = 16^{x_{n+1}}$
즉, $2^{x_n} = 2^{4x_{n+1}}$이므로
$$x_{n+1} = \frac{1}{4} x_n$$
따라서 수열 $\{x_n\}$은 첫째항이 16, 공비가 $\dfrac{1}{4}$인 등비수열이므로
$$x_n = 16 \times \left(\frac{1}{4}\right)^{n-1} = 2^4 \times 2^{-2n+2} = 2^{6-2n}$$

STEP 02 ❶을 이용하여 k의 범위를 구하여 만족하는 자연수 k의 개수를 구한다.

한편, $x_n < \dfrac{1}{k}$을 만족시키는 n의 최솟값이 6이므로
$x_5 \geq \dfrac{1}{k}$이고 $x_6 < \dfrac{1}{k}$이어야 한다.
$x_5 \geq \dfrac{1}{k}$에서 $2^{-4} \geq \dfrac{1}{k}$
즉, $\dfrac{1}{16} \geq \dfrac{1}{k}$에서 $k \geq 16$ ……㉠
$x_6 < \dfrac{1}{k}$에서 $2^{-6} < \dfrac{1}{k}$
즉, $\dfrac{1}{64} < \dfrac{1}{k}$에서 $k < 64$ ……㉡

㉠, ㉡에서 $16 \leq k < 64$이므로 자연수 k의 개수는
$64 - 16 = 48$이다.

---

14 함수의 그래프 정답률 39% | 정답 ④

실수 전체의 집합에서 연속인 함수 $f(x)$와 ❶ 최고차항의 계수가 1인 삼차함수 $g(x)$가
$$g(x) = \begin{cases} -\displaystyle\int_0^x f(t)dt & (x < 0) \\ \displaystyle\int_0^x f(t)dt & (x \geq 0) \end{cases}$$
을 만족시킬 때, <보기>에서 옳은 것만을 있는 대로 고른 것은? [4점]

── <보기> ──
ㄱ. $f(0) = 0$
ㄴ. 함수 $f(x)$는 극댓값을 갖는다.
ㄷ. $2 < f(1) < 4$일 때, 방정식 $f(x) = x$의 서로 다른 실근의 개수는 3이다.

① ㄱ　② ㄷ　③ ㄱ, ㄴ　④ ㄱ, ㄷ　⑤ ㄱ, ㄴ, ㄷ

STEP 01 ㄱ. $g(x)$가 $x = 0$에서 미분가능할 조건으로 $f(0)$을 구하여 참, 거짓을 판별한다.

ㄱ. $x < 0$일 때 $g'(x) = -f(x)$
$x > 0$일 때 $g'(x) = f(x)$
그런데, 함수 $g(x)$는 $x = 0$에서 미분가능하고 함수 $f(x)$는 실수 전체의 집합에서 연속이므로
$$\lim_{x \to 0-}\{-f(x)\} = \lim_{x \to 0+}f(x)$$
$-f(0) = f(0)$, $2f(0) = 0$이므로
$f(0) = 0$ ∴ 참

STEP 02 ㄴ. ❶의 한 실근을 미지수 a로 놓고 $g(x)$의 식을 세운 후 a의 범위에 따라 각각 극댓값을 갖는지를 조사하여 참, 거짓을 판별한다.

ㄴ. $g(0) = \displaystyle\int_0^0 f(t)dt = 0$이고
함수 $g(x)$는 삼차함수이므로
$g(x) = x^2(x - a)$ (단, a는 상수)로 놓으면
$g'(x) = 2x(x - a) + x^2 = x(3x - 2a)$
(i) $a > 0$일 때
$$f(x) = \begin{cases} -x(3x - 2a) & (x < 0) \\ x(3x - 2a) & (x \geq 0) \end{cases}$$
이므로 함수 $y = f(x)$의 그래프는 그림과 같고 $x = 0$에서 극댓값을 갖는다.

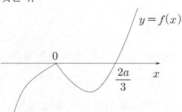

(ii) $a < 0$일 때
$$f(x) = \begin{cases} -x(3x - 2a) & (x < 0) \\ x(3x - 2a) & (x \geq 0) \end{cases}$$
이므로 함수 $y = f(x)$의 그래프는 그림과 같고 $x = \dfrac{a}{3}$에서 극댓값을 갖는다.

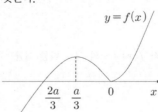

(iii) $a = 0$일 때
$$f(x) = \begin{cases} -3x^2 & (x < 0) \\ 3x^2 & (x \geq 0) \end{cases}$$
이므로 함수 $y = f(x)$의 그래프는 그림과 같고 극댓값이 존재하지 않는다. ∴ 거짓

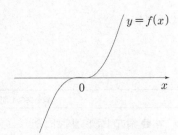
$$y=f(x)$$

ㄷ.

(ⅰ) ㄴ. (ⅰ)의 경우

$f(1)=3-2a$이므로 $2<3-2a<4$에서

$0<a<\dfrac{1}{2}$

또한, $x<0$일 때

$f'(x)=-(3x-2a)-3x=-6x+2a$이므로

$\lim\limits_{x\to 0-}f'(x)=2a$

이때 $0<2a<1$이므로 함수 $y=f(x)$의 그래프와 직선 $y=x$는 그림과 같이 서로 다른 세 점에서 만난다.

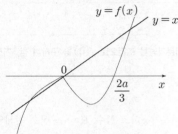

따라서 $2<f(1)<4$일 때, 방정식 $f(x)=x$의 서로 다른 실근의 개수는 3이다.

(ⅱ) ㄴ. (ⅱ)의 경우

$f(1)=3-2a$이므로 $2<3-2a<4$에서

$-\dfrac{1}{2}<a<0$

또한, $x>0$일 때

$f'(x)=(3x-2a)+3x=6x-2a$이므로

$\lim\limits_{x\to 0+}f'(x)=-2a$

이때 $0<-2a<1$이므로 함수 $y=f(x)$의 그래프와 직선 $y=x$는 그림과 같이 서로 다른 세 점에서 만난다.

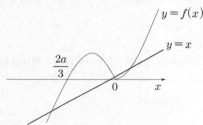

따라서 $2<f(1)<4$일 때, 방정식 $f(x)=x$의 서로 다른 실근의 개수는 3이다.

(ⅲ) ㄴ. (ⅲ)의 경우

$f(1)=3$이고 함수 $y=f(x)$의 그래프와 직선 $y=x$는 그림과 같이 서로 다른 세 점에서 만난다.

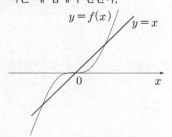

따라서 $2<f(1)<4$일 때, 방정식 $f(x)=x$의 서로 다른 실근의 개수는 3이다.

∴ 참

이상에서 옳은 것은 ㄱ, ㄷ이다.

다른 풀이

ㄷ.

(ⅰ) ㄴ. (ⅰ)의 경우 $0<a<\dfrac{1}{2}$이고

ⅰ) $x<0$일 때, $-x(3x-2a)=x$

$-3x+2a=1,\ x=\dfrac{2a-1}{3}$

ⅱ) $x\geq 0$일 때, $x(3x-2a)=x$

$x(3x-2a-1)=0$

$x=0$ 또는 $x=\dfrac{2a+1}{3}$

따라서 $2<f(1)<4$일 때, 방정식 $f(x)=x$은 서로 다른 실근

$\dfrac{2a-1}{3},\ 0,\ \dfrac{2a+1}{3}$ 을 갖는다.

15 수열의 귀납법　　　　　　정답률 26% | 정답 ②

자연수 k에 대하여 다음 조건을 만족시키는 수열 $\{a_n\}$이 있다.

$a_1=0$이고, 모든 자연수 n에 대하여

$$a_{n+1}=\begin{cases} a_n+\dfrac{1}{k+1} & (a_n\leq 0) \\[2mm] a_n-\dfrac{1}{k} & (a_n>0) \end{cases}$$

이다.

❶ $a_{22}=0$이 되도록 하는 모든 k의 값의 합은? [4점]

① 12　　② 14　　③ 16　　④ 18　　⑤ 20

$a_1=0$이므로

$a_2=a_1+\dfrac{1}{k+1}=\dfrac{1}{k+1}$

$a_2>0$이므로

$a_3=a_2-\dfrac{1}{k}=\dfrac{1}{k+1}-\dfrac{1}{k}$

$a_3<0$이므로

$a_4=a_3+\dfrac{1}{k+1}=\dfrac{2}{k+1}-\dfrac{1}{k}=\dfrac{k-1}{k(k+1)}$

이때 $k=1$이면 $a_4=0$이므로 $n=3m-2$(m은 자연수)일 때 $a_n=0$이다.

즉, $a_{22}=0$이므로 $k=1$은 조건을 만족시킨다.

한편 $k>1$이면 $a_4>0$이므로

$a_5=a_4-\dfrac{1}{k}=\dfrac{2}{k+1}-\dfrac{2}{k}$

$a_5<0$이므로

$a_6=a_5+\dfrac{1}{k+1}=\dfrac{3}{k+1}-\dfrac{2}{k}=\dfrac{k-2}{k(k+1)}$

이때 $k=2$이면 $a_6=0$이므로 $n=5m-4$

(m은 자연수)일 때 $a_n=0$이다.

즉, $a_{22}\neq 0$이므로 $k=2$는 조건을 만족시키지 않는다.

한편 $k>2$이면 $a_6>0$이므로

$a_7=a_6-\dfrac{1}{k}=\dfrac{3}{k+1}-\dfrac{3}{k}$

$a_7<0$이므로

$a_8=\dfrac{4}{k+1}-\dfrac{3}{k}=\dfrac{k-3}{k(k+1)}$

마찬가지 방법으로 계속하면

$k=3$이면 $a_8=0$이고 이때 $a_{22}=0$이다.

$k=4$이면 $a_{10}=0$이고 이때 $a_{22}\neq 0$이다.

$5\leq k\leq 9$이면 $a_{22}\neq 0$이다.

$k=10$이면 $a_{22}=0$이다.

$k\geq 11$이면 $a_{22}\neq 0$이다.

따라서 조건을 만족시키는 모든 k의 값은 1, 3, 10이므로 구하는 모든 k의 값의 합은

$1+3+10=14$

16 로그방정식　　　　　　정답률 83% | 정답 6

방정식 $\log_2(x+2)+\log_2(x-2)=5$를 만족시키는 실수 x의 값을 구하시오.

[3점]

STEP 01 진수조건에서 x의 범위를 구한 후 방정식을 풀어 만족하는 x의 값을 구한다.

진수조건에서 $x+2>0$이고 $x-2>0$이어야 하므로

$x>2$ ······ ㉠

$\log_2(x+2)+\log_2(x-2)=\log_2(x+2)(x-2)=\log_2(x^2-4)=5$

$x^2-4=2^5$

$x^2=36$ ······ ㉡

㉠, ㉡에서 $x=6$

---

17 부정적분   정답률 83% | 정답 15

함수 $f(x)$에 대하여 $f'(x)=8x^3+6x^2$이고 ❶ $f(0)=-1$일 때, $f(-2)$의 값을 구하시오. [3점]

STEP 01 $f'(x)$를 적분하여 $f(x)$를 구한 후 ❶을 이용하여 적분상수를 구한 다음 $f(-2)$의 값을 구한다.

$f(x)=\displaystyle\int(8x^3+6x^2)dx=2x^4+2x^3+C$ (단, C는 적분상수)이므로

$f(0)=C=-1$

따라서 $f(x)=2x^4+2x^3-1$

그러므로 $f(-2)=32-16-1=15$

---

18 수열의 합   정답률 80% | 정답 3

❶ $\displaystyle\sum_{k=1}^{10}(4k+a)=250$일 때, 상수 a의 값을 구하시오. [3점]

STEP 01 $\sum$의 성질을 이용하여 ❶에서 a의 값을 구한다.

$\displaystyle\sum_{k=1}^{10}(4k+a)=4\sum_{k=1}^{10}k+10a=4\times\frac{10\times11}{2}+10a=220+10a$

즉, $220+10a=250$이므로 $10a=30$

따라서 $a=3$

● 핵심 공식

▶ 자연수의 거듭제곱의 합

(1) $\displaystyle\sum_{k=1}^{n}k=\frac{n(n+1)}{2}$ (2) $\displaystyle\sum_{k=1}^{n}k^2=\frac{n(n+1)(2n+1)}{6}$

(3) $\displaystyle\sum_{k=1}^{n}c=cn$

---

19 함수의 극대와 극소   정답률 62% | 정답 2

함수 $f(x)=x^4+ax^2+b$는 ❶ $x=1$에서 극소이다. 함수 $f(x)$의 ❷ 극댓값이 4일 때, $a+b$의 값을 구하시오. (단, a와 b는 상수이다.) [3점]

STEP 01 $f(x)$를 미분하고 ❶에서 a를 구한 후 ❷에서 b를 구한 다음 $a+b$의 값을 구한다.

$f(x)=x^4+ax^2+b$에서

$f'(x)=4x^3+2ax$

함수 $f(x)$가 $x=1$에서 극소이므로

$f'(1)=4+2a=0$에서 $a=-2$

그러므로

$f'(x)=4x^3-4x=4x(x-1)(x+1)$이므로

$f'(x)=0$에서 $x=-1$ 또는 $x=0$ 또는 $x=1$

함수 $f(x)$는 $x=0$에서 극댓값 4를 가지므로

$f(0)=b=4$

따라서 $a+b=(-2)+4=2$

★★★ 등급을 가르는 문제!

20 정적분으로 나타낸 함수   정답률 12% | 정답 13

❶ 최고차항의 계수가 2인 이차함수 $f(x)$에 대하여

함수 $g(x)=\displaystyle\int_x^{x+1}|f(t)|dt$는 ❷ $x=1$과 $x=4$에서 극소이다.

$f(0)$의 값을 구하시오. [4점]

STEP 01 ❶의 식을 놓고 ❷를 이용하여 $f(0)$의 값을 구한다.

모든 실수 x에 대하여 $f(x)\geq0$이면

$g(x)=\displaystyle\int_x^{x+1}|f(t)|dt=\int_x^{x+1}f(t)dt$

이므로 $g(x)$는 이차함수이고 이때 $g(x)$가 극소인 x의 값은 1개뿐이다.

따라서 조건을 만족시키지 못한다.

$f(x)=2(x-\alpha)(x-\beta)$ $(\alpha<\beta)$라 하면 함수 $y=|f(x)|$의 그래프는 그림과 같고

$x=1$, $x=4$에서 함수 $g(x)$가 극소이므로

$g'(1)=0$, $g'(4)=0$이다.

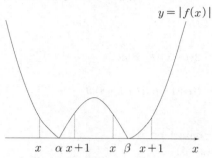

$y=|f(x)|$

(i) $x<\alpha<x+1$일 때

$g(x)=\displaystyle\int_x^{x+1}|f(t)|dt$

$=\displaystyle\int_x^{\alpha}f(t)dt+\int_{\alpha}^{x+1}\{-f(t)\}dt$

$=\displaystyle-\int_{\alpha}^{x}f(t)dt-\int_{\alpha}^{x+1}f(t)dt$

$=\displaystyle-\int_{\alpha}^{x}2(t-\alpha)(t-\beta)dt-\int_{\alpha}^{x+1}2(t-\alpha)(t-\beta)dt$

$=\displaystyle-\int_{\alpha}^{x}2(t-\alpha)(t-\beta)dt-\int_{\alpha-1}^{x}2(t+1-\alpha)(t+1-\beta)dt$

이므로

$g'(x)=-2(x-\alpha)(x-\beta)-2(x+1-\alpha)(x+1-\beta)$

$g'(1)=-2(1-\alpha)(1-\beta)-2(2-\alpha)(2-\beta)$

$=6\alpha+6\beta-4\alpha\beta-10=0$

$3\alpha+3\beta-2\alpha\beta-5=0$ ······ ㉠

(ii) $x<\beta<x+1$일 때

$g(x)=\displaystyle\int_x^{x+1}|f(t)|dt$

$=\displaystyle\int_x^{\beta}\{-f(t)\}dt+\int_{\beta}^{x+1}f(t)dt$

$=\displaystyle\int_{\beta}^{x}f(t)dt+\int_{\beta}^{x+1}f(t)dt$

$=\displaystyle\int_{\beta}^{x}2(t-\alpha)(t-\beta)dt+\int_{\beta}^{x+1}2(t-\alpha)(t-\beta)dt$

$=\displaystyle\int_{\beta}^{x}2(t-\alpha)(t-\beta)dt+\int_{\beta-1}^{x}2(t+1-\alpha)(t+1-\beta)dt$

이므로

$g'(x)=2(x-\alpha)(x-\beta)+2(x+1-\alpha)(x+1-\beta)$

$g'(4)=2(4-\alpha)(4-\beta)+2(5-\alpha)(5-\beta)=82-18\alpha-18\beta+4\alpha\beta=0$

$9\alpha+9\beta-2\alpha\beta-41=0$ ······ ㉡

㉠, ㉡에서 $\alpha\beta=\dfrac{13}{2}$이므로

$f(0)=2\alpha\beta=2\times\dfrac{13}{2}=13$

다른 풀이

모든 실수 x에 대하여 $f(x)\geq0$이면 $g(x)$가 극소인 x의 값은 1개로 조건을 만족시키지 못하므로

$f(x)=2(x-\alpha)(x-\beta)$ $(\alpha<\beta)$라 할 수 있고

$x=1$, $x=4$에서 함수 $g(x)$가 극소이므로 함수 $y=|f(x)|$의 그래프는 그림과 같다.

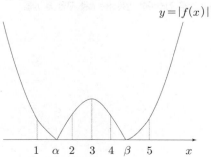

$y=|f(x)|$

$y=|f(x)|$의 그래프는 $x=3$에 대하여 대칭이므로 $f(x)=2(x-3)^2+k$라 할 수 있다.

$x=1$에서 함수 $g(x)$가 극소이므로 $g'(1)=0$이다.

$x<\alpha<x+1$일 때

$$g(x)=\int_x^{x+1}|f(t)|dt$$
$$=\int_x^{\alpha}f(t)dt+\int_{\alpha}^{x+1}\{-f(t)\}dt$$
$$=-\int_x^{\alpha}f(t)dt-\int_{\alpha}^{x+1}f(t)dt$$
$$=-\int_x^{\alpha}2(t-\alpha)(t-\beta)dt-\int_{\alpha}^{x+1}2(t-\alpha)(t-\beta)dt$$
$$=-\int_{\alpha}^{x}2(t-\alpha)(t-\beta)dt-\int_{\alpha-1}^{x}2(t+1-\alpha)(t+1-\beta)dt$$

이므로

$$g'(x)=-2(x-\alpha)(x-\beta)-2(x+1-\alpha)(x+1-\beta)$$
$$g'(1)=-2(1-\alpha)(1-\beta)-2(2-\alpha)(2-\beta)$$
$$=6\alpha+6\beta-4\alpha\beta-10=0$$
$$3\alpha+3\beta-2\alpha\beta-5=0 \qquad \cdots\cdots ㉠$$

한편,

$$f(x)=2(x-\alpha)(x-\beta)$$
$$=2(x-3)^2+k$$
$$=2x^2-12x+18+k$$이므로

근과 계수의 관계에서

$$\alpha+\beta=6 \qquad \cdots\cdots ㉡$$

㉡을 ㉠에 대입하면 $2\alpha\beta=13$이므로

$$f(0)=2\alpha\beta=13$$

★★★ 등급을 가르는 문제!

21 로그의 성질   정답률 16% | 정답 426

자연수 n에 대하여 ❶ $4\log_{64}\left(\dfrac{3}{4n+16}\right)$의 값이 정수가 되도록 하는 1000 이하의 모든 n의 값의 합을 구하시오. [4점]

STEP 01 ❶을 성립하도록 하는 조건을 구한다.

$4\log_{64}\left(\dfrac{3}{4n+16}\right)=\log_8\left(\dfrac{3}{4n+16}\right)^2$ 이므로 이 값이 정수가 되려면

$$\left(\dfrac{3}{4n+16}\right)^2=8^m \text{ (m은 정수)} \qquad \cdots\cdots ㉠$$

의 꼴이 되어야 한다.

그러려면 우선 $4n+16$이 3의 배수가 되어야 하므로

$$n=3k-1 \text{ (k는 $1\le k\le 333$인 자연수)}$$

이어야 한다.

STEP 02 $n=3k-1$을 ㉠에 대입하고 식을 정리하여 만족하는 k를 구한 후 n을 구한 다음 합을 구한다.

이때 ㉠에서

$$\left(\dfrac{1}{4k+4}\right)^2=2^{3m}$$
$$16(k+1)^2=2^{-3m}$$
$$(k+1)^2=2^{-3m-4}$$

이어야 하므로

$$(k+1)^2=2^2, \ 2^8, \ 2^{14}$$
$$k+1=2, \ 2^4, \ 2^7$$

$k=1$ 또는 $k=15$ 또는 $k=127$

즉, $n=2$ 또는 $n=44$ 또는 $n=380$이므로 조건을 만족시키는 모든 n의 값의 합은

$$2+44+380=426$$

★★★ 등급을 가르는 문제!

22 연속함수의 성질   정답률 2% | 정답 19

두 양수 a, $b(b>3)$과 최고차항의 계수가 1인 이차함수 $f(x)$에 대하여 함수

$$g(x)=\begin{cases}(x+3)f(x) & (x<0) \\ (x+a)f(x-b) & (x\ge0)\end{cases}$$

이 실수 전체의 집합에서 연속이고 다음 조건을 만족시킬 때, $g(4)$의 값을 구하시오. [4점]

❶ $\displaystyle\lim_{x\to-3}\dfrac{\sqrt{|g(x)|+\{g(t)\}^2}-|g(t)|}{(x+3)^2}$ 의 값이 존재하지 않는 실수 t의 값은 -3과 6뿐이다.

STEP 01 $g(x)$가 $x=0$에서 연속일 조건으로 식을 세운다.

함수

$$g(x)=\begin{cases}(x+3)f(x) & (x<0) \\ (x+a)f(x-b) & (x\ge0)\end{cases}$$

이 실수 전체의 집합에서 연속이려면 $x=0$에서 연속이어야 한다.

따라서

$$\lim_{x\to0-}g(x)=\lim_{x\to0+}g(x)=g(0) \qquad \cdots\cdots ㉠$$

이 성립한다. 이때

$$\lim_{x\to0-}g(x)=\lim_{x\to0-}(x+3)f(x)=3f(0)$$
$$\lim_{x\to0+}g(x)=\lim_{x\to0+}(x+a)f(x-b)=af(-b)$$
$$g(0)=af(-b)$$이므로 ㉠에서
$$3f(0)=af(-b) \qquad \cdots\cdots ㉡$$

STEP 02 ❶을 정리하여 조건을 만족하도록 $f(x)$를 놓고 조건을 만족하는 $g(x)=0$의 근을 구한다.

한편,

$$\lim_{x\to-3}\dfrac{\sqrt{|g(x)|+\{g(t)\}^2}-|g(t)|}{(x+3)^2}$$
$$=\lim_{x\to-3}\dfrac{|g(x)|}{(x+3)^2\left(\sqrt{|g(x)|+\{g(t)\}^2}+|g(t)|\right)}$$
$$=\lim_{x\to-3}\dfrac{|g(x)|}{(x+3)^2\left(\sqrt{0+\{g(t)\}^2}+|g(t)|\right)}$$
$$=\lim_{x\to-3}\dfrac{|(x+3)f(x)|}{(x+3)^2\times 2|g(t)|} \qquad \cdots\cdots ㉢$$

이때 $t\ne-3$이고 $t\ne6$인 모든 실수 t에 대하여 ㉢의 값이 존재하므로 $f(x)=(x+3)(x+k)$ (k는 상수)의 꼴이어야 하고,

㉢에서

$$\lim_{x\to-3}\dfrac{|(x+3)f(x)|}{(x+3)^2\times 2|g(t)|}=\lim_{x\to-3}\dfrac{|(x+3)^2(x+k)|}{(x+3)^2\times 2|g(t)|}$$
$$=\lim_{x\to-3}\dfrac{|x+k|}{2|g(t)|} \qquad \cdots\cdots ㉣$$

이때 $t=-3$과 $t=6$에서만 ㉣의 값이 존재하지 않으므로 방정식 $g(x)=0$의 모든 실근은 $x=-3$과 $x=6$뿐이다.

주어진 식에서 $g(-3)=0$이므로

$g(6)=0$, 즉 $(6+a)f(6-b)=0$이어야 한다.

이때 $a>0$이므로

$f(6-b)=0$에서 $6-b=-3$ 또는 $6-b=-k$

따라서 $b=9$ 또는 $k-b=-6$

STEP 03 각 경우에 대하여 $g(x)$를 구한 후 조건을 만족하는지 확인하여 $g(4)$의 값을 구한다.

(i) $b=9$인 경우

$x<0$에서

$\quad g(x)=(x+3)f(x)=(x+3)^2(x+k)$

이때 $x<0$에서 $g(x)=0$의 해는 -3뿐이므로

$\quad -k\geq 0$ 또는 $k=3$ ...... ㉢

$x\geq 0$에서

$\quad g(x)=(x+a)f(x-9)=(x+a)(x-6)(x-9+k)$

이때 $x\geq 0$에서 $g(x)=0$의 해는 6뿐이므로

$\quad 9-k<0$ 또는 $9-k=6$ ...... ㉣

㉢, ㉣에서 $k=3$

따라서 $f(x)=(x+3)^2$이므로 ㉡에서

$3\times 3^2=af(-9)$, $27=36a$, $a=\dfrac{3}{4}$

따라서 $g(4)=(4+a)f(4-b)=\left(4+\dfrac{3}{4}\right)f(-5)=\dfrac{19}{4}\times(-2)^2=19$

(ii) $k-b=-6$인 경우

$x<0$에서

$\quad g(x)=(x+3)f(x)=(x+3)^2(x+k)$

이때 $x<0$에서 $g(x)=0$의 해는 -3뿐이므로

$\quad -k\geq 0$ 또는 $k=3$

$x\geq 0$에서

$\quad g(x)=(x+a)f(x-b)$

$\qquad =(x+a)(x-b+3)(x-b+k)$

$\qquad =(x+a)(x-b+3)(x-6)$

이때 $x\geq 0$에서 $g(x)=0$의 해는 6뿐이고, $b>3$이므로

$b-3=6$에서 $b=9$

$k-b=-6$에서 $k=3$

따라서 (i)과 같은 결과이므로 $g(4)=19$이다.

★★ 문제 해결 꿀~팁 ★★

▶ 문제 해결 방법

$g(x)$가 실수 전체의 집합에서 연속이므로 $x=0$에서도 연속이어야 한다.

따라서 $\displaystyle\lim_{x\to 0-}g(x)=\lim_{x\to 0+}g(x)=g(0)$에 의하여 $3f(0)=af(-b)$이다.

한편, $\displaystyle\lim_{x\to -3}\dfrac{\sqrt{|g(x)|+\{g(t)\}^2}-|g(t)|}{(x+3)^2}=\lim_{x\to -3}\dfrac{|(x+3)f(x)|}{(x+3)^2\times 2|g(t)|}$이므로

$f(x)=(x+3)(x+k)$이다.

따라서 $\displaystyle\lim_{x\to -3}\dfrac{|(x+3)f(x)|}{(x+3)^2\times 2|g(t)|}=\lim_{x\to -3}\dfrac{|x+k|}{2|g(t)|}$이고 $t=-3$과 $t=6$에서만 값이 존재하지 않으므로 방정식 $g(x)=0$의 모든 실근은 $x=-3$, $x=6$이고 $a>0$이므로 $f(6-b)=0$에서 $b=9$ 또는 $k-b=-6$

이제 두 가지 경우에 대하여 $g(x)$가 주어진 조건을 만족하는지 확인하면 된다. 풀이 과정이 다소 길지만 특별히 풀이과정이 까다롭거나 복잡하지는 않다. 연속과 극한값이 존재할 조건을 정확히 알아두는 것이 좋다.

확률과 통계

23 같은 것이 있는 순열 정답률 86% | 정답 ②

5개의 문자 a, a, a, b, c를 모두 일렬로 나열하는 경우의 수는? [2점]

① 16 ② 20 ③ 24 ④ 28 ⑤ 32

STEP 01 같은 것이 있는 순열을 이용하여 일렬로 나열하는 경우의 수를 구한다.

5개의 문자 중 a의 개수가 3이므로 구하는 경우의 수는

$\dfrac{5!}{3!}=20$

●핵심 공식

▶ 같은 것이 있는 순열

n개 중에서 같은 것이 각각 p개, q개, r개, $\cdots$, s개가 있을 때, n개를 택하여 만든 순열의 수는

$\dfrac{n!}{p!\,q!\,r!\cdots s!}$ $(n=p+q+r+\cdots+s)$

---

24 확률 정답률 73% | 정답 ①

주머니 A에는 1부터 3까지의 자연수가 하나씩 적혀 있는 3장의 카드가 들어 있고, 주머니 B에는 1부터 5까지의 자연수가 하나씩 적혀 있는 5장의 카드가 들어 있다. 두 주머니 A , B에서 각각 카드를 임의로 한 장씩 꺼낼 때, ❶ 꺼낸 두 장의 카드에 적힌 수의 차가 1일 확률은? [3점]

① $\dfrac{1}{3}$ ② $\dfrac{2}{5}$ ③ $\dfrac{7}{15}$ ④ $\dfrac{8}{15}$ ⑤ $\dfrac{3}{5}$

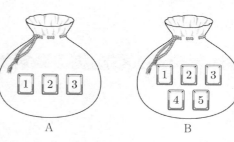

STEP 01 ❶의 경우의 수를 구한 후 확률을 구한다.

주머니 A에서 꺼낸 카드에 적혀있는 수를 a, 주머니 B에서 꺼낸 카드에 적혀있는 수를 b라 하면

모든 순서쌍 $(a,\ b)$의 개수는

$3\times 5=15$

이때 $|a-b|=1$인 순서쌍 $(a,\ b)$는

$(1,\ 2)$, $(2,\ 1)$, $(2,\ 3)$, $(3,\ 2)$, $(3,\ 4)$이고, 그 개수는 5이다.

따라서 구하는 확률은 $\dfrac{5}{15}=\dfrac{1}{3}$

---

25 독립시행과 여사건의 확률 정답률 72% | 정답 ④

수직선의 원점에 점 P가 있다. 한 개의 주사위를 사용하여 다음 시행을 한다.

> 주사위를 한 번 던져 나온 눈의 수가
> 6의 약수이면 점 P를 양의 방향으로 1만큼 이동시키고,
> 6의 약수가 아니면 점 P를 이동시키지 않는다.

이 시행을 4번 반복할 때, ❶ 4번째 시행 후 점 P의 좌표가 2이상일 확률은? [3점]

① $\dfrac{13}{18}$ ② $\dfrac{7}{9}$ ③ $\dfrac{5}{6}$ ④ $\dfrac{8}{9}$ ⑤ $\dfrac{17}{18}$

STEP 01 독립시행으로 ❶의 여사건의 확률을 구한 후 구하는 확률을 구한다.

주사위를 한 번 던져 나온 눈의 수가 6의 약수일 확률은

$\dfrac{4}{6}=\dfrac{2}{3}$

6의 약수가 아닐 확률은

$1-\dfrac{2}{3}=\dfrac{1}{3}$

4번째 시행 후 점 P의 좌표가 2이상이려면 4번의 시행 중 주사위의 눈의 수가 6의 약수인 경우가 2번 이상이면 된다.

주사위의 눈의 수가 6의 약수인 경우가 0번일 확률은

${}_4C_0\left(\dfrac{2}{3}\right)^0\left(\dfrac{1}{3}\right)^4=\dfrac{1}{81}$

주사위의 눈의 수가 6의 약수인 경우가 1번일 확률은

${}_4C_1\left(\dfrac{2}{3}\right)^1\left(\dfrac{1}{3}\right)^3=\dfrac{8}{81}$

따라서 구하는 확률은

$1-\left(\dfrac{1}{81}+\dfrac{8}{81}\right)=1-\dfrac{1}{9}=\dfrac{8}{9}$

---

26 이항정리 정답률 56% | 정답 ②

다항식 $(x^2+1)^4(x^3+1)^n$의 전개식에서 ❶ x^5의 계수가 12일 때, x^6의 계수는? (단, n은 자연수이다.) [3점]

① 6 ② 7 ③ 8 ④ 9 ⑤ 10

STEP 01 이항정리를 이용하여 ❶을 만족하도록 하는 n을 구한 후 x^6의 계수를 구한다.

$(x^2+1)^4=(x^4+2x^2+1)^2=x^8+4x^6+6x^4+4x^2+1$

또 $(x^3+1)^n$의 일반항은

$_nC_r(x^3)^r = _nC_r x^{3r}$ (단, $r = 0, 1, 2, \cdots, n$)

이때 x^5의 계수는 $r=1$일 때

$4x^2 \times _nC_1 x^3 = 4nx^5$에서 $4n$이므로

$4n = 12$에서 $n = 3$

따라서 x^6의 계수는

$r=0$일 때 $4x^6 \times _3C_0 = 4x^6$에서 4

$r=2$일 때 $1 \times _3C_2 x^6 = 3x^6$에서 3

즉, x^6의 계수는 $4+3 = 7$

●핵심 공식

▶ 이항정리

n이 자연수일 때

$(a+b)^n = _nC_0 \cdot a^n + _nC_1 \cdot a^{n-1}b + \cdots + _nC_{n-1} ab^{n-1} + _nC_n b^n$

$= \displaystyle\sum_{r=0}^{n} _nC_r \cdot a^{n-r} \cdot b^r$

---

27 중복순열 　　　　정답률 68% | 정답 ③

네 문자 a, b, X, Y 중에서 중복을 허락하여 6개를 택해 일렬로 나열하려고 한다. 다음 조건이 성립하도록 나열하는 경우의 수는? [3점]

(가) 양 끝 모두에 대문자가 나온다.
(나) a는 한 번만 나온다.

① 384　　② 408　　③ 432　　④ 456　　⑤ 480

STEP 01 중복순열로 양 끝에 대문자를 나열하는 경우의 수를 구한 후 조건 (나)를 만족하도록 나머지 4개의 문자를 나열하는 경우의 수를 구한 다음 모든 경우의 수를 구한다.

조건 (가)에서 양 끝에 나열되는 문자는 X, Y 중에서 중복을 허락하여 정하면 되므로 양 끝에 나열되는 문자를 정하는 경우의 수는

$_2\Pi_2 = 2^2 = 4$

조건 (나)에서 문자 a의 위치를 정하는 경우의 수는

4

나머지 3곳에 나열할 문자는 b, X, Y 중에서 중복을 허락하여 정하면 되므로 나머지 3곳에 나열되는 문자를 정하는 경우의 수는

$_3\Pi_3 = 3^3 = 27$

따라서 구하는 경우의 수는 $4 \times 4 \times 27 = 432$

●핵심 공식

▶ 중복순열

서로 다른 n개의 물건에서 중복을 허락하여, r개를 택해 일렬로 배열한 것을 서로 다른 n개에서 중복을 허락하여 r개를 택한 중복순열이라 하고, 중복순열의 총갯수는 $_n\Pi_r$로 나타낸다.

$\therefore _n\Pi_r = \underbrace{n \times n \times n \times \cdots \times n}_{r개} = n^r$

---

28 확률의 덧셈정리 　　　　정답률 52% | 정답 ④

숫자 1, 2, 3, 4, 5 중에서 서로 다른 4개를 택해 일렬로 나열하여 만들 수 있는 모든 네 자리의 자연수 중에서 임의로 하나의 수를 택할 때, ❶ 택한 수가 5의 배수 또는 ❷ 3500 이상일 확률은? [4점]

① $\dfrac{9}{20}$　　② $\dfrac{1}{2}$　　③ $\dfrac{11}{20}$　　④ $\dfrac{3}{5}$　　⑤ $\dfrac{13}{20}$

STEP 01 ❶과 ❷의 확률을 각각 구한다.

만들 수 있는 모든 네 자리 자연수의 개수는

$_5P_4 = 5 \times 4 \times 3 \times 2 = 120$

5의 배수인 네 자리 자연수는 일의 자릿수가 5이어야 하므로 5의 배수인 네 자리 자연수의 개수는

$_4P_3 = 4 \times 3 \times 2 = 24$

즉, 택한 수가 5의 배수일 확률은 $\dfrac{24}{120} = \dfrac{1}{5}$

또 천의 자릿수가 3이고 3500 이상인 네 자리 자연수의 개수는

$_3P_2 = 3 \times 2 = 6$

천의 자릿수가 4인 네 자리 자연수의 개수는

$_4P_3 = 4 \times 3 \times 2 = 24$

천의 자릿수가 5인 네 자리 자연수의 개수는

$_4P_3 = 4 \times 3 \times 2 = 24$

이므로 3500이상인 네 자리 자연수의 개수는

$6 + 24 + 24 = 54$

즉, 택한 수가 3500 이상일 확률은 $\dfrac{54}{120} = \dfrac{9}{20}$

STEP 02 ❶과 ❷가 동시에 일어날 확률을 구한 후 구하는 확률을 구한다.

이때 5의 배수이고 3500 이상인 네 자리 자연수는 천의 자릿수가 4이고 일의 자릿수가 5인 경우이므로 그 개수는

$_3P_2 = 3 \times 2 = 6$

즉, 택한 수가 5의 배수이고 3500 이상일 확률은 $\dfrac{6}{120} = \dfrac{1}{20}$

따라서 구하는 확률은 $\dfrac{1}{5} + \dfrac{9}{20} - \dfrac{1}{20} = \dfrac{3}{5}$

---

29 중복조합을 이용한 함수의 개수 　　　　정답률 28% | 정답 115

집합 $X = \{1, 2, 3, 4, 5\}$에 대하여 다음 조건을 만족시키는 함수 $f : X \to X$의 개수를 구하시오. [4점]

(가) $f(f(1)) = 4$
(나) $f(1) \leq f(3) \leq f(5)$

STEP 01 $f(1)$의 값에 따라 경우를 나누어 각각 중복조합을 이용하여 두 조건을 만족하도록 하는 함수의 개수를 구한다.

$f(1) = 1$이면 조건 (가)에서 $f(1) = 4$이므로 모순이다.

(i) $f(1) = 2$인 경우

조건 (가)에서 $f(2) = 4$

$f(3)$, $f(5)$의 값을 정하는 경우의 수는

2, 3, 4, 5 중에서 중복을 허락하여 2개를 택하는 중복조합의 수와 같으므로

$_4H_2 = _5C_2 = 10$

$f(4)$의 값을 정하는 경우의 수는 5

이 경우 함수 f의 개수는 $10 \times 5 = 50$

(ii) $f(1) = 3$인 경우

조건 (가)에서 $f(3) = 4$

$f(5)$의 값을 정하는 경우의 수는 2

$f(2)$, $f(4)$의 값을 정하는 경우의 수는

$5 \times 5 = 25$

이 경우 함수 f의 개수는 $2 \times 25 = 50$

(iii) $f(1) = 4$인 경우

조건 (가)에서 $f(4) = 4$

$f(3)$, $f(5)$의 값을 정하는 경우의 수는

4, 5 중에서 중복을 허락하여 2개를 택하는 중복조합의 수와 같으므로

$_2H_2 = _3C_2 = 3$

$f(2)$의 값을 정하는 경우의 수는 5

이 경우 함수 f의 개수는 $3 \times 5 = 15$

(iv) $f(1) = 5$인 경우

조건 (가)에서 $f(5) = 4$

이 경우는 조건 (나)를 만족시키지 않는다.

(i)~(iv)에서 구하는 함수 f의 개수는

$50 + 50 + 15 = 115$

●핵심 공식

▶ 중복조합

$_nH_r$은 서로 다른 n개의 원소에서 r개를 뽑는 경우의 수이다.

$_nH_r = _{n+r-1}C_r$

★★★ 등급을 가르는 문제!

30 조건부확률 　　　　정답률 14% | 정답 9

주머니에 1부터 12까지의 자연수가 각각 하나씩 적혀 있는 12개의 공이 들어 있다. 이 주머니에서 임의로 3개의 공을 동시에 꺼내어 공에 적혀 있는 수를 작은 수부터 크기 순서대로 a, b, c라 하자. ❶ $b - a \geq 5$일 때, ❷ $c - a \geq 10$일 확률은 $\dfrac{q}{p}$이다. $p + q$의 값을 구하시오. (단, p와 q는 서로소인 자연수이다.) [4점]

STEP 01 ❶을 만족하는 경우의 수를 구하여 확률을 구한다.

$b-a \geq 5$인 사건을 E, $c-a \geq 10$인 사건을 F라 하면 구하는 확률은

$\mathrm{P}(F|E) = \dfrac{\mathrm{P}(E \cap F)}{\mathrm{P}(E)}$ 이다.

모든 순서쌍 (a, b, c)의 개수는

$_{12}\mathrm{C}_3 = 220$

이때 $b-a \geq 5$를 만족시키는 순서쌍 (a, b)는

$(1, 6), (1, 7), (1, 8), \cdots, (1, 11)$

$(2, 7), (2, 8), \cdots, (2, 11)$

$\vdots$

$(6, 11)$

$a=1$일 때 c의 개수는 $6+5+4+3+2+1 = 21$

$a=2$일 때 c의 개수는 $5+4+3+2+1 = 15$

$a=3$일 때 c의 개수는 $4+3+2+1 = 10$

$a=4$일 때 c의 개수는 $3+2+1 = 6$

$a=5$일 때 c의 개수는 $2+1 = 3$

$a=6$일 때 c의 개수는 1

이므로 $b-a \geq 5$를 만족시키는 모든 순서쌍 (a, b, c)의 개수는

$21+15+10+6+3+1 = 56$

즉, $\mathrm{P}(E) = \dfrac{56}{220} = \dfrac{14}{55}$

STEP 02 ❶, ❷를 동시에 만족하는 경우의 수를 구하여 확률을 구한 후 조건부확률로 구하는 확률을 구한다.

한편, $b-a \geq 5$이고 $c-a \geq 10$인 경우는

$a=1$, $c=11$일 때 $b=6, 7, 8, 9, 10$

$a=1$, $c=12$일 때 $b=6, 7, 8, 9, 10, 11$

$a=2$, $c=12$일 때 $b=7, 8, 9, 10, 11$

이므로 $b-a \geq 5$이고 $c-a \geq 10$인 모든 순서쌍 (a, b, c)의 개수는

$5+6+5 = 16$

즉, $\mathrm{P}(E \cap F) = \dfrac{16}{220} = \dfrac{4}{55}$

따라서 $\mathrm{P}(F|E) = \dfrac{\mathrm{P}(E \cap F)}{\mathrm{P}(E)} = \dfrac{\frac{4}{55}}{\frac{14}{55}} = \dfrac{2}{7}$

즉, $p=7$, $q=2$이므로

$p+q = 7+2 = 9$

● 핵심 공식

▶ 조건부확률

확률이 0이 아닌 두 사건 A, B에 대하여 사건 A가 일어났다고 가정할 때, 사건 B가 일어날 확률을 사건 A가 일어났을 때의 사건 B의 조건부 확률이라 하고, 이것을 $\mathrm{P}(B|A)$로 나타낸다.

$\mathrm{P}(B|A) = \dfrac{\mathrm{P}(A \cap B)}{\mathrm{P}(A)}$ (단, $\mathrm{P}(A) > 0$)

★★ 문제 해결 꿀~팁 ★★

▶ 문제 해결 방법

먼저 $b-a \geq 5$를 만족하는 경우를 구해야 한다. 일일이 구하는 수밖에 없다.
$a=1$일 때 $b-a \geq 5$를 만족시키는 순서쌍 (a, b)는 $(1, 6), (1, 7), (1, 8), \cdots,$
$(1, 11)$이고 c의 개수는 $6+5+4+3+2+1 = 21$이다. $a=2, 3, 4, 5, 6$일 때도 같은
방법으로 경우의 수를 구하면 된다. 일일이 구해야 하는 불편함이 있지만 규칙적이라 크
게 복잡하거나 시간이 많이 소요되지는 않는다. 또한 이때 $c-a \geq 10$을 만족하는 경우도
같은 방법으로 구하면 된다. 항상 그러하듯이 경우의 수를 구할 때 경우를 적절히 나누고
빠지거나 중복되는 경우가 없도록 경우의 수를 따져주는 것이 매우 중요하다.

미적분

23 수열의 극한 | 정답률 94% | 정답 ①

❶ $\lim\limits_{n \to \infty} \dfrac{1}{\sqrt{n^2+3n} - \sqrt{n^2+n}}$ 의 값은? [2점]

① 1   ② $\dfrac{3}{2}$ ③ 2   ④ $\dfrac{5}{2}$ ⑤ 3

STEP 01 ❶의 분모를 유리화하여 극한값을 구한다.

주어진 식의 분자와 분모에 $\sqrt{n^2+3n} + \sqrt{n^2+n}$ 을 각각 곱하면

$\lim\limits_{n \to \infty} \dfrac{1}{\sqrt{n^2+3n} - \sqrt{n^2+n}} = \lim\limits_{n \to \infty} \dfrac{\sqrt{n^2+3n} + \sqrt{n^2+n}}{(n^2+3n)-(n^2+n)}$

$= \lim\limits_{n \to \infty} \dfrac{\sqrt{n^2+3n} + \sqrt{n^2+n}}{2n}$

$= \lim\limits_{n \to \infty} \dfrac{\sqrt{1+\dfrac{3}{n}} + \sqrt{1+\dfrac{1}{n}}}{2}$

$= \dfrac{1+1}{2} = 1$

24 음함수의 미분법 | 정답률 80% | 정답 ①

곡선 ❶ $x^2 - y\ln x + x = e$ 위의 점 (e, e^2)에서의 접선의 기울기는? [3점]

① $e+1$ ② $e+2$ ③ $e+3$

④ $2e+1$ ⑤ $2e+2$

STEP 01 음함수의 미분법으로 ❶을 미분하여 $\dfrac{dy}{dx}$ 를 구한 후 (e, e^2)를 대입하여 값을 구한다.

$x^2 - y\ln x + x = e$의 양변을 x에 대하여 미분하면

$2x - \dfrac{dy}{dx} \times \ln x - y \times \dfrac{1}{x} + 1 = 0$

$\dfrac{dy}{dx} = \dfrac{2x - \dfrac{y}{x} + 1}{\ln x}$

그러므로 점 (e, e^2)에서의 접선의 기울기는

$\dfrac{2e - \dfrac{e^2}{e} + 1}{\ln e} = e+1$

25 역함수의 미분법 | 정답률 77% | 정답 ②

함수 $f(x) = x^3 + 2x + 3$의 역함수를 $g(x)$라 할 때, $g'(3)$의 값은? [3점]

① 1   ② $\dfrac{1}{2}$ ③ $\dfrac{1}{3}$ ④ $\dfrac{1}{4}$ ⑤ $\dfrac{1}{5}$

STEP 01 역함수의 미분으로 미분하여 $g'(3)$의 값을 구한다.

함수 $g(x)$는 함수 $f(x) = x^3 + 2x + 3$의 역함수이므로

$x = y^3 + 2y + 3$ $\cdots\cdots$ ㉠

$x = 3$일 때,

$3 = y^3 + 2y + 3$

$y(y^2 + 2) = 0$, $y = 0$

또, ㉠의 양변을 x에 대하여 미분하면

$1 = (3y^2 + 2)\dfrac{dy}{dx}$

$\dfrac{dy}{dx} = \dfrac{1}{3y^2 + 2}$

따라서

$g'(3) = \dfrac{1}{3 \times 0^2 + 2} = \dfrac{1}{2}$

26 도형의 등비급수 | 정답률 60% | 정답 ②

그림과 같이 $\overline{\mathrm{A_1 B_1}} = 2$, $\overline{\mathrm{B_1 A_1}} = 3$이고 $\angle \mathrm{A_1 B_1 C_2} = \dfrac{\pi}{3}$인 삼각형 $\mathrm{A_1 A_2 B_1}$과 이 삼각형의 외접원 O_1이 있다.

점 $\mathrm{A_2}$를 지나고 직선 $\mathrm{A_1 B_1}$에 평행한 직선이 원 O_1과 만나는 점 중 $\mathrm{A_2}$가 아닌 점을 $\mathrm{B_2}$라 하자. 두 선분 $\mathrm{A_1 B_2}$, $\mathrm{B_1 A_2}$가 만나는 점을 $\mathrm{C_1}$이라 할 때, 두 삼각형 $\mathrm{A_1 A_2 C_1}$, $\mathrm{B_1 C_1 B_2}$ 로 만들어진 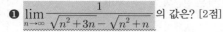 모양의 도형에 색칠하여 얻은 그림을 R_1이라 하자.

그림 R_1에서 점 $\mathrm{B_2}$를 지나고 직선 $\mathrm{B_1 A_2}$에 평행한 직선이 직선 $\mathrm{A_1 A_2}$와 만나는 점을 $\mathrm{A_3}$이라 할 때, 삼각형 $\mathrm{A_2 A_3 B_2}$의 외접원을 O_2라 하자. 그림 R_1을 얻은 것과 같은 방법으로 두 점 $\mathrm{B_3}$, $\mathrm{C_2}$를 잡아 원 O_2에 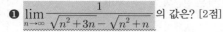 모양의 도형을 그리고 색칠하여 얻은 그림을 R_2라 하자.

이와 같은 과정을 계속하여 n번째 얻은 그림 R_n에 색칠되어 있는 부분의 넓이를 S_n이라 할 때, $\lim\limits_{n \to \infty} S_n$의 값은? [3점]

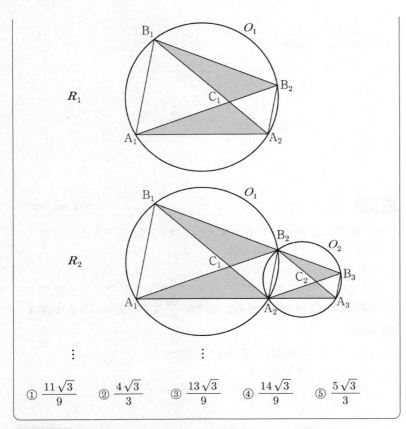

① $\dfrac{11\sqrt{3}}{9}$ ② $\dfrac{4\sqrt{3}}{3}$ ③ $\dfrac{13\sqrt{3}}{9}$ ④ $\dfrac{14\sqrt{3}}{9}$ ⑤ $\dfrac{5\sqrt{3}}{3}$

STEP 01 두 삼각형 $A_1A_2B_1$과 $A_1C_1B_1$의 넓이의 차를 이용하여 S_1을 구한다.

원 O_1의 중심을 O라 하고 점 O에서 두 선분 A_1B_1, A_2B_2에 내린 수선의 발을 각각 H_1, H_2라 하면

점 H_1은 선분 A_1B_1의 중점이고 점 H_2는 선분 A_2B_2의 중점이다.

또, $\overline{A_1B_1} /\!/ \overline{A_2B_2}$이므로 세 점 H_1, O, H_2는 한 직선 위에 있다.

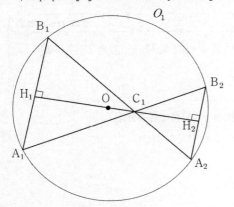

이때, $\angle A_1B_1A_2 = \dfrac{\pi}{3}$이므로

$$\overline{B_1C_1} = \overline{B_1H_1} \times \dfrac{1}{\cos\dfrac{\pi}{3}} = 1 \times \dfrac{1}{\dfrac{1}{2}} = 2$$

그러므로 삼각형 $A_1C_1B_1$은 한 변의 길이가 2인 정삼각형이다.

$\angle A_1B_2A_2 = \angle A_1B_1A_2 = \dfrac{\pi}{3}$

$\angle A_2C_1B_2 = \angle A_1C_1B_1 = \dfrac{\pi}{3}$

이므로 삼각형 $C_1A_2B_2$는 정삼각형이다.

이때, $\overline{C_1A_2} = \overline{B_1A_2} - \overline{B_1C_1} = 3 - 2 = 1$

이므로 삼각형 $C_1A_2B_2$는 한 변의 길이가 1인 정삼각형이다.

그러므로

$$S_1 = 2 \times (\triangle A_1A_2B_1 - \triangle A_1C_1B_1)$$
$$= 2 \times \left(\dfrac{1}{2} \times 2 \times 3 \times \sin\dfrac{\pi}{3} - \dfrac{1}{2} \times 2 \times 2 \times \sin\dfrac{\pi}{3}\right) = \sqrt{3}$$

STEP 02 두 삼각형 $A_1A_2B_1$, $A_2A_3B_2$의 닮음비를 이용하여 공비를 구한 다음 $\lim\limits_{n\to\infty} S_n$의 값을 구한다.

또, 두 삼각형 $A_1A_2B_1$, $A_2A_3B_2$에서

$\overline{A_1A_2} /\!/ \overline{A_2A_3}$, $\overline{A_1B_1} /\!/ \overline{A_2B_2}$, $\overline{A_2B_1} /\!/ \overline{A_3B_2}$이고 $\overline{A_1B_1}=2$, $\overline{A_2B_2}=1$

이므로 두 삼각형 $A_1A_2B_1$, $A_2A_3B_2$의 닮음비는 $2:1$이다.

따라서, 넓이의 비는 $4:1$이므로

$$\lim_{n\to\infty} S_n = \dfrac{S_1}{1-\dfrac{1}{4}} = \dfrac{\sqrt{3}}{\dfrac{3}{4}} = \dfrac{4\sqrt{3}}{3}$$

● 핵심 공식

▶ 무한등비급수

무한등비급수 $\sum\limits_{n=1}^{\infty} ar^{n-1} = a + ar + ar^2 + \cdots + ar^{n-1} + \cdots \ (a \neq 0)$

에서 $|r| < 1$이면 수렴하고 그 합은 $\dfrac{a}{1-r}$이다.

---

27 급수의 수렴조건   정답률 67% | 정답 ③

❶ 첫째항이 4인 등차수열 $\{a_n\}$에 대하여 급수

❷ $\sum\limits_{n=1}^{\infty}\left(\dfrac{a_n}{n} - \dfrac{3n+7}{n+2}\right)$

이 실수 S에 수렴할 때, S의 값은? [3점]

① $\dfrac{1}{2}$ ② 1 ③ $\dfrac{3}{2}$ ④ 2 ⑤ $\dfrac{5}{2}$

STEP 01 ❶의 일반항을 구한 후 ❷에 대입하여 공차를 구한다.

수열 $\{a_n\}$의 첫째항이 4이므로 공차를 d라 하면

$a_n = 4 + (n-1)d$

이때, 급수 $\sum\limits_{n=1}^{\infty}\left(\dfrac{a_n}{n} - \dfrac{3n+7}{n+2}\right)$이 수렴하므로

$$\lim_{n\to\infty}\left(\dfrac{a_n}{n} - \dfrac{3n+7}{n+2}\right) = \lim_{n\to\infty}\left\{\dfrac{4+(n-1)d}{n} - \dfrac{3n+7}{n+2}\right\}$$
$$= \lim_{n\to\infty}\left(\dfrac{d+\dfrac{4-d}{n}}{1} - \dfrac{3+\dfrac{7}{n}}{1+\dfrac{2}{n}}\right)$$
$$= d - 3 = 0$$

그러므로 $d = 3$

STEP 02 a_n을 ❷에 대입한 후 부분분수의 합을 이용하여 값을 구한다.

이때, $a_n = 3n+1$이므로 주어진 급수에 대입하면

$$\sum_{n=1}^{\infty}\left(\dfrac{a_n}{n} - \dfrac{3n+7}{n+2}\right) = \sum_{n=1}^{\infty}\left(\dfrac{3n+1}{n} - \dfrac{3n+7}{n+2}\right)$$
$$= \sum_{n=1}^{\infty}\left\{\left(3+\dfrac{1}{n}\right) - \left(3+\dfrac{1}{n+2}\right)\right\}$$
$$= \sum_{n=1}^{\infty}\left(\dfrac{1}{n} - \dfrac{1}{n+2}\right)$$
$$= \lim_{n\to\infty}\sum_{k=1}^{n}\left(\dfrac{1}{k} - \dfrac{1}{k+2}\right)$$
$$= \lim_{n\to\infty}\left\{\left(\dfrac{1}{1} - \dfrac{1}{3}\right) + \left(\dfrac{1}{2} - \dfrac{1}{4}\right) + \left(\dfrac{1}{3} - \dfrac{1}{5}\right) + \cdots + \left(\dfrac{1}{n-1} - \dfrac{1}{n+1}\right) + \left(\dfrac{1}{n} - \dfrac{1}{n+2}\right)\right\}$$
$$= \lim_{n\to\infty}\left(1 + \dfrac{1}{2} - \dfrac{1}{n+1} - \dfrac{1}{n+2}\right) = \dfrac{3}{2}$$

---

28 미분을 이용한 함수의 추론   정답률 40% | 정답 ⑤

최고차항의 계수가 $\dfrac{1}{2}$인 삼차함수 $f(x)$에 대하여

함수 $g(x)$가

$$g(x) = \begin{cases} \ln|f(x)| & (f(x) \neq 0) \\ 1 & (f(x) = 0) \end{cases}$$

이고 다음 조건을 만족시킬 때, 함수 $g(x)$의 극솟값은? [4점]

(가) 함수 $g(x)$는 $x \neq 1$인 모든 실수 x에서 연속이다.
(나) 함수 $g(x)$는 $x=2$에서 극대이고, 함수 $|g(x)|$는 $x=2$에서 극소이다.
(다) 방정식 $g(x)=0$의 서로 다른 실근의 개수는 3이다.

① $\ln\dfrac{13}{27}$ ② $\ln\dfrac{16}{27}$ ③ $\ln\dfrac{19}{27}$ ④ $\ln\dfrac{22}{27}$ ⑤ $\ln\dfrac{25}{27}$

STEP 01 세 조건을 만족하도록 두 함수 $f(x)$와 $g(x)$의 극값을 이용하여 각각 그래프의 개형을 그린다.

함수 $f(x)$는 최고차항이 양수인 삼차함수이므로

함수 $y=f(x)$의 그래프와 x축은 적어도 한 점에서 만난다.

조건 (가)에서 함수 $g(x)$가 $x \neq 1$인 모든 실수 x에서 연속이므로

$\begin{cases} x=1일 \ 때, \ f(1)=0 \\ x \neq 1일 \ 때, \ f(x) \neq 0 \end{cases}$ ...... ㉠

한편,

$g(x) = \begin{cases} \ln|f(x)| & (f(x) \neq 0) \\ 1 & (f(x)=0) \end{cases}$ 이므로

$g'(x) = \dfrac{f'(x)}{f(x)}$ $(f(x) \neq 0)$

이때, 조건 (나)에서 함수 $g(x)$가 $x=2$에서 극값을 가지고 ㉠을 만족해야 하므로

$f'(2)=0$ ...... ㉡

한편, 조건 (다)에서 주어진 방정식 $g(x)=0$은

$\ln|f(x)|=0$

$|f(x)|=1$

$f(x)=-1$ 또는 $f(x)=1$

이때, 이 방정식이 서로 다른 세 실근을 갖고 ㉠을 만족하려면 함수 $y=f(x)$는 극값을 가져야 한다.

한편, ㉡으로부터 함수 $f(x)$는 $x=2$에서 극값을 가지므로

$f'(\alpha)=f'(\beta)=0$ $(1<\alpha<\beta)$로 놓을 수 있다.

이때, $\alpha=2$이거나 $\beta=2$이다.

이때, 조건 (다)를 만족시키는 함수 $f(x)$의 그래프와 $g(x)$의 그래프의 개형은 다음과 같다.

(i)

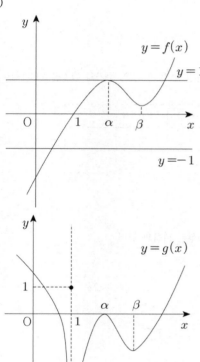

(ii)

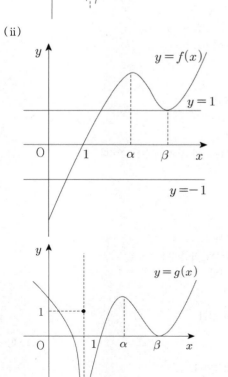

STEP 02 조건 (나)를 만족하는 그래프를 찾아 $f(x)$를 구한 후 $g(x)$의 극솟값을 구한다.

이때, 조건 (나)로부터 $g(x)$가 $x=2$에서 극대이고 $|g(x)|$가 $x=2$에서 극소이기 위해서는 그림 (i)과 같아야 하고 $\alpha=2$

이때, 함수 $f(x)$의 최고차항의 계수가 $\dfrac{1}{2}$이므로

$f(x)-1 = \dfrac{1}{2}(x-2)^2(x-k)$ (k는 상수)

즉, $f(x) = \dfrac{1}{2}(x-2)^2(x-k)+1$이고 ㉠에서 $f(1)=0$이므로

$f(1) = \dfrac{1}{2}(1-k)+1=0$

$1-k=-2, \ k=3$

이때, $f(x) = \dfrac{1}{2}(x-2)^2(x-3)+1$이므로

$\begin{aligned} f'(x) &= (x-2)(x-3) + \dfrac{1}{2}(x-2)^2 \\ &= \dfrac{1}{2}(x-2)\{(2x-6)+(x-2)\} \\ &= \dfrac{1}{2}(x-2)(3x-8) \end{aligned}$

이때, $f'(x)=0$에서 $x=2$ 또는 $x=\dfrac{8}{3}$

그러므로 $\beta = \dfrac{8}{3}$

따라서 함수 $g(x)$는 $x=\dfrac{8}{3}$에서 극솟값을 갖고 그 값은

$\ln\left|f\left(\dfrac{8}{3}\right)\right| = \ln\left|\dfrac{1}{2} \times \left(\dfrac{2}{3}\right)^2 \times \left(-\dfrac{1}{3}\right)+1\right| = \ln\dfrac{25}{27}$

---

29 삼각함수의 극한   정답률 16% | 정답 50

그림과 같이 반지름의 길이가 1이고 중심각의 크기가 $\dfrac{\pi}{2}$인 부채꼴 OAB가 있다. 호 AB 위의 점 P에서 선분 OA에 내린 수선의 발을 H라 하고, $\angle$OAP를 이등분하는 직선과 세 선분 HP, OP, OB의 교점을 각각 Q, R, S라 하자. $\angle$APH$=\theta$일 때, 삼각형 AQH의 넓이를 $f(\theta)$, 삼각형 PSR의 넓이를 $g(\theta)$라 하자. $\displaystyle\lim_{\theta \to 0+} \dfrac{\theta^3 \times g(\theta)}{f(\theta)} = k$일 때, $100k$의 값을 구하시오.

(단, $0 < \theta < \dfrac{\pi}{4}$) [4점]

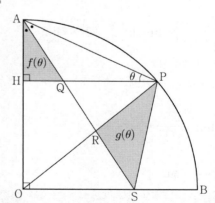

STEP 01 $\overline{AH}$와 $\overline{HQ}$를 구한 후 $f(\theta)$를 구한다.

직각삼각형 AHP에서 $\angle$APH$=\theta$이므로

$\angle$HAP$=\dfrac{\pi}{2}-\theta$

한편, 삼각형 OPA는 $\overline{OP}=\overline{OA}=1$인 이등변삼각형이므로

$\angle$AOP$= \pi - 2 \times \angle$HAP$= \pi - 2 \times \left(\dfrac{\pi}{2}-\theta\right) = 2\theta$

그러므로

$\overline{AH} = 1 - \overline{OH} = 1 - \overline{OP}\cos 2\theta = 1 - \cos 2\theta$ ...... ㉠

또, $\angle$HAQ$= \dfrac{1}{2}\angle$HAP$= \dfrac{1}{2}\left(\dfrac{\pi}{2}-\theta\right) = \dfrac{\pi}{4}-\dfrac{\theta}{2}$이므로

$\overline{HQ} = \overline{AH}\tan\left(\dfrac{\pi}{4}-\dfrac{\theta}{2}\right) = (1-\cos 2\theta)\tan\left(\dfrac{\pi}{4}-\dfrac{\theta}{2}\right)$ ...... ㉡

㉠과 ㉡에서

$f(\theta) = \dfrac{1}{2} \times \overline{AH} \times \overline{HQ}$

$$= \frac{1}{2} \times (1 - \cos 2\theta)^2 \times \tan\left(\frac{\pi}{4} - \frac{\theta}{2}\right)$$

$$= \frac{1}{2} \times \frac{\sin^4 2\theta}{(1 + \cos 2\theta)^2} \times \tan\left(\frac{\pi}{4} - \frac{\theta}{2}\right)$$

STEP 02 삼각함수의 극한으로 $\displaystyle\lim_{\theta \to 0-} \frac{f(\theta)}{\theta^4}$ 를 구한다.

그러므로

$$\lim_{\theta \to 0-} \frac{f(\theta)}{\theta^4} = \frac{1}{2} \times 16 \lim_{\theta \to 0+} \left(\frac{\sin 2\theta}{2\theta}\right)^4 \times \lim_{\theta \to 0+} \frac{1}{(1 + \cos 2\theta)^2} \times \lim_{\theta \to 0+} \tan\left(\frac{\pi}{4} - \frac{\theta}{2}\right)$$

$$= \frac{1}{2} \times 16 \times 1 \times \frac{1}{4} \times 1 = 2 \qquad \cdots\cdots \text{©}$$

STEP 03 두 삼각형 OSP와 OSR의 넓이의 차를 이용하여 $g(\theta)$를 구한다.

한편, 이등변삼각형 OPA에서 점 O에서 선분 PA에 내린 수선의 발을 H'이라 하면 ㉠에서 $\angle \text{H'OP} = \theta$이므로

$$\overline{AP} = 2\overline{PH'} = 2 \times \overline{OP} \times \sin\theta = 2\sin\theta$$

삼각형 AOP에서 각의 이등분선이 선분 OP와 만나는 점이 R이므로

$$\overline{AO} : \overline{AP} = \overline{OR} : \overline{RP}$$

$$1 : 2\sin\theta = \overline{OR} : 1 - \overline{OR}$$

$$2\sin\theta \times \overline{OR} = 1 - \overline{OR}$$

$$\overline{OR} = \frac{1}{1 + 2\sin\theta} \qquad \cdots\cdots \text{㉣}$$

또,

$$\overline{OS} = \overline{OA}\tan(\angle SAO)$$

$$= 1 \times \tan\left(\frac{\pi}{4} - \frac{\theta}{2}\right) = \tan\left(\frac{\pi}{4} - \frac{\theta}{2}\right) \qquad \cdots\cdots \text{㉤}$$

㉣과 ㉤에서

$$g(\theta) = \triangle OSP - \triangle OSR$$

$$= \frac{1}{2} \times \overline{OS} \times \overline{OP} \times \sin(\angle POS) - \frac{1}{2} \times \overline{OS} \times \overline{OR} \times \sin(\angle POS)$$

$$= \frac{1}{2} \times \overline{OS} \times \sin(\angle POS) \times (\overline{OP} - \overline{OR})$$

$$= \frac{1}{2} \times \tan\left(\frac{\pi}{4} - \frac{\theta}{2}\right) \times \sin\left(\frac{\pi}{2} - 2\theta\right) \times \left(1 - \frac{1}{2\sin\theta + 1}\right)$$

$$= \frac{1}{2} \times \tan\left(\frac{\pi}{4} - \frac{\theta}{2}\right) \times \sin\left(\frac{\pi}{2} - 2\theta\right) \times \frac{2\sin\theta}{2\sin\theta + 1}$$

STEP 04 삼각함수의 극한으로 $\displaystyle\lim_{\theta \to 0+} \frac{g(\theta)}{\theta}$ 를 구한 후 k를 구한 다음 $100k$의 값을 구한다.

그러므로

$$\lim_{\theta \to 0+} \frac{g(\theta)}{\theta}$$

$$= \frac{1}{2} \times \lim_{\theta \to 0+} \tan\left(\frac{\pi}{4} - \frac{\theta}{2}\right) \times \lim_{\theta \to 0+} \sin\left(\frac{\pi}{2} - 2\theta\right) \times 2\lim_{\theta \to 0+} \frac{\sin\theta}{\theta} \times \lim_{\theta \to 0+} \frac{1}{2\sin\theta + 1}$$

$$= \frac{1}{2} \times 1 \times 1 \times 2 \times 1 \times 1 = 1 \qquad \cdots\cdots \text{㉥}$$

따라서 ©과 ㉥을 이용하면

$$\lim_{\theta \to 0+} \frac{\theta^3 \times g(\theta)}{f(\theta)} = \lim_{\theta \to 0+} \frac{\frac{g(\theta)}{\theta}}{\frac{f(\theta)}{\theta^4}} = \frac{1}{2}$$

따라서 $100k = 100 \times \dfrac{1}{2} = 50$

●핵심 공식

▶ $\dfrac{0}{0}$ 꼴의 삼각함수의 극한

x의 단위는 라디안일 때

① $\displaystyle\lim_{x \to 0} \frac{\sin x}{x} = 1$ ② $\displaystyle\lim_{x \to 0} \frac{\tan x}{x} = 1$

③ $\displaystyle\lim_{x \to 0} \frac{\sin bx}{ax} = \frac{b}{a}$ ④ $\displaystyle\lim_{x \to 0} \frac{\tan bx}{ax} = \frac{b}{a}$

⑤ $\displaystyle\lim_{x \to 0} \frac{\sin bx}{\tan ax} = \frac{b}{a}$

★★★ 등급을 가르는 문제!

30 미분을 이용한 그래프의 추론 정답률 10% | 정답 16

양수 a에 대하여 함수 $f(x)$는

$$f(x) = \frac{x^2 - ax}{e^x}$$

이다. 실수 t에 대하여 x에 대한 방정식

$$f(x) = f'x(t)(x - t) + f(t)$$

의 서로 다른 실근의 개수를 $g(t)$라 하자.

❶ $g(5) + \displaystyle\lim_{t \to 5} g(t) = 5$일 때, ❷ $\displaystyle\lim_{t \to k-} g(t) \neq \lim_{t \to k+} g(t)$를 만족시키는

모든 실수 k의 값의 합은 $\dfrac{q}{p}$이다. $p + q$의 값을 구하시오.

(단, p와 q는 서로소인 자연수이다.) [4점]

STEP 01 $f(x)$의 극값과 극한값을 구하여 그래프의 개형을 그린다.

$$f(x) = \frac{x^2 - ax}{e^x} = (x^2 - ax)e^{-x}$$이므로

$$f'(x) = (2x - a)e^{-x} + (x^2 - ax)e^{-x} \times (-1)$$

$$= e^{-x}\{-x^2 + (a + 2)x - a\}$$

$$= -e^{-x}\{x^2 - (a + 2)x + a\}$$

이때, $f'(x) = 0$에서

$$x^2 - (a + 2)x + a = 0 \qquad \cdots\cdots \text{㉠}$$

이 이차방정식의 판별식을 D라 하면

$$D = (a + 2)^2 - 4a = a^2 + 4 > 0$$

또, ㉠의 서로 다른 두 근은

$$x = \frac{(a + 2) \pm \sqrt{a^2 + 4}}{2}$$

이때, $a > 0$이므로

$$a + 2 = \sqrt{(a + 2)^2} > \sqrt{a^2 + 4}$$

그러므로 두 양의 실근을 갖는다.

㉠의 두 근을 α, $\beta(0 < \alpha < \beta)$라 하면 함수 $f(x)$의 증가와 감소를 나타내는 표는 다음과 같다.

x	$\cdots$	α	$\cdots$	β	$\cdots$
$f'(x)$	$-$	0	$+$	0	$-$
$f(x)$	$\searrow$		$\nearrow$		$\searrow$

이때, $f(0) = 0$, $f(a) = 0$이고

$$\lim_{x \to \infty} f(x) = \lim_{x \to \infty} \frac{x^2 - ax}{e^x} = 0$$

이므로 함수 $y = f(x)$의 그래프의 개형은 다음과 같다.

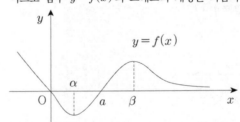

STEP 02 $g(t)$의 의미를 파악하고 ❶을 만족하는 $g(t)$의 특징을 파악한다.

또,

$$f''(x) = e^{-x}\{x^2 - (a + 2)x + a\} - e^{-x}\{2x - (a + 2)\}$$

$$= e^{-x}\{x^2 - (a + 4)x + 2a + 2\}$$

이때, $f''(x) = 0$에서

$$x^2 - (a + 4)x + 2a + 2 = 0 \qquad \cdots\cdots \text{㉡}$$

이 이차방정식의 판별식을 D'라 하면

$$D' = (a + 4)^2 - 4 \times 1 \times (2a + 2)$$

$$= a^2 + 8 > 0$$

그러므로 함수 $f(x)$가 변곡점을 갖는 x의 값의 개수는 2이다.

한편, 방정식 $f(x) = f'(t)(x - t) + f(t)$

의 서로 다른 실근의 개수는 두 함수

$$y = f(x), \quad y = f'(t)(x - t) + f(t)$$

의 그래프의 교점의 개수이다.

이때, 직선 $y = f'(t)(x - t) + f(t)$는

곡선 $y = f(x)$ 위의 점 $(t, f(t))$에서의 접선이다.

한편, 함수 $g(t)$가 $t = a$에서 연속이면

$$g(a) = \lim_{t \to a} g(t)$$이므로

$g(a) + \displaystyle\lim_{t \to a} g(t)$의 값은 짝수이어야 한다.

그런데 $g(5) + \displaystyle\lim_{t \to 5} g(t) = 5$ $\qquad \cdots\cdots \text{㉢}$

이므로 함수 $g(t)$는 $t = 5$에서 불연속이다.

STEP 03 ❶을 만족하도록 하는 a를 구한 후 ❷의 의미를 파악하여 ㉠에서 근과 계수의 관계에 의해 모든 실수 k의 값의 합을 구한 다음 $p + q$의 값을 구한다.

함수 $g(t)$가 불연속이 되는 t의 값은 함수 $f(x)$가 극값을 갖는 x의 값이거나 변곡점을 갖는 x의 값이다.

한편, 함수 $f(x)$가 극값을 갖는 x의 값을 m이라 하면 함수 $g(t)$는 $t=m$에서 극한값을 갖지 않는다.

또, 함수 $f(x)$가 변곡점을 갖는 x의 값을 n이라 하면 함수 $g(t)$는 $t=n$에서 극한값을 갖는다.

그러므로 ©을 만족시키는 t의 값은 함수 $f(x)$가 변곡점을 갖는 x의 값 중 큰 값이다.

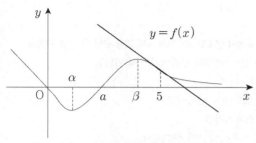

즉, 함수 $f(x)$는 $x=5$에서 변곡점을 갖고 이때
$$\lim_{t\to 5} g(t)=3,\ g(5)=2$$
이므로 조건을 만족시킨다.

따라서, $x=5$가 방정식 ©의 근이므로 대입하면
$$5^2-(a+4)\times 5+2a+2=0$$
$$-3a+7=0$$
$$a=\frac{7}{3} \qquad\qquad \cdots\cdots ㉣$$

한편, $\lim_{t\to k-} g(t)\ne\lim_{t\to k+} g(t)$를 만족시키는 k의 값은 함수 $f(x)$가 극값을 갖는 x의 값이다.

㉣을 ㉠에 대입하면
$$x^2-\left(\frac{7}{3}+2\right)x+\frac{7}{3}=0$$
$$x^2-\frac{13}{3}x+\frac{7}{3}=0$$

따라서, 구하는 모든 실수 k의 값의 합은 근과 계수의 관계에 의하여 $\frac{13}{3}$이므로
$$p+q=3+13=16$$

★★ 문제 해결 꿀~팁 ★★

▶ 문제 해결 방법

먼저 $f(x)$의 그래프의 개형을 파악하여야 문제를 풀이할 길이 보일 것이다.

$g(t)$의 의미는 $x=t$일 때 $y=f(x)$의 접선과 $y=f(x)$의 그래프와의 교점의 개수이므로 $y=f(x)$의 그래프의 개형을 알면 접선과의 교점의 개수의 변화를 보다 쉽게 추측할 수 있다.

$f(x)$의 극값과 극한값을 구하여 그래프를 그려야 한다.

한편, 주어진 조건 $g(5)+\lim_{t\to 5} g(t)=5$에서 함수 $g(t)$가 $t=a$에서 연속이면 $g(a)=\lim_{t\to a} g(t)$이므로 $g(a)+\lim_{t\to a} g(t)$의 값은 짝수이어야 한다. 따라서 $g(t)$는 $t=5$에서 불연속이다. 함수 $g(t)$가 불연속이 되는 t의 값은 함수 $f(x)$가 극값을 갖는 x의 값이거나 변곡점을 갖는 x의 값이다. 즉, 함수 $f(x)$는 $x=5$에서 변곡점을 갖고 이때 $\lim_{t\to 5} g(t)=3,\ g(5)=2$이다.

한편, $\lim_{t\to k-} g(t)\ne\lim_{t\to k+} g(t)$를 만족시키는 k의 값은 함수 $f(x)$가 극값을 갖는 x의 값이다. 따라서 $x=5$를 ©에 대입하여 a를 구한 후 a를 ㉠에 대입하고 근과 계수의 관계에 의하여 k의 값의 합을 구하면 된다.

이번 문제풀이에서 가장 중요한 것은 각 식들의 의미를 파악할 수 있느냐 하는 것이다. $g(t)$의 의미, $g(5)+\lim_{t\to 5} g(t)=5$에서 값이 5라는 것에서 파악할 수 있는 특징들, $\lim_{t\to k-} g(t)\ne\lim_{t\to k+} g(t)$의 의미등 주어진 식에서 어느 하나도 숨은 의미가 없는 식이 없다. 숨은 의미를 파악할 수 있는 능력을 키워야 하며, 또한 $f(x)$의 그래프도 그릴 수 있어야 한다.

• 정답 •

공통 | 수학
01 ④ 02 ⑤ 03 ① 04 ① 05 ③ 06 ④ 07 ② 08 ④ 09 ⑤ 10 ② 11 ② 12 ③ 13 ⑤ 14 ③ 15 ②
16 2 17 11 18 4 19 6 20 8 ★21 24 ★22 61
선택 | 확률과 통계
23 ④ 24 ② 25 ③ 26 ③ 27 ① 28 ⑤ 29 48 30 47
선택 | 미적분
23 ② 24 ② 25 ④ 26 ③ 27 ④ 28 ① 29 17 30 11

★ 표기된 문항은 [등급을 가르는 문항]에 해당하는 문제입니다.

01 지수법칙 정답률 91% | 정답 ④

❶ $2^{\sqrt{3}}\times 2^{2-\sqrt{3}}$의 값은? [2점]

① $\sqrt{2}$ ② 2 ③ $2\sqrt{2}$ ④ 4 ⑤ $4\sqrt{2}$

STEP 01 지수법칙을 이용하여 ❶의 값을 구한다.

$$2^{\sqrt{3}}\times 2^{2-\sqrt{3}}=2^{\sqrt{3}+(2-\sqrt{3})}=2^2=4$$

02 부정적분 정답률 84% | 정답 ⑤

함수 $f(x)$가
$$f'(x)=3x^2-2x,\quad ❶ f(1)=1$$
을 만족시킬 때, $f(2)$의 값은? [2점]

① 1 ② 2 ③ 3 ④ 4 ⑤ 5

STEP 01 $f'(x)$를 적분하여 $f(x)$를 구한 후 ❶을 이용하여 적분상수를 구한 다음 $f(2)$의 값을 구한다.

$f'(x)=3x^2-2x$에서
$$f(x)=\int(3x^2-2x)dx=x^3-x^2+C\ (C는\ 적분상수)$$
$f(1)=1^3-1^2+C=1$에서 $C=1$
따라서 $f(x)=x^3-x^2+1$이므로 $f(2)=5$

03 삼각함수의 정의 정답률 70% | 정답 ①

❶ $\pi<\theta<\dfrac{3}{2}\pi$인 θ에 대하여 $\tan\theta=\dfrac{12}{5}$일 때, $\sin\theta+\cos\theta$의 값은? [3점]

① $-\dfrac{17}{13}$ ② $-\dfrac{7}{13}$ ③ 0 ④ $\dfrac{7}{13}$ ⑤ $\dfrac{17}{13}$

STEP 01 삼각함수의 정의를 이용하여 ❶에서 $\sin\theta+\cos\theta$의 값을 구한다.

$\tan\theta=\dfrac{12}{5}$이고 $\pi<\theta<\dfrac{3}{2}\pi$이므로 각 θ가 나타내는 동경과

원점 O를 중심으로 하는 어떤 원의 교점이 P$(-5,\ -12)$이다.
따라서 원점 O에 대하여
$\overline{\text{OP}}=\sqrt{(-5)^2+(-12)^2}=13$이므로
$$\sin\theta+\cos\theta=\frac{-12}{13}+\frac{-5}{13}=-\frac{17}{13}$$

04 함수의 극한 정답률 82% | 정답 ①

함수 $y=f(x)$의 그래프가 그림과 같다.

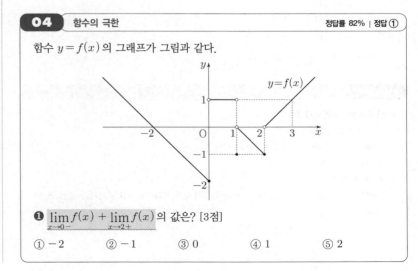

❶ $\lim\limits_{x\to 0-} f(x)+\lim\limits_{x\to 2+} f(x)$의 값은? [3점]

① -2 ② -1 ③ 0 ④ 1 ⑤ 2

STEP 01 그래프에서 ❶의 극한값을 각각 구한 후 합을 구한다.

$$\lim_{x \to 0-} f(x) = -2$$

$$\lim_{x \to 2+} f(x) = 0$$

따라서 $\lim_{x \to 0-} f(x) + \lim_{x \to 2+} f(x) = -2 + 0 = -2$

---

05 곱의 미분법 　　　　　　　정답률 85% | 정답 ③

다항함수 $f(x)$에 대하여 함수 $g(x)$를

$$g(x) = (x^2 + 3)f(x)$$

라 하자. ❶ $f(1) = 2$, $f'(1) = 1$일 때, $g'(1)$의 값은? [3점]

① 6　　　② 7　　　③ 8　　　④ 9　　　⑤ 10

STEP 01 $g(x)$를 미분하여 $g'(x)$를 구한 후 ❶을 대입하여 $g'(1)$의 값을 구한다.

$g(x) = (x^2 + 3)f(x)$에서

$g'(x) = 2xf(x) + (x^2 + 3)f'(x)$

따라서 $g'(1) = 2f(1) + (1 + 3)f'(1) = 2 \times 2 + 4 \times 1 = 8$

● **핵심 공식**

▶ 곱의 미분법

$f(x) = g(x) \cdot h(x)$라 하면, $f'(x) = g'(x) \cdot h(x) + g(x) \cdot h'(x)$

---

06 정적분을 이용한 넓이 　　　　정답률 74% | 정답 ④

❶ 곡선 $y = 3x^2 - x$와 직선 $y = 5x$로 둘러싸인 부분의 넓이는? [3점]

① 1　　　② 2　　　③ 3　　　④ 4　　　⑤ 5

STEP 01 ❶의 교점의 x좌표를 구한 후 적분을 이용하여 구하는 넓이를 구한다.

곡선 $y = 3x^2 - x$와 직선 $y = 5x$의 교점의 x좌표는

$3x^2 - x = 5x$, $3x^2 - 6x = 0$, $3x(x - 2) = 0$

$x = 0$ 또는 $x = 2$

구간 $[0, 2]$에서 직선 $y = 5x$가

곡선 $y = 3x^2 - x$보다 위쪽에 있거나 만나므로 구하는 넓이는

$$S = \int_0^2 \{5x - (3x^2 - x)\}dx = \int_0^2 (6x - 3x^2)dx$$

$$= \left[3x^2 - x^3\right]_0^2 = 3(4 - 0) - (8 - 0) = 4$$

---

07 등차수열의 합 　　　　　　정답률 80% | 정답 ②

첫째항이 2인 등차수열 $\{a_n\}$의 첫째항부터 제n항까지의 합을 S_n이라 하자.

❶ $a_6 = 2(S_3 - S_2)$

일 때, S_{10}의 값은? [3점]

① 100　　② 110　　③ 120　　④ 130　　⑤ 140

STEP 01 ❶에서 공차와 a_{10}을 구한 후 등차수열의 합을 이용하여 S_{10}의 값을 구한다.

$S_3 - S_2 = a_3$이므로 $a_6 = 2a_3$

등차수열 $\{a_n\}$의 공차를 d라 하면

$2 + 5d = 2(2 + 2d)$

$2 + 5d = 4 + 4d$에서 $d = 2$

따라서 $a_{10} = 2 + 9 \times 2 = 20$이므로

$$S_{10} = \frac{10(a_1 + a_{10})}{2} = \frac{10(2 + 20)}{2} = 110$$

● **핵심 공식**

▶ 등차수열의 일반항과 합

(1) 등차수열의 일반항

첫째항이 a, 공차가 d인 등차수열의 일반항 a_n은

$a_n = a + (n - 1)d \ (n = 1, 2, 3, \cdots)$

(2) 등차수열의 합

첫째항이 a, 공차가 d, 제n항이 l인 등차수열의 첫째항부터 제n항까지의 합을 S_n이라 하면

$$S_n = \frac{n(a + l)}{2} = \frac{n\{2a + (n - 1)d\}}{2}$$

---

08 함수의 연속 　　　　　　　정답률 71% | 정답 ④

함수

$$f(x) = \begin{cases} -2x + 6 & (x < a) \\ 2x - a & (x \geq a) \end{cases}$$

에 대하여 함수 $\{f(x)\}^2$이 실수 전체의 집합에서 연속이 되도록 하는 모든 상수 a의 값의 합은? [3점]

① 2　　　② 4　　　③ 6　　　④ 8　　　⑤ 10

STEP 01 $\{f(x)\}^2$이 $x = a$에서 연속일 조건으로 a의 값을 구한 후 합을 구한다.

함수 $f(x)$가 $x = a$를 제외한 실수 전체의 집합에서 연속이므로

함수 $\{f(x)\}^2$이 $x = a$에서 연속이면

함수 $\{f(x)\}^2$은 실수 전체의 집합에서 연속이다.

함수 $\{f(x)\}^2$이 $x = a$에서 연속이려면

$\lim_{x \to a+} \{f(x)\}^2 = \lim_{x \to a-} \{f(x)\}^2 = \{f(a)\}^2$이어야 한다.

이때, $\lim_{x \to a+} \{f(x)\}^2 = \lim_{x \to a+} (2x - a)^2 = a^2$

$\lim_{x \to a-} \{f(x)\}^2 = \lim_{x \to a-} (-2x + 6)^2 = (-2a + 6)^2$

$\{f(a)\}^2 = (2a - a)^2 = a^2$이므로

$a^2 = (-2a + 6)^2$에서

$3(a - 2)(a - 6) = 0$

$a = 2$ 또는 $a = 6$

따라서 모든 상수 a의 값의 합은

$2 + 6 = 8$

● **핵심 공식**

▶ 함수의 연속

함수 $f(x)$가 실수 a에 대하여 $\lim_{x \to a+} f(x) = \lim_{x \to a-} f(x) = f(a)$를 만족시킬 때, 함수 $f(x)$는 $x = a$에서 연속이라고 한다.

---

09 수열의 귀납적 정의 　　　　정답률 72% | 정답 ⑤

수열 $\{a_n\}$이 모든 자연수 n에 대하여

❶ $a_{n+1} = \begin{cases} \dfrac{1}{a_n} & (n \text{이 홀수인 경우}) \\ 8a_n & (n \text{이 짝수인 경우}) \end{cases}$

이고 ❷ $a_{12} = \dfrac{1}{2}$일 때, $a_1 + a_4$의 값은? [4점]

① $\dfrac{3}{4}$　　② $\dfrac{9}{4}$　　③ $\dfrac{5}{2}$　　④ $\dfrac{17}{4}$　　⑤ $\dfrac{9}{2}$

STEP 01 ❶, ❷를 이용하여 a_4, a_1을 구한 후 합을 구한다.

$a_{12} = \dfrac{1}{2}$이고 $a_{12} = \dfrac{1}{a_{11}}$이므로 $a_{11} = 2$

$a_{11} = 8a_{10}$이므로 $a_{10} = \dfrac{1}{4}$

$a_{10} = \dfrac{1}{a_9}$이므로 $a_9 = 4$

$a_9 = 8a_8$이므로 $a_8 = \dfrac{1}{2}$

$a_8 = \dfrac{1}{a_7}$이므로 $a_7 = 2$

$a_7 = 8a_6$이므로 $a_6 = \dfrac{1}{4}$

$a_6 = \dfrac{1}{a_5}$이므로 $a_5 = 4$

$a_5 = 8a_4$이므로 $a_4 = \dfrac{1}{2}$

$a_4 = \dfrac{1}{a_3}$이므로 $a_3 = 2$

$a_3 = 8a_2$이므로 $a_2 = \dfrac{1}{4}$

$a_2 = \dfrac{1}{a_1}$이므로 $a_1 = 4$

따라서 $a_1 + a_4 = 4 + \dfrac{1}{2} = \dfrac{9}{2}$

10 로그함수의 그래프   정답률 60% | 정답 ②

$n \geq 2$인 자연수 n에 대하여 두 곡선

❶ $y = \log_n x$, $y = -\log_n(x+3) + 1$

이 ❷ 만나는 점의 x좌표가 1보다 크고 2보다 작도록 하는 모든 n의 값의 합은? [4점]

① 30   ② 35   ③ 40   ④ 45   ⑤ 50

STEP 01 ❶의 두 식을 연립한 후 ❷를 만족하도록 하는 부등식을 세워 만족하는 n의 값을 구한 후 합을 구한다.

진수 조건에서 $x > 0$

$-\log_n(x+3) + 1 = \log_n \dfrac{n}{x+3}$ 이므로

$\log_n x = \log_n \dfrac{n}{x+3}$ 에서

$x = \dfrac{n}{x+3}$

$x^2 + 3x - n = 0$

$f(x) = x^2 + 3x - n$이라 하면

$f(1) < 0$, $f(2) > 0$이어야 한다.

$f(1) = 4 - n < 0$에서 $n > 4$

$f(2) = 10 - n > 0$에서 $n < 10$

따라서 $4 < n < 10$이므로

n의 값은 5, 6, 7, 8, 9이고, 그 합은

$5 + 6 + 7 + 8 + 9 = 35$

11 정적분의 성질   정답률 47% | 정답 ②

닫힌구간 $[0, 1]$에서 연속인 함수 $f(x)$가

❶ $f(0) = 0$, $f(1) = 1$, $\displaystyle\int_0^1 f(x)dx = \dfrac{1}{6}$

을 만족시킨다. 실수 전체의 집합에서 정의된 함수 $g(x)$가 다음 조건을 만족시킬 때, ❷ $\displaystyle\int_{-3}^2 g(x)dx$의 값은? [4점]

(가) $g(x) = \begin{cases} -f(x+1) + 1 & (-1 < x < 0) \\ f(x) & (0 \leq x \leq 1) \end{cases}$

(나) 모든 실수 x에 대하여 $g(x+2) = g(x)$이다.

① $\dfrac{5}{2}$ ② $\dfrac{17}{6}$ ③ $\dfrac{19}{6}$ ④ $\dfrac{7}{2}$ ⑤ $\dfrac{23}{6}$

STEP 01 ❶과 조건 (가)를 이용하여 $\displaystyle\int_{-0}^1 g(x)dx$, $\displaystyle\int_0^1 g(x)dx$를 각각 구한 후 $\displaystyle\int_{-1}^1 g(x)dx$ 구한다.

함수 $y = -f(x+1) + 1$의 그래프는

함수 $y = f(x)$의 그래프를 x축에 대하여 대칭이동시킨 후,

x축의 방향으로 -1만큼, y축의 방향으로 1만큼 평행이동시킨 것이다.

$f(0) = 0$, $f(1) = 1$, $\displaystyle\int_0^1 f(x)dx = \dfrac{1}{6}$ 이므로

조건 (가)에서

$\displaystyle\int_{-1}^0 g(x)dx = \int_{-1}^0 \{-f(x+1) + 1\}dx = 1 - \dfrac{1}{6} = \dfrac{5}{6}$

$\displaystyle\int_0^1 g(x)dx = \int_0^1 f(x)dx = \dfrac{1}{6}$

$\displaystyle\int_{-1}^1 g(x)dx = \int_{-1}^0 g(x)dx + \int_0^1 g(x)dx = \dfrac{5}{6} + \dfrac{1}{6} = 1$

STEP 02 조건 (나)를 이용하여 ❷의 값을 구한다.

조건 (나)에서 $g(x+2) = g(x)$이므로

$\displaystyle\int_{-3}^2 g(x)dx = \int_{-3}^{-1} g(x)dx + \int_{-1}^1 g(x)dx + \int_1^2 g(x)dx$

$\displaystyle = 2\int_{-1}^1 g(x)dx + \int_{-1}^0 g(x)dx$

$= 2 \times 1 + \dfrac{5}{6}$

$= \dfrac{17}{6}$

12 코사인법칙과 삼각비   정답률 60% | 정답 ③

그림과 같이 $\overline{AB} = 4$, $\overline{AC} = 5$이고 $\cos(\angle BAC) = \dfrac{1}{8}$인 삼각형 ABC가 있다. 선분 AC 위의 점 D와 선분 BC 위의 점 E에 대하여

$\angle BAC = \angle BDA = \angle BED$

일 때, 선분 DE의 길이는? [4점]

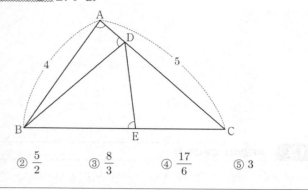

① $\dfrac{7}{3}$ ② $\dfrac{5}{2}$ ③ $\dfrac{8}{3}$ ④ $\dfrac{17}{6}$ ⑤ 3

STEP 01 삼각형 ABD의 종류를 파악하고 삼각비를 이용하여 $\overline{BD}$, $\overline{AD}$의 길이를 구한다.

삼각형 ABD에서 $\angle BAC = \angle BDA$이고 $\overline{AB} = 4$이므로

$\overline{BD} = 4$ …… ㉠

이때, 점 B에서 선분 AD에 내린 수선의 발을 H라 하면

$\overline{AH} = \overline{AB}\cos(\angle BAC) = 4 \times \dfrac{1}{8} = \dfrac{1}{2}$

그러므로 $\overline{AD} = 1$

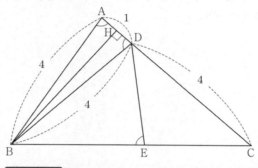

STEP 02 삼각형 ABC에서 코사인법칙을 이용하여 $\overline{BC}$의 길이를 구한다.

삼각형 BCD는 $\overline{DB} = \overline{DC} = 4$인 이등변삼각형이다.

점 D에서 선분 BC에 내린 수선의 발을 H′, $\overline{DE} = x$라 하면

$\overline{DH'} = x\sin(\angle H'EC) = x \times \sqrt{1 - \left(\dfrac{1}{8}\right)^2} = \dfrac{\sqrt{63}}{8}x$ …… ㉡

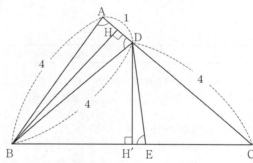

한편, 삼각형 ABC에서

$\overline{BC}^2 = \overline{AB}^2 + \overline{AC}^2 - 2 \times \overline{AB} \times \overline{AC} \times \cos(\angle BAC)$

$= 4^2 + 5^2 - 2 \times 4 \times 5 \times \dfrac{1}{8} = 36$이므로

$\overline{BC} = 6$

이때, $\overline{BH'} = \dfrac{1}{2}\overline{BC} = 3$ …… ㉢

STEP 03 삼각형 DBH′에서 피타고라스 정리를 이용하여 $\overline{DE}$의 길이를 구한다.

직각삼각형 DBH′에서 ㉠, ㉡, ㉢을 이용하면

$4^2 = \left(\dfrac{\sqrt{63}}{8}x\right)^2 + 3^2$

$\dfrac{63}{64}x^2 = 7$

$x^2 = \dfrac{64}{9}$

$\overline{DE} = x > 0$이므로 $\overline{DE} = \dfrac{8}{3}$

▶ 코사인법칙

세 변의 길이를 각각 a, b, c라 하고 b, c 사이의 끼인각을 A라 하면
$$a^2 = b^2 + c^2 - 2bc\cos A, \quad \left(\cos A = \frac{b^2 + c^2 - a^2}{2bc}\right)$$

▶ 삼각비

(1) $\sin B = \dfrac{\overline{AC}}{\overline{AB}} = \dfrac{b}{c}$

(2) $\cos B = \dfrac{\overline{BC}}{\overline{AB}} = \dfrac{a}{c}$

(3) $\tan B = \dfrac{\overline{AC}}{\overline{BC}} = \dfrac{b}{a}$

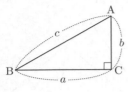

---

13 주기함수의 함숫값과 합   정답률 53% | 정답 ⑤

실수 전체의 집합에서 정의된 함수 $f(x)$가 구간 $(0, 1]$에서
$$f(x) = \begin{cases} 3 & (0 < x < 1) \\ 1 & (x = 1) \end{cases}$$
이고, 모든 실수 x에 대하여 $f(x+1) = f(x)$를 만족시킨다.

❶ $\displaystyle\sum_{k=1}^{20} \frac{k \times f(\sqrt{k})}{3}$의 값은? [4점]

① 150 ② 160 ③ 170 ④ 180 ⑤ 190

STEP 01 $\sqrt{k}$가 자연수인 경우와 아닌 경우로 경우를 나눈 후 $f(\sqrt{k})$의 값을 구한 다음 $\sum$의 성질을 이용하여 ❶의 값을 구한다.

(i) $k = 1, 4, 9, 16$일 때

$f(1) = 1$이고 $f(x+1) = f(x)$이므로
$f(1) = f(2) = f(3) = f(4) = 1$에서
$f(\sqrt{k}) = 1$

(ii) $k \neq 1, 4, 9, 16$일 때

$f(\sqrt{k}) = 3$

따라서 $\displaystyle\sum_{k=1}^{20} k = 210$이고,

$1+4+9+16 = 30$이므로

$\displaystyle\sum_{k=1}^{20} \frac{k \times f(\sqrt{k})}{3} = \sum_{k=1}^{20}\left\{k \times \frac{f(\sqrt{k})}{3}\right\}$

$\qquad\qquad = 30 \times \dfrac{1}{3} + (210 - 30) \times \dfrac{3}{3}$

$\qquad\qquad = 190$

---

14 미분가능성   정답률 37% | 정답 ③

두 양수 p, q와 함수 $f(x) = x^3 - 3x^2 - 9x - 12$에 대하여 실수 전체의 집합에서 연속인 함수 $g(x)$가 다음 조건을 만족시킬 때, $p+q$의 값은? [4점]

(가) 모든 실수 x에 대하여 $xg(x) = |xf(x-p) + qx|$이다.
(나) 함수 $g(x)$가 $x = a$에서 미분가능하지 않은 실수 a의 개수는 1이다.

① 6 ② 7 ③ 8 ④ 9 ⑤ 10

STEP 01 $f(x)$의 미분을 이용하여 극값을 구한다.

$f(x) = x^3 - 3x^2 - 9x - 12$에서
$f'(x) = 3x^2 - 6x - 9 = 3(x+1)(x-3)$
$f'(x) = 0$에서 $x = -1$ 또는 $x = 3$
함수 $f(x)$의 증가와 감소를 표로 나타내면 다음과 같다.

x	$\cdots$	-1	$\cdots$	3	$\cdots$
$f'(x)$	$+$	0	$-$	0	$+$
$f(x)$	↗	극대	↘	극소	↗

함수 $f(x)$는
$x = -1$에서 극댓값 $f(-1) = -7$을 갖고,
$x = 3$에서 극솟값 $f(3) = -39$를 갖는다.

STEP 02 연속일 조건과 조건 (나)를 만족하도록 하는 $y = g(x)$의 그래프의 개형을 추론하여 p, q를 구한 후 합을 구한다.

조건 (가)에서
$xg(x) = |xf(x-p) + qx|$이므로
$$g(x) = \begin{cases} |f(x-p) + q| & (x \geq 0) \\ -|f(x-p) + q| & (x < 0) \end{cases}$$
함수 $g(x)$가 $x = 0$에서 연속이므로
$|f(-p) + q| = -|f(-p) + q|$
즉, $|f(-p) + q| = 0$이어야 한다.
한편, 함수 $y = |f(x-p) + q|$의 그래프는
함수 $y = f(x)$의 그래프를 x축의 방향으로 p만큼,
y축의 방향으로 q만큼 평행이동시킨 후,
$y < 0$인 부분에 그려진 부분을 x축에 대하여 대칭이동시킨 것이다.
이때, p, q가 모두 양수이고 조건 (나)에서
함수 $g(x)$가 $x = a$에서 미분가능하지 않은 실수 a의 개수가 1이므로
$p = 1$, $q = 7$이어야 한다.
따라서
$p + q = 1 + 7 = 8$

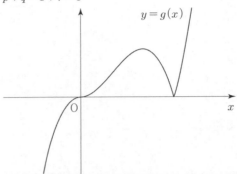

▶ 도형의 평행이동

x축 방향으로 m만큼, y축 방향으로 n만큼 평행이동하면
(1) 점 $(x, y) : (x, y) \to (x+m, y+n)$
(2) $f(x, y) = 0$이 나타내는 도형 : $f(x, y) = 0 \to f(x-m, y-n) = 0$

▶ 함수의 연속

$x = n$에서 연속이려면 함숫값 $=$좌극한 $=$우극한이어야 한다.
$$f(n) = \lim_{x \to n-0} f(x) = \lim_{x \to n+0} f(x)$$

---

15 삼각방정식   정답률 21% | 정답 ②

$-1 \leq t \leq 1$인 실수 t에 대하여 x에 대한 방정식
$$\left(\sin\frac{\pi x}{2} - t\right)\left(\cos\frac{\pi x}{2} - t\right) = 0$$
의 실근 중에서 집합 $\{x | 0 \leq x < 4\}$에 속하는 가장 작은 값을 $\alpha(t)$, 가장 큰 값을 $\beta(t)$라 하자. 〈보기〉에서 옳은 것만을 있는 대로 고른 것은? [4점]

─── 〈보기〉 ───

ㄱ. $-1 \leq t < 0$인 모든 실수 t에 대하여 $\alpha(t) + \beta(t) = 5$이다.

ㄴ. $\{t | \beta(t) - \alpha(t) = \beta(0) - \alpha(0)\} = \left\{t \mid 0 \leq t \leq \dfrac{\sqrt{2}}{2}\right\}$

ㄷ. ❶ $\alpha(t_1) = \alpha(t_2)$인 두 실수 t_1, t_2에 대하여 ❷ $t_2 - t_1 = \dfrac{1}{2}$이면 $t_1 \times t_2 = \dfrac{1}{3}$이다.

① ㄱ ② ㄱ, ㄴ ③ ㄱ, ㄷ ④ ㄴ, ㄷ ⑤ ㄱ, ㄴ, ㄷ

STEP 01 ㄱ. $y = \sin\dfrac{\pi x}{2}$, $y = \cos\dfrac{\pi x}{2}$, $y = t$의 그래프를 그린 후 $\alpha(t)$, $\beta(t)$의 위치 관계를 파악하여 참, 거짓을 판별한다.

ㄱ. 방정식 $\left(\sin\dfrac{\pi x}{2} - t\right)\left(\cos\dfrac{\pi x}{2} - t\right) = 0$에서

$\sin\dfrac{\pi x}{2} = t$ 또는 $\cos\dfrac{\pi x}{2} = t$

이 방정식의 실근은

두 함수 $y = \sin\dfrac{\pi x}{2}$, $y = \cos\dfrac{\pi x}{2}$의 그래프와 직선 $y = t$와의 교점의

x좌표이다.

한편, 두 함수 $y = \sin\dfrac{\pi x}{2}$, $y = \cos\dfrac{\pi x}{2}$의 주기가 모두 4이므로

그래프는 다음과 같다.

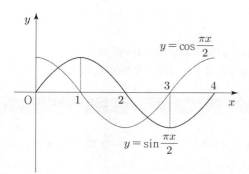

$-1 \le t < 0$이면 직선 $y = t$와 $\alpha(t)$, $\beta(t)$는 다음 그림과 같다.

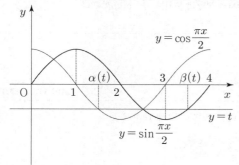

이때, 함수 $y = \cos\dfrac{\pi x}{2}$의 그래프는

함수 $y = \sin\dfrac{\pi x}{2}$의 그래프를 평행이동시키면 겹쳐질 수 있고

함수 $y = \sin\dfrac{\pi x}{2}$의 그래프는

직선 $x = 1$, $x = 3$에 대하여 대칭이고 점 $(2, 0)$에 대하여 대칭이다.

그러므로 $\alpha(t) = 1 + k \, (0 < k \le 1)$로 놓으면

$\beta(t) = 4 - k$

그러므로 $\alpha(t) + \beta(t) = 5$ ∴ 참

STEP 02 ㄴ. $\beta(0) - \alpha(0)$의 값을 구한 후 t의 범위를 나누어 $\beta(t) - \alpha(t)$의 값을 각각 구한 다음 조건을 만족하는 t의 범위를 구하여 참, 거짓을 판별한다.

ㄴ. 실근 $\alpha(t)$, $\beta(t)$는 집합 $\{x \mid 0 \le x < 4\}$의 원소이므로

$\beta(0) = 3$, $\alpha(0) = 0$

그러므로 주어진 식은

$\{t \mid \beta(t) - \alpha(t) = \beta(0) - \alpha(0)\} = \{t \mid \beta(t) - \alpha(t) = 3\}$

(ⅰ) $0 \le t \le \dfrac{\sqrt{2}}{2}$일 때,

    $t = 0$이면 $\beta(0) - \alpha(0) = 3 - 0 = 3$

    $t \ne 0$이면 그래프는 다음 그림과 같다.

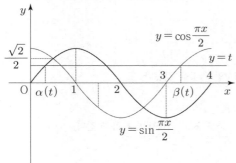

이때, $\alpha(t) = k\left(0 < k \le \dfrac{1}{2}\right)$이라 하면

$\beta(t) = 3 + k$

그러므로 $\beta(t) - \alpha(t) = 3$

(ⅱ) $\dfrac{\sqrt{2}}{2} < t < 1$일 때,

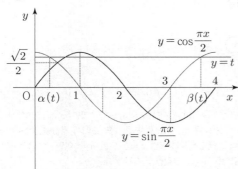

이때, $\alpha(t) = k\left(0 < k < \dfrac{1}{2}\right)$이라 하면

$\beta(t) = 4 - k$

그러므로 $\beta(t) - \alpha(t) = 4 - 2k \, (0 < 2k < 1)$

(ⅲ) $t = 1$일 때,

    $\alpha(1) = 0$, $\beta(1) = 1$이므로

    $\beta(1) - \alpha(1) = 1$

(ⅳ) $-1 \le t < 0$일 때,

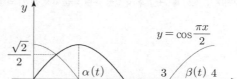

$1 < \alpha(t) \le 2$, $3 \le \beta(t) < 4$이므로

$\beta(t) - \alpha(t) < 3$

따라서 (ⅰ), (ⅱ), (ⅲ), (ⅳ)에서

$\{t \mid \beta(t) - \alpha(t) = 3\} = \left\{ t \,\middle|\, 0 \le t \le \dfrac{\sqrt{2}}{2} \right\}$ ∴ 참

STEP 03 ㄷ. ❶을 만족하는 t_1, t_2의 관계를 구한 후 ❷와 연립하고 삼각함수의 성질을 이용하여 t_1, t_2를 구한 다음 $t_1 \times t_2$의 값을 구하여 참, 거짓을 판별한다.

ㄷ. $\alpha(t_1) = \alpha(t_2)$이기 위해서는

$0 < t_1 < \dfrac{\sqrt{2}}{2} < t_2$

이때, $\alpha(t_1) = \alpha(t_2) = \alpha$라 하면

$t_1 = \sin\dfrac{\pi}{2}\alpha$, $t_2 = \cos\dfrac{\pi}{2}\alpha$

이때, $t_2 = t_1 + \dfrac{1}{2}$이므로

$\cos\dfrac{\pi}{2}\alpha = \sin\dfrac{\pi}{2}\alpha + \dfrac{1}{2}$

이 식을 $\cos^2\dfrac{\pi}{2}\alpha + \sin^2\dfrac{\pi}{2}\alpha = 1$에 대입하면

$2\sin^2\dfrac{\pi}{2}\alpha + \sin\dfrac{\pi}{2}\alpha + \dfrac{1}{4} = 1$

$8\sin^2\dfrac{\pi}{2}\alpha + 4\sin\dfrac{\pi}{2}\alpha - 3 = 0$

$\sin\dfrac{\pi}{2}\alpha = \dfrac{-2 \pm \sqrt{28}}{8}$

이때, $\sin\dfrac{\pi}{2}\alpha > 0$이므로

$\sin\dfrac{\pi}{2}\alpha = \dfrac{-1 + \sqrt{7}}{4}$

그러므로

$t_1 = \dfrac{-1 + \sqrt{7}}{4}$, $t_2 = t_1 + \dfrac{1}{2} = \dfrac{1 + \sqrt{7}}{4}$

따라서

$t_1 \times t_2 = \dfrac{(-1 + \sqrt{7})(1 + \sqrt{7})}{16} = \dfrac{3}{8}$ ∴ 거짓

따라서 옳은 것은 ㄱ, ㄴ

---

16 로그의 성질   정답률 83% | 정답 2

❶ $\log_4 \dfrac{2}{3} + \log_4 24$의 값을 구하시오. [3점]

STEP 01 로그의 성질을 이용하여 ❶의 값을 구한다.

$\log_4 \dfrac{2}{3} + \log_4 24 = \log_4\left(\dfrac{2}{3} \times 24\right) = \log_4 16 = \log_4 4^2 = 2$

● 핵심 공식

▶ ▶ 로그의 성질

$a > 0$, $a \ne 1$, $x > 0$, $y > 0$, $c > 0$, $c \ne 1$
n이 임의의 실수일 때

(1) $\log_a a = 1$, $\log_a 1 = 0$ (2) $\log_a xy = \log_a x + \log_a y$

(3) $\log_a \dfrac{x}{y} = \log_a x - \log_a y$ (4) $\log_a x^n = n\log_a x$

(5) $\log_a x = \dfrac{\log_c x}{\log_c a}$ (밑변환공식)   (6) $\log_a x = \dfrac{1}{\log_x a}$ (단, $x \ne 1$)

17 다항함수의 극값
정답률 79% | 정답 11

함수 $f(x) = x^3 - 3x + 12$가 $x = a$에서 극소일 때, $\underline{a + f(a)}$의 값을 구하시오. (단, a는 상수이다.) [3점]

STEP 01 $f(x)$를 미분하여 $f'(x)$를 구한 후 극값을 구한 다음 $a + f(a)$의 값을 구한다.

$f(x) = x^3 - 3x + 12$에서
$f'(x) = 3x^2 - 3 = 3(x+1)(x-1)$
$f'(x) = 0$에서
$x = -1$ 또는 $x = 1$
함수 $f(x)$의 증가와 감소를 표로 나타내면 다음과 같다.

x	$\cdots$	-1	$\cdots$	1	$\cdots$
$f'(x)$	$+$	0	$-$	0	$+$
$f(x)$	$\nearrow$	극대	$\searrow$	극소	$\nearrow$

함수 $f(x)$는 $x = 1$에서 극소이다.
따라서 $a = 1$
$f(a) = f(1) = 1^3 - 3 \times 1 + 12 = 10$이므로
$a + f(a) = 1 + f(1) = 1 + 10 = 11$

18 등비수열
정답률 68% | 정답 4

모든 항이 양수인 등비수열 $\{a_n\}$에 대하여

❶ $a_2 = 36$, ❷ $a_7 = \dfrac{1}{3} a_5$

일 때, $\underline{a_6}$의 값을 구하시오. [3점]

STEP 01 ❷에서 r^2을 구한 후 ❶을 이용하여 a_6의 값을 구한다.

등비수열 $\{a_n\}$의 공비를 r, $a_1 = a$라 하면
$a_2 = 36$에서
$ar = 36$ ...... ㉠
또, $a_7 = \dfrac{1}{3} a_5$에서
$ar^6 = \dfrac{1}{3} ar^4$
$r^2 = \dfrac{1}{3}$ ...... ㉡
따라서 ㉠과 ㉡에서
$a_6 = ar^5 = ar \times r^4 = 36 \times \left(\dfrac{1}{3}\right)^2 = 4$

다른 풀이

$a_7 = a_5 \times r^2 = \dfrac{1}{3} a_5$에서 $r^2 = \dfrac{1}{3}$
따라서 $a_6 = a_2 \times r^4 = 36 \times \left(\dfrac{1}{3}\right)^2 = 4$

● 핵심 공식

▶ 등비수열

첫째항이 a, 공비가 r인 등비수열에서 일반항 a_n은
$a_n = ar^{n-1}$ ($n = 1, 2, 3, \cdots$)

19 속도와 위치
정답률 39% | 정답 6

수직선 위를 움직이는 점 P의 시각 $t(t \geq 0)$에서의 속도 $v(t)$가
$v(t) = 3t^2 - 4t + k$
이다. 시각 $t = 0$에서 점 P의 위치는 0이고, ❶ 시각 $t = 1$에서 점 P의 위치는 -3이다. 시각 $t = 1$에서 $t = 3$까지 점 P의 위치의 변화량을 구하시오. (단, k는 상수이다.) [3점]

STEP 01 $v(t)$를 적분하여 점 P의 위치를 구한 후 ❶을 이용하여 k를 구한다.
$t = 3$에서의 점 P의 위치를 구한 후 $t = 1$에서 $t = 3$까지 점 P의 위치의 변화량을 구한다.
시각 t에서 점 P의 위치를 $x(t)$라 하면
시각 $t = 0$에서 점 P의 위치가 0이므로
$v(t) = 3t^2 - 4t + k$에서
$x(t) = t^3 - 2t^2 + kt$

이때 $x(1) = -3$에서
$-1 + k = -3$, $k = -2$
따라서 $x(t) = t^3 - 2t^2 - 2t$이고, $x(3) = 27 - 18 - 6 = 3$이다.
그러므로 시각 $t = 1$에서 $t = 3$까지 점 P의 위치의 변화량은
$x(3) - x(1) = 3 - (-3) = 6$

● 핵심 공식

▶ 속도와 이동거리 및 위치

수직선 위를 움직이는 점 p의 시각 t에서의 속도를 $v(t)$라 할 때, $t = a$에서 $t = b$ ($a < b$)까지의 실제 이동거리 s는 $s = \int_a^b |v(t)| dt$이고
점 p가 원점을 출발하여 $t = a$에서의 점 p의 위치는 $\int_0^a v(t) dt$ 이다.

★★★ 등급을 가르는 문제!

20 적분의 활용
정답률 14% | 정답 8

실수 a와 함수 $f(x) = x^3 - 12x^2 + 45x + 3$에 대하여 함수

❶ $g(x) = \int_a^x \{f(x) - f(t)\} \times \{f(t)\}^4 dt$

가 오직 하나의 극값을 갖도록 하는 모든 a의 값의 합을 구하시오. [4점]

STEP 01 $f(x)$, $g(x)$를 각각 미분하여 $f'(x)$, $g'(x)$를 구한다.

$f(x) = x^3 - 12x^2 + 45x + 3$에서
$f'(x) = 3x^2 - 24x + 45 = 3(x-3)(x-5)$
$g(x) = \int_a^x \{f(x) - f(t)\} \times \{f(t)\}^4 dt = f(x) \int_a^x \{f(t)\}^4 dt - \int_a^x \{f(t)\}^5 dt$
$g'(x) = f'(x) \int_a^x \{f(t)\}^4 dt + \{f(x)\}^5 - \{f(x)\}^5 = f'(x) \int_a^x \{f(t)\}^4 dt$

STEP 02 $g'(x) = 0$인 경우를 나누어 ❶을 만족하는 경우를 찾아 a 값을 구한 후 합을 구한다.

$g'(x) = 0$에서
$f'(x) = 0$ 또는 $x = a$
(i) $a \neq 3$, $a \neq 5$일 때,
$g'(x) = 0$에서 $x = 3$ 또는 $x = 5$ 또는 $x = a$
함수 $g(x)$는 $x = 3$, $x = 5$, $x = a$에서 모두 극값을 갖는다.
(ii) $a = 3$일 때,
$g'(x) = 0$에서 $x = 3$ 또는 $x = 5$
함수 $g(x)$의 증가와 감소를 표로 나타내면 다음과 같다.

x	$\cdots$	3	$\cdots$	5	$\cdots$
$g'(x)$	$-$	0	$-$	0	$+$
$g(x)$	$\searrow$		$\searrow$	극소	$\nearrow$

함수 $g(x)$는 $x = 5$에서만 극값을 갖는다.
(iii) $a = 5$일 때,
$g'(x) = 0$에서 $x = 3$ 또는 $x = 5$
함수 $g(x)$의 증가와 감소를 표로 나타내면 다음과 같다.

x	$\cdots$	3	$\cdots$	5	$\cdots$
$g'(x)$	$-$	0	$+$	0	$+$
$g(x)$	$\searrow$	극소	$\nearrow$		$\nearrow$

함수 $g(x)$는 $x = 3$에서만 극값을 갖는다.
(i), (ii), (iii)에서
함수 $g(x)$가 오직 하나의 극값을 갖도록 하는 a의 값은 3 또는 5이다.
따라서 모든 a의 값의 합은
$3 + 5 = 8$

★★ 문제 해결 꿀~팁 ★★

▶ 문제 해결 방법

$g'(x) = f'(x) \int_a^x \{f(t)\}^4 dt$이므로 $g'(x) = 0$이려면 $f'(x) = 0$ 또는 $x = a$이다.
$f'(x) = 0$이려면 $x = 3$ 또는 $x = 5$이고 이때 $a \neq 3$, $a \neq 5$이면 $g'(x) = 0$에서 $x = 3$ 또는 $x = 5$ 또는 $x = a$가 서로 다른 실근이므로 모든 x의 값에서 극값을 갖는다.
그러므로 $g(x)$가 오직 하나의 극값을 가지려면 $a = 3$ 또는 $a = 5$이면 $g'(x) = 0$이 중근 1과 다른 실근 1개를 가지므로 하나의 극값을 가지게 된다.
근의 종류에 따른 그래프의 개형을 추론할 수 있으면 보다 수월하게 문제를 해결할 수 있다. 다항함수와 그 도함수의 실근의 개수와 종류에 따른 그래프의 개형을 알아두는 것이 좋다.

21 거듭제곱근 　　　　　　　　　정답률 4% | 정답 24

다음 조건을 만족시키는 최고차항의 계수가 1인 이차함수 $f(x)$가 존재하도록 하는 모든 자연수 n의 값의 합을 구하시오. [4점]

> (가) x에 대한 방정식 $(x^n-64)f(x)=0$은 서로 다른 두 실근을 갖고, 각각의 실근은 중근이다.
> (나) 함수 $f(x)$의 최솟값은 음의 정수이다.

STEP 01 조건 (가)를 만족하도록 하는 중근과 $f(x)$를 구한 후 $f(x)$가 조건 (나)를 만족하도록 하는 n의 값을 구하여 합을 구한다.

함수 $f(x)$는 최고차항의 계수가 1이고 최솟값이 음수이므로 방정식 $f(x)=0$은 서로 다른 두 실근을 갖는다.

(ⅰ) n이 홀수일 때,

방정식 $x^n=64$의 실근의 개수는 1이다.

그러므로 방정식 $(x^n-64)f(x)=0$의 근이 모두 중근일 수 없다.

(ⅱ) n이 짝수일 때,

방정식 $x^n=64$의 실근은

$x=\sqrt[n]{64}$ 또는 $x=-\sqrt[n]{64}$

즉, $x=2^{\frac{6}{n}}$ 또는 $x=-2^{\frac{6}{n}}$

이때, 조건 (가)를 만족하기 위해서는

$f(x)=\left(x-2^{\frac{6}{n}}\right)\left(x+2^{\frac{6}{n}}\right)$ 　　　　　……㉠

한편, 조건 (나)에서 함수 $f(x)$의 최솟값은 음의 정수이다.

㉠에서 함수 $f(x)$는 $x=0$에서 최솟값을 갖고 그 값은

$-2^{\frac{6}{n}}\times 2^{\frac{6}{n}}=-2^{\frac{12}{n}}$

이 값이 음의 정수이기 위해서는 n의 값은 2, 4, 6, 12

따라서 (ⅰ), (ⅱ)에서 모든 n의 값의 합은

$2+4+6+12=24$

★★ 문제 해결 꿀~팁 ★★

▶ 문제 해결 방법

$f(x)$는 이차함수이고 최솟값이 음수이므로 $f(x)$는 서로 다른 두 실근을 갖는다. 그러므로 조건 (가)를 만족하려면 $g(x)=x^n-64$라 할 때 $g(x)=0$이 $f(x)=0$의 서로 다른 두 실근을 근으로 가져야 한다.

따라서 n은 짝수이고 $g(x)=0$의 두 실근 $x=2^{\frac{6}{n}}$ 또는 $x=-2^{\frac{6}{n}}$이 $f(x)=0$의 두 근이다. 이때 조건 (나)를 만족하려면 $f(0)=-2^{\frac{12}{n}}<0$이면 된다.

그러므로 n은 12의 약수 중 짝수이다.

22 삼차함수의 추론 　　　　　　　정답률 2% | 정답 61

삼차함수 $f(x)$가 다음 조건을 만족시킨다.

> (가) 방정식 $f(x)=0$의 서로 다른 실근의 개수는 2이다.
> (나) 방정식 $f(x-f(x))=0$의 서로 다른 실근의 개수는 3이다.

❶ $f(1)=4$, $f'(1)=1$, $f'(0)>1$일 때, $f(0)=\dfrac{q}{p}$이다. $p+q$의 값을 구하시오. (단, p와 q는 서로소인 자연수이다.) [4점]

STEP 01 조건 (가)를 만족하도록 $f(x)$를 놓고 조건 (나)를 만족하도록 하는 점 $(1, 4)$에서의 접선과 $y=f(x)$와의 위치관계를 파악한다.

조건 (가)에서 방정식 $f(x)=0$의 서로 다른 두 실근을 α, β라 하면

$f(x)=k(x-\alpha)^2(x-\beta)$로 놓을 수 있다.

조건 (나)에서 $x-f(x)=\alpha$ 또는 $x-f(x)=\beta$를 만족시키는 서로 다른 x의 값의 개수가 3이어야 한다.

즉 $f(x)=x-\alpha$ 또는 $f(x)=x-\beta$에서 곡선 $y=f(x)$와

두 직선 $y=x-\alpha$, $y=x-\beta$가 만나는 서로 다른 점의 개수가 3이어야 한다.

한편, 곡선 $y=f(x)$ 위의 점 $(1, 4)$에서의 접선의 기울기가 1이므로

접선의 방정식은

$y=x+3$

그런데 $f(0)>0$, $f'(0)>1$이므로 곡선 $y=f(x)$와 직선 $y=x+3$이 그림과 같다.

STEP 02 그래프를 이용하여 $f(x)$를 놓고 ❶을 이용하여 미지수를 구한 후 $f(0)$을 구한 다음 $p+q$의 값을 구한다.

$f(x)=k(x+3)^2(x-\beta)$이므로

$f'(x)=2k(x+3)(x-\beta)+k(x+3)^2$

이때, $f(1)=4$, $f'(1)=1$이므로

$f(1)=16k(1-\beta)=4$ 　　　　　……㉠

$f'(1)=8k(1-\beta)+16k=1$ 　　　　……㉡

㉠에서 $8k(1-\beta)=2$이므로 ㉡에 대입하면

$16k=-1$, $k=-\dfrac{1}{16}$이고

k를 ㉠에 대입하면 $\beta=5$

따라서

$f(x)=-\dfrac{1}{16}(x+3)^2(x-5)$, $f(0)=\dfrac{45}{16}$

따라서 $p+q=16+45=61$

STEP 02의 다른 풀이

$f(x)-(x+3)=k(x+3)(x-1)^2$이므로

$f(x)=k(x+3)(x-1)^2+x+3$

$f'(x)=k(x-1)^2+k(x+3)\times 2(x-1)+1$ 　…㉠

이때, $f'(-3)=0$이므로 ㉠에 $x=-3$을 대입하면

$0=k\times 16+1$에서 $k=-\dfrac{1}{16}$

따라서

$f(x)=-\dfrac{1}{16}(x+3)(x-1)^2+x+3$이므로

$f(0)=-\dfrac{1}{16}\times 3\times 1+3=\dfrac{45}{16}$

즉 $p=16$, $q=45$이므로

$p+q=16+45=61$

★★ 문제 해결 꿀~팁 ★★

▶ 문제 해결 방법

삼차함수 $f(x)$의 서로 다른 실근의 개수가 2이므로 $f(x)=k(x-\alpha)^2(x-\beta)$라 할 수 있다. 또한 조건 (나)에서 곡선 $y=f(x)$와 두 직선 $y=x-\alpha$, $y=x-\beta$가 만나는 서로 다른 점의 개수가 3이어야 한다.

두 직선 $y=x-\alpha$, $y=x-\beta$는 x절편이 $y=f(x)$의 근, 즉 x절편과 동일하며 기울기는 1인 직선이다. 그런데 $y=f(x)$ 위의 점 $(1, 4)$에서의 접선의 기울기도 1이다.

곡선 $y=f(x)$와 두 직선 $y=x-\alpha$, $y=x-\beta$가 만나는 서로 다른 점의 개수가 3이려면 점 $(1, 4)$에서의 접선과 직선 $y=x-\alpha$가 일치해야 한다. 그러므로 $y=f(x)$ 위의 점 $(1, 4)$에서의 접선의 기울기가 1인 접선의 방정식은 $y=x+3$이므로 $\alpha=-3$이다.

따라서 $f(x)=k(x+3)^2(x-\beta)$이다.

이제 $f'(x)$를 구한 뒤 $f(1)=4$, $f'(1)=1$를 이용하여 두 미지수 k, β를 구하면 된다.

조건 (나)의 의미를 정확하게 파악하여 이를 만족하도록 하는 $y=f(x)$와 두 직선의 위치 관계를 추론할 수 있어야 한다. 그래프의 위치만 파악이 되면 나머지 과정은 큰 무리 없이 해결할 수 있다.

근의 위치, 개수, 종류 등에 따른 그래프의 개형을 추론하는 연습을 충분히 하여야 한다.

확률과 통계

23 이항정리 　　　　　　　　　　정답률 82% | 정답 ④

다항식 ❶ $(2x+1)^5$의 전개식에서 x^3의 계수는? [2점]

① 20　　② 40　　③ 60　　④ 80　　⑤ 100

$(2x+1)^5$의 전개식의 일반항은

$_5C_r(2x)^{5-r}(1)^r = {}_5C_r \times 2^{5-r} \times x^{5-r}$ $(r=0, 1, 2, 3, 4, 5)$

x^3항은 $5-r=3$, 즉 $r=2$일 때이므로

x^3의 계수는

$_5C_2 \times 2^{5-2} = 10 \times 8 = 80$

● 핵심 공식

▶ 이항정리

이항정리는 이항 다항식 $x+y$의 거듭제곱 $(x+y)^n$에 대해서, 전개한 각 항 $x^k y^{n-k}$의 계수 값을 구하는 정리이다.

구체적으로 $x^k y^{n-k}$의 계수는 n개에서 k를 고르는 조합의 가짓수인 $_nC_k$이고, 이를 이항계수라고 부른다. 따라서 다음의 식이 성립한다.

$$(x+y)^n = \sum_{k=0}^{n} {}_nC_k x^k y^{n-k}$$

---

24 조건부확률   정답률 83% | 정답 ②

어느 동아리의 학생 20명을 대상으로 진로활동 A와 진로활동 B에 대한 선호도를 조사하였다. 이 조사에 참여한 학생은 진로활동 A와 진로활동 B 중 하나를 선택하였고, 각각의 진로활동을 선택한 학생 수는 다음과 같다.

(단위 : 명)

구분	진로활동 A	진로활동 B	합계
1 학년	7	5	12
2 학년	4	4	8
합계	11	9	20

이 조사에 참여한 학생 20명 중에서 임의로 선택한 한 명이 ❶ 진로활동 B를 선택한 학생일 때, 이 ❷ 학생이 1학년일 확률은? [3점]

① $\dfrac{1}{2}$　　② $\dfrac{5}{9}$　　③ $\dfrac{3}{5}$　　④ $\dfrac{7}{11}$　　⑤ $\dfrac{2}{3}$

STEP 01 임의로 선택한 한 명이 ❶일 확률과 ❶, ❷를 동시에 만족할 확률을 각각 구한 후 조건부확률을 이용하여 구하는 확률을 구한다.

이 조사에 참여한 학생 중 한 명을 선택하는 경우의 수는 20

이 조사에 참여한 학생 중에서 임의로 선택한 한 명이 진로활동 B를 선택한 학생인 사건을 B, 1학년 학생인 사건을 E라 하면 구하는 확률은 $P(E \mid B)$이다.

이때 $P(B) = \dfrac{9}{20}$이고, 사건 $E \cap B$는 진로활동 B를 선택한 1학년 학생을 선택하는 사건이므로

$P(E \cap B) = \dfrac{5}{20}$

따라서 구하는 확률은

$P(E \mid B) = \dfrac{P(E \cap B)}{P(B)} = \dfrac{\frac{5}{20}}{\frac{9}{20}} = \dfrac{5}{9}$

다른 풀이

진로활동 B를 선택한 학생은 9명이고, 이 중 1학년 학생은 5명이므로 구하는 확률은 $\dfrac{5}{9}$

● 핵심 공식

▶ 조건부 확률

사건 B가 일어났다고 가정했을 때 사건 A가 일어날 확률을 사건 B가 일어났을 때 사건 A의 조건부 확률이라 하고, 이것을 $P(A|B)$라고 나타낸다.

$$P(A|B) = \dfrac{P(A \cap B)}{P(B)}$$

---

25 중복순열   정답률 75% | 정답 ③

숫자 1, 2, 3, 4, 5 중에서 중복을 허락하여 4개를 택해 일렬로 나열하여 만들 수 있는 모든 네 자리의 자연수 중에서 임의로 하나의 수를 선택할 때, 선택한 수가 3500보다 클 확률은? [3점]

① $\dfrac{9}{25}$　　② $\dfrac{2}{5}$　　③ $\dfrac{11}{25}$　　④ $\dfrac{12}{25}$　　⑤ $\dfrac{13}{25}$

STEP 01 천의 자리에 올 수 있는 숫자에 따라 경우를 나눈 후 중복순열을 이용하여 3500보다 큰 자연수의 개수를 구한 후 확률을 구한다.

숫자 1, 2, 3, 4, 5 중에서 중복을 허락하여 4개를 택해 일렬로 나열하여 만들 수 있는 모든 네 자리의 자연수의 개수는

$_5\Pi_4 = 5^4$

이 중에서 3500보다 큰 경우는 다음과 같다.

(ⅰ) 천의 자리의 숫자가 3, 백의 자리의 숫자가 5인 경우

십의 자리의 숫자와 일의 자리의 숫자를 택하는 경우의 수는 $_5\Pi_2 = 5^2$

(ⅱ) 천의 자리의 숫자가 4 또는 5인 경우

천의 자리의 숫자를 택하는 경우의 수는 2

이 각각에 대하여 나머지 세 자리의 숫자를 택하는 경우의 수는 $_5\Pi_3 = 5^3$

이므로 이 경우의 수는

2×5^3

(ⅰ), (ⅱ)에 의하여 3500보다 큰 자연수의 개수는

$5^2 + 2 \times 5^3$

따라서 구하는 확률은

$\dfrac{5^2 + 2 \times 5^3}{5^4} = \dfrac{11}{25}$

● 핵심 공식

▶ 중복순열

서로 다른 n개의 물건에서 중복을 허락하여, r개를 택해 일렬로 배열한 것을 서로 다른 n개에서 중복을 허락하여 r개를 택한 중복순열이라 하고, 중복순열의 총갯수는 $_n\Pi_r$로 나타낸다.

$$\therefore {}_n\Pi_r = \underbrace{n \times n \times n \times \cdots \times n}_{r개} = n^r$$

---

26 중복조합   정답률 56% | 정답 ③

빨간색 카드 4장, 파란색 카드 2장, 노란색 카드 1장이 있다. 이 7장의 카드를 세 명의 학생에게 남김없이 나누어 줄 때, ❶ 3가지 색의 카드를 각각 한 장 이상 받는 학생이 있도록 나누어주는 경우의 수는? (단, 같은 색 카드끼리는 서로 구별하지 않고, 카드를 받지 못하는 학생이 있을 수 있다.) [3점]

① 78　　② 84　　③ 90　　④ 96　　⑤ 102

STEP 01 ❶을 만족하도록 한 학생에게 세 장의 카드를 한 장씩 준 후 나머지 카드를 나누어 주는 경우의 수를 중복조합을 이용하여 구한다.

3가지 색의 카드를 각각 한 장 이상 받는 학생에게는 노란색 카드 1장을 반드시 주어야 한다.

노란색 카드 1장을 받을 학생을 선택하는 경우의 수는

$_3C_1 = 3$

이 각각에 대하여 이 학생에게 파란색 카드 1장을 먼저 준 후 나머지 파란색 카드 1장을 줄 학생을 선택하는 경우의 수는

$_3C_1 = 3$

이 각각에 대하여 노란색 카드를 받은 학생에게 빨간색 카드 1장도 먼저 준 후 나머지 빨간색 카드 3장을 나누어 줄 학생을 선택하는 경우의 수는

$_3H_3 = {}_{3+3-1}C_3 = {}_5C_3 = {}_5C_2 = 10$

따라서 구하는 경우의 수는

$3 \times 3 \times 10 = 90$

● 핵심 공식

▶ 중복조합

$_nH_r$은 서로 다른 n개의 원소에서 r개를 뽑는 경우의 수이다.

$$_nH_r = {}_{n+r-1}C_r$$

---

27 확률   정답률 50% | 정답 ①

주사위 2개와 동전 4개를 동시에 던질 때, 나오는 주사위의 눈의 수의 곱과 앞면이 나오는 동전의 개수가 같을 확률은? [3점]

① $\dfrac{3}{64}$　　② $\dfrac{5}{96}$　　③ $\dfrac{11}{192}$　　④ $\dfrac{1}{16}$　　⑤ $\dfrac{13}{192}$

STEP 01 앞면이 나오는 동전의 개수에 따라 그때 나오는 주사위의 눈의 수의 경우를 구하여 만족하는 모든 경우의 수를 구한 다음 구하는 확률을 구한다.

주사위 2개와 동전 4개를 동시에 던질 때 나오는 모든 경우의 수는

$6^2 \times 2^4$

(i) 앞면이 나온 동전의 개수가 1인 경우의 수는

$$_4C_1=4$$

이때 두 주사위에서 나온 눈의 수가 $(1,\,1)$이어야 하므로 이 경우의 수는

$$4\times1=4$$

(ii) 앞면이 나온 동전의 개수가 2인 경우의 수는

$$_4C_2=6$$

이때 두 주사위에서 나온 눈의 수가 $(1,\,2)$ 또는 $(2,\,1)$이어야 하므로 이 경우의 수는

$$6\times2=12$$

(iii) 앞면이 나온 동전의 개수가 3인 경우의 수는

$$_4C_3=_4C_1=4$$

이때 두 주사위에서 나온 눈의 수가 $(1,\,3)$ 또는 $(3,\,1)$이어야 하므로 이 경우의 수는

$$4\times2=8$$

(iv) 앞면이 나온 동전의 개수가 4인 경우의 수는

$$_4C_4=1$$

이때 두 주사위에서 나온 눈의 수가 $(1,\,4)$ 또는 $(2,\,2)$ 또는 $(4,\,1)$이어야 하므로 이 경우의 수는

$$1\times3=3$$

(i)~(iv)에 의하여 조건을 만족시키는 경우의 수는

$$4+12+8+3=27$$

따라서 구하는 확률은

$$\frac{27}{6^2\times2^4}=\frac{3}{64}$$

---

28 같은 것이 있는 순열 정답률 51% | 정답 ⑤

한 개의 주사위를 한 번 던져 나온 눈의 수가 3 이하이면 나온 눈의 수를 점수로 얻고, 나온 눈의 수가 4 이상이면 0점을 얻는다. 이 주사위를 네 번 던져 나온 눈의 수를 차례로 $a,\,b,\,c,\,d$ 라 할 때, ❶ 얻은 네 점수의 합이 4가 되는 모든 순서쌍 $(a,\,b,\,c,\,d)$의 개수는? [4점]

① 187　　② 190　　③ 193　　④ 196　　⑤ 199

STEP 01 주사위를 네 번 던져 나온 눈의 수가 4 이상인 경우의 수에 따라 경우를 나누어 각각의 경우에 대하여 ❶을 만족하도록 하는 순서쌍 $(a,\,b,\,c,\,d)$의 개수를 같은 것이 있는 순열을 이용하여 구한다. 모든 순서쌍의 개수의 합을 구한다.

주사위를 네 번 던질 때 나온 눈의 수가 4 이상인 경우의 수에 따라 다음과 같이 나누어 생각할 수 있다.

(i) 나온 눈의 수가 4이상인 경우의 수가 0인 경우
1의 눈만 네 번 나와야 하므로 이 경우의 수는

$$1$$

(ii) 나온 눈의 수가 4이상인 경우의 수가 1인 경우
1의 눈이 두 번, 2의 눈이 한 번 나와야 하므로 점수 0, 1, 1, 2를 일렬로 나열하는 경우의 수는

$$\frac{4!}{2!}=12$$

이 각각에 대하여 4이상의 눈이 한 번 나오는 경우의 수는 3이므로 이 경우의 수는

$$12\times3=36$$

(iii) 나온 눈의 수가 4이상인 경우의 수가 2인 경우
i) 1의 눈이 한 번, 3의 눈이 한 번 나올 때, 점수 0, 0, 1, 3을 일렬로 나열하는 경우의 수는

$$\frac{4!}{2!}=12$$

ii) 2의 눈이 두 번 나올 때, 점수 0, 0, 2, 2를 일렬로 나열하는 경우의 수는

$$\frac{4!}{2!2!}=6$$

i), ii) 각각에 대하여 4이상의 눈이 두 번 나오는 경우의 수는 $3\times3=9$이므로 이 경우의 수는

$$(12+6)\times9=162$$

(i), (ii), (iii)에 의하여 구하는 경우의 수는

$$1+36+162=199$$

●핵심 공식

▶ 같은 것이 있는 순열

n개 중에서 같은 것이 각각 p개, q개, r개, $\cdots$, s개 있을 때, n개를 택하여 만든 순열의 수는

$$\frac{n!}{p!q!r!\cdots s!}\ (n=p+q+r+\cdots+s)$$

---

29 원순열 정답률 33% | 정답 48

1부터 6까지의 자연수가 하나씩 적혀 있는 6개의 의자가 있다. 이 6개의 의자를 일정한 간격을 두고 원형으로 배열할 때, ❶ 서로 이웃한 2개의 의자에 적혀 있는 수의 곱이 12가 되지 않도록 배열하는 경우의 수를 구하시오. (단, 회전하여 일치하는 것은 같은 것으로 본다.) [4점]

STEP 01 원순열을 이용하여 6개의 의자를 원형으로 배열하는 경우의 수를 구한 다음 ❶을 만족하도록 의자를 원형으로 배열하는 경우의 수를 구한다. 여사건을 이용하여 구하는 경우의 수를 구한다.

6개의 의자를 원형으로 배열하는 경우의 수는 $(6-1)!=5!=120$
이때 서로 이웃한 2개의 의자에 적혀 있는 수의 곱이 12가 되는 경우가 있도록 배열하는 경우는 다음과 같이 생각할 수 있다.

(i) 2, 6이 각각 적힌 두 의자가 이웃하게 배열되는 경우
2, 6이 각각 적힌 두 의자를 1개로 생각하여 의자 5개를 원형으로 배열하는 경우의 수는

$$(5-1)!=4!=24$$

이 각각에 대하여 2, 6이 각각 적힌 두 의자의 자리를 서로 바꾸는 경우의 수는

$$2!=2$$

그러므로 이 경우의 수는 $24\times2=48$

(ii) 3, 4가 각각 적힌 두 의자가 이웃하게 배열되는 경우
3, 4가 각각 적힌 두 의자를 1개로 생각하여 의자 5개를 원형으로 배열하는 경우의 수는

$$(5-1)!=4!=24$$

이 각각에 대하여 3, 4가 각각 적힌 두 의자의 자리를 서로 바꾸는 경우의 수는

$$2!=2$$

그러므로 이 경우의 수는 $24\times2=48$

(iii) 2, 6이 각각 적힌 두 의자와 3, 4가 각각 적힌 두 의자가 모두 이웃하게 배열되는 경우
2, 6이 각각 적힌 두 의자를 1개로 생각하고, 3, 4가 각각 적힌 두 의자를 1개로 생각하여 의자 4개를 원형으로 배열하는 경우의 수는

$$(4-1)!=3!=6$$

이 각각에 대하여 2, 6이 각각 적힌 두 의자의 자리를 서로 바꾸고, 3, 4가 각각 적힌 두 의자의 자리를 서로 바꾸는 경우의 수는

$$2!\times2!=4$$

그러므로 이 경우의 수는 $6\times4=24$

(i), (ii), (iii)에 의하여 서로 이웃한 2개의 의자에 적혀 있는 수의 곱이 12가 되는 경우가 있도록 배열하는 경우의 수는 $48+48-24=72$
따라서 구하는 경우의 수는

$$120-72=48$$

★★★ 등급을 가르는 문제!

30 여사건의 확률 정답률 26% | 정답 47

숫자 1, 2, 3이 하나씩 적혀 있는 3개의 공이 들어 있는 주머니가 있다. 이 주머니에서 임의로 한 개의 공을 꺼내어 공에 적혀 있는 수를 확인한 후 다시 넣는 시행을 한다. 이 시행을 5번 반복하여 ❶ 확인한 5개의 수의 곱이 6의 배수일 확률이 $\frac{q}{p}$일 때, $p+q$의 값을 구하시오. (단, p와 q는 서로소인 자연수이다.) [4점]

STEP 01 모든 경우의 수를 구한 다음 ❶을 만족하지 않는 경우의 수를 구한다. 여사건을 이용하여 구하는 확률을 구한 다음 $p+q$의 값을 구한다.

3개의 공이 들어 있는 주머니에서
임의로 한 개의 공을 꺼내어 공에 적혀 있는 수를
확인한 후 다시 넣는 시행을 5번 반복할 때 나오는 경우의 수는
3^5
이때 확인한 5개의 수의 곱이 6의 배수가 아닌 경우는 다음과 같다.
(i) 한 개의 숫자만 나오는 경우
　이 경우의 수는
　3
(ii) 두 개의 숫자가 나오는 경우
　1, 2가 적혀 있는 공이 나오는 경우의 수는
　$2^5 - 2 = 30$
　1, 3이 적혀 있는 공이 나오는 경우의 수는
　$2^5 - 2 = 30$
　그러므로 이 경우의 수는
　$30 + 30 = 60$
(i), (ii)에 의하여 확인한 5개의 수의 곱이
6의 배수가 아닌 경우의 수는
$3 + 60 = 63$
따라서 구하는 확률은
$1 - \dfrac{63}{3^5} = 1 - \dfrac{7}{27} = \dfrac{20}{27}$ 이므로
$p+q = 27 + 20 = 47$

★★ 문제 해결 꿀~팁 ★★

▶ **문제 해결 방법**
곱이 6의 배수이려면 5개중 2와 3이 한번이상 나오면 된다. 그러므로 여사건의 경우를 생각하는 것이 보다 간단하다.
5개의 수의 곱이 6의 배수가 아니려면 2 또는 3이 한번도 나오지 않으면 되므로 이러한 경우는 1, 2만 나오거나 1, 3만 나오거나 한 숫자만 나오면 된다.
그러므로 여사건의 경우의 수는 $2^5 \times 2 - 1$
구하는 경우가 복잡하거나 많을 때는 여사건을 이용하는 것이 좋다.

미적분

23 수열의 극한값 　　　　정답률 93% | 정답 ②

❶ $\displaystyle\lim_{n\to\infty} \dfrac{1}{\sqrt{n^2+n+1}-n}$ 의 값은? [2점]

① 1　　② 2　　③ 3　　④ 4　　⑤ 5

STEP 01 ❶의 분모를 유리화한 후 극한값을 구한다.

$$\lim_{n\to\infty}\frac{1}{\sqrt{n^2+n+1}-n} = \lim_{n\to\infty}\frac{\sqrt{n^2+n+1}+n}{(\sqrt{n^2+n+1}-n)(\sqrt{n^2+n+1}+n)}$$
$$= \lim_{n\to\infty}\frac{\sqrt{n^2+n+1}+n}{n+1}$$
$$= \lim_{n\to\infty}\frac{\sqrt{1+\dfrac{1}{n}+\dfrac{1}{n^2}}+1}{1+\dfrac{1}{n}}$$
$$= \frac{1+1}{1} = 2$$

24 도함수의 활용 　　　　정답률 89% | 정답 ②

매개변수 t로 나타내어진 곡선
❶ $x = e^t + \cos t,\ y = \sin t$
에서 $t=0$ 일 때, $\dfrac{dy}{dx}$의 값은? [3점]

① $\dfrac{1}{2}$　　② 1　　③ $\dfrac{3}{2}$　　④ 2　　⑤ $\dfrac{5}{2}$

STEP 01 ❶에서 $\dfrac{dx}{dt}$, $\dfrac{dy}{dt}$를 각각 구한 후 $\dfrac{dy}{dx}$를 구한 다음 $t=0$을 대입하여 값을 구한다.

$\dfrac{dx}{dt} = e^t - \sin t$, $\dfrac{dy}{dt} = \cos t$ 이므로

$$\frac{dy}{dx} = \frac{\dfrac{dy}{dt}}{\dfrac{dx}{dt}} = \frac{\cos t}{e^t - \sin t}$$

따라서 $t=0$일 때 $\dfrac{dy}{dx}$의 값은 $\dfrac{1}{1-0} = 1$

25 삼각함수의 덧셈정리 　　　　정답률 69% | 정답 ④

❶ 원점에서 곡선 $y = e^{|x|}$에 그은 두 접선이 이루는 예각의 크기를 θ라 할 때, $\tan\theta$의 값은? [3점]

① $\dfrac{e}{e^2+1}$　② $\dfrac{e}{e^2-1}$　③ $\dfrac{2e}{e^2+1}$　④ $\dfrac{2e}{e^2-1}$　⑤ 1

STEP 01 $x \geq 0$일 때 ❶의 직선의 방정식을 구한다. $y = e^{|x|}$의 대칭성을 이용하여 $y = e^{-x}$의 접선의 기울기를 구한 후 삼각함수의 덧셈정리를 이용하여 $\tan\theta$의 값을 구한다.

곡선 $y = e^{|x|}$는 y축에 대하여 대칭이다.
$x \geq 0$일 때 $y = e^x$이고 접점을 (t, e^t)라 하면
$y' = e^x$이므로 접선의 방정식은
$y - e^t = e^t(x-t)$
이 접선이 원점을 지나므로
$-e^t = e^t(-t)$, $t = 1$
따라서 접선의 기울기는 e이고 이 접선과 y축에 대하여 대칭인 접선의 기울기는 $-e$이다.
$$\tan\theta = \frac{-e-e}{1+(-e)\times e} = \frac{-2e}{1-e^2} = \frac{2e}{e^2-1}$$

26 무한등비급수 　　　　정답률 72% | 정답 ③

그림과 같이 중심이 O_1, 반지름의 길이가 1이고 중심각의 크기가 $\dfrac{5\pi}{12}$ 인 부채꼴 $O_1A_1O_2$가 있다. 호 A_1O_2 위에 점 B_1을 $\angle A_1O_1B_1 = \dfrac{\pi}{4}$가 되도록 잡고, 부채꼴 $O_1A_1B_1$에 색칠하여 얻은 그림을 R_1이라 하자.
그림 R_1에서 점 O_2를 지나고 선분 O_1A_1에 평행한 직선이 직선 O_1B_1과 만나는 점을 A_2라 하자. 중심이 O_2이고 중심각의 크기가 $\dfrac{5\pi}{12}$ 인 부채꼴 $O_2A_2O_3$을 부채꼴 $O_1A_1B_1$과 겹치지 않도록 그린다. 호 A_2O_3 위에 점 B_2를 $\angle A_2O_2B_2 = \dfrac{\pi}{4}$가 되도록 잡고, 부채꼴 $O_2A_2B_2$에 색칠하여 얻은 그림을 R_2라 하자. 이와 같은 과정을 계속하여 n번째 얻은 그림 R_n에 색칠되어 있는 부분의 넓이를 S_n이라 할 때, $\displaystyle\lim_{n\to\infty} S_n$의 값은? [3점]

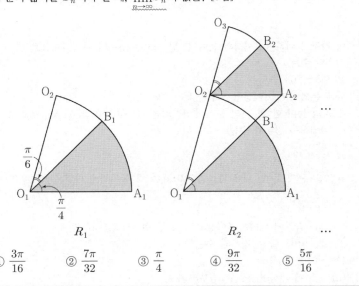

R_1　　　　　R_2　　　…

① $\dfrac{3\pi}{16}$　② $\dfrac{7\pi}{32}$　③ $\dfrac{\pi}{4}$　④ $\dfrac{9\pi}{32}$　⑤ $\dfrac{5\pi}{16}$

STEP 01 그림 R_1에서 부채꼴의 넓이를 이용하여 S_1을 구한다. 삼각형 $O_1A_2O_2$에서 사인법칙을 이용하여 $\overline{O_2A_2}$를 구한 후 공비를 구한 다음 등비급수의 합으로 $\displaystyle\lim_{n\to\infty} S_n$의 값을 구한다.

$S_1 = \dfrac{1}{2} \times 1^2 \times \dfrac{\pi}{4} = \dfrac{\pi}{8}$

$\angle O_1A_2O_2 = \dfrac{\pi}{4}$ 이므로

삼각형 $O_1A_2O_2$에서 사인법칙에 의하여

$$\frac{\overline{O_2A_2}}{\sin\frac{\pi}{6}} = \frac{\overline{O_1O_2}}{\sin\frac{\pi}{4}}, \quad \frac{\overline{O_2A_2}}{\frac{1}{2}} = \frac{1}{\frac{\sqrt{2}}{2}}, \quad \overline{O_2A_2} = \frac{1}{\sqrt{2}}$$

따라서 그림 R_2에서 두 부채꼴의 닮음비는 $1 : \frac{1}{\sqrt{2}}$ 이므로

넓이의 비는 $1 : \frac{1}{2}$ 이다.

즉, 구하는 극한값은 첫째항이 $\frac{\pi}{8}$ 이고 공비가 $\frac{1}{2}$ 인 등비급수의 합이므로

$$\lim_{n\to\infty} S_n = \frac{\frac{\pi}{8}}{1-\frac{1}{2}} = \frac{\pi}{4}$$

●핵심 공식

▶ 무한등비급수

무한등비급수 $\displaystyle\sum_{n=1}^{\infty} ar^{n-1} = a + ar + ar^2 + \cdots + ar^{n-1} + \cdots \ (a \neq 0)$

에서 $|r| < 1$이면 수렴하고 그 합은 $\frac{a}{1-r}$ 이다.

---

27 미분의 활용
정답률 61% | 정답 ④

두 함수
$$f(x) = e^x, \qquad g(x) = k\sin x$$
에 대하여 방정식 $f(x) = g(x)$의 ❶ 서로 다른 양의 실근의 개수가 3일 때, 양수 k의 값은? [3점]

① $\sqrt{2}\,e^{\frac{3\pi}{2}}$ ② $\sqrt{2}\,e^{\frac{7\pi}{4}}$ ③ $\sqrt{2}\,e^{2\pi}$ ④ $\sqrt{2}\,e^{\frac{9\pi}{4}}$ ⑤ $\sqrt{2}\,e^{\frac{5\pi}{2}}$

STEP 01 두 함수 $f(x)$와 $g(x)$를 연립하여 그래프를 그린 후 ❶을 만족하도록 하는 양수 k의 값을 구한다.

$e^x = k\sin x$에서 $\dfrac{1}{k} = \dfrac{\sin x}{e^x}$ ...... ㉠

이므로

$h(x) = \dfrac{\sin x}{e^x}$ 라 하면

$$h'(x) = \frac{e^x\cos x - e^x\sin x}{e^{2x}} = \frac{\cos x - \sin x}{e^x}$$

따라서 $x > 0$에서 $h'(x) = 0$을 만족시키는 x의 값은

$x = \dfrac{\pi}{4}, \dfrac{5\pi}{4}, \dfrac{9\pi}{4}, \cdots$

이므로 함수 $y = h(x)$의 증가와 감소를 표로 나타내면 다음과 같다.

x	(0)	$\cdots$	$\frac{\pi}{4}$	$\cdots$	$\frac{5\pi}{4}$	$\cdots$
$h'(x)$	1	+	0	−	0	+
$h(x)$	0	↗	$\frac{1}{\sqrt{2}\,e^{\frac{\pi}{4}}}$	↘	$-\frac{1}{\sqrt{2}\,e^{\frac{5\pi}{4}}}$	↗

x	$\cdots$	$\frac{9\pi}{4}$	$\cdots$	$\frac{13\pi}{4}$	$\cdots$
$h'(x)$	+	0	−	0	+
$h(x)$	↗	$\frac{1}{\sqrt{2}\,e^{\frac{9\pi}{4}}}$	↘	$-\frac{1}{\sqrt{2}\,e^{\frac{13\pi}{4}}}$	↗

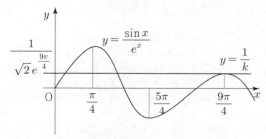

이때 ㉠의 서로 다른 양의 실근의 개수가 3이기 위해서는 그림과 같이 직선 $y = \dfrac{1}{k}$ 이 $x = \dfrac{9\pi}{4}$ 에서 곡선 $y = \dfrac{\sin x}{e^x}$ 와 접해야 하므로

$$\frac{1}{k} = \frac{1}{\sqrt{2}\,e^{\frac{9\pi}{4}}}$$

따라서 $k = \sqrt{2}\,e^{\frac{9\pi}{4}}$

28 삼각함수의 극한값
정답률 41% | 정답 ①

그림과 같이 길이가 2인 선분 AB를 지름으로 하는 반원의 호 AB 위에 점 P가 있다. 선분 AB의 중점을 O라 할 때, 점 B를 지나고 선분 AB에 수직인 직선이 직선 OP와 만나는 점을 Q라 하고, ∠OQB의 이등분선이 직선 AP와 만나는 점을 R라 하자. ∠OAP $= \theta$일 때, 삼각형 OAP의 넓이를 $f(\theta)$, 삼각형 PQR의 넓이를 $g(\theta)$라 하자. ❶ $\displaystyle\lim_{\theta\to 0+}\frac{g(\theta)}{\theta^4 \times f(\theta)}$의 값은?

(단, $0 < \theta < \dfrac{\pi}{4}$) [4점]

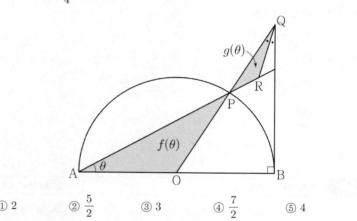

① 2 ② $\dfrac{5}{2}$ ③ 3 ④ $\dfrac{7}{2}$ ⑤ 4

STEP 01 삼각형 OAP가 이등변삼각형임을 이용하여 $f(\theta)$를 구한다.

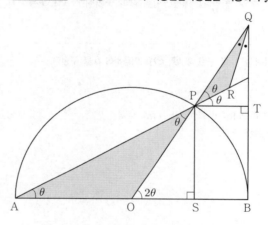

$\overline{OA} = \overline{OP}$는 원의 반지름으로 길이는 1이고
삼각형 OAP는 이등변삼각형이므로
∠OAP $=$ ∠OPA $= \theta$, ∠AOP $= \pi - 2\theta$이다.

따라서 $f(\theta) = \dfrac{1}{2} \times 1 \times 1 \times \sin(\pi - 2\theta) = \dfrac{\sin 2\theta}{2}$

STEP 02 삼각형 OBQ의 변과 내부의 삼각형들의 변의 길이를 θ를 이용하여 나타낸다.

또한, ∠APO $=$ ∠QPR $= \theta$이므로
점 P에서 두 선분 AB, BQ에 내린 수선의 발을 각각 S, T라 하면
∠QPT $=$ ∠POS $= 2\theta$
즉, 점 R는 삼각형 PTQ의 내심이다. 이때,
$\overline{OS} = \cos 2\theta$, $\overline{PS} = \sin 2\theta$, $\overline{BQ} = \tan 2\theta$이므로
$\overline{PT} = 1 - \cos 2\theta$
$\overline{QT} = \tan 2\theta - \sin 2\theta = \tan 2\theta(1 - \cos 2\theta)$이고
$\overline{PQ} = \dfrac{1}{\cos 2\theta} - 1 = \dfrac{1 - \cos 2\theta}{\cos 2\theta}$

STEP 03 삼각형 PTQ의 넓이를 이용하여 내접원의 반지름의 길이를 구한다.

따라서 삼각형 PTQ의 내접원의 반지름의 길이를 r라 하면
$$\frac{1}{2} \times (1 - \cos 2\theta) \times \tan 2\theta(1 - \cos 2\theta)$$
$$= \frac{1}{2} \times r \times \left\{\frac{1-\cos 2\theta}{\cos 2\theta} + (1-\cos 2\theta) + \tan 2\theta(1-\cos 2\theta)\right\}$$ 에서
$$r = \frac{(1-\cos 2\theta)\sin 2\theta}{1 + \sin 2\theta + \cos 2\theta}$$ 이다.

STEP 04 $g(\theta)$를 구한 후 ❶에 대입하고 삼각함수의 극한으로 극한값을 구한다.

그러므로
$$g(\theta)=\frac{1}{2}\times\frac{1-\cos2\theta}{\cos2\theta}\times\frac{(1-\cos2\theta)\sin2\theta}{1+\sin2\theta+\cos2\theta}$$
$$=\frac{1}{2}\times\frac{(1-\cos2\theta)^2\sin2\theta}{\cos2\theta(1+\sin2\theta+\cos2\theta)}$$
$$=\frac{1}{2}\times\frac{\sin^4 2\theta\times\sin2\theta}{\cos2\theta(1+\sin2\theta+\cos2\theta)(1+\cos2\theta)^2}$$

따라서
$$\lim_{\theta\to0+}\frac{g(\theta)}{\theta^4\times f(\theta)}$$
$$=\lim_{\theta\to0+}\left\{\left(\frac{\sin2\theta}{2\theta}\right)^4\times16\times\frac{\times1}{\cos2\theta(1+\sin2\theta+\cos2\theta)(1+\cos2\theta)^2}\right\}$$
$$=1^4\times16\times\frac{1}{8}=2$$

● 핵심 공식

▶ $\dfrac{0}{0}$ 꼴의 삼각함수의 극한

x의 단위는 라디안일 때

① $\lim\limits_{x\to0}\dfrac{\sin x}{x}=1$

② $\lim\limits_{x\to0}\dfrac{\tan x}{x}=1$

③ $\lim\limits_{x\to0}\dfrac{\sin bx}{ax}=\dfrac{b}{a}$

④ $\lim\limits_{x\to0}\dfrac{\tan bx}{ax}=\dfrac{b}{a}$

⑤ $\lim\limits_{x\to0}\dfrac{\sin bx}{\tan ax}=\dfrac{b}{a}$

---

29 여러 가지 함수의 미분법 　　　　 정답률 32% | 정답 17

$t>2e$인 실수 t에 대하여 함수 $f(x)=t(\ln x)^2-x^2$이 ❶ $x=k$에서 극대일 때, 실수 k의 값을 $g(t)$라 하면 $g(t)$는 미분가능한 함수이다. ❷ $g(\alpha)=e^2$인 실수 α에 대하여 $\alpha\times\{g'(\alpha)\}^2=\dfrac{q}{p}$일 때, $p+q$의 값을 구하시오. (단, p와 q는 서로소인 자연수이다.) [4점]

STEP 01 $f(x)$를 미분하여 $g(t)$를 구한 후 ❶, ❷를 이용하여 α를 구한다.

$f'(x)=\dfrac{2t\ln x}{x}-2x=\dfrac{2t\ln x-2x^2}{x}$ 이고

$f(x)$는 $x=k$에서 극대이므로 $2t\ln k-2k^2=0$, $t\ln k=k^2$

이때 실수 k의 값을 $g(t)$라 했으므로

$t\ln g(t)=\{g(t)\}^2$ 　　　 …… ㉠

그런데 $g(\alpha)=e^2$이므로

㉠에 $t=\alpha$를 대입하면

$\alpha\ln g(\alpha)=\{g(\alpha)\}^2$

$2\alpha=e^4$, $\alpha=\dfrac{e^4}{2}$

STEP 02 ㉠을 미분하여 $g'(\alpha)$를 구한 후 $\alpha\times\{g'(\alpha)\}^2$를 구한 다음 $p+q$의 값을 구한다.

또한, ㉠의 양변을 t에 대하여 미분하면

$\ln g(t)+t\times\dfrac{g'(t)}{g(t)}=2g(t)\times g'(t)$

이 식에 $t=\alpha$를 대입하면

$\ln g(\alpha)+\alpha\times\dfrac{g'(\alpha)}{g(\alpha)}=2g(\alpha)\times g'(\alpha)$

$2+\dfrac{e^4}{2}\times\dfrac{g'(\alpha)}{e^2}=2e^2\times g'(\alpha)$

$\dfrac{3}{2}e^2\times g'(\alpha)=2$

$g'(\alpha)=\dfrac{4}{3e^2}$

$\alpha\times\{g'(\alpha)\}^2=\dfrac{e^4}{2}\times\dfrac{16}{9e^4}=\dfrac{8}{9}$

따라서 $p=9$, $q=8$이므로 $p+q=17$

★★★ 등급을 가르는 문제!

30 여러 가지 함수의 미분법 　　　　 정답률 10% | 정답 11

$t>\dfrac{1}{2}\ln2$인 실수 t에 대하여 ❶ 곡선 $y=\ln(1+e^{2x}-e^{-2t})$과 직선 $y=x+t$가 만나는 서로 다른 두 점 사이의 거리를 $f(t)$라 할 때,

---

$f'(\ln2)=\dfrac{q}{p}\sqrt2$ 이다. $p+q$의 값을 구하시오. (단, p와 q는 서로소인 자연수이다.) [4점]

STEP 01 ❶의 두 식을 연립하여 교점의 x좌표를 구한다.

곡선 $y=\ln(1+e^{2x}-e^{-2t})$과 직선 $y=x+t$가 만나는 두 점을
$\mathrm{P}(\alpha,\ \alpha+t)$, $\mathrm{Q}(\beta,\ \beta+t)$ $(\alpha<\beta)$로 놓으면
$$f(t)=\sqrt{(\beta-\alpha)^2+(\beta-\alpha)^2}=\sqrt2\,(\beta-\alpha)$$
이때, α, β는 방정식
$$\ln(1+e^{2x}-e^{-2t})=x+t$$
의 서로 다른 두 실근이므로
$$1+e^{2x}-e^{-2t}=e^{x+t}$$
$$e^{2x}-e^t\times e^x+1-e^{-2t}=0$$
$e^x=k\,(k>0)$로 놓으면
$$k^2-e^t k+1-e^{-2t}=0$$
따라서,
$$k=\dfrac{e^t\pm\sqrt{e^{2t}+4e^{-2t}-4}}{2}$$ 이므로
$$e^\alpha=\dfrac{e^t-\sqrt{e^{2t}+4e^{-2t}-4}}{2}$$
$$e^\beta=\dfrac{e^t+\sqrt{e^{2t}+4e^{-2t}-4}}{2}$$
즉,
$$\alpha=\ln\dfrac{e^t-\sqrt{e^{2t}+4e^{-2t}-4}}{2}$$
$$\beta=\ln\dfrac{e^t+\sqrt{e^{2t}+4e^{-2t}-4}}{2}$$

STEP 02 $\beta-\alpha$를 구한 후 미분을 이용하여 $f'(\ln2)$를 구한 다음 $p+q$의 값을 구한다.

$$\beta-\alpha=\ln\dfrac{e^t+\sqrt{e^{2t}+4e^{-2t}-4}}{e^t-\sqrt{e^{2t}+4e^{-2t}-4}}=\ln\dfrac{\left(e^t+\sqrt{e^{2t}+4e^{-2t}-4}\right)^2}{4(1-e^{-2t})}$$
$$=2\ln\left(e^t+\sqrt{e^{2t}+4e^{-2t}-4}\right)-\ln4-\ln(1-e^{-2t})$$

따라서
$$g(t)=2\ln\left(e^t+\sqrt{e^{2t}+4e^{-2t}-4}\right)-\ln4-\ln(1-e^{-2t})$$
라 하면
$$g'(t)=2\times\dfrac{e^t+\dfrac{2e^{2t}-8e^{-2t}}{2\sqrt{e^{2t}+4e^{-2t}-4}}}{e^t+\sqrt{e^{2t}+4e^{-2t}-4}}-\dfrac{2e^{-2t}}{1-e^{-2t}}$$
이므로
$$g'(\ln2)=2\times\dfrac{2+\dfrac{8-2}{2}}{2+1}-\dfrac{2}{3}=\dfrac{8}{3}$$
즉, $f(t)=\sqrt2\,g(t)$에서
$$f'(\ln2)=\sqrt2\,g'(\ln2)=\dfrac{8}{3}\sqrt2$$ 이므로
$p=3$, $q=8$
따라서 $p+q=11$

★★ 문제 해결 꿀~팁 ★★

▶ 문제 해결 방법

궁극적으로 $f(t)$를 구해야 하므로
두 함수 $y=\ln(1+e^{2x}-e^{-2t})$와 $y=x+t$를 연립하여 교점의 좌표를 먼저 구해야 한다. 두 교점의 x좌표를 α, β라 하면 $f(t)=\sqrt2\,(\beta-\alpha)$이고
$\beta-\alpha$
$=2\ln\left(e^t+\sqrt{e^{2t}+4e^{-2t}-4}\right)-\ln4-\ln(1-e^{-2t})=g(t)$라 하면
$$g'(t)=2\times\dfrac{e^t+\dfrac{2e^{2t}-8e^{-2t}}{2\sqrt{e^{2t}+4e^{-2t}-4}}}{e^t+\sqrt{e^{2t}+4e^{-2t}-4}}-\dfrac{2e^{-2t}}{1-e^{-2t}},\ g'(\ln2)=\dfrac{8}{3}$$
$f(t)=\sqrt2\,g(t)$이므로 $f'(\ln2)=\sqrt2\,g'(\ln2)$로 값을 구하면 된다.
교점을 구하는 과정이 조금 복잡하게 느껴질 수 있다. 두 식을 연립하면 $e^{2x}-e^t\times e^x+1-e^{-2t}=0$인데 이 식은 x에 관한 방정식이므로 e^t는 상수 취급을 해야 한다. e^x를 치환한 뒤 이차방정식의 근의 공식으로 근을 구하면 된다. 또한 $f(t)$, $f'(t)$를 직접 구하는 것보다는 $g(t)$와 $g'(t)$, $g'(\ln2)$를 이용하여 답을 구하는 것이 보다 효과적이다.
또한 지수함수, 로그함수, 분수함수의 미분법을 정확하게 알고 있어야 한다.

05

●정답●

공통 | 수학
01 ⑤ 02 ④ 03 ④ 04 ② 05 ④ 06 ① 07 ① 08 ② 09 ① 10 ④ 11 ④ 12 ① 13 ③ 14 ⑤ 15 ④
16 9 17 21 18 10 19 64 20 3 ★21 58 ★22 38
선택 | 확률과 통계
23 ③ 24 ④ 25 ④ 26 ① 27 ② ★28 ③ 29 15 30 114
선택 | 미적분
23 ② 24 ① 25 ② 26 ⑤ 27 ③ ★28 ① 29 15 30 331

★ 표기된 문항은 [등급을 가르는 문항]에 해당하는 문제입니다.

---

01 지수법칙 | 정답률 88% | 정답 ⑤

❶ $\sqrt[3]{8} \times 4^{\frac{3}{2}}$의 값은? [2점]

① 1   ② 2   ③ 4   ④ 8   ⑤ 16

STEP 01 지수법칙을 이용하여 ❶의 밑을 통일하고 값을 구한다.

$\sqrt[3]{8} \times 4^{\frac{3}{2}} = 8^{\frac{1}{3}} \times 4^{\frac{3}{2}} = (2^3)^{\frac{1}{3}} \times (2^2)^{\frac{3}{2}} = 2 \times 2^3 = 16$

---

02 미분계수 | 정답률 88% | 정답 ④

함수 $f(x) = x^3 + 7x + 1$에 대하여 $f'(0)$의 값은? [2점]

① 1   ② 3   ③ 5   ④ 7   ⑤ 9

STEP 01 $f(x)$를 미분하여 $f'(x)$를 구한 후 $x=0$을 대입하여 $f'(0)$의 값을 구한다.

$f(x) = x^3 + 7x + 1$에서 $f'(x) = 3x^2 + 7$이므로
$f'(0) = 7$

---

03 함수의 연속 | 정답률 91% | 정답 ②

함수

❶ $f(x) = \begin{cases} 2x+5 & (x \neq 1) \\ a & (x=1) \end{cases}$

이 실수 전체의 집합에서 연속일 때, 상수 a의 값은? [3점]

① 6   ② 7   ③ 8   ④ 9   ⑤ 10

STEP 01 함수 $f(x)$가 $x=1$에서 연속임을 이용하여 a의 값을 구한다.

$\lim_{x \to 1} f(x) = f(1)$이므로 $\lim_{x \to 1} f(x) = \lim_{x \to 1} (2x+5) = 7$
$f(1) = a$ ∴ $a = 7$

●핵심 공식●

▶ 함수의 연속

함수 $f(x)$가 $x=n$에서 연속이려면 함숫값 =좌극한 =우극한이어야 한다.
$f(n) = \lim_{x \to n-} f(x) = \lim_{x \to n+} f(x)$

---

04 함수의 극한값 | 정답률 83% | 정답 ②

열린구간 $(0, 4)$에서 정의된 함수 $y=f(x)$의 그래프가 그림과 같다.

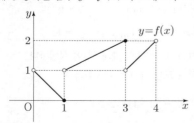

❶ $\lim_{x \to 1+} f(x) - \lim_{x \to 3-} f(x)$의 값은? [3점]

① -2 ② -1 ③ 0   ④ 1   ⑤ 2

STEP 01 그래프에서 $\lim_{x \to 1+} f(x)$, $\lim_{x \to 3-} f(x)$의 값을 각각 구한 후 ❶의 값을 구한다.

$x \to 1+$일 때, $f(x) \to 1$ 이므로
$\lim_{x \to 1+} f(x) = 1$ 이다.

$x \to 3-$일 때, $f(x) \to 2$ 이므로
$\lim_{x \to 3-} f(x) = 2$ 이다.

따라서
$\lim_{x \to 1+} f(x) - \lim_{x \to 3-} f(x) = 1 - 2 = -1$

---

05 로그함수의 그래프 | 정답률 89% | 정답 ④

함수

$f(x) = 2\log_{\frac{1}{2}}(x+k)$

가 닫힌구간 $[0, 12]$에서 ❶ 최댓값 -4, 최솟값 m을 갖는다. $k+m$의 값은? (단, k는 상수이다.) [3점]

① -1 ② -2 ③ -3 ④ -4 ⑤ -5

STEP 01 ❶을 이용하여 k와 m의 값을 구하고 합을 구한다.

함수 $f(x) = 2\log_{\frac{1}{2}}(x+k)$의 밑은 1보다 작다.

따라서 함수 $f(x)$는 $x=0$에서
최댓값 -4, $x=12$에서 최솟값 m을 갖는다.
$f(0) = 2\log_{\frac{1}{2}} k = -2\log_2 k = -4$

$\log_2 k = 2$
따라서 $k = 2^2 = 4$
$m = f(12) = 2\log_{\frac{1}{2}}(12+4) = 2\log_{\frac{1}{2}} 16 = -2\log_2 2^4 = -2 \times 4 = -8$

그러므로 $k+m = 4 + (-8) = -4$

---

06 함수의 극대 | 정답률 76% | 정답 ①

함수 $f(x) = -\frac{1}{3}x^3 + 2x^2 + mx + 1$이 ❶ $x=3$에서 극대일 때, 상수 m의 값은? [3점]

① -3 ② -1 ③ 1   ④ 3   ⑤ 5

STEP 01 $f(x)$를 미분하여 $f'(x)$를 구한 후 ❶을 이용하여 m의 값을 구한다.

$f(x) = -\frac{1}{3}x^3 + 2x^2 + mx + 1$이므로

$f'(x) = -x^2 + 4x + m$
이때 함수 $f(x)$가 $x=3$에서 극대이므로
$f'(3) = 0$
$f'(3) = -9 + 12 + m = m + 3 = 0$
따라서 $m = -3$

---

07 거듭제곱근 | 정답률 58% | 정답 ①

자연수 n이 $2 \leq n \leq 11$일 때, ❶ $-n^2 + 9n - 18$의 n제곱근 중에서 ❷ 음의 실수가 존재하도록 하는 모든 n의 값의 합은? [3점]

① 31   ② 33   ③ 35   ④ 37   ⑤ 39

STEP 01 ❶을 인수분해하여 값에 따라 범위를 나누고 ❷를 만족시키는 모든 n의 값을 구하고 합을 구한다.

$-n^2 + 9n - 18 = -(n-3)(n-6)$이므로

$-n^2 + 9n - 18$의 n제곱근 중에서 음의 실수가 존재하기 위해서는

(i) $-n^2 + 9n - 18 < 0$일 때,
　　즉, $2 \leq n < 3$ 또는 $6 < n \leq 11$이고 n이 홀수이어야 하므로
　　n은 7, 9, 11이다.
(ii) $-n^2 + 9n - 18 > 0$일 때,
　　즉, $3 < n < 6$이고 n이 짝수이어야 하므로
　　n은 4이다.
(iii) $-n^2 + 9n - 18 = 0$일 때,
　　즉, $n=3$ 또는 $n=6$이고
　　n제곱근은 항상 0이므로 조건을 만족시키지 않는다.
(i), (ii), (iii)에 의하여 조건을 만족시키는 모든 n의 값의 합은
$4 + 7 + 9 + 11 = 31$

곡선 ❶ $y=x^3-2x^2$과 x축으로 둘러싸인 부분의 넓이는? [3점]

① $\dfrac{7}{6}$ ② $\dfrac{4}{3}$ ③ $\dfrac{3}{2}$ ④ $\dfrac{5}{3}$ ⑤ $\dfrac{11}{6}$

STEP 01 ❶의 그래프를 그린 후 정적분을 이용하여 구하는 넓이를 구한다.

$y=x^3-2x^2=x^2(x-2)$

곡선 $y=x^3-2x^2$의 그래프는 다음 그림과 같다.

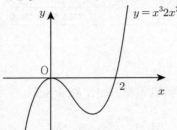

따라서 구하는 넓이를 S라 하면

$$S=\int_0^2|x^3-2x^2|\,dx=\int_0^2(-x^3+2x^2)\,dx=\left[-\frac{1}{4}x^4+\frac{2}{3}x^3\right]_0^2=\frac{4}{3}$$

● 핵심 공식

▶ x축과 곡선 사이의 넓이

(1) 구간 $[a, b]$에서 $f(x)\geq 0$인 경우 : $S=\displaystyle\int_a^b f(x)dx$

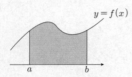

(2) 구간 $[a, b]$에서 $f(x)\leq 0$인 경우 : $S=-\displaystyle\int_a^b f(x)dx$

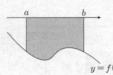

(3) 일반적인 경우 : $S=\displaystyle\int_a^b |f(x)|\,dx=\int_a^c f(x)dx-\int_c^b f(x)dx$

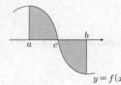

09	삼각함수를 포함한 부등식	정답률 73% | 정답 ①

$0\leq\theta<2\pi$일 때, x에 대한 이차방정식

❶ $x^2-(2\sin\theta)x-3\cos^2\theta-5\sin\theta+5=0$

❷ 이 실근을 갖도록 하는 ❸ θ의 최솟값과 최댓값을 각각 α, β라 하자.
$4\beta-2\alpha$의 값은? [4점]

① 3π ② 4π ③ 5π ④ 6π ⑤ 7π

STEP 01 ❶이 ❷를 성립하도록 하는 ❶의 판별식을 구한 후 삼각함수의 관계를 이용하여 부등식을 풀어 θ의 범위를 구한다. ❸을 각각 구한 후 $4\beta-2\alpha$의 값을 구한다.

이차방정식
$x^2-(2\sin\theta)x-3\cos^2\theta-5\sin\theta+5=0$
의 판별식을 D라 하면 이 이차방정식이 실근을 가져야 하므로

$\dfrac{D}{4}=(-\sin\theta)^2-(-3\cos^2\theta-5\sin\theta+5)\geq 0$

이어야 한다.

즉, $\sin^2\theta+3\cos^2\theta+5\sin\theta-5\geq 0$

이때 $\cos^2\theta=1-\sin^2\theta$이므로

$\sin^2\theta+3(1-\sin^2\theta)+5\sin\theta-5\geq 0$

$2\sin^2\theta-5\sin\theta+2\leq 0$

$(2\sin\theta-1)(\sin\theta-2)\leq 0$

$\sin\theta-2<0$이므로 $\sin\theta\geq\dfrac{1}{2}$

이때 $0\leq\theta<2\pi$이므로 $\dfrac{\pi}{6}\leq\theta\leq\dfrac{5}{6}\pi$

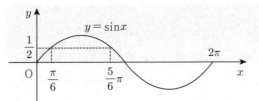

따라서 $\alpha=\dfrac{\pi}{6}$, $\beta=\dfrac{5}{6}\pi$이므로

$4\beta-2\alpha=4\times\dfrac{5}{6}\pi-2\times\dfrac{\pi}{6}=3\pi$

10	속도와 위치	정답률 78% | 정답 ④

수직선 위를 움직이는 점 P의 시각 $t(t\geq 0)$에서의 속도 $v(t)$가

❶ $v(t)=-4t+5$

이다. ❷ 시각 $t=3$에서 점 P의 위치가 11일 때, ❸ 시각 $t=0$에서 점 P의 위치는? [4점]

① 11   ② 12   ③ 13   ④ 14   ⑤ 15

STEP 01 ❶을 적분하여 위치를 구한 후 ❷를 이용하여 적분상수를 구한 다음 ❸을 구한다.

$v(t)=-4t+5$이므로 점 P의 시각 t에서의 위치를 $x(t)$라 하면

$x(t)=-2t^2+5t+C$ (단, C는 적분상수)

이때 $x(3)=11$이므로

$x(3)=-2\times 9+5\times 3+C=11$에서 $C=14$

따라서 $x(0)=C=14$

● 핵심 공식

▶ 속도와 이동거리 및 위치

수직선 위를 움직이는 점 p의 시각 t에서의 속도를 $v(t)$라 할 때, $t=a$에서 $t=b$ $(a<b)$까지의 실제 이동거리 s는 $s=\displaystyle\int_a^b |v(t)|\,dt$이고 점 p가 원점을 출발하여 $t=a$에서의 점 p의 위치는 $\displaystyle\int_0^a v(t)\,dt$ 이다.

11	수학적 귀납법	정답률 74% | 정답 ④

수열 $\{a_n\}$의 일반항은

$$a_n=(2^{2n}-1)\times 2^{n(n-1)}+(n-1)\times 2^{-n}$$

이다. 다음은 모든 자연수 n에 대하여

$$\sum_{k=1}^{n}a_k=2^{n(n+1)}-(n+1)\times 2^{-n} \cdots\cdots (*)$$

임을 수학적 귀납법을 이용하여 증명한 것이다.

(i) $n=1$일 때, (좌변)=3, (우변)=3이므로 $(*)$이 성립한다.

(ii) $n=m$일 때, $(*)$이 성립한다고 가정하면

$$\sum_{k=1}^{m}a_k=2^{m(m+1)}-(m+1)\times 2^{-m}$$

이다. $n=m+1$일 때,

$$\sum_{k=1}^{m+1}a_k=2^{m(m+1)}-(m+1)\times 2^{-m}$$
$$\qquad\qquad +(2^{2m+2}-1)\times\boxed{(가)}+m\times 2^{-m-1}$$
$$=\boxed{(가)}\times\boxed{(나)}-\frac{m+2}{2}\times 2^{-m}$$
$$=2^{(m+1)(m+2)}-(m+2)\times 2^{-(m+1)}$$

이다. 따라서 $n=m+1$일 때도 $(*)$이 성립한다.

(i), (ii)에 의하여 모든 자연수 n에 대하여

$$\sum_{k=1}^{n}a_k=2^{n(n+1)}-(n+1)\times 2^{-n}$$

이다.

위의 (가), (나)에 알맞은 식을 각각 $f(m)$, $g(m)$이라 할 때, $\dfrac{g(7)}{f(3)}$의 값은?
[4점]

① 2   ② 4   ③ 8   ④ 16   ⑤ 32

STEP 01 지수법칙을 이용하여 주어진 식을 정리하고 (가), (나)에 알맞은 식을 구한 후, 구하고자 하는 값을 구한다.

(ii) $n=m$일 때, (*)이 성립한다고 가정하면

$$\sum_{k=1}^{m} a_k = 2^{m(m+1)} - (m+1) \times 2^{-m}$$

이다. $n=m+1$일 때,

$$\sum_{k=1}^{m+1} a_k = \sum_{k=1}^{m} a_k + a_{m+1}$$
$$= 2^{m(m+1)} - (m+1) \times 2^{-m} + \left\{ 2^{2(m+1)} - 1 \right\} \times 2^{(m+1)m} + m \times 2^{-(m+1)}$$
$$= 2^{m(m+1)} - (m+1) \times 2^{-m} + (2^{2m+2} - 1) \times \boxed{2^{m(m+1)}} + m \times 2^{-m-1}$$
$$= \boxed{2^{m(m+1)}} \times \boxed{2^{2m+2}} - \frac{m+2}{2} \times 2^{-m}$$
$$= 2^{(m+1)(m+2)} - (m+2) \times 2^{-(m+1)}$$

이다. 따라서 $n=m+1$일 때도 (*)이 성립한다.

즉, $f(m)=2^{m(m+1)}$, $g(m)=2^{2m+2}$이므로

$$\frac{g(7)}{f(3)} = \frac{2^{16}}{2^{12}} = 2^4 = 16$$

---

12 정적분   정답률 53% | 정답 ①

함수 $f(x)$가 모든 실수 x에 대하여

❶ $f(x) = 4x^3 + x\int_0^1 f(t)dt$

를 만족시킬 때, $f(1)$의 값은? [4점]

① 6   ② 7   ③ 8   ④ 9   ⑤ 10

STEP 01 ❶에서 $\int_0^1 f(t)dt$를 치환한 후 ❶에 대입하여 식을 정리하여 $f(x)$를 구한 다음 $f(1)$의 값을 구한다.

$\int_0^1 f(t)dt = k$라 하면 $f(x) = 4x^3 + kx$

이때 $k = \int_0^1 (4t^3 + kt)dt = \left[t^4 + \frac{k}{2}t^2 \right]_0^1 = 1 + \frac{k}{2}$이므로 $k=2$

따라서 $f(x) = 4x^3 + 2x$이므로 $f(1) = 4 + 2 = 6$

---

13 도함수의 활용   정답률 61% | 정답 ③

방정식 ❶ $2x^3 + 6x^2 + a = 0$이 ❷ $-2 \le x \le 2$에서 서로 다른 두 실근을 갖도록 하는 정수 a의 개수는? [4점]

① 4   ② 6   ③ 8   ④ 10   ⑤ 12

STEP 01 ❶의 도함수를 이용하여 그래프를 그린 후 극값과 주어진 범위에서의 최댓값과 최솟값을 비교하여 ❷를 만족하도록 하는 a의 범위를 구한 다음 범위에 해당하는 정수 a의 개수를 구한다.

$f(x) = 2x^3 + 6x^2 + a$라 하면 $f'(x) = 6x^2 + 12x = 6x(x+2)$

이때 $f'(x) = 0$에서 $x = -2$ 또는 $x = 0$

이고, 함수 $f(x)$의 증가와 감소를 표로 나타내면 다음과 같다.

x	$\cdots$	-2	$\cdots$	0	$\cdots$
$f'(x)$	+	0	−	0	+
$f(x)$	↗	$8+a$	↘	a	↗

그러므로 방정식 $f(x) = 0$이 $-2 \le x \le 2$에서 서로 다른 두 실근을 갖기 위해서는 함수 $f(x) = 0$의 그래프가 다음 그림과 같아야 한다.

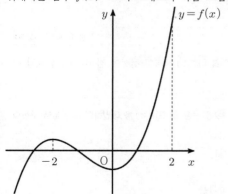

이때 $f(2) = 40 + a$이므로 $f(2) > f(-2)$이다.

그러므로 조건을 만족시키기 위해서는 $f(-2) \ge 0$이고 $f(0) < 0$이어야 한다.

$f(-2) \ge 0$에서

$8 + a \ge 0$, $-8 \le a$ $\cdots\cdots$ ㉠

또, $f(0) < 0$에서

$a < 0$ $\cdots\cdots$ ㉡

따라서 ㉠, ㉡에서 $-8 \le a < 0$

이므로 구하는 정수 a의 개수는 8

---

14 지수함수와 이차함수의 그래프   정답률 53% | 정답 ⑤

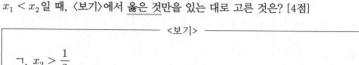

두 곡선 $y = 2^x$과 $y = -2x^2 + 2$가 만나는 두 점을 (x_1, y_1), (x_2, y_2)라 하자. $x_1 < x_2$일 때, 〈보기〉에서 옳은 것만을 있는 대로 고른 것은? [4점]

─── 〈보기〉 ───

ㄱ. $x_2 > \dfrac{1}{2}$

ㄴ. $y_2 - y_1 < x_2 - x_1$

ㄷ. $\dfrac{\sqrt{2}}{2} < y_1 y_2 < 1$

① ㄱ   ② ㄱ, ㄴ   ③ ㄱ, ㄷ   ④ ㄴ, ㄷ   ⑤ ㄱ, ㄴ, ㄷ

$f(x) = 2^x$, $g(x) = -2x^2 + 2$라 하면 두 함수 $y = f(x)$, $y = g(x)$의 그래프는 그림과 같다.

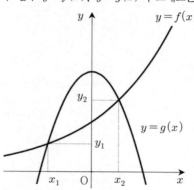

STEP 01 ㄱ. 두 곡선의 그래프를 그린 후 $x = \dfrac{1}{2}$일 때 두 곡선의 y값의 대소 관계로 $x = \dfrac{1}{2}$과 교점의 위치를 비교하여 참 거짓을 판별한다.

ㄱ. $f\left(\dfrac{1}{2}\right) = \sqrt{2}$, $g\left(\dfrac{1}{2}\right) = \dfrac{3}{2}$이므로 $f\left(\dfrac{1}{2}\right) < g\left(\dfrac{1}{2}\right)$

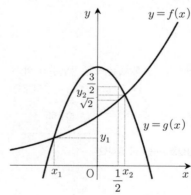

따라서 $x_2 > \dfrac{1}{2}$ ∴ 참

STEP 02 ㄴ. 두 점 (x_1, y_1), (x_2, y_2)를 지나는 직선의 기울기와 두 점 $(0, 1)$, $(1, 2)$를 지나는 직선의 기울기를 비교하여 참 거짓을 판별한다.

ㄴ. 두 점 (x_1, y_1), (x_2, y_2)를 지나는 직선의 기울기는 $\dfrac{y_2 - y_1}{x_2 - x_1}$이고, 두 점 $(0, 1)$, $(1, 2)$를 지나는 직선의 기울기는 1

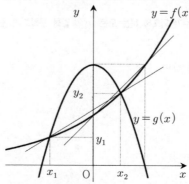

그래프에서 두 점 (x_1, y_1), (x_2, y_2)를 지나는 직선의 기울기가 1보다

작으므로

$$\frac{y_2 - y_1}{x_2 - x_1} < 1 \text{에서}$$

$$y_2 - y_1 < x_2 - x_1 \qquad \therefore \text{참}$$

STEP 03 ㄷ. $y_1 y_2$와 $f(-1)f\left(\frac{1}{2}\right)$의 대소 관계와 이차함수의 대칭성을 이용하여 참

거짓을 판별한다.

ㄷ. $f(-1) = \frac{1}{2}$이므로 $y_1 > \frac{1}{2}$

$f\left(\frac{1}{2}\right) = \sqrt{2}$이므로 $y_2 > \sqrt{2}$

즉, $y_1 y_2 > \frac{1}{2} \times \sqrt{2} = \frac{\sqrt{2}}{2}$ ...... ㉠

또, 그림과 같이 이차함수 $y = g(x)$의 그래프는 y축에 대하여 대칭이므로 $-x_1 > x_2$이다.

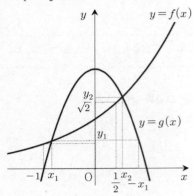

즉, $x_1 + x_2 < 0$

이때, $y_1 = 2^{x_1}$, $y_2 = 2^{x_2}$이므로

$y_1 y_2 = 2^{x_1} \times 2^{x_2} = 2^{x_1 + x_2} < 2^0 = 1$ ...... ㉡

㉠, ㉡에서

$$\frac{\sqrt{2}}{2} < y_1 y_2 < 1 \qquad \therefore \text{참}$$

따라서 옳은 것은 ㄱ, ㄴ, ㄷ

---

15 로그와 합의 기호   정답률 45% | 정답 ④

수열 $\{a_n\}$의 일반항은

❷ $a_n = \log_2 \sqrt{\dfrac{2(n+1)}{n+2}}$

이다. ❶ $\displaystyle\sum_{k=1}^{m} a_k$의 값이 100이하의 자연수가 되도록 하는 모든 자연수 m의

값의 합은? [4점]

① 150 ② 154 ③ 158 ④ 162 ⑤ 166

STEP 01 ❶에 ❷를 대입하고 로그의 성질을 이용하여 정리한다.

$$\sum_{k=1}^{m} a_k = \sum_{k=1}^{m} \log_2 \sqrt{\frac{2(k+1)}{k+2}}$$

$$= \frac{1}{2}\sum_{k=1}^{m} \log_2 \frac{2(k+1)}{k+2}$$

$$= \frac{1}{2}\left\{ \log_2 \frac{2 \times 2}{3} + \log_2 \frac{2 \times 3}{4} + \log_2 \frac{2 \times 4}{5} + \cdots + \log_2 \frac{2 \times (m+1)}{m+2}\right\}$$

$$= \frac{1}{2} \log_2 \left\{ \frac{2 \times 2}{3} \times \frac{2 \times 3}{4} \times \frac{2 \times 4}{\times 5} \times \cdots \times \frac{2 \times (m+1)}{m+2}\right\}$$

$$= \frac{1}{2} \log_2 \frac{2^{m+1}}{m+2}$$

STEP 02 ❶의 값이 100이하의 자연수가 되도록 하는 모든 m의 값을 구하고 합을 구한다.

$\displaystyle\sum_{k=1}^{m} a_k = N$ (N은 100이하의 자연수)라 하면

$$\frac{1}{2} \log_2 \frac{2^{m+1}}{m+2} = N$$

$$\frac{2^{m+1}}{m+2} = 2^{2N}$$

따라서 $m+2$는 2의 거듭제곱이어야 한다.

(i) $m+2 = 2^2$, 즉 $m = 2$일 때,

$2^{3-2N} = 2^2$

$3 - 2N = 2$, $N = \frac{1}{2}$

이므로 $m \neq 2$

(ii) $m+2 = 2^3$, 즉 $m = 6$일 때,

$2^{7-2N} = 2^3$

$7 - 2N = 3$, $N = 2$

(iii) $m+2 = 2^4$, 즉 $m = 14$일 때,

$2^{15-2N} = 2^4$

$15 - 2N = 4$, $N = \frac{11}{2}$

$m \neq 14$

(iv) $m+2 = 2^5$, 즉 $m = 30$일 때,

$2^{31-2N} = 2^5$

$31 - 2N = 5$, $N = 13$

(v) $m+2 = 2^6$, 즉 $m = 62$일 때,

$2^{63-2N} = 2^6$

$63 - 2N = 6$, $N = \frac{57}{2}$

$m \neq 62$

(vi) $m+2 = 2^7$, 즉 $m = 126$일 때,

$2^{127-2N} = 2^7$

$127 - 2N = 7$, $N = 60$

(vii) $m+2 \geq 2^8$일 때,

$N > 100$

(i)~(vii)에 의하여 $m = 6$, 30, 126

따라서 모든 m의 값의 합은

$6 + 30 + 126 = 162$

---

16 부정적분   정답률 83% | 정답 9

함수 $f(x)$가

❶ $f'(x) = x^3 + x$, ❷ $f(0) = 3$

을 만족시킬 때, $f(2)$의 값을 구하시오. [3점]

STEP 01 ❶을 적분하여 $f(x)$를 구한 후 ❷를 대입하여 적분상수를 구한 다음 $f(2)$의 값을 구한다.

$$f(x) = \int f'(x)\,dx = \int (x^3 + x)\,dx = \frac{1}{4}x^4 + \frac{1}{2}x^2 + C \text{ (단, } C \text{는 적분상수)}$$

이때 $f(0) = 3$이므로 $C = 3$

따라서 $f(x) = \frac{1}{4}x^4 + \frac{1}{2}x^2 + 3$이므로

$f(2) = 4 + 2 + 3 = 9$

---

17 사인법칙   정답률 87% | 정답 21

❶ 반지름의 길이가 15인 원에 내접하는 삼각형 ABC에서 ❷ $\sin B = \dfrac{7}{10}$일

때, 선분 AC의 길이를 구하시오. [3점]

STEP 01 사인법칙에 ❶, ❷를 대입하여 선분 AC의 길이를 구한다.

삼각형 ABC에서 사인법칙에 의해

$$\frac{\overline{AC}}{\sin B} = 2 \times 15$$

따라서 $\overline{AC} = 30 \times \sin B = 30 \times \dfrac{7}{10} = 21$

---

18 접선의 방정식   정답률 69% | 정답 10

곡선 ❶ $y = x^3 - 6x^2 + 6$ 위의 ❷ 점 $(1, 1)$에서의 접선이 점 $(0, a)$를 지날

때, a의 값을 구하시오. [3점]

STEP 01 ❶의 도함수를 이용하여 ❷를 구한 후 $(0, a)$를 대입하여 a의 값을 구한다.

$y' = 3x^2 - 12x$

이므로 점 $(1, 1)$에서 접선의 기울기는

$3 \times 1^2 - 12 \times 1 = -9$

따라서 점 $(1, 1)$에서의 접선의 방정식은

$y - 1 = -9(x - 1)$, $y = -9x + 10$

이 접선이 점 $(0, a)$을 지나므로

$a = -9 \times 0 + 10 = 10$

▶ 접선의 방정식

곡선 $y=f(x)$ 위의 점 $(a, f(a))$에서의 접선의 방정식은 $y-f(a)=f'(a)(x-a)$

---

19 등비수열   정답률 63% | 정답 64

등비수열 $\{a_n\}$의 첫째항부터 제 n항까지의 합을 S_n이라 하자.

❶ $a_1=1$, $\dfrac{S_6}{S_3}=2a_4-7$

일 때, a_7의 값을 구하시오. [3점]

STEP 01 ❶에서 등비수열의 합과 일반항을 이용하여 공비를 구한 후 a_7의 값을 구한다.

$a_1=1$이므로 등비수열 $\{a_n\}$의 공비를 r라 하면

$a_n=r^{n-1}$

이때

$\dfrac{S_6}{S_3}=\dfrac{\dfrac{r^6-1}{r-1}}{\dfrac{r^3-1}{r-1}}=\dfrac{(r^3+1)(r^3-1)}{r^3-1}=r^3+1$ ……㉠

$2a_4-7=2r^3-7$ ……㉡

㉠=㉡이므로 $r^3+1=2r^3-7$

$r^3=8$, $r=2$

따라서 $a_7=r^6=64$

●핵심 공식

▶ 등비수열

첫째항이 a, 공비가 r인 등비수열에서 일반항 a_n은

$a_n=ar^{n-1}$ $(n=1, 2, 3, \cdots)$

▶ 등비수열의 합

첫째항이 a, 공비가 r인 등비수열의 첫째항부터 제n항까지의 합을 S_n이라 하면

(1) $r\ne1$일 때, $S_n=\dfrac{a(1-r^n)}{1-r}=\dfrac{a(r^n-1)}{r-1}$

(2) $r=1$일 때, $S_n=na$

---

20 평균변화율과 미분계수   정답률 70% | 정답 3

함수 ❶ $f(x)=x^3-3x^2+5x$에서 x의 값이 0에서 a까지 변할 때의 평균변화율이 $f'(2)$의 값과 같게 되도록 하는 양수 a의 값을 구하시오. [4점]

STEP 01 ❶을 구한 후 $f(x)$를 미분하여 $f'(2)$를 구한다. 두 값이 같음을 이용하여 양수 a의 값을 구한다.

함수 $f(x)$에서 x의 값이 0에서 a까지 변할 때의 평균변화율은

$\dfrac{f(a)-f(0)}{a-0}=\dfrac{a^3-3a^2+5a}{a}=a^2-3a+5$

또, $f'(x)=3x^2-6x+5$이므로 $f'(2)=12-12+5=5$

따라서 $a^2-3a+5=5$에서 $a(a-3)=0$, $a=0$ 또는 $a=3$

$a>0$이므로 $a=3$

★★★ 등급을 가르는 문제!

21 수열의 합과 일반항 사이의 관계   정답률 49% | 정답 58

수열 $\{a_n\}$이 모든 자연수 n에 대하여

❶ $\displaystyle\sum_{k=1}^{n}\dfrac{4k-3}{a_k}=2n^2+7n$

을 만족시킨다. $a_5\times a_7\times a_9=\dfrac{q}{p}$일 때, $p+q$의 값을 구하시오. (단, p와 q는 서로소인 자연수이다.) [4점]

STEP 01 ❶에서 일반항과 합의 관계를 이용하여 a_n을 구한 후 $a_5\times a_7\times a_9$를 구하여 $p+q$의 값을 구한다.

$n=1$일 때 $\dfrac{1}{a_1}=9$

$n\ge2$일 때

$\dfrac{4n-3}{a_n}=\displaystyle\sum_{k=1}^{n}\dfrac{4k-3}{a_k}-\sum_{k=1}^{n-1}\dfrac{4k-3}{a_k}$

$=2n^2+7n-\{2(n-1)^2+7(n-1)\}$

$=4n+5$

이것은 $n=1$일 때도 성립하므로

$\dfrac{4n-3}{a_n}=4n+5$ $(n\ge1)$

즉, $a_n=\dfrac{4n-3}{4n+5}$이므로

$a_5\times a_7\times a_9=\dfrac{17}{25}\times\dfrac{25}{33}\times\dfrac{33}{41}=\dfrac{17}{41}$

따라서 $p+q=41+17=58$

●핵심 공식

▶ 수열의 합 S_n과 일반항 a_n의 관계

수열 $\{a_n\}$에서 첫째항부터 제 n항 까지의 합을 S_n이라 할 때

$a_1=S_1$, $a_n=S_n-S_{n-1}$ $(n\ge2)$

★★ 문제 해결 꿀~팁 ★★

▶ 문제 해결 방법

주어진 식은 합에 관한 식이고 우리는 S_n을 알 때 a_n을 구하는 방법을 알고 있으므로 이 방법으로 a_n을 구해야 한다. 주어진 식이 $\displaystyle\sum_{k=1}^{n}a_n$이 아니라 $\displaystyle\sum_{k=1}^{n}\dfrac{4k-3}{a_k}$이라 해도 다를 바는 없다.

같은 방법으로 $\dfrac{4n-3}{a_n}=\displaystyle\sum_{k=1}^{n}\dfrac{4k-3}{a_k}-\sum_{k=1}^{n-1}\dfrac{4k-3}{a_k}$

이므로 $=2n^2+7n-\{2(n-1)^2+7(n-1)\}$이다. 여기서 a_n을 구한 다음 $a_5\times a_7\times a_9$을 구하면 된다. $\displaystyle\sum_{k=1}^{n}a_n=S_n$이며 $a_n=S_n-S_{n-1}$임을 반드시 알고 있어야 한다.

★★★ 등급을 가르는 문제!

22 미분을 이용한 함수의 추론   정답률 11% | 정답 38

❶ 이차함수 $f(x)$는 $x=-1$에서 극대이고, ❷ 삼차함수 $g(x)$는 이차항의 계수가 0이다. 함수

$h(x)=\begin{cases}f(x)\ (x\le0)\\g(x)\ (x>0)\end{cases}$

이 ❸ 실수 전체의 집합에서 미분가능하고 다음 조건을 만족시킬 때, $h'(-3)+h'(4)$의 값을 구하시오. [4점]

(가) 방정식 $h(x)=h(0)$의 모든 실근의 합은 1이다.

(나) 닫힌구간 $[-2, 3]$에서 함수 $h(x)$의 최댓값과 최솟값의 차는 $3+4\sqrt{3}$이다.

STEP 01 ❶과 이차함수의 대칭성을 이용하여 $f(x)$를 놓는다.

이차함수 $f(x)$가 $x=-1$에서 극대이므로

함수 $y=f(x)$의 그래프는 직선 $x=-1$에서 대칭이다. 그러므로

$f(-2)=f(0)=h(0)$

이때 $h(0)=k$라 하면 $f(x)$는

$f(x)=ax(x+2)+k=ax^2+2ax+k$ $(a<0)$로 놓을 수 있다.

STEP 02 $g(x)$가 ❸과 조건 (가)를 만족하도록 경우를 나누어 그래프의 개형을 그린 후 ❷를 만족하는 경우를 찾아 조건 (나)를 만족하도록 하는 미지수들을 구한다. $f'(x)$, $g'(x)$를 구한 다음 $h'(-3)+h'(4)$의 값을 구한다.

한편, $g(x)$가 삼차함수이므로

$h(x)$가 실수 전체의 집합에서 미분가능하기 위해서는

$x=0$에서의 곡선 $y=g(x)$에 접하는 접선의 기울기는 음수이어야 한다.

또, 방정식 $h(x)=h(0)$의 모든 실근의 합이 1이어야 하므로

다음 두 가지로 나눌 수 있다.

(i) $g(x)$의 최고차항의 계수가 양수인 경우

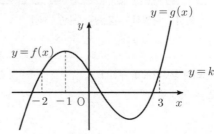

$g(x) = px(x-3)(x-q) + k = p\{x^3 - (q+3)x^2 + 3qx\} + k$

한편, $g(x)$의 이차항의 계수가 0이므로

$q = -3$이고

$g(x) = p(x^3 - 9x) + k$

이때, $g'(x) = p(3x^2 - 9)$이므로 $g'(x) = 0$

에서 $x = \sqrt{3}$ 또는 $x = -\sqrt{3}$

그러므로 함수 $h(x)$는 $x = \sqrt{3}$에서 극소이다.

한편, $x = 0$에서의 곡선 $y = f(x)$의 접선의

기울기와 $x = 0$에서의 곡선 $y = g(x)$의 접선의

기울기가 같아야 하고

$f'(x) = 2ax + 2a$, $g'(x) = p(3x^2 - 9)$이므로

$2a = -9p$ ...... ㉠

또, 구간 $[-2, 3]$에서 $h(x)$의 최댓값은 $f(-1)$,

최솟값은 $g(\sqrt{3})$이므로 ㉠을 이용하면

$$f(-1) - g(\sqrt{3}) = (-a+k) - (-6\sqrt{3} + k)$$
$$= -a + 6\sqrt{3}\,p$$
$$= \frac{9}{2}p + 6\sqrt{3}\,p$$
$$= \frac{9 + 12\sqrt{3}}{2}p$$
$$= 3 + 4\sqrt{3}$$

그러므로 $p = \frac{2}{3}$이고 $a = -\frac{9}{2}p = -3$

따라서

$f'(x) = -6x - 6$, $g'(x) = 2x^2 - 6$이므로

$h'(-3) + h'(4) = f'(-3) + g'(4) = 12 + 26 = 38$

(ii) $g(x)$의 최고차항의 계수가 음수인 경우

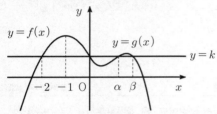

$g(x) = px(x-\alpha)(x-\beta) + k$ $(\alpha + \beta = 3)$

로 놓으면

$g(x) = p\{x^3 - (\alpha+\beta)x^2 + \alpha\beta x\} + k = p\{x^3 - 3x^2 + \alpha\beta x\} + k$

이므로 이차항의 계수가 0이 아니다.

그러므로 이러한 경우는 없다.

따라서 (i)에 의해 구하는 값은 38

★★ 문제 해결 꿀~팁 ★★

▶ 문제 해결 방법

먼저 이차함수 $f(x)$가 $x = -1$에서 극대이므로 $f(x) = a(x+1)^2 + b$로 놓으면 곤란하다. $h(x) = h(0)$을 이용하기 위해서는 $h(0) = k$라 할 때 $f(x) = ax(x+2) + k$로 놓는 것이 효과적이다.

$f(x) = ax(x+2) + k$와 직선 $x = k$의 교점의 두 x좌표의 합이 -2이므로 조건 (가)를 만족하기 위해서는 $y = g(x)$와 직선 $x = k$의 교점의 x좌표$(x > 0)$의 합이 3이어야 한다. $y = g(x)$의 최고차항의 계수가 양수

인 경우와 음수인 경우로 나누어 $(0, k)$를 지나도록 각각 그래프를 그리고 조건 (가)를 만족하도록 식을 세운 다음 이차의 계수가 0임을 이용하면 미지수들을 구할 수 있다. 그 다음 $f'(0) = g'(0)$과 조건 (나)를 이용하면 $f'(x)$, $g'(x)$를 구할 수 있다.

두 함수 $f(x)$와 $g(x)$를 직선 $x = k$와의 교점을 기준으로 식을 세워야 문제를 수월하게 해결할 수 있다. 다항함수를 근, 즉 x축과의 교점을 알 때 식을 세우는 방법 외에 x축에 평행한 직선과의 교점을 알 때 식을 세우는 방법도 알아두어야 한다.

확률과 통계

23   같은 것이 있는 순열   정답률 96% | 정답 ③

6개의 문자 a, a, a, b, b, c를 모두 일렬로 나열하는 경우의 수는? [2점]

① 52   ② 56   ③ 60   ④ 64   ⑤ 68

STEP 01   같은 것이 있는 순열을 이용하여 경우의 수를 구한다.

a, a, a, b, b, c를 일렬로 나열하는 경우의 수는

$$\frac{6!}{3!2!} = \frac{6 \times 5 \times 4}{2} = 60$$

24   확률의 성질   정답률 81% | 정답 ④

두 사건 A, B에 대하여

❶ $P(A \cup B) = 1$, $P(B) = \dfrac{1}{3}$, $P(A \cap B) = \dfrac{1}{6}$

일 때, $P(A^C)$의 값은? (단, A^C은 A의 여사건이다.) [3점]

① $\dfrac{1}{3}$ ② $\dfrac{1}{4}$ ③ $\dfrac{1}{5}$ ④ $\dfrac{1}{6}$ ⑤ $\dfrac{1}{7}$

STEP 01   ❶에서 확률의 성질을 이용하여 $P(A^C)$의 값을 구한다.

$P(A \cup B) = P(A) + P(B) - P(A \cap B)$에서

$1 = P(A) + \dfrac{1}{3} - \dfrac{1}{6}$

따라서 $P(A^C) = 1 - P(A) = \dfrac{1}{3} - \dfrac{1}{6} = \dfrac{1}{6}$

다른 풀이

$P(A \cup B) = 1$이므로

$P(A^C) = P(B-A) = P(B) - P(A \cap B) = \dfrac{1}{3} - \dfrac{1}{6} = \dfrac{1}{6}$

25   이항정리   정답률 86% | 정답 ④

다항식 ❶ $(1 + 2x)^4$의 전개식에서 x^2의 계수는? [3점]

① 12   ② 16   ③ 20   ④ 24   ⑤ 28

STEP 01   ❶에서 이항정리를 이용하여 x^2의 계수를 구한다.

$(1 + 2x)^4$의 일반항은 ${}_4 C_r (2x)^r = {}_4 C_r 2^r x^r$ (단, $r = 0, 1, 2, 3, 4$)

이때 x^2의 계수는 $r = 2$일 때이므로

x^2의 계수는 ${}_4 C_2 \times 2^2 = 24$

●핵심 공식

▶ 이항정리

이항정리는 이항 다항식 $x+y$의 거듭제곱 $(x+y)^n$에 대해서, 전개한 각 항 $x^k y^{n-k}$의 계수 값을 구하는 정리이다. 구체적으로 $x^k y^{n-k}$의 계수는 n개에서 k개를 고르는 조합의 가짓수인 ${}_n C_k$이고, 이를 이항계수라고 부른다. 따라서 다음의 식이 성립한다.

$$(x+y)^n = \sum_{k=0}^{n} {}_n C_k x^k y^{n-k}$$

26   원순열   정답률 82% | 정답 ①

1학년 학생 2명, 2학년 학생 2명, 3학년 학생 3명이 있다. 이 7명의 학생이 일정한 간격을 두고 원 모양의 탁자에 모두 둘러앉을 때, 1학년 학생끼리 이웃하고 2학년 학생끼리 이웃하게 되는 경우의 수는? (단, 회전하여 일치하는 것은 같은 것으로 본다.) [3점]

① 96   ② 100   ③ 104   ④ 108   ⑤ 112

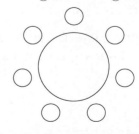

STEP 01   이웃하는 학생들을 한 묶음으로 보고 원순열을 이용하여 구하는 경우의 수를 구한다.

1학년 학생 2명을 한 묶음으로, 2학년 학생 2명을 한 묶음으로 생각하고 3학년 학생 3명과 함께 원형으로 배열하는 경우의 수는 회전하여 일치하는 것을 고려하면

$(5-1)! = 4! = 24$

이때 1학년 학생이 서로 자리를 바꾸는 경우의 수는 2!, 2학년 학생이 서로 자리를 바꾸는 경우의 수는 2!

따라서 구하는 경우의 수는 $24 \times 2! \times 2! = 96$

●핵심 공식

▶ 원순열

서로 다른 n개의 원형으로 배열하는 원순열의 수는 $(n-1)!$

27 확률의 덧셈정리 정답률 80% | 정답 ②

한 개의 주사위를 두 번 던져서 나오는 눈의 수를 차례로 a, b라 할 때,
❶ $|a-3|+|b-3|=2$이거나 ❷ $a=b$일 확률은? [3점]

① $\dfrac{1}{4}$ ② $\dfrac{1}{3}$ ③ $\dfrac{5}{12}$ ④ $\dfrac{1}{2}$ ⑤ $\dfrac{7}{12}$

STEP 01 ❶의 경우와 ❷의 경우, ❶과 ❷가 동시에 일어나는 경우를 각각 구한 후 확률의 덧셈정리를 이용하여 구하는 확률을 구한다.

$|a-3|+|b-3|=2$인 사건을 A, $a=b$인 사건을 B라 하면 구하는 확률은 $P(A\cup B)$이다.
주사위를 던져서 나온 눈 a, b를 순서쌍 (a, b)로 나타내면
사건 A가 일어나는 경우는
$(1, 3), (2, 2), (2, 4), (3, 1), (3, 5), (4, 2)(4, 4), (5, 3)$이므로

$$P(A)=\frac{8}{36}$$

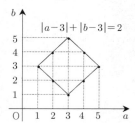

사건 B가 일어나는 경우는
$(1, 1), (2, 2), (3, 3), (4, 4), (5, 5), (6, 6)$이므로

$$P(B)=\frac{6}{36}$$

사건 $A\cap B$가 일어나는 경우는 $(2, 2), (4, 4)$이므로

$$P(A\cap B)=\frac{2}{36}$$

따라서 확률의 덧셈정리에 의해

$$P(A\cup B)=P(A)+P(B)-P(A\cap B)$$
$$=\frac{8}{36}+\frac{6}{36}-\frac{2}{36}=\frac{1}{3}$$

★★★ 등급을 가르는 문제!

28 조건부확률 정답률 51% | 정답 ③

주머니에 숫자 1, 2, 3, 4가 하나씩 적혀 있는 흰 공 4개와 숫자 3, 4, 5, 6이 하나씩 적혀 있는 검은 공 4개가 들어 있다. 이 주머니에서 임의로 4개의 공을 동시에 꺼내는 시행을 한다. 이 시행에서 ❶ 꺼낸 공에 적혀 있는 수가 같은 것이 있을 때, ❷ 꺼낸 공 중 검은 공이 2개일 확률은? [4점]

① $\dfrac{13}{29}$ ② $\dfrac{15}{29}$ ③ $\dfrac{17}{29}$ ④ $\dfrac{19}{29}$ ⑤ $\dfrac{21}{29}$

STEP 01 ❶의 경우를 나누어 각각의 확률을 구하여 합을 구한다.

이 시행에서 꺼낸 공에 적혀 있는 수가 같은 것이 있는 사건을 A, 꺼낸 공 중 검은 공이 2개인 사건을 B라 하면
구하는 확률은 $P(B\,|\,A)$이고, 이 시행에서 일어날 수 있는 모든 경우의 수는 $_8C_4$ 이다.
이때 사건 A가 일어나는 경우는
수가 같은 것이 3만 있는 경우, 수가 같은 것이 4만 있는 경우, 3, 4가 적힌 흰 공과 3, 4가 적힌 검은 공을 동시에 꺼내는 경우로 나누어 생각할 수 있으므로

$$P(A)=\frac{_6C_2-1}{_8C_4}+\frac{_6C_2-1}{_8C_4}+\frac{1}{_8C_4}=\frac{14}{70}+\frac{14}{70}+\frac{1}{70}=\frac{29}{70}$$

STEP 02 ❶과 ❷가 동시에 일어나는 경우를 나누어 각각의 확률을 구하여 합을 구한다. 조건부확률을 이용하여 구하는 확률을 구한다.

한편, 사건 A와 사건 B가 동시에 일어나는 경우는
수가 같은 것이 3만 있고 검은 공이 2개인 경우, 수가 같은 것이 4만 있고 검은 공이 2개인 경우, 3, 4가 적힌 흰 공과 3, 4가 적힌 검은 공을 동시에 꺼내는 경우로 나누어 생각할 수 있으므로

$$P(A\cap B)=\frac{_3C_1\times _3C_1-1}{_8C_4}+\frac{_3C_1\times _3C_1-1}{_8C_4}+\frac{1}{_8C_4}$$
$$=\frac{8}{70}+\frac{8}{70}+\frac{1}{70}=\frac{17}{70}$$

따라서 $P(B\,|\,A)=\dfrac{P(A\cap B)}{P(A)}=\dfrac{\dfrac{17}{70}}{\dfrac{29}{70}}=\dfrac{17}{29}$

● 핵심 공식

▶ 조건부확률
확률이 0이 아닌 두 사건 A, B에 대하여 사건 A가 일어났다고 가정할 때, 사건 B가 일어날 확률을 사건 A가 일어났을 때의 사건 B의 조건부 확률이라 하고, 이것을 $P(B\,|\,A)$로 나타낸다.

$$P(B\,|\,A)=\frac{P(A\cap B)}{P(A)}\ (단,\ P(A)>0)$$

★★ 문제 해결 꿀~팁 ★★

▶ 문제 해결 방법
먼저 꺼낸 공에 적혀 있는 수가 같은 것이 있는 경우는 3만 같은 경우, 4만 같은 경우, 3, 4가 모두 같은 경우이다. 이 경우의 확률은 $\dfrac{_6C_2-1}{_8C_4}+\dfrac{_6C_2-1}{_8C_4}+\dfrac{1}{_8C_4}$이고 수가 같고 검은 공이 2개인 경우는 3만 같고 나머지 흰 공 하나와 검은 공 하나를 꺼내는 경우, 4만 같고 나머지 흰 공 하나와 검은 공 하나를 꺼내는 경우, 3, 4가 모두 같은 경우이다. 이 경우의 확률은 $\dfrac{_3C_1\times _3C_1-1}{_8C_4}+\dfrac{_3C_1\times _3C_1-1}{_8C_4}+\dfrac{1}{_8C_4}$이다.
이제 조건부확률을 이용하여 구하는 확률을 구하면 된다. 각각의 경우를 따져 각각의 경우의 수를 구하고 중복되거나 해당하지 않는 경우의 수를 정확히 파악하여 제외하여야 한다.

★★★ 등급을 가르는 문제!

29 중복순열 정답률 39% | 정답 15

집합 $A=\{1,\ 2,\ 3,\ 4\}$에 대하여 A에서 A로의 모든 함수 f 중에서 임의로 하나를 선택할 때, 이 함수가 다음 조건을 만족시킬 확률은 p이다. $120p$의 값을 구하시오. [4점]

> (가) $f(1)\times f(2)\geq 9$
> (나) 함수 f의 치역의 원소의 개수는 3이다.

STEP 01 모든 함수의 개수를 구한다. 조건 (가)를 만족하는 경우를 나누고 각각의 경우에 대하여 조건 (나)를 만족하는 함수의 개수를 구한다. 구하는 확률을 구한다.

집합 A에서 A로의 모든 함수의 개수는
$_4\Pi_4=4^4=256$
조건을 만족시키는 함수의 개수는 조건
(가)에 의하여 다음 네 가지 경우로 나누어 생각할 수 있다.
(i) $f(1)=f(2)=3$인 경우
조건 (나)를 만족시키기 위하여 정의역의 원소 3, 4의 함숫값은 1, 2, 4중에서 서로 다른 2개를 택하여 순서대로 짝지으면 된다.
그러므로 이 경우의 수는 $_3P_2=6$
(ii) $f(1)=f(2)=4$인 경우
(i)과 마찬가지이므로 경우의 수는 6
(iii) $f(1)=3,\ f(2)=4$인 경우
조건 (나)를 만족시키기 위하여 치역의 원소의 개수가 3이 되어야 하므로 다음 두 가지 경우로 나누어 생각할 수 있다.
 i) $f(3)$의 값이 3 또는 4인 경우
  $f(4)$의 값은 1 또는 2가 되어야 하므로 이 경우의 수는
  $2\times 2=4$
 ii) $f(3)$의 값이 1 또는 2인 경우
  $f(4)$의 값은 3 또는 4 또는 $f(3)$중에서 하나이면 되므로 이 경우의 수는
  $2\times 3=6$
  그러므로 이 경우의 수는
  $4+6=10$
(iv) $f(1)=4,\ f(2)=3$인 경우
(iii)과 마찬가지이므로 경우의 수는 10
(i)~(iv)에 의하여 조건을 만족시키는 함수의 개수는
$6+6+10+10=32$

따라서 $p=\dfrac{32}{256}=\dfrac{1}{8}$이므로

$$120p = 120 \times \frac{1}{8} = 15$$

★★ 문제 해결 꿀~팁 ★★

▶ 문제 해결 방법

여러 가지 조건을 만족하는 함수의 개수를 구하는 방법은 반드시 구분하여 정확하게 알아
두어야 한다. 조건에 따라 중복순열 또는 순열 또는 조합을 이용하여 구하므로 각 경우를
반드시 알아두어야 한다.
조건 (가)를 만족하는 경우는 모두 4가지로 $f(1)$, $f(2)$를 순서쌍으로 나타내면
$(3, 3)$, $(4, 4)$ 또는 $(3, 4)$, $(4, 3)$이다.
$f(1) = f(2)$인 경우 조건 (나)를 만족시키기 위하여 3, 4의 함숫값은 $f(1) = f(2)$가 아
닌 나머지 3개중에서 서로 다른 2개를 택하여 순서대로 짝지으면 되므로 이 경우의 수는
$_3P_2 = 6$이고, $f(1) \neq f(2)$인 경우 $f(3)$이 3 또는 4이면 $f(4)$는 1 또는 2이면 되므로
경우의 수는 $2 \times 2 = 4$, $f(3)$이 1 또는 2이면 $f(4)$는 3, 4, $f(3)$중 하나이면 되므로 경
우의 수는 $2 \times 3 = 6$이다.
만족하는 경우가 여러 가지인 경우에는 만족하는 경우들을 중복되거나 빠지지 않도록 나
누어 각각의 경우의 수나 확률을 구하여야 한다.

---

30 중복조합   정답률 29% | 정답 114

검은색 볼펜 1자루, 파란색 볼펜 4자루, 빨간색 볼펜 4자루가 있다.
이 9자루의 볼펜 중에서 5자루를 선택하여 2명의 학생에게 남김없이 나누어
주는 경우의 수를 구하시오. (단, 같은 색 볼펜끼리는 서로 구별하지 않고,
볼펜을 1자루도 받지 못하는 학생이 있을 수 있다.) [4점]

STEP 01 두 학생이 각각 받는 볼펜의 개수에 따라 먼저 경우를 나누고 볼펜의 색으로
경우를 한 번 더 나누어 모든 경우의 수를 구한다.

2명의 학생을 A, B라 하고 두 학생 A, B가 받는 볼펜의 개수를 (A, B)로
나타내면
$(5, 0)$, $(4, 1)$, $(3, 2)$, $(2, 3)$, $(1, 4)$, $(0, 5)$의 6가지이다.
또한, A, B학생에게 나눠 준 검은색 볼펜, 파란색 볼펜, 빨간색 볼펜의 개수를
각각 a, b, c라 하면
$a + b + c = 5$ (단, $0 \leq a \leq 1$, $0 \leq b \leq 4$, $0 \leq c \leq 4$)이다.
(i) $(5, 0)$인 경우
   i) $a = 0$이면 $b + c = 5$에서
     순서쌍 (b, c)의 개수는
     $(4, 1)$, $(3, 2)$, $(2, 3)$, $(1, 4)$의 4이다.
   ii) $a = 1$이면 $b + c = 4$이므로
     순서쌍 (b, c)의 개수는
     $_2H_4 = {}_{2+4-1}C_4 = {}_5C_4 = 5$
(ii) $(4, 1)$인 경우
   i) B에게 검은 볼펜을 나눠 준 경우
     $b + c = 4$이므로 순서쌍 (b, c)의 개수는
     5이다.
   ii) B에게 파란색 볼펜을 나눠 준 경우
     $a + b + c = 4$ (단, $0 \leq a \leq 1$, $0 \leq b \leq 3$, $0 \leq c \leq 4$)이고
     ㉠ $a = 0$이면 $b + c = 4$이므로
      순서쌍 (b, c)의 개수는
      $_2H_3 = {}_{2+3-1}C_3 = 4$
     ㉡ $a = 1$이면 $b + c = 3$이므로
      순서쌍 (b, c)의 개수는
      $_2H_3 = {}_{2+3-1}C_3 = 4$
   iii) B에게 빨간색 볼펜을 나눠 준 경우
     (ii)의 ii) ㉡과 같다.
(iii) $(3, 2)$인 경우
   i) B에게 검은색, 파란색 볼펜을 각각 1개씩 나눠 준 경우
     $b + c = 3$(단, $0 \leq b \leq 3$, $0 \leq c \leq 4$) 이므로 순서쌍 (b, c)의 개수는
     4이다.
   ii) B에게 검은색, 빨간색 볼펜을 각각 1개씩 나눠준 경우
     (iii)의 i)과 같다.
   iii) B에게 파란색, 빨간색 볼펜을 각각 1개씩 나눠준 경우
     $a + b + c = 3$

(단, $0 \leq a \leq 1$, $0 \leq b \leq 3$, $0 \leq c \leq 3$)
     ㉠ $a = 0$이면 $b + c = 3$이므로
      순서쌍 (b, c)의 개수는
      4이다.
     ㉡ $a = 1$이면 $b + c = 2$이므로
      순서쌍 (b, c)의 개수는
      $_2H_2 = {}_{2+2-1}C_2 = 3$
   iv) B에게 파란색 볼펜을 2개 나눠준 경우
     $a + b + c = 3$
     (단, $0 \leq a \leq 1$, $0 \leq b \leq 2$, $0 \leq c \leq 4$)
     ㉠ $a = 0$이면 $b + c = 3$이므로
      순서쌍 (b, c)의 개수는 $(2, 1)$, $(1, 2)$, $(0, 3)$의
      3이다.
     ㉡ $a = 1$이면 $b + c = 2$이므로
      순서쌍 (b, c)의 개수는 3이다.
   (v) B에게 빨간색 볼펜을 2개 나눠 준 경우
     (iii)의 iv)와 같다.
또한, $(2, 3)$, $(1, 4)$, $(0, 5)$인 경우는 각각 $(3, 2)$, $(4, 1)$, $(5, 0)$인 경우와
같으므로 구하는 경우의 수는
$2\{(4+5) + (5+8 \times 2) + (4 \times 2 + 7 + 3 \times 2 \times 2)\}$
$\quad = 2 \times (9 + 21 + 27)$
$\quad = 2 \times 57 = 114$

미적분

23 수열의 극한   정답률 91% | 정답 ②

❶ $\lim\limits_{n \to \infty} \left(\sqrt{9n^2 + 12n} - 3n \right)$의 값은? [2점]

① 1   ② 2   ③ 3   ④ 4   ⑤ 5

STEP 01 ❶에서 분자를 유리화하여 극한값을 구한다.

$$\lim_{n \to \infty} \left(\sqrt{9n^2 + 12n} - 3n \right) = \lim_{n \to \infty} \frac{\left(\sqrt{9n^2 + 12n} - 3n \right)\left(\sqrt{9n^2 + 12n} + 3n \right)}{\sqrt{9n^2 + 12n} + 3n}$$

$$= \lim_{n \to \infty} \frac{12n}{\sqrt{9n^2 + 12n} + 3n}$$

$$= \lim_{n \to \infty} \frac{12}{\sqrt{9 + \dfrac{12}{n^2}} + 3}$$

$$= \lim_{n \to \infty} \frac{12}{\sqrt{9 + 0} + 3} = 2$$

---

24 수열의 극한값   정답률 87% | 정답 ①

수열 $\{a_n\}$에 대하여 **❶** $\displaystyle\sum_{n=1}^{\infty} \frac{a_n}{n} = 10$일 때, **❷** $\lim\limits_{n \to \infty} \dfrac{a_n + 2a_n^2 + 3n^2}{a_n^2 + n^2}$의 값은?

[3점]

① 3   ② $\dfrac{7}{2}$ ③ 4   ④ $\dfrac{9}{2}$ ⑤ 5

STEP 01 ❶에서 $\lim\limits_{n \to \infty} \dfrac{a_n}{n}$ 을 구하고 ❷의 분자와 분모를 각각 n^2으로 나눈 후

대입하여 극한값을 구한다.

$\displaystyle\sum_{n=1}^{\infty} \dfrac{a_n}{n} = 10$이므로 $\lim\limits_{n \to \infty} \dfrac{a_n}{n} = 0$이다.

따라서 $\lim\limits_{n \to \infty} \dfrac{a_n + 2a_n^2 + 3n^2}{a_n^2 + n^2} = \lim\limits_{n \to \infty} \dfrac{\dfrac{a_n}{n^2} + 2\left(\dfrac{a_n}{n}\right)^2 + 3}{\left(\dfrac{a_n}{n}\right)^2 + 1} = \dfrac{0 + 0 + 3}{0 + 1} = 3$

25 등비수열의 극한
정답률 84% | 정답 ②

함수

$$f(x) = \lim_{n \to \infty} \frac{2 \times \left(\dfrac{x}{4}\right)^{2n+1} - 1}{\left(\dfrac{x}{4}\right)^{2n} + 3}$$

에 대하여 ❶ $f(k) = -\dfrac{1}{3}$ 을 만족시키는 정수 k의 개수는? [3점]

① 5 　　② 7 　　③ 9 　　④ 11 　　⑤ 13

STEP 01 x의 범위를 나누어 극한값을 구하여 ❶을 만족하는 k의 범위를 구한 다음 정수 k의 개수를 구한다.

함수 $f(x)$는 다음의 네 가지로 나누어 값을 구할 수 있다.

(i) $-4 < x < 4$인 경우

$-1 < \dfrac{x}{4} < 1$이므로 $\lim\limits_{n \to \infty}\left(\dfrac{x}{4}\right)^{2n} = 0$

따라서 $f(x) = \dfrac{2 \times 0 - 1}{0 + 3} = -\dfrac{1}{3}$

(ii) $x = -4$인 경우

$f(x) = \dfrac{2 \times (-1) - 1}{1 + 3} = -\dfrac{3}{4}$

(iii) $x = 4$인 경우

$f(x) = \dfrac{2 \times 1 - 1}{1 + 3} = \dfrac{1}{4}$

(iv) $x < -4$ 또는 $x > 4$인 경우

$\dfrac{x}{4} < -1$ 또는 $\dfrac{x}{4} > 1$이므로

$f(x) = \lim\limits_{n \to \infty} \dfrac{2 \times \left(\dfrac{x}{4}\right)^{2n+1} - 1}{\left(\dfrac{x}{4}\right)^{2n} + 3} = 2 \times \dfrac{x}{4} = \dfrac{x}{2}$

$f(k) = \dfrac{k}{2} = -\dfrac{1}{3}$ 에서 $k = -\dfrac{2}{3}$ 이고 이는 정수가 아니므로 조건을 만족하지 않는다.

(i)~(iv)에서 $f(k) = -\dfrac{1}{3}$ 을 만족하는 경우는 $-4 < x < 4$이므로

만족하는 정수 k의 개수는 7

●핵심 공식

▶ 등비수열 $\{r^n\}$의 수렴과 발산

(1) $r > 1$일 때, $\lim\limits_{n \to \infty} r^n = \infty$ (발산)

(2) $r = 1$일 때, $\lim\limits_{n \to \infty} r^n = 1$ (수렴)

(3) $|r| < 1$일 때, $\lim\limits_{n \to \infty} r^n = 0$ (수렴)

(4) $r \leq -1$일 때, 수열 $\{r^n\}$은 진동한다. (발산)

26 연속함수의 성질
정답률 69% | 정답 ⑤

실수 전체의 집합에서 연속인 함수 $f(x)$가 모든 실수 x에 대하여

❶ $\left(e^{2x} - 1\right)^2 f(x) = a - 4\cos\dfrac{\pi}{2}x$

를 만족시킬 때, $a \times f(0)$의 값은? (단, a는 상수이다.) [3점]

① $\dfrac{\pi^2}{6}$ 　　② $\dfrac{\pi^2}{5}$ 　　③ $\dfrac{\pi^2}{4}$ 　　④ $\dfrac{\pi^2}{3}$ 　　⑤ $\dfrac{\pi^2}{2}$

STEP 01 양변에 $x = 0$을 대입하여 a를 구한다.

$\left(e^{2x} - 1\right)^2 f(x) = a - 4\cos\dfrac{\pi}{2}x$에서 양변에 $x = 0$을 대입하면

$0 = a - 4$에서 $a = 4$

STEP 02 ❶에서 $x \neq 0$일 때의 $f(x)$를 구하고 삼각함수와 지수함수의 극한으로 $\lim\limits_{x \to 0} f(x)$을 구한 후 연속일 조건으로 $f(0)$을 구한다.

$x \neq 0$이면 $e^{2x} - 1 \neq 0$이므로

$f(x) = \dfrac{4 - 4\cos\dfrac{\pi}{2}x}{\left(e^{2x} - 1\right)^2} \; (x \neq 0)$

이때 함수 $f(x)$는 실수 전체의 집합에서 연속이므로 $x = 0$에서 연속이다.

따라서

$$f(0) = \lim_{x \to 0} f(x) = \lim_{x \to 0} \frac{4 - 4\cos\dfrac{\pi}{2}x}{\left(e^{2x} - 1\right)^2}$$

$$= \lim_{x \to 0} \frac{4\left(1 - \cos\dfrac{\pi}{2}x\right)\left(1 + \cos\dfrac{\pi}{2}x\right)}{\left(e^{2x} - 1\right)^2\left(1 + \cos\dfrac{\pi}{2}x\right)}$$

$$= \lim_{x \to 0} \frac{4\sin^2\dfrac{\pi}{2}x}{\left(e^{2x} - 1\right)^2\left(1 + \cos\dfrac{\pi}{2}x\right)}$$

$$= \lim_{x \to 0} \frac{\left(\dfrac{\sin\dfrac{\pi}{2}x}{\dfrac{\pi}{2}x}\right)^2}{\left(\dfrac{e^{2x} - 1}{2x}\right)^2} \times \lim_{x \to 0} \frac{\dfrac{\pi^2}{4}}{1 + \cos\dfrac{\pi}{2}x}$$

$$= \frac{\pi^2}{8}$$

따라서

$a \times f(0) = 4 \times \dfrac{\pi^2}{8} = \dfrac{\pi^2}{2}$

●핵심 공식

▶ $\dfrac{0}{0}$ 꼴의 삼각함수의 극한

x의 단위는 라디안일 때

① $\lim\limits_{x \to 0} \dfrac{\sin x}{x} = 1$ 　　② $\lim\limits_{x \to 0} \dfrac{\tan x}{x} = 1$

③ $\lim\limits_{x \to 0} \dfrac{\sin bx}{ax} = \dfrac{b}{a}$ 　　④ $\lim\limits_{x \to 0} \dfrac{\tan bx}{ax} = \dfrac{b}{a}$

⑤ $\lim\limits_{x \to 0} \dfrac{\sin bx}{\tan ax} = \dfrac{b}{a}$

▶ 함수의 연속

$x = n$에서 연속이려면 함숫값 =좌극한 =우극한이여야 한다.

$f(n) = \lim\limits_{x \to n-0} f(x) = \lim\limits_{x \to n+0} f(x)$

27 몫의 미분법
정답률 87% | 정답 ③

실수 전체의 집합에서 미분가능한 함수 $f(x)$에 대하여 함수 $g(x)$를

$g(x) = \dfrac{f(x)}{(e^x + 1)^2}$

라 하자. ❶ $f'(0) - f(0) = 2$일 때, $g'(0)$의 값은? [3점]

① $\dfrac{1}{4}$ 　　② $\dfrac{3}{8}$ 　　③ $\dfrac{1}{2}$ 　　④ $\dfrac{5}{8}$ 　　⑤ $\dfrac{3}{4}$

STEP 01 몫의 미분법으로 $g(x)$를 미분한 후 ❶을 대입하여 $g'(0)$의 값을 구한다.

$g(x) = \dfrac{f(x)}{(e^x + 1)^2}$ 의 양변을 x에 관해 미분하면

$g'(x) = \dfrac{f'(x) \times (e^x + 1)^2 - f(x) \times 2(e^x + 1)e^x}{(e^x + 1)^4}$

$= \dfrac{f'(x) \times (e^x + 1) - 2e^x f(x)}{(e^x + 1)^3}$

$x = 0$을 대입하면

$g'(0) = \dfrac{f'(0) \times (e^0 + 1) - 2e^0 f(0)}{(e^0 + 1)^3}$

$= \dfrac{2f'(0) - 2f(0)}{2^3}$

$= \dfrac{f'(0) - f(0)}{4}$

$= \dfrac{2}{4}$

$= \dfrac{1}{2}$

●핵심 공식

▶ 몫의 미분법

함수 $g(x), h(x)$가 미분가능하고 $g(x) \neq 0$일 때,

$f(x) = \dfrac{h(x)}{g(x)} \Rightarrow f'(x) = \dfrac{h'(x) \cdot g(x) - h(x) \cdot g'(x)}{\{g(x)\}^2}$

28 도형과 등비급수   정답률 28% | 정답 ①

그림과 같이 $\overline{AB_1}=3$, $\overline{AC_1}=2$이고 $\angle B_1AC_1=\dfrac{\pi}{3}$인 삼각형 AB_1C_1이 있다. $\angle B_1AC_1$의 이등분선이 선분 B_1C_1과 만나는 점을 D_1, 세 점 A, D_1, C_1을 지나는 원이 선분 AB_1과 만나는 점 중 A가 아닌 점을 B_2라 할 때, 두 선분 B_1B_2, B_1D_1과 호 B_2D_1로 둘러싸인 부분과 선분 C_1D_1과 호 C_1D_1로 둘러싸인 부분인 ◹ 모양의 도형에 색칠하여 얻은 그림을 R_1이라 하자. 그림 R_1에서 점 B_2를 지나고 직선 B_1C_1에 평행한 직선이 두 선분 AD_1, AC_1과 만나는 점을 각각 D_2, C_2라 하자. 세 점 A, D_2, C_2를 지나는 원이 선분 AB_2와 만나는 점 중 A가 아닌 점을 B_3라 할 때, 두 선분 B_2B_3, B_2D_2과 호 B_3D_2로 둘러싸인 부분과 선분 C_2D_2와 호 C_2D_2로 둘러싸인 부분인 ◹ 모양의 도형에 색칠하여 얻은 그림을 R_2라 하자. 이와 같은 과정을 계속하여 n번째 얻은 그림 R_n에 색칠되어 있는 부분의 넓이를 S_n이라 할 때, $\lim\limits_{n\to\infty}S_n$의 값은? [4점]

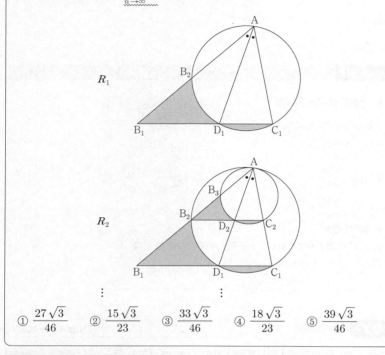

① $\dfrac{27\sqrt{3}}{46}$ ② $\dfrac{15\sqrt{3}}{23}$ ③ $\dfrac{33\sqrt{3}}{46}$ ④ $\dfrac{18\sqrt{3}}{23}$ ⑤ $\dfrac{39\sqrt{3}}{46}$

STEP 01 그림 R_1에서 코사인법칙을 이용하여 $\overline{B_1C_1}$을 구하고 각의 이등분선의 성질을 이용하여 $\overline{B_1D_1}$, $\overline{D_1C_1}$을 구한다.

그림 R_n에서 $\angle B_{n+1}AD_n=\angle D_nAC_n$이므로 $\overparen{B_{n+1}D_n}=\overparen{D_nC_n}$이다.

따라서, $\overline{B_{n+1}D_n}=\overline{D_nC_n}$이므로 두 선분 B_nB_{n+1}, B_nD_n으로 둘러싸인 부분과 선분 C_nD_n과 호 C_nD_n으로 둘러싸인 부분의 넓이의 합은 삼각형 $B_nD_nB_{n+1}$의 넓이와 같다.

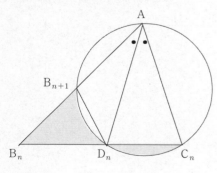

R_n

그림 R_1의 삼각형 AB_1C_1에서 코사인법칙에 의하여

$$\overline{B_1C_1}^2=3^2+2^2-2\times3\times2\times\cos\frac{\pi}{3}=7$$

즉, $\overline{B_1C_1}=\sqrt{7}$

또한, $\angle B_1AC_1$의 이등분선이 선분 B_1C_1과 만나는 점이 D_1이므로

$$\overline{AB_1}:\overline{AC_1}=\overline{B_1D_1}:\overline{D_1C_1}=3:2$$

따라서 $\overline{B_1D_1}=\dfrac{3\sqrt{7}}{5}$, $\overline{D_1C_1}=\dfrac{2\sqrt{7}}{5}$

STEP 02 삼각형 $B_nD_nB_{n+1}$의 넓이로 S_1을 구한다.

또한, 삼각형 AD_1C_1의 외접원의 중심을 O라 하면 $\angle D_1OC_1=\angle B_2OD_1=\dfrac{\pi}{3}$이므로 두 삼각형 D_1OC_1, B_2OD_1은 모두 정삼각형이고 $\angle B_2D_1C_1=\dfrac{2}{3}\pi$이다.

따라서, $\angle B_2D_1B_1=\dfrac{\pi}{3}$이므로

$$S_1=\frac{1}{2}\times\frac{3\sqrt{7}}{5}\times\frac{2\sqrt{7}}{5}\times\sin\frac{\pi}{3}=\frac{21\sqrt{3}}{50}$$

STEP 03 삼각형 $B_1D_1B_2$에서 코사인법칙을 이용하여 $\overline{B_1B_2}$를 구하고 $\overline{AB_1}$과 $\overline{AB_2}$의 길이비를 이용하여 공비를 구한 후 등비급수로 $\lim\limits_{n\to\infty}S_n$을 구한다.

삼각형 $B_1D_1B_2$에서 코사인법칙에 의하여

$$\overline{B_1B_2}^2=\left(\frac{3\sqrt{7}}{5}\right)^2+\left(\frac{2\sqrt{7}}{5}\right)^2-2\times\frac{3\sqrt{7}}{5}\times\frac{2\sqrt{7}}{5}\times\cos\frac{\pi}{3}=\frac{91}{25}-\frac{42}{25}=\frac{49}{25}$$

이므로

$$\overline{B_1B_2}=\frac{7}{5}$$

따라서, $\overline{AB_2}=3-\dfrac{7}{5}=\dfrac{8}{5}$이므로

$$\overline{AB_1}:\overline{AB_2}=3:\frac{8}{5}=1:\frac{8}{15}$$

이때, 넓이의 비는 $1:\dfrac{64}{225}$이므로

$$\lim_{n\to\infty}S_n=\frac{\dfrac{21\sqrt{3}}{50}}{1-\dfrac{64}{225}}=\frac{27\sqrt{3}}{46}$$

● 핵심 공식

▶ 등비급수의 도형에의 활용
(1) 문제를 잘 파악하고 첫째항을 구한다.
(2) 닮음, 피타고라스의 정리, 원의 성질 등을 이용하여 공비를 구한다.
(3) 첫째항과 공비를 찾아서 등비급수의 합을 구한다.

▶ 등비급수
등비급수 $\sum\limits_{n=1}^{\infty}ar^{n-1}=a+ar+ar^2+\cdots+ar^{n-1}+\cdots\ (a\neq0)$
에서 $|r|<1$이면 수렴하고 그 합은 $\dfrac{a}{1-r}$이다.

▶ 코사인법칙
세 변의 길이를 각각 a, b, c라 하고 b, c 사이의 끼인각을 A라 하면
$$a^2=b^2+c^2-2bc\cos A,\ \left(\cos A=\frac{b^2+c^2-a^2}{2bc}\right)$$

▶ 사인법칙
$\triangle ABC$에 대하여,
$\triangle ABC$의 외접원의 반지름 길이가 R이라고 할 때,
$$\frac{a}{\sin A}=\frac{b}{\sin B}=\frac{c}{\sin C}=2R$$

★★ 문제 해결 꿀~팁 ★★

▶ 문제 해결 방법
이러한 도형을 이용한 등비급수의 문제는 첫째항과 공비만 구하면 된다. 공비를 구할때는 도형들 간의 닮음을 이용하는 경우가 대부분이다.
그림 R_1에서 색칠한 부분의 넓이는 삼각형 $B_2B_1D_1$의 넓이와 같다. 삼각형 AB_1C_1에서 코사인법칙에 의하여 $\overline{B_1C_1}$을 구할 수 있고 각의 이등분선의 성질에 의해 $\overline{AB_1}:\overline{AC_1}=\overline{B_1D_1}:\overline{D_1C_1}=3:2$를 이용하면 $\overline{B_1D_1}$, $\overline{D_1C_1}$을 구할 수 있다.
한편 $\angle B_2D_1B_1=\dfrac{\pi}{3}$이므로 이들을 이용하여 S_1을 구할 수 있다.
다음은 공비만 구하면 된다. 삼각형 $B_1D_1B_2$에서 코사인법칙에 의하여 $\overline{B_1B_2}$을 구할 수 있고 $\overline{AB_2}$또한 구할 수 있다. 이제 $\overline{AB_1}:\overline{AB_2}=3:\dfrac{8}{5}=1:\dfrac{8}{15}$이므로 넓이의 비는 $1:\dfrac{64}{225}$이다. 그러므로 공비는 $\dfrac{64}{225}$이다. 등비급수의 공식 $\dfrac{a}{1-r}$에 대입하여 계산하면 답을 구할 수 있다.

29 삼각함수의 극한   정답률 21% | 정답 15

그림과 같이 $\overline{AB}=1$, $\overline{BC}=2$인 두 선분 AB, BC에 대하여 선분 BC의 중점을 M, 점 M에서 선분 AB에 내린 수선의 발을 H라 하자.

중심이 M이고 반지름의 길이가 $\overline{MH}$인 원이 선분 AM과 만나는 점을 D, 선분 HC가 선분 DM과 만나는 점을 E라 하자. $\angle ABC = \theta$라 할 때, 삼각형 CDE의 넓이를 $f(\theta)$, 삼각형 MEH의 넓이를 $g(\theta)$라 하자.

❶ $\lim\limits_{\theta \to 0+} \dfrac{f(\theta) - g(\theta)}{\theta^3} = a$일 때, $80a$의 값을 구하시오. (단, $0 < \theta < \dfrac{\pi}{2}$) [4점]

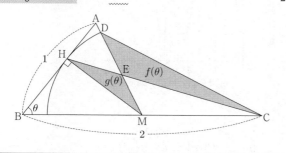

STEP 01 삼각형 DMC와 삼각형 HMC의 각 변의 길이를 구하여 넓이를 각각 구한다.

직각삼각형 BMH에서 $\overline{MB} = 1$

$\sin\theta = \dfrac{\overline{MH}}{\overline{MB}}$에서

$\overline{MH} = \overline{MB} \times \sin\theta = \sin\theta$

삼각형 DMC에서

$\overline{MD} = \overline{MH} = \sin\theta$

$\overline{MC} = 1$

$\angle DMC = \pi - \angle DMB = \pi - \angle AMB = \pi - \dfrac{\pi - \theta}{2} = \dfrac{\pi}{2} + \dfrac{\theta}{2}$

이므로

$\triangle DMC = \dfrac{1}{2} \times \overline{MD} \times \overline{MC} \times \sin(\angle DMC)$

$\qquad = \dfrac{1}{2} \times \sin\theta \times 1 \times \sin\left(\dfrac{\pi}{2} + \dfrac{\theta}{2}\right)$

$\qquad = \dfrac{1}{2} \sin\theta \cos\dfrac{\theta}{2}$

삼각형 HMC에서

$\overline{MH} = \sin\theta$, $\overline{MC} = 1$,

$\angle HMC = \pi - \angle HMB = \pi - \left(\dfrac{\pi}{2} - \theta\right) = \dfrac{\pi}{2} + \theta$

이므로

$\triangle HMC = \dfrac{1}{2} \times \overline{MH} \times \overline{MC} \times \sin(\angle HMC)$

$\qquad = \dfrac{1}{2} \times \sin\theta \times 1 \times \sin\left(\dfrac{\pi}{2} + \theta\right)$

$\qquad = \dfrac{1}{2} \sin\theta \cos\theta$

STEP 02 두 삼각형 DMC와 HMC의 넓이의 차를 구한 후 ❶에 대입하고 삼각함수의 극한을 이용하여 극한값을 구한다.

이때

$f(\theta) - g(\theta) = \triangle DMC - \triangle HMC$

$\qquad = \dfrac{1}{2} \sin\theta \cos\dfrac{\theta}{2} - \dfrac{1}{2} \sin\theta \cos\theta$

$\qquad = \dfrac{\sin\theta\left(\cos\dfrac{\theta}{2} - \cos\theta\right)}{2}$

이므로

$\lim\limits_{\theta \to 0+} \dfrac{f(\theta) - g(\theta)}{\theta^3}$

$= \lim\limits_{\theta \to 0+} \dfrac{\sin\theta\left(\cos\dfrac{\theta}{2} - \cos\theta\right)}{2\theta^3}$

$= \lim\limits_{\theta \to 0+} \dfrac{\sin\theta\left(\cos\dfrac{\theta}{2} - \cos\theta\right)\left(\cos\dfrac{\theta}{2} + \cos\theta\right)}{2\theta^3\left(\cos\dfrac{\theta}{2} + \cos\theta\right)}$

$= \lim\limits_{\theta \to 0+} \dfrac{\sin\theta\left(\cos^2\dfrac{\theta}{2} - \cos^2\theta\right)}{2\theta^3\left(\cos\dfrac{\theta}{2} + \cos\theta\right)}$

$= \lim\limits_{\theta \to 0+} \dfrac{\sin\theta\left(\sin^2\theta - \sin^2\dfrac{\theta}{2}\right)}{2\theta^3\left(\cos\dfrac{\theta}{2} + \cos\theta\right)}$

$= \dfrac{1}{2} \lim\limits_{\theta \to 0+} \dfrac{\sin\theta}{\theta} \times \left\{ \lim\limits_{\theta \to 0+}\left(\dfrac{\sin\theta}{\theta}\right)^2 - \dfrac{1}{4}\lim\limits_{\theta \to 0+}\left(\dfrac{\sin\dfrac{\theta}{2}}{\dfrac{\theta}{2}}\right)^2 \right\} \times \lim\limits_{\theta \to 0+} \dfrac{1}{\cos\dfrac{\theta}{2} + \cos\theta}$

$= \dfrac{1}{2} \times 1 \times \left(1^2 - \dfrac{1}{4} \times 1^2\right) \times \dfrac{1}{1+1} = \dfrac{3}{16}$

따라서 $a = \dfrac{3}{16}$이므로

$80a = 80 \times \dfrac{3}{16} = 15$

〈참고〉

$\triangle HMC$의 넓이는 직각삼각형 HBM의 넓이와 같다.

$\triangle HMC = \triangle HBM = \dfrac{1}{2}\sin\theta\cos\theta$

●핵심 공식

▶ $\dfrac{0}{0}$꼴의 삼각함수의 극한

x의 단위는 라디안일 때

① $\lim\limits_{x \to 0} \dfrac{\sin x}{x} = 1$ ② $\lim\limits_{x \to 0} \dfrac{\tan x}{x} = 1$

③ $\lim\limits_{x \to 0} \dfrac{\sin bx}{ax} = \dfrac{b}{a}$ ④ $\lim\limits_{x \to 0} \dfrac{\tan bx}{ax} = \dfrac{b}{a}$

⑤ $\lim\limits_{x \to 0} \dfrac{\sin bx}{\tan ax} = \dfrac{b}{a}$

★★ 문제 해결 꿀~팁 ★★

▶ 문제 해결 방법

삼각형 CDE의 넓이 $f(\theta)$와 삼각형 MEH의 넓이 $g(\theta)$의 차를 구해야 하는데 이 두 삼각형의 넓이를 구하는 것이 수월하지 않다. 그러므로 삼각형 DMC와 삼각형 HMC의 넓이를 구해서 차를 구하는 것이 효과적이다. 어차피 두 삼각형 모두 삼각형 EMC를 포함하고 있으므로 차는 마찬가지이다.

각 삼각형들의 변의 길이를 각을 이용하여 나타내어 넓이를 구하면

$\triangle DMC = \dfrac{1}{2}\sin\theta\cos\dfrac{\theta}{2}$, $\triangle HMC = \dfrac{1}{2}\sin\theta\cos\theta$이고 차를 구한 후 삼각함수의 극한을 이용하여 극한값을 구하면 된다.

도형을 이용한 삼각함수의 극한값을 구하는 문제에서 변들의 길이를 각을 이용하여 나타내는 것은 매우 일반적인 방법이므로 이를 익숙하게 할 수 있도록 충분한 연습을 하여야 한다.

★★★ 등급을 가르는 문제!

30 합성함수의 미분 ⟨정답률 2% | 정답 331⟩

실수 전체의 집합에서 정의된 함수 $f(x)$는 $0 \le x \le 3$일 때 $f(x) = |x-1| + |x-2|$이고, 모든 실수 x에 대하여 $f(x+3) = f(x)$를 만족시킨다. 함수 $g(x)$를

$$g(x) = \lim\limits_{h \to 0+} \left| \dfrac{f(2^{x+h}) - f(2^x)}{h} \right|$$

이라 하자. 함수 $g(x)$가 $x = a$에서 불연속인 a의 값 중에서 열린구간 $(-5, 5)$에 속하는 모든 값을 작은 수부터 크기순으로 나열한 것을 a_1, a_2, $\cdots$, a_n(n은 자연수)라 할 때, $n + \sum\limits_{k=1}^{n} \dfrac{g(a_k)}{\ln 2}$의 값을 구하시오. [4점]

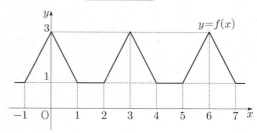

STEP 01 미분계수의 정의를 이용하여 $g(x)$를 구한 후 x의 범위를 나누어 좌극한과 우극한을 비교하여 불연속점을 찾고 n의 값을 구한다.

함수 $f(2^x)$에서 $p(x) = 2^x$이라 하면 함수 $p(x)$는 실수 전체의 집합에서 미분가능하고 연속이다.

한편, 자연수 m에 대하여

$3m - 3 < x < 3m - 2$일 때 $f'(x) = -2$

$3m - 2 < x < 3m - 1$일 때 $f'(x) = 0$

$3m-1 < x < 3m$일 때 $f'(x)=2$이고,

$$g(x) = \lim_{h \to 0+} \left| \frac{f(p(x+h))-f(p(x))}{h} \right|$$
$$= |f'(p(x)) \times p'(x)|$$
$$= |f'(p(x))| \times 2^x \ln 2$$
$$= |f'(2^x)| \times 2^x \ln 2$$

이므로 함수 $g(x)$는 다음과 같다.

(i) $3m-3 \le 2^x < 3m-2$일 때
$$g(x) = |f'(2^x)| \times 2^x \ln 2 = 2\ln 2 \times 2^x$$

(ii) $3m-2 \le 2^x < 3m-1$일 때
$$g(x) = |f'(2^x)| \times 2^x \ln 2 = 0 \times 2^x = 0$$

(iii) $3m-1 \le 2^x < 3m$일 때
$$g(x) = |f'(2^x)| \times 2^x \ln 2 = 2\ln 2 \times 2^x$$

이때
$$\lim_{x \to \log_2 (3m-2)-} g(x) \neq \lim_{x \to \log_2 (3m-2)+} g(x),$$
$$\lim_{x \to \log_2 (3m-1)-} g(x) \neq \lim_{x \to \log_2 (3m-1)+} g(x),$$
$$\lim_{x \to (\log_2 3m)-} g(x) = \lim_{x \to (\log_2 3m)+} g(x)$$

이므로 함수 $g(x)$는 $x = \log_2 (3m-2)$와 $x = \log_2 (3m-1)$에서 불연속이다.

그런데 $-5 < x < 5$에서 $\dfrac{1}{32} < 2^x < 32$

이므로 함수 $g(x)$는 $x=\log_2 k(k=1,\ 2,\ 4,\ 5,\ 7,\ \cdots,\ 28,\ 29,\ 31)$이므로 $n = 31-10 = 21$이다.

STEP 02 범위에 따른 $g(a_k)$를 구한 후 $\displaystyle\sum_{k=1}^{n} \dfrac{g(a_k)}{\ln 2}$에 대입하고 등차수열의 합을 이용하여 합을 구한다.

$g(a_k)$는 다음과 같다.

(i) $2^{a_k} = 3m-2$, 즉 $a_k = \log_2 (3m-2)$일 때
$3m-2 < 2^x < 3m-1$일 때 $g(x) = 0$이므로
$$g(a_k) = \lim_{x \to \log_2 (3m-2)+} g(x) = 0$$

(ii) $2^{a_k} = 3m-1$, 즉 $a_k = \log_2 (3m-1)$일 때
$3m-1 < 2^x < 3m$일 때
$g(x) = 2\ln 2 \times 2^x$이므로
$$g(a_k) = \lim_{x \to \log_2 (3m-1)+} g(x) = 2\ln 2 \times (3m-1)$$

이상에서
$$\sum_{k=1}^{n} \frac{g(a_k)}{\ln 2} = \sum_{k=1}^{21} \frac{g(a_k)}{\ln 2}$$
$$= 2(2+5+8+11+14+\cdots+29)$$
$$= 2 \times \frac{10(2+29)}{2}$$
$$= 310$$

따라서 $n + \displaystyle\sum_{k=1}^{n} \dfrac{g(a_k)}{\ln 2} = 21+310 = 331$

다른 풀이

함수 $f(x)$는
$$f(x) = \begin{cases} \vdots & \\ -2x+3 & (0 \le x < 1) \\ 1 & (1 \le x < 2) \\ 2x-3 & (2 \le x < 3) \\ -2(x-3)+3 & (3 \le x < 4) \\ 1 & (4 \le x < 5) \\ 2(x-3)-3 & (5 \le x < 6) \\ -2(x-6)+3 & (6 \le x < 7) \\ 1 & (7 \le x < 8) \\ 2(x-6)-3 & (8 \le x < 9) \end{cases}$$

이다. $k(x) = f(2^x)$라 하면
$$k(x) = f(2^x) = \begin{cases} \vdots & \\ -2 \times 2^x + 3 & (x < \log_2 1) \\ 1 & (\log_2 1 \le x < \log_2 2) \\ 2 \times 2^x - 3 & (\log_2 2 \le x < \log_2 3) \\ -2(2^x-3)+3 & (\log_2 3 \le x < \log_2 4) \\ 1 & (\log_2 4 \le x < \log_2 5) \\ 2(2^x-3)-3 & (\log_2 5 \le x < \log_2 6) \\ -2(2^x-6)+3 & (\log_2 6 \le x < \log_2 7) \\ 1 & (\log_2 7 \le x < \log_2 8) \\ 2(2^x-6)-3 & (\log_2 8 \le x < \log_2 9) \end{cases}$$

이므로 함수 $y=k(x)$의 그래프는 그림과 같다.

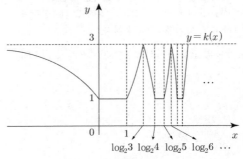

이때
$$k'(x) = \begin{cases} \vdots & \\ -2 \times 2^x \times \ln 2 & (x < \log_2 1) \\ 0 & (\log_2 1 \le x < \log_2 2) \\ 2 \times 2^x \times \ln 2 & (\log_2 2 \le x < \log_2 3) \\ -2 \times 2^x \times \ln 2 & (\log_2 3 \le x < \log_2 4) \\ 0 & (\log_2 4 \le x < \log_2 5) \\ 2 \times 2^x \times \ln 2 & (\log_2 5 \le x < \log_2 6) \\ -2 \times 2^x \times \ln 2 & (\log_2 6 \le x < \log_2 7) \\ 0 & (\log_2 7 \le x < \log_2 8) \\ 2 \times 2^x \times \ln 2 & (\log_2 8 \le x < \log_2 9) \\ \vdots & \end{cases}$$

이고
$$g(x) = \lim_{h \to 0+} \left| \frac{f(2^{x+h})-f(2^x)}{h} \right| = \lim_{h \to 0+} \left| \frac{k(x+h)-k(x)}{h} \right|$$

이므로
$$g(x) = \begin{cases} \vdots & \\ -2 \times 2^x \times \ln 2 & (x < \log_2 1) \\ 0 & (\log_2 1 \le x < \log_2 2) \\ 2 \times 2^x \times \ln 2 & (\log_2 2 \le x < \log_2 4) \\ 0 & (\log_2 4 \le x < \log_2 5) \\ 2 \times 2^x \times \ln 2 & (\log_2 5 \le x < \log_2 7) \\ 0 & (\log_2 7 \le x < \log_2 8) \\ 2 \times 2^x \times \ln 2 & (\log_2 8 \le x < \log_2 9) \\ \vdots & \end{cases}$$

이다. 이때
$$\lim_{x \to \log_2 (3m-2)-} g(x) \neq \lim_{x \to \log_2 (3m-2)+} g(x),$$
$$\lim_{x \to \log_2 (3m-1)-} g(x) \neq \lim_{x \to \log_2 (3m-1)+} g(x),$$
$$\lim_{x \to (\log_2 3m)-} g(x) = \lim_{x \to (\log_2 3m)+} g(x) = g(\log_2 3m)$$

이므로
함수 $g(x)$는 $x = \log_2 (3m-2)$와 $x = \log_2 (3m-1)$에서 불연속이다.

그런데 $-5 < x < 5$에서
$\dfrac{1}{32} < 2^x < 32$이므로 함수 $g(x)$는
$x = \log_2 k (k=1,\ 2,\ 4,\ 5,\ 7,\ \cdots,\ 28,\ 29,\ 31)$에서 불연속이다.
즉, $a_k = \log_2 k (k=1,\ 2,\ 4,\ 5,\ 7,\ \cdots,\ 28,\ 29,\ 31)$이므로
$n = 31-10 = 21$
이고, $g(a_k)$는 다음과 같다.

(i) $2^{a_k} = 3m-2$, 즉 $a_k = \log_2 (3m-2)$일 때
$3m-2 < 2^x < 3m-1$일 때
$g(x) = 0$이므로
$$g(a_k) = \lim_{x \to \log_2 (3m-2)+} g(x) = 0$$

(ii) $2^{a_k} = 3m-1$, 즉 $a_k = \log_2 (3m-1)$일 때
$3m-1 < 2^x < 3m$일 때
$g(x) = 2\ln 2 \times 2^x$이므로
$$g(a_k) = \lim_{x \to \log_2 (3m-1)+} g(x)$$
$$= 2\ln 2 \times (3m-1) \text{ 이상에서}$$
$$\sum_{k=1}^{n} \frac{g(a_k)}{\ln 2} = \sum_{k=1}^{21} \frac{g(a_k)}{\ln 2}$$
$$= 2(2+5+8+11+14+\cdots+29)$$
$$= 2 \times \frac{10(2+29)}{2}$$
$$= 310$$

따라서
$$n + \sum_{k=1}^{n} \frac{g(a_k)}{\ln 2} = 21+310 = 331$$

▶ 미분계수의 정의를 이용한 극한값의 계산

① $\lim_{h \to 0} \dfrac{f(a+h)-f(a)}{h} = f'(a)$

② $\lim_{h \to 0} \dfrac{f(a+ph)-f(a)}{h} = pf'(a)$

③ $\lim_{x \to a} \dfrac{f(x)-f(a)}{x-a} = f'(a)$

④ $\lim_{x \to a} \dfrac{af(x)-xf(a)}{x-a} = af'(a)-f(a)$

▶ 합성함수의 미분법

$h(x) = (g \circ f)(x) = g(f(x)) \Rightarrow h'(x) = g'(f(x))f'(x)$

▶ 함수의 연속

$x=n$에서 연속이려면

함숫값 = 좌극한 = 우극한이여야 한다.

$f(n) = \lim_{x \to n-0} f(x) = \lim_{x \to n+0} f(x)$

★★ 문제 해결 꿀~팁 ★★

▶ 문제 해결 방법

함수 $f(2^x)$에서 $p(x)=2^x$이라 하면 함수 $p(x)$는 실수 전체의 집합에서 미분가능하고 연속이다.

한편, $f(x+3)=f(x)$이므로 자연수 m에 대하여 x의 범위를 $3m-3<x<3m-2$, $3m-2<x<3m-1$, $3m-1<x<3m$일 때로 나누어 $g(x)$를 구하고 불연속점을 찾아야 한다. $x=\log_k k$라 하면 $0<k<32$이고 k가 3의 배수일 때 $g(x)$가 연속이므로 이를 이용하여 n의 값을 구할 수 있다.

이제 $\sum_{k=1}^{n} \dfrac{g(a_k)}{\ln 2}$를 구해야 하는데 $3m-2<2^x<3m-1$일 때 $g(x)=0$이므로 $g(a_k) = \lim_{x \to \log_2(3m-2)+} g(x) = 0$이다. 그러므로 $3m-1<2^x<3m$일 때만 구하면 된다.

이때 $g(x)=2\ln 2 \times 2^x$이므로 $g(a_k) = \lim_{x \to \log_2(3m-1)+} g(x) = 2\ln 2 \times (3m-1)$이다.

그러므로

$\sum_{k=1}^{n} \dfrac{g(a_k)}{\ln 2} = \sum_{k=1}^{21} \dfrac{g(a_k)}{\ln 2} = 2(2+5+8+11+14+\cdots+29) = 2 \times \dfrac{10(2+29)}{2} = 310$이다.

x의 범위, 그에 따른 2^x의 범위를 잘 따져서 불연속점과 함수의 값을 구해야 한다.

• 정답 •

공통 | 수학
01② 02⑤ 03④ 04② 05② 06② 07③ 08① 09⑤ 10① 11① 12② 13④ 14⑤ 15①
16 7 17 5 18 29 19 4 20 15 21 31 22 8
선택 | 확률과 통계
23⑤ 24① 25⑤ 26③ 27④ 28④ 29 994 30 93
선택 | 미적분
23⑤ 24④ 25④ 26③ 27② 28③ 29 57 30 25

---

01 지수법칙   정답률 86% | 정답 ②

$\dfrac{\sqrt[4]{32}}{\sqrt[8]{4}}$의 값은? [2점]

① $\sqrt{2}$ ② 2 ③ $2\sqrt{2}$ ④ 4 ⑤ $4\sqrt{2}$

| 문제 풀이 |

$32^{\frac{1}{4}} \times 4^{-\frac{1}{8}} = (2^5)^{\frac{1}{4}} \times (2^2)^{-\frac{1}{8}} = 2^{\frac{5}{4}} \times 2^{-\frac{2}{8}} = 2^{\frac{5}{4}-\frac{1}{4}} = 2$

---

02 미분계수   정답률 88% | 정답 ⑤

함수 $f(x)=x^3+3x^2-5$에 대하여 $\lim_{h \to 0} \dfrac{f(1+h)-f(1)}{h}$의 값은? [2점]

① 5 ② 6 ③ 7 ④ 8 ⑤ 9

| 문제 풀이 |

$f(x)=x^3+3x^2-5$이므로 $f'(x)=3x^2+6x$

$\lim_{h \to 0} \dfrac{f(1+h)-f(1)}{h} = f'(1) = 3 \times 1^2 + 6 \times 1 = 9$

---

03 등비수열   정답률 90% | 정답 ④

모든 항이 실수인 등비수열 $\{a_n\}$에 대하여

$a_2 a_3 = 2$, $a_4 = 4$

일 때, a_6의 값은? [3점]

① 10 ② 12 ③ 14 ④ 16 ⑤ 18

| 문제 풀이 |

등비수열 $\{a_n\}$의 첫째항을 a, 공비를 r이라 하면

$a_2 a_3 = ar \times ar^2 = a^2 r^3 = 2$ …… ㉠

$a_4 = ar^3 = 4$ …… ㉡

㉠을 ㉡으로 나누면 $a = \dfrac{1}{2}$

이것을 ㉡에 대입하면 $\dfrac{1}{2} r^3 = 4$에서 $r^3 = 8$

r은 실수이므로 $r = 2$

$a_6 = ar^5 = \dfrac{1}{2} \times 2^5 = 2^4 = 16$

---

04 함수의 그래프   정답률 89% | 정답 ②

함수 $y=f(x)$의 그래프가 그림과 같다.

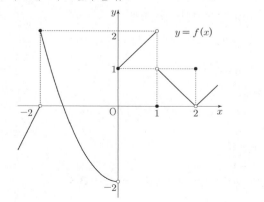

$\lim\limits_{x\to 0-}f(x)+\lim\limits_{x\to 1+}f(x)$ 의 값은? [3점]

① -2 ② -1 ③ 0 ④ 1 ⑤ 2

| 문제 풀이 |

$\lim\limits_{x\to 0-}f(x)=-2$, $\lim\limits_{x\to 1+}f(x)=1$이므로

$\lim\limits_{x\to 0-}f(x)+\lim\limits_{x\to 1+}f(x)=-2+1=-1$

---

05   미분계수   정답률 88% | 정답 ②

함수 $f(x)=(x+1)(x^2+x-5)$에 대하여 $f'(2)$의 값은? [3점]

① 15 ② 16 ③ 17 ④ 18 ⑤ 19

| 문제 풀이 |

$f(x)=(x+1)(x^2+x-5)$에서

$f'(x)=(x^2+x-5)+(x+1)(2x+1)$

따라서

$f'(2)=(2^2+2-5)+(2+1)(2\times 2+1)=1+15=16$

---

06   삼각함수의 성질   정답률 74% | 정답 ②

$\dfrac{\pi}{2}<\theta<\pi$인 θ에 대하여 $\cos(\pi+\theta)=\dfrac{2\sqrt{5}}{5}$일 때, $\sin\theta+\cos\theta$의 값은?

[3점]

① $-\dfrac{2\sqrt{5}}{5}$ ② $-\dfrac{\sqrt{5}}{5}$ ③ 0

④ $\dfrac{\sqrt{5}}{5}$ ⑤ $\dfrac{2\sqrt{5}}{5}$

| 문제 풀이 |

$\cos(\pi+\theta)=\dfrac{2\sqrt{5}}{5}$에서 $\cos(\pi+\theta)=-\cos\theta$이므로

$-\cos\theta=\dfrac{2\sqrt{5}}{5}$, 즉 $\cos\theta=-\dfrac{2\sqrt{5}}{5}$

$\dfrac{\pi}{2}<\theta<\pi$에서 $\sin\theta>0$이므로

$\sin\theta=\sqrt{1-\cos^2\theta}=\sqrt{1-\left(-\dfrac{2\sqrt{5}}{5}\right)^2}=\sqrt{\dfrac{1}{5}}=\dfrac{\sqrt{5}}{5}$

따라서 $\sin\theta+\cos\theta=\dfrac{\sqrt{5}}{5}+\left(-\dfrac{2\sqrt{5}}{5}\right)=-\dfrac{\sqrt{5}}{5}$

---

07   함수의 연속   정답률 89% | 정답 ③

함수

$$f(x)=\begin{cases}(x-a)^2 & (x<4)\\ 2x-4 & (x\geq 4)\end{cases}$$

가 실수 전체의 집합에서 연속이 되도록 하는 모든 상수 a의 값의 곱은? [3점]

① 6 ② 9 ③ 12 ④ 15 ⑤ 18

| 문제 풀이 |

함수 $f(x)=\begin{cases}(x-a)^2 & (x<4)\\ 2x-4 & (x\geq 4)\end{cases}$

가 $x=4$에서 연속이면 함수 $f(x)$는 실수 전체의 집합에서 연속이다.

함수 $f(x)$가 $x=4$에서 연속이면

$\lim\limits_{x\to 4-}f(x)=\lim\limits_{x\to 4+}f(x)=f(4)$ 이다. 이때

$\lim\limits_{x\to 4-}f(x)=\lim\limits_{x\to 4-}(x-a)^2=(4-a)^2=a^2-8a+16$

$\lim\limits_{x\to 4+}f(x)=\lim\limits_{x\to 4+}(2x-4)=4$

$f(4)=4$이므로

$a^2-8a+16=4$

$a^2-8a+12=0$

$(a-2)(a-6)=0$

$a=2$ 또는 $a=6$

따라서 조건을 만족시키는 모든 상수 a의 값의 곱은

$2\times 6=12$

---

08   로그의 성질   정답률 82% | 정답 ①

$a>2$인 상수 a에 대하여 두 수 $\log_2 a$, $\log_a 8$의 합과 곱이 각각 4, k일 때, $a+k$의 값은? [3점]

① 11 ② 12 ③ 13 ④ 14 ⑤ 15

| 문제 풀이 |

두 수 $\log_2 a$, $\log_a 8$의 합이 4이므로

$\log_2 a+\log_a 8=4$에서 $\log_2 a+3\log_a 2=4$

$\log_2 a+\dfrac{3}{\log_2 a}=4$ ······ ㉠

$\log_2 a=X$라 하면 $a>2$이므로 $X>1$

㉠에서

$X+\dfrac{3}{X}=4$, $X^2-4X+3=0$

$(X-1)(X-3)=0$

$X>1$이므로 $X=3$

즉, $\log_2 a=3$에서 $a=2^3=8$

한편, 두 수 $\log_2 a$, $\log_a 8$의 곱이 k이므로

$k=\log_2 a\times\log_a 8=\log_2 a\times 3\log_a 2=\log_2 a\times\dfrac{3}{\log_2 a}=3$

따라서

$a+k=8+3=11$

---

09   정적분의 성질   정답률 82% | 정답 ⑤

함수 $f(x)=x^2+x$에 대하여

$5\displaystyle\int_0^1 f(x)dx-\int_0^1 (5x+f(x))dx$

의 값은? [4점]

① $\dfrac{1}{6}$ ② $\dfrac{1}{3}$ ③ $\dfrac{1}{2}$ ④ $\dfrac{2}{3}$ ⑤ $\dfrac{5}{6}$

| 문제 풀이 |

$f(x)=x^2+x$이므로

$$5\int_0^1 f(x)dx-\int_0^1 (5x+f(x))dx=5\int_0^1 f(x)dx-\int_0^1 5xdx-\int_0^1 f(x)dx$$
$$=4\int_0^1 f(x)dx-\int_0^1 5xdx$$
$$=4\int_0^1 (x^2+x)dx-\int_0^1 5xdx$$
$$=\int_0^1 (4x^2+4x)dx-\int_0^1 5xdx$$
$$=\int_0^1 (4x^2-x)dx$$
$$=\left[\dfrac{4}{3}x^3-\dfrac{1}{2}x^2\right]_0^1$$
$$=\dfrac{4}{3}-\dfrac{1}{2}=\dfrac{5}{6}$$

다른 풀이

$f(x)=x^2+x$이므로

$$5\int_0^1 f(x)dx-\int_0^1 (5x+f(x))dx=5\left[\dfrac{1}{3}x^3+\dfrac{1}{2}x^2\right]_0^1-\left[\dfrac{1}{3}x^3+3x^2\right]_0^1$$
$$=5\times\dfrac{5}{6}-\dfrac{10}{3}=\dfrac{5}{6}$$

---

10   사인법칙   정답률 40% | 정답 ①

$\angle A>\dfrac{\pi}{2}$인 삼각형 ABC의 꼭짓점 A에서 선분 BC에 내린 수선의 발을 H라 하자.

$\overline{AB}:\overline{AC}=\sqrt{2}:1$, $\overline{AH}=2$

이고, 삼각형 ABC의 외접원의 넓이가 50π일 때, 선분 BH의 길이는? [4점]

① 6 ② $\dfrac{25}{4}$ ③ $\dfrac{13}{2}$ ④ $\dfrac{27}{4}$ ⑤ 7

| 문제 풀이 |

$\overline{AB}:\overline{AC}=\sqrt{2}:1$이므로 $\overline{AC}=x$라 하면 $\overline{AB}=\sqrt{2}x$

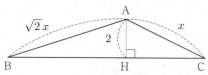

삼각형 ABC의 외접원의 반지름의 길이를 R이라 하면
이 외접원의 넓이가 50π이므로
$\pi R^2=50\pi$에서 $R=5\sqrt{2}$
직각삼각형 AHC에서
$\sin(\angle ACH)=\dfrac{2}{x}$, 즉 $\sin C=\dfrac{2}{x}$
삼각형 ABC에서 사인법칙에 의하여
$\dfrac{\overline{AB}}{\sin C}=2R$, 즉 $\overline{AB}=2R\sin C$
$\sqrt{2}x=2\times5\sqrt{2}\times\dfrac{2}{x}$, $x^2=20$, $x=2\sqrt{5}$
따라서 $\overline{AB}=\sqrt{2}x=2\sqrt{10}$ 이므로 직각삼각형 ABH에서
$\overline{BH}=\sqrt{\overline{AB}^2-\overline{AH}^2}=\sqrt{(2\sqrt{10})^2-2^2}=6$

---

11 미분의 활용 정답률 66% | 정답 ①

수직선 위를 움직이는 두 점 P, Q의 시각 $t(t\ge0)$에서의 위치가 각각
$$x_1=t^2+t-6,\quad x_2=-t^3+7t^2$$
이다. 두 점 P, Q의 위치가 같아지는 순간 두 점 P, Q의 가속도를 각각 p, q라 할 때, $p-q$의 값은? [4점]

① 24   ② 27   ③ 30   ④ 33   ⑤ 36

| 문제 풀이 |

$x_1=t^2+t-6$,
$x_2=-t^3+7t^2$이므로
$x_1=x_2$에서
$t^2+t-6=-t^3+7t^2$
$t^3-6t^2+t-6=0$
$t^2(t-6)+t-6=0$
$(t-6)(t^2+1)=0$
$t\ge0$이므로 $t=6$
즉, 두 점 P, Q의 위치가 같아지는 순간의 시각은 $t=6$이다.
한편, 두 점 P, Q의 시각 t에서의 속도를 각각 v_1, v_2라 하면
$v_1=\dfrac{dx_1}{dt}=2t+1$,
$v_2=\dfrac{dx_2}{dt}=-3t^2+14t$
두 점 P, Q의 시각 t에서의 가속도를 각각 a_1, a_2라 하면
$a_1=\dfrac{dv_1}{dt}=2$,
$a_2=\dfrac{dv_2}{dt}=-6t+14$
시각 $t=6$에서의 두 점 P, Q의 가속도가 각각 p, q이므로
$p=2$, $q=-6\times6+14=-22$
따라서 $p-q=2-(-22)=24$

---

12 수열의 합 정답률 55% | 정답 ②

수열 $\{a_n\}$은 등차수열이고, 수열 $\{b_n\}$은 모든 자연수 n에 대하여
$$b_n=\sum_{k=1}^{n}(-1)^{k+1}a_k$$
를 만족시킨다. $b_2=-2$, $b_3+b_7=0$일 때, 수열 $\{b_n\}$의 첫째항부터 제9항까지의 합은? [4점]

① -22 ② -20 ③ -18 ④ -16 ⑤ -14

| 문제 풀이 |

$b_1=\sum_{k=1}^{1}(-1)^{k+1}a_k=a_1$

$b_2=\sum_{k=1}^{2}(-1)^{k+1}a_k=a_1-a_2$
이때 등차수열 $\{a_n\}$의 공차를 d라 하면 $b_2=-2$이므로
$a_1-a_2=-d=-2$
따라서 $d=2$
또한
$b_3=\sum_{k=1}^{3}(-1)^{k+1}a_k$
$=a_1-a_2+a_3$
$=-d+a_3$
$=a_3-2$
$b_7=\sum_{k=1}^{7}(-1)^{k+1}a_k$
$=a_1-a_2+a_3-a_4+a_5-a_6+a_7$
$=-3d+a_7$
$=a_7-6$
이므로 $b_3+b_7=0$에서
$(a_3-2)+(a_7-6)=a_3+a_7-8$
$\qquad=(a_1+2\times2)+(a_1+6\times2)-8$
$\qquad=(a_1+4)+(a_1+12)-8$
$\qquad=2a_1+8=0$
따라서 $a_1=-4$
즉 $a_n=-4+(n-1)\times2=2n-6$이므로
$b_1=a_1=-4$
$b_2=a_1-a_2=-2$
$b_3=a_1-a_2+a_3=-2$
$b_4=a_1-a_2+a_3-a_4=-4$
$b_5=a_1-a_2+a_3-a_4+a_5=0$
$b_6=a_1-a_2+a_3-a_4+a_5-a_6=-6$
$b_7=a_1-a_2+a_3-a_4+a_5-a_6+a_7=2$
$b_8=a_1-a_2+a_3-a_4+\cdots+a_7-a_8=-8$
$b_9=a_1-a_2+a_3-a_4+\cdots-a_8+a_9=4$
따라서
$b_1+b_2+b_3+\cdots+b_9=-4+(-2)+(-2)+(-4)+0+(-6)+2+(-8)+4$
$\qquad\qquad=-20$

[다른풀이]
$b_{2n}=(a_1-a_2)+(a_3-a_4)+\cdots+(a_{2n-1}-a_{2n})=-dn=-2n$
$b_{2n-1}=a_1+(a_3-a_2)+(a_5-a_4)+\cdots+(a_{2n-1}-a_{2n-2})$
$\qquad=a_1+(n-1)d$
$\qquad=-4+2(n-1)$
$\qquad=2n-6$
따라서
$\sum_{n=1}^{9}b_n=\sum_{n=1}^{5}b_{2n-1}+\sum_{n=1}^{4}b_{2n}$
$\qquad=\sum_{n=1}^{5}(2n-6)+\sum_{n=1}^{4}(-2n)$
$\qquad=2\times\dfrac{5\times6}{2}-6\times5-2\times\dfrac{4\times5}{2}$
$\qquad=30-30-20=-20$

---

13 정적분 정답률 57% | 정답 ④

함수
$$f(x)=\begin{cases}-x^2-2x+6 & (x<0)\\-x^2+2x+6 & (x\ge0)\end{cases}$$
의 그래프가 x축과 만나는 서로 다른 두 점을 P, Q라 하고, 상수 $k(k>4)$에 대하여 직선 $x=k$가 x축과 만나는 점을 R이라 하자. 곡선 $y=f(x)$와 선분 PQ로 둘러싸인 부분의 넓이를 A, 곡선 $y=f(x)$와 직선 $x=k$ 및 선분 QR로 둘러싸인 부분의 넓이를 B라 하자. $A=2B$일 때, k의 값은? (단, 점 P의 x좌표는 음수이다.) [4점]

① $\dfrac{9}{2}$ ② 5 ③ $\dfrac{11}{2}$ ④ 6 ⑤ $\dfrac{13}{2}$

| 문제 풀이 |

함수 $y=f(x)$의 그래프는 y축에 대하여 대칭이므로
곡선 $y=f(x)$와 선분 PQ로 둘러싸인 부분의 넓이가 y축에 의하여 이등분된다.
이때 $A=2B$이므로 $\int_0^k (-x^2+2x+6)dx=0$이어야 한다. 즉,

$$\left[-\frac{1}{3}x^3+x^2+6x\right]_0^k=0$$

$$-\frac{1}{3}k^3+k^2+6k=0$$

$$-\frac{1}{3}k(k+3)(k-6)=0$$

$k>4$이므로 $k=6$

---

14 지수함수와 로그함수의 그래프   정답률 27% | 정답 ⑤

자연수 n에 대하여 곡선 $y=2^x$ 위의 두 점 A_n, B_n이 다음 조건을 만족시킨다.

(가) 직선 $\mathrm{A}_n\mathrm{B}_n$의 기울기는 3이다.
(나) $\overline{\mathrm{A}_n\mathrm{B}_n}=n\times\sqrt{10}$

중심이 직선 $y=x$ 위에 있고 두 점 A_n, B_n을 지나는 원이 곡선 $y=\log_2 x$와 만나는 두 점의 x좌표 중 큰 값을 x_n이라 하자. $x_1+x_2+x_3$의 값은? [4점]

① $\dfrac{150}{7}$ ② $\dfrac{155}{7}$ ③ $\dfrac{160}{7}$ ④ $\dfrac{165}{7}$ ⑤ $\dfrac{170}{7}$

| 문제 풀이 |

두 점 A_n, B_n의 좌표를 각각
$\mathrm{A}_n\left(a_n, 2^{a_n}\right)$, $\mathrm{B}_n\left(b_n, 2^{b_n}\right)$ $(a_n<b_n)$
이라 하면 조건 (가)에 의하여

$$\frac{2^{b_n}-2^{a_n}}{b_n-a_n}=3 \quad\cdots\cdots\text{㉠}$$

조건 (나)에 의하여

$$(b_n-a_n)^2+\left(2^{b_n}-2^{a_n}\right)^2=10n^2 \quad\cdots\cdots\text{㉡}$$

㉠에서 $2^{b_n}-2^{a_n}=3(b_n-a_n)$이므로 이것을 ㉡에 대입하여 정리하면

$$(b_n-a_n)^2=n^2$$

$a_n<b_n$이므로 $b_n-a_n=n$, 즉 $a_n=b_n-n$
이것을 ㉠에 대입하여 정리하면

$2^{b_n}-2^{b_n-n}=3n$이므로

$$2^{b_n}\left(1-\frac{1}{2^n}\right)=3n$$

$$2^{b_n}=3n\times\frac{2^n}{2^n-1}$$

한편, 곡선 $y=2^x$과 곡선 $y=\log_2 x$는 직선 $y=x$에 대하여 대칭이므로
x_n은 점 B_n의 y좌표와 같다.

따라서 $x_n=2^{b_n}=3n\times\dfrac{2^n}{2^n-1}$이므로

$$x_1+x_2+x_3=6+8+\frac{72}{7}=\frac{170}{7}$$

---

15 정적분의 활용   정답률 38% | 정답 ①

두 다항함수 $f(x)$, $g(x)$는 모든 실수 x에 대하여 다음 조건을 만족시킨다.

(가) $\displaystyle\int_1^x tf(t)dt+\int_{-1}^x tg(t)dt=3x^4+8x^3-3x^2$
(나) $f(x)=xg'(x)$

$\displaystyle\int_0^3 g(x)dx$의 값은? [4점]

① 72   ② 76   ③ 80   ④ 84   ⑤ 88

| 문제 풀이 |

조건 (가)의 양변을 x에 대하여 미분하면
$xf(x)+xg(x)=12x^3+24x^2-6x$
$f(x)+g(x)=12x^2+24x-6$ $\quad\cdots\cdots\text{㉠}$

이때 조건 (나)에서 $f(x)=xg'(x)$이므로 ㉠에 대입하면
$xg'(x)+g(x)=12x^2+24x-6$
$\{xg(x)\}'=12x^2+24x-6$
$xg(x)=\displaystyle\int(12x^2+24x-6)dx=4x^3+12x^2-6x+C$ (단, C는 적분상수)
이때 $g(x)$는 다항함수이므로 $C=0$
즉 $xg(x)=4x^3+12x^2-6x$이므로
$g(x)=4x^2+12x-6$
따라서

$$\int_0^3 g(x)dx=\int_0^3 (4x^2+12x-6)dx$$
$$=\left[\frac{4}{3}x^3+6x^2-6x\right]_0^3$$
$$=36+54-18=72$$

---

16 로그를 포함하는 방정식의 근   정답률 84% | 정답 7

방정식

$$\log_3(x+2)-\log_{\frac{1}{3}}(x-4)=3$$

을 만족시키는 실수 x의 값을 구하시오. [3점]

| 문제 풀이 |

$\log_3(x+2)-\log_{\frac{1}{3}}(x-4)=\log_3(x+2)-\log_{3^{-1}}(x-4)$
$\qquad\qquad\qquad\qquad =\log_3(x+2)+\log_3(x-4)$
$\qquad\qquad\qquad\qquad =\log_3(x+2)(x-4)$

이므로
$\log_3(x+2)(x-4)=3$
$(x+2)(x-4)=3^3$
$x^2-2x-35=0$
$(x-7)(x+5)=0$
진수 조건에 의해서 $x>4$
따라서 $x=7$

---

17 부정적분   정답률 88% | 정답 5

함수 $f(x)$에 대하여 $f'(x)=6x^2+2x+1$이고 $f(0)=1$일 때, $f(1)$의 값을 구하시오. [3점]

| 문제 풀이 |

$f'(x)=6x^2+2x+1$이므로 $f'(x)$의 한 부정적분은
$\displaystyle\int(6x^2+2x+1)dx=2x^3+x^2+x+C$ (단, C는 적분상수)
이때 $f(0)=1$이므로 $C=1$에서
$f(x)=2x^3+x^2+x+1$
따라서 $f(1)=5$

---

18 수열의 합의 성질   정답률 71% | 정답 29

수열 $\{a_n\}$에 대하여

$$\sum_{k=1}^{10} ka_k=36, \quad \sum_{k=1}^{9} ka_{k+1}=7$$

일 때, $\displaystyle\sum_{k=1}^{10} a_k$의 값을 구하시오. [3점]

| 문제 풀이 |

$\displaystyle\sum_{k=1}^{10} ka_k=36$에서

$a_1+2a_2+3a_3+\cdots+10a_{10}=36 \quad\cdots\cdots\text{㉠}$

$\displaystyle\sum_{k=1}^{9} ka_{k+1}=7$에서

$a_2+2a_3+3a_4+\cdots+9a_{10}=7 \quad\cdots\cdots\text{㉡}$

㉠−㉡을 하면

$a_1+a_2+a_3+\cdots+a_{10}=\displaystyle\sum_{k=1}^{10} a_k=36-7=29$

다른 풀이

$\displaystyle\sum_{k=1}^{9} ka_{k+1} = 7$에서

$\displaystyle\sum_{k=1}^{9} ka_{k+1} = \sum_{k=1}^{9}\{(k+1)a_{k+1} - a_{k+1}\}$

$\displaystyle\qquad = \sum_{k=1}^{9}(k+1)a_{k+1} - \sum_{k=1}^{9} a_{k+1}$

$\displaystyle\qquad = \sum_{k=2}^{10} ka_k - \sum_{k=2}^{10} a_k = 7$

즉, $\displaystyle\sum_{k=2}^{10} ka_k = \sum_{k=2}^{10} a_k + 7$

$\displaystyle\sum_{k=1}^{10} ka_k = 36$에서

$\displaystyle\sum_{k=1}^{10} ka_k = a_1 + \sum_{k=2}^{10} ka_k = a_1 + \sum_{k=2}^{10} a_k + 7 = \sum_{k=1}^{10} a_k + 7 = 36$

따라서 $\displaystyle\sum_{k=1}^{10} a_k = 36 - 7 = 29$

---

19 함수의 극댓값과 극솟값   정답률 74% | 정답 4

함수 $f(x) = x^3 + ax^2 - 9x + b$는 $x = 1$에서 극소이다. 함수 $f(x)$의 극댓값이 28일 때, $a+b$의 값을 구하시오. (단, a와 b는 상수이다.) [3점]

| 문제 풀이 |

함수 $f(x) = x^3 + ax^2 - 9x + b$가 $x = 1$에서 극소이므로

$f'(1) = 0$

$f'(x) = 3x^2 + 2ax - 9$이므로

$f'(1) = 3 + 2a - 9 = 0$에서 $a = 3$

한편, $f'(x) = 0$에서

$3x^2 + 6x - 9 = 0$

$3(x+3)(x-1) = 0$

$x = -3$ 또는 $x = 1$

함수 $f(x)$의 증가와 감소를 표로 나타내면 다음과 같다.

x	$\cdots$	-3	$\cdots$	1	$\cdots$
$f'(x)$	$+$	0	$-$	0	$+$
$f(x)$	↗	극대	↘	극소	↗

함수 $f(x)$는 $x = -3$에서 극대이고, 극댓값이 28이다.

$f(-3) = (-3)^3 + 3\times(-3)^2 - 9\times(-3) + b = 27 + b$이므로

$27 + b = 28$에서 $b = 1$

따라서 $a + b = 3 + 1 = 4$

---

20 삼각함수의 그래프   정답률 31% | 정답 15

닫힌구간 $[0, 2\pi]$에서 정의된 함수

$f(x) = \begin{cases} \sin x - 1 & (0 \le x < \pi) \\ -\sqrt{2}\sin x - 1 & (\pi \le x \le 2\pi) \end{cases}$

가 있다. $0 \le t \le 2\pi$인 실수 t에 대하여 x에 대한 방정식 $f(x) = f(t)$의 서로 다른 실근의 개수가 3이 되도록 하는 모든 t의 값의 합은 $\dfrac{q}{p}\pi$이다. $p+q$의 값을 구하시오. (단, p와 q는 서로소인 자연수이다.) [4점]

| 문제 풀이 |

$0 \le x < \pi$에서

함수 $y = \sin x - 1$의 그래프는 이 구간에서

함수 $y = \sin x$의 그래프를 y축의 방향으로 -1만큼 평행이동 시킨 것이다.

이때, 이 구간에서 함수 $y = \sin x - 1$의 최댓값은 0이고, 최솟값은 -1이다.

$\pi \le x \le 2\pi$에서

함수 $y = -\sqrt{2}\sin x - 1$의 그래프는 이 구간에서

함수 $y = -\sqrt{2}\sin x$의 그래프를 y축의 방향으로 -1만큼 평행이동 시킨 것이다.

이때, 이 구간에서 함수 $y = -\sqrt{2}\sin x - 1$의 최댓값은 $\sqrt{2}-1$이고, 최솟값은 -1이다.

그러므로 닫힌구간 $[0, 2\pi]$에서 정의된 함수

$f(x) = \begin{cases} \sin x - 1 & (0 \le x < \pi) \\ -\sqrt{2}\sin x - 1 & (\pi \le x \le 2\pi) \end{cases}$

의 그래프는 그림과 같다.

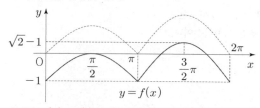

$y = f(x)$

방정식 $f(x) = f(t)$의 서로 다른 실근의 개수가 3이므로

함수 $y = f(x)$의 그래프와 직선 $y = f(t)$가 만나는 서로 다른 점의 개수가 3이다.

그러므로 $f(t) = -1$ 또는 $f(t) = 0$이다.

(i) $f(t) = -1$일 때,

$t = 0$ 또는 $t = \pi$ 또는 $t = 2\pi$

(ii) $f(t) = 0$일 때,

$t = \dfrac{\pi}{2}$ 또는 $-\sqrt{2}\sin t - 1 = 0 (\pi \le t \le 2\pi)$

$-\sqrt{2}\sin t - 1 = 0$에서 $\sin t = -\dfrac{\sqrt{2}}{2}$

$\pi \le t \le 2\pi$이므로 $t = \dfrac{5}{4}\pi$ 또는 $t = \dfrac{7}{4}\pi$

(i), (ii)에서 모든 t의 값의 합은

$0 + \pi + 2\pi + \dfrac{\pi}{2} + \dfrac{5}{4}\pi + \dfrac{7}{4}\pi = \dfrac{13}{2}\pi$

따라서 $p = 2$, $q = 13$이므로

$p + q = 15$

[참고]

함수 $y = -\sqrt{2}\sin x - 1 (\pi \le x \le 2\pi)$의 그래프와

x축이 만나는 두 점은 직선 $x = \dfrac{3}{2}\pi$에 대하여 대칭이므로

방정식 $-\sqrt{2}\sin x - 1 = 0 (\pi \le x \le 2\pi)$의 두 실근의 합은 3π이다.

---

21 도함수의 활용   정답률 8% | 정답 31

최고차항의 계수가 1인 삼차함수 $f(x)$가 모든 정수 k에 대하여

$2k - 8 \le \dfrac{f(k+2) - f(k)}{2} \le 4k^2 + 14k$

를 만족시킬 때, $f'(3)$의 값을 구하시오. [4점]

| 문제 풀이 |

$2k - 8 \le \dfrac{f(k+2) - f(k)}{2} \le 4k^2 + 14k \quad \cdots\cdots \ \bigcirc$

에서

$2k - 8 = 4k^2 + 14k$

$k^2 + 3k + 2 = 0$

$(k+1)(k+2) = 0$

$k = -1$ 또는 $k = -2$

즉, $\bigcirc$에 $k = -1$을 대입하면

$-10 \le \dfrac{f(1) - f(-1)}{2} \le -10$

이므로 $f(1) - f(-1) = -20 \quad \cdots\cdots \ \bigcirc\!\!\!\!\bigcirc$

또, $\bigcirc$에 $k = -2$를 대입하면

$-12 \le \dfrac{f(0) - f(-2)}{2} \le -12$

이므로 $f(0) - f(-2) = -24 \quad \cdots\cdots \ \bigcirc\!\!\!\!\!\text{©}$

삼차함수 $f(x)$의 최고차항의 계수가 1이므로 상수 a, b, c에 대하여

$f(x) = x^3 + ax^2 + bx + c$로 놓으면 ⓛ에서

$f(1) - f(-1) = (1 + a + b + c) - (-1 + a - b + c)$

$\qquad\qquad\quad = 2 + 2b = -20$

$b = -11$

©에서

$f(0) - f(-2) = c - (-8 + 4a - 2b + c)$

$\qquad\qquad\quad = 8 - 4a + 2\times(-11) \ (\because b = -11)$

$\qquad\qquad\quad = -4a - 14 = -24$

$a = \dfrac{5}{2}$

즉, $f(x) = x^3 + \dfrac{5}{2}x^2 - 11x + c$에서

$f'(x) = 3x^2 + 5x - 11$이므로

$f'(3) = 3\times 3^2 + 5\times 3 - 11 = 31$

삼차함수 $f(x)$의 최고차항의 계수가 1이므로
$f'(x)$는 최고차항의 계수가 3인 이차함수이다.
상수 α, β에 대하여
$f'(x)=3x^2+\alpha x+\beta$로 놓으면 ⓛ에서

$$f(1)-f(-1)=\int_{-1}^{1}f'(x)dx$$
$$=\int_{-1}^{1}(3x^2+\alpha x+\beta)dx$$
$$=\left[x^3+\frac{\alpha}{2}x^2+\beta x\right]_{-1}^{1}$$
$$=2+2\beta=-20$$

$\beta=-11$
ⓒ에서

$$f(0)-f(-2)=\int_{-2}^{0}f'(x)dx$$
$$=\int_{-2}^{0}(3x^2+\alpha x-11)dx \quad (\because \beta=-11)$$
$$=\left[x^3+\frac{\alpha}{2}x^2-11x\right]_{-2}^{0}$$
$$=8-2\alpha-22=-24$$

$\alpha=5$
즉, $f'(x)=3x^2+5x-11$이므로
$f'(3)=3\times3^2+5\times3-11=31$

---

22 수열의 귀납적 정의   정답률 12% | 정답 **8**

양수 k에 대하여 $a_1=k$인 수열 $\{a_n\}$이 다음 조건을 만족시킨다.

> (가) $a_2\times a_3<0$
>
> (나) 모든 자연수 n에 대하여 $\left(a_{n+1}-a_n+\dfrac{2}{3}k\right)(a_{n+1}+ka_n)=0$이다.

$a_5=0$이 되도록 하는 서로 다른 모든 양수 k에 대하여 k^2의 값의 합을 구하시오. [4점]

| 문제 풀이 |

조건 (나)에서
$\left(a_{n+1}-a_n+\dfrac{2}{3}k\right)(a_{n+1}+ka_n)=0$이므로
$a_{n+1}-a_n+\dfrac{2}{3}k=0$ 또는 $a_{n+1}+ka_n=0$
즉, $a_{n+1}=a_n-\dfrac{2}{3}k$ 또는 $a_{n+1}=-ka_n$
$a_1=k$이므로
$a_2=a_1-\dfrac{2}{3}k=k-\dfrac{2}{3}k=\dfrac{k}{3}$
또는 $a_2=-ka_1=-k\times k=-k^2$

(i) $a_2=\dfrac{k}{3}$일 때,

$a_3=a_2-\dfrac{2}{3}k=\dfrac{k}{3}-\dfrac{2}{3}k=-\dfrac{k}{3}$

또는 $a_3=-ka_2=-k\times\dfrac{k}{3}=-\dfrac{k^2}{3}$

(i -ⓐ) $a_3=-\dfrac{k}{3}$일 때

$a_2\times a_3=\dfrac{k}{3}\times\left(-\dfrac{k}{3}\right)=-\dfrac{k^2}{9}<0$이므로 조건 (가)를 만족시킨다.

$a_4=a_3-\dfrac{2}{3}k=-\dfrac{k}{3}-\dfrac{2}{3}k=-k$

또는 $a_4=-ka_3=-k\times\left(-\dfrac{k}{3}\right)=\dfrac{k^2}{3}$

(i -ⓐ-①) $a_4=-k$일 때,

$a_5=a_4-\dfrac{2}{3}k=-k-\dfrac{2}{3}k=-\dfrac{5}{3}k$

또는 $a_5=-ka_4=-k\times(-k)=k^2$

$a_5=-\dfrac{5}{3}k$일 때, $a_5<0$이고,

$a_5=k^2$일 때, $a_5>0$이므로

$a_5=0$을 만족시키는 양수 k의 값은 존재하지 않는다.

(i -ⓐ-②) $a_4=\dfrac{k^2}{3}$일 때,

$a_5=a_4-\dfrac{2}{3}k=\dfrac{k^2}{3}-\dfrac{2}{3}k$

또는 $a_5=-ka_4=-k\times\dfrac{k^2}{3}=-\dfrac{k^3}{3}$

$a_5=\dfrac{k^2}{3}-\dfrac{2}{3}k$일 때, $a_5=0$에서

$\dfrac{k^2}{3}-\dfrac{2}{3}k=0,\ \dfrac{k(k-2)}{3}=0$

$k>0$이므로 $k=2$

$a_5=-\dfrac{k^3}{3}$일 때, $a_5<0$이므로

$a_5=0$을 만족시키는 양수 k의 값은 존재하지 않는다.

(i -ⓑ) $a_3=-\dfrac{k^2}{3}$일 때

$a_2\times a_3=\dfrac{k}{3}\times\left(-\dfrac{k^2}{3}\right)=-\dfrac{k^3}{9}<0$이므로

조건 (가)를 만족시킨다.

$a_4=a_3-\dfrac{2}{3}k=-\dfrac{k^2}{3}-\dfrac{2}{3}k$

또는 $a_4=-ka_3=-k\times\left(-\dfrac{k^2}{3}\right)=\dfrac{k^3}{3}$

(i -ⓑ-①) $a_4=-\dfrac{k^2}{3}-\dfrac{2}{3}k$일 때,

$a_5=a_4-\dfrac{2}{3}k=\left(-\dfrac{k^2}{3}-\dfrac{2}{3}k\right)-\dfrac{2}{3}k=-\dfrac{k^2}{3}-\dfrac{4}{3}k$

또는 $a_5=-ka_4=-k\times\left(-\dfrac{k^2}{3}-\dfrac{2}{3}k\right)=\dfrac{k^3}{3}+\dfrac{2}{3}k^2$

$a_5=-\dfrac{k^2}{3}-\dfrac{4}{3}k$일 때, $a_5=-\dfrac{k(k+4)}{3}<0$이고

$a_5=\dfrac{k^3}{3}+\dfrac{2}{3}k^2$일 때, $a_5=\dfrac{k^2(k+2)}{3}>0$이므로

$a_5=0$을 만족시키는 양수 k의 값은 존재하지 않는다.

(i -ⓑ-②) $a_4=\dfrac{k^3}{3}$일 때,

$a_5=a_4-\dfrac{2}{3}k=\dfrac{k^3}{3}-\dfrac{2}{3}k$

또는 $a_5=-ka_4=-k\times\dfrac{k^3}{3}=-\dfrac{k^4}{3}$

$a_5=\dfrac{k^3}{3}-\dfrac{2}{3}k$일 때, $a_5=0$에서

$\dfrac{k^3}{3}-\dfrac{2}{3}k=0,\ \dfrac{k(k^2-2)}{3}=0$

$k>0$이므로 $k=\sqrt{2}$

$a_5=-\dfrac{k^4}{3}$일 때, $a_5=-\dfrac{k^4}{3}<0$이므로

$a_5=0$을 만족시키는 양수 k의 값은 존재하지 않는다.

(ii) $a_2=-k^2$일 때,

$a_3=a_2-\dfrac{2}{3}k=-k^2-\dfrac{2}{3}k$

또는 $a_3=-ka_2=-k\times(-k^2)=k^3$

(ii-ⓐ) $a_3=-k^2-\dfrac{2}{3}k$일 때,

$a_2\times a_3=-k^2\times\left(-k^2-\dfrac{2}{3}k\right)=k^2\left(k^2+\dfrac{2}{3}k\right)>0$이므로

조건 (가)를 만족시키지 못한다.

(ii-ⓑ) $a_3=k^3$일 때,

$a_2\times a_3=-k^2\times k^3=-k^5<0$이므로

조건 (가)를 만족시킨다.

$a_3=k^3$이므로

$a_4=a_3-\dfrac{2}{3}k=k^3-\dfrac{2}{3}k$

또는 $a_4=-ka_3=-k\times k^3=-k^4$

(ii-ⓑ-①) $a_4=k^3-\dfrac{2}{3}k$일 때,

$a_5=a_4-\dfrac{2}{3}k=\left(k^3-\dfrac{2}{3}k\right)-\dfrac{2}{3}k=k^3-\dfrac{4}{3}k$

또는 $a_5 = -ka_4 = -k \times \left(k^3 - \dfrac{2}{3}k\right) = -k^4 + \dfrac{2}{3}k^2$

$a_5 = k^3 - \dfrac{4}{3}k$일 때, $a_5 = 0$에서

$k^3 - \dfrac{4}{3}k = 0$, $k\left(k^2 - \dfrac{4}{3}\right) = 0$

$k > 0$이므로 $k = \sqrt{\dfrac{4}{3}} = \dfrac{2}{\sqrt{3}}$

$a_5 = -k^4 + \dfrac{2}{3}k^2$일 때, $a_5 = 0$에서

$-k^4 + \dfrac{2}{3}k^2 = 0$, $-k^2\left(k^2 - \dfrac{2}{3}\right) = 0$

$k > 0$이므로 $k = \sqrt{\dfrac{2}{3}}$

(ii -ⓑ-②) $a_4 = -k^4$일 때,

$a_5 = a_4 - \dfrac{2}{3}k = -k^4 - \dfrac{2}{3}k$

또는 $a_5 = -ka_4 = -k \times (-k^4) = k^5$

$a_5 = -k^4 - \dfrac{2}{3}k$일 때, $a_5 = -k\left(k^3 + \dfrac{2}{3}\right) < 0$이고,

$a_5 = k^5$일 때, $a_5 > 0$이므로

$a_5 = 0$을 만족시키는 양수 k의 값은 존재하지 않는다.

(i), (ii)에서

k의 값은 2, $\sqrt{2}$, $\dfrac{2}{\sqrt{3}}$, $\sqrt{\dfrac{2}{3}}$

따라서 k^2의 값의 합은

$2^2 + (\sqrt{2})^2 + \left(\dfrac{2}{\sqrt{3}}\right)^2 + \left(\sqrt{\dfrac{2}{3}}\right)^2 = 8$

확률과 통계

23 　같은 것이 있는 순열　정답률 84% | 정답 ⑤

다섯 개의 숫자 1, 2, 2, 3, 3을 모두 일렬로 나열하는 경우의 수는? [2점]

① 10　② 15　③ 20　④ 25　⑤ 30

| 문제 풀이 |

숫자 1, 2, 2, 3, 3을 모두 일렬로 나열하는 경우의 수는

$\dfrac{5!}{2!2!} = 30$

24 　독립사건과 사건의 확률　정답률 59% | 정답 ①

두 사건 A, B는 서로 독립이고

$P(A) = \dfrac{2}{3}$, $P(A \cap B) = \dfrac{1}{6}$

일 때, $P(A \cup B)$의 값은? [3점]

① $\dfrac{3}{4}$　② $\dfrac{19}{24}$　③ $\dfrac{5}{6}$　④ $\dfrac{7}{8}$　⑤ $\dfrac{11}{12}$

| 문제 풀이 |

두 사건 A, B가 서로 독립이고

$P(A) = \dfrac{2}{3}$, $P(A \cap B) = \dfrac{1}{6}$이므로

$P(A \cap B) = P(A)P(B) = \dfrac{2}{3}P(B) = \dfrac{1}{6}$

$P(B) = \dfrac{1}{6} \times \dfrac{3}{2} = \dfrac{1}{4}$

따라서 $P(A \cup B) = P(A) + P(B) - P(A \cap B) = \dfrac{2}{3} + \dfrac{1}{4} - \dfrac{1}{6} = \dfrac{3}{4}$

25 　확률의 덧셈정리　정답률 69% | 정답 ⑤

1부터 11까지의 자연수 중에서 임의로 서로 다른 2개의 수를 선택한다. 선택한 2개의 수 중 적어도 하나가 7이상의 홀수일 확률은? [3점]

① $\dfrac{23}{55}$　② $\dfrac{24}{55}$　③ $\dfrac{5}{11}$　④ $\dfrac{26}{55}$　⑤ $\dfrac{27}{55}$

| 문제 풀이 |

11 이하의 자연수 중에서 7 이상의 홀수는 7, 9, 11이므로 다음의 경우로 나누어 생각할 수 있다.

(i) 선택한 2개의 수 중 1개의 수만 7 이상의 홀수인 경우
　나머지 하나는 11개의 자연수 중 3개를 제외한 8개 중에서 하나를 선택해야 하므로 이 사건의 확률은

$\dfrac{{}_3C_1 \times {}_8C_1}{{}_{11}C_2} = \dfrac{3 \times 8}{\dfrac{11 \times 10}{2}} = \dfrac{24}{55}$

(ii) 선택한 2개의 수 모두 7 이상의 홀수인 경우
　이 사건의 확률은

$\dfrac{{}_3C_2}{{}_{11}C_2} = \dfrac{\dfrac{3 \times 2}{2}}{\dfrac{11 \times 10}{2}} = \dfrac{3}{55}$

(i), (ii)에서 구하는 사건의 확률은

$\dfrac{24}{55} + \dfrac{3}{55} = \dfrac{27}{55}$

26 　표본평균의 확률분포　정답률 63% | 정답 ③

정규분포 $N(m, 6^2)$을 따르는 모집단에서 크기가 9인 표본을 임의추출하여 구한 표본평균을 $\overline{X}$, 정규분포 $N(6, 2^2)$을 따르는 모집단에서 크기가 4인 표본을 임의추출하여 구한 표본평균을 $\overline{Y}$라 하자. $P(\overline{X} \le 12) + P(\overline{Y} \ge 8) = 1$이 되도록 하는 m의 값은? [3점]

① 5　② $\dfrac{13}{2}$　③ 8　④ $\dfrac{19}{2}$　⑤ 11

| 문제 풀이 |

정규분포 $N(m, 6^2)$을 따르는 모집단에서 크기가 9인 표본을 임의추출하여 구한 표본평균 $\overline{X}$에 대하여

$E(\overline{X}) = E(X) = m$, $\sigma(\overline{X}) = \dfrac{\sigma(X)}{\sqrt{9}} = \dfrac{6}{3} = 2$이다.

그러므로 확률변수 $\overline{X}$는 정규분포 $N(m, 2^2)$을 따르고,

$Z_1 = \dfrac{\overline{X} - m}{2}$으로 놓으면

확률변수 Z_1은 표준정규분포 $N(0, 1)$을 따른다.

정규분포 $N(6, 2^2)$을 따르는 모집단에서 크기가 4인 표본을 임의추출하여 구한 표본평균 $\overline{Y}$에 대하여

$E(\overline{Y}) = E(Y) = 6$, $\sigma(\overline{Y}) = \dfrac{\sigma(Y)}{\sqrt{4}} = \dfrac{2}{2} = 1$이다.

그러므로 확률변수 $\overline{Y}$는 정규분포 $N(6, 1^2)$을 따르고,

$Z_2 = \dfrac{\overline{Y} - 6}{1}$으로 놓으면

확률변수 Z_2는 표준정규분포 $N(0, 1)$을 따른다.

$P(\overline{X} \le 12) + P(\overline{Y} \ge 8) = 1$에서

$P\left(Z_1 \le \dfrac{12 - m}{2}\right) + P\left(Z_2 \ge \dfrac{8 - 6}{2}\right) = 1$

$P\left(Z_1 \le \dfrac{12 - m}{2}\right) + P(Z_2 \ge 2) = 1$

$P\left(Z_1 \le \dfrac{12 - m}{2}\right) = 1 - P(Z_2 \ge 2) = P(Z_2 \le 2)$

이때 두 확률변수 Z_1, Z_2는 모두 표준정규분포를 따르므로

$\dfrac{12 - m}{2} = 2$

따라서 $m = 8$

27 　이산확률변수의 분포　정답률 66% | 정답 ④

이산확률변수 X가 가지는 값이 0부터 4까지의 정수이고

$P(X = k) = P(X = k + 2)$ $(k = 0, 1, 2)$

이다. $E(X^2) = \dfrac{35}{6}$일 때, $P(X = 0)$의 값은? [3점]

① $\dfrac{1}{24}$　② $\dfrac{1}{12}$　③ $\dfrac{1}{8}$　④ $\dfrac{1}{6}$　⑤ $\dfrac{5}{24}$

| 문제 풀이 |

$k = 0$, $k = 2$일 때,

$P(X=0)=P(X=2)=P(X=4)$
$k=1$일 때, $P(X=1)=P(X=3)$
$P(X=0)=a$, $P(X=1)=b$라 할 때,
이산확률변수 X의 확률분포를 표로 나타내면 다음과 같다.

X	0	1	2	3	4	합계
$P(X=x)$	a	b	a	b	a	1

확률변수 X가 갖는 모든 값에 대한 확률의 합은 1이므로
$3a+2b=1$ ······ ㉠
$E(X^2)=0^2 \times a+1^2 \times b+2^2 \times a+3^2 \times b+4^2 \times a$이고
$E(X^2)=\dfrac{35}{6}$이므로
$20a+10b=\dfrac{35}{6}$ ······ ㉡
㉠, ㉡에서
$a=\dfrac{1}{6}$, $b=\dfrac{1}{4}$
따라서 $P(X=0)=\dfrac{1}{6}$

---

28 조건부확률 　　　　　　　　　정답률 39% | 정답 ④

집합 $X=\{1, 2, 3, 4\}$에 대하여 $f:X \to X$인 모든 함수 f 중에서 임의로 하나를 선택하는 시행을 한다. 이 시행에서 선택한 함수 f가 다음 조건을 만족시킬 때, $f(4)$가 짝수일 확률은? [4점]

> $a \in X$, $b \in X$에 대하여
> a가 b의 약수이면 $f(a)$는 $f(b)$의 약수이다.

① $\dfrac{9}{19}$　② $\dfrac{8}{15}$　③ $\dfrac{3}{5}$　④ $\dfrac{27}{40}$　⑤ $\dfrac{19}{25}$

| 문제 풀이 |

$f:X \to X$인 모든 함수 f 중에서
임의로 선택한 함수 f가 조건을 만족시키는 사건을 A,
$f(4)$가 짝수인 사건을 B라 하면
구하는 확률은 $P(B|A)=\dfrac{P(A \cap B)}{P(A)}$이다.
한편 a가 b의 약수이면 b는 a의 배수이므로
주어진 조건을 다음과 같이 해석할 수 있다.
'$a \in X$, $b \in X$에 대하여 b가 a의 배수이면 $f(b)$는 $f(a)$의 배수이다.'
이때 다음의 경우로 나누어 생각할 수 있다.
(i) $f(1)=4$인 경우
　2, 3, 4 모두 1의 배수이므로
　$f(2)$, $f(3)$, $f(4)$ 모두 $f(1)$인 4의 배수이어야 한다.
　4의 배수인 X의 원소는 4뿐이므로
　$f(1)=f(2)=f(3)=f(4)=4$이어야 한다.
　이 경우 조건을 만족시키는 함수 f의 개수는 1이고,
　$f(4)$가 짝수인 함수 f의 개수는 1이다.
(ii) $f(1)=3$인 경우
　2, 3, 4 모두 1의 배수이므로
　$f(2)$, $f(3)$, $f(4)$ 모두 $f(1)$인 3의 배수이어야 한다.
　3의 배수인 X의 원소는 3뿐이므로
　$f(1)=f(2)=f(3)=f(4)=3$이어야 한다.
　이 경우 조건을 만족시키는 함수 f의 개수는 1이고,
　$f(4)$가 짝수인 함수 f의 개수는 0이다.
(iii) $f(1)=2$인 경우
　2는 1의 배수이므로 $f(2)$는 $f(1)$인 2의 배수이어야 한다.
　2의 배수인 X의 원소는 2, 4이므로
　$f(2)=2$ 또는 $f(2)=4$이다.
　이때 각각의 경우에 대하여 $f(4)$는 $f(2)$의 배수이어야 하므로
　$f(2)$와 $f(4)$의 순서쌍 $(f(2), f(4))$는
　(2, 2), (2, 4), (4, 4)이다.
　한편, 위의 각각의 경우에 대하여 $f(3)=2$ 또는 $f(3)=4$이므로
　이 경우 조건을 만족시키는 함수 f의 개수는 $3 \times 2=6$이고,
　$f(4)$가 짝수인 함수 f의 개수도 6이다.
(iv) $f(1)=1$인 경우
　2는 1의 배수이므로 $f(2)$는 $f(1)$인 1의 배수이어야 한다.
　즉, $f(2)$는 1 또는 2 또는 3 또는 4이다.
　이때 각각의 경우에 대하여 $f(4)$는 $f(2)$의 배수이어야 하므로

$f(2)$와 $f(4)$의 순서쌍
$(f(2), f(4))$는 (1, 1), (1, 2), (1, 3), (1, 4), (2, 2), (2, 4), (3, 3), (4, 4)이다.
한편, 위의 각각의 경우에 대하여 $f(3)$은 1 또는 2 또는 3 또는 4이므로
이 경우 조건을 만족시키는 함수 f의 개수는 $(4+2+1+1) \times 4=32$이고,
$f(4)$가 짝수인 함수 f의 개수는 $(2+2+1) \times 4=20$이다.
(i)~(iv)에서
$n(A)=1+1+6+32=40$
$n(A \cap B)=1+6+20=27$이므로
$P(B|A)=\dfrac{P(A \cap B)}{P(A)}=\dfrac{n(A \cap B)}{n(A)}=\dfrac{27}{40}$

---

29 이항분포와 정규분포의 관계 　　　정답률 18% | 정답 994

수직선의 원점에 점 A가 있다. 한 개의 주사위를 사용하여 다음 시행을 한다.

> 주사위를 한 번 던져 나온 눈의 수가
> 4 이하이면 점 A를 양의 방향으로 1만큼 이동시키고,
> 5 이상이면 점 A를 음의 방향으로 1만큼 이동시킨다.

이 시행을 16200번 반복하여 이동된
점 A의 위치가 5700 이하일 확률을 오른쪽
표준정규분포표를 이용하여 구한 값을 k라 하자.
$1000 \times k$의 값을 구하시오. [4점]

z	$P(0 \le Z \le z)$
1.0	0.341
1.5	0.433
2.0	0.477
2.5	0.494

| 문제 풀이 |

주사위를 한 번 던져 나온 눈의 수가 4 이하일 확률은 $\dfrac{2}{3}$,
5 이상일 확률은 $\dfrac{1}{3}$이므로
주사위를 16200번 던졌을 때 5 이상의 눈이 나오는 횟수를 확률변수 X라 하면
확률변수 X는
이항분포 $B\left(16200, \dfrac{1}{3}\right)$을 따르고,
$E(X)=16200 \times \dfrac{1}{3}=5400$
$V(X)=16200 \times \dfrac{1}{3} \times \dfrac{2}{3}=3600=60^2$이다.
이때 16200은 충분히 큰 수이므로 확률변수 X는 근사적으로
정규분포 $N(5400, 60^2)$을 따른다.
점 A의 위치가 5700 이하이려면 주사위를 던져 나온 눈의 수가 4 이하인
횟수에서 5 이상인 횟수를 뺀 값이 5700 이하이어야 하므로
$(16200-X)-X \le 5700$
$X \ge 5250$
따라서 구하는 확률을 표준정규분포표를 이용해 구한 값 k는
$k=P(X \ge 5250)$
$=P\left(Z \ge \dfrac{5250-5400}{60}\right)$
$=P(Z \ge -2.5)$
$=P(-2.5 \le Z \le 0)+P(Z \ge 0)$
$=P(0 \le Z \le 2.5)+P(Z \ge 0)$
$=0.494+0.5=0.994$
따라서 $1000 \times k=1000 \times 0.994=994$

---

30 중복조합 　　　　　　　　　　정답률 11% | 정답 93

흰 공 4개와 검은 공 4개를 세 명의 학생 A, B, C에게 다음 규칙에 따라 남김없이 나누어 주는 경우의 수를 구하시오. (단, 같은 색 공끼리는 서로 구별하지 않고, 공을 받지 못하는 학생이 있을 수 있다.) [4점]

> (가) 학생 A가 받는 공의 개수는 0 이상 2 이하이다.
> (나) 학생 B가 받는 공의 개수는 2 이상이다.

| 문제 풀이 |

조건 (가)에서 학생 A가 받는 공의 개수는 0 또는 1 또는 2이다.
(i) 학생 A가 받는 공의 개수가 0일 때,
　흰 공 4개를 두 학생 B, C에게 남김없이 나누어 주는 경우의 수는
　${}_2H_4={}_{2+4-1}C_4={}_5C_4=5$이고,
　이 각각에 대하여 검은 공 4개를 두 학생 B, C에게 남김없이 나누어 주는

경우의 수는 $_2H_4=5$이다.

이 중에서 학생 B가 받는 공의 개수가 0인 경우의 수는 1이고,

학생 B가 받는 공의 개수가 1인 경우는 흰 공 1개를 받는 경우

또는 검은 공 1개를 받는 경우에서 그 경우의 수가 2이므로

조건 (나)를 만족시키지 않는 경우의 수는 3이다.

따라서 학생 A가 받는 공의 개수가 0일 때, 조건 (나)를 만족시키는 경우의

수는 $5\times5-3=22$이다.

(ii) 학생 A가 받는 공의 개수가 1일 때,

학생 A가 흰 공 1개를 받는다고 하면, 이러한 경우의 수는 1이다.

이때 남은 흰 공 3개를 두 학생 B, C에게 남김없이 나누어 주는 경우의

수는 $_2H_3=_{2+3-1}C_3=_4C_3=4$이고,

이 각각에 대하여 검은 공 4개를 두 학생 B, C에게 남김없이 나누어 주는

경우의 수는 $_2H_4=5$이다.

이 중에서 조건 (나)를 만족시키지 않는 경우의 수는 (ⅰ)과 마찬가지의

방법으로 3이다.

그러므로 학생 A가 흰 공 1개를 받을 때, 조건 (나)를 만족시키는 경우의

수는 $1\times4\times5-3=17$이다.

마찬가지 방법으로 학생 A가 검은 공 1개를 받을 때, 조건 (나)를 만족시키는

경우의 수는 17이다.

따라서 학생 A가 받는 공의 개수가 1일 때, 조건 (나)를 만족시키는 경우의

수는 $17+17=34$이다.

(iii) 학생 A가 받는 공의 개수가 2일 때,

(iii-1) 학생 A가 흰 공 2개를 받는 경우

학생 A가 흰 공 2개를 받는 경우의 수는 1이다.

이때 남은 흰 공 2개를 두 학생 B, C에게 남김없이 나누어 주는 경우의

수는 $_2H_2=_{2+2-1}C_2=_3C_2=3$이고,

이 각각에 대하여 검은 공 4개를 두 학생 B, C에게 남김없이 나누어

주는 경우의 수는 $_2H_4=5$이다.

이 중에서 조건 (나)를 만족시키지 않는 경우의 수는 (ⅰ)과 마찬가지의

방법으로 3이다.

그러므로 학생 A가 흰 공 2개를 받을 때, 조건 (나)를 만족시키는

수는 $1\times3\times5-3=12$이다.

(iii-2) 학생 A가 검은 공 2개를 받는 경우

(iii-1)과 마찬가지의 방법으로 이 경우의 수는 12이다.

(iii-3) 학생 A가 흰 공 1개와 검은 공 1개를 받는 경우

학생 A가 흰 공 1개와 검은 공 1개를 받는 경우의 수는 1이다.

이때 남은 흰 공 3개를 두 학생 B, C에게 남김없이 나누어 주는 경우의

수는 $_2H_3=4$이고,

이 각각에 대하여 검은 공 3개를 두 학생 B, C에게 남김없이 나누어

주는 경우의 수는 $_2H_3=4$이다.

이 중에서 조건 (나)를 만족시키지 않는 경우의 수는 (ⅰ)과 마찬가지의

방법으로 3이다.

그러므로 학생 A가 흰 공 1개와 검은 공 1개를 받을 때, 조건 (나)를

만족시키는 경우의 수는 $1\times4\times4-3=13$이다.

따라서 학생 A가 받는 공의 개수가 2일 때의 경우의 수는

$12+12+13=37$이다.

(i), (ii), (iii)에서 구하는 경우의 수는

$22+34+37=93$

미적분

23 삼각함수의 극한값 　　　　　정답률 93% | 정답 ⑤

$\lim\limits_{x\to0}\dfrac{\sin5x}{x}$ 의 값은? [2점]

① 1　　　　② 2　　　　③ 3　　　　④ 4　　　　⑤ 5

| 문제 풀이 |

$\lim\limits_{x\to0}\dfrac{\sin5x}{x}=\lim\limits_{x\to0}\left(\dfrac{\sin5x}{5x}\times5\right)=1\times5=5$

24 여러 가지 함수의 부정적분 　　　정답률 85% | 정답 ④

양의 실수 전체의 집합에서 정의된 미분가능한 함수 $f(x)$가 있다.

양수 t에 대하여 곡선 $y=f(x)$ 위의 점 $(t,\ f(t))$에서의 접선의 기울기는

$\dfrac{1}{t}+4e^{2t}$이다. $f(1)=2e^2+1$일 때, $f(e)$의 값은? [3점]

① $2e^{2e}-1$　　　② $2e^{2e}$　　　③ $2e^{2e}+1$

④ $2e^{2e}+2$　　　⑤ $2e^{2e}+3$

| 문제 풀이 |

양수 t에 대하여 곡선 $y=f(x)$ 위의 점 $(t,\ f(t))$에서의

접선의 기울기가 $\dfrac{1}{t}+4e^{2t}$이므로

$f'(t)=\dfrac{1}{t}+4e^{2t}$이다.

즉, 양수 x에 대하여 $f'(x)=\dfrac{1}{x}+4e^{2x}$이므로

$f(x)=\displaystyle\int\left(\dfrac{1}{x}+4e^{2x}\right)dx=\ln x+2e^{2x}+C$ (C는 적분상수)

이때, $f(1)=2e^2+1$이므로

$\ln1+2e^2+C=2e^2+1,\ C=1$

따라서

$f(x)=\ln x+2e^{2x}+1$이므로

$f(e)=\ln e+2e^{2e}+1=1+2e^{2e}+1=2e^{2e}+2$

25 등비수열의 극한값 　　　　　정답률 82% | 정답 ④

등비수열 $\{a_n\}$에 대하여

$$\lim_{n\to\infty}\dfrac{4^n\times a_n-1}{3\times2^{n+1}}=1$$

일 때, a_1+a_2의 값은? [3점]

① $\dfrac{3}{2}$　　② $\dfrac{5}{2}$　　③ $\dfrac{7}{2}$　　④ $\dfrac{9}{2}$　　⑤ $\dfrac{11}{2}$

| 문제 풀이 |

등비수열 $\{a_n\}$의 공비를 r이라 하면

$a_n=a_1\times r^{n-1}$

$\lim\limits_{n\to\infty}\dfrac{4^n\times a_n-1}{3\times2^{n+1}}=1$에서

$\lim\limits_{n\to\infty}\dfrac{4^n\times a_n-1}{3\times2^{n+1}}=\lim\limits_{n\to\infty}\dfrac{a_n-\left(\dfrac{1}{4}\right)^n}{6\times\left(\dfrac{1}{2}\right)^n}$

$\lim\limits_{n\to\infty}\dfrac{a_1\times r^{n-1}-\left(\dfrac{1}{4}\right)^n}{6\times\left(\dfrac{1}{2}\right)^n}$이므로

$\lim\limits_{n\to\infty}\dfrac{a_1\times r^{n-1}-\left(\dfrac{1}{4}\right)^n}{6\times\left(\dfrac{1}{2}\right)^n}=1$ …… ㉠

(ⅰ) $|r|<\dfrac{1}{2}$일 때,

㉠에서

$\lim\limits_{n\to\infty}\dfrac{a_1\times r^{n-1}-\left(\dfrac{1}{4}\right)^n}{6\times\left(\dfrac{1}{2}\right)^n}=\lim\limits_{n\to\infty}\dfrac{2a_1\times(2r)^{n-1}-\left(\dfrac{1}{2}\right)^n}{6}$

이때, $|2r|<1$이므로

$\lim\limits_{n\to\infty}(2r)^{n-1}=0$이다. 즉,

$\lim\limits_{n\to\infty}\dfrac{2a_1\times(2r)^{n-1}-\left(\dfrac{1}{2}\right)^n}{6}=0$이므로

㉠을 만족시키지 못한다.

(ⅱ) $|r|>\dfrac{1}{2}$일 때

㉠에서

$\lim\limits_{n\to\infty}\dfrac{a_1\times r^{n-1}-\left(\dfrac{1}{4}\right)^n}{6\times\left(\dfrac{1}{2}\right)^n}=\lim\limits_{n\to\infty}\dfrac{2a_1\times(2r)^{n-1}-\left(\dfrac{1}{2}\right)^n}{6}$

이때, $|2r|>1$이므로

$\lim\limits_{n\to\infty}(2r)^{n-1}$의 값이 존재하지 않는다.

즉, ㉠을 만족시키지 못한다.

(iii) $r=\dfrac{1}{2}$일 때

㉠에서

$$\lim_{n\to\infty}\frac{a_1\times r^{n-1}-\left(\dfrac{1}{4}\right)^n}{6\times\left(\dfrac{1}{2}\right)^n}=\lim_{n\to\infty}\frac{a_1\times\left(\dfrac{1}{2}\right)^{n-1}-\left(\dfrac{1}{4}\right)^n}{6\times\left(\dfrac{1}{2}\right)^n}$$

$$=\lim_{n\to\infty}\frac{2a_1-\left(\dfrac{1}{2}\right)^n}{6}=\frac{a_1}{3}\text{ 이므로}$$

$\dfrac{a_1}{3}=1$, $a_1=3$

(iv) $r=-\dfrac{1}{2}$일 때

㉠에서

$$\lim_{n\to\infty}\frac{a_1\times r^{n-1}-\left(\dfrac{1}{4}\right)^n}{6\times\left(\dfrac{1}{2}\right)^n}=\lim_{n\to\infty}\frac{a_1\times\left(-\dfrac{1}{2}\right)^{n-1}-\left(\dfrac{1}{4}\right)^n}{6\times\left(\dfrac{1}{2}\right)^n}$$

$$=\lim_{n\to\infty}\frac{2a_1\times(-1)^{n-1}-\left(\dfrac{1}{2}\right)^n}{6}$$

이때, $\lim\limits_{n\to\infty}(-1)^{n-1}$의 값이 존재하지 않으므로

㉠을 만족시키지 못한다.

(i) ~ (iv)에서

$a_1=3$, $r=\dfrac{1}{2}$

따라서 $a_2=3\times\dfrac{1}{2}=\dfrac{3}{2}$이므로

$a_1+a_2=3+\dfrac{3}{2}=\dfrac{9}{2}$

다른 풀이

등비수열 $\{a_n\}$의 공비를 r이라 하면 $a_n=a_1r^{n-1}$

$\lim\limits_{n\to\infty}\dfrac{4^n\times a_n-1}{3\times2^{n-1}}=1$에서

$$\lim_{n\to\infty}\frac{4^n\times a_n-1}{3\times2^{n+1}}=\lim_{n\to\infty}\frac{2^n\times a_n-\dfrac{1}{2^n}}{6}$$

$$=\lim_{n\to\infty}\frac{2^n\times a_1r^{n-1}-\dfrac{1}{2^n}}{6}$$

$$=\lim_{n\to\infty}\frac{2a_1\times(2r)^{n-1}-\dfrac{1}{2^n}}{6}\text{ 이므로}$$

$$\lim_{n\to\infty}\frac{2a_1\times(2r)^{n-1}-\dfrac{1}{2^n}}{6}=1\ \cdots\cdots\ ㉠$$

이때 $\lim\limits_{n\to\infty}\dfrac{1}{2^n}=0$이고 ㉠에서 0이 아닌 극한값이 존재하므로

$2r=1$, 즉 $r=\dfrac{1}{2}$

㉠에 $r=\dfrac{1}{2}$을 대입하면

$$\lim_{n\to\infty}\frac{2a_1-\dfrac{1}{2^n}}{6}=\frac{a_1}{3}=1,\ a_1=3$$

따라서 $a_n=3\times\left(\dfrac{1}{2}\right)^{n-1}$이므로 $a_2=\dfrac{3}{2}$이고

$a_1+a_2=3+\dfrac{3}{2}=\dfrac{9}{2}$

---

26 | 입체도형의 부피 | 정답률 74% | 정답 ③

그림과 같이 곡선 $y=2x\sqrt{x\sin x^2}\,(0\le x\le\sqrt{\pi}\,)$와 x축 및 두 직선

$x=\sqrt{\dfrac{\pi}{6}}$, $x=\sqrt{\dfrac{\pi}{2}}$로 둘러싸인 부분을 밑면으로 하는 입체도형이 있다.

이 입체도형을 x축에 수직인 평면으로 자른 단면이 모두 반원일 때,
이 입체도형의 부피는? [3점]

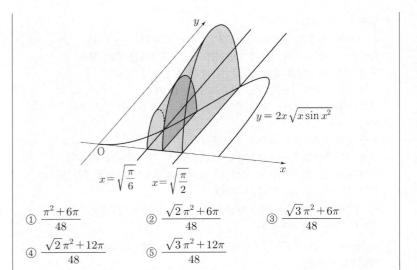

① $\dfrac{\pi^2+6\pi}{48}$ ② $\dfrac{\sqrt{2}\,\pi^2+6\pi}{48}$ ③ $\dfrac{\sqrt{3}\,\pi^2+6\pi}{48}$

④ $\dfrac{\sqrt{2}\,\pi^2+12\pi}{48}$ ⑤ $\dfrac{\sqrt{3}\,\pi^2+12\pi}{48}$

| 문제 풀이 |

$\sqrt{\dfrac{\pi}{6}}\le t\le\sqrt{\dfrac{\pi}{2}}$인 실수 t에 대하여

직선 $x=t$를 포함하고 x축에 수직인 평면으로 자른 단면의 넓이를 $S(t)$라 하면

$S(t)=\dfrac{\pi}{2}t^3\sin t^2$

따라서 구하는 입체도형의 부피는

$$\int_{\sqrt{\frac{\pi}{6}}}^{\sqrt{\frac{\pi}{2}}}S(t)dt=\int_{\sqrt{\frac{\pi}{6}}}^{\sqrt{\frac{\pi}{2}}}\frac{\pi}{2}t^3\sin t^2 dt=\frac{\pi}{2}\int_{\sqrt{\frac{\pi}{6}}}^{\sqrt{\frac{\pi}{2}}}t^3\sin t^2 dt$$

이때 $t^2=u$라 하면 $t=\sqrt{\dfrac{\pi}{2}}$일 때 $u=\dfrac{\pi}{2}$,

$t=\sqrt{\dfrac{\pi}{6}}$일 때 $u=\dfrac{\pi}{6}$이고 $2t=\dfrac{du}{dt}$이므로

$$\frac{\pi}{2}\int_{\sqrt{\frac{\pi}{6}}}^{\sqrt{\frac{\pi}{2}}}t^3\sin t^2 dt=\frac{\pi}{4}\int_{\frac{\pi}{6}}^{\frac{\pi}{2}}u\sin u\,du$$

$$=\frac{\pi}{4}\left([-u\cos u]_{\frac{\pi}{6}}^{\frac{\pi}{2}}+\int_{\frac{\pi}{6}}^{\frac{\pi}{2}}\cos u\,du\right)$$

$$=\frac{\pi}{4}\left(\frac{\pi}{6}\times\frac{\sqrt{3}}{2}+[\sin u]_{\frac{\pi}{6}}^{\frac{\pi}{2}}\right)$$

$$=\frac{\pi}{4}\left(\frac{\sqrt{3}}{12}\pi+1-\frac{1}{2}\right)$$

$$=\frac{\sqrt{3}\,\pi^2+6\pi}{48}$$

---

27 | 합성함수의 미분법 | 정답률 69% | 정답 ②

실수 전체의 집합에서 미분가능한 함수 $f(x)$가 모든 실수 x에 대하여

$$f(x)+f\left(\frac{1}{2}\sin x\right)=\sin x$$

를 만족시킬 때, $f'(\pi)$의 값은? [3점]

① $-\dfrac{5}{6}$ ② $-\dfrac{2}{3}$ ③ $-\dfrac{1}{2}$ ④ $-\dfrac{1}{3}$ ⑤ $-\dfrac{1}{6}$

| 문제 풀이 |

주어진 등식의 양변을 x에 대하여 미분하면

$$f'(x)+f'\left(\frac{1}{2}\sin x\right)\times\frac{1}{2}\cos x=\cos x\ \cdots\cdots\ ㉠$$

㉠에 $x=\pi$를 대입하면

$$f'(\pi)+f'(0)\times\left(-\frac{1}{2}\right)=-1$$

$$f'(\pi)-\frac{1}{2}f'(0)=-1\ \cdots\cdots\ ㉡$$

㉠에 $x=0$을 대입하면

$$f'(0)+f'(0)\times\frac{1}{2}=1,\ \frac{3}{2}f'(0)=1$$

따라서 $f'(0)=\dfrac{2}{3}$이므로 ㉡에 대입하면

$$f'(\pi)-\frac{1}{2}\times\frac{2}{3}=-1$$

$$f'(\pi)=-1+\frac{1}{3}=-\frac{2}{3}$$

28 치환적분과 부분적분을 이용한 정적분
정답률 50% | 정답 ③

함수 $f(x)$는 실수 전체의 집합에서 연속인 이계도함수를 갖고, 실수 전체의 집합에서 정의된 함수 $g(x)$를

$$g(x) = f'(2x)\sin \pi x + x$$

라 하자. 함수 $g(x)$는 역함수 $g^{-1}(x)$를 갖고,

$$\int_0^1 g^{-1}(x)dx = 2\int_0^1 f'(2x)\sin \pi x dx + \frac{1}{4}$$

을 만족시킬 때, $\int_0^2 f(x)\cos \frac{\pi}{2}x dx$의 값은? [4점]

① $-\dfrac{1}{\pi}$ ② $-\dfrac{1}{2\pi}$ ③ $-\dfrac{1}{3\pi}$ ④ $-\dfrac{1}{4\pi}$ ⑤ $-\dfrac{1}{5\pi}$

| 문제 풀이 |

$g(0) = f'(0)\sin 0 + 0 = 0$
$g(1) = f'(2)\sin \pi + 1 = 1$이므로

$$\int_0^1 g(x)dx + \int_{g(0)}^{g(1)} g^{-1}(x)dx = \int_0^1 g(x)dx + \int_0^1 g^{-1}(x)dx$$
$$= 1\times 1 - 0\times 0 = 1$$

따라서

$$\int_0^1 g(x)dx + \int_0^1 g^{-1}(x)dx = 1 \quad \cdots\cdots \bigcirc$$

$\bigcirc$에

$g(x) = f'(2x)\sin \pi x + x$, $\displaystyle\int_0^1 g^{-1}(x)dx = 2\int_0^1 f'(2x)\sin \pi x dx + \frac{1}{4}$ 을

대입하면

$$\int_0^1 \{f'(2x)\sin \pi x + x\}dx + 2\int_0^1 f'(2x)\sin \pi x dx + \frac{1}{4} = 1$$

$$3\int_0^1 f'(2x)\sin \pi x dx + \left[\frac{1}{2}x^2\right]_0^1 + \frac{1}{4} = 1$$

$$3\int_0^1 f'(2x)\sin \pi x dx = 1 - \frac{1}{2} - \frac{1}{4} = \frac{1}{4}$$

따라서

$$\int_0^1 f'(2x)\sin \pi x dx = \frac{1}{12} \quad \cdots\cdots \bigcirc\!\!\!\bigcirc$$

한편, $\displaystyle\int_0^2 f(x)\cos \frac{\pi}{2}x dx$에서 $x = 2t$라 하면

$\dfrac{dx}{dt} = 2$이고 $x = 0$일 때, $t = 0$, $x = 2$ 일 때 $t = 1$이므로

$$\int_0^2 f(x)\cos \frac{\pi}{2}x dx = 2\int_0^1 f(2t)\cos \pi t dt$$

$u(t) = f(2t)$, $v(t) = \dfrac{1}{\pi}\sin \pi t$로 놓으면 $u'(t) = 2f'(2t)$, $v'(t) = \cos \pi t$이므로

$$2\int_0^1 f(2t)\cos \pi t dt = 2\left[\frac{1}{\pi}f(2t)\sin \pi t\right]_0^1 - \frac{4}{\pi}\int_0^1 f'(2t)\sin \pi t dt$$

$$= 0 - \frac{4}{\pi}\int_0^1 f'(2t)\sin \pi t dt$$

$$= -\frac{4}{\pi}\int_0^1 f'(2x)\sin \pi x dx$$

이므로 $\bigcirc\!\!\!\bigcirc$에서

$$\int_0^2 f(x)\cos \frac{\pi}{2}x dx = -\frac{4}{\pi}\int_0^1 f'(2x)\sin \pi x dx = -\frac{4}{\pi}\times \frac{1}{12} = -\frac{1}{3\pi}$$

29 급수의 합
정답률 38% | 정답 57

수열 $\{a_n\}$의 첫째항부터 제m항까지의 합을 S_m이라 하자. 모든 자연수 m에 대하여

$$S_m = \sum_{n=1}^{\infty} \frac{m+1}{n(n+m+1)}$$

일 때, $a_1 + a_{10} = \dfrac{q}{p}$이다. $p+q$의 값을 구하시오. (단, p와 q는 서로소인 자연수이다.) [4점]

| 문제 풀이 |

$$S_m = \sum_{n=1}^{\infty} \frac{m+1}{n(n+m+1)}$$
$$= \sum_{n=1}^{\infty}\left(\frac{1}{n} - \frac{1}{n+m+1}\right)$$

$$= \lim_{n\to\infty}\sum_{k=1}^n \left(\frac{1}{k} - \frac{1}{k+m+1}\right)$$

$$= \lim_{n\to\infty}\left\{\left(1 - \frac{1}{m+2}\right) + \left(\frac{1}{2} - \frac{1}{m+3}\right) + \cdots + \left(\frac{1}{n} - \frac{1}{m+n+1}\right)\right\}$$

따라서

$$S_1 = \lim_{n\to\infty}\left\{\left(1 - \frac{1}{3}\right) + \left(\frac{1}{2} - \frac{1}{4}\right) + \left(\frac{1}{3} - \frac{1}{5}\right) + \cdots + \left(\frac{1}{n} - \frac{1}{n+2}\right)\right\} = 1 + \frac{1}{2} = \frac{3}{2}$$

이므로 $a_1 = S_1 = \dfrac{3}{2}$

또한

$$S_9 = \lim_{n\to\infty}\left\{\left(1 - \frac{1}{11}\right) + \left(\frac{1}{2} - \frac{1}{12}\right) + \left(\frac{1}{3} - \frac{1}{13}\right) + \cdots + \left(\frac{1}{n} - \frac{1}{n+10}\right)\right\}$$

$$= 1 + \frac{1}{2} + \frac{1}{3} + \cdots + \frac{1}{10}$$

$$S_{10} = \lim_{n\to\infty}\left\{\left(1 - \frac{1}{12}\right) + \left(\frac{1}{2} - \frac{1}{13}\right) + \left(\frac{1}{3} - \frac{1}{14}\right) + \cdots + \left(\frac{1}{n} - \frac{1}{n+11}\right)\right\}$$

$$= 1 + \frac{1}{2} + \frac{1}{3} + \cdots + \frac{1}{10} + \frac{1}{11}$$

$$= S_9 + \frac{1}{11}$$ 이므로

$$a_{10} = S_{10} - S_9 = \left(S_9 + \frac{1}{11}\right) - S_9 = \frac{1}{11}$$

따라서

$$a_1 + a_{10} = \frac{3}{2} + \frac{1}{11} = \frac{35}{22}$$ 이므로

$p = 22$, $q = 35$
$p + q = 57$

30 부정적분의 활용과 함수의 그래프 추론
정답률 12% | 정답 25

양수 k에 대하여 함수 $f(x)$를

$$f(x) = (k - |x|)e^{-x}$$

이라 하자. 실수 전체의 집합에서 미분가능하고 다음 조건을 만족시키는 모든 함수 $F(x)$에 대하여 $F(0)$의 최솟값을 $g(k)$라 하자.

> 모든 실수 x에 대하여 $F'(x) = f(x)$이고 $F(x) \ge f(x)$이다.

$g\left(\dfrac{1}{4}\right) + g\left(\dfrac{3}{2}\right) = pe + q$일 때, $100(p+q)$의 값을 구하시오.
(단, $\displaystyle\lim_{x\to\infty}xe^{-x} = 0$이고, p와 q는 유리수이다.) [4점]

| 문제 풀이 |

x의 범위에 따라 함수

$$f(x) = \begin{cases} (k-x)e^{-x} & (x \ge 0) \\ (k+x)e^{-x} & (x < 0) \end{cases}$$

의 한 부정적분을 구하면

$$F(x) = \begin{cases} (x-k+1)e^{-x} + C_1 & (x \ge 0) \\ (-x-k-1)e^{-x} + C_2 & (x < 0) \end{cases}$$ (단, C_1, C_2는 적분상수)

이때, 함수 $F(x)$가 모든 실수 x에 대하여 미분가능하므로
$x = 0$에서 $F(x)$는 연속이다.
즉, $\displaystyle\lim_{x\to 0+}F(x) = \lim_{x\to 0-}F(x)$에서 $C_2 = C_1 + 2$

$g(k)$를 $F(0)$의 최솟값으로 정의하였으므로

$$F(0) = -k + 1 + C_1 \quad \cdots\cdots \bigcirc$$

의 최솟값이 $g(k)$이다.

함수 $h(x) = F(x) - f(x)$라 하면

$$h(x) = \begin{cases} (2x - 2k + 1)e^{-x} + C_1 & (x \ge 0) \\ (-2x - 2k - 1)e^{-x} + C_1 + 2 & (x < 0) \end{cases}$$ 이고

$$h'(x) = \begin{cases} (-2x + 2k + 1)e^{-x} & (x > 0) \\ (2x + 2k - 1)e^{-x} & (x < 0) \end{cases}$$ 이므로

$h'(x) = 0$에서

$x \ge 0$일 때 $x = \dfrac{2k+1}{2}$이고

$x < 0$일 때 $x = \dfrac{1-2k}{2}$

이때 $\dfrac{1-2k}{2} \ge 0$이면 $x < 0$에서 $h'(x) < 0$이므로

$x = 0$과 $x = \dfrac{2k+1}{2}$의 좌우에서 $h(x)$의 증가와 감소를 표로 나타내면

x	$\cdots$	0	$\cdots$	$\dfrac{2k+1}{2}$	$\cdots$
$h'(x)$	$-$		$+$	0	$-$
$h(x)$	$\searrow$		$\nearrow$		$\searrow$

또한, $\dfrac{1-2k}{2}<0$일 때 $x=\dfrac{2k+1}{2}$과

$x=\dfrac{1-2k}{2}$의 좌우에서 $h(x)$의 증가와 감소를 표로 나타내면

x	$\cdots$	$\dfrac{1-2k}{2}$	$\cdots$	$\dfrac{2k+1}{2}$	$\cdots$
$h'(x)$	$-$	0	$+$	0	$-$
$h(x)$	$\searrow$		$\nearrow$		$\searrow$

또, $h(0)=-2k+1+C_1$이고

$\lim\limits_{x\to\infty}h(x)=C_1$, $\lim\limits_{x\to-\infty}h(x)=\infty$이므로

$\dfrac{1-2k}{2}$의 부호에 따라 C_1의 범위를 정하여 $F(0)$의 최솟값을 구하면

(i) $\dfrac{1-2k}{2}\geq 0$일 때

$x=0$에서 극솟값 $h(0)$을 갖고 $1-2k\geq 0$이므로

$h(0)=-2k+1+C_1 \geq C_1 = \lim\limits_{x\to\infty}h(x)$

그런데 모든 실수 x에 대하여 $F(x)\geq f(x)$이므로

$h(x)\geq 0$에서 $C_1\geq 0$이다.

즉, ㉠에서 $F(0)=-k+1+C_1 \geq -k+1$

(ii) $\dfrac{1-2k}{2}<0$일 때

$x=\dfrac{1-2k}{2}$일 때 $h(x)$의 극솟값은

$h\left(\dfrac{1-2k}{2}\right)=-2e^{\frac{2k-1}{2}}+C_1+2$이다.

$\dfrac{1-2k}{2}<0$에서 $(e^{-1})^{\frac{1-2k}{2}}>(e^{-1})^0=1$이므로

$-2e^{\frac{2k-1}{2}}+C_1+2\leq C_1$

그러므로 $-2e^{\frac{2k-1}{2}}+C_1+2$은 $h(x)$의 최솟값이다.

그런데 $F(x)\geq f(x)$에서 $h\left(\dfrac{1-2k}{2}\right)\geq 0$이므로

$-2e^{\frac{2k-1}{2}}+C_1+2\geq 0$

즉, $F(0)=-k+1+C_1 \geq -k+2e^{\frac{2k-1}{2}}-1$

그런데 $g(k)$는 $F(0)$의 최솟값이므로

$g(k)=\begin{cases} -k+1 & \left(0<k\leq \dfrac{1}{2}\right) \\ -k+2e^{\frac{2k-1}{2}}-1 & \left(k>\dfrac{1}{2}\right) \end{cases}$

그러므로

$g\left(\dfrac{1}{4}\right)+g\left(\dfrac{3}{2}\right)=\dfrac{3}{4}+\left(-\dfrac{3}{2}\right)+2e-1=pe+q$

$2e-\dfrac{7}{4}=pe+q$에서 $p=2$, $q=-\dfrac{7}{4}$

따라서 $100(p+q)=25$

07

• 정답 •

공통 | 수학
01 ⑤ 02 ③ 03 ② 04 ① 05 ⑤ 06 ③ 07 ④ 08 ④ 09 ③ 10 ③ 11 ⑤ 12 ① 13 ③ 14 ② 15 ④
16 6 17 24 18 5 19 4 20 98 21 19 22 10
선택 | 확률과 통계
23 ① 24 ⑤ 25 ③ 26 ② 27 ④ 28 ⑤ 29 62 30 336
선택 | 미적분
23 ④ 24 ② 25 ② 26 ⑤ 27 ① 28 ⑤ 29 18 30 32

★ 표기된 문항은 [등급을 가르는 문항]에 해당하는 문제입니다.

---

01 지수의 계산   정답률 88% | 정답 ⑤

❶ $3^{1-\sqrt{5}}\times 3^{1+\sqrt{5}}$의 값은?[2점]

① $\dfrac{1}{9}$ ② $\dfrac{1}{3}$ ③ 1 ④ 3 ⑤ 9

STEP 01 지수의 계산으로 ❶의 값을 구한다.

$3^{1-\sqrt{5}}\times 3^{1+\sqrt{5}}=3^{(1-\sqrt{5})+(1+\sqrt{5})}=3^2=9$

---

02 미분계수   정답률 86% | 정답 ③

함수 $f(x)=2x^2-x$에 대하여 $\lim\limits_{x\to 1}\dfrac{f(x)-1}{x-1}$의 값은?[2점]

① 1 ② 2 ③ 3 ④ 4 ⑤ 5

STEP 01 $f(x)$를 미분하여 $f'(x)$를 구한 뒤 미분계수의 정의를 이용하여 $f'(1)$의 값을 구한다.

$f(x)=2x^2-x$에서 $f'(x)=4x-1$이므로

$\lim\limits_{x\to 1}\dfrac{f(x)-1}{x-1}=f'(1)=3$

---

03 삼각함수의 성질   정답률 75% | 정답 ②

$\dfrac{3}{2}\pi<\theta<2\pi$인 θ에 대하여 ❶ $\cos\theta=\dfrac{\sqrt{6}}{3}$일 때, $\tan\theta$의 값은?[3점]

① $-\sqrt{2}$ ② $-\dfrac{\sqrt{2}}{2}$ ③ 0 ④ $\dfrac{\sqrt{2}}{2}$ ⑤ $\sqrt{2}$

STEP 01 삼각함수 사이의 관계를 이용하여 ❶에서 $\sin\theta$를 구한 후 $\tan\theta$의 값을 구한다.

$\cos\theta=\dfrac{\sqrt{6}}{3}$이고 $\dfrac{3}{2}\pi<\theta<2\pi$이므로

$\sin\theta=-\sqrt{1-\cos^2\theta}=-\sqrt{1-\left(\dfrac{\sqrt{6}}{3}\right)^2}=-\dfrac{\sqrt{3}}{3}$

따라서 $\tan\theta=\dfrac{\sin\theta}{\cos\theta}=\dfrac{-\dfrac{\sqrt{3}}{3}}{\dfrac{\sqrt{6}}{3}}=-\dfrac{1}{\sqrt{2}}=-\dfrac{\sqrt{2}}{2}$

---

04 함수의 극한   정답률 81% | 정답 ①

함수 $y=f(x)$의 그래프가 그림과 같다.

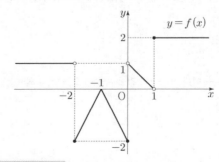

❶ $\lim\limits_{x\to -2^+}f(x)+\lim\limits_{x\to 1^-}f(x)$의 값은?[3점]

① -2 ② -1 ③ 0 ④ 1 ⑤ 2

STEP 01 그래프에서 ❶의 극한값을 각각 구한 후 합을 구한다.

함수 $y=f(x)$의 그래프에서
$$\lim_{x\to-2+}f(x)=-2, \quad \lim_{x\to1-}f(x)=0이므로$$
$$\lim_{x\to-2+}f(x)+\lim_{x\to1-}f(x)=-2+0=-2$$

---

05 등비수열   정답률 79% | 정답 ⑤

모든 항이 양수인 등비수열 $\{a_n\}$에 대하여

❶ $\dfrac{a_3a_8}{a_6}=12,\ a_5+a_7=36$

일 때, a_{11}의 값은?[3점]

① 72   ② 78   ③ 84   ④ 90   ⑤ 96

STEP 01 ❶에 등비수열의 일반항을 이용하여 공비를 구한 후 a_{11}의 값을 구한다.

등비수열 $\{a_n\}$의 첫째항을 a, 공비를 r라 하면 수열 $\{a_n\}$의 모든 항이 양수이므로 $a>0$, $r>0$이다.

$\dfrac{a_3a_8}{a_6}=12$에서 $\dfrac{ar^2\times ar^7}{ar^5}=12$, $ar^4=12$

즉, $a_5=12$

$a_5+a_7=36$에서 $a_7=24$이므로

$r^2=\dfrac{a_7}{a_5}=\dfrac{24}{12}=2$

$\dfrac{a_{11}}{a_7}=r^4=(r^2)^2=2^2=4$이므로

$a_{11}=a_7\times4=24\times4=96$

● 핵심 공식

▶ 등비수열

첫째항이 a, 공비가 r인 등비수열에서 일반항 a_n은
$$a_n=ar^{n-1}\ (n=1,\ 2,\ 3,\ \cdots)$$

---

06 함수의 극대와 극소   정답률 80% | 정답 ③

함수 $f(x)=x^3+ax^2+bx+1$은 ❶ $x=-1$에서 극대이고, $x=3$에서 극소이다. 함수 $f(x)$의 극댓값은?(단, a, b는 상수이다.)

① 0   ② 3   ③ 6   ④ 9   ⑤ 12

STEP 01 $f(x)$의 미분을 이용하여 ❶에서 a, b를 구한 후 극댓값을 구한다.

$f(x)=x^3+ax^2+bx+1$에서 $f'(x)=3x^2+2ax+b$이고
함수 $f(x)$는 $x=-1$에서 극대, $x=3$에서 극소이므로
$3x^2+2ax+b=3(x+1)(x-3)=3x^2-6x-9$
따라서 $a=-3$, $b=-9$이고 $f(x)=x^3-3x^2-9x+1$이므로
함수 $f(x)$의 극댓값은 $f(-1)=-1-3+9+1=6$

---

07 로그의 성질   정답률 80% | 정답 ④

두 실수 a, b가 ❶ $3a+2b=\log_3 32$, $ab=\log_9 2$를 만족시킬 때,

❷ $\dfrac{1}{3a}+\dfrac{1}{2b}$의 값은?[3점]

① $\dfrac{5}{12}$ ② $\dfrac{5}{6}$ ③ $\dfrac{5}{4}$ ④ $\dfrac{5}{3}$ ⑤ $\dfrac{25}{12}$

STEP 01 ❷를 통분한 후 ❶을 대입하여 값을 구한다.

$3a+2b=\log_3 32$, $ab=\log_9 2$이므로

$\dfrac{1}{3a}+\dfrac{1}{2b}=\dfrac{3a+2b}{6ab}=\dfrac{\log_3 32}{6\times\log_9 2}=\dfrac{\log_3 2^5}{6\times\log_{3^2}2}=\dfrac{5\log_3 2}{3\log_3 2}=\dfrac{5}{3}$

---

08 부정적분   정답률 84% | 정답 ④

다항함수 $f(x)$가
$$f'(x)=6x^2-2f(1)x,\ f(0)=4$$
를 만족시킬 때, $f(2)$의 값은?[3점]

① 5   ② 6   ③ 7   ④ 8   ⑤ 9

STEP 01 $f'(x)$를 적분하고 $f(0)=4$를 이용하여 $f(x)$를 구한 후 $f(2)$의 값을 구한다.

$f'(x)=6x^2-2f(1)x$에서
$f(x)=2x^3-f(1)x^2+C(C$는 적분상수)라 하면
$f(0)=4$이므로 $C=4$
즉, $f(x)=2x^3-f(1)x^2+4$
이 식에 $x=1$을 대입하면
$f(1)=2-f(1)+4$, $f(1)=3$
따라서
$f(x)=2x^3-3x^2+4$이므로
$f(2)=2\times2^3-3\times2^2+4=8$

---

09 삼각부등식   정답률 51% | 정답 ③

$0\le x\le2\pi$일 때, 부등식

❶ $\cos x\le\sin\dfrac{\pi}{7}$

를 만족시키는 모든 x의 값의 범위는 $\alpha\le x\le\beta$이다. $\beta-\alpha$의 값은?[4점]

① $\dfrac{8}{7}\pi$ ② $\dfrac{17}{14}\pi$ ③ $\dfrac{9}{7}\pi$ ④ $\dfrac{19}{14}\pi$ ⑤ $\dfrac{10}{7}\pi$

STEP 01 $y=\cos x(0\le x\le2\pi)$의 그래프를 그린 후 그래프에서 ❶의 부등식을 만족하는 x의 범위를 구한 다음 삼각함수의 그래프의 대칭성을 이용하여 $\beta-\alpha$의 값을 구한다.

$$\sin\dfrac{\pi}{7}=\cos\left(\dfrac{\pi}{2}-\dfrac{\pi}{7}\right)=\cos\dfrac{5}{14}\pi$$

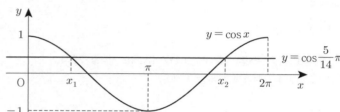

그림과 같이 곡선 $y=\cos x(0\le x\le2\pi)$와 직선 $y=\cos\dfrac{5}{14}\pi$가 만나는 두 점의 x좌표를 각각 x_1, $x_2(x_1<x_2)$라 하면

$x_1=\dfrac{5}{14}\pi$이고 $\dfrac{x_1+x_2}{2}=\pi$이므로

$x_2=2\pi-x_1=\dfrac{23}{14}\pi$

따라서 $0\le x\le2\pi$일 때,

부등식 $\cos x\le\sin\dfrac{\pi}{7}$를 만족시키는 모든 x의 값의 범위는

$\dfrac{5}{14}\pi\le x\le\dfrac{23}{14}\pi$이므로

$\beta-\alpha=\dfrac{23}{14}\pi-\dfrac{5}{14}\pi=\dfrac{9}{7}\pi$

---

10 미분의 활용   정답률 55% | 정답 ③

최고차항의 계수가 1인 삼차함수 $f(x)$에 대하여 ❶ 곡선 $y=f(x)$ 위의 점 $(-2, f(-2))$에서의 접선과 ❷ 곡선 $y=f(x)$ 위의 점 $(2, 3)$에서의 접선이 점 $(1, 3)$에서 만날 때, $f(0)$의 값은?[4점]

① 31   ② 33   ③ 35   ④ 37   ⑤ 39

STEP 01 ❷에서 $f(x)$를 놓고 $f(x)$의 미분을 이용하여 ❶을 구한 뒤 점 $(1, 3)$을 대입하여 a를 구한 다음 $f(0)$의 값을 구한다.

곡선 $y=f(x)$ 위의 점 $(2, 3)$에서의 접선이 점 $(1, 3)$을 지나므로
$f(x)-3=(x-a)(x-2)^2$
$f(x)=(x-a)(x-2)^2+3$ (단, a는 상수)
이때 $f'(x)=(x-2)^2+2(x-a)(x-2)$이므로
곡선 $y=f(x)$ 위의 점 $(-2, f(-2))$에서의 접선의 방정식은
$y-f(-2)=f'(-2)(x+2)$
이 접선이 점 $(1, 3)$을 지나므로
$3-f(-2)=f'(-2)(1+2)$
$3-f(-2)=3f'(-2)$
$3-\{16(-2-a)+3\}=3\{16-8(-2-a)\}$

$3-(-29-16a)=3(32+8a)$

$32+16a=96+24a,\ 8a=-64$

즉, $a=-8$이므로

$f(x)=(x+8)(x-2)^2+3$

따라서 $f(0)=8(-2)^2+3=35$

11 정적분의 활용   정답률 32% | 정답 ⑤

두 점 P와 Q는 시각 $t=0$일 때, 각각 점 A(1)과 점 B(8)에서 출발하여 수직선 위를 움직인다. 두 점 P, Q의 시각 $t(t\geq 0)$에서의 속도는 각각

$$v_1(t)=3t^2+4t-7,\ v_2(t)=2t+4$$

이다. 출발한 시각부터 ❶ 두 점 P, Q사이의 거리가 처음으로 4가 될 때까지 ❷ 점 P가 움직인 거리는?[4점]

① 10   ② 14   ③ 19   ④ 25   ⑤ 32

STEP 01 속도의 적분으로 두 점 P, Q의 위치를 각각 구한다.

점 P가 점 A(1)에서 출발하고 속도가 $v_1(t)=3t^2+4t-7$이므로 시각 t에서의 위치를 $s_1(t)$라 하면

$$s_1(t)=1+\int_0^t(3t^2+4t-7)dt=t^3+2t^2-7t+1 \quad\cdots\cdots\ ㉠$$

또, 점 Q가 점 B(8)에서 출발하고 속도가 $v_2(t)=2t+4$이므로 시각 t에서의 위치를 $s_2(t)$라 하면

$$s_2(t)=8+\int_0^t(2t+4)dt=t^2+4t+8 \quad\cdots\cdots\ ㉡$$

STEP 02 두 점 P, Q의 위치의 차를 구하여 ❶을 성립하는 시각을 구한다.

이때, 두 점 P, Q사이의 거리가 4가 되는 시각은

$|s_1(t)-s_2(t)|=4$

㉠, ㉡에서

$|(t^3+2t^2-7t+1)-(t^2+4t+8)|=4$

$|t^3+t^2-11t-7|=4$

그러므로

$t^3+t^2-11t-7=4$ 또는 $t^3+t^2-11t-7=-4$

즉,

$t^3+t^2-11t-11=0$ 또는 $t^3+t^2-11t-3=0$

(i) $t^3+t^2-11t-11=0$일 때

　$t^2(t+1)-11(t+1)=0$

　$(t+1)(t^2-11)=0$

　$t>0$이므로 $t=\sqrt{11}$

(ii) $t^3+t^2-11t-3=0$일 때

　$(t-3)(t^2+4t+1)=0$

　$t>0$이므로 $t=3$

(i), (ii)에 의하여 두 점 P, Q의 사이의 거리가 처음으로 4가 되는 시각은 $t=3$

STEP 03 $v_1(t)$의 적분을 이용하여 ❷를 구한다.

한편, $v_1(t)=3t^2+4t-7=(3t+7)(t-1)$이므로

$0\leq t<1$일 때, $v_1(t)<0$

$t\geq 1$일 때, $v_1(t)\geq 0$

따라서 점 P가 시각 $t=0$에서 시각 $t=3$까지 움직인 거리는

$$\int_0^3|v_1(t)|dt=-\int_0^1 v_1(t)dt+\int_1^3 v_1(t)dt$$

$$=-\int_0^1(3t^2+4t-7)dt+\int_1^3(3t^2+4t-7)dt$$

$$=-\left[t^3+2t^2-7t\right]_0^1+\left[t^3+2t^2-7t\right]_1^3$$

$$=-(-4)+28$$

$$=32$$

점 p가 원점을 출발하여 $t=a$에서의 점 p의 위치는 $\int_0^a v(t)dt$ 이다.

12 귀납적으로 정의된 수열   정답률 45% | 정답 ①

첫째항이 자연수인 수열 $\{a_n\}$이 모든 자연수 n에 대하여

$$a_{n+1}=\begin{cases} a_n+1 & (a_n\text{이 홀수인 경우}) \\ \dfrac{1}{2}a_n & (a_n\text{이 짝수인 경우}) \end{cases}$$

를 만족시킬 때, ❶ $a_2+a_4=40$이 되도록 하는 모든 a_1의 값의 합은?[4점]

① 172   ② 175   ③ 178   ④ 181   ⑤ 184

STEP 01 a_1을 4로 나눈 나머지에 따라 경우를 나누어 각각 a_2, a_3, a_4를 구하여 ❶을 성립하도록 하는 k, a_1을 구한 다음 모든 a_1의 값의 합을 구한다.

자연수 k에 대하여

(i) $a_1=4k$일 때

　a_1은 짝수이므로 $a_2=\dfrac{a_1}{2}=\dfrac{4k}{2}=2k$

　a_2도 짝수이므로 $a_3=\dfrac{a_2}{2}=\dfrac{2k}{2}=k$

　 i) k가 홀수인 경우

　　$a_4=a_3+1=k+1$

　　이때

　　$a_2+a_4=2k+(k+1)=3k+1$이므로

　　$3k+1=40$에서 $k=13$이고,

　　$a_1=4k=4\times 13=52$

　 ii) k가 짝수인 경우

　　$a_4=\dfrac{a_3}{2}=\dfrac{k}{2}$

　　이때

　　$a_2+a_4=2k+\dfrac{k}{2}=\dfrac{5}{2}k$이므로

　　$\dfrac{5}{2}k=40$에서 $k=16$이고,

　　$a_1=4k=4\times 16=64$

(ii) $a_1=4k-1$일 때

　a_1은 홀수이므로 $a_2=a_1+1=4k$

　a_2는 짝수이므로 $a_3=\dfrac{a_2}{2}=\dfrac{4k}{2}=2k$

　a_3도 짝수이므로 $a_4=\dfrac{a_3}{2}=\dfrac{2k}{2}=k$

　이때

　$a_2+a_4=4k+k=5k$이므로

　$5k=40$에서 $k=8$이고,

　$a_1=4k-1=4\times 8-1=31$

(iii) $a_1=4k-2$일 때

　a_1은 짝수이므로 $a_2=\dfrac{a_1}{2}=\dfrac{4k-2}{2}=2k-1$

　a_2는 홀수이므로 $a_3=a_2+1=(2k-1)+1=2k$

　a_3은 짝수이므로 $a_4=\dfrac{a_3}{2}=\dfrac{2k}{2}=k$

　이때

　$a_2+a_4=(2k-1)+k=3k-1$이므로

　$3k-1=40$에서 $k=\dfrac{41}{3}$이고,

　이것은 조건을 만족시키지 않는다.

(iv) $a_1=4k-3$일 때

　a_1은 홀수이므로 $a_2=a_1+1=(4k-3)+1=4k-2$

　a_2는 짝수이므로 $a_3=\dfrac{a_2}{2}=\dfrac{4k-2}{2}=2k-1$

　a_3은 홀수이므로 $a_4=a_3+1=(2k-1)+1=2k$

　이때

　$a_2+a_4=(4k-2)+2k=6k-2$이므로

　$6k-2=40$에서 $k=7$이고,

　$a_1=4k-3=4\times 7-3=25$

(i)~(iv)에 의하여 조건을 만족시키는 모든 a_1의 값의 합은

$52+64+31+25=172$

13 도함수의 활용   정답률 29% | 정답 ③

두 실수 a, b에 대하여

함수 $f(x) = \begin{cases} -\dfrac{1}{3}x^3 - ax^2 - bx & (x < 0) \\ \dfrac{1}{3}x^3 + ax^2 - bx & (x \geq 0) \end{cases}$

가 ❶ 구간 $(-\infty, -1]$에서 감소하고 구간 $[-1, \infty)$에서 증가할 때, $a+b$의 최댓값을 M, 최솟값을 m이라 하자. $\underline{M-m}$의 값은?[4점]

① $\dfrac{3}{2} + 3\sqrt{2}$ ② $3 + 3\sqrt{2}$ ③ $\dfrac{9}{2} + 3\sqrt{2}$ ④ $6 + 3\sqrt{2}$ ⑤ $\dfrac{15}{2} + 3\sqrt{2}$

STEP 01 $f(x)$가 $x=-1$에서 미분가능할 조건으로 a, b의 관계식을 구한 후 ❶을 만족할 조건으로 a의 범위를 구하여 $M-m$의 값을 구한다.

$f(x) = \begin{cases} -\dfrac{1}{3}x^3 - ax^2 - bx & (x < 0) \\ \dfrac{1}{3}x^3 + ax^2 - bx & (x \geq 0) \end{cases}$

에서

$f'(x) = \begin{cases} -x^2 - 2ax - b & (x < 0) \\ x^2 + 2ax - b & (x > 0) \end{cases}$

함수 $f(x)$가 $x=-1$의 좌우에서 감소하다가 증가하고,
함수 $f(x)$가 $x=-1$에서 미분가능하므로
$f'(-1) = 0$
$-1 + 2a - b = 0$, $b = 2a - 1$

$x < 0$일 때
$f'(x) = -x^2 - 2ax - 2a + 1 = -(x+1)(x+2a-1)$
$f'(x) = 0$인 x의 값은 $x = -1$ 또는 $x = -2a+1$이다.
이때 함수 $f(x)$가 구간 $(-\infty, -1]$에서 감소하고, 구간 $[-1, 0]$에서 증가하므로
$(-\infty, -1)$에서 $f'(x) \leq 0$, $(-1, 0)$에서 $f'(x) \geq 0$이어야 한다.
즉, $f'(-2a+1) = 0$에서 $-2a+1 \geq 0$이어야 한다.
그러므로 $a \leq \dfrac{1}{2}$ ······ ㉠

한편, $x > 0$일 때
$f'(x) = x^2 + 2ax - b = x^2 + 2ax - 2a + 1 = (x+a)^2 - a^2 - 2a + 1$이고
함수 $f(x)$가 구간 $[0, \infty)$에서 증가하므로 $(0, \infty)$에서 $f'(x) \geq 0$이어야 한다.
(i) $-a < 0$, 즉 $a > 0$인 경우
     $(0, \infty)$에서 $f'(x) \geq 0$이려면 $f'(0) = -2a+1 \geq 0$이면 된다.
     그러므로 $0 < a \leq \dfrac{1}{2}$
(ii) $-a \geq 0$, 즉 $a \leq 0$인 경우
     $(0, \infty)$에서 $f'(x) \geq 0$이려면 $f'(-a) = -a^2 - 2a + 1 \geq 0$이면 된다.
     $a^2 + 2a - 1 \leq 0$, $-1 - \sqrt{2} \leq a \leq -1 + \sqrt{2}$
     그러므로 $-1 - \sqrt{2} \leq a \leq 0$
(i), (ii)에서
$-1 - \sqrt{2} \leq a \leq \dfrac{1}{2}$ ······ ㉡

즉, ㉠, ㉡에서 구하는 a의 값의 범위는 $-1 - \sqrt{2} \leq a \leq \dfrac{1}{2}$이므로
$a+b = 3a-1$의 값의 최댓값은 $a = \dfrac{1}{2}$일 때 $\dfrac{1}{2}$, 최솟값은 $a = -1 - \sqrt{2}$일 때 $-4 - 3\sqrt{2}$이다.
따라서 $M - m = \dfrac{1}{2} - (-4 - 3\sqrt{2}) = \dfrac{9}{2} + 3\sqrt{2}$

14 지수함수의 그래프   정답률 35% | 정답 ②

두 자연수 a, b에 대하여 함수

$f(x) = \begin{cases} 2^{x+a} + b & (x \leq -8) \\ -3^{x-3} + 8 & (x > -8) \end{cases}$

이 다음 조건을 만족시킬 때, $\underline{a+b}$의 값은?[4점]

> 집합 $\{f(x) \mid x \leq k\}$의 원소 중 정수인 것의 개수가 2가 되도록 하는 모든 실수 k의 값의 범위는 $3 \leq k < 4$이다.

① 11   ② 13   ③ 15   ④ 17   ⑤ 19

STEP 01 $y = f(x)$의 그래프를 그린 후 주어진 조건을 만족할 조건으로 a, b를 구한 다음 $a+b$의 값을 구한다.

$x \leq -8$과 $x > -8$에서 함수 $y = f(x)$의 그래프는 각각 그림과 같다.

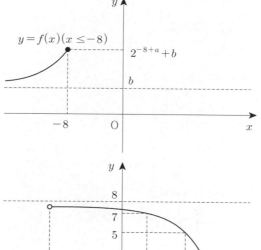

또한 주어진 조건에서 $3 \leq k < 4$이므로 $x > -8$인 경우에 정수 $f(x)$는
$f(x) = 6$ 또는 $f(x) = 7$이다.
따라서 주어진 조건을 만족시키기 위해서는 $x \leq -8$인 경우에 정수 $f(x)$는
6뿐이어야 한다.
즉 $b = 5$이고 $6 \leq f(-8) < 7$이어야 하므로
$6 \leq 2^{-8+a} + 5 < 7$
$1 \leq 2^{-8+a} < 2$
$0 \leq -8 + a < 1$, $8 \leq a < 9$
이때 a는 자연수이므로 $a = 8$
따라서 $a + b = 8 + 5 = 13$

15 함수의 극한과 연속   정답률 33% | 정답 ④

최고차항의 계수가 1인 삼차함수 $f(x)$에 대하여 함수 $g(x)$를

$g(x) = \begin{cases} \dfrac{f(x+3)\{f(x)+1\}}{f(x)} & (f(x) \neq 0) \\ 3 & (f(x) = 0) \end{cases}$

이라 하자. ❶ $\displaystyle\lim_{x \to 3} g(x) = g(3) - 1$일 때, $g(5)$의 값은?[4점]

① 14   ② 16   ③ 18   ④ 20   ⑤ 22

STEP 01 $f(3) \neq 0$ 또는 $f(3) = 0$인 경우에 대하여 각각 ❶을 만족할 수 있는지 확인하고 ❶을 만족할 조건으로 $f(x)$를 구한 다음 $g(5)$의 값을 구한다.

$\displaystyle\lim_{x \to 3} g(x) = g(3) - 1$ ······ ㉠

이므로 $x = 3$일 때, $f(3)$의 값에 따라 다음 각 경우로 나눌 수 있다.
(i) $f(3) \neq 0$일 때
     $x = 3$에 가까운 x의 값에 대하여 $f(x) \neq 0$이므로
     $g(x) = \dfrac{f(x+3)\{f(x)+1\}}{f(x)}$
     이때 함수 $f(x)$는 다항함수이므로 $f(x)$, $f(x+3)$, $f(x)+1$은 연속이다.
     그러므로 함수 $g(x)$는 $x = 3$에서 연속이다. 즉,
     $\displaystyle\lim_{x \to 3} g(x) = g(3)$
     이 식을 ㉠에 대입하면 만족하지 않는다.
(ii) $f(3) = 0$일 때
     함수 $f(x)$가 삼차함수이므로 방정식 $f(x) = 0$은 많아야 서로 다른 세 실근을 갖는다.
     그러므로 $x = 3$에 가까우며 $x \neq 3$인 x의 값에 대하여 $f(x) \neq 0$
     이때,
     $\displaystyle\lim_{x \to 3} g(x) = \lim_{x \to 3} \dfrac{f(x+3)\{f(x)+1\}}{f(x)}$ ······ ㉡
     위에서 $x \to 3$일 때, (분모)→0이므로 (분자)→0에서
     $\displaystyle\lim_{x \to 3} f(x+3)\{f(x)+1\} = 0$
     $f(6)\{f(3)+1\} = 0$
     $f(6) = 0$
     그러므로
     $f(x) = (x-3)(x-6)(x-k)$ (k는 상수)
     이 식을 ㉡에 대입하면

$$\lim_{x \to 3} g(x) = \lim_{x \to 3} \frac{x(x-3)(x+3-k)\{(x-3)(x-6)(x-k)+1\}}{(x-3)(x-6)(x-k)}$$
$$= \lim_{x \to 3} \frac{x(x+3-k)\{(x-3)(x-6)(x-k)+1\}}{(x-6)(x-k)}$$
$$= \frac{3(6-k)}{-3(3-k)} = \frac{6-k}{k-3}$$

이 값을 ㉠에 대입하면 $g(3) = 3$이므로

$$\frac{6-k}{k-3} = 3-1$$
$$6-k = 2k-6$$
$$3k = 12$$
$$k = 4$$

따라서,

$f(x) = (x-3)(x-4)(x-6)$이고 $f(5) \neq 0$이므로

$$g(5) = \frac{f(8)\{f(5)+1\}}{f(5)} = \frac{5 \times 4 \times 2 \times \{2 \times 1 \times (-1)+1\}}{2 \times 1 \times (-1)} = 20$$

---

16 로그방정식   정답률 79% | 정답 6

방정식 $\log_2(x-1) = \log_4(13+2x)$를 만족시키는 실수 x의 값을 구하시오.

STEP 01 로그의 성질을 이용하여 ❶의 방정식을 풀고 진수조건을 만족하는 x의 값을 구한다.

로그의 진수 조건에 의하여

$x-1 > 0$에서 $x > 1$ ······ ㉠

$13+2x > 0$에서 $x > -\dfrac{13}{2}$ ······ ㉡

㉠, ㉡에서 $x > 1$

$\log_2(x-1) = \log_4(13+2x)$에서

$\log_2(x-1) = \dfrac{1}{2}\log_2(13+2x)$

$2\log_2(x-1) = \log_2(13+2x)$

$\log_2(x-1)^2 = \log_2(13+2x)$

$(x-1)^2 = 13+2x$

$x^2 - 4x - 12 = 0$

$(x+2)(x-6) = 0$

$x > 1$이므로 $x = 6$

---

17 ∑의 성질   정답률 79% | 정답 24

두 수열 $\{a_n\}$, $\{b_n\}$에 대하여

❶ $\displaystyle\sum_{k=1}^{10}(2a_k - b_k) = 34$, $\displaystyle\sum_{k=1}^{10} a_k = 10$

일 때, ❷ $\displaystyle\sum_{k=1}^{10}(a_k - b_k)$의 값을 구하시오. [3점]

STEP 01 ❶의 두 식을 연립하여 ❷의 값을 구한다.

$$\sum_{k=1}^{10}(a_k - b_k) = \sum_{k=1}^{10}\{(2a_k - b_k) - a_k\}$$
$$= \sum_{k=1}^{10}(2a_k - b_k) - \sum_{k=1}^{10} a_k$$
$$= 34 - 10 = 24$$

---

18 곱의 미분법   정답률 80% | 정답 5

함수 $f(x) = (x^2+1)(x^2+ax+3)$에 대하여 ❶ $f'(1) = 32$일 때, 상수 a의 값을 구하시오. [3점]

STEP 01 곱의 미분법으로 $f(x)$를 미분하여 $f'(x)$를 구한 뒤 ❶을 이용하여 a의 값을 구한다.

$f(x) = (x^2+1)(x^2+ax+3)$에서

$f'(x) = 2x(x^2+ax+3) + (x^2+1)(2x+a)$이므로

$f'(1) = 2(a+4) + 2(a+2) = 4a+12 = 32$

따라서 $a = 5$

● 핵심 공식

▶ 곱의 미분

$f(x) = g(x) \cdot h(x)$라 하면, $f'(x) = g'(x) \cdot h(x) + g(x) \cdot h'(x)$

---

19 정적분을 이용한 넓이   정답률 63% | 정답 4

두 곡선 ❶ $y = 3x^3 - 7x^2$과 $y = -x^2$으로 둘러싸인 부분의 넓이를 구하시오. [3점]

STEP 01 ❶의 두 식을 연립하여 교점의 x좌표를 구한 후 적분을 이용하여 구하는 넓이를 구한다.

두 곡선 $y = 3x^3 - 7x^2$, $y = -x^2$이 만나는 점의 x좌표는

$3x^3 - 7x^2 = -x^2$

$3x^2(x-2) = 0$

$x = 0$ 또는 $x = 2$

이때, 두 함수 $y = 3x^3 - 7x^2$, $y = -x^2$의 그래프는 다음과 같다.

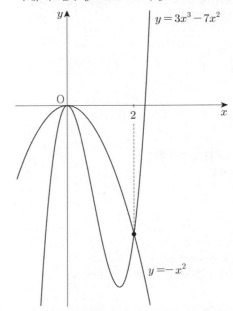

따라서 구하는 넓이는

$$\int_0^2 \{(-x^2) - (3x^3 - 7x^2)\}dx = \int_0^2 (-3x^3 + 6x^2)dx = \left[-\frac{3}{4}x^4 + 2x^3\right]_0^2$$
$$= (-12+16) - 0 = 4$$

★★★ 등급을 가르는 문제!

20 사인법칙과 코사인법칙   정답률 31% | 정답 98

그림과 같이

$\overline{AB} = 2$, $\overline{AD} = 1$, $\angle DAB = \dfrac{2}{3}\pi$, $\angle BCD = \dfrac{3}{4}\pi$

인 사각형 ABCD가 있다. 삼각형 BCD의 외접원의 반지름의 길이를 R_1, 삼각형 ABD의 외접원의 반지름의 길이를 R_2라 하자.

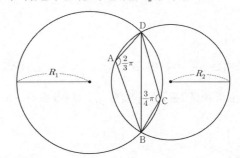

다음은 $R_1 \times R_2$의 값을 구하는 과정이다.

삼각형 BCD에서 사인법칙에 의하여

❶ $R_1 = \dfrac{\sqrt{2}}{2} \times \overline{BD}$이고

❷ 삼각형 ABD에서 사인법칙에 의하여

❸ $R_2 = \boxed{\text{(가)}} \times \overline{BD}$

이다. ❹ 삼각형 ABD에서 코사인법칙에 의하여

❺ $\overline{BD}^2 = 2^2 + 1^2 - \boxed{\text{(나)}}$

이므로

$R_1 \times R_2 = \boxed{\text{(다)}}$이다.

위의 (가), (나), (다)에 알맞은 수를 각각 p, q, r이라 할 때, $9 \times (p \times q \times r)^2$의 값을 구하시오. [4점]

STEP 01 ❷, ❹로 각각 (가), (나)를 구한 다음 ❶×❸의 식에 ❺를 대입하여 (다)를 구한 다음 $9\times(p\times q\times r)^2$의 값을 구한다.

삼각형 BCD에서 사인법칙에 의하여

$$\frac{\overline{BD}}{\sin\dfrac{3}{4}\pi}=2R_1, \quad \frac{\overline{BD}}{\dfrac{\sqrt{2}}{2}}=2R_1$$

$$R_1=\frac{\sqrt{2}}{2}\times\overline{BD}$$

이고, 삼각형 ABD에서 사인법칙에 의하여

$$\frac{\overline{BD}}{\sin\dfrac{2}{3}\pi}=2R_2, \quad \frac{\overline{BD}}{\dfrac{\sqrt{3}}{2}}=2R_2$$

$$R_2=\boxed{\frac{\sqrt{3}}{3}}\times\overline{BD}$$

이다. 삼각형 ABD에서 코사인법칙에 의하여

$$\overline{BD}^2=2^2+1^2-2\times2\times1\times\cos\frac{2}{3}\pi=2^2+1-\boxed{(-2)}=7$$

이므로

$$R_1\times R_2=\left(\frac{\sqrt{2}}{2}\times\overline{BD}\right)\times\left(\frac{\sqrt{3}}{3}\times\overline{BD}\right)=\frac{\sqrt{6}}{6}\times\overline{BD}^2=\boxed{\frac{7\sqrt{6}}{6}}$$

이다.

따라서 $p=\dfrac{\sqrt{3}}{3}$, $q=-2$, $r=\dfrac{7\sqrt{6}}{6}$이므로

$$9\times(p\times q\times r)^2=9\times\left\{\frac{\sqrt{3}}{3}\times(-2)\times\frac{7\sqrt{6}}{6}\right\}^2$$

$$=9\times\frac{98}{9}=98$$

●**핵심 공식**

▶ **코사인법칙**

세 변의 길이를 각각 a, b, c라 하고 b, c 사이의 끼인각을 A라 하면

$$a^2=b^2+c^2-2bc\cos A, \quad \left(\cos A=\frac{b^2+c^2-a^2}{2bc}\right)$$

▶ **사인법칙**

$\triangle ABC$에 대하여 $\triangle ABC$의 외접원의 반지름 길이를 R라고 할 때,

$$\frac{a}{\sin A}=\frac{b}{\sin B}=\frac{c}{\sin C}=2R$$

★★ **문제 해결 꿀~팁** ★★

▶ **문제 해결 방법**

사인법칙과 코사인법칙만 알고 있으면 쉽게 답을 구할 수 있다.

삼각형 BCD에서 사인법칙에 의하여 $R_1=\dfrac{\sqrt{2}}{2}\times\overline{BD}$이고,

삼각형 ABD에서 사인법칙에 의하여 $R_2=\dfrac{\sqrt{3}}{3}\times\overline{BD}$이므로

$$R_1\times R_2=\left(\frac{\sqrt{2}}{2}\times\overline{BD}\right)\times\left(\frac{\sqrt{3}}{3}\times\overline{BD}\right)=\frac{\sqrt{6}}{6}\overline{BD}^2$$이고

삼각형 ABD에서 코사인법칙에 의하여

$\overline{BD}^2=2^2+1-(-2)=7$이므로 $R_1\times R_2=\dfrac{\sqrt{6}}{6}\times7$이다.

계산이 복잡하지도 않고 두 공식외에 다른 공식이나 알아야 할 도형의 성질들도 없다. 두 공식을 정확하게 알고 실수없이 적용할 수 있으면 된다.

★★★ 등급을 가르는 문제!

21 등차수열의 일반항과 합   정답률 13% | 정답 19

모든 항이 자연수인 등차수열 $\{a_n\}$의 첫째항부터 제 n항까지의 합을 S_n이라 하자. ❶ a_7이 13의 배수이고 ❷ $\displaystyle\sum_{k=1}^{7}S_k=644$일 때, a_2의 값을 구하시오. [4점]

STEP 01 등차수열의 합으로 ❷를 정리한 후 ❶과 연립하여 a_7의 조건을 구한다.

등차수열 $\{a_n\}$의 첫째항을 a, 공차를 d라 하자.

수열 $\{a_n\}$의 모든 항이 자연수이므로 a는 자연수이고 d는 0 이상의 정수이다.

$$S_n=\frac{n\{2a+(n-1)d\}}{2}=\frac{d}{2}n^2+\left(a-\frac{d}{2}\right)n$$이므로

$$\sum_{k=1}^{7}S_k=\sum_{k=1}^{7}\left\{\frac{d}{2}k^2+\left(a-\frac{d}{2}\right)k\right\}$$

$$=\frac{d}{2}\times\sum_{k=1}^{7}k^2+\left(a-\frac{d}{2}\right)\times\sum_{k=1}^{7}k$$

$$=\frac{d}{2}\times\frac{7\times8\times15}{6}+\left(a-\frac{d}{2}\right)\times\frac{7\times8}{2}$$

$$=70d+28\left(a-\frac{d}{2}\right)$$

$$=28a+56d$$

$28a+56d=644$에서

$$a+2d=23 \quad\quad\quad\quad \cdots\cdots ㉠$$

a_7이 13의 배수이므로 자연수 m에 대하여

$$a+6d=13m \quad\quad\quad\quad \cdots\cdots ㉡$$

㉡ $-$ ㉠에서 $4d=13m-23$

$$4d+23+13=13m+13$$

$$4(d+9)=13(m+1)$$

$$d+9=\frac{13(m+1)}{4}$$

이 값이 자연수가 되어야 하므로 $m+1$의 값은 4의 배수이어야 한다.

즉, m이 될 수 있는 값은 3, 7, 11, 15, $\cdots$

STEP 02 첫째항이 자연수일 조건으로 공차를 구한 후 a_2의 값을 구한다.

한편, $d=\dfrac{13m-23}{4}$이므로 ㉡에서

$$a=13m-6d$$

$$=13m-6\times\left(\frac{13m-23}{4}\right)$$

$$=13m-\frac{39}{2}m+\frac{69}{2}$$

$$=-\frac{13}{2}m+\frac{69}{2}$$

이고 이 값이 양수이어야 하므로

$$-\frac{13}{2}m+\frac{69}{2}>0, \quad m<\frac{69}{13}$$

따라서 $m=3$이고 이때 $d=4$이므로

$a=23-2d=15$이고

$a_2=a+d=15+4=19$

●**핵심 공식**

▶ **등차수열의 일반항과 합**

(1) 등차수열의 일반항

첫째항이 a, 공차가 d인 등차수열의 일반항 a_n은 $a_n=a+(n-1)d$ $(n=1,\ 2,\ 3,\ \cdots)$

(2) 등차수열의 합

첫째항이 a, 공차가 d, 제n항이 l인 등차수열의 첫째항부터 제n항까지의 합을 S_n이라 하면

$$S_n=\frac{n(a+l)}{2}=\frac{n\{2a+(n-1)d\}}{2}$$

★★ **문제 해결 꿀~팁** ★★

▶ **문제 해결 방법**

$\displaystyle\sum_{k=1}^{7}S_k=28a+56d=644$이고 $a+6d=13m$이므로 $d+9=\dfrac{13(m+1)}{4}$이고 이 값이 자연수가 되어야 하므로 $m+1$은 4의 배수이어야 한다.

한편, $13m-6d=-\dfrac{13}{2}m+\dfrac{69}{2}>0$, $m<\dfrac{69}{13}$이므로 $m=3$이다.

등차수열의 합과 일반항으로 주어진 조건의 식을 세워 연립하고 모든 항이 자연수라는 문장에서 $a_1>0$임을 이용하면 a_7을 구할 수 있다. 주어진 조건으로 식을 세우면 세 개의 미지수가 나타나고 세 개의 조건이 주어졌으므로 등차수열에 관한 공식을 이용하여 식을 세워 연립하면 된다.

★★★ 등급을 가르는 문제!

22 곱의 미분과 적분   정답률 12% | 정답 10

두 다항함수 $f(x)$, $g(x)$에 대하여 $f(x)$의 한 부정적분을 $F(x)$라 하고 $g(x)$의 한 부정적분을 $G(x)$라 할 때, 이 함수들은 모든 실수 x에 대하여 다음 조건을 만족시킨다.

(가) $\displaystyle\int_{1}^{x}f(t)dt=xf(x)-2x^2-1$

(나) $f(x)G(x)+F(x)g(x)=8x^3+3x^2+1$

$\displaystyle\int_{1}^{3}g(x)dx$의 값을 구하시오.

STEP 01 조건 (가)의 양변을 미분하여 $f(x)$, $F(x)$를 구한다.

조건 (가)에 $x=1$을 대입하면

$0 = f(1) - 3$이므로 $f(1) = 3$ ...... ㉠

조건 (가)의 양변을 x에 대하여 미분하면

$f(x) = f(x) + xf'(x) - 4x$

이고, $f(x)$는 다항함수이므로 $f'(x) = 4$

즉, $f(x) = 4x + C_1(C_1$은 적분상수$)$

로 놓을 수 있다. 이때 ㉠에서

$f(1) = 3$이므로

$f(1) = 4 + C_1 = 3$, $C_1 = -1$

즉, $f(x) = 4x - 1$이므로

$F(x) = 2x^2 - x + C_2(C_2$는 적분상수$)$

STEP 02 조건 (나)에서 $G(x)$를 구한 후 적분하여 $\int_1^3 g(x)dx$의 값을 구한다.

한편, 조건 (나)에서

$f(x)G(x) + F(x)g(x) = \{F(x)G(x)\}'$

이므로 양변을 x에 대하여 적분하면

$F(x)G(x) = 2x^4 + x^3 + x + C_3(C_3$은 적분상수$)$로 놓을 수 있다.

이때 $F(x) = 2x^2 - x + C_2$이고 $G(x)$도 다항함수이므로

$G(x)$는 최고차항의 계수가 1인 이차함수이다.

$G(x) = x^2 + ax + b$ (단, a, b는 상수)로 놓으면

$(2x^2 - x + C_2)(x^2 + ax + b) = 2x^4 + x^3 + x + C_3$

양변의 x^3의 계수를 비교하면

$2a - 1 = 1$, $a = 1$이므로

$G(x) = x^2 + x + b$

따라서

$\int_1^3 g(x)dx = \left[G(x) \right]_1^3 = G(3) - G(1) = (3^2 + 3 + b) - (1^2 + 1 + b) = 10$

● **핵심 공식**

▶ **곱의 미분**

$f(x) = g(x)h(x)$라 하면, $f'(x) = g'(x)h(x) + g(x)h'(x)$

▶ **부분적분법**

$\{f(x)g(x)\}' = f'(x)g(x) + f(x)g'(x)$에서 $f(x)g'(x) = \{f(x)g(x)\}' - f'(x)g(x)$이므로 양변을 적분하면

$\int f(x)g'(x)dx = f(x)g(x) - \int f'(x)g(x)dx$

★★ **문제 해결 꿀~팁** ★★

▶ **문제 해결 방법**

조건 (가)의 양변을 x에 대하여 미분하면 $f'(x) = 4$이고 $f(1) = 3$이므로 $f(x) = 4x - 1$, $F(x) = 2x^2 - x + C_2$이다. 조건 (나)의 양변을 x에 대하여 적분하면 $F(x)G(x) = 2x^4 - x^3 + x + C_3$이므로 $G(x) = x^2 + ax + b$ 조건 (가)에서 $F(x)$를 구하고 조건 (나)의 좌변을 적분하면 $\int \{f(x)G(x) + F(x)g(x)\}dx = F(x)G(x)$이므로 $F(x)G(x) = 2x^4 - x^3 + x + C_3$ 이다. $F(x)G(x)$를 $F(x)$로 나누면 나누어 떨어져야 하므로 $G(x)$를 구할 수 있다. 조건 (나)의 식의 좌변을 적분하면 $F(x)G(x)$임을 알아채지 못하면 문제풀이에 어려움이 있다. 곱의 미분과 적분을 정확히 알아두어야 한다.

확률과 통계

23 이항분포   정답률 84% | 정답 ①

확률변수 X가 이항분포 ❶ B$\left(30, \dfrac{1}{5}\right)$ 을 따를 때, E(X)의 값은? [2점]

① 6   ② 7   ③ 8   ④ 9   ⑤ 10

STEP 01 ❶에서 E(X)의 값을 구한다.

이항분포 B$\left(30, \dfrac{1}{5}\right)$을 따르는 확률변수 X의 평균은

E$(X) = 30 \times \dfrac{1}{5} = 6$

● **핵심 공식**

▶ **이항분포의 평균, 분산, 표준편차**

확률변수 X가 이항분포 B(n, p)를 따를 때, X의 평균, 분산, 표준편차는 다음과 같다.

E$(X) = np$, V$(X) = npq$, $\sigma(X) = \sqrt{npq}$ (단, $q = 1 - p$)

24 같은 것이 있는 순열   정답률 83% | 정답 ③

그림과 같이 직사각형 모양으로 연결된 도로망이 있다. 이 도로망을 따라 A지점에서 출발하여 P지점을 거쳐 B지점까지 최단 거리로 가는 경우의 수는? [3점]

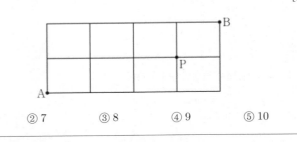

① 6   ② 7   ③ 8   ④ 9   ⑤ 10

STEP 01 같은 것이 있는 순열을 이용하여 A지점에서 P지점까지, P지점에서 B지점까지 최단 거리로 가는 경우의 수를 각각 구한 후 구하는 경우의 수를 구한다.

A지점에서 P지점까지 최단 거리로 가는 경우의 수는

$\dfrac{4!}{3! \times 1!} = 4$

P지점에서 B지점까지 최단 거리로 가는 경우의 수는

$\dfrac{2!}{1! \times 1!} = 2$

따라서 구하는 경우의 수는

$4 \times 2 = 8$

● **핵심 공식**

▶ **같은 것이 있는 순열**

n개 중에서 같은 것이 각각 p개, q개, r개, $\cdots$, s개가 있을 때, n개를 택하여 만든 순열의 수는

$\dfrac{n!}{p! q! r! \cdots s!}$ $(n = p + q + r + \cdots + s)$

25 배반사건의 확률   정답률 54% | 정답 ③

두 사건 A, B에 대하여 ❶ A와 B^C은 서로 배반사건이고

$P(A \cap B) = \dfrac{1}{5}$, $P(A) + P(B) = \dfrac{7}{10}$

일 때, $P(A^C \cap B)$의 값은? (단, A^C은 A의 여사건이다.) [3점]

① $\dfrac{1}{10}$ ② $\dfrac{1}{5}$ ③ $\dfrac{3}{10}$ ④ $\dfrac{2}{5}$ ⑤ $\dfrac{1}{2}$

STEP 01 ❶에서 두 사건 A, B의 관계를 파악하여 $P(A)$, $P(B)$를 구한 후 $P(A^C \cap B)$의 값을 구한다.

두 사건 A, B^C이 서로 배반사건이므로 $A \subset B$

$P(A \cap B) = P(A) = \dfrac{1}{5}$

$P(B) = \dfrac{7}{10} - P(A) = \dfrac{7}{10} - \dfrac{1}{5} = \dfrac{1}{2}$

따라서 $A \subset B$이므로

$P(A^C \cap B) = P(B) - P(A) = \dfrac{1}{2} - \dfrac{1}{5} = \dfrac{3}{10}$

● **핵심 공식**

▶ **독립사건과 배반사건**

두 사건 A, B에 대하여

(1) 두 사건 A, B가 독립이면 $P(A \cap B) = P(A)P(B)$

(2) 두 사건 A, B가 배반이면 $P(A \cup B) = P(A) + P(B)$

26 정규분포   정답률 71% | 정답 ②

어느 고등학교의 수학 시험에 응시한 수험생의 시험 점수는 ❶ 평균이 68점, 표준편차가 10점인 정규분포를 따른다고 한다. 이 수학 시험에 응시한 수험생 중 임의로 선택한 수험생 한 명의 시험 ❷ 점수가 55점 이상이고 78점 이하일 확률을 오른쪽 표준정규분포표를 이용하여 구한 것은? [3점]

z	$P(0 \leq Z \leq z)$
1.0	0.3413
1.1	0.3643
1.2	0.3849
1.3	0.4032

① 0.7262   ② 0.7445   ③ 0.7492   ④ 0.7675   ⑤ 0.7881

STEP 01 ❶에 의해 ❷를 표준화한 후 정규분포표를 이용하여 확률을 구한다.

시험 점수를 확률변수 X라 하면 X는 정규분포 $N(68,\ 10^2)$을 따르고 $Z=\dfrac{X-68}{10}$로 놓으면 확률변수 Z는 표준정규분포 $N(0,\ 1)$을 따른다.

따라서
$$\begin{aligned}
P(55\le X\le 78)&=P\left(\dfrac{55-68}{10}\le Z\le \dfrac{78-68}{10}\right)\\
&=P(-1.3\le Z\le 1)\\
&=P(-1.3\le Z\le 0)+P(0\le Z\le 1)\\
&=P(0\le Z\le 1.3)+P(0\le Z\le 1)\\
&=0.4032+0.3413=0.7445
\end{aligned}$$

● 핵심 공식

▶ 정규분포의 표준화

(1) 확률변수 X가 정규분포 $N(m,\ \sigma^2)$을 따를 때 확률변수 $Z=\dfrac{X-m}{\sigma}$은 표준정규분포 $N(0,\ 1)$을 따른다.

(2) $P(a\le X\le b)=P\left(\dfrac{a-m}{\sigma}\le Z\le \dfrac{b-m}{\sigma}\right)$

---

27 확률의 덧셈정리 정답률 56% | 정답 ④

두 집합 $X=\{1,\ 2,\ 3,\ 4\}$, $Y=\{1,\ 2,\ 3,\ 4,\ 5,\ 6,\ 7\}$대하여 X에서 Y로의 모든 일대일함수 f 중에서 임의로 하나를 선택할 때, 이 함수가 다음 조건을 만족시킬 확률은? [3점]

(가) $f(2)=2$
(나) $f(1)\times f(2)\times f(3)\times f(4)$는 4의 배수이다.

① $\dfrac{1}{14}$ ② $\dfrac{3}{35}$ ③ $\dfrac{1}{10}$ ④ $\dfrac{4}{35}$ ⑤ $\dfrac{9}{70}$

STEP 01 치역에 4 또는 6의 포함여부에 따라 경우를 나누어 각각 두 조건을 만족하도록 함숫값을 정하는 경우의 수를 구하여 구하는 확률을 구한다.

X에서 Y로의 일대일함수 f의 개수는
$_7P_4=7\times 6\times 5\times 4$

(i) 함수 f의 치역에 4가 포함되고 6이 포함되지 않는 경우
함숫값이 4인 정의역의 원소를 정하는 경우의 수는
$_3C_1=3$
함숫값이 2, 4가 아닌 경우, 함숫값이 홀수이어야 하므로
나머지 두 함숫값을 정하는 경우의 수는
$_4P_2=4\times 3=12$
즉, 이 경우의 확률은
$\dfrac{3\times 12}{7\times 6\times 5\times 4}=\dfrac{3}{70}$

(ii) 함수 f의 치역에 6이 포함되고 4가 포함되지 않는 경우
(i)과 같은 방법으로 이 경우의 확률은
$\dfrac{3\times 12}{7\times 6\times 5\times 4}=\dfrac{3}{70}$

(iii) 함수 f의 치역에 4와 6이 모두 포함되는 경우
함숫값이 4, 6인 정의역의 원소와 함숫값을 정하는 경우의 수는
$_3P_2=3\times 2=6$
함숫값이 2, 4, 6이 아닌 경우, 함숫값이 홀수이어야 하므로
나머지 함숫값을 정하는 경우의 수는
4
즉, 이 경우의 확률은
$\dfrac{6\times 4}{7\times 6\times 5\times 4}=\dfrac{1}{35}$

(i), (ii), (iii)에서 구하는 확률은
$\dfrac{3}{70}+\dfrac{3}{70}+\dfrac{1}{35}=\dfrac{4}{35}$

---

28 표본평균 정답률 35% | 정답 ⑤

주머니 A 에는 숫자 1, 2, 3이 하나씩 적힌 3개의 공이 들어 있고, 주머니 B에는 숫자 1, 2, 3, 4가 하나씩 적힌 4개의 공이 들어 있다. 두 주머니 A, B와 한 개의 주사위를 사용하여 다음 시행을 한다.

주사위를 한 번 던져
나온 눈의 수가 3의 배수이면
주머니 A에서 임의로 2개의 공을 동시에 꺼내고,

나온 눈의 수가 3의 배수가 아니면
주머니 B에서 임의로 2개의 공을 동시에 꺼낸다.
꺼낸 2개의 공에 적혀 있는 수의 차를 기록한 후,
공을 꺼낸 주머니에 이 2개의 공을 다시 넣는다.

이 시행을 2번 반복하여 기록한 두 개의 수의 평균을 $\overline{X}$라 할 때, $P(\overline{X}=2)$의 값은? [4점]

① $\dfrac{11}{81}$ ② $\dfrac{13}{81}$ ③ $\dfrac{5}{27}$ ④ $\dfrac{17}{81}$ ⑤ $\dfrac{19}{81}$

 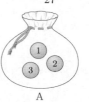 

A   B

STEP 01 $\overline{X}=2$인 경우를 구한 후 각 경우의 확률을 구하여 $P(\overline{X}=2)$의 값을 구한다.

주머니 A에서 꺼낸 2개의 공에 적혀 있는 두 수의 차가 1일 확률은 $\dfrac{2}{3}$

주머니 A에서 꺼낸 2개의 공에 적혀 있는 두 수의 차가 2일 확률은 $\dfrac{1}{3}$

주머니 B에서 꺼낸 2개의 공에 적혀 있는 수의 차가 1일 확률은 $\dfrac{3}{6}=\dfrac{1}{2}$

주머니 B에서 꺼낸 2개의 공에 적혀 있는 수의 차가 2일 확률은 $\dfrac{2}{6}=\dfrac{1}{3}$

주머니 B에서 꺼낸 2개의 공에 적혀 있는 수의 차가 3일 확률은 $\dfrac{1}{6}$

첫 번째 시행에서 기록한 수를 X_1, 두 번째 시행에서 기록한 수를 X_2라 하면 구하는 확률은 $X_1+X_2=4$일 확률이다.

(i) $(X_1,\ X_2)=(1,\ 3)$인 경우
첫 번째 시행에서 3의 배수의 눈이 나온 경우의 확률은
$\left(\dfrac{1}{3}\times\dfrac{2}{3}\right)\times\left(\dfrac{2}{3}\times\dfrac{1}{6}\right)=\dfrac{2}{81}$
첫 번째 시행에서 3의 배수가 아닌 눈이 나온 경우의 확률은
$\left(\dfrac{2}{3}\times\dfrac{1}{2}\right)\times\left(\dfrac{2}{3}\times\dfrac{1}{6}\right)=\dfrac{1}{27}$
이 경우의 확률은 $\dfrac{2}{81}+\dfrac{1}{27}=\dfrac{5}{81}$

(ii) $(X_1,\ X_2)=(3,\ 1)$인 경우
(i)과 같은 방법으로 이 경우의 확률은 $\dfrac{2}{81}+\dfrac{1}{27}=\dfrac{5}{81}$

(iii) $(X_1,\ X_2)=(2,\ 2)$인 경우
i) 주머니 A에서만 공을 꺼내는 경우 이 경우의 확률은
$\left(\dfrac{1}{3}\times\dfrac{1}{3}\right)\times\left(\dfrac{1}{3}\times\dfrac{1}{3}\right)=\dfrac{1}{81}$
ii) 주머니 B에서만 공을 꺼내는 경우 이 경우의 확률은
$\left(\dfrac{2}{3}\times\dfrac{1}{3}\right)\times\left(\dfrac{2}{3}\times\dfrac{1}{3}\right)=\dfrac{4}{81}$
iii) 주머니 A와 주머니 B에서 한 번씩 공을 꺼내는 경우
이 경우의 확률은 $2\times\left(\dfrac{1}{3}\times\dfrac{1}{3}\right)\times\left(\dfrac{2}{3}\times\dfrac{1}{3}\right)=\dfrac{4}{81}$
이 경우의 확률은 $\dfrac{1}{81}+\dfrac{4}{81}+\dfrac{4}{81}=\dfrac{1}{9}$

(i), (ii), (iii)에서 구하는 확률은
$\dfrac{5}{81}+\dfrac{5}{81}+\dfrac{1}{9}=\dfrac{19}{81}$

---

29 독립시행의 확률 정답률 21% | 정답 62

앞면에는 문자 A, 뒷면에는 문자 B가 적힌 한 장의 카드가 있다. 이 카드와 한 개의 동전을 사용하여 다음 시행을 한다.

동전을 두 번 던져
앞면이 나온 횟수가 2이면 카드를 한 번 뒤집고,
앞면이 나온 횟수가 0 또는 1이면 카드를 그대로 둔다.

처음에 문자 A가 보이도록 카드가 놓여 있을 때, 이 ❶ 시행을 5번 반복한 후 문자 B가 보이도록 카드가 놓일 확률은 p이다. $128\times p$의 값을 구하시오.

[4점]

STEP 01 ❶을 만족하는 경우를 구한 후 독립시행의 확률을 이용하여 p를 구한 다음 $128 \times p$의 값을 구한다.

동전을 두 번 던져 앞면이 나온 횟수가 2일 확률은 $\dfrac{1}{4}$

앞면이 나온 횟수가 0 또는 1일 확률은 $1 - \dfrac{1}{4} = \dfrac{3}{4}$

문자 B가 보이도록 카드가 놓이려면 뒤집는 횟수가 홀수이어야 한다.
따라서 구하는 확률은 5번의 시행 중 앞면이 나온 횟수가 2인 횟수 1 또는 3 또는 5인 확률이므로

$$p = {}_5C_1 \left(\dfrac{1}{4}\right)^1 \left(\dfrac{3}{4}\right)^4 + {}_5C_3 \left(\dfrac{1}{4}\right)^3 \left(\dfrac{3}{4}\right)^2 + {}_5C_5 \left(\dfrac{1}{4}\right)^5 \left(\dfrac{3}{4}\right)^0$$

$$= \dfrac{405 + 90 + 1}{4^5} = \dfrac{31}{64}$$

즉, $128 \times p = 128 \times \dfrac{31}{64} = 62$

★★★ 등급을 가르는 문제!

30 중복조합 정답률 10% | 정답 336

다음 조건을 만족시키는 13 이하의 자연수 a, b, c, d 의 ❶ 모든 순서쌍 (a, b, c, d) 의 개수를 구하시오. [4점]

(가) $a \leq b \leq c \leq d$
(나) $a \times d$는 홀수이고, $b + c$는 짝수이다.

STEP 01 b, c의 홀수, 짝수의 경우에 따라 경우를 나누고 중복조합으로 두 조건을 만족하는 ❶을 구한다.

조건 (나)에서 $a \times d$가 홀수이므로 a와 d는 모두 홀수이고,
$b + c$가 짝수이므로 b와 c가 모두 홀수이거나 b와 c가 모두 짝수이다.

(i) b와 c가 모두 홀수인 경우
a, b, c, d가 모두 13 이하의 홀수이다.
13 이하의 홀수의 개수는 7이고, 조건 (가)에서 $a \leq b \leq c \leq d$이므로
조건을 만족시키는 모든 순서쌍 (a, b, c, d)의 개수는 서로 다른 7개에서 중복을 허락하여 4개를 택하는 중복조합의 수 ${}_7H_4$와 같다.

$${}_7H_4 = {}_{10}C_4 = \dfrac{10 \times 9 \times 8 \times 7}{4 \times 3 \times 2 \times 1} = 210$$

(ii) b와 c가 모두 짝수인 경우
a와 d 모두 홀수, b와 c가 모두 짝수,
$a \leq b \leq c \leq d$이므로 $d - a$의 값은 12 이하의 자연수이다.
　i) $d - a = 12$인 경우
　　순서쌍 (a, d)의 개수는 1이고,
　　순서쌍 (b, c)의 개수는 서로 다른 짝수 6개에서 중복을 허락하여
　　2개를 택하는 중복조합의 수 ${}_6H_2$이므로
　　구하는 순서쌍의 개수는
$$1 \times {}_6H_2 = 1 \times {}_7C_2 = 1 \times \dfrac{7 \times 6}{2 \times 1} = 21$$
　ii) $d - a = 10$인 경우
　　순서쌍 (a, d)의 개수는 2이고,
　　순서쌍 (b, c)의 개수는 서로 다른 짝수 5개에서 중복을 허락하여
　　2개를 택하는 중복조합의 수 ${}_5H_2$이므로
　　구하는 순서쌍의 개수는
$$2 \times {}_5H_2 = 2 \times {}_6C_2 = 2 \times \dfrac{6 \times 5}{2 \times 1} = 30$$
　iii) $d - a = 8$인 경우
　　순서쌍 (a, d)의 개수는 3이고,
　　순서쌍 (b, c)의 개수는 서로 다른 짝수 4개에서 중복을 허락하여
　　2개를 택하는 중복조합의 수 ${}_4H_2$이므로
　　구하는 순서쌍의 개수는
$$3 \times {}_4H_2 = 3 \times {}_5C_2 = 3 \times \dfrac{5 \times 4}{2 \times 1} = 30$$
　iv) $d - a = 6$인 경우
　　순서쌍 (a, d)의 개수는 4이고,
　　순서쌍 (b, c)의 개수는 서로 다른 짝수 3개에서 중복을 허락하여 2개를
　　택하는 중복조합의 수 ${}_3H_2$이므로 구하는 순서쌍의 개수는
$$4 \times {}_3H_2 = 4 \times {}_4C_2 = 4 \times \dfrac{4 \times 3}{2 \times 1} = 24$$
　v) $d - a = 4$인 경우
　　순서쌍 (a, d)의 개수는 5이고,
　　순서쌍 (b, c)의 개수는 서로 다른 짝수 2개에서 중복을 허락하여

2개를 택하는 중복조합의 수 ${}_2H_2$이므로
　구하는 순서쌍의 개수는
$$5 \times {}_2H_2 = 5 \times {}_3C_2 = 5 \times \dfrac{3 \times 2}{2 \times 1} = 15$$
　vi) $d - a = 2$인 경우
　　순서쌍 (a, d)의 개수는 6이고,
　　순서쌍 (b, c)의 개수는 $a + 1 = b = c$에서 1이므로
　　구하는 순서쌍의 개수는
$$6 \times 1 = 6$$
(i), (ii)에서 구하는 모든 순서쌍의 개수는
$$210 + 21 + 30 + 30 + 24 + 15 + 6 = 336$$

다른 풀이

(ii) b와 c가 모두 짝수인 경우
홀수 a, d와 짝수 b, c에 대하여 $1 \leq a \leq b \leq c \leq d \leq 13$이므로
$a = a'$, $b - a = b'$, $c - b = c'$, $d - c = d'$, $14 - d = e'$이라 하면
a', b', d', e'은 홀수이고, c'은 0 또는 짝수이다.
$$a' + b' + c' + d' + e' = 14$$
음이 아닌 정수 a'', b'', c'', d'', e''에 대하여
$a' = 2a'' + 1$, $b' = 2b'' + 1$, $c' = 2c''$, $d' = 2d'' + 1$, $e' = 2e'' + 1$이라 하면
$$a'' + b'' + c'' + d'' + e'' = 5$$
그러므로 구하는 순서쌍의 개수는
$${}_5H_5 = {}_9C_5 = {}_9C_4 = \dfrac{9 \times 8 \times 7 \times 6}{4 \times 3 \times 2 \times 1} = 126$$

●핵심 공식

▶ 중복조합

${}_nH_r$은 서로 다른 n개의 원소에서 r개를 뽑는 경우의 수이다.
$${}_nH_r = {}_{n+r-1}C_r$$

★★ 문제 해결 꿀~팁 ★★

▶ 문제 해결 방법

조건 (나)에서 a, d는 모두 홀수이고, b와 c는 모두 홀수이거나 모두 짝수이다.
b와 c가 모두 홀수이면 13이하의 홀수 7개에서 중복을 허락하여 4개를 택하면 되므로 ${}_7H_4$이고, b와 c가 모두 짝수인 경우는 $d - a$의 값에 따라 경우를 다시 나누어야 한다.
$d - a = 12$인 경우 순서쌍 (a, d)의 개수는 1이고 순서쌍 (b, c)의 개수는 서로 다른 짝수 6개에서 중복을 허락하여 2개를 택하면 되므로 ${}_6H_2$이다.
$d - a$의 다른 값에 대하여도 같은 방법으로 순서쌍의 개수를 구하면 된다.
나열하는 순서나 크기가 정해진 경우는 택하기만 하면 되고 나열하는 경우는 고려하지 않아도 되므로 조건을 만족하도록 택하는 경우만 잘 구분하여 경우의 수를 구하면 된다.

미적분

23 지수함수의 극한 정답률 93% | 정답 ④

❶ $\displaystyle\lim_{x \to 0} \dfrac{e^{7x} - 1}{e^{2x} - 1}$ 의 값은? [2점]

① $\dfrac{1}{2}$　　② $\dfrac{3}{2}$　　③ $\dfrac{5}{2}$　　④ $\dfrac{7}{2}$　　⑤ $\dfrac{9}{2}$

STEP 01 지수함수의 극한으로 ❶의 값을 구한다.

$$\lim_{x \to 0} \dfrac{e^{7x} - 1}{e^{2x} - 1} = \lim_{x \to 0} \left(\dfrac{e^{7x} - 1}{7x} \times \dfrac{2x}{e^{2x} - 1} \times \dfrac{7}{2} \right) = \dfrac{7}{2} \times \lim_{x \to 0} \dfrac{e^{7x} - 1}{7x} \times \lim_{x \to 0} \dfrac{2x}{e^{2x} - 1}$$
$$= \dfrac{7}{2} \times 1 \times 1 = \dfrac{7}{2}$$

24 음함수의 미분법 정답률 77% | 정답 ②

매개변수 t로 나타내어진 곡선
❶ $x = t + \cos 2t$, $y = \sin^2 t$
에서 $t = \dfrac{\pi}{4}$일 때, $\dfrac{dy}{dx}$의 값은? [3점]

① -2　　② -1　　③ 0　　④ 1　　⑤ 2

STEP 01 ❶에서 $\dfrac{dx}{dt}$, $\dfrac{dy}{dt}$를 구한 후 $\dfrac{dy}{dx}$를 구한 다음 $t = \dfrac{\pi}{4}$를 대입하여 값을 구한다.

$\dfrac{dx}{dt}=1-2\sin2t$, $\dfrac{dy}{dt}=2\sin t\cos t$이므로

$$\dfrac{dy}{dx}=\dfrac{\dfrac{dy}{dt}}{\dfrac{dx}{dt}}=\dfrac{2\sin t\cos t}{1-2\sin2t}\ (단,\ 1-2\sin2t\neq0) \qquad\cdots\cdots\ ㉠$$

㉠의 우변에 $t=\dfrac{\pi}{4}$를 대입하면

$$\dfrac{2\sin\dfrac{\pi}{4}\cos\dfrac{\pi}{4}}{1-2\sin\dfrac{\pi}{2}}=\dfrac{2\times\dfrac{\sqrt{2}}{2}\times\dfrac{\sqrt{2}}{2}}{1-2\times1}=\dfrac{1}{1-2}=-1$$

---

25 치환적분을 이용한 정적분   정답률 72% | 정답 ②

함수 $f(x)=x+\ln x$에 대하여 ❶ $\displaystyle\int_1^e\left(1+\dfrac{1}{x}\right)f(x)dx$의 값은?[3점]

① $\dfrac{e^2}{2}+\dfrac{e}{2}$ ② $\dfrac{e^2}{2}+e$ ③ $\dfrac{e^2}{2}+2e$ ④ e^2+e ⑤ e^2+2e

STEP 01 $f(x)$를 미분하여 $f'(x)$를 구한 후 $f'(x)$를 이용하여 ❶을 적분하여 값을 구한다.

$f'(x)=1+\dfrac{1}{x}$이므로

$$\begin{aligned}\int_1^e\left(1+\dfrac{1}{x}\right)f(x)dx&=\int_1^e f'(x)f(x)dx\\&=\left[\dfrac{1}{2}\{f(x)\}^2\right]_1^e\\&=\dfrac{1}{2}\{f(e)\}^2-\dfrac{1}{2}\{f(1)\}^2\\&=\dfrac{1}{2}(e+1)^2-\dfrac{1}{2}(1+0)^2\\&=\dfrac{e^2}{2}+e\end{aligned}$$

●핵심 공식

▶ 치환적분

$\displaystyle\int_a^b f(g(x))g'(x)dx$에서 $g(x)=t$로 놓으면 $g'(x)dx=dt$

$\displaystyle\int_a^b f(g(x))g'(x)dx=\int_{g(a)}^{g(b)}f(t)dt$

---

26 급수의 합   정답률 63% | 정답 ⑤

공차가 양수인 등차수열 $\{a_n\}$과 등비수열 $\{b_n\}$에 대하여

❶ $a_1=b_1=1$, $a_2b_2=1$이고

❷ $\displaystyle\sum_{n=1}^{\infty}\left(\dfrac{1}{a_na_{n+1}}+b_n\right)=2$

일 때, $\displaystyle\sum_{n=1}^{\infty}b_n$의 값은?[3점]

① $\dfrac{7}{6}$ ② $\dfrac{6}{5}$ ③ $\dfrac{5}{4}$ ④ $\dfrac{4}{3}$ ⑤ $\dfrac{3}{2}$

STEP 01 부분분수의 합으로 $\displaystyle\sum_{k=1}^{n}\dfrac{1}{a_ka_{k+1}}$를 구한 후 극한값을 구한다.

등차수열 $\{a_n\}$의 공차를 $d\,(d>0)$이라 하면

$$\dfrac{1}{a_na_{n+1}}=\dfrac{1}{a_{n+1}-a_n}\left(\dfrac{1}{a_n}-\dfrac{1}{a_{n+1}}\right)=\dfrac{1}{d}\left(\dfrac{1}{a_n}-\dfrac{1}{a_{n+1}}\right)$$이므로

$$\begin{aligned}\sum_{k=1}^{n}\dfrac{1}{a_ka_{k+1}}&=\dfrac{1}{d}\sum_{k=1}^{n}\left(\dfrac{1}{a_k}-\dfrac{1}{a_{k+1}}\right)\\&=\dfrac{1}{d}\left\{\left(\dfrac{1}{a_1}-\dfrac{1}{a_2}\right)+\left(\dfrac{1}{a_2}-\dfrac{1}{a_3}\right)+\cdots+\left(\dfrac{1}{a_n}-\dfrac{1}{a_{n+1}}\right)\right\}\\&=\dfrac{1}{d}\left(\dfrac{1}{a_1}-\dfrac{1}{a_{n+1}}\right)\qquad\cdots\cdots\ ㉠\end{aligned}$$

STEP 02 ❷에서 급수의 성질을 이용하여 $\displaystyle\sum_{n=1}^{\infty}b_n$을 구한 후 ❶을 이용하여 공차를

구하여 $\displaystyle\sum_{n=1}^{\infty}b_n$의 값을 구한다.

이때

$a_n=a_1+(n-1)d=dn+1-d$이므로

$\displaystyle\lim_{n\to\infty}a_n=\lim_{n\to\infty}(dn+1-d)=\infty$

$\displaystyle\lim_{n\to\infty}a_{n+1}=\lim_{n\to\infty}a_n=\infty$

$\displaystyle\lim_{n\to\infty}\dfrac{1}{a_{n+1}}=0$

㉠에서

$$\begin{aligned}\sum_{n=1}^{\infty}\dfrac{1}{a_na_{n+1}}&=\lim_{n\to\infty}\sum_{k=1}^{n}\dfrac{1}{a_ka_{k+1}}\\&=\lim_{n\to\infty}\dfrac{1}{d}\left(\dfrac{1}{a_1}-\dfrac{1}{a_{n+1}}\right)\\&=\dfrac{1}{d}\left(\lim_{n\to\infty}1-\lim_{n\to\infty}\dfrac{1}{a_{n+1}}\right)\\&=\dfrac{1}{d}(1-0)=\dfrac{1}{d}\end{aligned}$$

$\displaystyle\sum_{n=1}^{\infty}\left(\dfrac{1}{a_na_{n+1}}+b_n\right)=2$에서 $\dfrac{1}{a_na_{n+1}}+b_n=c_n$이라 하면

$\displaystyle\sum_{n=1}^{\infty}c_n=2$

$b_n=c_n-\dfrac{1}{a_na_{n+1}}$이므로 급수의 성질에 의하여

$$\sum_{n=1}^{\infty}b_n=\sum_{n=1}^{\infty}\left(c_n-\dfrac{1}{a_na_{n+1}}\right)=\sum_{n=1}^{\infty}c_n-\sum_{n=1}^{\infty}\dfrac{1}{a_na_{n+1}}=2-\dfrac{1}{d}\qquad\cdots\cdots\ ㉡$$

따라서 등비급수 $\displaystyle\sum_{n=1}^{\infty}b_n$이 수렴하므로 등비수열 $\{b_n\}$의 공비를 r라 하면

$-1<r<1$이고 $a_2b_2=(1+d)r=1$에서

$r=\dfrac{1}{1+d}$

이때 $d>0$이므로

$$\sum_{n=1}^{\infty}b_n=\dfrac{b_1}{1-r}=\dfrac{1}{1-\dfrac{1}{1+d}}=\dfrac{1+d}{d}\qquad\cdots\cdots\ ㉢$$

이므로 ㉡, ㉢에서

$2-\dfrac{1}{d}=\dfrac{1+d}{d}$, $\dfrac{2d-1}{d}=\dfrac{1+d}{d}$

$d=2$

㉡ 또는 ㉢에서

$$\sum_{n=1}^{\infty}b_n=\dfrac{3}{2}$$

●핵심 공식

▶ 부분분수

$\dfrac{1}{A\cdot B}=\dfrac{1}{B-A}\left(\dfrac{1}{A}-\dfrac{1}{B}\right)$ (단, $0<A<B$)

---

27 정적분의 활용   정답률 44% | 정답 ①

$x=-\ln4$에서 $x=1$까지 곡선 ❶ $y=\dfrac{1}{2}\left(|e^x-1|-e^{|x|}+1\right)$의 길이는?[3점]

① $\dfrac{23}{8}$ ② $\dfrac{13}{4}$ ③ $\dfrac{29}{8}$ ④ 4   ⑤ $\dfrac{35}{8}$

STEP 01 ❶의 범위를 나누어 적분으로 구하는 길이를 구한다.

$$y=\begin{cases}-\dfrac{e^x+e^{-x}}{2}+1 & (x<0)\\0 & (x\geq0)\end{cases}$$

$$\dfrac{dy}{dx}=\begin{cases}-\dfrac{e^x-e^{-x}}{2} & (x<0)\\0 & (x\geq0)\end{cases}$$

이므로 $x<0$일 때

$$1+\left(\dfrac{dy}{dx}\right)^2=1+\left(\dfrac{e^x-e^{-x}}{2}\right)^2=\left(\dfrac{e^x+e^{-x}}{2}\right)^2$$에서

$$\sqrt{1+\left(\dfrac{dy}{dx}\right)^2}=\sqrt{\left(\dfrac{e^x+e^{-x}}{2}\right)^2}=\left|\dfrac{e^x+e^{-x}}{2}\right|=\dfrac{e^x+e^{-x}}{2}$$

이고, $x\geq0$일 때

$$1+\left(\dfrac{dy}{dx}\right)^2=1+0=1$$

따라서 $-\ln4\leq x\leq1$에서의 곡선의 길이는

$$\int_{-\ln 4}^{1}\sqrt{1+\left(\frac{dy}{dx}\right)^2}\,dx=\int_{-\ln 4}^{0}\frac{e^x+e^{-x}}{2}\,dx+\int_{0}^{1}1\,dx$$
$$=\left[\frac{e^x-e^{-x}}{2}\right]_{-\ln 4}^{0}+[x]_{0}^{1}$$
$$=\left(\frac{e^0-e^0}{2}-\frac{e^{-\ln 4}-e^{\ln 4}}{2}\right)+(1-0)$$
$$=\left(0-\frac{\frac{1}{4}-4}{2}\right)+1=\frac{15}{8}+1=\frac{23}{8}$$

---

28 미분가능성과 정적분   정답률 19% | 정답 ②

실수 $a\,(0<a<2)$에 대하여 함수 $f(x)$를

$$f(x)=\begin{cases}2\,|\sin 4x| & (x<0)\\ -\sin ax & (x\geq 0)\end{cases}$$

이라 하자. 함수

❶ $g(x)=\left|\displaystyle\int_{-a\pi}^{x}f(t)\,dt\right|$

가 실수 전체의 집합에서 미분 가능할 때, a의 최솟값은? [4점]

① $\dfrac{1}{2}$ ② $\dfrac{3}{4}$ ③ 1 ④ $\dfrac{5}{4}$ ⑤ $\dfrac{3}{2}$

STEP 01 $y=f(x)$의 그래프를 그린 후 ❶을 만족할 조건을 구한다.

함수 $y=f(x)$의 그래프는 다음과 같다.

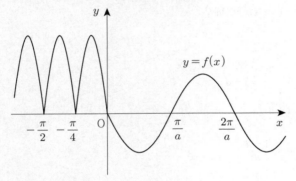

$F(x)=\displaystyle\int_{-a\pi}^{x}f(t)\,dt$라 하자.

함수 $f(x)$는 실수 전체의 집합에서 연속이므로 함수 $F(x)$는 실수 전체의
집합에서 미분가능하다. 이때 정적분의 성질에 의하여
$F'(x)=f(x)$이고,

$$g(x)=\begin{cases}-F(x) & (F(x)<0)\\ F(x) & (F(x)\geq 0)\end{cases}$$

이므로

$$g'(x)=\begin{cases}-f(x) & (F(x)<0)\\ f(x) & (F(x)>0)\end{cases}$$

따라서 함수 $g(x)=|F(x)|$가 실수 전체의 집합에서 미분가능하려면
$F(k)=0$인 실수 k가 존재하지 않거나
$F(k)=0$인 모든 실수 k에 대하여 $F'(k)=f(k)=0$이어야 한다.

STEP 02 $g(x)$가 미분가능할 조건으로 a와 n의 범위를 구한 다음 a의 최솟값을
구한다.

(i) 함수 $g(x)$가 구간 $(-\infty,\ 0)$에서 미분가능할 조건
     $-a\pi<0$이고 모든 음의 실수 x에 대하여 $f(x)\geq 0$이므로

$$F(k)=\int_{-a\pi}^{k}f(t)\,dt=0$$인 음의 실수 k의 값은 $-a\pi$뿐이다.

이때 $f(k)=f(-a\pi)=2\,|\sin(-4a\pi)|=0$이어야 하므로

$-4a\pi=-n\pi$, 즉 $a=\dfrac{n}{4}$ $(n$은 자연수)   …… ㉠

(ii) 함수 $g(x)$가 구간 $[0,\ \infty)$에서 미분가능할 조건

$$\int_{-\frac{\pi}{4}}^{0}f(t)\,dt=\int_{-\frac{\pi}{4}}^{0}(-2\sin 4t)\,dt$$
$$=\left[\frac{1}{2}\cos 4t\right]_{-\frac{\pi}{4}}^{0}$$
$$=\frac{1}{2}\cos 0-\frac{1}{2}\cos(-\pi)$$
$$=\frac{1}{2}+\frac{1}{2}=1$$

이고 모든 음의 실수 x에 대하여
$f\left(x-\dfrac{\pi}{4}\right)=f(x)$가 성립하므로 ㉠에서

$$\int_{-a\pi}^{0}f(t)\,dt=\int_{-\frac{n}{4}\pi}^{0}f(t)\,dt=n\int_{-\frac{\pi}{4}}^{0}f(t)\,dt=n$$

따라서 양의 실수 x에 대하여

$$F(x)=\int_{-a\pi}^{x}f(t)\,dt$$
$$=\int_{-\frac{n}{4}\pi}^{0}f(t)\,dt+\int_{0}^{x}f(t)\,dt$$
$$=n+\int_{0}^{x}(-\sin at)\,dt$$
$$=n+\left[\frac{1}{a}\cos at\right]_{0}^{x}$$
$$=n+\left(\frac{1}{a}\cos ax-\frac{1}{a}\cos 0\right)$$
$$=n+\frac{1}{a}\cos ax-\frac{1}{a}$$
$$=n+\frac{4}{n}\cos\frac{n}{4}x-\frac{4}{n}$$

이때 $F(k)=0$인 양수 k가 존재하면 $n=\dfrac{4}{n}\left(1-\cos\dfrac{n}{4}k\right)$에서

$$\cos\frac{n}{4}k=1-\frac{n^2}{4} \qquad\qquad …… ㉡$$

이때 $f(k)=-\sin ak=-\sin\dfrac{n}{4}k=0$이어야 하므로

$\dfrac{n}{4}k=m\pi$ (m은 자연수)이고 ㉡에서

$$\cos m\pi=1-\frac{n^2}{4}$$

이때 m, n은 자연수이므로

$$\cos m\pi=1-\frac{n^2}{4}=-1,$$

즉 $n^2=8$을 만족시키는 자연수 n은 존재하지 않는다.
그러므로 함수 $g(x)$가 구간 $[0,\ \infty)$에서 미분가능하려면
모든 양의 실수 x에 대하여

$$F(x)=n+\frac{4}{n}\cos\frac{n}{4}x-\frac{4}{n}>0$$

즉, $\cos\dfrac{n}{4}x>1-\dfrac{n^2}{4}$이어야 한다.

따라서 $1-\dfrac{n^2}{4}<-1$이어야 하므로 $n^2>8$

따라서 자연수 n의 최솟값은 3이므로

㉠에서 a의 최솟값은 $\dfrac{3}{4}$이다.

---

29 등비수열의 극한   정답률 50% | 정답 18

두 실수 a, b $(a>1,\ b>1)$이

❶ $\displaystyle\lim_{n\to\infty}\frac{3^n+a^{n+1}}{3^{n+1}+a^n}=a$, ❷ $\displaystyle\lim_{n\to\infty}\frac{a^n+b^{n+1}}{a^{n+1}+b^n}=\frac{9}{a}$

를 만족시킬 때, $a+b$의 값을 구하시오. [4점]

STEP 01 a의 범위를 나누고 등비수열의 극한으로 ❶의 극한값을 구하여 a의 범위를
구한다.

(i) $1<a<3$인 경우

$$\lim_{n\to\infty}\left(\frac{a}{3}\right)^n=0$$이므로

$$\lim_{n\to\infty}\frac{3^n+a^{n+1}}{3^{n+1}+a^n}=\lim_{n\to\infty}\frac{1+a\left(\dfrac{a}{3}\right)^n}{3+\left(\dfrac{a}{3}\right)^n}=\frac{1+a\times 0}{3+0}=\frac{1}{3}=a$$

$a=\dfrac{1}{3}<1$이므로 모순이다.

(ii) $a=3$인 경우

$$\lim_{n\to\infty}\frac{3^n+a^{n+1}}{3^{n+1}+a^n}=\lim_{n\to\infty}\frac{3^n+3^{n+1}}{3^{n+1}+3^n}=\lim_{n\to\infty}1=1=a$$

이므로 모순이다.

(iii) $a>3$인 경우

$\lim_{n\to\infty}\left(\dfrac{3}{a}\right)^n=0$이므로

$$\lim_{n\to\infty}\dfrac{3^n+a^{n+1}}{3^{n+1}+a^n}=\lim_{n\to\infty}\dfrac{\left(\dfrac{3}{a}\right)^n+a}{3\left(\dfrac{3}{a}\right)^n+1}=\dfrac{0+a}{3\times0+1}=a$$

이므로 등식을 만족시킨다.

STEP 02 a, b의 대소관계에 따라 범위를 나누고 같은 방법으로 ❷를 만족하는 경우를 찾아 a, b를 구한 다음 $a+b$의 값을 구한다.

i) $3<a<b$일 때
같은 방법으로

$$\lim_{n\to\infty}\dfrac{a^n+b^{n+1}}{a^{n+1}+b^n}=b>3=\dfrac{9}{3}>\dfrac{9}{a}$$

이므로 등식을 만족시키지 않는다.

ii) $b<a$일 때
같은 방법으로

$$\lim_{n\to\infty}\dfrac{a^n+b^{n+1}}{a^{n+1}+b^n}=\dfrac{1}{a}\neq\dfrac{9}{a}$$

이므로 등식을 만족시키지 않는다.

iii) $3<a=b$일 때

$$\lim_{n\to\infty}\dfrac{a^n+b^{n+1}}{a^{n+1}+b^n}=\lim_{n\to\infty}\dfrac{a^n+a^{n+1}}{a^{n+1}+a^n}=1=\dfrac{9}{a}$$

에서 $a=9$, $b=9$

이상에서 $a=9$, $b=9$이므로
$a+b=18$

●핵심 공식

▶ 무한등비수열 $\{r^n\}$의 수렴과 발산
(1) $r>1$일 때, $\lim_{n\to\infty}r^n=\infty$ (발산)
(2) $r=1$일 때, $\lim_{n\to\infty}r^n=1$ (수렴)
(3) $|r|<1$일 때, $\lim_{n\to\infty}r^n=0$ (수렴)
(4) $r\le-1$일 때, 수열 $\{r^n\}$은 진동한다. (발산)

★★★ 등급을 가르는 문제!

30 삼각함수와 음함수의 미분법   정답률 11% | 정답 32

길이가 10인 선분 AB를 지름으로 하는 원과 선분 AB 위에 $\overline{AC}=4$인 점 C가 있다. 이 원 위의 점 P를 $\angle PCB=\theta$가 되도록 잡고, 점 P를 지나고 선분 AB에 수직인 직선이 이 원과 만나는 점 중 P가 아닌 점을 Q라 하자. 삼각형 PCQ의 넓이를 $S(\theta)$라 할 때, $-7\times S'\left(\dfrac{\pi}{4}\right)$의 값을 구하시오.
$\left(\text{단, } 0<\theta<\dfrac{\pi}{2}\right)$ [4점]

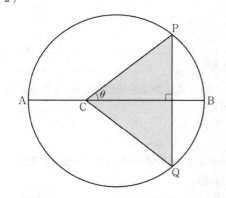

STEP 01 삼각형 PCO에서 코사인법칙을 이용하여 $\overline{CP}=x$의 방정식을 구한 후 $S(\theta)$를 구한다.

선분 AB의 중점을 O라 하면
$\overline{OP}=5$
$\overline{OC}=\overline{AO}-\overline{AC}=5-4=1$
삼각형 PCO에서 코사인법칙을 이용하면
$\overline{OP}^2=\overline{CP}^2+\overline{OC}^2-2\times\overline{CP}\times\overline{OC}\times\cos\theta$
$\overline{CP}=x$라 하면
$5^2=x^2+1^2-2\times x\times1\times\cos\theta$
$x^2-2x\cos\theta-24=0$ ……㉠
선분 PQ의 중심을 M이라 하면

$S(\theta)=\dfrac{1}{2}\times\overline{PQ}\times\overline{CM}=\dfrac{1}{2}\times2x\sin\theta\times x\cos\theta=x^2\sin\theta\cos\theta$

STEP 02 ㉠과 $S(\theta)$를 미분한 후 $S'(\theta)$에 $\dfrac{dx}{d\theta}$와 $\theta=\dfrac{\pi}{4}$를 대입하여 $S'\left(\dfrac{\pi}{4}\right)$를 구한 다음 $-7\times S'\left(\dfrac{\pi}{4}\right)$의 값을 구한다.

㉠을 θ에 대하여 미분하면
$2x\dfrac{dx}{d\theta}-2\cos\theta\dfrac{dx}{d\theta}+2x\sin\theta=0$

$\dfrac{dx}{d\theta}=\dfrac{x\sin\theta}{\cos\theta-x}$

$\theta=\dfrac{\pi}{4}$를 ㉠에 대입하면
$x^2-\sqrt{2}x-24=0$
$x>0$이므로 $x=4\sqrt{2}$
따라서 $\theta=\dfrac{\pi}{4}$일 때 $\dfrac{dx}{d\theta}$의 값은

$$\dfrac{dx}{d\theta}=\dfrac{4\sqrt{2}\times\sin\dfrac{\pi}{4}}{\cos\dfrac{\pi}{4}-4\sqrt{2}}=-\dfrac{4\sqrt{2}}{7}$$

$S(\theta)$를 θ에 대하여 미분하면

$$\dfrac{dS(\theta)}{d\theta}=2x\dfrac{dx}{d\theta}\sin\theta\cos\theta+x^2\cos^2\theta-x^2\sin^2\theta$$

따라서 $\theta=\dfrac{\pi}{4}$일 때 $\dfrac{dS(\theta)}{d\theta}$의 값은

$$S'\left(\dfrac{\pi}{4}\right)=2\times4\sqrt{2}\times\left(-\dfrac{4\sqrt{2}}{7}\right)\times\cos\dfrac{\pi}{4}\times\sin\dfrac{\pi}{4}$$
$$+(4\sqrt{2})^2\cos^2\dfrac{\pi}{4}-(4\sqrt{2})^2\sin^2\dfrac{\pi}{4}$$
$$=-\dfrac{32}{7}$$

따라서 $-7\times S'\left(\dfrac{\pi}{4}\right)=-7\times\left(-\dfrac{32}{7}\right)=32$

●핵심 공식

▶ 삼각함수의 도함수
$(\sin x)'=\cos x$
$(\cos x)'=-\sin x$
$(\tan x)'=\sec^2 x$

★★ 문제 해결 꿀~팁 ★★

▶ 문제 해결 방법
$\overline{CP}=x$라 하고 삼각형 PCO에서 코사인법칙을 이용하면
$x^2-2x\cos\theta-24=0$, $\theta=\dfrac{\pi}{4}$를 대입하면 $x=4\sqrt{2}$이고,
$S(\theta)=x^2\sin\theta\cos\theta$이다.
이제 ㉠을 미분하여 $\dfrac{dx}{d\theta}$를 구하고 삼각함수의 미분으로 $S(\theta)$를 미분한 식에 $\theta=\dfrac{\pi}{4}$와 함께 대입하면 답을 구할 수 있다.
삼각형 PCO에서 코사인법칙을 이용하여 구한 식에서 x를 구하고 풀이를 시작해야 한다. $\overline{CP}$를 구하면 다른 변들의 길이도 알 수 있고 $\overline{CP}$를 이용하면 다른 변들의 길이도 비교적 구하기가 쉬우므로 $\overline{CP}$를 미지수로 놓고 구하는 것이 문제풀이에 유리하다. $\overline{CP}$를 구하면 다른 변들의 길이를 구하여 $S(\theta)$를 구할 수 있고 삼각함수의 미분으로 $S(\theta)$를 미분하고 $\theta=\dfrac{\pi}{4}$를 대입하면 된다.
삼각함수의 미분과 음함수의 미분만 할 수 있으면 어렵지 않게 답을 구할 수 있다.

| 정답과 해설 |

●정답●

공통 | 수학
01 ④ 02 ① 03 ② 04 ① 05 ③ 06 ⑤ 07 ⑤ 08 ① 09 ③ 10 ④ 11 ② 12 ② 13 ⑤ 14 ⑤ 15 ③
16 7 17 16 18 13 19 4 20 80 21 220 22 58
선택 | 확률과 통계
23 ① 24 ③ 25 ④ 26 ② 27 ⑤ 28 ③ 29 175 30 260
선택 | 미적분
23 ① 24 ② 25 ⑤ 26 ③ 27 ④ 28 ④ 29 3 30 283

★ 표기된 문항은 [등급을 가르는 문항]에 해당하는 문제입니다.

---

01 지수법칙 정답률 91% | 정답 ④

❶ $\left(\dfrac{2^{\sqrt{3}}}{2}\right)^{\sqrt{3}+1}$ 의 값은? [2점]

① $\dfrac{1}{16}$　② $\dfrac{1}{4}$　③ 1　④ 4　⑤ 16

STEP 01 지수법칙으로 ❶을 계산하여 값을 구한다.

$$\left(\dfrac{2^{\sqrt{3}}}{2}\right)^{\sqrt{3}+1}=\left(2^{\sqrt{3}-1}\right)^{\sqrt{3}+1}=2^{(\sqrt{3}-1)(\sqrt{3}+1)}=2^{3-1}=2^2=4$$

●핵심 공식

▶ 지수법칙

$a>0$, $b>0$이고, m, n이 실수일 때
(1) $a^m a^n=a^{m+n}$　(2) $\left(a^m\right)^n=a^{mn}$　(3) $(ab)^n=a^n b^n$
(4) $a^m \div a^n=a^{m-n}$　(5) $\sqrt[n]{a^n}=a^{\frac{n}{m}}$　(6) $\dfrac{1}{a^n}=a^{-n}$
(7) $a^0=1$

---

02 미분계수 정답률 91% | 정답 ①

함수 $f(x)=2x^2+5$에 대하여 **❶** $\lim\limits_{x\to 2}\dfrac{f(x)-f(2)}{x-2}$ 의 값은? [2점]

① 8　② 9　③ 10　④ 11　⑤ 12

STEP 01 $f(x)$를 미분하여 $f'(x)$를 구한 후 미분계수의 정의에 의하여 ❶의 값을 구한다.

$f(x)=2x^2+5$에서 $f'(x)=4x$이므로
$$\lim\limits_{x\to 2}\dfrac{f(x)-f(2)}{x-2}=f'(2)=4\times 2=8$$

---

03 삼각함수 사이의 관계 정답률 83% | 정답 ②

❶ $\sin(x-\theta)=\dfrac{5}{13}$ 이고 $\cos\theta<0$일 때, $\tan\theta$ 의 값은? [3점]

① $-\dfrac{12}{13}$　② $-\dfrac{5}{12}$　③ 0　④ $\dfrac{5}{12}$　⑤ $\dfrac{12}{13}$

STEP 01 삼각함수의 성질을 이용하여 ❶에서 $\cos\theta$를 구한 후 $\tan\theta$의 값을 구한다.

$\sin(\pi-\theta)=\sin\theta$이므로 $\sin\theta=\dfrac{5}{13}$

이때 $\cos^2\theta=1-\sin^2\theta=1-\left(\dfrac{5}{13}\right)^2=1-\dfrac{25}{169}=\dfrac{144}{169}=\left(\dfrac{12}{13}\right)^2$

이고, 주어진 조건에 의하여 $\cos\theta<0$ 이므로 $\cos\theta=-\dfrac{12}{13}$

따라서 $\tan\theta=\dfrac{\sin\theta}{\cos\theta}=\dfrac{\dfrac{5}{13}}{-\dfrac{12}{13}}=-\dfrac{5}{12}$

---

04 함수의 연속 정답률 85% | 정답 ①

함수
$$f(x)=\begin{cases}-2x+a & (x\le a)\\ ax-6 & (x>a)\end{cases}$$

가 실수 전체의 집합에서 연속이 되도록 하는 모든 상수 a의 값의 합은? [3점]

① -1　② -2　③ -3　④ -4　⑤ -5

STEP 01 $f(x)$가 $x=a$에서 연속일 조건으로 a를 구한 후 합을 구한다.

함수 $f(x)$가 실수 전체의 집합에서 연속이려면 $x=a$에서 연속이어야 한다.
즉, $f(a)=\lim\limits_{x\to a-}f(x)=\lim\limits_{x\to a+}f(x)$가 성립해야 한다.

$f(a)=-2a+a=-a$,
$\lim\limits_{x\to a-}f(x)=\lim\limits_{x\to a-}(-2x+a)=-2a+a=-a$,
$\lim\limits_{x\to a+}f(x)=\lim\limits_{x\to a+}(ax-6)=a^2-6$이므로
$f(a)=\lim\limits_{x\to a-}f(x)=\lim\limits_{x\to a+}f(x)$에서
$-a=a^2-6$,
$a^2+a-6=(a+3)(a-2)=0$
$a=-3$ 또는 $a=2$
따라서 구하는 모든 상수 a의 값의 합은
$(-3)+2=-1$

●핵심 공식

▶ 함수의 연속

$x=n$에서 연속이려면 함수값 =좌극한 =우극한이여야 한다.
$$f(n)=\lim\limits_{x\to n-}f(x)=\lim\limits_{x\to n+}f(x)$$

---

05 등차수열 정답률 91% | 정답 ③

등차수열 $\{a_n\}$에 대하여

❶ $a_1=2a_5$, $a_8+a_{12}=-6$

일때, a_2의 값은? [3점]

① 17　② 19　③ 21　④ 23　⑤ 25

STEP 01 ❶에서 등차수열의 일반항으로 첫째항과 공차를 구한 후 a_2의 값을 구한다.

등차수열 $\{a_n\}$의 공차를 d라 하면
$a_1=2a_5=2(a_1+4d)$
$a_1+8d=0$ ...... ㉠
$a_8+a_{12}=(a_1+7d)+(a_1+11d)=2a_1+18d=-6$
$a_1+9d=-3$ ...... ㉡
㉠, ㉡에서 $a_1=24$, $d=-3$이므로
$a_2=a_1+d=21$

●핵심 공식

▶ 등차수열

첫째항이 a, 공차가 d인 등차수열의 일반항 a_n은 $a_n=a+(n-1)d$ $(n=1,\,2,\,3,\,\cdots)$

---

06 도함수의 활용 정답률 87% | 정답 ⑤

함수 $f(x)=x^3-3x^2+k$의 **❶** 극댓값이 9일 때, 함수 $f(x)$의 극솟값은? (단, k는 상수이다.) [3점]

① 1　② 2　③ 3　④ 4　⑤ 5

STEP 01 $f(x)$를 미분하여 ❶에서 k를 구한 후 극솟값을 구한다.

$f(x)=x^3-3x^2+k$에서
$f'(x)=3x^2-6x=3x(x-2)$이므로
$f'(x)=0$에서 $x=0$ 또는 $x=2$
이때 함수 $f(x)$의 증가와 감소를 표로 나타내면 다음과 같다.

x	$\cdots$	0	$\cdots$	2	$\cdots$
$f'(x)$	$+$	0	$-$	0	$+$
$f(x)$	↗	극대	↘	극소	↗

주어진 조건에 의하여 함수 $f(x)$의 극댓값이 9이므로
$f(0)=k=9$
따라서 $f(x)=x^3-3x^2+9$이고
함수 $f(x)$의 극솟값은 $f(2)$이므로
구하는 극솟값은
$f(2)=2^3-3\times 2^2+9=5$

---

07 여러 가지 수열의 합　　　정답률 77% | 정답 ⑤

수열 $\{a_n\}$의 첫째항부터 제n항까지의 합을 S_n이라 하자.

❶ $S_n = \dfrac{1}{n(n+1)}$ 일 때, $\displaystyle\sum_{k=1}^{10}(S_k - a_k)$의 값은? [3점]

① $\dfrac{1}{2}$　② $\dfrac{3}{5}$　③ $\dfrac{7}{10}$　④ $\dfrac{4}{5}$　⑤ $\dfrac{9}{10}$

STEP 01 ❶에서 부분분수의 합으로 $\displaystyle\sum_{k=1}^{10}S_k$와 $\displaystyle\sum_{k=1}^{10}a_k$를 구한 후 차를 구한다.

$S_n = \dfrac{1}{n(n+1)} = \dfrac{1}{n} - \dfrac{1}{n+1}$ 이므로

$\displaystyle\sum_{k=1}^{10}S_k = \sum_{k=1}^{10}\left(\dfrac{1}{k} - \dfrac{1}{k+1}\right)$

$= \left(\dfrac{1}{1} - \dfrac{1}{2}\right) + \left(\dfrac{1}{2} - \dfrac{1}{3}\right) + \cdots + \left(\dfrac{1}{10} - \dfrac{1}{11}\right)$

$= 1 - \dfrac{1}{11} = \dfrac{10}{11}$

한편,

$\displaystyle\sum_{k=1}^{10}a_k = S_{10} = \dfrac{1}{10\times 11} = \dfrac{1}{110}$ 이므로

$\displaystyle\sum_{k=1}^{10}(S_k - a_k) = \sum_{k=1}^{10}S_k - \sum_{k=1}^{10}a_k = \dfrac{10}{11} - \dfrac{1}{110} = \dfrac{99}{110} = \dfrac{9}{10}$

다른 풀이

$k=1$이면 $S_k - a_k = S_1 - a_1 = 0$

$k \geq 2$이면 $S_k - a_k = S_{k-1} = \dfrac{1}{(k-1)k}$ 이므로

$\displaystyle\sum_{k=1}^{10}(S_k - a_k) = (S_1 - a_1) + \sum_{k=2}^{10}(S_k - a_k)$

$= 0 + \displaystyle\sum_{k=2}^{10}\dfrac{1}{(k-1)k}$

$= \displaystyle\sum_{k=2}^{10}\left(\dfrac{1}{k-1} - \dfrac{1}{k}\right)$

$= \left(\dfrac{1}{1} - \dfrac{1}{2}\right) + \left(\dfrac{1}{2} - \dfrac{1}{3}\right) + \left(\dfrac{1}{3} - \dfrac{1}{4}\right) + \cdots + \left(\dfrac{1}{9} - \dfrac{1}{10}\right)$

$= 1 - \dfrac{1}{10} = \dfrac{9}{10}$

●핵심 공식

▶ 부분분수

$\dfrac{1}{A \cdot B} = \dfrac{1}{B-A}\left(\dfrac{1}{A} - \dfrac{1}{B}\right)$ (단, $0 < A < B$)

08 접선의 방정식　　　정답률 75% | 정답 ①

곡선 ❶ $y = x^3 - 4x + 5$ 위의 점 $(1, 2)$에서의 접선이
곡선 ❷ $y = x^4 + 3x + a$에 접할 때, 상수 a의 값은? [3점]

① 6　② 7　③ 8　④ 9　⑤ 10

STEP 01 미분을 이용하여 ❶을 구한 후 기울기를 이용하여 ❷의 접점의 좌표를 구한 다음 ❷에 대입하여 a의 값을 구한다.

$y = x^3 - 4x + 5$에서 $y' = 3x^2 - 4$
이므로 점 $(1, 2)$에서의 접선의 방정식은
$y - 2 = -(x-1)$
$y = -x + 3$　　　　　　　　……㉠
또한, $y = x^4 + 3x + a$에서 $y' = 4x^3 + 3$
이고 곡선 $y = x^4 + 3x + a$와 직선 ㉠이 접하므로 접점의 x좌표는
$4x^3 + 3 = -1$, $x^3 = -1$
$x = -1$
따라서 접점의 좌표는 $(-1, 4)$이고 이 점은 곡선 $y = x^4 + 3x + a$ 위의 점이므로
$4 = 1 - 3 + a$
$a = 6$

●핵심 공식

▶ 접선의 방정식

곡선 $y = f(x)$ 위의 점 $(a, f(a))$에서의 접선의 방정식은 $y - f(a) = f'(a)(x-a)$

09 삼각함수의 그래프　　　정답률 71% | 정답 ③

닫힌구간 $[0, 12]$에서 정의된 두 함수

$f(x) = \cos\dfrac{\pi x}{6}$,　$g(x) = -3\cos\dfrac{\pi x}{6} - 1$

이 있다. 곡선 $y = f(x)$와 직선 $y = k$가 만나는 두 점의 x좌표를 α_1, α_2라 할 때, ❶ $|\alpha_1 - \alpha_2| = 8$이다. 곡선 $y = g(x)$와 직선 $y = k$가 만나는 두 점의 x좌표를 β_1, β_2라 할 때, $|\beta_1 - \beta_2|$의 값은?
(단, k는 $-1 < k < 1$인 상수이다.) [4점]

① 3　② $\dfrac{7}{2}$　③ 4　④ $\dfrac{9}{2}$　⑤ 5

STEP 01 $y = f(x)$의 그래프를 그린 후 삼각함수의 그래프의 대칭성과 ❶을 이용하여 α_1, α_2를 구한 다음 k를 구한다.

함수 $y = f(x)$의 주기는 $\dfrac{2\pi}{\frac{\pi}{6}} = 12$이므로 함수 $y = f(x)$의 그래프는 다음과 같다.

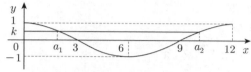

위 그림과 같이 일반성을 잃지 않고 $\alpha_1 < \alpha_2$라 하면
$\alpha_1 + \alpha_2 = 12$
주어진 조건에 의하여 $\alpha_2 - \alpha_1 = 8$이므로
$\alpha_1 = 2$, $\alpha_2 = 10$
그러므로 $k = \cos\left(\dfrac{\pi \times 2}{6}\right) = \cos\dfrac{\pi}{3} = \dfrac{1}{2}$

STEP 02 $y = g(x)$와 $y = k$를 연립하여 β_1, β_2를 구한 후 $|\beta_1 - \beta_2|$의 값을 구한다.

한편, $-3\cos\dfrac{\pi x}{6} - 1 = \dfrac{1}{2}$ 에서

$\cos\dfrac{\pi x}{6} = -\dfrac{1}{2}$

$0 \leq x \leq 12$에서 $0 \leq \dfrac{\pi x}{6} \leq 2\pi$이므로

$\dfrac{\pi x}{6} = \dfrac{2}{3}\pi$ 또는 $\dfrac{\pi x}{6} = \dfrac{4}{3}\pi$

즉, $x = 4$ 또는 $x = 8$
따라서 $|\beta_1 - \beta_2| = |4 - 8| = 4$

●핵심 공식

▶ 삼각함수의 그래프

$y = a\sin(bx + c) \Rightarrow$ 주기 : $\dfrac{2\pi}{|b|}$, 최댓값 $|a|$, 최솟값 $-|a|$

$y = a\cos(bx + c) \Rightarrow$ 주기 : $\dfrac{2\pi}{|b|}$, 최댓값 $|a|$, 최솟값 $-|a|$

$y = a\tan(bx + c) \Rightarrow$ 주기 : $\dfrac{\pi}{|b|}$, 최댓값과 최솟값은 없다.

10 정적분의 활용　　　정답률 72% | 정답 ④

수직선 위의 점 A(6)과 시각 $t = 0$일 때 원점을 출발하여 이 수직선 위를 움직이는 점 P가 있다. 시각 $t(t \geq 0)$에서의 점 P의 속도 $v(t)$를

$v(t) = 3t^2 + at$ $(a > 0)$

이라 하자. ❶ 시각 $t = 2$에서 점 P와 점 A 사이의 거리가 10일 때, 상수 a의 값은? [4점]

① 1　② 2　③ 3　④ 4　⑤ 5

STEP 01 $v(t)$를 적분하여 $t = 2$에서 점 P의 위치를 구한 후 ❶을 이용하여 양수 a의 값을 구한다.

$t = 2$에서 점 P의 위치는

$\displaystyle\int_0^2 v(t)dt = \int_0^2 (3t^2 + at)dt = \left[t^3 + \dfrac{a}{2}t^2\right]_0^2 = 8 + 2a$

점 P$(8 + 2a)$와 점 A(6) 사이의 거리가 10이려면
$|(8 + 2a) - 6| = 10$,
즉 $2a + 2 = \pm 10$이어야 하므로 양수 a의 값은
$2a + 2 = 10$에서
$a = 4$

▶ 속도와 이동거리

수직선 위를 움직이는 점 p의 시각 t에서의 속도를 $v(t)$라 할 때, $t=a$에서 $t=b$ $(a<b)$까지의 실제 이동거리 s는 $s=\int_a^b |v(t)|dt$이다.

---

11 거듭제곱근의 성질과 지수법칙   정답률 53% | 정답 ②

함수 $f(x)=-x(x-2)^2+k$에 대하여 다음 조건을 만족시키는

❶ 자연수 n의 개수가 2일 때, 상수 k의 값은? [4점]

❷ $\sqrt{3}^{f(n)}$의 네제곱근 중 실수인 것을 모두 곱한 값이 -9이다.

① 8 ② 9 ③ 10 ④ 11 ⑤ 12

STEP 01 ❷에서 $f(n)$을 구한다.

$\sqrt{3}^{f(n)}$의 네제곱근 중 실수인 것은

$\sqrt[4]{\sqrt{3}^{f(n)}}$, $-\sqrt[4]{\sqrt{3}^{f(n)}}$이므로

$$\sqrt[4]{\sqrt{3}^{f(n)}}\times\left(-\sqrt[4]{\sqrt{3}^{f(n)}}\right)=-\sqrt{3}^{\frac{1}{4}f(n)}\times\sqrt{3}^{\frac{1}{4}f(n)}$$
$$=-3^{\frac{1}{8}f(n)}\times3^{\frac{1}{8}f(n)}$$
$$=-3^{\frac{1}{4}f(n)}$$
$$=-9$$

따라서 $3^{\frac{1}{4}f(n)}=3^2$이므로

$\frac{1}{4}f(n)=2$, $f(n)=8$ ······ ㉠

STEP 02 ❶을 만족할 조건으로 k의 값을 구한다.

이때, 이차함수 $f(x)=-(x-2)^2+k$의 그래프의 대칭축은 $x=2$이므로

㉠을 만족시키는 자연수 n의 개수가 2이기 위해서는

이차함수 $y=f(x)$의 그래프가 점 $(1,\ 8)$을 지나야 한다.

$f(1)=-1+k=8$

$k=9$

---

12 함수의 극한   정답률 61% | 정답 ②

실수 $t(t>0)$에 대하여 직선 $y=x+t$와 곡선 $y=x^2$이 만나는 두 점을 A, B라 하자. 점 A를 지나고 x축에 평행한 직선이 곡선 $y=x^2$과 만나는 점 중 A가 아닌 점을 C, 점 B에서 선분 AC에 내린 수선의 발을 H라 하자.

❶ $\lim\limits_{t\to 0+}\dfrac{\overline{AH}-\overline{CH}}{t}$의 값은? (단, 점 A의 x좌표는 양수이다.) [4점]

① 1 ② 2 ③ 3 ④ 4 ⑤ 5

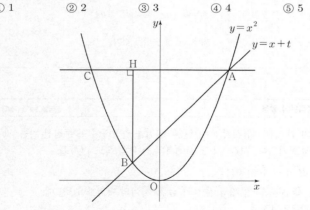

STEP 01 두 점 A, B의 좌표를 미지수로 놓고 $\overline{AH}$, $\overline{CH}$를 구한 후 ❶의 값을 구한다.

두 점 A, B의 좌표를 각각 $A(a,\ a^2)$, $B(b,\ b^2)$이라 하면

x에 대한 이차방정식 $x^2-x-t=0$의 두 근이 a, b이므로

이차방정식의 근과 계수의 관계에 의하여

$a+b=1$, $ab=-t$

그러므로

$\overline{AH}=a-b=\sqrt{(a-b)^2}=\sqrt{(a+b)^2-4ab}=\sqrt{1+4t}$

또, 점 C의 좌표가 $C(-a,\ a^2)$이므로

$\overline{CH}=b-(-a)=b+a=1$

따라서

$$\lim\limits_{t\to 0+}\frac{\overline{AH}-\overline{CH}}{t}=\lim\limits_{t\to 0+}\frac{\sqrt{1+4t}-1}{t}$$
$$=\lim\limits_{t\to 0+}\frac{(\sqrt{1+4t}-1)(\sqrt{1+4t}+1)}{t(\sqrt{1+4t}+1)}$$
$$=\lim\limits_{t\to 0+}\frac{(1+4t)-1}{t(\sqrt{1+4t}+1)}$$
$$=\lim\limits_{t\to 0+}\frac{4t}{t(\sqrt{1+4t}+1)}$$
$$=\lim\limits_{t\to 0+}\frac{4}{\sqrt{1+4t}+1}$$
$$=\frac{4}{1+1}=2$$

---

13 사인법칙과 코사인법칙   정답률 36% | 정답 ⑤

그림과 같이 선분 AB를 지름으로 하는 반원의 호 AB 위에 두 점 C, D가 있다. 선분 AB의 중점 O에 대하여 두 선분 AD, CO가 점 E에서 만나고,

$$\overline{CE}=4,\ \overline{ED}=3\sqrt{2},\ \angle CEA=\frac{3}{4}\pi$$

이다. $\overline{AC}\times\overline{CD}$의 값은? [4점]

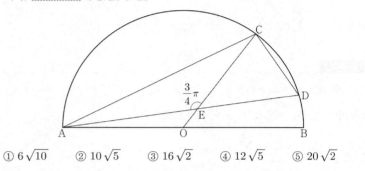

① $6\sqrt{10}$ ② $10\sqrt{5}$ ③ $16\sqrt{2}$ ④ $12\sqrt{5}$ ⑤ $20\sqrt{2}$

STEP 01 삼각형 CDE에서 코사인법칙에 의하여 $\overline{CD}$를 구한 후 삼각형 CDE에서 코사인법칙에 의하여 $\cos(\angle CDE)$를 구한다.

삼각형 CDE에서 $\angle CED=\dfrac{\pi}{4}$이므로 코사인법칙에 의하여

$$\overline{CD}^2=\overline{CE}^2+\overline{ED}^2-2\times\overline{CE}\times\overline{ED}\times\cos\frac{\pi}{4}$$
$$=4^2+(3\sqrt{2})^2-2\times4\times3\sqrt{2}\times\frac{1}{\sqrt{2}}=10$$

이므로 $\overline{CD}=\sqrt{10}$

$\angle CDE=\theta$라 하면 삼각형 CDE에서 코사인법칙에 의하여

$$\cos\theta=\frac{\overline{ED}^2+\overline{CD}^2-\overline{CE}^2}{2\times\overline{ED}\times\overline{CD}}$$
$$=\frac{(3\sqrt{2})^2+(\sqrt{10})^2-4^2}{2\times3\sqrt{2}\times\sqrt{10}}$$
$$=\frac{1}{\sqrt{5}}\text{이므로}$$

$$\sin\theta=\sqrt{1-\cos^2\theta}=\sqrt{1-\left(\frac{1}{\sqrt{5}}\right)^2}=\frac{2}{\sqrt{5}}$$

STEP 02 삼각형 ACE에서 코사인법칙과 사인법칙에 의하여 $\overline{AC}$를 구한 후 $\overline{AC}\times\overline{CD}$의 값을 구한다.

$\overline{AC}=x$, $\overline{AE}=y$라 하면 삼각형 ACE에서 코사인법칙에 의하여

$$x^2=y^2+4^2-2\times y\times4\times\cos\frac{3}{4}\pi,$$
$$x^2=y^2+16-2\times y\times4\times\left(-\frac{\sqrt{2}}{2}\right),$$
$$x^2=y^2+4\sqrt{2}y+16$$ ······ ㉠

한편, 삼각형 ACD의 외접원의 반지름의 길이를 R라 하면 사인법칙에 의하여

$$\frac{x}{\sin\theta}=2R,\ \text{즉}\ \frac{x}{\frac{2}{\sqrt{5}}}=2R\text{에서}\ 2R=\frac{\sqrt{5}}{2}x$$

삼각형 ABC는 직각삼각형이므로 $\angle CAB=\alpha$라 하면

$$\cos\alpha=\frac{\overline{AC}}{\overline{AB}}=\frac{x}{\frac{\sqrt{5}}{2}x}=\frac{2}{\sqrt{5}},$$

$$\sin\alpha=\sqrt{1-\cos^2\alpha}=\sqrt{1-\left(\frac{2}{\sqrt{5}}\right)^2}=\frac{1}{\sqrt{5}}=\frac{\sqrt{5}}{5}$$

이등변삼각형 AOC에서 $\angle ACO=\angle CAO=\alpha$이므로

삼각형 ACE에서 사인법칙에 의하여

$\dfrac{x}{\sin\frac{3}{4}\pi} = \dfrac{y}{\sin\alpha}$, 즉 $\dfrac{x}{\frac{\sqrt{2}}{2}} = \dfrac{y}{\frac{\sqrt{5}}{5}}$에서

$\sqrt{2}\,x = \sqrt{5}\,y$ ...... ㉡

㉠, ㉡에서

$\dfrac{5}{2}y^2 = y^2 + 4\sqrt{2}\,y + 16$, $\dfrac{3}{2}y^2 - 4\sqrt{2}\,y - 16 = 0$,

$3y^2 - 8\sqrt{2}\,y - 32 = 0$

$(3y + 4\sqrt{2})(y - 4\sqrt{2}) = 0$에서 $y = 4\sqrt{2}$ 이므로

$\overline{AC} = x = \dfrac{\sqrt{5}}{\sqrt{2}} \times 4\sqrt{2} = 4\sqrt{5}$

따라서 $\overline{AC} \times \overline{CD} = 4\sqrt{5} \times \sqrt{10} = 20\sqrt{2}$

다른 풀이

삼각형 CED에서 코사인법칙에 의하여

$\overline{CD}^2 = \overline{CE}^2 + \overline{DE}^2 - 2 \times \overline{CE} \times \overline{DE} \times \cos\dfrac{\pi}{4}$

$\quad = 16 + 18 - 2 \times 4 \times 3\sqrt{2} \times \dfrac{\sqrt{2}}{2}$

$\quad = 34 - 24 = 10$이므로

$\overline{CD} = \sqrt{10}$

직선 OC가 원과 만나는 점 중 C가 아닌 점을 F 라 하고, $\overline{OE} = p$, $\overline{AE} = q$라

하면

$\overline{EF} = \overline{EO} + \overline{OF} = \overline{EO} + \overline{OC} = p + (p+4) = 2(p+2)$

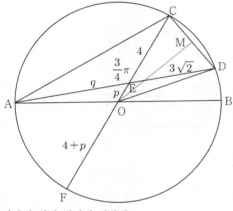

따라서 원의 성질에 의하여

$\overline{CE} \times \overline{EF} = \overline{AE} \times \overline{DE}$이므로

$4 \times 2(p+2) = q \times 3\sqrt{2}$ ...... ㉠

한편, ∠CAD는 호 CD의 원주각이고, ∠COD는 호 CD의 중심각이므로

∠CAD $= \theta$라 하면

∠COD $= 2 \times$ ∠CAD $= 2\theta$

$\overline{CO} = \overline{DO}$이므로 선분 CD의 중점을 M이라 하면

∠COM $= \dfrac{1}{2} \times$ ∠COD $= \dfrac{1}{2} \times 2\theta = \theta$

직각삼각형 OMC에서

$\sin\theta = \dfrac{\overline{CM}}{\overline{OC}} = \dfrac{\frac{\sqrt{10}}{2}}{p+4} = \dfrac{\sqrt{10}}{2(p+4)}$

따라서 삼각형 AEC에서 사인법칙에 의하여

$\dfrac{\overline{CE}}{\sin\theta} = \dfrac{\overline{AC}}{\sin\frac{3}{4}\pi}$, 즉 $\dfrac{4}{\frac{\sqrt{10}}{2(p+4)}} = \dfrac{\overline{AC}}{\frac{\sqrt{2}}{2}}$이므로

$\overline{AC} = \dfrac{8(p+4)}{\sqrt{10}} \times \dfrac{\sqrt{2}}{2} = \dfrac{4(p+4)}{\sqrt{5}}$ ...... ㉡

삼각형 AEC에서 코사인법칙에 의하여

$\overline{AC}^2 = \overline{AE}^2 + \overline{CE}^2 - 2 \times \overline{AE} \times \overline{CE} \times \cos\dfrac{3}{4}\pi$

$\quad = q^2 + 16 - 2 \times q \times 4 \times \left(-\dfrac{\sqrt{2}}{2}\right)$

$\quad = q^2 + 4\sqrt{2}\,q + 16$ ...... ㉢

㉡, ㉢에서

$\left\{\dfrac{4(p+4)}{\sqrt{5}}\right\}^2 = q^2 + 4\sqrt{2}\,q + 16$

이때 ㉠에서

$4(p+2) = \dfrac{3\sqrt{2}}{2}q$이므로

$\left(\dfrac{\frac{3\sqrt{2}}{2}q + 8}{\sqrt{5}}\right)^2 = q^2 + 4\sqrt{2}\,q + 16$,

$\dfrac{9}{2}q^2 + 24\sqrt{2}\,q + 64 = 5(q^2 + 4\sqrt{2}\,q + 16)$,

$9q^2 + 48\sqrt{2}\,q + 128 = 10q^2 + 40\sqrt{2}\,q + 160$,

$q^2 - 8\sqrt{2}\,q + 32 = 0$, $(q - 4\sqrt{2})^2 = 0$

$q = 4\sqrt{2}$

그러므로 ㉢에서

$\overline{AC}^2 = 32 + 32 + 16 = 80$이므로

$\overline{AC} = \sqrt{80} = 4\sqrt{5}$

따라서

$\overline{AC} \times \overline{CD} = 4\sqrt{5} \times \sqrt{10} = 20\sqrt{2}$

● 핵심 공식

▶ 코사인법칙

세 변의 길이를 각각 a, b, c라 하고 b, c 사이의 끼인각을 A라 하면

$a^2 = b^2 + c^2 - 2bc\cos A$, $\left(\cos A = \dfrac{b^2 + c^2 - a^2}{2bc}\right)$

▶ 사인법칙

△ABC에 대하여 △ABC의 외접원의 반지름 길이를 R라고 할 때,

$\dfrac{a}{\sin A} = \dfrac{b}{\sin B} = \dfrac{c}{\sin C} = 2R$

---

14 함수의 그래프 정답률 47% | 정답 ⑤

최고차항의 계수가 1이고 $f(0) = 0$, $f(1) = 0$인 삼차함수 $f(x)$에 대하여

함수 $g(t)$를

$$g(t) = \int_t^{t+1} f(x)\,dx - \int_0^1 |f(x)|\,dx$$

라 할 때, 〈보기〉에서 옳은 것만을 있는 대로 고른 것은? [4점]

── 〈보기〉 ──

ㄱ. $g(0) = 0$이면 $g(-0) < 0$이다.

ㄴ. ❶ $g(-1) > 0$이면 $f(k) = 0$을 만족시키는 $k < -1$인 실수 k가 존재한다.

ㄷ. ❷ $g(-1) > 1$이면 $g(0) < -1$이다.

① ㄱ　　② ㄱ, ㄴ　　③ ㄱ, ㄷ　　④ ㄴ, ㄷ　　⑤ ㄱ, ㄴ, ㄷ

STEP 01 ㄱ. $g(0) = 0$을 만족하는 $y = f(x)$의 그래프의 개형을 구한 후 $g(-1)$을 구하여 참, 거짓을 판별한다.

최고차항의 계수가 1이고 $f(0) = 0$, $f(1) = 0$인 삼차함수 $f(x)$를

$f(x) = x(x-1)(x-a)$ (a는 상수) ...... ㉠

라 하자.

ㄱ. $g(0) = \displaystyle\int_0^1 f(x)\,dx - \int_0^1 |f(x)|\,dx = 0$

$\displaystyle\int_0^1 f(x)\,dx = \int_0^1 |f(x)|\,dx$

따라서 $0 \le x \le 1$일 때 $f(x) \ge 0$이므로 함수 $y = f(x)$의 그래프의 개형은 그림과 같다.

(ⅰ) $a > 1$일 때

(ⅱ) $a = 1$일 때

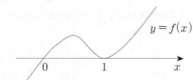

(ⅰ), (ⅱ)에 의하여

$\displaystyle\int_{-1}^0 f(x)\,dx < 0$이므로

$g(-1) = \displaystyle\int_{-1}^0 f(x)\,dx - \int_0^1 |f(x)|\,dx < 0$

이다.

∴ 참

STEP 02 ㄴ. $g(-1)$을 구한 후 ❶을 만족할 조건을 구하여 참, 거짓을 판별한다.

ㄴ. $g(-1) > 0$이면 $0 \le x \le 1$일 때
$f(x) \le 0$ 이므로

$$g(-1) = \int_{-1}^{0} f(x)dx - \int_{0}^{1} |f(x)|dx$$

$$= \int_{-1}^{0} f(x)dx + \int_{0}^{1} f(x)dx$$

$$= \int_{-1}^{1} f(x)dx$$

$$= \int_{-1}^{1} x(x-1)(x-a)dx$$

$$= \int_{-1}^{1} \{x^3 - (a+1)x^2 + ax\}dx$$

$$= 2\int_{0}^{1} \{-(a+1)x^2\}dx$$

$$= 2\left[-\frac{a+1}{3}x^3\right]_0^1 = -\frac{2(a+1)}{3} > 0$$

즉, $a < -1$이므로 $f(k) = 0$을 만족시키는 $k < -1$인 실수 k가 존재한다.

∴ 참

STEP 03 ㄷ. ❷에서 a의 범위를 구한 후 $g(0)$을 구하여 참, 거짓을 판별한다.

ㄷ. $g(-1) = -\frac{2(a+1)}{3} > 1$에서

$a < -\frac{5}{2}$

$0 \le x \le 1$일 때 $f(x) \le 0$이므로

$$g(0) = \int_{0}^{1} f(x)dx - \int_{0}^{1} |f(x)|dx$$

$$= \int_{0}^{1} f(x)dx + \int_{0}^{1} f(x)dx$$

$$= 2\int_{0}^{1} f(x)dx$$

$$= 2\int_{0}^{1} \{x^3 - (a+1)x^2 + ax\}dx$$

$$= 2\left[\frac{1}{4}x^4 - \frac{a+1}{3}x^3 + \frac{a}{2}x^2\right]_0^1$$

$$= 2\left(\frac{1}{4} - \frac{a+1}{3} + \frac{a}{2}\right)$$

$$= \frac{1}{3}a - \frac{1}{6} < -1$$

∴ 참

이상에서 옳은 것은 ㄱ, ㄴ, ㄷ이다.

---

15 **귀납적으로 정의된 수열** 정답률 38% | 정답 ③

수열 $\{a_n\}$이 다음 조건을 만족시킨다.

> (가) 모든 자연수 k에 대하여 $a_{4k} = r^k$이다.
> (단, r는 $0 < |r| < 1$인 상수이다.)
> (나) $a_1 < 0$이고, 모든 자연수 n에 대하여
> $$a_{n+1} = \begin{cases} a_n + 3 & (|a_n| < 5) \\ -\frac{1}{2}a_n & (|a_n| < 5) \end{cases}$$
> 이다.

❶ $|a_m| \ge 5$를 만족시키는 100 이하의 자연수 m의 개수를 p라 할 때, $p + a_1$의 값은? [4점]

① 8 ② 10 ③ 12 ④ 14 ⑤ 16

STEP 01 조건 (가)에서 a_4, a_8을 r을 이용하여 나타낸 후 r의 범위를 이용하여 조건 (나)에서 a_5, a_6, a_7, a_8을 차례로 구한 다음 r을 구한다.

조건 (가)에 의하여 $a_4 = r$, $a_8 = r^2$
조건 (나)에 의하여 $a_4 = r$이고 $0 < |r| < 1$에서
$|a_4| < 5$이므로 $a_5 = r + 3$
$|a_5| < 5$이므로 $a_6 = a_5 + 3 = r + 6$
$|a_6| \ge 5$이므로 $a_7 = -\frac{1}{2}a_6 = -\frac{r}{2} - 3$
$|a_7| < 5$이므로 $a_8 = a_7 + 3 = -\frac{r}{2}$

그러므로 $r^2 = -\frac{r}{2}$

$r \ne 0$이므로 $r = -\frac{1}{2}$

즉, $a_4 = -\frac{1}{2}$

STEP 02 조건 (나)에서 a_3, a_2, a_1을 차례로 구한 후 a_n의 규칙을 찾아 ❶을 구한 다음 $p + a_1$의 값을 구한다.

이때 $|a_3| < 5$이면 $a_3 = -\frac{1}{2} - 3 = -\frac{7}{2}$이고 이것은 조건을 만족시키며,

$|a_3| \ge 5$이면 $a_3 = -2 \times \left(-\frac{1}{2}\right) = 1$인데 이것은 조건을 만족시키지 않으므로

$a_3 = -\frac{7}{2}$

또, $|a_2| < 5$이면 $a_2 = -\frac{7}{2} - 3 = -\frac{13}{2}$인데 이것은 조건을 만족시키지 않고,

$|a_2| \ge 5$이면 $a_2 = -2 \times \left(-\frac{7}{2}\right) = 7$이고 이것은 조건을 만족시키므로

$a_2 = 7$

또, $|a_1| < 5$이면 $a_1 = 7 - 3 = 4$이고, $|a_1| \ge 5$이면 $a_1 = -2 \times 7 = -14$인데
조건 (나)에 의하여 $a_1 < 0$이므로

$a_1 = -14$

따라서

$a_1 = -14$, $a_2 = 7$, $a_3 = -\frac{7}{2}$, $a_4 = -\frac{1}{2}$,

$a_5 = -\frac{1}{2} + 3$, $a_6 = -\frac{1}{2} + 6$, $a_7 = \frac{1}{4} - 3$,

$a_8 = \frac{1}{4}$, $a_9 = \frac{1}{4} + 3$, $a_{10} = \frac{1}{4} + 6$,

$a_{11} = -\frac{1}{8} - 3$, $a_{12} = -\frac{1}{8}$, ⋯

이와 같은 과정을 계속하면 $|a_1| \ge 5$이고,
자연수 k에 대하여 $|a_{4k-2}| \ge 5$임을 알 수 있다.
그러므로 $|a_m| \ge 5$를 만족시키는 100이하의 자연수 m은
1, 2, 6, 10, ⋯, 98이고
$2 = 4 \times 1 - 2$, $98 = 4 \times 25 - 2$이므로
$p = 1 + 25 = 26$
따라서 $p + a_1 = 26 + (-14) = 12$

---

16 **로그방정식** 정답률 92% | 정답 7

방정식 ❶ $\log_3(x-4) = \log_9(x+2)$를 만족시키는 실수 x의 값을 구하시오. [3점]

STEP 01 진수 조건에서 x의 범위를 구한 후 ❶의 방정식을 풀어 만족하는 x의 값을 구한다.

진수 조건에서 $x - 4 > 0$이고 $x + 2 > 0$이어야 하므로
$x > 4$ ⋯⋯ ㉠

$\log_3(x-4) = \log_{3^2}(x-4)^2 = \log_9(x-4)^2$
이므로 주어진 방정식은
$\log_9(x-4)^2 = \log_9(x+2)$, $(x-4)^2 = x + 2$,
$x^2 - 8x + 16 = x + 2$,
$x^2 - 9x + 14 = (x-2)(x-7) = 0$
따라서 $x = 2$ 또는 $x = 7$
㉠에서 구하는 실수 x의 값은 7이다.

---

17 **부정적분** 정답률 93% | 정답 16

함수 $f(x)$에 대하여 $f'(x) = 6x^2 - 4x + 3$이고 ❶ $f(1) = 5$일 때, $f(2)$의 값을 구하시오. [3점]

STEP 01 $f'(x)$를 적분하여 $f(x)$를 구한 후 ❶에서 적분상수를 구한 다음 $f(2)$의 값을 구한다.

$f(x) = \int (6x^2 - 4x + 3)dx = 2x^3 - 2x^2 + 3x + C$ (단, C는 적분상수)
이므로
$f(1) = 2 - 2 + 3 + C = 3 + C = 5$에서 $C = 2$
따라서 $f(2) = 16 - 8 + 6 + 2 = 16$

18 ∑의 성질
정답률 91% | 정답 13

수열 $\{a_n\}$에 대하여 ❶ $\displaystyle\sum_{k=1}^{5} a_k = 10$일 때,

❷ $\displaystyle\sum_{k=1}^{5} ca_k = 65 + \sum_{k=1}^{5} c$

를 만족시키는 상수 c의 값을 구하시오. [3점]

STEP 01 ❶을 ❷에 이용하여 c의 값을 구한다.

$\displaystyle\sum_{k=1}^{5} ca_k = c\sum_{k=1}^{5} a_k = c \times 10 = 10c$ 이고 $\displaystyle\sum_{k=1}^{5} c = 5c$ 이므로

$\displaystyle\sum_{k=1}^{5} ca_k = 65 + \sum_{k=1}^{5} c$ 에서

$10c = 65 + 5c$, $5c = 65$

따라서 $c = 13$

19 함수의 극대와 극소
정답률 68% | 정답 4

방정식 ❶ $3x^4 - 4x^3 - 12x^2 + k = 0$이 서로 다른 4개의 실근을 갖도록 하는
자연수 k의 개수를 구하시오. [3점]

STEP 01 $f(x) = 3x^4 - 4x^3 - 12x^2$을 미분하여 극값을 구한 후 그래프를 그린다.

$f(x) = 3x^4 - 4x^3 - 12x^2$이라 하면
$f'(x) = 12x^3 - 12x^2 - 24x = 12x(x^2 - x - 2) = 12x(x+1)(x-2)$
이므로
$f'(x) = 0$에서 $x = 0$ 또는 $x = -1$ 또는 $x = 2$
이때 함수 $f(x)$의 증가와 감소를 표로 나타내면 다음과 같다.

x	$\cdots$	-1	$\cdots$	0	$\cdots$	2	$\cdots$
$f'(x)$	$-$	0	$+$	0	$-$	0	$+$
$f(x)$	↘	극소	↗	극대	↘	극소	↗

따라서 사차함수 $f(x)$는 $x = 0$에서 극댓값 $f(0) = 0$을 갖고,
$x = -1$, $x = 2$에서 각각 극솟값 $f(-1) = 3 + 4 - 12 = -5$,
$f(2) = 48 - 32 - 48 = -32$를 갖는다.

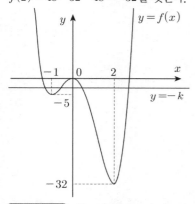

STEP 02 ❶을 만족하도록 하는 k의 범위를 구한 후 만족하는 자연수 k의 개수를 구한다.

주어진 방정식의 서로 다른 실근의 개수는
곡선 $y = f(x)$와 직선 $y = -k$의 교점의 개수와 같으므로
주어진 방정식이 서로 다른 네 실근을 가질 조건은 위의 그래프에서
$-5 < -k < 0$, 즉 $0 < k < 5$
이어야 한다.
따라서 구하는 자연수 k의 개수는 4이다.

★★★ 등급을 가르는 문제!

20 적분을 이용한 넓이
정답률 52% | 정답 80

상수 $k(k < 0)$에 대하여 두 함수

❶ $f(x) = x^3 + x^2 - x$, $g(x) = 4|x| + k$

의 그래프가 만나는 점의 개수가 2일 때, 두 함수의 그래프로 둘러싸인 부분의 넓이를 S라 하자. $30 \times S$의 값을 구하시오. [4점]

STEP 01 $f(x)$를 미분하여 극값을 구한 후 ❶을 만족하도록 두 함수의 그래프를 그려 두 함수의 조건을 구한다.

$f(x) = x^3 + x^2 - x$에서
$f'(x) = 3x^2 + 2x - 1 = (3x - 1)(x + 1)$이므로

$f'(x) = 0$에서 $x = -1$ 또는 $x = \dfrac{1}{3}$

이때 함수 $f(x)$의 증가와 감소를 표로 나타내면 다음과 같다.

x	$\cdots$	-1	$\cdots$	$\dfrac{1}{3}$	$\cdots$
$f'(x)$	$+$	0	$-$	0	$+$
$f(x)$	↗	극대	↘	극소	↗

따라서, 함수 $f(x)$는 $x = -1$에서 극댓값이 $f(-1) = 1$,

$x = \dfrac{1}{3}$에서 극솟값이 $f\left(\dfrac{1}{3}\right) = -\dfrac{5}{27}$이므로

두 함수 $f(x) = x^3 + x^2 - x$, $g(x) = 4|x| + k$의 그래프가 만나는 점의 개수가
2이기 위해서는 그림과 같이 $x > 0$인 부분에서 두 함수
$f(x) = x^3 + x^2 - x$, $g(x) = 4|x| + k$의 그래프가 접해야 한다.

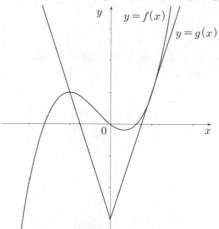

STEP 02 두 함수의 그래프의 교점의 x좌표를 구한 후 적분으로 넓이를 구한 다음 $30 \times S$의 값을 구한다.

$x > 0$일 때 $g(x) = 4x + k$이므로
$f'(x) = 3x^2 + 2x - 1 = 4$에서
$3x^2 + 2x - 5 = 0$, $(3x + 5)(x - 1) = 0$
즉, $x = 1$이므로 접점의 좌표는 $(1, 1)$이고
$g(1) = 4 + k = 1$
따라서, $k = -3$
또한, $x < 0$일 때 $g(x) = -4x - 3$이므로
두 함수 $y = f(x)$, $y = g(x)$의 그래프의 교점의 x좌표는
$x^3 + x^2 - x = -4x - 3$, $x^3 + x^2 + 3x + 3 = 0$
$(x + 1)(x^2 + 3) = 0$
$x = -1$
따라서 구하는 넓이 S는

$S = \displaystyle\int_{-1}^{0} (x^3 + x^2 + 3x + 3)\,dx + \int_{0}^{1} (x^3 + x^2 - 5x + 3)\,dx$

$= \left[\dfrac{1}{4}x^4 + \dfrac{1}{3}x^3 + \dfrac{3}{2}x^2 + 3x \right]_{-1}^{0} + \left[\dfrac{1}{4}x^4 + \dfrac{1}{3}x^3 - \dfrac{5}{2}x^2 + 3x \right]_{0}^{1}$

$= \dfrac{19}{12} + \dfrac{13}{12} = \dfrac{8}{3}$

$30 \times S = 30 \times \dfrac{8}{3} = 80$

★★ 문제 해결 꿀~팁 ★★

▶ 문제 해결 방법
두 함수의 그래프의 교점의 개수가 2가 되는 경우를 확인하려면 두 함수의 그래프를 그려야 한다.
$f(x)$를 미분하여 극값을 구하고 $y = f(x)$의 그래프를 먼저 그린 후 $y = 4|x|$의 그래프를 y축의 방향으로 평행이동하여 두 그래프의 교점이 2인 경우를 살펴보면 두 그래프가 접해야 함을 알 수 있다. 이 조건에서 접점과 교점을 구한 후 적분으로 구하는 넓이를 구하면 된다.
미분을 이용하여 다항함수의 그래프를 그릴 수 있어야 하고 주어진 조건을 만족하도록 그래프를 그려 만족해야 하는 조건을 찾을 수 있어야 한다.

★★★ 등급을 가르는 문제!

21 지수함수의 그래프
정답률 23% | 정답 220

그림과 같이 곡선 $y = 2^x$ 위에 두 점 $P(a, 2^a)$, $Q(b, 2^b)$이 있다. 직선 PQ의 기울기를 m이라 할 때, 점 P를 지나며 기울기가 $-m$인 직선이 x축, y축과 만나는 점을 각각 A, B라 하고, 점 Q를 지나며 기울기가 $-m$인 직선이 x축과 만나는 점을 C라 하자.

❶ $\overline{AB}=4\overline{PB}$, $\overline{CQ}=3\overline{AB}$

일 때, **❷** $90\times(a+b)$의 값을 구하시오. (단, $a<a<b$) [4점]

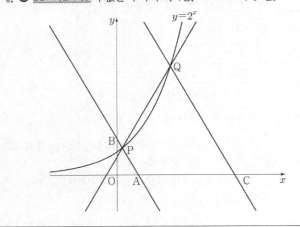

STEP 01 그래프에서 **❶**과 두 삼각형 PDA, QEC의 닮음을 이용하여 a, b의 관계식을 구한 후 m과 점 A의 x좌표를 구한다.

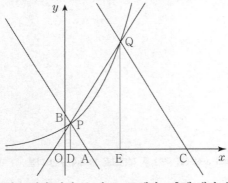

위 그림과 같이 두 점 P, Q에서 x축에 내린 수선의 발을 각각 D, E라 하자.

$\overline{PB}=k$라 하면

$\overline{AP}=\overline{AB}-\overline{PB}=4\overline{PB}-\overline{PB}=3\overline{PB}=3k$이고,

$\overline{CQ}=3\overline{AB}=3\times4\overline{PB}=12\overline{PB}=12k$이므로

$\overline{AP}:\overline{CQ}=3k:12k=1:4$

이때 $\triangle PDA\backsim\triangle QEC$이므로

$\overline{PD}:\overline{QE}=\overline{AP}:\overline{CQ}=1:4$

즉, $2^a:2^b=1:4$이므로

$2^b=4\times2^a=2^{a+2}$에서 $b=a+2$

즉, $m=\dfrac{2^b-2^a}{b-a}=\dfrac{2^{a+2}-2^a}{(a+2)-a}=\dfrac{3\times2^a}{2}=3\times2^{a-1}$

이므로 직선 AB의 방정식은

$y-2^a=-3\times2^{a-1}(x-a)$ ⋯⋯ ㉠

㉠에 $y=0$을 대입하면

$-2^a=-3\times2^{a-1}(x-a)$

$x-a=\dfrac{2}{3}$, $x=a+\dfrac{2}{3}$

즉, 점 A의 x좌표가 $a+\dfrac{2}{3}$이다.

STEP 02 두 삼각형 APD와 ABO의 닮음을 이용하여 a, b를 구한 후 **❷**의 값을 구한다.

이때 원점 O에 대하여 $\triangle APD\backsim\triangle ABO$이므로 $\overline{AO}:\overline{DO}=\overline{AB}:\overline{PB}=4:1$

즉, $a+\dfrac{2}{3}:a=4:1$

$a+\dfrac{2}{3}=4a$, $a=\dfrac{2}{9}$

$b=a+2=\dfrac{2}{9}+2=\dfrac{20}{9}$

따라서 $90\times(a+b)=90\times\left(\dfrac{2}{9}+\dfrac{20}{9}\right)=90\times\dfrac{22}{9}=220$

★★ 문제 해결 꿀~팁 ★★

▶ 문제 해결 방법

$\overline{PB}=k$라 하면 $\overline{AP}=3k$, $\overline{CQ}=12k$이므로 $2^a:2^b=1:4$, $b=a+2$이고 $m=\dfrac{2^b-2^a}{b-a}$

$=3\times2^{a-1}$이다. 따라서 직선 AB의 방정식은 $y-2^a=-3\times2^{a-1}(x-a)$이므로 점 A

의 x좌표는 $a+\dfrac{2}{3}$이다. 이제 $a+\dfrac{2}{3}:a=4:1$에서 a를 구하면 된다.

닮음인 삼각형을 찾아 주어진 선분들의 길이의 비를 이용하여 다른 선분들의 비를 구하여 필요한 선분들의 길이를 구할 수 있어야 한다.

★★★ 등급을 가르는 문제!

22 삼차함수의 그래프와 함수의 연속성   정답률 16% | 정답 58

❶ 최고차항의 계수가 1이고 $x=3$에서 극댓값 8을 갖는 삼차함수 $f(x)$가 있다. 실수 t에 대하여 함수 $g(x)$를

$$g(x)=\begin{cases} f(x) & (x\geq t) \\ -f(x)+2f(t) & (x<t) \end{cases}$$

라 할 때, 방정식 $g(x)=0$의 서로 다른 실근의 개수를 $h(t)$라 하자. **❷** 함수 $h(t)$가 $t=a$에서 불연속인 a의 값이 두 개일 때, $f(8)$의 값을 구하시오. [4점]

STEP 01 $y=g(x)$의 그래프를 그려 **❷**를 만족하는 경우를 찾는다.

$g(x)=\begin{cases} f(x) & (x\geq t) \\ -f(x)+2f(t) & (x<t) \end{cases}$에서

$\displaystyle\lim_{x\to t^-}g(x)=\lim_{x\to t^+}g(x)=g(t)=f(t)$

이므로 함수 $g(t)$는 실수 전체의 집합에서 연속이다.

함수 $f(x)$가 $x=k$에서 극솟값을 갖는다고 하자.

이때 함수 $y=-f(x)+2f(t)$의 그래프는 함수 $y=f(x)$의 그래프를 x축에 대하여 대칭이동한 후, y축의 방향으로 $2f(t)$만큼 평행이동한 것이다.

방정식 $g(x)=0$의 서로 다른 실근의 개수는 함수 $y=g(x)$의 그래프와 x축과의 교점의 개수와 같으므로 $f(k)$의 값에 따라 나누어 생각할 수 있다.

우선, $f(k)<0$인 경우를 생각해보면 함수 $y=g(x)$가 불연속일 때의 그래프는 다음과 같다.

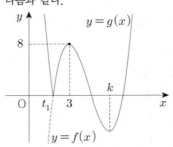

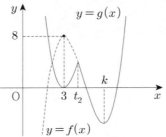

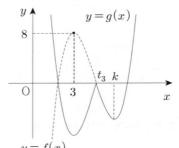

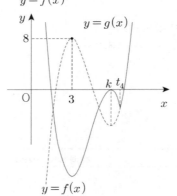

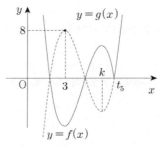

따라서 함수 $h(t)$는 $t=t_i$ ($i=1, 2, 3, 4, 5$)에서 불연속이므로 주어진 조건에 위배된다.
위와 같은 방법으로 함수 $y=f(x)$의 그래프에 따라 함수 $y=g(x)$의 그래프를 그려보면 함수 $h(t)$가 $t=a$에서 불연속인 a의 값이 두 개인 경우는 다음과 같이 $t=k$일 때 $g(3)=0$이 되는 경우뿐이다.

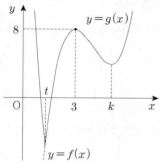
[교점 2개]

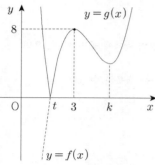
[교점 1개]

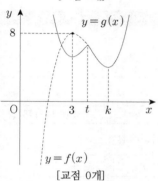
[교점 0개]

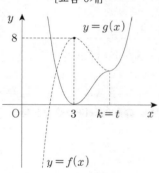
[교점 1개]

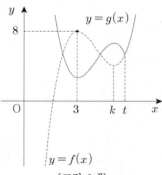
[교점 0개]

STEP 02 ❷를 만족하는 $y=f(x)$의 함숫값과 ❶을 이용하여 $f(x)$를 구한 다음 $f(8)$의 값을 구한다.

$t=k$일 때
$$g(x) = \begin{cases} f(x) & (x \geq k) \\ -f(x)+2f(k) & (x < k) \end{cases}$$
이고
이때 $g(3)=0$에서 $-f(3)+2f(k)=0$,
즉 $-8+2f(k)=0$에서 $f(k)=4$
한편, 최고차항의 계수가 1인 함수 $f(x)$가 $x=3$에서 극댓값을 가지므로
$x=k$에서 극솟값을 가지므로 $k>3$이고

$f'(x) = 3(x-3)(x-k) = 3x^2 - 3(3+k)x + 9k$

따라서 $f(x) = x^3 - \dfrac{3}{2}(3+k)x^2 + 9kx + C$ (C는 적분상수)

이고 $f(3)=8$이므로

$27 - \dfrac{27}{2}(3+k) + 27k + C = 8$,

$C = \dfrac{43}{2} - \dfrac{27}{2}k$

따라서 $f(x) = x^3 - \dfrac{3}{2}(3+k)x^2 + 9kx + \dfrac{43}{2} - \dfrac{27}{2}k$

이때 $f(k)=4$이므로

$k^3 - \dfrac{3}{2}(3+k)k^2 + 9k^2 + \dfrac{43}{2} - \dfrac{27}{2}k = 4$,

$-\dfrac{k^3}{2} + \dfrac{9}{2}k^2 - \dfrac{27}{2}k + \dfrac{35}{2} = 0$,

$k^3 - 9k^2 + 27k - 35 = 0$,

$(k-5)(k^2 - 4k + 7) = 0$

모든 실수 k에 대하여 $k^2 - 4k + 7 > 0$이므로
$k = 5$

따라서 $f(x) = x^3 - 12x^2 + 45x - 46$이므로

$f(8) = 512 - 768 + 360 - 45 = 58$

★★ 문제 해결 꿀~팁 ★★

▶ 문제 해결 방법

함수 $f(x)$가 $x=k$에서 극솟값을 갖는다고 할 때 $c=k$와 $x=t$의 위치에 따라 $y=g(x)$의 그래프의 개형이 여러 가지 형태로 나올 수 있다. 그 중에서 함수 $h(t)$가 $t=a$에서 불연속인 a의 값이 두 개인 경우의 그래프를 유추하여 그릴 수 있어야 한다. 이를 만족하는 그래프를 그리면 $t=k$이고 $g(3)=0$이어야 한다. $g(3)=0$에서 $f(k)=4$ 이고 $f'(3)=0$, $f'(k)=0$, $f(3)=8$을 이용하면 $f(x)$를 구할 수 있다.
여러 가지 가능한 그래프의 개형 중 조건을 만족하는 그래프를 유추하여 그릴 수 있으면 보다 수월하게 문제를 해결할 수 있다. 꾸준한 연습과 훈련이 필요하다.

확률과 통계

23 이항정리   정답률 79% | 정답 ①

다항식 ❶ $(x^2+2)^6$의 전개식에서 x^4의 계수는? [2점]
① 240   ② 270   ③ 300   ④ 330   ⑤ 360

STEP 01 ❶에서 이항정리를 이용하여 x^4의 계수를 구한다.

다항식 $(x^2+2)^6$의 전개식의 일반항은
$${}_6C_r(x^2)^r 2^{6-r} = {}_6C_r 2^{6-r} x^{2r} \quad (r=0, 1, 2, \cdots, 6)$$
따라서 $r=2$일 때 x^4의 계수는
$${}_6C_2 \times 2^4 = 15 \times 16 = 240$$

● 핵심 공식

▶ 이항정리

n이 자연수일 때
$$(a+b)^n = {}_nC_0 \cdot a^n + {}_nC_1 \cdot a^{n-1}b + \cdots + {}_nC_{n-1}ab^{n-1} + {}_nC_n b^n$$
$$= \sum_{r=0}^{n} {}_nC_r \cdot a^{n-r} \cdot b^r$$

24 조건부확률   정답률 69% | 정답 ③

두 사건 A, B에 대하여
$$P(A \cup B) = 1, \quad P(A \cap B) = \dfrac{1}{4}, \quad P(A|B) = P(B|A)$$
일 때, $P(A)$의 값은? [3점]
① $\dfrac{1}{2}$ ② $\dfrac{9}{16}$ ③ $\dfrac{5}{8}$ ④ $\dfrac{11}{16}$ ⑤ $\dfrac{3}{4}$

STEP 01 조건부확률과 확률의 성질을 이용하여 $P(A)$의 값을 구한다.

$P(A \cap B) = \dfrac{1}{4}$이고

$P(A|B) = \dfrac{P(A \cap B)}{P(B)}$, $P(B|A) = \dfrac{P(A \cap B)}{P(A)}$이므로

$$\frac{1}{\mathrm{P}(B)} = \frac{1}{\mathrm{P}(A)}$$ 에서 $\mathrm{P}(A) = \mathrm{P}(B)$

따라서

$\mathrm{P}(A \cup B) = \mathrm{P}(A) + \mathrm{P}(B) - \mathrm{P}(A \cap B)$ 에서

$$1 = \mathrm{P}(A) + \mathrm{P}(A) - \frac{1}{4}$$

즉, $\mathrm{P}(A) = \dfrac{5}{8}$

● 핵심 공식

▶ 조건부확률

확률이 0이 아닌 두 사건 A, B에 대하여 사건 A가 일어났다고 가정할 때, 사건 B가 일어날 확률을 사건 A가 일어났을 때의 사건 B의 조건부 확률이라 하고, 이것을 $\mathrm{P}(B \mid A)$로 나타낸다.

$$\mathrm{P}(B \mid A) = \frac{\mathrm{P}(A \cap B)}{\mathrm{P}(A)} \text{ (단, } \mathrm{P}(A) > 0\text{)}$$

---

25 정규분포   정답률 66% | 정답 ④

어느 인스턴트 커피 제조 회사에서 생산하는 A 제품 1개의 중량은 평균이 9, 표준편차가 0.4인 정규분포를 따르고, B 제품 1개의 중량은 평균이 20, 표준편차가 1인 정규분포를 따른다고 한다. 이 회사에서 생산한 ❶ A 제품 중에서 임의로 선택한 1개의 중량이 8.9 이상 9.4 이하일 확률과 B 제품 중에서 임의로 선택한 1개의 중량이 19 이상 k 이하일 확률이 서로 같다. 상수 k의 값은? (단, 중량의 단위는 g이다.) [3점]

① 19.5   ② 19.75   ③ 20   ④ 20.25   ⑤ 20.5

STEP 01 정규분포를 이용하여 ❶의 두 확률을 각각 구한 후 ❶을 이용하여 k값을 구한다.

A제품 1개의 중량을 X라 하면 확률변수 X는

정규분포 $\mathrm{N}(9, \, 0.4^2)$을 따르고

$Z = \dfrac{x-9}{0.4}$ 라 하면 확률변수 Z는 표준정규분포 $\mathrm{N}(0, \, 1)$을 따른다.

또 B제품 1개의 중량을 Y라 하면 확률변수 Y는 정규분포 $\mathrm{N}(20, \, 1^2)$을 따르고

$Z = \dfrac{X-20}{1}$ 이라 하면 확률변수 Z는 표준정규분포 $\mathrm{N}(0, \, 1)$을 따른다.

$\mathrm{P}(8.9 \le X \le 9.4) = \mathrm{P}(19 \le Y \le k)$ 에서

$\mathrm{P}\left(\dfrac{8.9-9}{0.4} \le \dfrac{X-9}{0.4} \le \dfrac{9.4-9}{0.4}\right)$

$= \mathrm{P}\left(\dfrac{19-20}{1} \le \dfrac{Y-20}{1} \le \dfrac{k-20}{1}\right)$

$\mathrm{P}(-0.25 \le Z \le 1) = \mathrm{P}(-1 \le Z \le k-20)$

따라서

$\mathrm{P}(-0.25 \le Z \le 1) = \mathrm{P}(-1 \le Z \le 0.25)$ 이므로

$k-20 = 0.25$ 에서

$k = 20.25$

● 핵심 공식

▶ 정규분포의 표준화

(1) 확률변수 X가 정규분포 $\mathrm{N}(m, \, \sigma^2)$을 따를 때 확률변수 $Z = \dfrac{X-m}{\sigma}$ 은 표준정규분포 $\mathrm{N}(0, \, 1)$을 따른다.

(2) $\mathrm{P}(a \le X \le b) = \mathrm{P}\left(\dfrac{a-m}{\sigma} \le Z \le \dfrac{b-m}{\sigma}\right)$

---

26 원순열   정답률 62% | 정답 ②

세 학생 A, B, C를 포함한 7명의 학생이 원 모양의 탁자에 일정한 간격을 두고 임의로 모두 둘러앉을 때, ❶ A가 B 또는 C 와 이웃하게 될 확률은?

[3점]

① $\dfrac{1}{2}$ ② $\dfrac{3}{5}$ ③ $\dfrac{7}{10}$ ④ $\dfrac{4}{5}$ ⑤ $\dfrac{9}{10}$

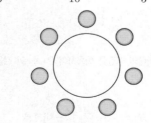

STEP 01 원순열을 이용하여 ❶을 구한다.

7명이 원 모양의 탁자에 일정한 간격을 두고 둘러앉는 경우의 수는

$(7-1)! = 6!$

A가 B와 이웃하는 사건을 E, A가 C와 이웃하는 사건을 F라 하면 구하는 확률은 $\mathrm{P}(E \cup F)$ 이다.

(i) A가 B와 이웃하는 경우

A가 B를 한 명이라 생각하고 6명이 원 모양의 탁자에 둘러앉는 경우의 수는 5!

A가 B가 서로 자리를 바꾸는 경우의 수는 2

즉, $\mathrm{P}(E) = \dfrac{5! \times 2}{6!} = \dfrac{1}{3}$

(ii) A가 C와 이웃하는 경우

A와 C를 한 명이라 생각하고 6명이 원 모양의 탁자에 둘러앉는 경우의 수는 5!

A와 C가 서로 자리를 바꾸는 경우의 수는 2

즉, $\mathrm{P}(F) = \dfrac{5! \times 2}{6!} = \dfrac{1}{3}$

(iii) A가 B, C와 모두 이웃하는 경우

A, B, C를 한 명이라 생각하고 5명이 원 모양의 탁자에 둘러앉는 경우의 수는 4!

A를 가운데 두고 B와 C가 서로 자리를 바꾸는 경우의 수는 2

즉, $\mathrm{P}(E \cap F) = \dfrac{4! \times 2}{6!} = \dfrac{1}{15}$

(i), (ii), (iii)에서 구하는 확률은

$\mathrm{P}(E \cup F) = \mathrm{P}(E) + \mathrm{P}(F) - \mathrm{P}(E \cap F)$

$\qquad = \dfrac{1}{3} + \dfrac{1}{3} - \dfrac{1}{15} = \dfrac{3}{5}$

● 핵심 공식

▶ 원순열

서로 다른 n개의 원형으로 배열하는 원순열의 수는 $(n-1)!$

---

27 확률변수의 평균과 분산   정답률 54% | 정답 ⑤

이산확률변수 X의 확률분포를 표로 나타내면 다음과 같다.

X	0	1	a	합계
$\mathrm{P}(X=x)$	$\dfrac{1}{10}$	$\dfrac{1}{2}$	$\dfrac{2}{5}$	1

❶ $\sigma(X) = \mathrm{E}(X)$ 일 때, $\mathrm{E}(X^2) + \mathrm{E}(X)$의 값은? (단, $a > 1$) [3점]

① 29   ② 33   ③ 37   ④ 41   ⑤ 45

STEP 01 확률분포표에서 $\mathrm{E}(X^2)$, $\mathrm{E}(X)$를 구한 후 ❶을 이용하여 a를 구한 다음 $\mathrm{E}(X^2) + \mathrm{E}(X)$의 값을 구한다.

$\mathrm{E}(X) = 0 \times \dfrac{1}{10} + 1 \times \dfrac{1}{2} + a \times \dfrac{2}{5} = \dfrac{1}{2} + \dfrac{2}{5}a$

$\mathrm{E}(X^2) = 0 \times \dfrac{1}{10} + 1 \times \dfrac{1}{2} + a^2 \times \dfrac{2}{5} = \dfrac{1}{2} + \dfrac{2}{5}a^2$

이때 주어진 조건에서 $\{\sigma(X)\}^2 = \{\mathrm{E}(X)\}^2$ 이고,

$\mathrm{V}(X) = \mathrm{E}(X^2) - \{\mathrm{E}(X)\}^2$ 이므로

$\mathrm{V}(X) = \{\mathrm{E}(X)\}^2$ 에서

$\{\mathrm{E}(X)\}^2 = \mathrm{E}(X^2) - \{\mathrm{E}(X)\}^2$

$2\{\mathrm{E}(X)\}^2 = \mathrm{E}(X^2)$

$2 \times \left(\dfrac{1}{2} + \dfrac{2}{5}a\right)^2 = \dfrac{1}{2} + \dfrac{2}{5}a^2$

$\dfrac{2}{25}a(a-10) = 0$

$a > 0$ 이므로 $a = 10$

따라서

$\mathrm{E}(X^2) + \mathrm{E}(X) = \dfrac{1}{2} + \dfrac{2}{5}a^2 + \dfrac{1}{2} + \dfrac{2}{5}a$

$\qquad = \dfrac{1}{2} + \dfrac{2}{5} \times 100 + \dfrac{1}{2} + \dfrac{2}{5} \times 10$

$\qquad = 45$

● 핵심 공식

▶ 이항분포의 평균, 분산, 표준편차

확률변수 X가 이항분포 $\mathrm{B}(n, \, p)$를 따를 때, X의 평균, 분산, 표준편차는 다음과 같다.

$\mathrm{E}(X) = np$, $\mathrm{V}(X) = npq$, $\sigma(X) = \sqrt{npq}$ (단, $q = 1-p$)

▶ 이산확률변수의 평균, 분산

이산확률변수 X의 확률분포가 $P(X=x_i)=p_i$ $(i=1, 2, \cdots, n)$일 때, 평균을 $E(X)$,
분산을 $V(X)$라 하면
$E(X)=x_1p_1+x_2p_2+\cdots+x_np_n$
$V(X)=\sum_{i=1}^{n}(x_i-m)^2p_i=\sum_{i=1}^{n}(x_i^2p_i)-m^2=E(X^2)-\{E(X)\}^2$

---

28 확률의 덧셈정리
정답률 45% | 정답 ③

1부터 10까지의 자연수 중에서 임의로 서로 다른 3개의 수를 선택한다.
선택된 세 개의 수의 곱이 5의 배수이고 ❶ 합은 3의 배수일 확률은? [4점]

① $\dfrac{3}{20}$ ② $\dfrac{1}{6}$ ③ $\dfrac{11}{60}$ ④ $\dfrac{1}{5}$ ⑤ $\dfrac{13}{60}$

STEP 01 선택한 세 개의 수에 5 또는 10이 포함되는 경우에 대하여 각각 ❶을 만족하도록 조합으로 나머지 수를 택하는 경우의 수를 구하여 구하는 확률을 구한다.

3의 배수의 집합을 S_0, 3으로 나누었을 때의 나머지가 1인 수의 집합을 S_1,
3으로 나누었을 때의 나머지가 2인 수의 집합을 S_2라 하면
$S_0=\{3, 6, 9\}$
$S_1=\{1, 4, 7, 10\}$
$S_2=\{2, 5, 8\}$

세 수의 곱이 5의 배수이어야 하므로 5 또는 10이 반드시 포함되어야 한다.
또 세 수의 합이 3의 배수이어야 하므로 세 집합 S_0, S_1, S_2에서 각각 한 원소씩을 택하거나, 하나의 집합에서 세 원소를 택해야 한다.

(ⅰ) 5가 포함되는 경우
  ⅰ) 두 집합 S_0, S_1에서 한 원소씩을 택하는 경우의 수는
    $_3C_1\times {}_4C_1=12$
  ⅱ) S_2에서 두 원소를 택하는 경우의 수는
    $_2C_2=1$
    즉, 경우의 수는 $12+1=13$

(ⅱ) 10이 포함되는 경우
  ⅰ) 두 집합 S_0, S_2에서 한 원소씩을 택하는 경우의 수는
    $_3C_1\times {}_3C_1=9$
  ⅱ) S_1에서 두 원소를 택하는 경우의 수는
    $_3C_2=3$
    즉, 경우의 수는 $9+3=12$

(ⅲ) 5와 10이 모두 포함되는 경우
  집합 S_0에서 한 원소를 택하는 경우의 수는
    $_3C_1=3$

(ⅰ), (ⅱ), (ⅲ)에서 조건을 만족시키도록 세 수를 택하는 경우의 수는
$13+12-3=22$
세 수를 택하는 모든 경우의 수는 $_{10}C_3=120$이므로

구하는 확률은 $\dfrac{22}{120}=\dfrac{11}{60}$

---

29 표본평균의 확률
정답률 18% | 정답 175

1부터 6까지의 자연수가 하나씩 적힌 6장의 카드가 들어 있는 주머니가 있다.
이 주머니에서 임의로 한 장의 카드를 꺼내어 카드에 적힌 수를 확인한 후 다시 넣는 시행을 한다. 이 시행을 4번 반복하여 확인한 네 개의 수의 평균을 $\overline{X}$라 할 때, ❶ $P\left(\overline{X}=\dfrac{11}{4}\right)=\dfrac{q}{p}$이다. $p+q$의 값을 구하시오.
(단, p와 q는 서로소인 자연수이다.) [4점]

STEP 01 중복조합으로 네 수의 합이 7인 경우의 수를 구한 후 제외되어야 하는 경우의 수를 구한 다음 ❶을 구하여 $p+q$의 값을 구한다.

네 장의 카드를 꺼내는 경우의 수는 6^4
네 수를 각각 X_1, X_2, X_3, X_4라 하면

$X_1+X_2+X_3+X_4=11$
$1\le X_i\le 6$ $(i=1, 2, 3, 4)$이므로
음이 아닌 정수 x_i에 대하여 $X_i=x_i+1$로 놓으면
$x_1+x_2+x_3+x_4=7$
방정식 $x_1+x_2+x_3+x_4=7$을 만족시키는
음이 아닌 정수 x_1, x_2, x_3, x_4의 모든 순서쌍 (x_1, x_2, x_3, x_4)의 개수는
$_4H_7={}_{10}C_7={}_{10}C_3=120$
이때 7, 0, 0, 0으로 이루어진 음이 아닌 정수
x_1, x_2, x_3, x_4의 순서쌍 4개와
6, 1, 0, 0으로 이루어진 음이 아닌 정수
x_1, x_2, x_3, x_4의 순서쌍 12개는 제외해야 한다.
즉, 조건을 만족시키는 X_1, X_2, X_3, X_4의
모든 순서쌍 (X_1, X_2, X_3, X_4)의 개수는
$120-(4+12)=104$
따라서 구하는 확률은 $\dfrac{104}{6^4}=\dfrac{13}{162}$

$p=162$, $q=13$이므로
$p+q=162+13=175$

다른 풀이

카드 한 장을 꺼낼 확률은 $\dfrac{1}{6}$
네 수의 합이 11인 경우를 다음과 같이 나누어 생각한다.
(ⅰ) 세 수가 같은 경우
  $(3, 3, 3, 2)$, $(2, 2, 2, 5)$
  의 2가지 경우이므로 이 경우 구하는 확률은
  $2\times\dfrac{4!}{3!}\times\left(\dfrac{1}{6}\right)^4=8\times\left(\dfrac{1}{6}\right)^4$
(ⅱ) 두 수가 같은 경우
  $(4, 4, 2, 1)$, $(3, 3, 4, 1)$, $(2, 2, 6, 1)$,
  $(2, 2, 4, 3)$, $(1, 1, 6, 3)$, $(1, 1, 5, 4)$
  의 6가지 경우이므로 이 경우 구하는 확률은
  $6\times\dfrac{4!}{2!}\times\left(\dfrac{1}{6}\right)^4=72\times\left(\dfrac{1}{6}\right)^4$
(ⅲ) 네 수가 모두 다른 경우
  $(5, 3, 2, 1)$의 1가지 경우이므로 이 경우 구하는 확률은
  $4!\times\left(\dfrac{1}{6}\right)^4=24\times\left(\dfrac{1}{6}\right)^4$
(ⅰ), (ⅱ), (ⅲ)에서
$P\left(\overline{X}=\dfrac{11}{4}\right)=(8+72+24)\times\left(\dfrac{1}{6}\right)^4=\dfrac{104}{6^4}=\dfrac{13}{162}$
따라서 $p=162$, $q=13$이므로
$p+q=162+13=175$

★★★ 등급을 가르는 문제!

30 조합을 이용한 함수의 개수
정답률 10% | 정답 260

집합 $X=\{1, 2, 3, 4, 5\}$와 함수 $f:X\to X$에 대하여 함수 f의 치역을 A, 합성함수 $f\circ f$의 치역을 B라 할 때, 다음 조건을 만족시키는 함수 f의 개수를 구하시오. [4점]

> (가) $n(A)\le 3$
> (나) $n(A)=n(B)$
> (다) 집합 X의 모든 원소 x에 대하여 $f(x)\ne x$이다.

STEP 01 조건 (가), (다)에 의하여 $n(A)$의 경우를 나누어 조합으로 집합 A를 정하는 경우의 수를 구한 후 중복순열로 함숫값을 정하는 경우의 수를 구하여 구하는 함수 f의 개수를 구한다.

조건 (다)에서 함수 f는 상수함수일 수 없으므로
$n(A)=2$ 또는 $n(A)=3$
(ⅰ) $n(A)=2$인 경우
  집합 A를 정하는 경우의 수는
    $_5C_2=10$
  $A=\{1, 2\}$인 경우를 생각하면
  조건 (다)에서 $f(1)=2$, $f(2)=1$,
  $f(3)$, $f(4)$, $f(5)$의 값은 1, 2중 하나이므로
  $f(3)$, $f(4)$, $f(5)$의 값을 정하는 경우의 수는

$_2\Pi_3 = 2^3 = 8$

즉, $n(A) = 2$인 경우 함수 f의 개수는

$10 \times 8 = 80$

(ii) $n(A) = 3$인 경우

집합 A를 정하는 경우의 수는

$_5C_3 = 10$

$A = \{1, 2, 3\}$인 경우를 생각하면

조건 (다)에서 순서쌍 $(f(1), f(2), f(3))$은

$(2, 3, 1), (3, 1, 2)$뿐이므로

$f(1), f(2), f(3)$의 값을 정하는 경우의 수는 2

$f(4), f(5)$의 값은 $1, 2, 3$ 중 하나이므로

$f(4), f(5)$의 값을 정하는 경우의 수는

$_3\Pi_2 = 3^2 = 9$

즉, $n(A) = 3$인 경우 함수 f의 개수는

$10 \times 2 \times 9 = 180$

(i), (ii)에서 구하는 함수 f의 개수는

$80 + 180 = 260$

★★ 문제 해결 꿀~팁 ★★

▶ 문제 해결 방법

$f(x) \neq x$이므로 함수 f는 상수함수가 아니다. 한편, $n(A) \leq 3$이므로 $n(A) = 2$ 또는 $n(A) = 3$이다. $n(A) = 2$인 경우 집합 A를 정하는 경우의 수는 $_5C_2$

이때 $A = \{1, 2\}$라면 $f(1) = 2$, $f(2) = 1$이고 $f(3), f(4), f(5)$의 값은 $1, 2$중 하나이므로 경우의 수는 $_2\Pi_3 = 2^3$이므로 $n(A) = 2$인 경우 함수 f의 개수는 $10 \times 8 = 80$이다. $n(A) = 3$인 경우에도 같은 방법으로 만족하는 함수의 개수를 구하면 된다.

$n(A) = 3$인 경우 조건 (나)를 만족하려면 함수 f는 $f(x) \neq x$인 $1 : 1$대응함수이어야 한다. 이에 유의하여 함수의 개수를 구하면 된다. 조건 중 어느 하나도 놓치지 않도록 주의하여 함숫값을 정해야 한다.

미적분

23	지수함수의 극한	정답률 79% | 정답 ①

❶ $\displaystyle\lim_{x \to 0} \frac{4^x - 2^x}{x}$의 값은? [2점]

① $\ln 2$ ② 1 ③ $2\ln 2$ ④ 2 ⑤ $3\ln 2$

STEP 01 지수함수의 극한으로 ❶의 값을 구한다.

$$\lim_{x \to 0} \frac{4^x - 2^x}{x} = \lim_{x \to 0} \frac{(4^x - 1) - (2^x - 1)}{x}$$

$$= \lim_{x \to 0} \frac{4^x - 1}{x} - \lim_{x \to 0} \frac{2^x - 1}{x}$$

$$= \ln 4 - \ln 2 = \ln \frac{4}{2} = \ln 2$$

24	부분적분법	정답률 79% | 정답 ②

❶ $\displaystyle\int_0^\pi x \cos\left(\frac{\pi}{2} - x\right) dx$의 값은? [3점]

① $\dfrac{\pi}{2}$ ② π ③ $\dfrac{3\pi}{2}$ ④ 2π ⑤ $\dfrac{5\pi}{2}$

STEP 01 부분적분법으로 삼각함수의 적분을 하여 ❶의 값을 구한다.

$\cos\left(\dfrac{\pi}{2} - x\right) = \sin x$ 이므로

$$\int_0^\pi x \cos\left(\frac{\pi}{2} - x\right) dx = \int_0^\pi x \sin x \, dx$$

$$= [-x \cos x]_0^\pi - \int_0^\pi (-\cos x) dx$$

$$= (\pi - 0) + [\sin x]_0^\pi = \pi$$

●핵심 공식

▶ 부분적분법

$\{f(x)g(x)\}' = f'(x)g(x) + f(x)g'(x)$에서 $f(x)g'(x) = \{f(x)g(x)\}' - f'(x)g(x)$이므로 양변을 적분하면

$$\int f(x)g'(x) dx = f(x)g(x) - \int f'(x)g(x) dx$$

25	수열의 극한의 성질	정답률 81% | 정답 ⑤

수열 $\{a_n\}$에 대하여 ❶ $\displaystyle\lim_{n \to \infty} \frac{a_n + 2}{2} = 6$일 때,

❷ $\displaystyle\lim_{n \to \infty} \frac{na_n + 1}{a_n + 2n}$의 값은? [3점]

① 1 ② 2 ③ 3 ④ 4 ⑤ 5

STEP 01 ❶을 ❷에 이용하여 극한값을 구한다.

$\displaystyle\lim_{n \to \infty} \frac{a_n + 2}{2} = 6$에서 $\dfrac{a_n + 2}{2} = b_n$이라 하면

$a_n = 2b_n - 2$이고 $\lim_{n \to \infty} b_n = 6$

따라서,

$$\lim_{n \to \infty} \frac{na_n + 1}{a_n + 2n} = \lim_{n \to \infty} \frac{n(2b_n - 2) + 1}{(2b_n - 2) + 2n} = \lim_{n \to \infty} \frac{2b_n - 2 + \frac{1}{n}}{\frac{2b_n}{n} - \frac{2}{n} + 2} = \frac{2 \times 6 - 2 + 0}{0 - 0 + 2} = 5$$

26	입체도형의 부피	정답률 76% | 정답 ③

그림과 같이 양수 k에 대하여 곡선 $y = \sqrt{\dfrac{kx}{2x^2 + 1}}$ 와 x축 및 두 직선 $x = 1$, $x = 2$로 둘러싸인 부분을 밑면으로 하고 x축에 수직인 평면으로 자른 단면이 모두 정사각형인 입체도형의 ❶ 부피가 $2\ln 3$일 때, k의 값은? [3점]

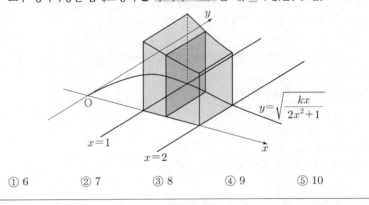

① 6 ② 7 ③ 8 ④ 9 ⑤ 10

STEP 01 정사각형의 넓이를 구한 후 적분하여 입체도형의 부피를 구한 다음 ❶에서 k의 값을 구한다.

정사각형의 한 변의 길이가 $\sqrt{\dfrac{kx}{2x^2 + 1}}$ 이므로 정사각형의 넓이는

$$\left(\sqrt{\frac{kx}{2x^2 + 1}}\right)^2 = \frac{kx}{2x^2 + 1}$$

그러므로 구하는 입체도형의 부피는

$$\int_1^2 \frac{kx}{2x^2 + 1} dx \qquad\qquad \cdots\cdots \text{㉠}$$

이때, $2x^2 + 1 = t$로 놓으면 $4x = \dfrac{dt}{dx}$

또, $x = 1$일 때 $t = 3$, $x = 2$일 때 $t = 9$이므로 ㉠은

$$\int_3^9 \frac{k}{4} \times \frac{1}{t} dt = \frac{k}{4} \int_3^9 \frac{1}{t} dt = \frac{k}{4} \times [\ln t]_3^9 = \frac{k}{4} \times (\ln 9 - \ln 3) = \frac{k}{4} \ln 3$$

이 값이 $2\ln 3$이므로 $\dfrac{k}{4} \ln 3 = 2\ln 3$

$k = 8$

27	도형의 등비급수	정답률 53% | 정답 ③

그림과 같이 $\overline{A_1B_1} = 4$, $\overline{A_1B_1} = 1$인 직사각형 $A_1B_1C_1D_1$에서 두 대각선의 교점을 E_1이라 하자.

$\overline{A_2D_1} = \overline{D_1E_1}$, $\angle A_2D_1E_1 = \dfrac{\pi}{2}$이고 선분 D_1C_1과 선분 A_2E_1이 만나도록 점 A_2를 잡고, $\overline{B_2C_1} = \overline{C_1E_1}$, $\angle B_2C_1E_1 = \dfrac{\pi}{2}$이고 선분 D_1C_1과 선분 B_2E_1이 만나도록 점 B_2를 잡는다.

두 삼각형 $A_2D_1E_1$, $B_2C_1E_1$을 그린 후 ◁▷ 모양의 도형에 색칠하여 얻은 그림을 R_1이라 하자. 그림 R_1에서 $\overline{A_2B_2} : \overline{A_2D_2} = 4 : 1$이고 선분 D_2C_2가 두 선분 A_2E_1, B_2E_1과 만나지 않도록 직사각형 $A_2B_2C_2D_2$를 그린다.

그림 R_1을 얻은 것과 같은 방법으로 세 점 E_2, A_3, B_3을 잡고 두 삼각형

$A_3D_2E_2$, $B_3C_2E_2$를 그린 후 △ 모양의 도형에 색칠하여 얻은 그림을 R_2라 하자.

이와 같은 과정을 계속하여 n번째 얻은 그림 R_n에 색칠되어 있는 부분의 넓이를 S_n이라 할 때, $\lim\limits_{n\to\infty} S_n$의 값은? [3점]

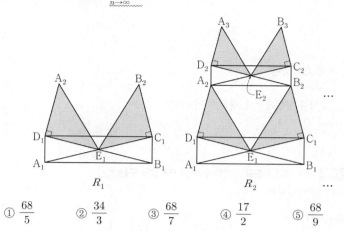

R_1 R_2 ...

① $\dfrac{68}{5}$ ② $\dfrac{34}{3}$ ③ $\dfrac{68}{7}$ ④ $\dfrac{17}{2}$ ⑤ $\dfrac{68}{9}$

STEP 01 삼각형 $A_2D_1E_1$의 넓이를 구하여 S_1을 구한다.

직각삼각형 $A_1B_1D_1$에서

$$\overline{B_1D_1} = \sqrt{\overline{A_1B_1}^2 + \overline{A_1D_1}^2} = \sqrt{4^2 + 1^2} = \sqrt{17}$$

이므로 $\overline{D_1E_1} = \dfrac{1}{2} \times \overline{B_1D_1} = \dfrac{\sqrt{17}}{2}$

그러므로

$$S_1 = 2 \times (\triangle A_2D_1E_1) = 2 \times \left(\dfrac{1}{2} \times \dfrac{\sqrt{17}}{2} \times \dfrac{\sqrt{17}}{2}\right) = \dfrac{17}{4}$$

STEP 02 $\overline{A_1B_1}$, $\overline{A_2B_2}$의 길이를 각각 구한 후 공비를 구하여 $\lim\limits_{n\to\infty} S_n$의 값을 구한다.

한편, 직각삼각형 $D_1B_1C_1$에서 $\angle C_1D_1B_1 = \theta$라 하면

$$\sin\theta = \dfrac{\overline{B_1C_1}}{\overline{D_1B_1}} = \dfrac{1}{\sqrt{17}}$$

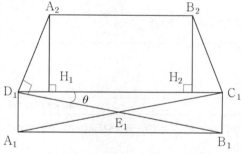

또, A_2에서 선분 D_1C_1에 내린 수선의 발을 H_1이라 하면

$\angle A_2D_1H_1 = \dfrac{\pi}{2} - \theta$이므로

$$\overline{D_1H_1} = \overline{A_2D_1}\cos\left(\dfrac{\pi}{2} - \theta\right) = \overline{A_2D_1}\sin\theta = \dfrac{\sqrt{17}}{2} \times \dfrac{1}{\sqrt{17}} = \dfrac{1}{2}$$

또, 점 B_2에서 선분 D_1C_1에 내린 수선의 발을 H_2라 하면

$$\overline{A_2B_2} = \overline{H_1H_2} = 4 - 2 \times \overline{D_1H_1} = 4 - 2 \times \dfrac{1}{2} = 3$$

이때, $\overline{A_1B_1} = 4$, $\overline{A_2B_2} = 3$에서

길이의 비가 $\dfrac{3}{4}$이므로 넓이의 비는 $\dfrac{9}{16}$이다.

따라서, $\lim\limits_{n\to\infty} S_n = \dfrac{\dfrac{17}{4}}{1 - \dfrac{9}{16}} = \dfrac{17 \times 4}{16 - 9} = \dfrac{68}{7}$

---

28 삼각함수의 극한   정답률 54% | 정답 ④

그림과 같이 반지름의 길이가 1이고 중심각의 크기가 $\dfrac{\pi}{2}$인 부채꼴 OAB가 있다. 호 AB 위의 점 P에 대하여 $\overline{PA} = \overline{PC} = \overline{PD}$가 되도록 호 PB 위에 점 C와 선분 OA 위에 점 D를 잡는다. 점 D를 지나고 선분 OP와 평행한 직선이 선분 PA와 만나는 점을 E라 하자. $\angle POA = \theta$일 때, 삼각형 CDP의 넓이를 $f(\theta)$, 삼각형 EDA의 넓이를 $g(\theta)$라 하자.

❶ $\lim\limits_{\theta\to 0+} \dfrac{g(\theta)}{\theta^2 \times f(\theta)}$의 값은? (단, $0 < \theta < \dfrac{\pi}{4}$) [4점]

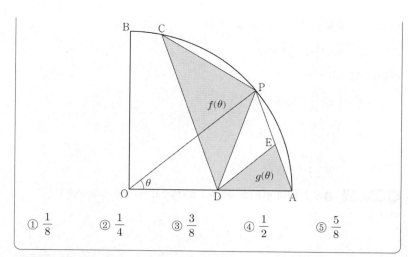

① $\dfrac{1}{8}$ ② $\dfrac{1}{4}$ ③ $\dfrac{3}{8}$ ④ $\dfrac{1}{2}$ ⑤ $\dfrac{5}{8}$

STEP 01 $\overline{AP}$와 $\angle DPC$를 구하여 $f(\theta)$를 구한다.

$\overline{AP} = \overline{PC}$이므로 삼각형 OPC에서 $\angle COP = \angle POA = \theta$

또, 점 O에서 선분 AP에 내린 수선의 발을 H_1이라 하면

$\angle H_1OA = \dfrac{\theta}{2}$이므로

$$\overline{AP} = 2\overline{AH_1} = 2 \times \overline{OA}\sin\dfrac{\theta}{2} = 2\sin\dfrac{\theta}{2} \quad\cdots\cdots \text{㉠}$$

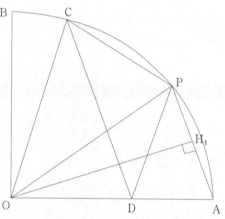

한편, 점 P에서 선분 DA에 내린 수선의 발을 H_2라 하면

$$\begin{aligned}\angle APD &= 2\angle APH_2 \\ &= 2 \times \{\pi - (\angle PH_2A + \angle H_2AP)\} \\ &= 2 \times \left[\pi - \left\{\dfrac{\pi}{2} + \left(\dfrac{\pi}{2} - \dfrac{\theta}{2}\right)\right\}\right] = \theta\end{aligned}$$

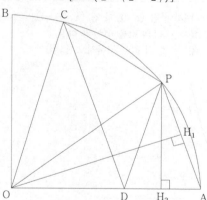

또, $\angle APO = \angle OPC = \dfrac{\pi}{2} - \dfrac{\theta}{2}$이므로

$$\begin{aligned}\angle DPC &= \angle APO + \angle OPC - \angle APD \\ &= \left(\dfrac{\pi}{2} - \dfrac{\theta}{2}\right) + \left(\dfrac{\pi}{2} - \dfrac{\theta}{2}\right) - \theta \\ &= \pi - 2\theta \quad\cdots\cdots \text{㉡}\end{aligned}$$

그러므로 ㉠과 ㉡으로부터

$$\begin{aligned}f(\theta) &= \dfrac{1}{2} \times \overline{PD} \times \overline{PC} \times \sin(\pi - 2\theta) \\ &= \dfrac{1}{2} \times \left(2\sin\dfrac{\theta}{2}\right)^2 \times \sin 2\theta \\ &= 2 \times \left(\sin\dfrac{\theta}{2}\right)^2 \times \sin 2\theta\end{aligned}$$

STEP 02 $\overline{DA}$를 구한 후 두 삼각형 OAP, DAE의 닮음을 이용하여 $g(\theta)$를 구한다.

또, ㉠으로부터 삼각형 APD에서

$$\overline{DA} = 2\overline{AP}\cos\left(\dfrac{\pi}{2} - \dfrac{\theta}{2}\right) = 2 \times 2\sin\dfrac{\theta}{2} \times \sin\dfrac{\theta}{2} = 4\left(\sin\dfrac{\theta}{2}\right)^2$$

이때, 두 삼각형 OAP, DAE는 닮음이고

$\overline{OA}=1$, $\overline{DA}=4\left(\sin\dfrac{\theta}{2}\right)^2$ 이므로

$g(\theta)=\triangle DAE$

$\quad =4^2\times\left(\sin\dfrac{\theta}{2}\right)^4\times\triangle OAP$

$\quad =16\times\left(\sin\dfrac{\theta}{2}\right)^4\times\dfrac{1}{2}\sin\theta$

$\quad =8\times\left(\sin\dfrac{\theta}{2}\right)^4\times\sin\theta$

STEP 03 ❶에 $f(\theta)$와 $g(\theta)$를 대입하고 삼각함수의 극한으로 값을 구한다.

따라서,

$\displaystyle\lim_{\theta\to0+}\dfrac{g(\theta)}{\theta^2\times f(\theta)}=\lim_{\theta\to0+}\dfrac{8\times\left(\sin\dfrac{\theta}{2}\right)^4\times\sin\theta}{\theta^2\times2\times\left(\sin\dfrac{\theta}{2}\right)^2\times\sin2\theta}$

$\quad =\displaystyle\lim_{\theta\to0+}\dfrac{4\times\left(\sin\dfrac{\theta}{2}\right)^2\times\sin\theta}{\theta^2\times\sin2\theta}$

$\quad =\displaystyle\lim_{\theta\to0+}\dfrac{4\times\left(\dfrac{\sin\dfrac{\theta}{2}}{\dfrac{\theta}{2}}\right)^2\times\dfrac{\sin\theta}{\theta}\times\dfrac{1}{4}}{\dfrac{\sin2\theta}{2\theta}\times2}$

$\quad =\dfrac{1}{2}$

● 핵심 공식

▶ $\dfrac{0}{0}$ 꼴의 삼각함수의 극한

x의 단위는 라디안일 때

① $\displaystyle\lim_{x\to0}\dfrac{\sin x}{x}=1$ ② $\displaystyle\lim_{x\to0}\dfrac{\tan x}{x}=1$

③ $\displaystyle\lim_{x\to0}\dfrac{\sin bx}{ax}=\dfrac{b}{a}$ ④ $\displaystyle\lim_{x\to0}\dfrac{\tan bx}{ax}=\dfrac{b}{a}$

⑤ $\displaystyle\lim_{x\to0}\dfrac{\sin bx}{\tan ax}=\dfrac{b}{a}$

---

29 | 합성함수와 역함수의 미분법 | 정답률 18% | 정답 3

함수 $f(x)=e^x+x$가 있다. 양수 t에 대하여 점 $(t,\,0)$과 점 $(x,\,f(x))$ 사이의 거리가 $x=s$에서 최소일 때, 실수 $f(s)$의 값을 $g(t)$라 하자.

❶ 함수 $g(t)$의 역함수를 $h(t)$라 할 때, $h'(1)$의 값을 구하시오. [4점]

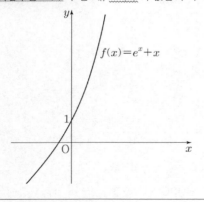

STEP 01 곡선 $y=f(x)$ 위의 임의의 점 P에서의 접선과 두 점 P와 $(t,\,0)$을 지나는 직선이 서로 수직임을 이용하여 $g(t)$를 구한다.

곡선 $y=f(x)$ 위의 점 $P(s,\,f(s))$와 점 $Q(t,\,0)$에 대하여 점 P에서의 접선과 직선 PQ는 수직이어야 한다.

이때, $f(x)=e^x+x$에서 $f'(x)=e^x+1$이므로

$f'(s)=e^s+1$ ...... ㉠

또, 직선 PQ의 기울기는

$\dfrac{f(s)-0}{s-t}=\dfrac{e^s+s}{s-t}$ ...... ㉡

㉠과 ㉡으로부터

$(e^s+1)\times\dfrac{e^s+s}{s-t}=-1$

$(e^s+1)(e^s+s)=t-s$

$t=(e^s+1)(e^s+s)+s$ ...... ㉢

한편, $f(s)$의 값이 $g(t)$이므로

$g(t)=e^s+s$ ...... ㉣

STEP 02 ❶을 이용하여 $h'(t)$를 구한다.

또, 함수 $g(t)$의 역함수가 $h(t)$이므로

$h(1)=k$라 하면 $g(k)=1$

㉣에서

$e^s+s=1$

$s=0$

이 값을 ㉢에 대입하면

$k=2\times1+0=2$

$g(h(t))=t$에서 양변을 t에 대하여 미분하면

$g'(h(t))\times h'(t)=1$

$h'(t)=\dfrac{1}{g'(h(t))}$

STEP 03 ㉢, ㉣의 미분을 이용하여 $h'(1)$의 값을 구한다.

이때, $t=1$을 대입하면

$h'(1)=\dfrac{1}{g'(2)}$

한편, ㉣의 양변을 t에 대하여 미분하면

$g'(t)=(e^s+1)\dfrac{ds}{dt}$

이때, ㉢의 양변을 t에 대하여 미분하면

$1=\{e^s(e^s+s)+(e^s+1)^2+1\}\dfrac{ds}{dt}$

$\dfrac{ds}{dt}=\dfrac{1}{e^s(e^s+s)+(e^s+1)^2+1}$ 이므로

$g'(t)=\dfrac{e^s+1}{e^s(e^s+s)+(e^s+1)^2+1}$

이때, $s=0$일 때, $t=2$이므로

$g'(2)=\dfrac{2}{1+2^2+1}=\dfrac{1}{3}$

따라서, $h'(1)=\dfrac{1}{g'(2)}=3$

● 핵심 공식

▶ 합성함수의 미분법

$h(x)=(g\circ f)(x)=g(f(x))\ \Rightarrow\ h'(x)=g'(f(x))f'(x)$

★★★ 등급을 가르는 문제!

30 | 함수의 추론과 치환적분 | 정답률 6% | 정답 283

최고차항의 계수가 1인 사차함수 $f(x)$와 구간 $(0,\,\infty)$에서 $g(x)\geq0$인 함수 $g(x)$가 다음 조건을 만족시킨다.

> (가) $x\leq-3$인 모든 실수 x에 대하여 $f(x)\geq f(-3)$이다.
> (나) $x>-3$인 모든 실수 x에 대하여
> $g(x+3)\{f(x)-f(0)\}^2=f'(x)$이다.

$\displaystyle\int_4^5 g(x)dx=\dfrac{q}{p}$ 일 때, $p+q$의 값을 구하시오.

(단, p와 q는 서로소인 자연수이다.) [4점]

STEP 01 두 조건에서 $f'(x)$의 특성을 파악하여 $f'(x)$를 구한 후 $f(x)$를 구한다.

조건 (가)에서 함수 $f(x)$는 구간 $(-\infty,\,-3)$에서 감소하는 함수이다.

또, 조건 (나)에서 $x>-3$인 모든 실수 x에 대하여

$g(x+3)\{f(x)-f(0)\}^2=f'(x)$ ...... ㉠

이고 함수 $g(x)$는 구간 $(0,\,\infty)$에서

$g(x)\geq0$이므로 ㉠의 좌변은 0 이상인 실수이다.

그러므로 구간 $(-3,\,\infty)$에서

$f'(x)\geq0$

또, ㉠에 $x=0$을 대입하면 $f'(0)=0$

이때, 함수 $f(x)$가 최고차항의 계수가 1인 사차함수이므로

$f'(x)=4x^2(x+3)$

즉, $f'(x)=4x^3+12x^2$

이때, $f(x)=x^4+4x^3+C$ (C는 상수)

STEP 02 ㉠에서 $g(x+3)$을 구한 후 $\displaystyle\int_1^5 g(x)dx$를 변형한 식에 대입하여 치환적분으로 값을 구한다.

이 식을 ㉠에 대입하면

$g(x+3) \times (x^4+4x^3)^2 = 4x^3 + 12x^2$ ······ ㉡

한편, $\displaystyle\int_4^5 g(x)dx$ ······ ㉢

에서 구간 $[4, 5]$에서의 $g(x)$가 가지는 값은
구간 $[1, 2]$에서의 $g(x+3)$이 가지는 값과 같다.

한편 ㉡의 좌변의 식 x^4+4x^3은 구간 $[1, 2]$에서
$x^4+4x^3 \neq 0$이므로

$$g(x+3) = \frac{4x^3+12x^2}{(x^4+4x^3)^2}$$

또, ㉢에서

$x-3=t$로 놓으면 $\dfrac{dx}{dt}=1$이고

$x=4$일 때 $t=1$, $x=5$일 때 $t=2$이므로

$$\int_4^5 g(x)dx = \int_1^2 g(x+3)dx$$
$$= \int_1^2 \frac{4x^3+12x^2}{(x^4+4x^3)^2}dx \quad ······ ㉣$$

이때, $x^4+4x^3=s$로 놓으면

$$4x^3+12x^2 = \frac{ds}{dx}$$

이고 $x=1$일 때 $s=5$, $x=2$일 때 $s=48$이므로 ㉣은

$$\int_1^2 \frac{4x^3+12x^2}{(x^4+4x^3)^2}dx = \int_5^{48} \frac{1}{s^2}ds$$
$$= \left[-\frac{1}{s}\right]_5^{48}$$
$$= \left(-\frac{1}{48}\right) + \frac{1}{5}$$
$$= \frac{43}{240}$$

따라서, $p=240$, $q=43$이므로
$p+q=240+43=283$

● 핵심 공식

▶ 치환적분
$\displaystyle\int_a^b f(g(x))g'(x)dx$에서 $g(x)=t$로 놓으면 $g'(x)dx=dt$

$\displaystyle\int_a^b f(g(x))g'(x)dx = \int_{g(a)}^{g(b)} f(t)dt$

★★ 문제 해결 꿀~팁 ★★

▶ 문제 해결 방법
두 조건에서 구간 $(-3, \infty)$에서 $f'(x)\geq 0$, $f'(0)=0$이므로 $f'(x)=4x^2(x+3)$, $f(x)=x^4+4x^3+C$이다. 한편, $\displaystyle\int_4^5 g(x)dx$에서 구간 $[4, 5]$에서 $g(x)$가 가지는 값은 구간 $[1, 2]$에서 $g(x+3)$이 가지는 값과 같으므로
$$\int_4^5 g(x)dx = \int_1^2 g(x+3)dx = \int_1^2 \frac{4x^3+12x^2}{(x^4+4x^3)^2}dx$$ 이다.
여기서 x^4+4x^3를 치환하여 치환적분으로 적분하면 답을 구할 수 있다. 치환할 식을 결정하여 치환적분을 할 수 있어야 함은 물론이고 주어진 조건에서 $f(x)$를 구할 수 있어야 한다. 주어진 조건을 토대로 함수를 구하거나 그래프의 개형을 구하는 연습을 충분히 하여야 한다.

● 정답

공통 | 수학
01 ① 02 ⑤ 03 ⑤ 04 ④ 05 ③ 06 ① 07 ④ 08 ② 09 ③ 10 ③ 11 ④ 12 ② 13 ② 14 ⑤ 15 ★①
16 ² 17 8 18 9 19 11 20 ★11 21 ★192 22 ★108
선택 | 확률과 통계
23 ③ 24 ⑤ 25 ② 26 ① 27 ⑤ 28 ④ 29 78 30 ★218
선택 | 미적분
23 ③ 24 ② 25 ④ 26 ② 27 ③ 28 ① 29 24 30 ★115

★ 표기된 문항은 [등급을 가르는 문항]에 해당하는 문제입니다.

01 지수법칙 정답률 87% | 정답 ①

❶ $\dfrac{1}{\sqrt[4]{3}} \times 3^{-\frac{7}{4}}$ 의 값은? [2점]

① $\dfrac{1}{9}$ ② $\dfrac{1}{3}$ ③ 1   ④ 3   ⑤ 9

STEP 01 지수법칙을 이용하여 ❶의 값을 구한다.

$$\frac{1}{\sqrt[4]{3}} \times 3^{-\frac{7}{4}} = 3^{-\frac{1}{4}} \times 3^{-\frac{7}{4}} = 3^{-\frac{1}{4}+\left(-\frac{7}{4}\right)} = 3^{-2} = \frac{1}{9}$$

● 핵심 공식

▶ 지수법칙
$a>0$, $b>0$이고, m, n이 실수일 때
(1) $a^m a^n = a^{m+n}$ (2) $(a^m)^n = a^{mn}$
(3) $(ab)^n = a^n b^n$ (4) $a^m \div a^n = a^{m-n}$
(5) $\sqrt[n]{a^n} = a^{\frac{n}{m}}$ (6) $\dfrac{1}{a^n} = a^{-n}$
(7) $a^0 = 1$

02 미분계수 정답률 91% | 정답 ⑤

함수 $f(x)=2x^3+4x+5$에 대하여 $f'(1)$의 값은? [2점]
① 6   ② 7   ③ 8   ④ 9   ⑤ 10

STEP 01 $f(x)$를 미분하여 $f'(x)$를 구한 후 $f'(1)$의 값을 구한다.

$f(x)=2x^3+4x+5$에서
$f'(x)=6x^2+4$이므로
$f'(1)=6+4=10$

03 등비수열의 일반항 정답률 82% | 정답 ⑤

등비수열 $\{a_n\}$에 대하여

❶ $a_1=2$, $a_2 a_4 = 36$

일 때, $\dfrac{a_7}{a_3}$의 값은? [3점]

① 1   ② $\sqrt{3}$ ③ 3   ④ $3\sqrt{3}$ ⑤ 9

STEP 01 ❶에서 등비수열의 일반항을 이용하여 공비를 구한 후 $\dfrac{a_7}{a_3}$의 값을 구한다.

등비수열 $\{a_n\}$의 공비를 r라 하면
$a_2 a_4 = 36$에서 $a_1=2$이므로
$2r \times 2r^3 = 36$
즉, $r^4 = 9$
따라서 $\dfrac{a_7}{a_3} = \dfrac{a_1 r^6}{a_1 r^2} = r^4 = 9$

● 핵심 공식

▶ 등비수열
첫째항이 a, 공비가 r인 등비수열에서 일반항 a_n은
$a_n = ar^{n-1}$ $(n=1, 2, 3, \cdots)$

04 함수의 연속   정답률 87% | 정답 ④

함수

$$f(x) = \begin{cases} 2x+a & (x \le -1) \\ x^2-5x-a & (x > -1) \end{cases}$$

이 실수 전체의 집합에서 연속일 때, 상수 a의 값은? [3점]

① 1   ② 2   ③ 3   ④ 4   ⑤ 5

STEP 01 $f(x)$가 $x=-1$에서 연속일 조건으로 a의 값을 구한다.

함수 $f(x)$는 $x=-1$에서 연속이면 실수 전체의 집합에서 연속이므로

$\lim\limits_{x \to -1-} f(x) = \lim\limits_{x \to -1+} f(x) = f(-1)$이 성립해야 한다. 이때,

$\lim\limits_{x \to -1-} f(x) = \lim\limits_{x \to -1-}(2x+a) = -2+a$

$\lim\limits_{x \to -1+} f(x) = \lim\limits_{x \to -1+}(x^2-5x-a) = 6-a$

$f(-1) = -2+a$이므로 $-2+a = 6-a$

따라서 $a=4$

●핵심 공식

▶ 함수의 연속

함수 $f(x)$가 실수 a에 대하여 $\lim\limits_{x \to a+} f(x) = \lim\limits_{x \to a-} f(x) = f(a)$

를 만족시킬 때, 함수 $f(x)$는 $x=a$에서 연속이라고 한다.

05 다항함수의 극값   정답률 86% | 정답 ③

함수 $f(x) = 2x^3+3x^2-12x+1$의 극댓값과 극솟값을 각각 M, m이라 할 때, $M+m$의 값은? [3점]

① 13   ② 14   ③ 15   ④ 16   ⑤ 17

STEP 01 $f(x)$의 미분을 이용하여 극댓값과 극솟값을 각각 구한 후 합을 구한다.

$f(x) = 2x^3+3x^2-12x+1$에서

$f'(x) = 6x^2+6x-12 = 6(x+2)(x-1)$이므로

$f'(x) = 0$이 되는 x의 값은 $x=-2$ 또는 $x=1$이다.

따라서 함수 $f(x)$는

$x=-2$에서 극댓값 $M=f(-2) = -16+12+24+1 = 21$을 갖고,

$x=1$에서 극솟값 $m=f(1) = 2+3-12+1 = -6$을 갖는다.

따라서 $M+m = 21-6 = 15$

06 삼각함수 사이의 관계   정답률 69% | 정답 ①

$\dfrac{\pi}{2} < \theta < \pi$인 θ에 대하여 ❶ $\dfrac{\sin\theta}{1-\sin\theta} - \dfrac{\sin\theta}{1+\sin\theta} = 4$일 때, $\cos\theta$의 값은?

[3점]

① $-\dfrac{\sqrt{3}}{3}$ ② $-\dfrac{1}{3}$ ③ 0   ④ $\dfrac{1}{3}$ ⑤ $\dfrac{\sqrt{3}}{3}$

STEP 01 삼각함수의 성질을 이용하여 ❶에서 $\cos\theta$의 값을 구한다.

$\dfrac{\sin\theta}{1-\sin\theta} - \dfrac{\sin\theta}{1+\sin\theta} = 4$에서

$\dfrac{\sin\theta(1+\sin\theta) - \sin\theta(1-\sin\theta)}{(1-\sin\theta)(1+\sin\theta)} = 4$

$\dfrac{2\sin^2\theta}{1-\sin^2\theta} = 4$, $\dfrac{2(1-\cos^2\theta)}{\cos^2\theta} = 4$, $1-\cos^2\theta = 2\cos^2\theta$

따라서 $\cos^2\theta = \dfrac{1}{3}$이고, $\dfrac{\pi}{2} < \theta < \pi$이므로

$\cos\theta = -\dfrac{\sqrt{3}}{3}$

07 여러 가지 수열의 합   정답률 65% | 정답 ④

수열 $\{a_n\}$은 $a_1 = -4$이고, 모든 자연수 n에 대하여

❶ $\displaystyle\sum_{k=1}^{n} \dfrac{a_{k+1}-a_k}{a_k a_{k+1}} = \dfrac{1}{n}$

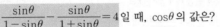

을 만족시킨다. a_{13}의 값은? [3점]

① -9 ② -7 ③ -5 ④ -3 ⑤ -1

STEP 01 부분분수의 합으로 ❶을 정리한 후 a_{13}의 값을 구한다.

$\displaystyle\sum_{k=1}^{n} \dfrac{a_{k+1}-a_k}{a_k a_{k+1}} = \sum_{k=1}^{n}\left(\dfrac{1}{a_k} - \dfrac{1}{a_{k+1}}\right) = \dfrac{1}{a_1} - \dfrac{1}{a_{n+1}} = -\dfrac{1}{4} - \dfrac{1}{a_{n+1}} = \dfrac{1}{n}$

이때, $\dfrac{1}{a_{n+1}} = -\dfrac{1}{n} - \dfrac{1}{4}$이므로 $n=12$를 대입하면

$\dfrac{1}{a_{13}} = -\dfrac{1}{12} - \dfrac{1}{4} = -\dfrac{1}{3}$

즉, $a_{13} = -3$

●핵심 공식

▶ 부분분수

$\dfrac{1}{AB} = \dfrac{1}{B-A}\left(\dfrac{1}{A} - \dfrac{1}{B}\right)$ (단, $A \ne B$)

08 함수의 극한값   정답률 70% | 정답 ②

삼차함수 $f(x)$가

❶ $\lim\limits_{x \to 0} \dfrac{f(x)}{x} = \lim\limits_{x \to 1} \dfrac{f(x)}{x-1} = 1$

을 만족시킬 때, $f(2)$의 값은? [3점]

① 4   ② 6   ③ 8   ④ 10   ⑤ 12

STEP 01 ❶에서 $x=0$, $x=1$에서 극한값이 존재할 조건으로 $f(x)$를 놓는다.

$\lim\limits_{x \to 0} \dfrac{f(x)}{x} = 1$에서 $x \to 0$이면

(분모) $\to 0$이고 극한값이 존재하므로 (분자) $\to 0$이어야 한다.

따라서 $f(0) = 0$

같은 방법으로 $\lim\limits_{x \to 1} \dfrac{f(x)}{x-1} = 1$에서 $f(1) = 0$

따라서 삼차함수 $f(x)$를

$f(x) = x(x-1)(ax+b)$ (a, b는 상수)로 놓을 수 있다.

STEP 02 ❶에서 $x=0$, $x=1$에서의 극한값을 이용하여 미지수를 구한 후 $f(2)$의 값을 구한다.

$\lim\limits_{x \to 0} \dfrac{f(x)}{x} = \lim\limits_{x \to 0}(x-1)(ax+b) = -b$이므로 $b = -1$

$\lim\limits_{x \to 1} \dfrac{f(x)}{x-1} = \lim\limits_{x \to 1} x(ax+b) = a+b$이므로 $a+b = 1$

따라서 $a=2$이므로

$f(x) = x(x-1)(2x-1)$

따라서 $f(2) = 2 \times 1 \times 3 = 6$

다른 풀이

$\lim\limits_{x \to 0} \dfrac{f(x)}{x} = 1$에서 $x \to 0$이면

(분모) $\to 0$이고 극한값이 존재하므로 (분자) $\to 0$이어야 한다.

따라서 $f(0) = 0$

이때 $\lim\limits_{x \to 0} \dfrac{f(x)}{x} = f'(0) = 1$

같은 방법으로 $\lim\limits_{x \to 1} \dfrac{f(x)}{x-1} = 1$에서 $f(1) = 0$, $f'(1) = 1$

함수 $f(x)$는 삼차함수이고

$f'(0) = f'(1) = 1$이므로

$f'(x) = ax(x-1)+1$, 즉 $f'(x) = ax^2-ax+1$이라 놓으면

$f(x) = \dfrac{a}{3}x^3 - \dfrac{a}{2}x^2 + x + C$ (C는 적분상수)

$f(0) = 0$에서 $C = 0$

$f(1) = 0$에서 $\dfrac{a}{3} - \dfrac{a}{2} + 1 = 0$

$a = 6$이므로

$f(x) = 2x^3 - 3x^2 + x$

$\therefore f(2) = 6$

●핵심 공식

▶ 미정계수의 결정

(1) $\dfrac{\infty}{\infty}$ 꼴

$\lim\limits_{x \to \infty} \dfrac{f(x)}{g(x)} = \alpha$ (α는 상수)일 때, $\alpha \ne 0$이면

① {$f(x)$의 차수}={$g(x)$의 차수}
② 극한값 α는 최고차항의 계수의 비

(2) $\dfrac{0}{0}$ 꼴

① $\lim\limits_{x \to a}\dfrac{f(x)}{g(x)}=\alpha$ (α는 상수)이고, $\lim\limits_{x \to a}g(x)=0$이면 $\lim\limits_{x \to a}f(x)=0$

② $\lim\limits_{x \to a}\dfrac{f(x)}{g(x)}=\alpha$ (α는 상수)이고, $\lim\limits_{x \to a}f(x)=0$이면 $\lim\limits_{x \to a}g(x)=0$

---

09 도함수의 활용 　　　　　　정답률 81% | 정답 ③

수직선 위를 움직이는 점 P의 시각 $t\,(t>0)$에서의 속도 $v(t)$가

$$v(t)=-4t^3+12t^2$$

이다. ❶ 시각 $t=k$에서 점 P의 가속도가 12일 때, ❷ 시각 $t=3k$에서 $t=4k$까지 점 P가 움직인 거리는? (단, k는 상수이다.) [4점]

① 23　　② 25　　③ 27　　④ 29　　⑤ 31

STEP 01 $v(t)$를 미분한 후 ❶을 이용하여 k의 값을 구한다.

점 P의 시각 $t\,(t>0)$에서의 가속도를 $a(t)$라 하면
$v(t)=-4t^3+12t^2$이므로
$a(t)=v'(t)=-12t^2+24t$
시각 $t=k$에서 점 P의 가속도가 12이므로
$-12k^2+24k=12$
$k^2-2k+1=0$, $(k-1)^2=0$
$k=1$

STEP 02 $v(t)$를 적분하여 ❷를 구한다.

한편, $v(t)=-4t^3+12t^2=-4t^2(t-3)$이므로
$3 \le t \le 4$일 때 $v(t) \le 0$이다.
따라서 $t=3$에서 $t=4$까지 점 P가 움직인 거리는

$\displaystyle\int_3^4 |v(t)|\,dt=\int_3^4 |-4t^3+12t^2|\,dt=\int_3^4 (4t^3-12t^2)\,dt$
$\qquad =\left[t^4-4t^3\right]_3^4=0-(-27)=27$

● **핵심 공식**

▶ 속도와 가속도의 관계
수직선 위를 움직이는 점 P의 시각 t에서의 좌표 x가 $x=f(t)$일 때, 점 P의

(1) 시각 t에서의 속도 V는 $V=\dfrac{dx}{dt}=f(t)$

(2) 시각 t에서의 가속도 a는 $a=\dfrac{dV}{dt}=f'(t)$

▶ 속도와 이동거리
수직선 위를 움직이는 점 p의 시각 t에서의 속도를 $v(t)$라 할 때, $t=a$에서 $t=b$ $(a<b)$까지의 실제 이동거리 s는 $s=\displaystyle\int_a^b |v(t)|\,dt$이다.

---

10 삼각함수의 그래프 　　　　　정답률 65% | 정답 ③

두 양수 a, b에 대하여 곡선 $y=a\sin b\pi x\left(0 \le x \le \dfrac{3}{b}\right)$이 직선 $y=a$와 만나는 서로 다른 두 점을 A, B라 하자. ❶ 삼각형 OAB의 넓이가 5이고 ❷ 직선 OA의 기울기와 직선 OB의 기울기의 곱이 $\dfrac{5}{4}$일 때, $a+b$의 값은? (단, O는 원점이다.) [4점]

① 1　　② 2　　③ 3　　④ 4　　⑤ 5

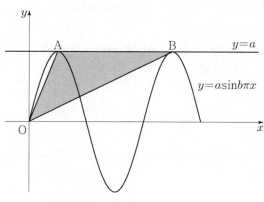

STEP 01 삼각함수의 주기와 최댓값을 이용하여 두 점 A, B의 좌표를 구한다.

함수 $y=a\sin b\pi x$의 주기는 $\dfrac{2\pi}{b\pi}=\dfrac{2}{b}$이므로

두 점 A, B의 좌표는

$A\left(\dfrac{1}{2b},\ a\right)$, $B\left(\dfrac{5}{2b},\ a\right)$

STEP 02 ❶, ❷의 식을 세운 다음 연립하여 a, b를 구한 후 합을 구한다.

따라서 삼각형 OAB의 넓이가 5이므로

$\dfrac{1}{2}\times a \times \left(\dfrac{5}{2b}-\dfrac{1}{2b}\right)=5$, $\dfrac{a}{b}=5$

$a=5b$ 　　　　　　　　　…… ㉠

직선 OA의 기울기와 직선 OB의 기울기의 곱이 $\dfrac{5}{4}$이므로

$\dfrac{a}{\dfrac{1}{2b}}\times\dfrac{a}{\dfrac{5}{2b}}=2ab\times\dfrac{2ab}{5}=\dfrac{4a^2b^2}{5}=\dfrac{5}{4}$

$a^2b^2=\dfrac{25}{16}$, $ab=\dfrac{5}{4}$ 　　　…… ㉡

㉠, ㉡에서 $a=\dfrac{5}{2}$, $b=\dfrac{1}{2}$이므로

$a+b=3$

● **핵심 공식**

▶ 삼각함수의 그래프

$y=a\sin(bx+c)$ ⇒ 주기 : $\dfrac{2\pi}{|b|}$, 최댓값 $|a|$, 최솟값 $-|a|$

$y=a\cos(bx+c)$ ⇒ 주기 : $\dfrac{2\pi}{|b|}$, 최댓값 $|a|$, 최솟값 $-|a|$

$y=a\tan(bx+c)$ ⇒ 주기 : $\dfrac{\pi}{|b|}$, 최댓값과 최솟값은 없다.

---

11 정적분과 미분과의 관계 　　　정답률 63% | 정답 ④

다항함수 $f(x)$가 모든 실수 x에 대하여

❶ $xf(x)=2x^3+ax^2+3a+\displaystyle\int_1^x f(t)\,dt$

를 만족시킨다. ❷ $f(1)=\displaystyle\int_0^1 f(t)\,dt$일 때, $a+f(3)$의 값은? (단, a는 상수이다.) [4점]

① 5　　② 6　　③ 7　　④ 8　　⑤ 9

STEP 01 ❶의 양변에 $x=1$, $x=0$을 대입하여 식을 구한 다음 ❷를 이용하여 a를 구한다.

$xf(x)=2x^3+ax^2+3a+\displaystyle\int_1^x f(t)\,dt$ 　…… ㉠

㉠의 양변에 $x=1$을 대입하면
$f(1)=2+a+3a+0$이므로
$f(1)=2+4a$ 　　　　　　…… ㉡

㉠의 양변에 $x=0$을 대입하면

$0=3a+\displaystyle\int_1^0 f(t)\,dt$

즉, $0=3a-\displaystyle\int_0^1 f(t)\,dt$이므로

$\displaystyle\int_0^1 f(t)\,dt=3a$ 　　　　…… ㉢

$f(1)=\displaystyle\int_0^1 f(t)\,dt$이므로

㉡, ㉢에서
$2+4a=3a$
즉, $a=-2$, $f(1)=-6$

STEP 02 ❶의 양변을 미분하여 $f'(x)$를 구한 후 적분하여 $f(3)$을 구한 다음 $a+f(3)$의 값을 구한다.

㉠의 양변을 미분하면
$f(x)+xf'(x)=6x^2+2ax+f(x)$이므로
$f'(x)=6x+2a=6x-4$
따라서
$f(x)=\displaystyle\int f'(x)\,dx=3x^2-4x+C$ (C는 적분상수)
$f(1)=3-4+C=-6$에서 $C=-5$
따라서 $f(3)=27-12-5=10$이므로
$a+f(3)=-2+10=8$

12 사인법칙과 코사인법칙   정답률 58% | 정답 ②

반지름의 길이가 $2\sqrt{7}$ 인 원에 내접하고 $\angle A = \dfrac{\pi}{3}$ 인 삼각형 ABC 가 있다.

점 A를 포함하지 않는 호 BC 위의 점 D에 대하여 $\sin(\angle BCD) = \dfrac{2\sqrt{7}}{7}$ 일

때, $\overline{BD} + \overline{CD}$ 의 값은? [4점]

① $\dfrac{19}{2}$ ② 10 ③ $\dfrac{21}{2}$ ④ 11 ⑤ $\dfrac{23}{2}$

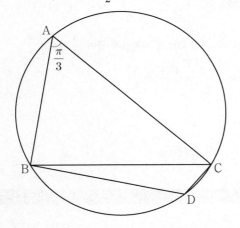

STEP 01 삼각형 ABC 에서 사인법칙을 이용하여 $\overline{BC}$ 를 구한다.

삼각형 ABC 의 외접원의 반지름의 길이가 $2\sqrt{7}$ 이므로 사인법칙에 의하여

$\dfrac{\overline{BC}}{\sin(\angle BAC)} = 4\sqrt{7}$

즉, $\overline{BC} = \sin\dfrac{\pi}{3} \times 4\sqrt{7} = \dfrac{\sqrt{3}}{2} \times 4\sqrt{7} = 2\sqrt{21}$

STEP 02 삼각형 BCD에서 사인법칙을 이용하여 $\overline{BD}$ 를 구한다.

또, 삼각형 BCD 의 외접원의 반지름의 길이도 $2\sqrt{7}$ 이므로
삼각형 BCD에서 사인법칙에 의하여

$\dfrac{\overline{BD}}{\sin(\angle BCD)} = 4\sqrt{7}$

즉, $\overline{BD} = \sin(\angle BCD) \times 4\sqrt{7} = \dfrac{2\sqrt{7}}{7} \times 4\sqrt{7} = 8$

STEP 03 삼각형 BCD에서 코사인법칙을 이용하여 $\overline{CD}$ 를 구한 다음 $\overline{BD} + \overline{CD}$ 의 값을 구한다.

한편, $\angle BDC = \pi - \angle BAC = \dfrac{2}{3}\pi$ 이므로

$\overline{CD} = x$ 라 하면 삼각형 BCD에서 코사인법칙에 의하여

$(2\sqrt{21})^2 = x^2 + 8^2 - 2 \times x \times 8 \times \cos\dfrac{2}{3}\pi$

$x^2 + 8x - 20 = 0$, $(x-2)(x+10) = 0$

$x > 0$ 이므로 $x = 2$

즉, $\overline{CD} = 2$

따라서 $\overline{BD} + \overline{CD} = 8 + 2 = 10$

●핵심 공식

▶ 사인법칙

$\triangle ABC$에 대하여, $\triangle ABC$의 외접원의 반지름 길이가 R이라고 할 때,

$\dfrac{a}{\sin A} = \dfrac{b}{\sin B} = \dfrac{c}{\sin C} = 2R$

▶ 코사인법칙

세 변의 길이를 각각 a, b, c라 하고 b, c 사이의 끼인각을 A라 하면

$a^2 = b^2 + c^2 - 2bc\cos A$, $\left(\cos A = \dfrac{b^2 + c^2 - a^2}{2bc}\right)$

---

13 등차수열의 성질과 합   정답률 46% | 정답 ②

첫째항이 -45이고 공차가 d인 등차수열 $\{a_n\}$이 다음 조건을 만족시키도록
하는 모든 자연수 d의 값의 합은? [4점]

(가) $|a_m| = |a_{m+3}|$ 인 자연수 m 이 존재한다.

(나) 모든 자연수 n 에 대하여 $\displaystyle\sum_{k=1}^{n} a_k > -100$ 이다.

① 44 ② 48 ③ 52 ④ 56 ⑤ 60

STEP 01 등차수열의 일반항을 이용하여 조건 (가)를 만족하는 d의 값을 구한다.

$a_1 = -45 < 0$이고 $d > 0$이므로 조건 (가)를 만족시키기 위해서는

$a_m < 0$, $a_{m+3} > 0$

즉, $-a_m = a_{m+3}$에서 $a_m + a_{m+3} = 0$

따라서,

$\{-45 + (m-1)d\} + \{-45 + (m+2)d\} = 0$

$-90 + (2m+1)d = 0$

$(2m+1)d = 90$ ⋯⋯ ㉠

이고 $2m+1$은 1보다 큰 홀수이므로 d는 짝수이다.

그런데, $90 = 2 \times 3^2 \times 5$이므로 ㉠을 만족시키는 90의 약수 중에서 짝수인 것은
2, 6, 10, 18, 30 이다.

STEP 02 등차수열의 합을 이용하여 조건 (나)를 만족하는 d의 값을 구한 후 합을
구한다.

또한, 조건 (나)에서

$\displaystyle\sum_{k=1}^{n} a_k = \dfrac{n\{2 \times (-45) + (n-1)d\}}{2} > -100$

$n\{-90 + (n-1)d\} > -200$ ⋯⋯ ㉡

따라서 2, 6, 10, 18, 30 중에서 모든 자연수 n에 대하여
㉡을 만족시키는 경우는 18, 30이므로 구하는 모든 자연수 d의 값의 합은
$18 + 30 = 48$

●핵심 공식

▶ 등차수열의 일반항과 합

(1) 등차수열의 일반항
첫째항이 a, 공차가 d인 등차수열의 일반항 a_n은

$a_n = a + (n-1)d$ $(n = 1, 2, 3, \cdots)$

(2) 등차수열의 합
첫째항이 a, 공차가 d, 제n항이 l인 등차수열의 첫째항부터 제n항까지의 합을 S_n이라
하면

$S_n = \dfrac{n(a+l)}{2} = \dfrac{n\{2a + (n-1)d\}}{2}$

---

14 다항함수의 미분과 정적분의 활용   정답률 49% | 정답 ⑤

❶ 최고차항의 계수가 1이고 $f'(0) = f'(2) = 0$인 삼차함수 $f(x)$와 양수
p에 대하여 함수 $g(x)$를

$$g(x) = \begin{cases} f(x) - f(0) & (x \le 0) \\ f(x+p) - f(p) & (x > 0) \end{cases}$$

이라 하자. 〈보기〉에서 옳은 것만을 있는 대로 고른 것은? [4점]

─────────〈보기〉─────────

ㄱ. $p = 1$일 때, $g'(1) = 0$이다.

ㄴ. $g(x)$가 실수 전체의 집합에서 미분가능하도록 하는 양수 p의 개수는
1이다.

ㄷ. $p \ge 2$일 때, $\displaystyle\int_{-1}^{1} g(x)dx \ge 0$이다.

① ㄱ   ② ㄱ, ㄴ   ③ ㄱ, ㄷ   ④ ㄴ, ㄷ   ⑤ ㄱ, ㄴ, ㄷ

STEP 01 ❶을 구한 후 $g(x)$를 구한다.

삼차함수 $f(x)$는 최고차항의 계수가 1이고 $f'(0) = f'(2) = 0$이므로

$f'(x) = 3x(x-2) = 3x^2 - 6x$이다.

따라서

$f(x) = \displaystyle\int f'(x)dx = x^3 - 3x^2 + C$ (C는 적분상수)

따라서 $f(x) - f(0) = x^3 - 3x^2$이고

$f(x+p) - f(p) = (x+p)^3 - 3(x+p)^2 + C - (p^3 - 3p^2 + C)$

$\qquad\qquad\qquad\quad = x^3 + (3p-3)x^2 + (3p^2 - 6p)x$

이므로

$$g(x) = \begin{cases} x^3 - 3x^2 & (x \le 0) \\ x^3 + (3p-3)x^2 + (3p^2 - 6p)x & (x > 0) \end{cases}$$

이다.

STEP 02 ㄱ. $g(x)$에 $p = 1$을 대입한 후 $g'(x)$, $g'(1)$을 구하여 참, 거짓을
판별한다.

ㄱ. $p = 1$이면

$g(x) = \begin{cases} x^3 - 3x^2 & (x \le 0) \\ x^3 - 3x & (x > 0) \end{cases}$ 이므로

$$g'(x) = \begin{cases} 3x^2 - 6x & (x < 0) \\ 3x^2 - 3 & (x > 0) \end{cases}$$

따라서 $g'(1) = 3 - 3 = 0$

∴ 참

STEP 03 ㄴ. $g(x)$가 $x = 0$에서 미분 가능할 조건으로 양수 p를 구하여 참, 거짓을 판별한다.

ㄴ. $\lim\limits_{x \to 0-} g(x) = \lim\limits_{x \to 0+} g(x) = g(0) = 0$이므로

함수 $g(x)$는 $x = 0$에서 연속이다. 이때

$\lim\limits_{x \to 0-} g'(x) = \lim\limits_{x \to 0-} (3x^2 - 6x) = 0$

$\lim\limits_{x \to 0+} g'(x) = \lim\limits_{x \to 0+} \{3x^2 + 2(3p - 3)x + (3p^2 - 6p)\} = 3p^2 - 6p$이므로

$g(x)$가 실수 전체의 집합에서 미분가능하려면

$3p^2 - 6p = 0$이어야 한다.

따라서 양수 p의 값은 $p = 2$뿐이므로

양수 p의 개수는 1이다.

∴ 참

STEP 04 ㄷ. x의 범위를 나누어 $\int_{-1}^{1} g(x)dx$를 구하여 참, 거짓을 판별한다.

ㄷ.

$$\int_{-1}^{0} g(x)dx = \int_{-1}^{0} (x^3 - 3x^2)dx$$
$$= \left[\frac{1}{4}x^4 - x^3\right]_{-1}^{0}$$
$$= 0 - \left(\frac{1}{4} + 1\right) = -\frac{5}{4} \text{ 이고},$$

$$\int_{0}^{1} g(x)dx = \int_{0}^{1} \{x^3 + (3p-3)x^2 + (3p^2 - 6p)x\}dx$$
$$= \left[\frac{1}{4}x^4 + (p-1)x^3 + \frac{3p^2 - 6p}{2}x^2\right]_{0}^{1}$$
$$= \frac{1}{4} + (p-1) + \frac{3p^2 - 6p}{2}$$
$$= \frac{3}{2}p^2 - 2p - \frac{3}{4} \text{ 이므로}$$

$$\int_{-1}^{1} g(x)dx = \int_{-1}^{0} g(x)dx + \int_{0}^{1} g(x)dx$$
$$= \left(-\frac{5}{4}\right) + \frac{3}{2}p^2 - 2p - \frac{3}{4}$$
$$= \frac{3}{2}p^2 - 2p - 2$$
$$= \frac{1}{2}(3p + 2)(p - 2)$$

따라서 $p \geq 2$일 때 $\int_{-1}^{1} g(x)dx \geq 0$이다.

∴ 참

이상에서 옳은 것은 ㄱ, ㄴ, ㄷ

다른 풀이

삼차함수 $f(x)$의 최고차항의 계수가 1이고
$f'(0) = f'(2) = 0$
이므로 함수 $f(x)$는 $x = 0$에서 극대이고
$x = 2$에서 극소이다.
이때, 곡선 $y = f(x) - f(0)$은
곡선 $y = f(x)$를 y축의 방향으로 $-f(0)$만큼
평행이동한 것이고,
곡선 $y = f(x + p) - f(p)$는 곡선 $y = f(x)$를
x축의 방향으로 $-p$만큼,
y축의 방향으로 $-f(p)$만큼 평행이동한 것이다.
따라서 두 곡선 $y = f(x) - f(0)$, $y = f(x + p) - f(p)$는 모두 원점을 지나고
함수 $g(x)$의 그래프는 다음과 같다.

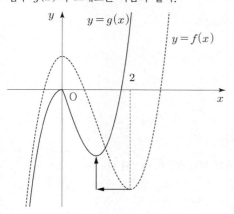

ㄱ. $p = 1$일 때,
곡선 $y = f(x + 1) - f(1)$는 곡선 $y = f(x)$를 x축의 방향으로 -1만큼,
y축의 방향으로 $-f(1)$만큼 평행 이동한 것이다.
따라서 $g'(1) = 0$이다.

∴ 참

ㄴ. $\lim\limits_{x \to 0-} g(x) = \lim\limits_{x \to 0+} g(x) = g(0) = 0$이므로

함수 $g(x)$는 $x = 0$에서 연속이다.

이때 $\lim\limits_{x \to 0-} g'(x) = \lim\limits_{x \to 0-} (3x^2 - 6x) = 0$이므로

$g(x)$가 실수 전체의 집합에서 미분가능하려면 $\lim\limits_{x \to 0+} g'(x) = 0$이어야 한다.

그런데 $f'(x) = 0$인 양수 x의 값은 2뿐이므로 양수 p의 값은 2뿐이다.
따라서 양수 p의 개수는 1이다.

∴ 참

ㄷ. $p \geq 2$일 때 함수 $y = g(x)$의 그래프는 다음과 같다.

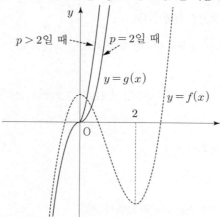

$p = 2$일 때, 함수 $y = g(x)$의 그래프는 원점에 대하여 대칭이므로

$$\int_{-1}^{1} g(x)dx = 0$$

$p > 2$일 때, 모든 실수 x에 대하여
$f(x + p) - f(p) \geq f(x + 2) - f(2)$이므로

$$\int_{-1}^{1} g(x)dx \geq 0$$

따라서 $p \geq 2$일 때 $\int_{-1}^{1} g(x)dx \geq 0$

∴ 참

★★★ 등급을 가르는 문제!

15 수열의 귀납적 정의 | 정답률 29% | 정답 ①

수열 $\{a_n\}$은 $|a_1| \leq 1$이고, 모든 자연수 n에 대하여

$$a_{n+1} = \begin{cases} -2a_n - 2 & \left(-1 \leq a_n < -\frac{1}{2}\right) \\ 2a_n & \left(-\frac{1}{2} \leq a_n \leq \frac{1}{2}\right) \\ -2a_n + 2 & \left(\frac{1}{2} < a_n \leq 1\right) \end{cases}$$

을 만족시킨다. ❶ $a_5 + a_6 = 0$이고 ❷ $\sum\limits_{k=1}^{5} a_k > 0$이 되도록 하는 모든 a_1의 값의 합은? [4점]

① $\frac{9}{2}$ ② 5 ③ $\frac{11}{2}$ ④ 6 ⑤ $\frac{13}{2}$

STEP 01 ❶을 만족하는 a_5를 구한 후 a_4의 값을 구한다.

먼저 a_5의 값을 구해 보자.

$-1 \leq a_5 < -\frac{1}{2}$이면 $a_6 = -2a_5 - 2$이므로

$a_5 + a_6 = 0$에서 $-a_5 - 2 = 0$

즉, $a_5 = -2$이고 이것은 조건을 만족시키지 않는다.

$-\frac{1}{2} \leq a_5 \leq \frac{1}{2}$이면 $a_6 = 2a_5$이므로

$a_5 + a_6 = 0$에서 $3a_5 = 0$

즉, $a_5 = 0$

$\frac{1}{2} < a_5 \leq 1$이면 $a_6 = -2a_5 + 2$이므로

$a_5 + a_6 = 0$에서 $-a_5 + 2 = 0$

즉, $a_5 = 2$이고 이것은 조건을 만족시키지 않는다.

그러므로 $a_5 = 0$이고 이때 $a_4 = -1$ 또는 $a_4 = 0$ 또는 $a_4 = 1$이다.

STEP 02 각 a_4에 대하여 ❷를 만족하는 a_3, a_2, a_1을 구한 후 모든 a_1의 값의 합을 구한다.

한편 $0 \leq a_{n+1} \leq 1$일 때

$a_n = \dfrac{1}{2}a_{n+1}$ 또는 $a_n = 1 - \dfrac{1}{2}a_{n+1}$

(i) $a_4 = -1$인 경우

$a_3 < 0$, $a_2 < 0$, $a_1 < 0$이므로 조건을 만족시키지 않는다.

(ii) $a_4 = 0$인 경우

　i) $a_3 = -1$인 경우

　　$a_2 < 0$, $a_1 < 0$이므로 조건을 만족시키지 않는다.

　ii) $a_3 = 0$인 경우

　　$a_2 = 0$ 또는 $a_2 = 1$이고,

　　$a_2 = 0$일 때 $a_1 = 1$이면 조건을 만족시키고,

　　$a_2 = 1$일 때 $a_1 = \dfrac{1}{2}$이고 이 경우도 조건을 만족시킨다.

　iii) $a_3 = 1$인 경우

　　$a_2 = \dfrac{1}{2}$이고 이때 $a_1 = \dfrac{1}{4}$ 또는 $a_1 = \dfrac{3}{4}$이며, 이것은 조건을 만족시킨다.

(iii) $a_4 = 1$인 경우

$a_3 = \dfrac{1}{2}$이고 이때 $a_2 = \dfrac{1}{4}$ 또는 $a_2 = \dfrac{3}{4}$

　i) $a_2 = \dfrac{1}{4}$인 경우

　　$a_1 = \dfrac{1}{8}$ 또는 $a_1 = \dfrac{7}{8}$이고 이것은 조건을 만족시킨다.

　ii) $a_2 = \dfrac{3}{4}$인 경우

　　$a_1 = \dfrac{3}{8}$ 또는 $a_1 = \dfrac{5}{8}$이고 이것은 조건을 만족시킨다.

따라서 조건을 만족시키는 모든 a_1의 값의 합은

$1 + \dfrac{1}{2} + \dfrac{1}{4} + \dfrac{3}{4} + \dfrac{1}{8} + \dfrac{7}{8} + \dfrac{3}{8} + \dfrac{5}{8} = \dfrac{9}{2}$

★★ 문제 해결 꿀~팁 ★★

▶ 문제 해결 방법

먼저 각 범위에서 $a_5 + a_6 = 0$을 만족하는 a_5를 구하면 $a_5 = 0$이고 그때 $a_4 = -1$ 또는 $a_4 = 0$ 또는 $a_4 = 1$이다.

마찬가지로 각 a_4에 대하여 범위를 만족하는 a_3, a_2, a_1을 차례로 구해야 한다.

$a_4 = -1$인 경우 모든 항이 음수가 되어 조건을 만족하지 않으며 $a_4 = 0$인 경우는 $a_5 = 0$인 경우와 마찬가지로 $a_3 = -1$ 또는 $a_3 = 0$ 또는 $a_3 = 1$이므로 같은 풀이가 반복된다. $a_3 = -1$인 경우는 조건을 만족하지 않으므로 $a_3 = 0$ 또는 $a_3 = 1$인 경우에 대하여 a_2, a_1을 구하면 된다.

$a_4 = 1$인 경우도 같은 방법으로 차례로 a_3, a_2, a_1을 구해야 한다.

모든 항들을 일일이 구하고 범위에 해당하는지 확인해야 하며 계산실수하지 않도록 주의하여야 한다.

---

16 로그의 성질　　　　　　　정답률 87% | 정답 2

❶ $\log_2 100 - 2\log_2 5$의 값을 구하시오. [3점]

STEP 01 로그의 성질을 이용하여 ❶의 값을 구한다.

$\log_2 100 - 2\log_2 5 = \log_2 100 - \log_2 25 = \log_2 \dfrac{100}{25} = \log_2 4 = \log_2 2^2 = 2$

---

17 함수의 부정적분　　　　　정답률 88% | 정답 8

함수 $f(x)$에 대하여 $f'(x) = 8x^3 - 12x^2 + 7$이고 ❶ $f(0) = 3$일 때, $f(1)$의 값을 구하시오. [3점]

STEP 01 $f'(x)$를 적분하여 $f(x)$를 구한 후 ❶을 이용하여 적분상수를 구하고 $f(1)$의 값을 구한다.

$f(x) = \displaystyle\int f'(x)dx = \int (8x^3 - 12x^2 + 7)dx$

　　　$= 2x^4 - 4x^3 + 7x + C$ (C는 적분상수)

이때 $f(0) = 3$이므로 $C = 3$

따라서 $f(x) = 2x^4 - 4x^3 + 7x + 3$이므로

$f(1) = 2 - 4 + 7 + 3 = 8$

---

18 수열의 합　　　　　　　　정답률 70% | 정답 9

두 수열 $\{a_n\}$, $\{b_n\}$에 대하여

❶ $\displaystyle\sum_{k=1}^{10}(a_k + 2b_k) = 45$, $\displaystyle\sum_{k=1}^{10}(a_k - b_k) = 3$

일 때, ❷ $\displaystyle\sum_{k=1}^{10}\left(b_k - \dfrac{1}{2}\right)$의 값을 구하시오. [3점]

STEP 01 ❶의 두 식을 연립하여 $\displaystyle\sum_{k=1}^{10}b_k$를 구한 후 ❷에 대입하여 값을 구한다.

$\displaystyle\sum_{k=1}^{10}(a_k + 2b_k) = 45$에서 $\displaystyle\sum_{k=1}^{10}a_k + 2\sum_{k=1}^{10}b_k = 45$　　……㉠

$\displaystyle\sum_{k=1}^{10}(a_k - b_k) = 3$에서 $\displaystyle\sum_{k=1}^{10}a_k - \sum_{k=1}^{10}b_k = 3$　　……㉡

㉠, ㉡에서 $3\displaystyle\sum_{k=1}^{10}b_k = 42$

즉, $\displaystyle\sum_{k=1}^{10}b_k = 14$

따라서 $\displaystyle\sum_{k=1}^{10}\left(b_k - \dfrac{1}{2}\right) = \sum_{k=1}^{10}b_k - 10 \times \dfrac{1}{2} = 14 - 5 = 9$

---

19 평균변화율과 미분계수　　　정답률 64% | 정답 11

함수 $f(x) = x^3 - 6x^2 + 5x$에서 ❶ x의 값이 0에서 4까지 변할 때의 평균변화율과 $f'(a)$의 값이 같게 되도록 하는 $0 < a < 4$인 모든 실수 a의 값의 곱은 $\dfrac{q}{p}$이다. $p + q$의 값을 구하시오. (단, p와 q는 서로소인 자연수이다.) [3점]

STEP 01 ❶을 구한 후 $f(x)$를 미분하여 $f'(x)$를 구한다. 두 식을 연립한 후 근과 계수의 관계를 이용하여 모든 실수 a의 값의 곱을 구한 다음 $p + q$의 값을 구한다.

함수 $f(x) = x^3 - 6x^2 + 5x$에서 x의 값이 0에서 4까지 변할 때의 평균변화율은

$\dfrac{f(4) - f(0)}{4 - 0} = \dfrac{64 - 96 + 20}{4} = -3$

또한, $f'(x) = 3x^2 - 12x + 5$이므로

$3a^2 - 12a + 5 = -3$, $3a^2 - 12a + 8 = 0$　　……㉠

㉠을 만족시키는 모든 실수 a는 $0 < a < 4$를 만족시키므로

모든 실수 a의 값의 곱은 이차방정식의 근과 계수의 관계에 의하여 $\dfrac{8}{3}$이다.

따라서 $p = 3$, $q = 8$이므로 $p + q = 11$

★★★ 등급을 가르는 문제!

20 도함수의 활용　　　　　　정답률 21% | 정답 21

함수 $f(x) = \dfrac{1}{2}x^3 - \dfrac{9}{2}x^2 + 10x$에 대하여 x에 대한 방정식

$f(x) + |f(x) + x| = 6x + k$

의 ❶ 서로 다른 실근의 개수가 4가 되도록 하는 모든 정수 k의 값의 합을 구하시오. [4점]

STEP 01 $g(x) = f(x) + |f(x) + x| - 6x$라 하고 범위를 나누어 $y = g(x)$의 그래프를 구한다.

함수 $g(x)$를

$g(x) = f(x) + |f(x) + x| - 6x$라 하면

$g(x) = \begin{cases} -7x & (f(x) < -x) \\ 2f(x) - 5x & (f(x) \geq -x) \end{cases}$이고,

주어진 방정식은 $g(x) = k$와 같다.

$f(x) = -x$에서

$\dfrac{1}{2}x^3 - \dfrac{9}{2}x^2 + 10x = -x$, $\dfrac{x}{2}(x^2 - 9x + 22) = 0$

이때 모든 실수 x에 대하여

$x^2 - 9x + 22 = \left(x - \dfrac{9}{2}\right)^2 + \dfrac{7}{4} > 0$이므로

곡선 $y = f(x)$와 직선 $y = -x$는 오직 원점 $(0, 0)$에서만 만난다.

따라서 함수 $h(x)$를

$h(x) = 2f(x) - 5x = x^3 - 9x^2 + 15x$라 하면

$$g(x) = \begin{cases} -7x & (x < 0) \\ h(x) & (x \geq 0) \end{cases}$$ 이다.

$h'(x) = 3x^2 - 18x + 15 = 3(x-1)(x-5)$ 이므로

$h'(x) = 0$에서 $x = 1$ 또는 $x = 5$

따라서 함수 $h(x)$는 $x=1$에서 극댓값 $h(1) = 1 - 9 + 15 = 7$을 갖고,

$x = 5$에서 극솟값 $h(5) = 125 - 225 + 75 = -25$를 갖는다.

따라서 함수 $y = g(x)$의 그래프는 다음과 같다.

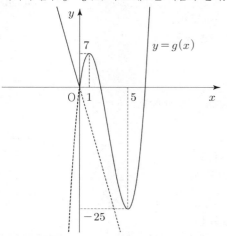

STEP 02 ❶을 만족하는 k의 범위를 구한 후 만족하는 모든 정수 k값의 합을 구한다.

주어진 방정식의 서로 다른 실근의 개수가 4가 되기 위해서는

곡선 $y = g(x)$와 직선 $y = k$의 교점의 개수가 4이어야 하므로

실수 k의 값의 범위는 $0 < k < 7$이다.

따라서 모든 정수 k 값의 합은

$$1 + 2 + 3 + \cdots + 6 = \frac{6}{2}(1+6) = 21$$

★★ 문제 해결 꿀~팁 ★★

▶ 문제 해결 방법

$g(x) = f(x) + |f(x) + x| - 6x$라 하면 $g(x) = \begin{cases} -7x & (f(x) < -x) \\ 2f(x) - 5x & (f(x) \geq -x) \end{cases}$ 이고,

$f(x) = -x$에서 교점은 $(0, 0)$이고,

$h(x) = 2f(x) - 5x$라 하면 $g(x) = \begin{cases} -7x & (x < 0) \\ h(x) & (x \geq 0) \end{cases}$ 이다.

이제 $h(x)$를 구하고 미분을 이용하여 $y = h(x)$ 및 $y = g(x)$의 그래프의 개형을 그려 직선 $y = k$와의 교점의 개수가 4가 되도록 하는 k의 범위를 구하면 된다.

$f(x) + |f(x) + x| = 6x + k$의 형태의 방정식을 풀 때 식을 $f(x) + |f(x) + x| - 6x = k$로 변형하여 두 그래프의 교점이 방정식의 근과 동일하다는 성질을 이용하여 풀이하는 것이 일반적인 방법이다.

또한 $f(x) + |f(x) + x| - 6x$의 절댓값이 달라지는 경우를 기준으로 범위를 나누어 식과 그래프를 구할 수 있어야 한다.

★★★ 등급을 가르는 문제!

21 지수함수와 로그함수의 그래프	정답률 9% | 정답 192

$a > 1$인 실수 a에 대하여 직선 $y = -x + 4$가 두 곡선

❶ $y = a^{x-1}$, $y = \log_a(x-1)$

과 만나는 점을 각각 A, B 라 하고, 곡선 $y = a^{x-1}$이 y축과 만나는 점을 C 라 하자. ❷ $\overline{AB} = 2\sqrt{2}$일 때, 삼각형 ABC 의 넓이가 S이다. $50 \times S$의 값을 구하시오. [4점]

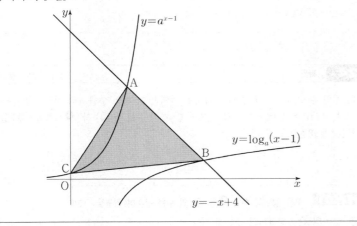

STEP 01 ❶의 두 함수의 대칭관계를 파악하고 ❷를 이용하여 a, 점 C 의 좌표를 구한다.

곡선 $y = a^{x-1}$은 곡선 $y = a^x$을 x축의 방향으로 1만큼 평행 이동한 것이고,

곡선 $y = \log_a(x-1)$은 곡선 $y = \log_a x$를 x축의 방향으로 1만큼 평행 이동한 것이므로

두 곡선 $y = a^{x-1}$, $y = \log_a(x-1)$은 직선 $y = x - 1$에 대하여 대칭이다.

즉, 두 직선 $y = -x + 4$, $y = x - 1$의 교점을 M이라 하면

점 M의 좌표는 $M\left(\frac{5}{2}, \frac{3}{2}\right)$이고, 점 M은 선분 AB 의 중점이므로

$\overline{AM} = \sqrt{2}$ 이다.

점 A 의 좌표를 $(k, -k+4)$라 하면

$\left(k - \frac{5}{2}\right)^2 + \left(-k + \frac{5}{2}\right)^2 = 2$에서 $k = \frac{3}{2}$

즉, $A\left(\frac{3}{2}, \frac{5}{2}\right)$이므로

$\frac{5}{2} = a^{\frac{3}{2}-1}$, $a^{\frac{1}{2}} = \frac{5}{2}$, $a = \frac{25}{4}$

이때 점 C 의 좌표는 $\left(0, \frac{1}{a}\right)$, 즉 $\left(0, \frac{4}{25}\right)$

STEP 02 점 C와 직선 $y = -x + 4$ 사이의 거리를 구한 후 삼각형 ABC 의 넓이를 구한 다음 $50 \times S$의 값을 구한다.

점 C 에서 직선 $y = -x + 4$에 내린 수선의 발을 H 라 하면

선분 CH 의 길이는 점 C 와 직선 $y = -x + 4$ 사이의 거리와 같으므로

$$\overline{CH} = \frac{\left|0 + \frac{4}{25} - 4\right|}{\sqrt{2}} = \frac{48\sqrt{2}}{25}$$

따라서 삼각형 ABC 의 넓이는

$$S = \frac{1}{2} \times \overline{AB} \times \overline{CH} = \frac{1}{2} \times 2\sqrt{2} \times \frac{48\sqrt{2}}{25} = \frac{96}{25}$$

따라서 $50 \times S = 50 \times \frac{96}{25} = 192$

★★ 문제 해결 꿀~팁 ★★

▶ 문제 해결 방법

두 함수는 각각 역함수 관계인 두 함수 $y = a^x$와 $y = \log_a x$를 x축의 방향으로 1만큼 평행 이동한 것으로 직선 $y = x - 1$에 대하여 대칭이다. 이 사실을 파악하지 못하면 $\overline{AB} = 2\sqrt{2}$임을 이용하여 a의 값을 구하는데 어려움이 있다.

즉, 두 직선 $y = -x + 4$, $y = x - 1$의 교점을 M이라 하면 점 M의 좌표는 $M\left(\frac{5}{2}, \frac{3}{2}\right)$이고, 점 M은 선분 AB 의 중점이므로 $\overline{AM} = \sqrt{2}$이다. 두 점의 좌표를 이용하여 a만 구하면 점 C 에서 직선 $y = -x + 4$까지의 거리가 삼각형 ABC 의 높이이므로 점과 직선 사이의 거리를 이용하여 삼각형 ABC 의 높이를 구한 후 넓이를 구하면 된다.

지수함수와 로그함수의 관계를 알고 있어야 하고 활용할 수 있어야 한다.

★★★ 등급을 가르는 문제!

22 함수의 연속성과 미분가능성	정답률 2% | 정답 108

최고차항의 계수가 1인 삼차함수 $f(x)$에 대하여 함수

$$g(x) = f(x-3) \times \lim_{h \to 0+} \frac{|f(x+h)| - |f(x-h)|}{h}$$

가 다음 조건을 만족시킬 때, $f(5)$의 값을 구하시오. [4점]

> (가) 함수 $g(x)$는 실수 전체의 집합에서 연속이다.
> (나) 방정식 $g(x) = 0$은 서로 다른 네 실근 $\alpha_1, \alpha_2, \alpha_3, \alpha_4$를 갖고
> $\alpha_1 + \alpha_2 + \alpha_3 + \alpha_4 = 7$이다.

STEP 01 최고차항의 계수가 1인 삼차함수 $f(x)$의 그래프의 개형에 따라 경우를 나누어 두 조건을 만족하는 경우를 찾아 조건 (나)를 만족하도록 미지수들을 구하여 $f(x)$를 구한 후 $f(5)$의 값을 구한다.

$i(x) = |f(x)|$로 놓으면 함수 $f(x)$는 다항함수이므로 모든 x의 값에 대하여

$$\lim_{h \to 0+} \frac{i(x+h) - i(x)}{h}, \quad \lim_{h \to 0-} \frac{i(x+h) - i(x)}{h}$$

의 값이 항상 존재한다.

따라서,

$$\lim_{h \to 0} \frac{|f(x+h)| - |f(x-h)|}{h}$$

$$= \lim_{h \to 0} \frac{|f(x+h)| - |f(x)| - |f(x-h)| + |f(x)|}{h}$$

$$= \lim_{h \to 0+} \frac{i(x+h) - i(x)}{h} + \lim_{h \to 0+} \frac{i(x-h) - i(x)}{-h}$$

(ⅰ) 함수 $f(x)$의 극값이 존재하지 않고
$f(\alpha)=0$, $f'(\alpha)\neq0$인 경우

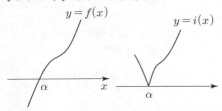

$$y=f(x) \qquad y=i(x)$$

$$g(x)=f(x-3)\times\lim_{h\to0+}\frac{|f(x+h)|-|f(x-h)|}{h}$$

$$=f(x-3)\times\left\{\lim_{h\to0+}\frac{i(x+h)-i(x)}{h}+\lim_{h\to0+}\frac{i(x-h)-i(x)}{-h}\right\}$$

$$=\begin{cases}f(x-3)\times\{-2f'(x)\} & (x<\alpha)\\ 0 & (x=\alpha)\\ f(x-3)\times\{2f'(x)\} & (x>\alpha)\end{cases}$$

이때 조건 (가)를 만족시키기 위해서는
$$\lim_{x\to\alpha-}g(x)=\lim_{x\to\alpha+}g(x)=g(\alpha)$$이어야 하므로
$$f(\alpha-3)\times\{-2f'(\alpha)\}=f(\alpha-3)\times\{2f'(\alpha)\}=0$$
그런데 $f'(\alpha)\neq0$, $f(\alpha-3)\neq0$이므로 모순이다.

(ⅱ) 함수 $f(x)$의 극값이 존재하지 않고
$f(\alpha)=0$, $f'(\alpha)=0$인 경우

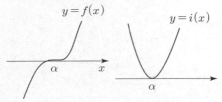

$$y=f(x) \qquad y=i(x)$$

$$g(x)=f(x-3)\times\lim_{h\to0+}\frac{|f(x+h)|-|f(x-h)|}{h}$$

$$=f(x-3)\times\left\{\lim_{h\to0+}\frac{i(x+h)-i(x)}{h}+\lim_{h\to0+}\frac{i(x-h)-i(x)}{-h}\right\}$$

$$=\begin{cases}f(x-3)\times\{-2f'(x)\} & (x<\alpha)\\ 0 & (x=\alpha)\\ f(x-3)\times\{2f'(x)\} & (x>\alpha)\end{cases}$$

이때 조건 (가)를 만족시키기 위해서는
$$\lim_{x\to\alpha-}g(x)=\lim_{x\to\alpha+}g(x)=g(\alpha)$$이어야 하고
$f'(\alpha)=0$이므로
$$f(\alpha-3)\times\{-2f'(\alpha)\}=f(\alpha-3)\times\{2f'(\alpha)\}=0$$이 성립한다.
그런데, 방정식 $g(x)=0$을 만족시키는 실근은
$x=\alpha$ 또는 $x=\alpha+3$으로 2개 뿐이므로 조건 (나)를 만족시키지 못한다.

(ⅲ) 함수 $f(x)$의 극값이 존재하고
$f(\alpha)\neq0$, $f(\beta)\neq0$, $f'(\alpha)=f'(\beta)=0$인 경우
(ⅰ)의 경우와 같이 $f(k)=0$을 만족시키는 $x=k$에서 함수 $g(x)$는 연속이
아니므로 조건 (가)를 만족시키지 못한다.

(ⅳ) 함수 $f(x)$의 극값이 존재하고
$f(k)=0$, $f(\alpha)\neq0$, $f(\beta)=0$, $f'(\alpha)=f'(\beta)=0$ $(k<\alpha<\beta)$인 경우

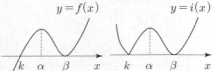

$$y=f(x) \qquad y=i(x)$$

(ⅰ)의 경우와 같이 $f(k)=0$을 만족시키는 $x=k$에서 함수 $g(x)$는 연속이
아니므로 조건 (가)를 만족시키지 못한다.

(ⅴ) 함수 $f(x)$의 극값이 존재하고
$f(k)=0$, $f(l)=0$, $f(m)=0$,
$f'(\alpha)=f'(\beta)=0$ $(k<\alpha<l<\beta<m)$인 경우
(ⅰ)의 경우와 같이 $f(k)=0$을 만족시키는
$x=k$에서 함수 $g(x)$는 연속이 아니므로 조건 (가)를 만족시키지 못한다.

(ⅵ) 함수 $f(x)$의 극값이 존재하고
$f(k)=0$, $f(\alpha)=0$, $f(\beta)\neq0$,
$f'(\alpha)=f'(\beta)=0$ $(\alpha<\beta<k)$인 경우

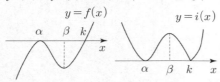

$$y=f(x) \qquad y=i(x)$$

$$g(x)=f(x-3)\times\lim_{h\to0+}\frac{|f(x+h)|-|f(x-h)|}{h}$$

$$=f(x-3)\times\left\{\lim_{h\to0+}\frac{i(x+h)-i(x)}{h}+\lim_{h\to0+}\frac{i(x-h)-i(x)}{-h}\right\}$$

$$=\begin{cases}f(x-3)\times\{-2f'(x)\} & (x<k)\\ 0 & (x=k)\\ f(x-3)\times\{2f'(x)\} & (x>k)\end{cases}$$

이때 조건 (가)를 만족시키기 위해서는
$$\lim_{x\to k-}g(x)=\lim_{x\to k+}g(x)=g(k)$$이어야 하므로
$$f(k-3)\times\{-2f'(k)\}=f(k-3)\times\{2f'(k)\}=0$$
그런데 $f'(k)\neq0$이므로 $f(k-3)=0$이고
$$k-3=\alpha \qquad\qquad \cdots\cdots ㉠$$
즉, $k=\alpha+3$이면 조건 (가)를 만족시킨다.
또한, 방정식 $g(x)=0$의 서로 다른 실근은
$x<k$일 때 $x=\alpha$ 또는 $x=\beta$
$x=k$일 때 $x=k$
$x>k$일 때 $x=k+3$이고
조건 (나)에서 서로 다른 네 실근의 합이 4이므로
$$\alpha+\beta+k+k+3=7$$
$$\alpha+\beta+2k=4 \qquad\qquad \cdots\cdots ㉡$$
또한, $f(x)=(x-\alpha)^2(x-k)$이고
$f'(x)=(x-\alpha)(3x-2k-\alpha)$이므로
$$f'(x)=0에서 \ \beta=\frac{\alpha+2k}{3}$$
㉡에 대입하여 정리하면 $\alpha+2k=3$
㉠, ㉡에서 $\alpha=-1$, $k=2$이므로
$$f(x)=(x+1)^2(x-2)$$
따라서 $f(5)=(5+1)^2(5-2)=36\times3=108$

★★ 문제 해결 꿀~팁 ★★

▶ **문제 해결 방법**

최고차항의 계수가 1인 삼차함수 $f(x)$의 근의 종류 및 위치, 극값의 위치 및 개수에 따른 그래프의 개형에 따라 함수 $g(x)$가 연속일 수도 있고 불연속일 수도 있다.
각 그래프에 따른 $g(x)$의 연속성을 조사하면 연속인 경우는 2가지 경우이고 그 중 한 가지 경우인 함수 $f(x)$의 극값이 존재하지 않고 $f(\alpha)=0$, $f'(\alpha)=0$인 경우는 $g(x)=0$의 실근이 2개이므로 조건 (나)를 만족하지 않는다. 따라서 함수 $f(x)$의 극값이 존재하고 $f(k)=0$, $f(\alpha)=0$, $f(\beta)\neq0$, $f'(\alpha)=f'(\beta)=0$ $(\alpha<\beta<k)$인 경우에 두 조건을 만족하도록 미지수들의 값을 정하고 $f(x)$를 구하면 된다.
무엇보다 중요한 것은 삼차함수 $f(x)$의 그래프의 개형을 종류별로 나누어 그릴 수 있어야 한다는 것이다. 다항함수의 종류별 그래프 및 이계도함수의 그래프와 연관한 그래프의 개형을 잘 알아두어야 한다.

확률과 통계

23 이항분포   정답률 87% | 정답 ③

확률변수 X가 이항분포 ❶ $\mathrm{B}\left(60, \dfrac{1}{4}\right)$을 따를 때, $\mathrm{E}(X)$의 값은? [2점]

① 5   ② 10   ③ 15   ④ 20   ⑤ 25

STEP 01 ❶에서 $\mathrm{E}(X)$의 값을 구한다.

$$\mathrm{E}(X)=60\times\frac{1}{4}=15$$

●핵심 공식

▶ **이항분포의 평균, 분산, 표준편차**

확률변수 X가 이항분포 $\mathrm{B}(n,\ p)$를 따를 때, X의 평균, 분산, 표준편차는 다음과 같다.
$$\mathrm{E}(X)=np, \ \mathrm{V}(X)=npq, \ \sigma(X)=\sqrt{npq} \ (단, \ q=1-p)$$

24 확률   정답률 79% | 정답 ③

네 개의 수 1, 3, 5, 7 중에서 임의로 선택한 한 개의 수를 a라 하고, 네 개의 수 2, 4, 6, 8 중에서 임의로 선택한 한 개의 수를 b라 하자. ❶ $a\times b>31$일 확률은? [3점]

① $\dfrac{1}{16}$ ② $\dfrac{1}{8}$ ③ $\dfrac{3}{16}$ ④ $\dfrac{1}{4}$ ⑤ $\dfrac{5}{16}$

STEP 01 모든 경우의 수와 ❶의 경우의 수를 구하여 확률을 구한다.

모든 a, b의 순서쌍 $(a,\ b)$의 개수는
$$4\times4=16$$
$a\times b>31$을 만족시키는 순서쌍 $(a,\ b)$는

$(5,\ 8),\ (7,\ 6),\ (7,\ 8)$

따라서 구하는 확률은 $\dfrac{3}{16}$

---

25 이항정리

❶ $\left(x^2+\dfrac{a}{x}\right)^5$ 의 전개식에서 ❷ $\dfrac{1}{x^2}$ 의 계수와 x 의 계수가 같을 때, 양수 a 의 값은? [3점]

① 1 ② 2 ③ 3 ④ 4 ⑤ 5

STEP 01 이항정리를 이용하여 ❶의 일반항에서 ❷를 각각 구한 후 두 식을 연립하여 양수 a 의 값을 구한다.

$\left(x^2+\dfrac{a}{x}\right)^5$ 의 일반항은

$_5\mathrm{C}_r(x^2)^{5-r}\left(\dfrac{a}{x}\right)^r=\ _5\mathrm{C}_r a^r x^{10-3r}$ (단, $r=0,\ 1,\ 2,\ 3,\ 4,\ 5$)

이때, $\dfrac{1}{x^2}$ 의 계수는 $10-3r=-2$ 에서 $r=4$ 이므로

$_5\mathrm{C}_4 a^4 = 5a^4$

또 x 의 계수는 $10-3r=1$ 에서 $r=3$ 이므로

$_5\mathrm{C}_3 a^3 = 10a^3$

따라서 $a>0$ 이므로

$5a^4=10a^3$ 에서 $a=2$

●핵심 공식

▶ 이항정리

이항정리는 이항 다항식 $x+y$ 의 거듭제곱 $(x+y)^n$ 에 대해서, 전개한 각 항 $x^k y^{n-k}$ 의 계수 값을 구하는 정리이다.

구체적으로 $x^k y^{n-k}$ 의 계수는 n 개에서 k 개를 고르는 조합의 가짓수인 $_n\mathrm{C}_k$ 이고, 이를 이항계수라고 부른다. 따라서 다음의 식이 성립한다.

$(x+y)^n=\displaystyle\sum_{k=0}^{n} {}_n\mathrm{C}_k x^k y^{n-k}$

---

26 조건부확률

주머니 A에는 흰 공 2개, 검은 공 4개가 들어 있고, 주머니 B에는 흰 공 3개, 검은 공 3개가 들어 있다. 두 주머니 A, B와 한 개의 주사위를 사용하여 다음 시행을 한다.

주사위를 한 번 던져 나온 눈의 수가 5 이상이면 주머니 A에서 임의로 2개의 공을 동시에 꺼내고, 나온 눈의 수가 4 이하이면 주머니 B에서 임의로 2개의 공을 동시에 꺼낸다.

이 시행을 한 번 하여 주머니에서 ❶ 꺼낸 2개의 공이 모두 흰색일 때, ❷ 나온 눈의 수가 5 이상일 확률은? [3점]

① $\dfrac{1}{7}$ ② $\dfrac{3}{14}$ ③ $\dfrac{2}{7}$ ④ $\dfrac{5}{14}$ ⑤ $\dfrac{3}{7}$

A　　　B

STEP 01 ❶의 확률과 ❶과 ❷가 동시에 일어날 확률을 각각 구한 후 조건부확률을 이용하여 구하는 확률을 구한다.

주머니에서 꺼낸 2개의 공이 모두 흰 공인 사건을 E,
주사위의 눈의 수가 5이상인 사건을 F 라 하면 구하는 확률은

$\mathrm{P}(F\,|\,E)=\dfrac{\mathrm{P}(E\cap F)}{\mathrm{P}(E)}$

$\mathrm{P}(E)=\dfrac{1}{3}\times\dfrac{_2\mathrm{C}_2}{_6\mathrm{C}_2}+\dfrac{2}{3}\times\dfrac{_3\mathrm{C}_2}{_6\mathrm{C}_2}=\dfrac{1}{3}\times\dfrac{1}{15}+\dfrac{2}{3}\times\dfrac{3}{15}=\dfrac{1}{45}+\dfrac{6}{45}=\dfrac{7}{45}$

$\mathrm{P}(E\cap F)=\dfrac{1}{3}\times\dfrac{_2\mathrm{C}_2}{_6\mathrm{C}_2}=\dfrac{1}{45}$

따라서 $\mathrm{P}(F\,|\,E)=\dfrac{\mathrm{P}(E\cap F)}{\mathrm{P}(E)}=\dfrac{\dfrac{1}{45}}{\dfrac{7}{45}}=\dfrac{1}{7}$

●핵심 공식

▶ 조건부 확률

확률이 0이 아닌 두 사건 A, B 에 대하여 사건 A 가 일어났다고 가정할 때, 사건 B 가 일어날 확률을 사건 A 가 일어났을 때의 사건 B 의 조건부 확률이라 하고, 이것을 $\mathrm{P}(B\,|\,A)$ 로 나타낸다.

$\mathrm{P}(B\,|\,A)=\dfrac{\mathrm{P}(A\cap B)}{\mathrm{P}(A)}$ (단, $\mathrm{P}(A)>0$)

---

27 표본평균의 확률분포

지역 A에 살고 있는 성인들의 1인 하루 물 사용량을 확률변수 X, 지역 B에 살고 있는 성인들의 1인 하루 물 사용량을 확률변수 Y 라 하자. 두 확률변수 X, Y 는 정규분포를 따르고 다음 조건을 만족시킨다.

(가) 두 확률변수 X, Y 의 평균은 각각 220과 240이다.
(나) 확률변수 Y 의 표준편차는 확률변수 X 의 표준편차의 1.5배이다.

지역 A에 살고 있는 성인 중 임의추출한 n 명의 1인 하루 물 사용량의 표본평균을 $\overline{X}$, 지역 B에 살고 있는 성인 중 임의추출한 $9n$ 명의 1인 하루 물 사용량의 표본평균을 $\overline{Y}$ 라 하자. ❶ $\mathrm{P}(\overline{X}\le 215)=0.1587$ 일 때, $\mathrm{P}(\overline{Y}\ge 235)$ 의 값을 오른쪽 표준정규분포표를 이용하여 구한 것은? (단, 물 사용량의 단위는 L이다.) [3점]

z	$\mathrm{P}(0\le Z\le z)$
0.5	0.1915
1.0	0.3413
1.5	0.4332
2.0	0.4772

① 0.6915 ② 0.7745 ③ 0.8185 ④ 0.8413 ⑤ 0.9772

STEP 01 조건 (가)와 ❶을 이용하여 확률변수 X 의 표준편차와 a 의 관계식을 구한다.

확률변수 X 의 표준편차를 a 라 하면 확률변수 X 는 정규분포 $\mathrm{N}(220,\ a^2)$ 을 따른다.

확률변수 $\overline{X}$ 는 정규분포 $\mathrm{N}\left(220,\ \left(\dfrac{a}{\sqrt{n}}\right)^2\right)$ 을 따르고,

$Z=\dfrac{\overline{X}-220}{\dfrac{a}{\sqrt{n}}}$ 으로 놓으면 확률변수 Z 는 표준정규분포 $\mathrm{N}(0,\ 1)$ 을 따른다. 이때,

$\mathrm{P}(\overline{X}\le 215)=\mathrm{P}\left(Z\le \dfrac{215-220}{\dfrac{a}{\sqrt{n}}}\right)$

$=\mathrm{P}\left(Z\le -\dfrac{5\sqrt{n}}{a}\right)$

$=\mathrm{P}\left(Z\ge \dfrac{5\sqrt{n}}{a}\right)$

$=0.5-\mathrm{P}\left(0\le Z\le \dfrac{5\sqrt{n}}{a}\right)$

$0.5-\mathrm{P}\left(0\le Z\le \dfrac{5\sqrt{n}}{a}\right)=0.1587$ 에서

$\mathrm{P}\left(0\le Z\le \dfrac{5\sqrt{n}}{a}\right)=0.3413$ 이므로

$\dfrac{5\sqrt{n}}{a}=1$

$\dfrac{a}{\sqrt{n}}=5$ ……… ㉠

STEP 02 조건 (나)와 표준정규분포표를 이용하여 $\mathrm{P}(\overline{Y}\ge 235)$ 의 값을 구한다.

한편, 조건 (나)에서 확률변수 Y 의 표준 편차는 $\dfrac{3a}{2}$ 이므로

확률변수 Y 는 정규분포 $\mathrm{N}\left(240,\ \left(\dfrac{3a}{2}\right)^2\right)$ 을 따른다.

확률변수 $\overline{Y}$ 는 정규분포 $\mathrm{N}\left(240,\ \left(\dfrac{\dfrac{3a}{2}}{3\sqrt{n}}\right)^2\right)$ 을 따르고

㉠에서 $\dfrac{\dfrac{3a}{2}}{3\sqrt{n}}=\dfrac{1}{2}\times\dfrac{a}{\sqrt{n}}=\dfrac{5}{2}$ 이므로, $Z=\dfrac{\overline{Y}-240}{\dfrac{5}{2}}$ 으로 놓으면

확률변수 Z 는 표준정규분포 $\mathrm{N}(0,\ 1)$ 을 따른다. 따라서

$\mathrm{P}(\overline{Y}\ge 235)=\mathrm{P}\left(Z\ge \dfrac{235-240}{\dfrac{5}{2}}\right)=\mathrm{P}(Z\ge -2)$

$=\mathrm{P}(-2\le Z\le 0)+0.5=\mathrm{P}(0\le Z\le 2)+0.5$

$=0.4772+0.5=0.9772$

▶ 정규분포의 표준화

(1) 확률변수 X가 정규분포 $N(m, \sigma^2)$을 따를 때 확률변수 $Z = \dfrac{X-m}{\sigma}$은 표준정규분포 $N(0, 1)$을 따른다.

(2) $P(a \leq X \leq b) = P\left(\dfrac{a-m}{\sigma} \leq Z \leq \dfrac{b-m}{\sigma}\right)$

---

28 함수의 개수   정답률 59% | 정답 ④

집합 $X = \{1, 2, 3, 4, 5, 6\}$에 대하여 다음 조건을 만족시키는 함수 $f : X \to X$의 개수는? [4점]

> (가) $f(3) + f(4)$는 5의 배수이다.
> (나) $f(1) < f(3)$이고 $f(2) < f(3)$이다.
> (다) $f(4) < f(5)$이고 $f(4) < f(6)$이다.

① 384   ② 394   ③ 404   ④ 414   ⑤ 424

STEP 01 조건 (나)와 (다)를 만족하면서 조건 (가)를 만족하는 $f(3)$, $f(4)$의 순서쌍을 구한다.

조건 (나)와 조건 (다)에서
$f(3) \neq 1$, $f(4) \neq 6$
조건 (가)에서 $f(3) + f(4)$가 5의 배수인
$f(3)$, $f(4)$의 순서쌍 $(f(3), f(4))$는
$(4, 1)$, $(2, 3)$, $(3, 2)$, $(6, 4)$, $(5, 5)$

STEP 02 각 경우에 대하여 나머지 함숫값을 정하는 경우의 수를 구한다.

(i) $f(3) = 4$, $f(4) = 1$인 경우
     $f(1)$, $f(2)$의 값을 정하는 경우의 수는 $3^2 = 9$
     $f(5)$, $f(6)$의 값을 정하는 경우의 수는 $5^2 = 25$
     즉 함수 f의 개수는 $9 \times 25 = 225$

(ii) $f(3) = 2$, $f(4) = 3$인 경우
     $f(1)$, $f(2)$의 값을 정하는 경우의 수는 $1^2 = 1$
     $f(5)$, $f(6)$의 값을 정하는 경우의 수는 $3^2 = 9$
     즉 함수 f의 개수는 $1 \times 9 = 9$

(iii) $f(3) = 3$, $f(4) = 2$인 경우
     $f(1)$, $f(2)$의 값을 정하는 경우의 수는 $2^2 = 4$
     $f(5)$, $f(6)$의 값을 정하는 경우의 수는 $4^2 = 16$
     즉 함수 f의 개수는 $4 \times 16 = 64$

(iv) $f(3) = 6$, $f(4) = 4$인 경우
     $f(1)$, $f(2)$의 값을 정하는 경우의 수는 $5^2 = 25$
     $f(5)$, $f(6)$의 값을 정하는 경우의 수는 $2^2 = 4$
     즉 함수 f의 개수는 $25 \times 4 = 100$

(v) $f(3) = 5$, $f(4) = 5$인 경우
     $f(1)$, $f(2)$의 값을 정하는 경우의 수는 $4^2 = 16$
     $f(5)$, $f(6)$의 값을 정하는 경우의 수는 $1^2 = 1$
     즉 함수 f의 개수는 $16 \times 1 = 16$

(i) ~ (v)에서 구하는 함수 f의 개수는
$225 + 9 + 64 + 100 + 16 = 414$

---

29 이산확률변수의 확률분포   정답률 33% | 정답 78

두 이산확률변수 X, Y의 확률분포를 표로 나타내면 각각 다음과 같다.

X	1	3	5	7	9	합계
$P(X=x)$	a	b	c	b	a	1

Y	1	3	5	7	9	합계
$P(Y=y)$	$a+\dfrac{1}{20}$	b	$c-\dfrac{1}{10}$	b	$a+\dfrac{1}{20}$	1

❶ $V(X) = \dfrac{31}{5}$일 때, $10 \times V(Y)$의 값을 구하시오. [4점]

STEP 01 확률변수 X의 확률분포표의 대칭성을 이용하여 $E(X)$를 구하고 ❶을 이용하여 세 미지수 a, b, c의 관계식을 구한다.

확률변수 X가 갖는 값이 $X = 5$에 대하여 확률분포가 대칭이므로
$E(X) = 5$

또 $V(X) = \dfrac{31}{5}$이므로 $E(X^2) - \{E(X)\}^2 = \dfrac{31}{5}$에서 $E(X^2) = 25 + \dfrac{31}{5}$

이때, $E(X^2) = 1^2 \times a + 3^2 \times b + 5^2 \times c + 7^2 \times b + 9^2 \times a = 82a + 58b + 25c$이므로
$82a + 58b + 25c = 25 + \dfrac{31}{5}$ ······ ㉠

STEP 02 확률변수 Y의 확률분포표의 대칭성을 이용하여 $E(Y)$를 구하고 ㉠과 ❶을 이용하여 $V(Y)$를 구한 후 $10 \times V(Y)$의 값을 구한다.

한편, 확률변수 Y가 갖는 값이 $Y = 5$에 대하여 확률분포가 대칭이므로
$E(Y) = 5$이고,
$E(Y^2) = 1^2 \times \left(a + \dfrac{1}{20}\right) + 3^2 \times b + 5^2 \times \left(c - \dfrac{1}{10}\right) + 7^2 \times b + 9^2 \times \left(a + \dfrac{1}{20}\right)$

$\qquad = 82a + 58b + 25c + \dfrac{1}{20} - \dfrac{5}{2} + \dfrac{81}{20}$

$\qquad = 82a + 58b + 25c + \dfrac{8}{5}$

㉠에서 $E(Y^2) = 25 + \dfrac{31}{5} + \dfrac{8}{5} = 25 + \dfrac{39}{5}$

따라서 $V(Y) = E(Y^2) - \{E(Y)\}^2 = 25 + \dfrac{39}{5} - 5^2 = \dfrac{39}{5}$이므로

$10 \times V(Y) = 10 \times \dfrac{39}{5} = 78$

▶ 이산확률변수의 평균, 분산

이산확률변수 X의 확률분포가 $P(X = x_i) = p_i$ $(i = 1, 2, \cdots, n)$일 때,
평균을 $E(X)$, 분산을 $V(X)$라 하면
$E(X) = x_1 p_1 + x_2 p_2 + \cdots + x_n p_n$
$V(X) = \displaystyle\sum_{i=1}^{n} (x_i - m)^2 p_i = \sum_{i=1}^{n} (x_i^2 p_i) - m^2 = E(X^2) - \{E(X)\}^2$

★★★ 등급을 가르는 문제!

30 중복조합   정답률 19% | 정답 218

네 명의 학생 A, B, C, D에게 같은 종류의 사인펜 14개를 다음 규칙에 따라 남김없이 나누어 주는 경우의 수를 구하시오. [4점]

> (가) 각 학생은 1개 이상의 사인펜을 받는다.
> (나) 각 학생이 받는 사인펜의 개수는 9 이하이다.
> (다) 적어도 한 학생은 짝수 개의 사인펜을 받는다.

STEP 01 조건 (가)와 (다)를 만족하도록 사인펜을 나누어 주는 경우를 구한다.

사인펜이 14개이므로 조건 (가)와 (다)를 만족하도록
네 명의 학생 A, B, C, D에게 사인펜을 나누어 주는 경우는 다음과 같다.
(i) 네 명의 학생 중 2명은 짝수 개의 사인펜을 받고 나머지 2명은 홀수 개의
     사인펜을 받거나
(ii) 네 명의 학생 모두 짝수 개의 사인펜을 받는다.

STEP 02 (i)의 경우의 수를 중복조합을 이용하여 구하고 조건 (나)를 만족시키지 않는 경우의 수를 제외한다.

(i) 네 명의 학생 중 2명은 짝수 개의 사인펜을 받고 나머지 2명은 홀수 개의
     사인펜을 받는 경우
     4명의 학생 중 짝수 개의 사인펜을 받는
     2명의 학생을 택하는 경우의 수는 $_4C_2$
     두 명의 학생 A, B는 짝수 개의 사인펜을 받고
     두 명의 학생 C, D는 홀수 개의 사인펜을 받는다고 하면
     네 명의 학생 A, B, C, D가 받는 사인펜의 개수는 각각
     $2a+2$, $2b+2$, $2c+1$, $2d+1$(a, b, c, d는 음이 아닌 정수)이다.
     $(2a+2) + (2b+2) + (2c+1) + (2d+1) = 14$에서
     $a+b+c+d = 4$
     방정식 $a+b+c+d = 4$를 만족시키는 음이 아닌 정수 a, b, c, d의 순서쌍
     (a, b, c, d)의 개수는 $_4H_4$
     조건 (나)에 의해 $a \neq 4$, $b \neq 4$이므로 주어진 조건을 만족시키는 경우의 수는
     $_4C_2 \times (_4H_4 - 2) = {}_4C_2 \times (_7C_4 - 2) = 198$

STEP 03 (ii)의 경우의 수를 중복조합을 이용하여 구한 후 모든 경우의 수를 구한다.

(ii) 네 명의 학생 모두 짝수 개의 사인펜을 받는 경우
     네 명의 학생 A, B, C, D가 받는 사인펜의 개수는 각각
     $2a+2$, $2b+2$, $2c+2$, $2d+2$(a, b, c, d는 음이 아닌 정수)이다.
     $(2a+2) + (2b+2) + (2c+2) + (2d+2) = 14$에서

$a+b+c+d=3$

방정식 $a+b+c+d=3$을 만족시키는 음이 아닌 정수 a, b, c, d의 순서쌍 $(a,\ b,\ c,\ d)$의 개수는 ${}_4H_3 = {}_6C_3 = 20$

(i), (ii)에서 구하는 경우의 수는 $198+20=218$

다른 풀이

A, B, C, D가 받는 사인펜의 개수를 각각 a, b, c, d라 하면
$a+b+c+d=14$
조건 (가)를 만족시키는 순서쌍 $(a,\ b,\ c,\ d)$의 개수는
$a=a'+1$, $b=b'+1$, $c=c'+1$, $d=d'+1$로 놓으면
방정식 $a'+b'+c'+d'=10$을 만족시키는
음이 아닌 정수 a', b', c', d'의 순서쌍 $(a',\ b',\ c',\ d')$의 개수와 같으므로
$${}_4H_{10} = {}_{13}C_{10} = {}_{13}C_3 = \frac{13\times12\times11}{3\times2\times1} = 286$$
한편, 네 명이 모두 홀수 개의 사인펜을 받는 경우의 수는
$a=2a''+1$, $b=2b''+1$, $c=2c''+1$, $d=2d''+1$로 놓으면
방정식 $a''+b''+c''+d''=5$를 만족시키는
음이 아닌 정수 a'', b'', c'', d''의 순서쌍 $(a'',\ b'',\ c'',\ d'')$의 개수와
같으므로
$${}_4H_5 = {}_8C_5 = {}_8C_3 = \frac{8\times7\times6}{3\times2\times1} = 56$$
즉 조건 (가)와 조건 (다)를 만족시키는 경우의 수는 $286-56=230$
한편, 조건 (가)와 조건 (다)를 만족시키고,
사인펜을 10개 이상 받은 학생이 있는 경우
각 학생이 받은 사인펜의 개수는 10, 2, 1, 1뿐이고
이 경우의 수는 $\dfrac{4!}{2!}=12$
따라서 모든 조건을 만족시키는 경우의 수는
$230-12=218$

★★ 문제 해결 꿀~팁 ★★

▶ **문제 해결 방법**

서로 다른 개체에게 같은 종류의 사물을 나누어 주는 경우는 중복조합을 이용하는 것이 일반적이다.

여기서 조건 (다)를 만족시키도록 나누어 주는 방법을 두 가지 경우로 볼 수 있다. 전체에서 모두 홀수개의 사인펜을 받는 경우를 제외하는 방법과 두 명은 짝수 개, 두 명은 홀수 개를 받거나 모두 짝수 개의 사인펜을 받는 경우의 수를 구하는 방법으로 나눌 수 있다. 어떠한 경우든 모두 중복조합을 이용해야 하며 조건 (나)를 만족하도록 제외되는 경우를 정확하게 파악할 수 있어야 한다.

또한 짝수 개와 홀수 개를 $2n+2$, $2m+1$(m, n은 음이 아닌 정수)로 변형하여 새로운 식을 쓸 수 있어야 하고 짝수 개를 $2n$으로 표현하면 n이 0인 경우 받지 못하는 학생이 생겨 조건 (가)를 만족하지 않으므로 주의하여야 한다.

두 가지 방법 모두 중복조합으로 식을 세우고 제외되는 경우를 정확하게 제외하면 큰 무리 없이 답을 구할 수 있다.

미적분

23 등비수열의 극한 · 정답률 91% | 정답 ③

❶ $\displaystyle\lim_{n\to\infty}\dfrac{2\times3^{n+1}+5}{3^n+2^{n+1}}$ 의 값은? [2점]

① 2 　② 4 　③ 6 　④ 8 　⑤ 10

STEP 01 ❶의 분자와 분모를 각각 3^n으로 나눈 후 등비수열의 극한을 이용하여 값을 구한다.

$$\lim_{n\to\infty}\frac{2\times3^{n+1}+5}{3^n+2^{n+1}} = \lim_{n\to\infty}\frac{6+5\times\left(\dfrac{1}{3}\right)^n}{1+2\times\left(\dfrac{2}{3}\right)^n} = \frac{6+5\times0}{1+2\times0} = 6$$

● **핵심 공식**

▶ 무한등비수열 $\{r^n\}$의 수렴과 발산

(1) $r>1$일 때, $\displaystyle\lim_{n\to\infty}r^n=\infty$ (발산)

(2) $r=1$일 때, $\displaystyle\lim_{n\to\infty}r^n=1$ (수렴)

(3) $|r|<1$일 때, $\displaystyle\lim_{n\to\infty}r^n=0$ (수렴)

(4) $r\le-1$일 때, 수열 $\{r^n\}$은 진동한다. (발산)

---

24 삼각함수의 덧셈정리 · 정답률 86% | 정답 ②

❶ $2\cos\alpha=3\sin\alpha$이고 ❷ $\tan(\alpha+\beta)=1$일 때, $\tan\beta$의 값은? [3점]

① $\dfrac{1}{6}$ 　② $\dfrac{1}{5}$ 　③ $\dfrac{1}{4}$ 　④ $\dfrac{1}{3}$ 　⑤ $\dfrac{1}{2}$

STEP 01 ❶에서 $\tan\alpha$를 구한 후 ❷에서 삼각함수의 덧셈정리를 이용하여 $\tan\beta$의 값을 구한다.

$2\cos\alpha=3\sin\alpha$에서 $\dfrac{\sin\alpha}{\cos\alpha}=\dfrac{2}{3}$이므로 $\tan\alpha=\dfrac{2}{3}$

$$\tan(\alpha+\beta)=\frac{\tan\alpha+\tan\beta}{1-\tan\alpha\tan\beta}=\frac{\dfrac{2}{3}+\tan\beta}{1-\dfrac{2}{3}\tan\beta}=\frac{2+3\tan\beta}{3-2\tan\beta}\text{이고,}$$

$\tan(\alpha+\beta)=1$이므로 $\dfrac{2+3\tan\beta}{3-2\tan\beta}=1$

따라서 $\tan\beta=\dfrac{1}{5}$

● **핵심 공식**

▶ 삼각함수의 덧셈정리

$\sin(\alpha+\beta)=\sin\alpha\cos\beta+\cos\alpha\sin\beta$

$\sin(\alpha-\beta)=\sin\alpha\cos\beta-\cos\alpha\sin\beta$　$\cos(\alpha+\beta)=\cos\alpha\cos\beta-\sin\alpha\sin\beta$

$\cos(\alpha-\beta)=\cos\alpha\cos\beta+\sin\alpha\sin\beta$　$\tan(\alpha+\beta)=\dfrac{\tan\alpha+\tan\beta}{1-\tan\alpha\tan\beta}$

$\tan(\alpha-\beta)=\dfrac{\tan\alpha-\tan\beta}{1+\tan\alpha\tan\beta}$

---

25 미분계수 · 정답률 88% | 정답 ④

매개변수 t로 나타내어진 곡선

❶ $x=e^t-4e^{-t}$, $y=t+1$

에서 $t=\ln2$일 때, $\dfrac{dy}{dx}$의 값은? [3점]

① 1 　② $\dfrac{1}{2}$ 　③ $\dfrac{1}{3}$ 　④ $\dfrac{1}{4}$ 　⑤ $\dfrac{1}{5}$

STEP 01 ❶에서 $\dfrac{dx}{dt}$, $\dfrac{dy}{dt}$를 구한 후 $\dfrac{dy}{dx}$를 구한 다음 $t=\ln2$를 대입하여 값을 구한다.

$x=e^t-4e^{-t}$, $y=t+1$에서 $\dfrac{dx}{dt}=e^t+4e^{-t}$, $\dfrac{dy}{dt}=1$이므로

$$\frac{dy}{dx}=\frac{\dfrac{dy}{dt}}{\dfrac{dx}{dt}}=\frac{1}{e^t+4e^{-t}}$$

따라서 $t=\ln2$일 때, $\dfrac{dy}{dx}$의 값은 $\dfrac{1}{e^{\ln2}+4e^{-\ln2}}=\dfrac{1}{2+4\times\dfrac{1}{2}}=\dfrac{1}{4}$

---

26 정적분을 이용한 입체도형의 부피 · 정답률 75% | 정답 ②

그림과 같이 곡선 $y=\sqrt{\dfrac{3x+1}{x^2}}$ $(x>0)$과 x축 및 두 직선 $x=1$, $x=2$로 둘러싸인 부분을 밑면으로 하고 x축에 수직인 평면으로 자른 단면이 모두 정사각형인 입체도형의 부피는? [3점]

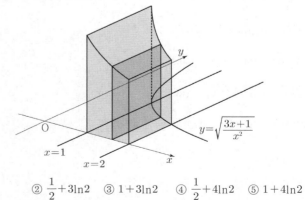

① $3\ln2$ 　② $\dfrac{1}{2}+3\ln2$ 　③ $1+3\ln2$ 　④ $\dfrac{1}{2}+4\ln2$ 　⑤ $1+4\ln2$

STEP 01 정사각형의 단면의 넓이를 구한다.

x좌표가 t $(1\le t\le2)$인 점을 지나고 x축에 수직인 평면으로 자른 단면은

한변의 길이가 $\sqrt{\dfrac{3t+1}{t^2}}$ 인 정사각형이므로 단면의 넓이를 $S(t)$ 라 하면

$$S(t)=\frac{3t+1}{t^2}$$

STEP 02 적분을 이용하여 입체도형의 부피를 구한다.

따라서 구하는 입체도형의 부피를 V 라 하면

$$V=\int_1^2 S(t)dt=\int_1^2 \frac{3t+1}{t^2}dt=\int_1^2\left(\frac{3}{t}+\frac{1}{t^2}\right)dt=\left[3\ln|t|-\frac{1}{t}\right]_1^2$$
$$=\left(3\ln2-\frac{1}{2}\right)-(3\ln1-1)=\frac{1}{2}+3\ln2$$

---

27 등비급수의 활용   정답률 44% | 정답 ③

그림과 같이 $\overline{AB_1}=1$, $\overline{B_1C_1}=2$ 인 직사각형 $AB_1C_1D_1$ 이 있다.
$\angle AD_1C_1$ 을 삼등분하는 두 직선이 선분 B_1C_1 과 만나는 점 중 점 B_1 에 가까운 점을 E_1, 점 C_1 에 가까운 점을 F_1 이라 하자.
$\overline{E_1F_1}=\overline{F_1G_1}$, $\angle E_1F_1G_1=\dfrac{\pi}{2}$ 이고 선분 AD_1 과 선분 F_1G_1 이 만나도록 점 G_1 을 잡아 삼각형 $E_1F_1G_1$ 을 그린다. 선분 AD_1 과 선분 F_1G_1 이 만나는 점을 H_1 이라 할 때, 두 삼각형 $G_1E_1H_1$, $H_1F_1D_1$ 로 만들어진 ⑅ 모양의 도형에 색칠하여 얻은 그림을 R_1 이라 하자.
그림 R_1 에 선분 AB_1 위의 점 B_2, 선분 E_1G_1 위의 점 C_2, 선분 AD_1 위의 점 D_2 와 점 A 를 꼭짓점으로 하고 $\overline{AB_2}:\overline{B_2C_2}=1:2$ 인 직사각형 $AB_2C_2D_2$ 를 그린다. 직사각형 $AB_2C_2D_2$ 에 그림 R_1 을 얻은 것과 같은 방법으로 ⑅ 모양의 도형을 그리고 색칠하여 얻은 그림을 R_2 라 하자.
이와 같은 과정을 계속하여 n 번째 얻은 그림 R_n 에 색칠되어 있는 부분의 넓이를 S_n 이라 할 때, $\displaystyle\lim_{n\to\infty}S_n$ 의 값은? [3점]

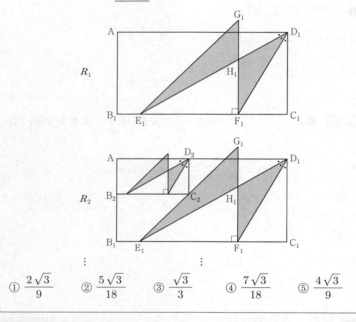

① $\dfrac{2\sqrt{3}}{9}$ ② $\dfrac{5\sqrt{3}}{18}$ ③ $\dfrac{\sqrt{3}}{3}$ ④ $\dfrac{7\sqrt{3}}{18}$ ⑤ $\dfrac{4\sqrt{3}}{9}$

STEP 01 세 삼각형 $E_1F_1G_1$, $E_1F_1D_1$, $E_1F_1H_1$ 의 넓이를 각각 구한 후 이를 이용하여 S_1 을 구한다.

직각삼각형 $C_1D_1F_1$ 에서 $\angle C_1D_1F_1=\dfrac{\pi}{6}$, $\overline{C_1D_1}=1$ 이므로

$$\overline{C_1F_1}=\overline{C_1D_1}\times\tan\frac{\pi}{6}=1\times\frac{\sqrt{3}}{3}=\frac{\sqrt{3}}{3}$$

직각삼각형 $C_1D_1E_1$ 에서 $\angle C_1D_1E_1=\dfrac{\pi}{3}$ 이므로

$$\overline{C_1E_1}=\overline{C_1D_1}\times\tan\frac{\pi}{3}=1\times\sqrt{3}=\sqrt{3}$$

이때, $\overline{E_1F_1}=\overline{C_1E_1}-\overline{C_1F_1}=\sqrt{3}-\dfrac{\sqrt{3}}{3}=\dfrac{2\sqrt{3}}{3}$

직각삼각형 $E_1F_1H_1$ 에서 $\angle H_1E_1F_1=\dfrac{\pi}{6}$ 이므로

$$\overline{F_1H_1}=\overline{E_1F_1}\times\tan\frac{\pi}{6}=\frac{2\sqrt{3}}{3}\times\frac{\sqrt{3}}{3}=\frac{2}{3}$$

$$S_1=\triangle E_1F_1G_1+\triangle E_1F_1D_1-2\times\triangle E_1F_1H_1$$
$$=\frac{1}{2}\times\overline{E_1F_1}\times\overline{F_1G_1}+\frac{1}{2}\times\overline{E_1F_1}\times\overline{C_1D_1}-2\times\left(\frac{1}{2}\times\overline{E_1F_1}\times\overline{F_1H_1}\right)$$
$$=\frac{1}{2}\times\frac{2\sqrt{3}}{3}\times\frac{2\sqrt{3}}{3}+\frac{1}{2}\times\frac{2\sqrt{3}}{3}\times1-2\times\left(\frac{1}{2}\times\frac{2\sqrt{3}}{3}\times\frac{2}{3}\right)=\frac{6-\sqrt{3}}{9}$$

STEP 02 두 직사각형 $AB_1C_1D_1$ 와 $AB_2C_2D_2$ 의 닮음비를 이용하여 공비를 구한 후 등비급수의 합으로 $\displaystyle\lim_{n\to\infty}S_n$ 의 값을 구한다.

한편, $\overline{AB_2}:\overline{B_2C_2}=1:2$ 이므로
$\overline{AB_2}=k$, $\overline{B_2C_2}=2k(k>0)$ 이라 하자.

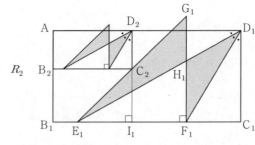

점 C_2 에서 선분 B_1C_1 에 내린 수선의 발을 I_1 이라 하면
$\overline{E_1I_1}=\overline{C_2I_1}=1-k$, $\overline{I_1C_1}=2-2k$ 이므로

$$(1-k)+(2-2k)=\sqrt{3}$$
$$k=\frac{3-\sqrt{3}}{3}$$

그림 R_1 에 색칠되어 있는 도형과 그림 R_2 에 새로 색칠되어 있는 도형의 닮음비가 $1:\dfrac{3-\sqrt{3}}{3}$ 이므로

넓이의 비는 $1:\dfrac{4-2\sqrt{3}}{3}$ 이다.

따라서 구하는 극한값은 첫째항이 $\dfrac{6-\sqrt{3}}{9}$ 이고,

공비가 $\dfrac{4-2\sqrt{3}}{3}$ 인 등비급수의 합이므로

$$\lim_{n\to\infty}S_n=\frac{\dfrac{6-\sqrt{3}}{9}}{1-\dfrac{4-2\sqrt{3}}{3}}=\frac{\sqrt{3}}{3}$$

● **핵심 공식**

▶ **무한등비급수**

무한등비급수 $\displaystyle\sum_{n=1}^{\infty}ar^{n-1}=a+ar+ar^2+\cdots+ar^{n-1}+\cdots\ (a\ne0)$

에서 $|r|<1$ 이면 수렴하고 그 합은 $\dfrac{a}{1-r}$ 이다.

---

28 삼각함수의 적분법과 부분적분법   정답률 39% | 정답 ①

좌표평면에서 원점을 중심으로 하고 반지름의 길이가 2인 원 C 와 두 점 $A(2,0)$, $B(0,-2)$ 가 있다. 원 C 위에 있고 x 좌표가 음수인 점 P 에 대하여 $\angle PAB=\theta$ 라 하자. 점 $Q(0,2\cos\theta)$ 에서 직선 BP 에 내린 수선의 발을 R 라 하고, 두 점 P 와 R 사이의 거리를 $f(\theta)$ 라 할 때,

❶ $\displaystyle\int_{\frac{\pi}{6}}^{\frac{\pi}{3}} f(\theta)d\theta$ 의 값은? [4점]

① $\dfrac{2\sqrt{3}-3}{2}$ ② $\sqrt{3}-1$ ③ $\dfrac{3\sqrt{3}-3}{2}$ ④ $\dfrac{2\sqrt{3}-1}{2}$ ⑤ $\dfrac{4\sqrt{3}-3}{2}$

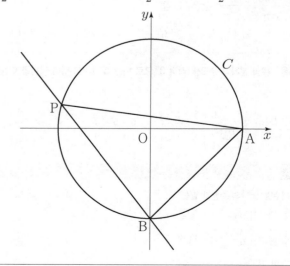

STEP 01 $\overline{QB}$ 를 구한 후 직각삼각형 QRB 에서 $\overline{BR}$ 을 구한다. 삼각형 APB 에서 사인법칙을 이용하여 $\overline{BP}$ 를 구한 다음 $f(\theta)$ 를 구한다.

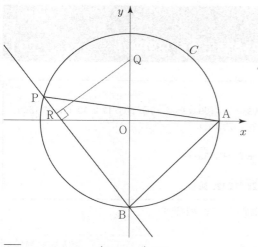

$\overline{QB}=2+2\cos\theta=2(1+\cos\theta)$ 이고

직각삼각형 QRB에서 $\angle QBR=\dfrac{\pi}{2}-\theta$ 이므로

$\overline{BR}=\overline{QB}\times\cos\left(\dfrac{\pi}{2}-\theta\right)=2(1+\cos\theta)\sin\theta$

삼각형 APB의 외접원의 반지름의 길이가 2이므로 사인법칙에 의해

$\dfrac{\overline{BP}}{\sin\theta}=2\times2$ 이므로 $\overline{BP}=4\sin\theta$

따라서

$$\begin{aligned}f(\theta)&=\overline{BP}-\overline{BR}\\&=4\sin\theta-2(1+\cos\theta)\sin\theta\\&=2\sin\theta-2\cos\theta\sin\theta\end{aligned}$$

STEP 02 $f(\theta)$ 를 ❶에 대입한 후 삼각함수의 적분으로 값을 구한다.

$$\begin{aligned}\int_{\frac{\pi}{6}}^{\frac{\pi}{3}}f(\theta)d\theta&=\int_{\frac{\pi}{6}}^{\frac{\pi}{3}}(2\sin\theta-2\cos\theta\sin\theta)d\theta\\[4pt]&=\left[-2\cos\theta-\sin^2\theta\right]_{\frac{\pi}{6}}^{\frac{\pi}{3}}\\[4pt]&=\left(-2\cos\dfrac{\pi}{3}-\sin^2\dfrac{\pi}{3}\right)-\left(-2\cos\dfrac{\pi}{6}-\sin^2\dfrac{\pi}{6}\right)\\[4pt]&=\left(-1-\dfrac{3}{4}\right)-\left(-\sqrt{3}-\dfrac{1}{4}\right)\\[4pt]&=\dfrac{2\sqrt{3}-3}{2}\end{aligned}$$

● 핵심 공식

▶ 삼각함수 적분공식

C는 적분상수,

(1) $f(x)=\cos x \Rightarrow f(x)=\sin x+C$
(2) $f(x)=-\sin c \Rightarrow f(x)=\cos x+C$
(3) $f(x)=\sec^2 x \Rightarrow f(x)=\tan x+C$
(4) $f(x)=-\csc^2 x \Rightarrow f(x)=\cot x+C$
(5) $f(x)=\sec x\tan x \Rightarrow f(x)=\sec x+C$
(6) $f(x)=\csc x\cot x \Rightarrow f(x)=\csc x+C$

---

29 함수의 극대, 극소 및 그래프의 개형   정답률 27% | 정답 24

이차함수 $f(x)$에 대하여 함수 $g(x)=\{f(x)+2\}e^{f(x)}$ 이 다음 조건을 만족시킨다.

> (가) $f(a)=6$인 a에 대하여 $g(x)$는 $x=a$에서 최댓값을 갖는다.
> (나) $g(x)$는 $x=b$, $x=b+6$에서 최솟값을 갖는다.

방정식 $f(x)=0$의 서로 다른 두 실근을 α, β 할 때, $(\alpha-\beta)^2$의 값을 구하시오. (단, a, b는 실수이다.) [4점]

STEP 01 두 조건을 이용하여 이차함수 $f(x)$를 놓는다.

$g(x)=\{f(x)+2\}e^{f(x)}$ 이므로

$g'(x)=f'(x)\{f(x)+3\}e^{f(x)}$

$g'(x)=0$ 에서

$f'(x)=0$ 또는 $f(x)+3=0$

$f(x)$가 이차함수이므로 조건 (가), (나)에 의해

❶ $f'(a)=0$, $f(a)=6$

$f(b)+3=0$, $f(b+6)+3=0$ 이어야 한다.

이차함수 $f(x)$의 최고차항의 계수를 p라 하면

$f(b)+3=0$, $f(b+6)+3=0$ 이므로

$f(x)+3=p(x-b)(x-b-6)$

즉, $f(x)=p(x-b)(x-b-6)-3$ …… ㉠

STEP 02 ㉠을 이용하여 p를 구한 후 $f(x)=0$의 서로 다른 두 실근을 구하여 $(\alpha-\beta)^2$의 값을 구한다.

이때, $f'(a)=0$ 이므로

$\dfrac{b+(b+6)}{2}=a$

$b=a-3$ …… ㉡

㉠, ㉡에서

$f(x)=p(x-a+3)(x-a-3)-3$ 이므로

$f(a)=-9p-3=6$ 에서

$p=-1$

방정식 $f(x)=0$ 에서

$-(x-a+3)(x-a-3)-3=0$

$(x-a)^2-6=0$

$x=a\pm\sqrt{6}$

따라서 $(\alpha-\beta)^2=\{(a+\sqrt{6})-(a-\sqrt{6})\}^2=24$

★★★ 등급을 가르는 문제!

30 삼각함수의 극한 및 치환적분법   정답률 6% | 정답 115

최고차항의 계수가 9인 삼차함수 $f(x)$가 다음 조건을 만족시킨다.

> (가) $\lim\limits_{x\to0}\dfrac{\sin(\pi\times f(x))}{x}=0$
> (나) $f(x)$의 극댓값과 극솟값의 곱은 5이다.

❶ 함수 $g(x)$는 $0\le x<1$일 때 $g(x)=f(x)$이고 모든 실수 x에 대하여 $g(x+1)=g(x)$이다. $g(x)$가 실수 전체의 집합에서 연속일 때,

$$\int_0^5 xg(x)dx=\dfrac{q}{p}\ \text{이다.}$$

$p+q$의 값을 구하시오. (단, p와 q는 서로소인 자연수이다.) [4점]

STEP 01 조건 (가)에서 극한값이 존재할 조건으로 $f(x)$의 상수항을 구한 후 $f(x)$를 놓는다.

조건 (가)에서 $x\to0$일 때 (분모)$\to0$이고 극한값이 존재하므로 (분자)$\to0$이어야 한다.

즉, $\lim\limits_{x\to0}\sin(\pi\times f(x))=\sin(\pi\times f(0))=0$ 에서

$f(0)=n$(n은 정수)이다.

한편, 삼차함수 $f(x)$의 최고차항의 계수가 9이므로

$f(x)=9x^3+ax^2+bx+n$(a, b는 상수)로 놓을 수 있다.

STEP 02 조건 (가)에서 극한값과 함수 $g(x)$가 실수 전체의 집합에서 연속일 조건으로 $f'(x)$를 구한다.

이때, $h(x)=\sin(\pi\times f(x))$라 하면 $h(0)=0$이므로

$\lim\limits_{x\to0}\dfrac{\sin(\pi\times f(x))}{x}=\lim\limits_{x\to0}\dfrac{h(x)-h(0)}{x}=h'(0)$ 이다.

즉, $h'(0)=0$이다.

이때, $h'(x)=\pi f'(x)\times\cos(\pi\times f(x))$ 이므로

$h'(0)=\pi f'(0)\times\cos(n\pi)=0$ 에서

$f'(0)=0$

$f'(x)=27x^2+2ax+b$ 에서

$f'(0)=b=0$ …… ㉠

한편, 함수 $g(x)$가 실수 전체의 집합에서 연속이므로

$\lim\limits_{x\to1^-}g(x)=\lim\limits_{x\to1^+}g(x)$ 이어야 한다.

이때, 함수 $g(x)$는 $0\le x<1$일 때 $g(x)=f(x)$이고 모든 실수 x에 대하여 $g(x+1)=g(x)$이므로

$\lim\limits_{x\to1^+}g(x)=\lim\limits_{x\to0^+}g(x)$ 이다.

$\lim\limits_{x\to1^-}g(x)=\lim\limits_{x\to1^-}f(x)=9+a+n$,

$\lim\limits_{x\to0^+}g(x)=\lim\limits_{x\to0^+}f(x)=n$ 이므로

$9+a+n=n$

$a=-9$ …… ㉡

$f'(x)=27x^2-18x$

STEP 03 조건 (나)를 이용하여 n을 구한 다음 $f(x)$를 구한다.

$f'(x)=27x^2-18x=9x(3x-2)$

$f'(x)=0$에서 $x=0$ 또는 $x=\dfrac{2}{3}$

함수 $f(x)$는 $x=0$에서 극대이고 $x=\dfrac{2}{3}$에서 극소이다.

조건 (나)에 의해 $f(0)\times f\left(\dfrac{2}{3}\right)=5$이므로

$n\times\left(n-\dfrac{4}{3}\right)=5$

$(3n+5)(n-3)=0$

n이 정수이므로

$n=3$ …… ㉢

㉠~㉢에 의해 $f(x)=9x^3-9x^2+3$

STEP 04 ❶을 이용하여 $\displaystyle\int_0^5 xg(x)dx$를 전개하여 정리한 후 $f(x)$를 대입하고

적분하여 값을 구한다.

따라서,

$\displaystyle\int_0^5 xg(x)dx$

$=\displaystyle\int_0^1 xg(x)dx+\int_1^2 xg(x)dx+\int_2^3 xg(x)dx+\int_3^4 xg(x)dx+\int_4^5 xg(x)dx$

$=\displaystyle\int_0^1 xf(x)dx+\int_0^1 (x+1)g(x+1)dx+\int_0^1 (x+2)g(x+2)dx$

$\displaystyle\qquad\qquad +\int_0^1 (x+3)g(x+3)dx+\int_0^1 (x+4)g(x+4)dx$

$=\displaystyle\int_0^1 xf(x)dx+\int_0^1 (x+1)f(x)dx$

$\displaystyle\qquad +\int_0^1 (x+2)f(x)dx+\int_0^1 (x+3)f(x)dx+\int_0^1 (x+4)f(x)dx$

$=\displaystyle 5\int_0^1 xf(x)dx+10\int_0^1 f(x)dx$

$=\displaystyle 5\int_0^1 (9x^4-9x^3+3x)dx+10\int_0^1 (9x^3-9x^2+3)dx$

$=\displaystyle 5\left[\dfrac{9}{5}x^5-\dfrac{9}{4}x^4+\dfrac{3}{2}x^2\right]_0^1+10\left[\dfrac{9}{4}x^4-3x^3+3x\right]_0^1=\dfrac{21}{4}+\dfrac{45}{2}=\dfrac{111}{4}$

따라서 $p=4$, $q=111$

$p+q=4+111=115$

★★ 문제 해결 꿀~팁 ★★

▶ **문제 해결 방법**

먼저 조건 (가)에서 극값이 존재하므로 $f(0)=n$(n은 정수)이고 삼차함수 $f(x)$의 최고차항의 계수가 9이므로 $f(x)=9x^3+ax^2+bx+n$(a, b는 상수)로 놓을 수 있다. 이제 두 미지수 a, b만 구하면 된다.
다음으로 조건 (가)에서 극값이 0이므로 $f'(0)=0$에서 $b=0$, 함수 $g(x)$가 $x=1$에서 연속이고 $g(x+1)=g(x)$이므로
$\displaystyle\lim_{x\to 1+}g(x)=\lim_{x\to 0+}g(x)$에서 $a=-9$
따라서 $f'(x)=27x^2-18x$이다. 이제 상수항 n만 구하면 된다.
조건 (나)를 이용하여 n을 구하면 $n=3$.
궁극적으로 삼차함수 $f(x)$의 최고차항의 계수를 뺀 나머지 계수들을 다 구해야 하는데 주어진 조건으로 모든 계수들을 다 구했다. 이제 $g(x)$의 성질을 이용하여 적분만 하면 된다.
함수 $g(x)$는 $0\le x<1$일 때 $g(x)=f(x)$이고 모든 실수 x에 대하여 $g(x+1)=g(x)$이므로

$\displaystyle\int_0^5 xg(x)dx$

$=\displaystyle\int_0^1 xg(x)dx+\int_1^2 xg(x)dx+\int_2^3 xg(x)dx+\int_3^4 xg(x)dx+\int_4^5 xg(x)dx$이고

$=\displaystyle\int_0^1 xf(x)dx+\int_0^1 (x+1)g(x+1)dx+\int_0^1 (x+2)g(x+2)dx$

$\displaystyle\qquad\qquad +\int_0^1 (x+3)g(x+3)dx+\int_0^1 (x+4)g(x+4)dx$

여기서 모든 $g(x+n)=f(x)$이므로

$=\displaystyle 5\int_0^1 xf(x)dx+10\int_0^1 f(x)dx$이다.

이제 적분하여 값을 구하면 된다. 주어진 조건을 이용하여 삼차함수 $f(x)$를 구할 수 있어야 하고 $g(x)$의 성질을 이용하여 $\displaystyle\int_0^5 xg(x)dx$를 정리할 수 있어야 한다.
$g(x+1)=g(x)$꼴로 나오는 함수들의 성질을 알아두어야 한다.

•정답•

공통 | 수학
01 ② 02 ④ 03 ② 04 ⑤ 05 ③ 06 ④ 07 ① ★ 08 ③ 09 ④ 10 ⑤ 11 ① 12 ② 13 ③ 14 ② 15 ② ★
16 8 17 2 18 41 19 12 20 9 21 5 ★ 22 105
선택 | 확률과 통계
23 ⑤ 24 ③ 25 ② 26 ④ 27 ③ 28 ② 29 121 ★ 30 168
선택 | 미적분
23 ④ 24 ② 25 ① 26 ⑤ 27 ③ 28 ① ★ 29 23 30 43

★ 표기된 문항은 [등급을 가르는 문항]에 해당하는 문제입니다.

01 지수의 확장   정답률 88% | 정답 ②

❶ $\sqrt[3]{2}\times 2^{\frac{2}{3}}$의 값은? [2점]

① 1   ② 2   ③ 4   ④ 8   ⑤ 16

STEP 01 지수법칙을 이용하여 ❶의 값을 구한다.

$\sqrt[3]{2}\times 2^{\frac{2}{3}}=2^{\frac{1}{3}}\times 2^{\frac{2}{3}}=2^{\frac{1}{3}+\frac{2}{3}}=2^1=2$

●핵심 공식

▶ 지수법칙

$a>0$, $b>0$이고, m, n이 실수일 때

(1) $a^m a^n=a^{m+n}$ (2) $(a^m)^n=a^{mn}$

(3) $(ab)^n=a^n b^n$ (4) $a^m \div a^n=a^{m-n}$

02 삼각함수   정답률 78% | 정답 ④

❶ $\cos^2\left(\dfrac{\pi}{6}\right)+\tan^2\left(\dfrac{2\pi}{3}\right)$의 값은? [2점]

① $\dfrac{3}{2}$ ② $\dfrac{9}{4}$ ③ 3   ④ $\dfrac{15}{4}$ ⑤ $\dfrac{9}{2}$

STEP 01 삼각함수를 이용하여 ❶의 값을 구한다.

$\cos\dfrac{\pi}{6}=\dfrac{\sqrt{3}}{2}$, $\tan\dfrac{2\pi}{3}=-\sqrt{3}$ 이므로

$\cos^2\left(\dfrac{\pi}{6}\right)+\tan^2\left(\dfrac{2\pi}{3}\right)=\left(\dfrac{\sqrt{3}}{2}\right)^2+(-\sqrt{3})^2=\dfrac{3}{4}+3=\dfrac{15}{4}$

03 함수의 극한   정답률 88% | 정답 ②

❶ $\displaystyle\lim_{x\to -1}\dfrac{x^2+9x+8}{x+1}$의 값은? [3점]

① 6   ② 7   ③ 8   ④ 9   ⑤ 10

STEP 01 ❶의 분자를 인수분해하고 함수의 극한에 대한 성질을 이용하여 ❶의 값을 구한다.

$\displaystyle\lim_{x\to -1}\dfrac{x^2+9x+8}{x+1}=\lim_{x\to -1}\dfrac{(x+1)(x+8)}{x+1}=\lim_{x\to -1}(x+8)=-1+8=7$

04 함수의 극한   정답률 82% | 정답 ⑤

닫힌구간 $[-2, 2]$에서 정의된 함수 $y=f(x)$의 그래프가 그림과 같다.

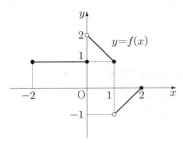

$\displaystyle\lim_{x\to 0+}f(x)+\lim_{x\to 1-}f(x)$의 값은? [3점]

① -2 ② -1 ③ 0   ④ 1   ⑤ 2

STEP 01 주어진 함수의 그래프에서 구하고자 하는 극한값을 구한다.

$\displaystyle\lim_{x\to 0+}f(x)=2$, $\displaystyle\lim_{x\to 2-}f(x)=0$이므로

$\displaystyle\lim_{x\to 0+}f(x)+\lim_{x\to 2-}f(x)=2+0=2$

---

05 사인법칙 　　　　　　　　　　　　　정답률 77% | 정답 ③

❷ $\overline{AB}=8$이고 ❶ $\angle A=45\,^\circ$, $\angle B=15\,^\circ$ 인 삼각형 ABC에서 선분 BC의 길이는? [3점]

① $2\sqrt6$　　② $\dfrac{7\sqrt6}{3}$　　③ $\dfrac{8\sqrt6}{3}$　　④ $3\sqrt6$　　⑤ $\dfrac{10\sqrt6}{3}$

STEP 01 ❶을 이용하여 구한 $\angle C$의 값과 ❷를 사인법칙에 대입하여 선분 BC의 길이를 구한다.

$\angle A+\angle B+\angle C=180\,^\circ$ 에서 $\angle C=120\,^\circ$
사인법칙에 의하여

$\dfrac{\overline{BC}}{\sin45\,^\circ}=\dfrac{8}{\sin120\,^\circ}$

따라서 $\overline{BC}=\dfrac{8}{\dfrac{\sqrt3}{2}}\times\dfrac{\sqrt2}{2}=\dfrac{8\sqrt6}{3}$

---

06 미분가능성과 연속성 　　　　　　　정답률 80% | 정답 ④

함수

$$f(x)=\begin{cases}x^3+ax+b & (x<1)\\ bx+4 & (x\geq 1)\end{cases}$$

이 실수 전체의 집합에서 미분가능할 때, $a+b$의 값은? (단, a, b는 상수이다.) [3점]

① 6　　② 7　　③ 8　　④ 9　　⑤ 10

STEP 01 $f(x)$가 $x=1$에서 미분가능임을 이용하여 a를 구한다.

$f(1)=b+4$이므로

$\displaystyle\lim_{x\to 1+}\dfrac{f(x)-f(1)}{x-1}=\lim_{x\to 1+}\dfrac{bx+4-b-4}{x-1}=\lim_{x\to 1+}\dfrac{b(x-1)}{x-1}=\lim_{x\to 1+}b=b$

$\displaystyle\lim_{x\to 1-}\dfrac{f(x)-f(1)}{x-1}=\lim_{x\to 1-}\dfrac{x^3+ax+b-b-4}{x-1}=\lim_{x\to 1-}\dfrac{x^3+ax-4}{x-1}$

에서 $\displaystyle\lim_{x\to 1-}(x-1)=0$이므로 $\displaystyle\lim_{x\to 1-}(x^3+ax-4)=0$이어야 한다.

$\displaystyle\lim_{x\to 1-}(x^3+ax-4)=1+a-4=a-3=0$

따라서 $a=3$

STEP 02 $f(x)$의 $x=1$에서의 좌미분계수와 우미분계수가 같음을 이용하여 b의 값을 구하고 $a+b$의 값을 구한다.

$\displaystyle\lim_{x\to 1-}\dfrac{x^3+3x-4}{x-1}=\lim_{x\to 1-}\dfrac{(x-1)(x^2+x+4)}{x-1}$

$=\displaystyle\lim_{x\to 1-}(x^2+x+4)$

$=1^2+1+4=6$

$f(x)$가 $x=1$에서 미분가능하므로 $b=6$
따라서 $a+b=3+6=9$

● 핵심 공식

▶ 미분가능일 조건

$f(x)=\begin{cases}g(x) & (x\leq a)\\ h(x) & (x>a)\end{cases}$ 가 $x=a$에서 미분가능일 조건

(1) $x=a$에서 연속이다. 즉, $g(a)=h(a)$
(2) $x=a$에서의 좌미분계수와 우미분계수가 같아야 한다. 즉, $g'(a)=h'(a)$

---

07 $\sum$의 성질 　　　　　　　　　　　정답률 75% | 정답 ①

n이 자연수일 때, x에 대한 이차방정식

$(n^2+6n+5)x^2-(n+5)x-1=0$

의 ❶ 두 근의 합을 a_n이라 하자. ❷ $\displaystyle\sum_{k=1}^{10}\dfrac{1}{a_k}$의 값은? [3점]

① 65　　② 70　　③ 75　　④ 80　　⑤ 85

STEP 01 이차방정식의 근과 계수의 관계를 이용하여 ❶을 구한다.

x에 대한 이차방정식 $(n^2+6n+5)x^2-(n+5)x-1=0$의 두 근의 합이 a_n이므로 이차방정식의 근과 계수의 관계에 의해

$a_n=-\dfrac{-(n+5)}{n^2+6n+5}=\dfrac{n+5}{(n+5)(n+1)}=\dfrac{1}{n+1}$

STEP 02 $\sum$의 성질을 이용하여 ❷의 값을 구한다.

$\displaystyle\sum_{k=1}^{10}\dfrac{1}{a_k}=\sum_{k=1}^{10}(k+1)=\sum_{k=1}^{10}k+\sum_{k=1}^{10}1=\dfrac{10\times 11}{2}+1\times 10=65$

---

08 속도와 거리 　　　　　　　　　　　정답률 73% | 정답 ③

수직선 위를 움직이는 점 P의 시각 t $(t\geq 0)$에서의 속도 $v(t)$가

❶ $v(t)=t^2-at$ $(a>0)$

이다. 점 P가 시각 $t=0$일 때부터 ❷ 움직이는 방향이 바뀔 때까지 ❸ 움직인 거리가 $\dfrac{9}{2}$이다. 상수 a의 값은? [3점]

① 1　　② 2　　③ 3　　④ 4　　⑤ 5

STEP 01 ❶을 이용하여 ❷를 구한다.

점 P가 움직이는 방향이 바뀌는 시각을 k $(k>0)$이라 하면
$v(k)=k^2-ak=0$에서 $k=a$

STEP 02 ❶, ❸을 이용하여 a의 값을 구한다.

열린구간 $(0,\ a)$에서 $v(t)=t^2-at<0$이므로
점 P가 시각 $t=0$일 때부터 시각 $t=a$일 때까지 움직인 거리는

$\displaystyle\int_0^a|v(t)|\,dt=\int_0^a(-t^2+at)\,dt=\left[-\dfrac{t^3}{3}+\dfrac{at^2}{2}\right]_0^a=-\dfrac{a^3}{3}+\dfrac{a^3}{2}=\dfrac{a^3}{6}=\dfrac{9}{2}$

이므로 $\dfrac{a^3}{6}=\dfrac{9}{2}$에서 $a^3=27$

$\therefore a=3$

● 핵심 공식

▶ 속도와 이동거리

수직선 위를 움직이는 점 p의 시각 t에서의 속도를 $v(t)$라 할 때, $t=a$에서 $t=b$ $(a<b)$까지의 실제 이동거리 s는 $s=\displaystyle\int_a^b|v(t)|\,dt$이다.

---

09 지수함수의 그래프 　　　　　　　　정답률 68% | 정답 ④

곡선 $y=2^{ax+b}$과 직선 $y=x$가 서로 다른 두 점 A, B에서 만날 때, 두 점 A, B에서 x축에 내린 수선의 발을 각각 C, D라 하자.

❶ $\overline{AB}=6\sqrt2$이고 ❷ 사각형 ACDB의 넓이가 30일 때, $a+b$의 값은? (단, a, b는 상수이다.) [4점]

① $\dfrac{1}{6}$　　② $\dfrac{1}{3}$　　③ $\dfrac{1}{2}$　　④ $\dfrac{2}{3}$　　⑤ $\dfrac{5}{6}$

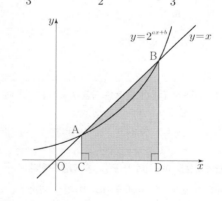

STEP 01 ❶과 ❷를 이용하여 두 점 A, B의 좌표를 구한다.

두 점 A, B는 직선 $y=x$ 위의 점이므로
$A(\alpha,\ \alpha)$, $B(\beta,\ \beta)$ $(\alpha<\beta)$로 놓으면
$\overline{AC}=\alpha$, $\overline{BD}=\beta$, $\overline{CD}=\beta-\alpha$
이때 사각형 ACDB의 넓이가 30이므로

$\dfrac{1}{2}(\beta-\alpha)(\alpha+\beta)=30$

$(\beta-\alpha)(\beta+\alpha)=60$　　　　　$\cdots\cdots$ ㉠

또한, $\overline{AB}=6\sqrt2$이므로

$\sqrt{(\beta-\alpha)^2+(\beta-\alpha)^2}=6\sqrt2$

$\sqrt2\,(\beta-\alpha)=6\sqrt2$

$\beta - \alpha = 6$ ...... ㉡

㉡을 ㉠에 대입하면

$\beta + \alpha = 10$ ...... ㉢

㉡, ㉢을 연립하여 풀면

$\alpha = 2$, $\beta = 8$

따라서 두 점 A, B의 좌표는

A(2, 2), B(8, 8)이다.

STEP 02 두 점 A, B가 곡선 $y = 2^{ax+b}$ 위의 점임을 이용하여

a, b의 값을 구하고 $a+b$의 값을 구한다.

두 점 A(2, 2), B(8, 8)은 곡선 $y = 2^{ax+b}$ 위의 점이므로

$2^{2a+b} = 2$에서 $2a + b = 1$ ...... ㉣

$2^{8a+b} = 8$에서 $8a + b = 3$ ...... ㉤

㉣, ㉤을 연립하여 풀면 $a = \dfrac{1}{3}$, $b = \dfrac{1}{3}$

따라서 $a + b = \dfrac{2}{3}$

---

10 수열의 귀납적 정의 　　　　　정답률 52% | 정답 ⑤

모든 자연수 n에 대하여 다음 조건을 만족시키는 x축 위의 점 P_n과 곡선 $y = \sqrt{3x}$ 위의 점 Q_n이 있다.

- 선분 OP_n과 선분 P_nQ_n이 서로 수직이다.
- 선분 OQ_n과 선분 Q_nP_{n+1}이 서로 수직이다.

다음은 점 P_1의 좌표가 $(1,\ 0)$일 때, 삼각형 $OP_{n+1}Q_n$의 넓이 A_n을 구하는 과정이다. (단, O는 원점이다.)

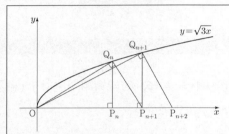

모든 자연수 n에 대하여 점 P_n의 좌표를 $(a_n,\ 0)$이라 하자.

$\overline{OP_{n+1}} = \overline{OP_n} + \overline{P_nP_{n+1}}$이므로

$\quad a_{n+1} = a_n + \overline{P_nP_{n+1}}$

이다. 삼각형 OP_nQ_n과 삼각형 $Q_nP_nP_{n+1}$이 닮음이므로

$\quad \overline{OP_n} : \overline{P_nQ_n} = \overline{P_nQ_n} : \overline{P_nP_{n+1}}$

이고, 점 Q_n의 좌표는 $(a_n,\ \sqrt{3a_n})$이므로

$\quad \overline{P_nP_{n+1}} = \boxed{\text{(가)}}$

이다. 따라서 삼각형 $OP_{n+1}Q_n$의 넓이 A_n은

$\quad A_n = \dfrac{1}{2} \times (\boxed{\text{(나)}}) \times \sqrt{9n - 6}$

이다.

위의 (가)에 알맞은 수를 p, (나)에 알맞은 식을 $f(n)$이라 할 때, $p + f(8)$의 값은? [4점]

① 20　　② 22　　③ 24　　④ 26　　⑤ 28

STEP 01 삼각형의 닮음을 이용하여 $\overline{P_nP_{n+1}}$의 값을 구한다.

모든 자연수 n에 대하여 점 P_n의 좌표를 $(a_n,\ 0)$이라 하자.

$\overline{OP_{n+1}} = \overline{OP_n} + \overline{P_nP_{n+1}}$이므로

$\quad a_{n+1} = a_n + \overline{P_nP_{n+1}}$ ...... ㉠

삼각형 OP_nQ_n과 삼각형 $Q_nP_nP_{n+1}$이 닮음이므로

$\quad \overline{OP_n} : \overline{P_nQ_n} = \overline{P_nQ_n} : \overline{P_nP_{n+1}}$

이고 점 Q_n의 좌표는 $(a_n,\ \sqrt{3a_n})$이므로

$\quad a_n : \sqrt{3a_n} = \sqrt{3a_n} : \overline{P_nP_{n+1}}$

$\quad a_n \times \overline{P_nP_{n+1}} = 3a_n$

$\quad \overline{P_nP_{n+1}} = \boxed{3}$

이다.

STEP 02 수열 $\{a_n\}$을 구하고 A_n을 구한 후, $p + f(8)$의 값을 구한다.

㉠에서 $a_{n+1} = a_n + 3$이므로

수열 $\{a_n\}$은 첫째항이 1이고 공차가 3인 등차수열이다.

따라서 $a_n = 1 + (n-1) \times 3 = 3n - 2$

삼각형 $OP_{n+1}Q_n$의 넓이 A_n은

$A_n = \dfrac{1}{2} \times \overline{OP_{n+1}} \times \overline{P_nQ_n} = \dfrac{1}{2} \times a_{n+1} \times \sqrt{3a_n} = \dfrac{1}{2}(\boxed{3n+1}) \times \sqrt{9n-6}$

이다.

따라서 $p = 3$, $f(n) = 3n + 1$이므로

$p + f(8) = 3 + 25 = 28$

●핵심 공식

▶ 등차수열

첫째항이 a, 공차가 d인 등차수열의 일반항 a_n은

$a_n = a + (n-1)d$ $(n = 1,\ 2,\ 3,\ \cdots)$

---

11 로그함수의 활용 　　　　　정답률 55% | 정답 ①

$\angle A = 90°$이고 $\overline{AB} = 2\log_2 x$, $\overline{AC} = \log_4 \dfrac{16}{x}$인 ❶ 삼각형 ABC의 넓이를 $S(x)$라 하자. ❷ $S(x)$가 $x = a$에서 최댓값 M을 가질 때, $a + M$의 값은? (단, $1 < x < 16$) [4점]

① 6　　② 7　　③ 8　　④ 9　　⑤ 10

STEP 01 로그의 성질을 이용하여 ❶을 구하고 ❷를 이용하여 $a + M$의 값을 구한다.

삼각형 ABC에서 $\angle A = 90°$이므로

$S(x) = \dfrac{1}{2} \times \overline{AB} \times \overline{AC} = \dfrac{1}{2} \times 2\log_2 x \times \log_4 \dfrac{16}{x} = \log_2 x \times \left(2 - \dfrac{1}{2}\log_2 x\right)$

$\qquad = -\dfrac{1}{2}(\log_2 x)^2 + 2\log_2 x = -\dfrac{1}{2}(\log_2 x - 2)^2 + 2$

$S(x)$는 $\log_2 x = 2$, 즉 $x = 4$일 때 최댓값 2를 가진다.

따라서 $a = 4$, $M = 2$이므로

$a + M = 4 + 2 = 6$

---

12 접선의 방정식 　　　　　정답률 40% | 정답 ②

❶ 최고차항의 계수가 a인 이차함수 $f(x)$가 모든 실수 x에 대하여

❸ $|f'(x)| \le 4x^2 + 5$

를 만족시킨다. 함수 ❷ $y = f(x)$의 그래프의 대칭축이 직선 $x = 1$일 때, 실수 a의 최댓값은? [4점]

① $\dfrac{3}{2}$　　② 2　　③ $\dfrac{5}{2}$　　④ 3　　⑤ $\dfrac{7}{2}$

STEP 01 ❶, ❷를 이용하여 이차함수 $f(x)$를 구하고 $f'(x)$를 구하여 ❸에 대입하여 실수 a가 최댓값을 가지는 경우를 구한다.

주어진 조건에 의하여

$f(x) = a(x-1)^2 + b$ $(a \ne 0$, b는 상수)라 하자.

$f'(x) = 2a(x-1)$이므로

$|f'(x)| \le 4x^2 + 5$에서

$|2a(x-1)| \le 4x^2 + 5$ ...... ㉠

즉 ㉠이 모든 실수 x에 대하여 성립해야 하므로

$y = |2a(x-1)| = |2a||x-1|$, $y = 4x^2 + 5$가 그림과 같아야 한다.

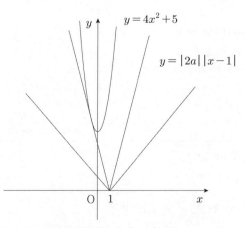

즉, 실수 a의 최댓값은 점 $(1,\ 0)$에서

곡선 $y = 4x^2 + 5$에 그은 접선이

$y = |2a||x-1|$일 때이다.

점 $(1,\ 0)$에서 곡선 $y=4x^2+5$에 그은 접선에서
접점을 $(k,\ 4k^2+5)$ $(k<0)$이라 하면
$y'=8x$에서
$y-(4k^2+5)=8k(x-k)$이 점 $(1,\ 0)$을 지나므로
$4k^2-8k-5=0$
$(2k-5)(2k+1)=0$
$\therefore k=-\dfrac{1}{2}$

즉, 접선의 기울기는 $8\times\left(-\dfrac{1}{2}\right)=-4$이므로
$-|2a|=-4$, $|a|=2$
$a=-2$ 또는 $a=2$
따라서 실수 a의 최댓값은 2이다.

다른 풀이

주어진 조건에 의하여
$f(x)=a(x-1)^2+b$ $(a\neq0,\ b$는 상수$)$라 하자.
$f'(x)=2a(x-1)$이므로
$|f'(x)|\leq 4x^2+5$에서
$|2a(x-1)|\leq 4x^2+5$
$-4x^2-5\leq 2a(x-1)\leq 4x^2+5$에서
$-4x^2-5\leq 2ax-2a$
$4x^2+2ax-2a+5\geq0$이 모든 실수 x에 대하여
성립하므로
$4x^2+2ax-2a+5\geq0$의 판별식을 D라고 하면,
$\dfrac{D}{4}\leq0$이다.
$\dfrac{D}{4}=a^2-4(-2a+5)\leq0$
$a^2+8a-20\leq0$
$(a-2)(a+10)\leq0$
$-10\leq a\leq2$ ...... ㉠
$-4x^2-5\leq 2a(x-1)\leq 4x^2+5$에서
$2ax-2a\leq 4x^2+5$
$4x^2-2ax+2a+5\geq0$이 모든 실수 x에 대하여
성립하므로
$4x^2-2ax+2a+5\geq0$의 판별식을 D'이라고 하면,
$\dfrac{D'}{4}\leq0$이다.
$\dfrac{D'}{4}=(-a)^2-4(2a+5)\leq0$
$a^2-8a-20\leq0$
$(a-10)(a+2)\leq0$
$-2\leq a\leq10$ ...... ㉡
㉠과 ㉡의 공통부분은 $-2\leq a\leq2$이고 $a\neq0$이므로
실수 a의 범위는 $-2\leq a<0,\ 0<a\leq2$
따라서 a의 최댓값은 2이다.

---

13 정적분   정답률 25% | 정답 ③

실수 전체의 집합에서 연속인 두 함수 $f(x)$와 $g(x)$가 모든 실수 x에 대하여
다음 조건을 만족시킨다.

(가) $f(x)\geq g(x)$
(나) $f(x)+g(x)=x^2+3x$
(다) $f(x)g(x)=(x^2+1)(3x-1)$

$\displaystyle\int_0^2 f(x)dx$의 값은? [4점]

① $\dfrac{23}{6}$ ② $\dfrac{13}{3}$ ③ $\dfrac{29}{6}$ ④ $\dfrac{16}{3}$ ⑤ $\dfrac{35}{6}$

STEP 01 주어진 조건을 이용하여 $f(x)$를 구한다.

$x^2+3x=(x^2+1)+(3x-1)$이고
두 함수 $y=x^2+1$, $y=3x-1$의 교점의 x좌표는

$x^2+1=3x-1$, $x^2-3x+2=0$
$(x-1)(x-2)=0$
$x=1$ 또는 $x=2$
이므로 두 함수의 그래프는 그림과 같다.

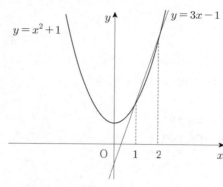

즉, $x\leq1$ 또는 $x\geq2$일 때 $x^2+1\geq3x-1$
$1<x<2$일 때 $x^2+1<3x-1$
이므로 조건 (가)를 만족시키는 함수
$f(x)$, $g(x)$는 각각

$$f(x)=\begin{cases}x^2+1 & (x\leq1)\\ 3x-1 & (1<x<2)\\ x^2+1 & (x\geq2)\end{cases}$$

$$g(x)=\begin{cases}3x-1 & (x\leq1)\\ x^2+1 & (1<x<2)\\ 3x-1 & (x\geq2)\end{cases}$$

STEP 02 정적분을 이용하여 구하고자 하는 값을 구한다.

$$\int_0^2 f(x)dx=\int_0^1(x^2+1)dx+\int_1^2(3x-1)dx$$
$$=\left[\dfrac{1}{3}x^3+x\right]_0^1+\left[\dfrac{3}{2}x^2-x\right]_1^2$$
$$=\dfrac{4}{3}+\left(4-\dfrac{1}{2}\right)$$
$$=\dfrac{29}{6}$$

---

14 수열의 귀납적 정의   정답률 24% | 정답 ②

수열 $\{a_n\}$은 모든 자연수 n에 대하여
$$a_{n+2}=\begin{cases}2a_n+a_{n+1} & (a_n\leq a_{n+1})\\ a_n+a_{n+1} & (a_n>a_{n+1})\end{cases}$$
을 만족시킨다. ❶ $a_3=2$, $a_6=19$가 되도록 하는 모든 a_1의 값의 합은? [4점]

① $-\dfrac{1}{2}$ ② $-\dfrac{1}{4}$ ③ 0 ④ $\dfrac{1}{4}$ ⑤ $\dfrac{1}{2}$

STEP 01 a_1과 a_2의 대소 관계에 따라 경우를 나누어 ❶을 만족시키는 모든 a_1의 값을 구하고 그 합을 구한다.

(ⅰ) $a_1\leq a_2$일 때,
    $a_3=2a_1+a_2=2$ ...... ㉠
    이므로
    $a_2>0$
    ⅰ) $a_1\geq0$일 때
      $a_2\leq a_3$이므로 $a_4=2a_2+a_3=2a_2+2$
      $a_3\leq a_4$이므로 $a_5=2a_3+a_4=2a_2+6$
      $a_4\leq a_5$이므로 $a_6=2a_4+a_5=6a_2+10$
      이때, $a_6=19$이므로 $6a_2+10=19$ $\therefore a_2=\dfrac{3}{2}$
      $a_2=\dfrac{3}{2}$을 ㉠에 대입하면
      $2a_1+\dfrac{3}{2}=2$ $\therefore a_1=\dfrac{1}{4}$
    ⅱ) $a_1<0$일 때
      $a_2>a_3$이므로 $a_4=a_2+a_3=a_2+2$
      $a_3\leq a_4$이므로 $a_5=2a_3+a_4=a_2+6$

$a_4 \leq a_5$이므로 $a_6 = 2a_4 + a_5 = 3a_2 + 10$

이때, $a_6 = 19$이므로 $3a_2 + 10 = 19$ $\therefore a = 3$

$a_2 = 3$을 ㉠에 대입하면

$2a_1 + 3 = 2$ $\therefore a_1 = -\dfrac{1}{2}$

(ii) $a_1 > a_2$일 때

$a_3 = a_1 + a_2 = 2$ ...... ㉡

이므로 $a_1 > 0$

$a_2 \leq a_3$이므로 $a_4 = 2a_2 + a_3 = 2a_2 + 2$

i) $a_2 \geq 0$일 때

$a_3 \leq a_4$이므로 $a_5 = 2a_3 + a_4 = 2a_2 + 6$

$a_4 \leq a_5$이므로 $a_6 = 2a_4 + a_5 = 6a_2 + 10$

이때, $a_6 = 19$이므로 $6a_2 + 10 = 19$ $\therefore a_2 = \dfrac{3}{2}$

$a_2 = \dfrac{3}{2}$을 ㉡에 대입하면

$a_1 + \dfrac{3}{2} = 2$ $\therefore a_1 = \dfrac{1}{2}$

이때, $a_1 < a_2$이므로

주어진 조건을 만족시키는 a_1의 값은 존재하지 않는다.

ii) $a_2 < 0$일 때

$a_3 > a_4$이므로 $a_5 = a_3 + a_4 = 2a_2 + 4$

$a_4 \leq a_5$이므로 $a_6 = 2a_4 + a_5 = 6a_2 + 8$

이때, $a_6 = 19$이므로 $6a_2 + 8 = 19$ $\therefore a_2 = \dfrac{11}{6}$

이때, $a_2 > 0$이므로

주어진 조건을 만족시키는 a_2와 a_1의 값은 존재하지 않는다.

(ⅰ), (ⅱ)에 의하여

$a_1 = \dfrac{1}{4}$ 또는 $a_1 = -\dfrac{1}{2}$

따라서 모든 a_1의 값의 합은

$\dfrac{1}{4} + \left(-\dfrac{1}{2} \right) = -\dfrac{1}{4}$

★★★ 등급을 가르는 문제!

15 삼각함수의 그래프   정답률 28% | 정답 ②

닫힌구간 $[-2\pi, 2\pi]$에서 정의된 두 함수

     $f(x) = \sin kx + 2$, $g(x) = 3\cos 12x$

에 대하여 다음 조건을 만족시키는 자연수 k의 개수는? [4점]

> 실수 a가 두 곡선 $y = f(x)$, $y = g(x)$의 교점의 y좌표이면
> $\{x | f(x) = a\} \subset \{x | g(x) = a\}$
> 이다.

① 3   ② 4   ③ 5   ④ 6   ⑤ 7

STEP 01 삼각함수의 주기성과 대칭성을 이용하여 주어진 조건을 만족시키는 자연수 k의 개수를 구한다.

두 곡선 $y = f(x)$, $y = g(x)$가 만나는 점의 x좌표를 α (α는 실수)라 하면

$\sin k\alpha + 2 = 3\cos 12\alpha$

함수 $f(x)$의 주기가 $\dfrac{2\pi}{k}$이므로

$x = \dfrac{\pi}{k} - \alpha$도 방정식 $\sin kx + 2 = \sin k\alpha + 2$의 실근이다.

이때 조건을 만족시키려면 $x = \dfrac{\pi}{k} - \alpha$가

방정식 $3\cos 12x = 3\cos 12\alpha$의 실근이어야 한다.

$3\cos 12\left(\dfrac{\pi}{k} - \alpha \right) = 3\cos\left(\dfrac{12\pi}{k} - 12\alpha \right)$에서

$3\cos\left(\dfrac{12\pi}{k} - 12\alpha \right) = 3\cos 12\alpha$가 성립하려면

$\dfrac{12\pi}{k} = 2\pi, 4\pi, 6\pi, 8\pi, 10\pi, 12\pi, \cdots$ 이어야 한다.

이때 k가 자연수이므로

$k = 6, 3, 2, 1$

따라서 그 개수는 4이다.

★★ 문제 해결 꿀~팁 ★★

▶ 문제 해결 방법

주어진 문제에서 $y = g(x)$의 그래프는 그릴 수 있지만, $y = f(x)$의 그래프는 그릴 수 없다. 또한, 방정식 $f(x) = g(x)$의 해를 구할 수도 없다. 따라서 두 곡선의 교점이 어디에 있는지 알 수 없다. 이때, k에 값을 하나하나 대입하여 문제를 푸는 것이 아니라, 삼각함수의 주기성과 대칭성을 이용하여 문제를 풀어보아야 한다.

두 곡선 $y = f(x)$, $y = g(x)$의 교점의 x좌표를 α (α는 실수)라 하면, $f(\alpha) = g(\alpha) = a$

함수 $f(x)$의 주기는 $\dfrac{2\pi}{k}$이고, 이때 $x = \dfrac{\pi}{2k}$은 함수 $y = f(x)$의 대칭축이라는 것을 알아야 한다.

$\dfrac{\alpha + \left(\dfrac{\pi}{k} - \alpha \right)}{2} = \dfrac{\pi}{2k}$이므로 $f\left(\dfrac{\pi}{k} - \alpha \right) = a$가 성립한다. 조건 $\{x | f(x) = a\} \subset \{x | g(x) = a\}$

을 만족시키기 위해서는 $g\left(\dfrac{\pi}{k} - \alpha \right) = a$이어야 한다.

$g\left(\dfrac{\pi}{k} - \alpha \right) = g(\alpha)$에서 $3\cos\left(\dfrac{12\pi}{k} - 12\alpha \right) = 3\cos\left(12\alpha - \dfrac{12\pi}{k} \right) = 3\cos 12\alpha$

따라서 $\dfrac{12\pi}{k} = 2n\pi$ (n은 정수)를 만족시켜야 한다.

위의 식을 정리하면 $6 = k \times n$, k는 자연수이므로 6의 양의 약수이어야 한다.

따라서 $k = 6, 3, 2, 1$이고 그 개수는 4이다.

16 부정적분   정답률 86% | 정답 8

함수 $f(x)$가

   ❶ $f'(x) = -x^3 + 3$, ❷ $f(2) = 10$

을 만족시킬 때, $f(0)$의 값을 구하시오. [3점]

STEP 01 ❶의 부정적분을 구하고 ❷를 이용하여 적분상수를 구한 후, $f(0)$의 값을 구한다.

$f(x) = \int f'(x) dx$

     $= \int (-x^3 + 3) dx$

     $= -\dfrac{1}{4} x^4 + 3x + C$ (단, C는 적분상수이다.)

$f(2) = -\dfrac{1}{4} \times 2^4 + 3 \times 2 + C = 10$에서 $C = 8$

따라서 $f(x) = -\dfrac{1}{4} x^4 + 3x + 8$이므로 $f(0) = 8$

17 로그의 성질   정답률 87% | 정답 2

   ❶ $\log_5 40 + \log_5 \dfrac{5}{8}$ 의 값을 구하시오. [3점]

STEP 01 로그의 성질을 이용하여 ❶의 값을 구한다.

$\log_5 40 + \log_4 \dfrac{5}{8} = \log_5 \left(40 \times \dfrac{5}{8} \right) = \log_5 25 = \log_5 5^2 = 2$

18 코사인법칙   정답률 46% | 정답 41

$\overline{AB} = 6$, $\overline{AC} = 10$인 삼각형 ABC가 있다. 선분 AC 위에 점 D를 $\overline{AB} = \overline{AD}$가 되도록 잡는다. ❶ $\overline{BD} = \sqrt{15}$일 때, 선분 BC의 길이를 k라 하자. k^2의 값을 구하시오. [3점]

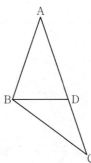

STEP 01 삼각형 ABD에서 코사인법칙에 ❶을 대입하여 $\cos(\angle BAD)$를 구한다.

삼각형 ABD에서 $\overline{AB} = \overline{AD} = 6$, $\overline{BD} = \sqrt{15}$이므로

$\angle BAD = \theta$라 하면 코사인법칙에 의해

$$\cos\theta = \frac{6^2+6^2-(\sqrt{15})^2}{2\times6\times6} = \frac{19}{24}$$

STEP 02 삼각형 ABC에서 $\cos\theta$를 이용하여 k^2의 값을 구한다.

삼각형 ABC에서 코사인법칙에 의해

$$k^2 = \overline{BC}^2$$
$$= 6^2+10^2-2\times6\times10\times\cos\theta$$
$$= 36+100-120\times\frac{19}{24}$$
$$= 136-5\times19 = 41$$

---

19 로그함수를 포함한 방정식 　　　　　정답률 91% | 정답 12

방정식

❶ $\log_2 x = 1+\log_4(2x-3)$

을 만족시키는 모든 실수 x의 값의 곱을 구하시오. [3점]

STEP 01 로그의 성질을 이용하여 ❶의 값을 구한다.

방정식 $\log_2 x = 1+\log_4(2x-3)$ 에서

진수의 조건에 의하여 $x>0$, $2x-3>0$

따라서 $x>\frac{3}{2}$

한편 $\log_2 x = 1+\log_4(2x-3)$ 에서

$2\log_2 x = 2\log_2 2+\log_2(2x-3)$

$\log_2 x^2 = \log_2 4(2x-3)$ 이므로

$x^2 = 4(2x-3)$, $x^2-8x+12=0$, $(x-2)(x-6)=0$

$x=2$ 또는 $x=6$

모두 $x>\frac{3}{2}$를 만족시키므로

구하는 모든 실수 x의 값의 곱은 $2\times6=12$

---

20 수열의 합과 일반항의 관계 　　　　　정답률 81% | 정답 9

등비수열 $\{a_n\}$의 첫째항부터 제 n항까지의 합을 S_n 이라 하자. 모든 자연수 n에 대하여

❶ $S_{n+3}-S_n = 13\times3^{n-1}$

일 때, a_4의 값을 구하시오. [4점]

STEP 01 ❶을 이용하여 a_4의 값을 구한다.

모든 자연수 n에 대하여

$S_{n+3}-S_n = 13\times3^{n-1}$이 성립하고

$S_{n+3}-S_n = a_{n+1}+a_{n+2}+a_{n+3}$이므로

모든 자연수 n에 대하여

$a_{n+1}+a_{n+2}+a_{n+3} = 13\times3^{n-1}$이 성립한다. 　…… ㉠

㉠에 $n=1$을 대입하면 $a_2+a_3+a_4=13$

등비수열 $\{a_n\}$의 공비를 r라 하면

$a_1 r+a_1 r^2+a_1 r^3 = 13$

$a_1 r(1+r+r^2) = 13$ 　…… ㉡

㉠에 $n=2$를 대입하면 $a_3+a_4+a_5=39$

$a_1 r^2+a_1 r^3+a_1 r^4 = 39$

$a_1 r^2(1+r+r^2) = 39$ 　…… ㉢

㉢÷㉡을 하면

$$\frac{a_1 r^2(1+r+r^2)}{a_1 r(1+r+r^2)} = \frac{39}{13} = r=3$$

$r=3$을 ㉡에 대입하면 $a_1\times3\times(1+3+9)=13$

$\therefore a_1 = \frac{1}{3}$

따라서

$a_4 = a_1 r^3 = \frac{1}{3}\times3^3 = 9$

● 핵심 공식

▶ 등비수열

첫째항이 a, 공비가 r인 등비수열에서 일반항 a_n은

$a_n = ar^{n-1}$ $(n=1, 2, 3, \cdots)$

---

21 함수의 증가와 감소 　　　　　정답률 51% | 정답 5

함수 $f(x) = -x^2-4x+a$에 대하여 함수

❶ $g(x) = \int_0^x f(t)dt$

가 ❷ 닫힌구간 $[0, 1]$에서 증가하도록 하는 실수 a의 최솟값을 구하시오.

[4점]

STEP 01 ❶을 x에 관하여 미분하고, ❷를 성립시키는 실수 a의 최솟값을 구한다.

$g(x) = \int_0^x f(t)dt$의 양변을 x에 관하여 미분하면

$$g'(x) = f(x) = -x^2-4x+a$$
$$= -(x+2)^2+a+4$$

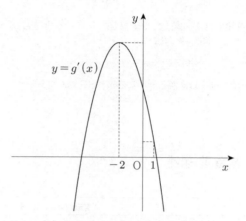

함수 $g(x)$가 닫힌구간 $[0, 1]$에서 증가해야 하므로

$g'(1) = a-5 \geq 0$

즉, $a \geq 5$이어야 한다.

따라서 실수 a의 최솟값은 5이다.

★★★ 등급을 가르는 문제!

22 절댓값과 미분가능성 　　　　　정답률 7% | 정답 105

삼차함수 $f(x)$가 다음 조건을 만족시킨다.

(가) $f(1)=f(3)=0$
(나) 집합 $\{x|x\geq1$이고 $f'(x)=0\}$의 원소의 개수는 1이다.

상수 a에 대하여 함수 $g(x) = |f(x)f(a-x)|$가 실수 전체의 집합에서 미분가능할 때, ❶ $\dfrac{g(4a)}{f(0)\times f(4a)}$의 값을 구하시오. [4점]

STEP 01 주어진 조건을 이용하여 삼차함수 $f(x)$를 구한다.

삼차함수 $f(x)$의 최고차항의 계수를 p $(p\neq0)$라 하면 조건 (가)에서

$f(x) = p(x-1)(x-3)(x-q)$ $(p, q$는 상수$)$

조건 (나)에서 $q\geq1$이면 구간 $[1, \infty)$에서 $f'(x)=0$을 만족시키는

실수 x는 적어도 2개 있으므로 $q<1$이다.

STEP 02 실수 전체의 집합에서 미분가능함을 이용하여 $g(x)$를 구한다.

$f(a-x) = p(a-x-1)(a-x-3)(a-x-q)$
$\qquad\qquad = -p(x-a+1)(x-a+3)(x-a+q)$

이므로

$f(x)f(a-x) = -p^2(x-1)(x-3)(x-q)(x-a+1)(x-a+3)(x-a+q)$

따라서

$g(x) = |f(x)f(a-x)|$
$\qquad = p^2|(x-1)(x-3)(x-q)(x-a+1)(x-a+3)(x-a+q)|$

이고 $q<1<3$이고 $a-3<a-1<a-q$이므로

함수 $g(x)$가 실수 전체의 집합에서 미분가능하려면

$g(x) = p^2|(x-\alpha)^2(x-\beta)^2(x-\gamma)^2|$

꼴이어야 한다.

따라서 $a-3=q$, $a-1=1$, $a-q=3$이어야 한다.

따라서 $a=2$, $q=-1$이므로

$f(x) = p(x+1)(x-1)(x-3)$

$f(a-x) = -p(x+1)(x-1)(x-3) = -f(x)$

따라서 $g(x) = |f(x)f(a-x)| = \{f(x)\}^2$

STEP 03 ❶의 값을 구한다.

$$\frac{g(4a)}{f(0)\times f(4a)} = \frac{\{f(8)\}^2}{f(0)\times f(8)} = \frac{f(8)}{f(0)} = \frac{p\times9\times7\times5}{p\times1\times(-1)\times(-3)} = 105$$

▶ 문제 해결 방법

조건 (가)에서 삼차함수 $f(x)$가 $(x-1)$, $(x-3)$을 인수로 가지고 있으므로
$f(x)=p(x-1)(x-3)(x-q)$ (p, q는 상수)
조건 (나)를 이용하면 구간 $[1, \infty)$에서 $f'(x)=0$을 만족시키는 실수 x의 개수가 1이다. 롤의 정리에 의하여 열린구간 $(1, 3)$에서 $f'(c)=0$을 만족시키는 실수 c가 이미 하나 있으므로 $q<1$이다.
이제 절댓값이 포함된 함수 $g(x)$의 미분가능성에 대해서 알아볼 차례다. 임의의 다항함수 $P(x)$에 대하여 $P(\alpha)=0$일 때, $|P(x)|$가 $x=\alpha$에서 미분가능하려면 다항함수 $P(x)$는 $x=\alpha$에서 중근을 가져야 한다. 따라서 함수 $g(x)$는
$g(x)=p^2|(x-\alpha)^2(x-\beta)^2(x-\gamma)^2$ 꼴이어야 한다.
$f(x)f(a-x)$를 정리하여 a, q의 값을 구하면, $a=2$, $q=-1$이다.
또한, 함수의 대칭을 이용하면 긴 식을 전개하지 않고도 a, q의 값을 구할 수 있다.
$f(x)$와 $f(a-x)$는 $x=\frac{a}{2}$에 대하여 대칭인데, 함수 $f(x)f(a-x)$가
$y=p^2(x-\alpha)^2(x-\beta)^2(x-\gamma)^2$ 꼴이어야 한다. 이때, 1, 3을 포함한 (α, β, γ)의 순서쌍은 $(-1, 1, 3)$, $(1, 2, 3)$, $(1, 3, 5)$이다. $q<1$이므로 $q=-1$이다.
$x=\frac{a}{2}=1$을 기준으로 $f(x)$와 $f(a-x)$가 대칭이므로, $a=2$이다.
이제 함수 $f(x)$와 $g(x)$를 구했으므로 적절한 값을 대입하여 계산하면 답은 105이다.

확률과 통계

23 조건부확률　　　　　　　정답률 92% | 정답 ⑤

두 사건 A, B에 대하여

❶ $P(A)=\dfrac{2}{5}$, $P(B)=\dfrac{4}{5}$, $P(A\cup B)=\dfrac{9}{10}$

일 때, $P(B|A)$의 값은? [2점]

① $\dfrac{5}{12}$　② $\dfrac{1}{2}$　③ $\dfrac{7}{12}$　④ $\dfrac{2}{3}$　⑤ $\dfrac{3}{4}$

STEP 01 ❶을 이용하여 $P(A\cap B)$의 값을 구한다.

$P(A\cup B)=P(A)+P(B)-P(A\cap B)$에서
$P(A\cap B)=P(A)+P(B)-P(A\cup B)=\dfrac{2}{5}+\dfrac{4}{5}-\dfrac{9}{10}=\dfrac{3}{10}$

STEP 02 조건부확률의 정의를 이용하여 $P(B|A)$를 구한다.

$P(B|A)=\dfrac{P(A\cap B)}{P(A)}=\dfrac{\frac{3}{10}}{\frac{2}{5}}=\dfrac{3}{4}$

● 핵심 공식

▶ 조건부확률

확률이 0이 아닌 두 사건 A, B에 대하여 사건 A가 일어났다고 가정할 때, 사건 B가 일어날 확률을 사건 A가 일어났을 때의 사건 B의 조건부 확률이라 하고, 이것을 $P(B|A)$로 나타낸다.

$P(B|A)=\dfrac{P(A\cap B)}{P(A)}$ (단, $P(A)>0$)

24 확률밀도함수의 그래프　　　　정답률 85% | 정답 ③

연속확률변수 X가 갖는 값의 범위는 $0\le X\le 8$이고, X의 확률밀도함수 $f(x)$의 그래프는 ❶ 직선 $x=4$에 대하여 대칭이다.

❷ $3P(2\le X\le 4)=4P(6\le X\le 8)$

일 때, ❸ $P(2\le X\le 6)$의 값은? [3점]

① $\dfrac{3}{7}$　② $\dfrac{1}{2}$　③ $\dfrac{4}{7}$　④ $\dfrac{9}{14}$　⑤ $\dfrac{5}{7}$

STEP 01 ❶, ❷를 이용하여 ❸의 값을 구한다.

확률밀도함수 $f(x)$의 그래프가 직선 $x=4$에 대하여 대칭이므로
$P(2\le X\le 4)=P(4\le X\le 6)$
$P(0\le X\le 2)=P(6\le X\le 8)$
이때, $P(2\le X\le 4)=a$, $P(0\le X\le 2)=b$로 놓으면
$3a=4b$　　……㉠
확률의 총합이 1이므로
$2(a+b)=1$　　……㉡

㉠, ㉡에서 $a+\dfrac{3}{4}a=\dfrac{1}{2}$, $a=\dfrac{2}{7}$

따라서 $P(2\le X\le 6)=P(2\le X\le 4)+P(4\le X\le 6)=2a=2\times\dfrac{2}{7}=\dfrac{4}{7}$

25 확률　　　　　　　　　　정답률 71% | 정답 ②

네 개의 수 1, 3, 5, 7 중에서 임의로 선택한 한 개의 수를 a라 하고, 네 개의 수 4, 6, 8, 10 중에서 임의로 선택한 한 개의 수를 b라 하자.

❶ $1<\dfrac{b}{a}<4$일 확률은? [3점]

① $\dfrac{1}{2}$　② $\dfrac{9}{16}$　③ $\dfrac{5}{8}$　④ $\dfrac{11}{16}$　⑤ $\dfrac{3}{4}$

STEP 01 두 수 a, b를 선택하는 모든 경우의 수를 구하고 a의 값에 따라 경우를 나누어 ❶의 확률을 구한다.

두 수 a, b를 선택하는 모든 경우의 수는 $_4C_1\times{_4}C_1=4\times 4=16$

(ⅰ) $a=1$일 때,
$1<\dfrac{b}{1}<4$, 즉 $1<b<4$이므로 만족시키는 b는 존재하지 않는다.

(ⅱ) $a=3$일 때,
$1<\dfrac{b}{3}<4$, 즉 $3<b<12$이므로 $b=4$, 6, 8, 10

(ⅲ) $a=5$일 때,
$1<\dfrac{b}{5}<4$, 즉 $5<b<20$이므로 $b=6$, 8, 10

(ⅳ) $a=7$일 때,
$1<\dfrac{b}{7}<4$, 즉 $7<b<28$이므로 $b=8$, 10

(ⅰ)~(ⅳ)에 의하여
주어진 조건을 만족시키도록 두 수 a, b를 선택하는 경우의 수는
$0+4+3+2=9$

따라서 구하는 확률은 $\dfrac{9}{16}$

26 원순열　　　　　　　　　정답률 94% | 정답 ④

다섯 명이 둘러앉을 수 있는 원 모양의 탁자와 두 학생 A, B를 포함한 8명의 학생이 있다. 이 8명의 학생 중에서 A, B를 포함하여 5명을 선택하고 이 5명의 학생 모두를 일정한 간격으로 탁자에 둘러앉게 할 때, ❶ A와 B가 이웃하게 되는 경우의 수는? (단, 회전하여 일치하는 것은 같은 것으로 본다.) [3점]

① 180　② 200　③ 220　④ 240　⑤ 260

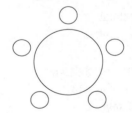

STEP 01 ❶을 만족시키는 모든 경우의 수를 구한다.

8명의 학생 중에서 A, B를 제외한 6명 중에서 3명을 택하는 경우의 수는
$_6C_3=\dfrac{6\times 5\times 4}{3\times 2\times 1}=20$

이 각각에 대하여 A와 B가 이웃하도록 5명의 학생을 원 모양의 탁자에 둘러앉히는 경우의 수는
$(4-1)!\times 2!=12$

따라서 구하는 경우의 수는 $20\times 12=240$

27 모집단과 표본　　　　　　　정답률 63% | 정답 ③

어느 회사에서 일하는 플랫폼 근로자의 일주일 근무 시간은 ❶ 평균이 m 시간, 표준편차가 5시간인 정규분포를 따른다고 한다. 이 회사에서 일하는 플랫폼 근로자 중에서 ❷ 임의추출한 36명의 일주일 근무 시간의 ❸ 표본평균이 38시간 이상일 확률을 오른쪽 표준정규분포표를 이용하여 구한 값이 0.9332일 때, m의 값은? [3점]

z	$P(0\le Z\le z)$
0.5	0.1915
1.0	0.3413
1.5	0.4332
2.0	0.4772

① 38.25　② 38.75　③ 39.25　④ 39.75　⑤ 40.25

STEP 01 ❶을 이용하여 확률변수 X에 대한 정규분포를 세우고 ❷를 이용하여 확률변수 $\overline{X}$에 대한 정규분포를 세운다.

플랫폼 근로자의 일주일 근무 시간을 확률변수 X라 하면
X는 정규분포 $N(m, 5^2)$을 따르므로
플랫폼 근로자 중에서 임의추출한 36명의 일주일 근무시간의 표본평균을 $\overline{X}$라 하면 $\overline{X}$는 정규분포 $N\left(m, \left(\dfrac{5}{6}\right)^2\right)$을 따른다.

STEP 02 ❸을 표준화하여 m의 값을 구한다.

$$P(\overline{X} \geq 38) = P\left(Z \geq \dfrac{38-m}{\dfrac{5}{6}}\right) = P\left(Z \geq \dfrac{6}{5}(38-m)\right) = 0.9332$$

이므로 $P\left(0 \leq Z \leq \dfrac{6}{5}(m-38)\right) = 0.4332$

이때, $P(0 \leq Z \leq 1.5) = 0.4332$이므로

$\dfrac{6}{5}(m-38) = 1.5$ $\therefore m = 39.25$

● 핵심 공식

▶ 정규분포의 표준화

(1) 확률변수 X가 정규분포 $N(m, \sigma^2)$을 따를 때 확률변수 $Z = \dfrac{X-m}{\sigma}$은 표준정규분포 $N(0, 1)$을 따른다.

(2) $P(a \leq X \leq b) = P\left(\dfrac{a-m}{\sigma} \leq Z \leq \dfrac{b-m}{\sigma}\right)$

---

28 부분집합과 확률 정답률 65% | 정답 ②

집합 $X = \{1, 2, 3, 4\}$의 공집합이 아닌 모든 부분집합 15개 중에서 임의로 서로 다른 세 부분집합을 뽑아 임의로 일렬로 나열하고, 나열된 순서대로 A, B, C라 할 때, ❶ $A \subset B \subset C$일 확률은? [4점]

① $\dfrac{1}{91}$ ② $\dfrac{2}{91}$ ③ $\dfrac{3}{91}$ ④ $\dfrac{4}{91}$ ⑤ $\dfrac{5}{91}$

STEP 01 ❶을 만족시키는 조건을 구한다.

공집합이 아닌 서로 다른 15개의 집합에서 임의로 서로 다른 세 부분집합을 뽑아 일렬로 나열하는 경우의 수는
$15 \times 14 \times 13$
이때, 세 부분집합이 A, B, C로 나열되었을 때, $A \subset B \subset C$를 만족시켜야 하므로 다음 그림과 같고 다음 세 조건을 만족시켜야 한다.
$A \neq \varnothing$이고 $B-A \neq \varnothing$이고 $C-B \neq \varnothing$

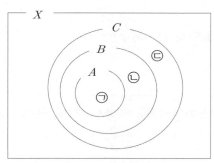

위에서 A, $B-A$, $C-B$의 원소의 개수를 각각 ㉠, ㉡, ㉢이라 하자.

STEP 02 ㉡, ㉢에 들어갈 원소의 개수로 경우의 수를 나누어 ❶을 만족시키는 모든 경우의 수를 구한다.

(i) ㉡ : 1개, ㉢ : 1개
1, 2, 3, 4 중에서 ㉡과 ㉢에 들어갈 서로 다른 2개를 택하는 경우의 수는
4×3
이 각각에 대하여 ㉠에 2개가 들어가는 경우의 수는 1이고 ㉠에 1개가 들어가는 경우의 수는 2이므로 경우의 수는 3
그러므로 이 경우의 수는 $4 \times 3 \times 3$

(ii) ㉡ : 1개, ㉢ : 2개
1, 2, 3, 4 중에서 ㉡과 ㉢에 원소를 배정하는 경우의 수는
$4 \times {}_3C_2 = 4 \times 3$
나머지 원소 1개는 ㉠에 들어가야 하므로 경우의 수는
$4 \times 3 \times 1 = 4 \times 3$

(iii) ㉡ : 2개, ㉢ : 1개
(ii)와 같은 방법으로 하면 경우의 수는
4×3

따라서 구하는 사건을 E라 하면

$$P(E) = \dfrac{4 \times 3 \times 3 + 4 \times 3 \times 2}{15 \times 14 \times 13}$$

$$= \dfrac{4 \times 3 \times 5}{15 \times 14 \times 13}$$

$$= \dfrac{2}{7 \times 13} = \dfrac{2}{91}$$

---

29 이산확률변수와 확률분포 정답률 44% | 정답 121

두 이산확률변수 X, Y의 확률분포를 표로 나타내면 각각 다음과 같다.

X	1	2	3	4	합계
$P(X=x)$	a	b	c	d	1

Y	11	21	31	41	합계
$P(Y=y)$	a	b	c	d	1

❶ $E(X) = 2$, $E(X^2) = 5$일 때, $\underline{E(Y) + V(Y)$의 값}$을 구하시오. [4점]

STEP 01 확률변수 X, Y의 관계를 구한 후, $E(Y)$를 구한다.

$Y = 10X + 1$이고
$E(Y) = E(10X + 1) = 10E(X) + 1 = 21$

STEP 02 ❶을 이용하여 $V(X)$를 구하고 $V(Y)$를 구한 다음 $E(Y) + V(Y)$의 값을 구한다.

$V(X) = E(X^2) - \{E(X)\}^2 = 5 - 2^2 = 1$
$V(Y) = V(10X + 1) = 10^2 V(X) = 100$이므로
$E(Y) + V(Y) = 21 + 100 = 121$

★★★ 등급을 가르는 문제!

30 중복조합 정답률 13% | 정답 168

흰 공 4개와 검은 공 6개를 세 상자 A, B, C에 남김없이 나누어 넣을 때, ❶ 각 상자에 공이 2개 이상씩 들어가도록 나누어 넣는 경우의 수를 구하시오. (단, 같은 색 공끼리는 서로 구별하지 않는다.) [4점]

STEP 01 세 상자에 들어가는 흰 공의 개수를 기준으로 경우를 나누어 ❶을 만족시키는 경우의 수를 구한다.

(i) 세 상자에 들어가는 흰 공의 개수가 4, 0, 0인 경우
흰 공의 개수가 4인 상자에 들어가는 검은 공의 개수를 x, 나머지 두 상자에 들어가는 검은 공의 개수를 각각 y, z라 하면
$x + y + z = 6$에서 $x \geq 0$, $y \geq 2$, $z \geq 2$이어야 한다.
$y = y' + 2$, $z = z' + 2$라 하면
$x + y' + z' = 2$ (단, x, y', z'은 음이 아닌 정수이다.)
를 만족시키는 순서쌍 (x, y', z')의 개수는
${}_3H_2 = {}_4C_2 = 6$
이 각각에 대하여 흰 공이 4개 들어갈 상자를 택하는 경우의 수가
${}_3C_1 = 3$
이므로 이 경우의 수는 $6 \times 3 = 18$

(ii) 세 상자에 들어가는 흰 공의 개수가 3, 1, 0인 경우
흰 공의 개수가 3, 1, 0인 상자에 들어가는 검은 공의 개수를 각각 x, y, z라 하면
$x + y + z = 6$에서 $x \geq 0$, $y \geq 1$, $z \geq 2$이어야 한다.
$y = y' + 1$, $z = z' + 2$라 하면
$x + y' + z' = 3$ (단, x, y', z'은 음이 아닌 정수이다.)
을 만족시키는 순서쌍 (x, y', z')의 개수는
${}_3H_3 = {}_5C_3 = {}_5C_2 = 10$
이 각각에 대하여 흰 공이 3개, 1개 들어갈 상자 2개를 택하는 경우의 수는
${}_3P_2 = 6$
이므로 이 경우의 수는 $10 \times 6 = 60$

(iii) 세 상자에 들어가는 흰 공의 개수가 2, 2, 0인 경우
흰 공의 개수가 2, 2, 0인 상자에 들어가는 검은 공의 개수를 각각 x, y, z라 하면
$x + y + z = 6$에서 $x \geq 0$, $y \geq 0$, $z \geq 2$이어야 한다.
$z = z' + 2$라 하면
$x + y + z' = 4$ (단, x, y, z'은 음이 아닌 정수이다.)
를 만족시키는 순서쌍 (x, y, z')의 개수는
${}_3H_4 = {}_6C_4 = {}_6C_2 = 15$

이 각각에 대하여 흰 공이 2개 들어갈 상자 2개를 택하는 경우의 수는

$_3C_2 = 3$

이므로 이 경우의 수는 $15 \times 3 = 45$

(iv) 세 상자에 들어가는 흰 공의 개수가 2, 1, 1인 경우

흰 공의 개수가 2, 1, 1인 상자에 들어가는 검은 공의 개수를 각각 x, y, z라 하면

$x + y + z = 6$에서 $x \geq 0$, $y \geq 1$, $z \geq 1$이어야 한다.

$y = y' + 1$, $z = z' + 1$이라 하면

$x + y' + z' = 4$ (단, x, y', z'은 음이 아닌 정수이다.)

를 만족시키는 순서쌍 (x, y', z')의 개수는

$_3H_4 = {}_6C_4 = {}_6C_2 = 15$

이 각각에 대하여 흰 공이 2개 들어갈 상자 1개를 택하는 경우의 수는

$_3C_1 = 3$

이므로 이 경우의 수는 $15 \times 3 = 45$

(i)~(iv)에서 구하는 경우의 수는

$18 + 60 + 45 + 45 = 168$

●핵심 공식

▶ 중복조합

$_nH_r$은 서로 다른 n개의 원소에서 r개를 뽑는 경우의 수이다.

$_nH_r = {}_{n+r-1}C_r$

★★ 문제 해결 꿀~팁 ★★

▶ 문제 해결 방법

서로 다른 상자에 중복을 허용하여 공을 넣는 문제이므로 중복조합으로 풀어나가야 한다. 이 문제의 경우에는 공이 두 가지의 색으로 이루어져 있으므로, 한 가지 색의 공을 미리 나누어 넣은 후에 나머지 색의 공을 나누어 넣는다. 이런 경우에는 개수가 적은 흰 공을 기준으로 경우를 나누어 생각한다.

흰 공 4개를 세 상자에 나누어 담는 경우는 $(4, 0, 0)$, $(3, 1, 0)$, $(2, 2, 0)$, $(2, 1, 1)$의 네 가지 경우이다.

따라서 다음 순서에 따라 문제를 푼다.

1. 상자에 들어갈 흰 공의 개수에 따라 경우의 수를 구하고,
2. 각 상자에 공이 적어도 2개 들어가도록 나눈 후에,
3. 남은 공을 중복조합을 이용하여 나누고,
4. 흰 공이 들어간 개수에 따라 상자를 택한다.

중복조합을 이용하여 경우의 수를 구하는 문제 중에서 2개 이상의 종류의 물건을 나누어 주어야 하는 문제는 난이도가 있는 문제이고, 어떤 것을 기준으로 잡아야 하는지 감이 오지 않는 경우가 대부분이다. 하지만 개수가 적은 것을 기준으로 경우를 나누어주고 경우마다 중복조합을 이용하여 경우의 수를 구하면 된다.

미적분

23 수열의 극한   정답률 95% | 정답 ④

❶ $\displaystyle\lim_{n\to\infty}\dfrac{(2n+1)^2-(2n-1)^2}{2n+5}$의 값은? [2점]

① 1   ② 2   ③ 3   ④ 4   ⑤ 5

STEP 01 ❶의 분자를 전개하고 분자, 분모를 n으로 나누어 ❶의 값을 구한다.

$$\lim_{n\to\infty}\frac{(2n+1)^2-(2n-1)^2}{2n+5}=\lim_{n\to\infty}\frac{(4n^2+4n+1)-(4n^2-4n+1)}{2n+5}$$

$$=\lim_{n\to\infty}\frac{8n}{2n+5}$$

$$=\lim_{n\to\infty}\frac{8}{2+\dfrac{5}{n}}$$

$$=\frac{8}{2+0}=4$$

24 급수   정답률 84% | 정답 ②

❶ $\displaystyle\sum_{n=1}^{\infty}\dfrac{2}{n(n+2)}$의 값은? [3점]

① 1   ② $\dfrac{3}{2}$ ③ 2   ④ $\dfrac{5}{2}$ ⑤ 3

STEP 01 부분분수의 합을 이용하여 ❶의 값을 구한다.

$$\sum_{n=1}^{\infty}\frac{2}{n(n+2)}$$

$$=\lim_{n\to\infty}\sum_{k=1}^{n}\frac{2}{k(k+2)}$$

$$=\lim_{n\to\infty}\sum_{k=1}^{n}\left(\frac{1}{k}-\frac{1}{k+2}\right)$$

$$=\lim_{n\to\infty}\left\{\left(\frac{1}{1}-\frac{1}{3}\right)+\left(\frac{1}{2}-\frac{1}{4}\right)+\left(\frac{1}{3}-\frac{1}{5}\right)+\cdots\right.$$

$$\left.+\left(\frac{1}{n-1}-\frac{1}{n+1}\right)+\left(\frac{1}{n}-\frac{1}{n+2}\right)\right\}$$

$$=\lim_{n\to\infty}\left(1+\frac{1}{2}-\frac{1}{n+1}-\frac{1}{n+2}\right)=\frac{3}{2}$$

25 부분적분법   정답률 84% | 정답 ①

❶ $\displaystyle\int_1^2 (x-1)e^{-x}dx$의 값은? [3점]

① $\dfrac{1}{e}-\dfrac{2}{e^2}$ ② $\dfrac{1}{e}-\dfrac{1}{e^2}$ ③ $\dfrac{1}{e}$ ④ $\dfrac{2}{e}-\dfrac{2}{e^2}$ ⑤ $\dfrac{2}{e}-\dfrac{1}{e^2}$

STEP 01 부분적분법을 이용하여 ❶의 값을 구한다.

$$\int_1^2 (x-1)e^{-x}dx=\left[-(x-1)e^{-x}\right]_1^2-\int_1^2(-e^{-x})dx$$

$$=-e^{-2}+\int_1^2 e^{-x}dx$$

$$=-e^{-2}+\left[-e^{-x}\right]_1^2$$

$$=-e^{-2}-e^{-2}+e^{-1}$$

$$=\frac{1}{e}-\frac{2}{e^2}$$

●핵심 공식

▶ 부분적분법

$\{f(x)g(x)\}' = f'(x)g(x) + f(x)g'(x)$에서

$f(x)g'(x) = \{f(x)g(x)\}' - f'(x)g(x)$이므로 양변을 적분하면

$\displaystyle\int f(x)g'(x)dx = f(x)g(x) - \int f'(x)g(x)dx$

26 매개변수로 나타낸 함수의 미분   정답률 87% | 정답 ⑤

매개변수 t $(t>0)$으로 나타내어진 함수

$x = \ln t + t$, $y = -t^3 + 3t$

에 대하여 ❶ $\dfrac{dy}{dx}$ 가 $t = a$에서 최댓값을 가질 때, a의 값은? [3점]

① $\dfrac{1}{6}$ ② $\dfrac{1}{5}$ ③ $\dfrac{1}{4}$ ④ $\dfrac{1}{3}$ ⑤ $\dfrac{1}{2}$

STEP 01 매개변수로 나타낸 함수의 미분법에 의해 ❶을 이용하여 a의 값을 구한다.

$x = \ln t + t$, $y = -t^3 + 3t$를 t에 관하여 미분하면

$\dfrac{dx}{dt} = \dfrac{1}{t} + 1$, $\dfrac{dy}{dt} = -3t^2 + 3$

$\dfrac{dy}{dx} = \dfrac{\dfrac{dy}{dt}}{\dfrac{dx}{dt}} = \dfrac{-3t^2+3}{\dfrac{1}{t}+1} = \dfrac{-3t(t+1)(t-1)}{t+1} = -3t(t-1)$

$f(t) = -3t(t-1)$이라 하자.

$y = f(t)$의 그래프는 $t = \dfrac{1}{2}$에서 대칭이고 최고차항의 계수가 음수이므로

$t = \dfrac{1}{2}$에서 최댓값을 갖는다.

따라서 $a = \dfrac{1}{2}$

27 등비수열의 극한과 등비급수   정답률 83% | 정답 ③

등비수열 $\{a_n\}$에 대하여 ❶ $\displaystyle\lim_{n\to\infty}\dfrac{3^n}{a_n+2^n} = 6$일 때, $\displaystyle\sum_{n=1}^{\infty}\dfrac{1}{a_n}$의 값은? [3점]

① 1   ② 2   ③ 3   ④ 4   ⑤ 5

$\{a_n\}$이 등비수열이므로 $a_n = a \times r^n$으로 놓으면

$$\lim_{n\to\infty}\frac{3^n}{a_n+2^n}=\lim_{n\to\infty}\frac{3^n}{a\times r^n+2^n}$$

$$=\lim_{n\to\infty}\frac{1}{a\times\left(\frac{r}{3}\right)^n+\left(\frac{2}{3}\right)^n}$$

$\displaystyle\lim_{n\to\infty}\left(\frac{2}{3}\right)^n=0$이므로

$\displaystyle\lim_{n\to\infty}a\times\left(\frac{r}{3}\right)^n=\frac{1}{6}$ 이어야 한다.

즉, $a=\dfrac{1}{6}$, $r=3$

따라서 $a_n=\dfrac{1}{6}\times 3^n=\dfrac{1}{2}\times 3^{n-1}$이므로

$$\sum_{n=1}^{\infty}\frac{1}{a_n}=\sum_{n=1}^{\infty}2\times\left(\frac{1}{3}\right)^{n-1}=\frac{2}{1-\frac{1}{3}}=3$$

● 핵심 공식

▶ 등비급수

등비급수 $\displaystyle\sum_{n=1}^{\infty}ar^{n-1}=a+ar+ar^2+\cdots+ar^{n-1}+\cdots\ (a\neq 0)$

에서 $|r|<1$이면 수렴하고 그 합은 $\dfrac{a}{1-r}$ 이다.

---

28 치환적분법   정답률 53% | 정답 ①

함수 ❷ $f(x)=\sin(\pi\sqrt{x})$에 대하여 함수

❶ $\displaystyle g(x)=\int_0^x tf(x-t)dt\ (x\geq 0)$

이 ❸ $x=a$에서 극대인 모든 a를 작은 수부터 크기순으로 나열할 때, n번째 수를 a_n이라 하자. $k^2 < a_6 < (k+1)^2$인 자연수 k의 값은? [4점]

① 11   ② 14   ③ 17   ④ 20   ⑤ 23

STEP 01 치환적분법에 의해 ❶을 이용하여 $g(x)$를 구한다.

$\displaystyle\int_0^x tf(x-t)dt$에서 $x-t=s$라 하면

$t=0$에서 $s=x$, $t=x$에서 $s=0$이고 $dt=-ds$이므로

$$g(x)=\int_0^x tf(x-t)dt$$

$$=\int_x^0(x-s)f(s)(-ds)$$

$$=\int_0^x(x-s)f(s)ds$$

$$=x\int_0^x f(s)ds-\int_0^x sf(s)ds$$

STEP 02 $g'(x)$를 구하고 ❷의 그래프를 그리고 ❸을 구하여 자연수 k의 값을 구한다.

$$g'(x)=\int_0^x f(s)ds+xf(x)-xf(x)$$

$$=\int_0^x f(s)ds$$

이때 함수 $y=f(x)$의 그래프는 다음과 같다.

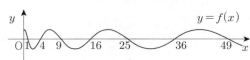

따라서
$1^2 < a_1 < 2^2$
$3^2 < a_2 < 4^2$
$5^2 < a_3 < 6^2$
$\vdots$
$11^2 < a_6 < 12^2$
이므로 $k=11$

---

29 삼각함수의 극한   정답률 27% | 정답 23

그림과 같이 길이가 2인 선분 AB를 지름으로 하는 반원이 있다. 선분 AB의 중점을 O라 할 때, 호 AB 위에 두 점 P, Q를 $\angle POA=\theta$, $\angle QOB=2\theta$가 되도록 잡는다. 두 선분 PB, OQ의 교점을 R라 하고, 점 R에서 선분 PQ에 내린 수선의 발을 H라 하자. ❶ 삼각형 POR의 넓이를 $f(\theta)$, ❷ 두 선분 RQ, RB와 호 QB로 둘러싸인 부분의 넓이를 $g(\theta)$라 할 때,

❸ $\displaystyle\lim_{\theta\to 0+}\frac{f(\theta)+g(\theta)}{\overline{\text{RH}}}=\frac{q}{p}$이다. $p+q$의 값을 구하시오.

(단, $0<\theta<\dfrac{\pi}{3}$이고, p와 q는 서로소인 자연수이다.) [4점]

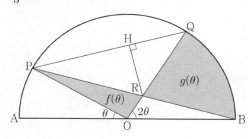

STEP 01 중심각과 원주각의 성질, 사인법칙을 이용하여 $\overline{\text{OR}}$을 구한다.

중심각과 원주각의 성질에 의하여

$\angle$AOP$=\theta$이므로 $\angle$ABP$=\dfrac{\theta}{2}$

삼각형 OBP에서

$\angle$BRO$=\pi-\left(2\theta+\dfrac{\theta}{2}\right)=\pi-\dfrac{5\theta}{2}$이므로

사인법칙에 의하여

$$\frac{\overline{\text{OB}}}{\sin\left(\pi-\frac{5\theta}{2}\right)}=\frac{\overline{\text{OR}}}{\sin\frac{\theta}{2}}$$

$$\frac{1}{\sin\frac{5\theta}{2}}=\frac{\overline{\text{OR}}}{\sin\frac{\theta}{2}}$$에서 $\overline{\text{OR}}=\dfrac{\sin\frac{\theta}{2}}{\sin\frac{5\theta}{2}}$

STEP 02 사인법칙을 이용하여 ❶을 구한다.

(i) 삼각형 POR에서 $\angle$POR$=\pi-3\theta$이므로

$$f(\theta)=\frac{1}{2}\times\overline{\text{OP}}\times\overline{\text{OR}}\times\sin(\pi-3\theta)$$

$$=\frac{1}{2}\times 1\times\frac{\sin\frac{\theta}{2}}{\sin\frac{5\theta}{2}}\times\sin 3\theta$$

$$=\frac{\sin\frac{\theta}{2}\sin 3\theta}{2\sin\frac{5\theta}{2}}$$

STEP 03 부채꼴 QOB의 넓이에서 삼각형 OBR의 넓이를 빼서 ❷를 구한다.

(ii) $g(\theta)$는 부채꼴 QOB의 넓이에서 삼각형 OBR의 넓이를 뺀 것이므로

$$g(\theta)=\frac{1}{2}\times 1^2\times 2\theta-\frac{1}{2}\times\overline{\text{OB}}\times\overline{\text{OR}}\times\sin 2\theta$$

$$=\theta-\frac{1}{2}\times 1\times\frac{\sin\frac{\theta}{2}}{\sin\frac{5\theta}{2}}\times\sin 2\theta$$

$$=\theta-\frac{\sin\frac{\theta}{2}\sin 2\theta}{2\sin\frac{5\theta}{2}}$$

STEP 04 이등변삼각형 POQ를 이용하여 $\overline{\text{RH}}$를 구한다.

(iii) 이등변삼각형 POQ에서 점 O에서 선분 PQ에 내린 수선의 발을 H$'$이라 하면

$$\overline{\text{OH}'}=\overline{\text{OP}}\times\cos\left(\frac{\pi-3\theta}{2}\right)$$

$$=1\times\cos\left(\frac{\pi}{2}-\frac{3\theta}{2}\right)=\sin\frac{3\theta}{2}$$

두 삼각형 OQH$'$, RQH가 서로 닮음이므로

$$\overline{\text{OH}'}:\overline{\text{RH}}=\overline{\text{OQ}}:\overline{\text{RQ}}=1:(1-\overline{\text{OR}})$$

$$\overline{\text{RH}}=\overline{\text{OH}'}\times(1-\overline{\text{OR}})=\sin\frac{3\theta}{2}\times\left(1-\frac{\sin\frac{\theta}{2}}{\sin\frac{5\theta}{2}}\right)$$

STEP 05 ③을 구하고 $p+q$의 값을 구한다.

(i), (ii), (iii)에서

$$f(\theta)+g(\theta)=\theta+\frac{\sin\frac{\theta}{2}}{2\sin\frac{5\theta}{2}}\times(\sin3\theta-\sin2\theta)$$

$$\lim_{\theta\to0+}\frac{\sin\frac{\theta}{2}}{\sin\frac{5\theta}{2}}=\lim_{\theta\to0+}\frac{\frac{\sin\frac{\theta}{2}}{\frac{\theta}{2}}}{\frac{\sin\frac{5\theta}{2}}{\frac{\theta}{2}}}=\frac{\frac{1}{2}}{\frac{5}{2}}=\frac{1}{5}$$ 이므로

$$\lim_{\theta\to0+}\frac{f(\theta)+g(\theta)}{RH}=\lim_{\theta\to0+}\frac{\theta+\frac{\sin\frac{\theta}{2}}{2\sin\frac{5\theta}{2}}\times(\sin3\theta-\sin2\theta)}{\sin\frac{3\theta}{2}\times\left(1-\frac{\sin\frac{\theta}{2}}{\sin\frac{5\theta}{2}}\right)}$$

$$=\lim_{\theta\to0+}\frac{1+\frac{\sin\frac{\theta}{2}}{2\sin\frac{5\theta}{2}}\times\left(\frac{\sin3\theta}{\theta}-\frac{\sin2\theta}{\theta}\right)}{\frac{\sin\frac{3\theta}{2}}{\theta}\times\left(1-\frac{\sin\frac{\theta}{2}}{\sin\frac{5\theta}{2}}\right)}$$

$$=\frac{1+\frac{1}{2}\times\frac{1}{5}\times(3-2)}{\frac{3}{2}\times\left(1-\frac{1}{5}\right)}$$

$$=\frac{\frac{11}{10}}{\frac{6}{5}}=\frac{11}{12}$$

따라서 $p+q=12+11=23$

★★★ 등급을 가르는 문제!

30 지수함수의 접선의 방정식 　　　　정답률 11% | 정답 43

다음 조건을 만족시키는 실수 a, b에 대하여 ❶ ab의 최댓값을 M, 최솟값을 m이라 하자.

> 모든 실수 x에 대하여 부등식
> $$-e^{-x+1}\le ax+b\le e^{x-2}$$
> 이 성립한다.

$|M\times m^3|=\dfrac{q}{p}$ 일 때, $p+q$의 값을 구하시오. (단, p와 q는 서로소인 자연수이다.) [4점]

STEP 01 두 곡선 위의 점에서의 접선의 방정식을 세운다.

$f(x)=e^{x-2}$라 하면 함수 $y=f(x)$의 그래프는
함수 $y=e^x$의 그래프를 x축의 방향으로 2만큼 평행이동한 것이다.
$g(x)=-e^{-x+1}$이라 하면 함수 $y=g(x)$의 그래프는
함수 $y=e^x$의 그래프를 원점에 대하여 대칭이동한 후 x축의 방향으로 1만큼 평행이동한 것이다.

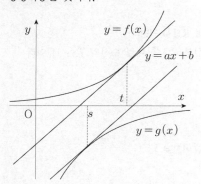

$f'(x)=e^{x-2}$이므로
곡선 $y=f(x)$ 위의 점 $(t,\ f(t))$에서의 접선의 방정식은
$$y=e^{t-2}(x-t)+e^{t-2}$$

$$y=e^{t-2}x+(1-t)e^{t-2} \qquad\qquad \cdots\cdots\ ㉠$$
$g'(x)=e^{-x+1}$이므로
곡선 $y=g(x)$ 위의 점 $(s,\ g(s))$에서의 접선의 방정식은
$$y=e^{-s+1}(x-s)-e^{-s+1}$$
$$y=e^{-s+1}x+(-s-1)e^{-s+1} \qquad\qquad \cdots\cdots\ ㉡$$

STEP 02 두 접선의 기울기가 같을 때의 ab의 범위를 구한다.

㉠과 ㉡에서 접선의 기울기가 같으면
$$e^{t-2}=e^{-s+1}$$
$$t-2=-s+1$$
$$s=-t+3 \qquad\qquad \cdots\cdots\ ㉢$$
㉢을 ㉡에 대입하면
$$y=e^{t-2}x+(t-4)e^{t-2} \qquad\qquad \cdots\cdots\ ㉣$$
이때, ㉠과 ㉣에서 $x=t$일 때 $a=e^{t-2}$
$$(t-4)e^{t-2}\le b\le(1-t)e^{t-2}$$
그러므로 $(t-4)e^{2t-4}\le ab\le(1-t)e^{2t-4} \qquad \cdots\cdots\ ㉤$

STEP 03 두 접선이 일치할 때의 t의 값을 구하여 t의 범위를 구한다.

한편, 두 접선이 일치하면
$$(1-t)e^{t-2}=(-s-1)e^{-s+1}$$
㉢을 대입하면
$$(1-t)e^{t-2}=(t-4)e^{t-2}$$
$$1-t=t-4$$
$$t=\frac{5}{2}$$

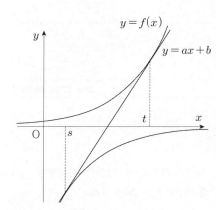

그러므로 $t\le\dfrac{5}{2} \qquad\qquad\qquad\qquad \cdots\cdots\ ㉥$

STEP 04 ㉤에서 도함수를 이용하여 ab의 범위를 구한다.

㉤에서 $h(t)=(1-t)e^{2t-4}$라 하면
$$h'(t)=-e^{2t-4}+(2-2t)e^{2t-4}=(1-2t)e^{2t-2}$$
이므로 $h'(t)=0$에서
$$t=\frac{1}{2},\ h\left(\frac{1}{2}\right)=\frac{1}{2}e^{-3}$$
㉤에서 $k(t)=(t-4)e^{2t-4}$라 하면
$$k'(t)=e^{2t-4}+(2t-8)e^{2t-4}=(2t-7)e^{2t-4}$$
이므로 $k'(t)=0$에서 $t=\dfrac{7}{2}$, $k\left(\dfrac{7}{2}\right)=-\dfrac{3}{2}e$이므로

$t\le\dfrac{5}{2}$에서 두 함수 $y=h(t)$, $y=k(t)$의 그래프는 다음과 같다.

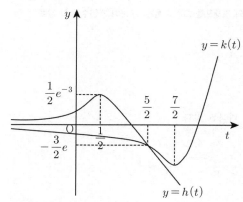

그러므로 $t=\dfrac{5}{2}$에서 최솟값 $-\dfrac{3}{2}e$,

$t=\dfrac{1}{2}$에서 최댓값 $\dfrac{1}{2}e^{-3}$을 가진다.

따라서 $|M\times m^3|=\left|\dfrac{1}{2}e^{-3}\times\left(-\dfrac{3}{2}e\right)^3\right|=\dfrac{27}{16}$이므로
$$p+q=16+27=43$$

▶ 문제 해결 방법

주어진 부등식 $-e^{-x+1} \leq ax+b \leq e^{x-2}$이 모든 실수 x에 대하여 성립하게 하는 ab의 값을 구하는 문제이다.

$f(x) = e^{x-2}$, $g(x) = -e^{-x+1}$라 하자. $ax+b$는 일차함수이고, a는 기울기, b는 y절편이다. 부등식이 성립하기 위해서는 함수 $y = ax+b$가 $y = f(x)$보다 밑에 있거나 접해야 하고, $y = g(x)$보다 위에 있거나 접해야 한다.

각 함수 위의 점에서의 접선의 방정식을 먼저 세우자.

$y = f(x)$ 위의 점 $(t, f(t))$에서의 접선의 방정식을 세우면, $y - f(t) = f'(t)(x-t)$에서
$y = e^{t-2}x + (1-t)e^{t-2}$

$y = g(x)$ 위의 점 $(s, g(s))$에서의 접선의 방정식을 세우면, $y - g(s) = g'(t)(x-t)$에서
$y = e^{-s+1}x + (-s-1)e^{-s+1}$

해설에서 첫 번째 그래프와 같이 두 접선의 기울기가 일치할 때의 ab의 범위를 구하면 $(t-4)e^{2t-4} \leq ab \leq (1-t)e^{2t-4}$이다.

해설의 두 번째 그래프와 같이 두 접선이 일치할 때의 t의 값을 구하면 $t = \dfrac{5}{2}$이다.

위에서 구한 ab의 범위를 나타낸 부등식에서 $h(t) = (t-4)e^{2t-4}$, $k(t) = (1-t)e^{2t-4}$라 하고 위에서 구한 두 함수의 도함수를 이용하여 함수의 그래프를 그리고, 교점의 t의 값 $\dfrac{5}{2}$을 이용하자.

ab의 최댓값은 $ab = k(t)$일 때, $h(t) \leq k(t)$를 만족하는 범위 내에서 $k(t)$의 최댓값을 구해야 하고, ab의 최솟값은 $ab = h(t)$일 때, $h(t) \leq k(t)$를 만족하는 범위 내에서 $h(t)$의 최솟값을 구해야 한다.

해설의 세 번째 그래프와 같이 두 함수 $y = h(t)$, $y = k(t)$의 그래프를 그리고 ab의 최댓값과 최솟값을 구하면 각각 $\dfrac{1}{2}e^{-3}$, $-\dfrac{3}{2}e$이므로 답을 구하면 된다.

• 정답 •

공통 | 수학
01 ⑤ 02 ④ 03 ⑤ 04 ② 05 ④ 06 ⑤ 07 ③ 08 ① 09 ④ 10 ③ 11 ② 12 ① 13 ⑤ 14 ④ 15 ②
16 7 17 33 18 96 19 41 20 36 21 16 22 64
선택 | 확률과 통계
23 ⑤ 24 ③ 25 ① 26 ③ 27 ③ 28 ② 29 25 30 19
선택 | 미적분
23 ③ 24 ④ 25 ② 26 ① 27 ① 28 ② 29 25 30 17

01 지수법칙 정답률 92% | 정답 ⑤

$\sqrt[3]{5} \times 25^{\frac{1}{3}}$ 의 값은? [2점]

① 1   ② 2   ③ 3   ④ 4   ⑤ 5

| 문제 풀이 |

$\sqrt[3]{5} \times 25^{\frac{1}{3}} = 5^{\frac{1}{3}} \times (5^2)^{\frac{1}{3}} = 5^{\frac{1}{3}} \times 5^{\frac{2}{3}} = 5^{\frac{1}{3}+\frac{2}{3}} = 5^1 = 5$

02 미분계수 정답률 89% | 정답 ④

함수 $f(x) = x^3 - 8x + 7$에 대하여 $\lim\limits_{h \to 0} \dfrac{f(2+h) - f(2)}{h}$ 의 값은? [2점]

① 1   ② 2   ③ 3   ④ 4   ⑤ 5

| 문제 풀이 |

$f'(x) = 3x^2 - 8$이므로

$\lim\limits_{h \to 0} \dfrac{f(2+h) - f(2)}{h} = f'(2) = 3 \times 2^2 - 8 = 4$

03 등비수열의 일반항 정답률 84% | 정답 ⑤

첫째항과 공비가 모두 양수 k인 등비수열 $\{a_n\}$이

$\dfrac{a_4}{a_2} + \dfrac{a_2}{a_1} = 30$

을 만족시킬 때, k의 값은? [3점]

① 1   ② 2   ③ 3   ④ 4   ⑤ 5

| 문제 풀이 |

등비수열 $\{a_n\}$의 첫째항과 공비가 모두 양수 k이므로

$a_n = k^n$

$\dfrac{a_4}{a_2} + \dfrac{a_2}{a_1} = 30$에서

$\dfrac{k^4}{k^2} + \dfrac{k^2}{k} = 30$, $k^2 + k = 30$, $k^2 + k - 30 = 0$, $(k+6)(k-5) = 0$

$k > 0$이므로 $k = 5$

04 함수의 연속 정답률 88% | 정답 ②

함수

$f(x) = \begin{cases} 5x + a & (x < -2) \\ x^2 - a & (x \geq -2) \end{cases}$

가 실수 전체의 집합에서 연속일 때, 상수 a의 값은? [3점]

① 6   ② 7   ③ 8   ④ 9   ⑤ 10

| 문제 풀이 |

함수 $f(x)$가 실수 전체의 집합에서 연속이므로
$x = -2$에서 연속이어야 한다.

즉, $\lim\limits_{x \to -2-} f(x) = \lim\limits_{x \to -2+} f(x) = f(-2)$에서

$\lim\limits_{x \to -2-} f(x) = \lim\limits_{x \to -2-} (5x + a) = -10 + a$

$\lim\limits_{x \to -2+} f(x) = \lim\limits_{x \to -2+} (x^2 - a) = 4 - a$

11회

$f(-2)=4-a$이므로
$-10+a=4-a$, $a=7$
따라서 상수 a의 값은 7이다.

---

05 미분계수   정답률 87% | 정답 ④

함수 $f(x)=(x^2+1)(3x^2-x)$에 대하여 $f'(1)$의 값은? [3점]

① 8   ② 10   ③ 12   ④ 14   ⑤ 16

| 문제 풀이 |

$f(x)=(x^2+1)(3x^2-x)$에서
$f'(x)=2x\times(3x^2-x)+(x^2+1)\times(6x-1)$
따라서 $f'(1)=2\times2+2\times5=14$

---

06 삼각함수의 성질   정답률 68% | 정답 ⑤

$\cos\left(\dfrac{\pi}{2}+\theta\right)=-\dfrac{1}{5}$일 때, $\dfrac{\sin\theta}{1-\cos^2\theta}$의 값은? [3점]

① -5 ② $-\sqrt{5}$ ③ 0   ④ $\sqrt{5}$ ⑤ 5

| 문제 풀이 |

$\cos\left(\dfrac{\pi}{2}+\theta\right)=-\dfrac{1}{5}$에서 $\sin\theta=\dfrac{1}{5}$

따라서 $\dfrac{\sin\theta}{1-\cos^2\theta}=\dfrac{\sin\theta}{\sin^2\theta}=\dfrac{1}{\sin\theta}=\dfrac{1}{\frac{1}{5}}=5$

---

07 정적분   정답률 86% | 정답 ③

다항함수 $f(x)$가 모든 실수 x에 대하여

$$\int_0^x f(t)dt=3x^3+2x$$

를 만족시킬 때, $f(1)$의 값은? [3점]

① 7   ② 9   ③ 11   ④ 13   ⑤ 15

| 문제 풀이 |

$\int_0^x f(t)dt=3x^3+2x$의 양변을 x에 대해 미분하면

$f(x)=9x^2+2$
따라서 $f(1)=9\times1^2+2=11$

---

08 로그의 정의와 성질   정답률 71% | 정답 ①

두 실수 $a=2\log\dfrac{1}{\sqrt{10}}+\log_2 20$, $b=\log 2$에 대하여 $a\times b$의 값은? [3점]

① 1   ② 2   ③ 3   ④ 4   ⑤ 5

| 문제 풀이 |

$a=2\log\dfrac{1}{\sqrt{10}}+\log_2 20$

$\quad=2\times\left(-\dfrac{1}{2}\right)\log 10+\log_2 2+\log_2 10$

$\quad=-1+1+\log_2 10=\log_2 10$

$a\times b=\log_2 10\times\log 2=1$

---

09 정적분의 정의와 성질   정답률 79% | 정답 ④

함수 $f(x)=3x^2-16x-20$에 대하여

$$\int_{-2}^a f(x)dx=\int_{-2}^0 f(x)dx$$

일 때, 양수 a의 값은? [4점]

① 16   ② 14   ③ 12   ④ 10   ⑤ 8

| 문제 풀이 |

$$\int_{-2}^a f(x)dx=\int_{-2}^0 f(x)dx \cdots\cdots ㉠$$

㉠의 좌변은 정적분의 성질을 이용하여 다음과 같이 나타낼 수 있다.

$$\int_{-2}^a f(x)dx=\int_{-2}^0 f(x)dx+\int_0^a f(x)dx$$

그러므로 ㉠에서

$$\int_{-2}^0 f(x)dx+\int_0^a f(x)dx=\int_{-2}^0 f(x)dx$$

즉, $\int_0^a f(x)dx=0$

이때

$$\int_0^a f(x)dx=\int_0^a(3x^2-16x-20)dx$$

$$=\left[x^3-8x^2-20x\right]_0^a=a^3-8a^2-20a$$

이므로
$a^3-8a^2-20a=0$에서
$a(a^2-8a-20)=0$, $a(a+2)(a-10)=0$
따라서 양수 a의 값은 10이다.

---

10 코사인함수의 최댓값과 주기   정답률 69% | 정답 ③

닫힌구간 $[0,\ 2\pi]$에서 정의된 함수 $f(x)=a\cos bx+3$이 $x=\dfrac{\pi}{3}$에서

최댓값 13을 갖도록 하는 두 자연수 a, b의 순서쌍 $(a,\ b)$에 대하여 $a+b$의 최솟값은? [4점]

① 12   ② 14   ③ 16   ④ 18   ⑤ 20

| 문제 풀이 |

함수 $f(x)=a\cos bx+3$의 그래프는 함수 $y=a\cos bx$의 그래프를
y축의 방향으로 3만큼 평행이동시킨 것이다.
a가 자연수이므로 $f(0)\geq f(x)$이다.

한편, 함수 $y=a\cos bx+3$의 주기는 $\dfrac{2\pi}{b}$

닫힌구간 $[0,\ 2\pi]$에서 정의된 함수 $f(x)$가 $x=\dfrac{\pi}{3}$에서 최댓값 13을 가지므로

$a+3=13$ $\cdots\cdots$ ㉠

$\dfrac{2\pi}{b}\leq\dfrac{\pi}{3}$ $\cdots\cdots$ ㉡

이어야 한다.
㉠에서 $a=10$, ㉡에서 $b\geq6$
따라서 $a+b$의 최솟값은 $b=6$일 때
$10+6=16$

---

11 속도와 가속도   정답률 75% | 정답 ②

시각 $t=0$일 때 출발하여 수직선 위를 움직이는 점 P의 시각 $t(t\geq0)$에서의 위치 x가

$$x=t^3-\dfrac{3}{2}t^2-6t$$

이다. 출발한 후 점 P의 운동 방향이 바뀌는 시각에서의 점 P의 가속도는? [4점]

① 6   ② 9   ③ 12   ④ 15   ⑤ 18

| 문제 풀이 |

점 P의 시각 t에서의 속도와 가속도를 각각 v, a라 하면
$v=x'=3t^2-3t-6$
$a=v'=6t-3$
이때 출발한 후 점 P의 운동 방향이 바뀌는 시각은
$v=3t^2-3t-6=3(t-2)(t+1)=0$에서 $t=2$
따라서 $t=2$에서 점 P의 운동 방향이 바뀌므로 구하는 가속도는
$6\times2-3=9$

---

12 여러 가지 수열의 합   정답률 58% | 정답 ①

$a_1=2$인 수열 $\{a_n\}$과 $b_1=2$인 등차수열 $\{b_n\}$이 모든 자연수 n에 대하여

$$\sum_{k=1}^n \dfrac{a_k}{b_{k+1}}=\dfrac{1}{2}n^2$$

을 만족시킬 때, $\sum_{k=1}^5 a_k$의 값은? [4점]

① 120   ② 125   ③ 130   ④ 135   ⑤ 140

| 문제 풀이 |

$$\sum_{k=1}^{n} \frac{a_k}{b_{k+1}} = \frac{1}{2}n^2 \ \cdots\cdots \ \bigcirc$$

$\bigcirc$에 $n=1$을 대입하면 $\dfrac{a_1}{b_2} = \dfrac{1}{2}$

$a_1 = 2$이므로 $b_2 = 4$

등차수열 $\{b_n\}$에서 $b_1 = 2$, $b_2 = 4$이므로 $\{b_n\}$은 첫째항이 2,
공차가 2인 등차수열이다. 즉, $b_n = 2n$

한편, $\bigcirc$의 양변에 n대신 $n-1$을 대입하면

$$\sum_{k=1}^{n-1} \frac{a_k}{b_{k+1}} = \frac{1}{2}(n-1)^2 \ \cdots\cdots \ \bigcirc\!\!\!\bigcirc$$

$\bigcirc - \bigcirc\!\!\!\bigcirc$을 하면

$$\frac{a_n}{b_{n+1}} = \frac{1}{2}n^2 - \frac{1}{2}(n-1)^2 = n - \frac{1}{2}$$

$b_{n+1} = 2(n+1)$이므로

$$a_n = 2(n+1)\left(n - \frac{1}{2}\right) = 2n^2 + n - 1 \ (n \ge 2)$$

이 때, $a_1 = 2$이므로

$$a_n = 2n^2 + n - 1$$

따라서

$$\sum_{k=1}^{5} a_k = \sum_{k=1}^{5}(2k^2 + k - 1) = 2 \times \frac{5 \times 6 \times 11}{6} + \frac{5 \times 6}{2} - 1 \times 5 = 120$$

---

13 정적분의 활용   정답률 51% | 정답 ⑤

최고차항의 계수가 1인 삼차함수 $f(x)$가

$$f(1) = f(2) = 0, \ f'(0) = -7$$

을 만족시킨다. 원점 O와 점 P$(3, f(3))$에 대하여 선분 OP가
곡선 $y = f(x)$와 만나는 점 중 P가 아닌 점을 Q라 하자.
곡선 $y = f(x)$와 y축 및 선분 OQ로 둘러싸인 부분의 넓이를 A,
곡선 $y = f(x)$와 선분 PQ로 둘러싸인 부분의 넓이를 B라 할 때,
$B - A$의 값은? [4점]

① $\dfrac{37}{4}$ ② $\dfrac{39}{4}$ ③ $\dfrac{41}{4}$ ④ $\dfrac{43}{4}$ ⑤ $\dfrac{45}{4}$

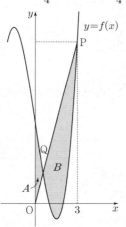

| 문제 풀이 |

$f(x)$는 최고차항의 계수가 1인 삼차함수이고 $f(1) = f(2) = 0$이므로
$f(x) = (x-1)(x-2)(x-k)$ (k는 상수)로 놓을 수 있다.
이때, $f'(x) = (x-2)(x-k) + (x-1)(x-k) + (x-1)(x-2)$이고, $f'(0) = -7$이므로
$2k + k + 2 = -7$
즉, $k = -3$이므로 $f(x) = (x-1)(x-2)(x+3)$이고, $f(3) = 12$이므로
점 P의 좌표는 P$(3, 12)$
따라서 직선 OP의 방정식은 $y = 4x$이므로

$$B - A = \int_0^3 \{4x - f(x)\} dx$$

$$= \int_0^3 \{4x - (x^3 - 7x + 6)\} dx$$

$$= \int_0^3 (-x^3 + 11x - 6) dx$$

$$= \left[-\frac{1}{4}x^4 + \frac{11}{2}x^2 - 6x \right]_0^3$$

$$= -\frac{1}{4} \times 81 + \frac{11}{2} \times 9 - 6 \times 3 = \frac{45}{4}$$

---

14 사인법칙과 코사인법칙   정답률 33% | 정답 ④

그림과 같이 삼각형 ABC에서 선분 AB 위에 $\overline{AD} : \overline{DB} = 3 : 2$인 점 D를 잡고,
점 A를 중심으로 하고 점 D를 지나는 원을 O, 원 O와 선분 AC가 만나는
점을 E라 하자.
$\sin A : \sin C = 8 : 5$이고, 삼각형 ADE와 삼각형 ABC의 넓이의 비가
$9 : 35$이다. 삼각형 ABC의 외접원의 반지름의 길이가 7일 때, 원 O 위의
점 P에 대하여 삼각형 PBC의 넓이의 최댓값은? (단, $\overline{AB} < \overline{AC}$) [4점]

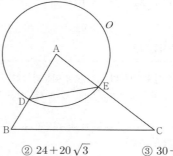

① $18 + 15\sqrt{3}$ ② $24 + 20\sqrt{3}$ ③ $30 + 25\sqrt{3}$
④ $36 + 30\sqrt{3}$ ⑤ $42 + 35\sqrt{3}$

| 문제 풀이 |

원 O의 반지름의 길이를 r이라 하면
$\overline{AD} = \overline{AE} = r$이고 $\overline{AD} : \overline{DB} = 3 : 2$이므로 $\overline{BD} = \dfrac{2}{3}r$

또한 $\overline{CE} = x$라 하면 삼각형 ADE와 삼각형 ABC의 넓이가 각각

$$\frac{1}{2} \times r \times r \times \sin A = \frac{1}{2}r^2 \sin A$$

$$\frac{1}{2} \times \frac{5}{3}r \times (r+x) \times \sin A = \frac{5}{6}r(r+x)\sin A$$이고

삼각형 ADE와 삼각형 ABC의 넓이의 비가 $9 : 35$이므로

$$\frac{1}{2}r^2\sin A : \frac{5}{6}r(r+x)\sin A = 9 : 35$$

$$3r + 3x = 7r, \ x = \frac{4}{3}r$$

이때 삼각형 ABC에서 사인법칙에 의하여 $\dfrac{\overline{BC}}{\sin A} = \dfrac{\overline{AB}}{\sin C}$이고

$\overline{AB} = \dfrac{5}{3}r$, $\sin A : \sin C = 8 : 5$이므로

$$\overline{BC} = \overline{AB} \times \frac{\sin A}{\sin C} = \frac{5}{3}r \times \frac{8}{5} = \frac{8}{3}r$$

$\angle ACB = \theta$라 하면 삼각형 ABC에서 코사인법칙에 의하여

$$\cos\theta = \frac{\left(\frac{8}{3}r\right)^2 + \left(\frac{7}{3}r\right)^2 - \left(\frac{5}{3}r\right)^2}{2 \times \frac{8}{3}r \times \frac{7}{3}r} = \frac{11}{14}$$이므로

$$\sin\theta = \sqrt{1 - \cos^2\theta} = \sqrt{1 - \left(\frac{11}{14}\right)^2} = \frac{5\sqrt{3}}{14}$$

또한 삼각형 ABC의 외접원의 반지름의 길이가 7이므로

$$\frac{\overline{AB}}{\sin\theta} = 2 \times 7, \ 즉 \ \frac{\frac{5}{3}r}{\sin\theta} = 14$$에서

$$\frac{5}{3}r = 14\sin\theta = 14 \times \frac{5\sqrt{3}}{14} = 5\sqrt{3}$$

$$r = 3\sqrt{3}$$

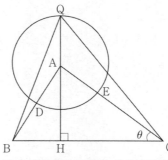

점 A에서 선분 BC에 내린 수선의 발을 H라 하면

$$\overline{AH} = \overline{AC}\sin\theta = \frac{7}{3}r\sin\theta = \frac{7}{3} \times 3\sqrt{3} \times \frac{5\sqrt{3}}{14} = \frac{15}{2}$$

따라서 직선 AH와 원 O가 만나는 점 중 삼각형 ABC의 외부의 점을 Q하면,
삼각형 PBC의 넓이가 최대일 때는 점 P가 점 Q의 위치에 있을 때이다.
이때 $\overline{QH} = r + \overline{AH} = 3\sqrt{3} + \dfrac{15}{2}$

이므로 삼각형 PBC의 넓이의 최댓값은

$$\frac{1}{2} \times \frac{8}{3} \times 3\sqrt{3} \times \left(3\sqrt{3} + \frac{15}{2}\right) = 36 + 30\sqrt{3}$$

15 미분가능과 함수의 극대, 극소 및 그래프 정답률 33% | 정답 ②

상수 $a(a \neq 3\sqrt{5})$와 최고차항의 계수가 음수인 이차함수 $f(x)$에 대하여 함수

$$g(x) = \begin{cases} x^3 + ax^2 + 15x + 7 & (x \leq 0) \\ f(x) & (x > 0) \end{cases}$$

이 다음 조건을 만족시킨다.

> (가) 함수 $g(x)$는 실수 전체의 집합에서 미분가능하다.
> (나) x에 대한 방정식 $g'(x) \times g'(x-4) = 0$의 서로 다른 실근의 개수는 4이다.

$g(-2) + g(2)$의 값은? [4점]

① 30　　② 32　　③ 34　　④ 36　　⑤ 38

| 문제 풀이 |

$g(0) = 7$, $x < 0$일 때,

$g'(x) = 3x^2 + 2ax + 15$이므로 $\displaystyle\lim_{x \to 0-} g'(x) = 15$

조건 (가)에서 함수 $g(x)$가 실수 전체의 집합에서 미분가능하므로

$\displaystyle\lim_{x \to 0+} f(x) = 7$, $\displaystyle\lim_{x \to 0+} f'(x) = 15$

이차함수 $f(x)$의 최고차항의 계수를 $p\,(p < 0)$라 하면

$f(x) = px^2 + 15x + 7$

$f'(x) = 2px + 15$

$f'(x) = 0$에서

$2px + 15 = 0$, $x = -\dfrac{15}{2p}$

이때, $p < 0$이므로 $-\dfrac{15}{2p} > 0$

조건 (나)에서 x에 대한 방정식 $g'(x) \times g'(x-4) = 0$의 서로 다른 실근의 개수가 4이므로 함수 $g(x)$는 $x < 0$에서 극댓값과 극솟값을 가져야 한다.

즉, $x < 0$에서 방정식 $g'(x) = 0$은 서로 다른 두 실근 α, $\beta\,(\alpha < \beta < 0)$를 갖고,

$\beta = \alpha + 4$, $-\dfrac{15}{2p} = \beta + 4$ …… ㉠

이어야 한다.

이차방정식 $3x^2 + 2ax + 15 = 0$의 서로 다른 두 실근이 α, $\alpha + 4$이므로 이차방정식의 근과 계수의 관계에 의하여

$\alpha + (\alpha + 4) = -\dfrac{2a}{3}$ …… ㉡

$\alpha(\alpha + 4) = 5$ …… ㉢

㉢에서

$\alpha^2 + 4\alpha - 5 = 0$, $(\alpha + 5)(\alpha - 1) = 0$

$\alpha < 0$이므로 $\alpha = -5$

$\alpha = -5$를 ㉡에 대입하면

$-5 + (-5 + 4) = -\dfrac{2a}{3}$, $a = 9$

$\alpha = -5$를 ㉠에 대입하면

$\beta = -5 + 4 = -1$

$-\dfrac{15}{2p} = -1 + 4$, $p = -\dfrac{5}{2}$

따라서

$g(-2) = (-2)^3 + 9 \times (-2)^2 + 15 \times (-2) + 7 = 5$

$g(2) = -\dfrac{5}{2} \times 2^2 + 15 \times 2 + 7 = 27$이므로

$g(-2) + g(2) = 5 + 27 = 32$

16 로그함수를 포함한 방정식 정답률 80% | 정답 7

방정식

$$\log_2(x-3) = \log_4(3x-5)$$

를 만족시키는 실수 x의 값을 구하시오. [3점]

| 문제 풀이 |

로그의 진수의 조건에 의해

$x - 3 > 0$, $3x - 5 > 0$

즉, $x > 3$ …… ㉠

$\log_2(x-3) = \log_4(3x-5)$ …… ㉡

이때

$\log_2(x-3) = \log_{2^2}(x-3)^2 = \log_4(x-3)^2$이므로 ㉡에서

$\log_4(x-3)^2 = \log_4(3x-5)$

즉, $(x-3)^2 = 3x - 5$에서

$x^2 - 6x + 9 = 3x - 5$

$x^2 - 9x + 14 = 0$

$(x-2)(x-7) = 0$

따라서 ㉠에 의해 $x = 7$

17 부정적분 정답률 83% | 정답 33

다항함수 $f(x)$에 대하여 $f'(x) = 9x^2 + 4x$이고 $f(1) = 6$일 때, $f(2)$의 값을 구하시오. [3점]

| 문제 풀이 |

$$f(x) = \int f'(x)dx = \int (9x^2 + 4x)dx = 3x^3 + 2x^2 + C \ (\text{단, } C\text{는 적분상수})$$

이때 $f(1) = 6$이므로 $C = 1$

따라서 $f(x) = 3x^3 + 2x^2 + 1$이므로

$f(2) = 24 + 8 + 1 = 33$

18 귀납적으로 정의된 수열 정답률 64% | 정답 96

수열 $\{a_n\}$이 모든 자연수 n에 대하여

$$a_n + a_{n+4} = 12$$

를 만족시킬 때, $\displaystyle\sum_{n=1}^{16} a_n$의 값을 구하시오. [3점]

| 문제 풀이 |

$a_n + a_{n+4} = 12$이므로

$$\sum_{n=1}^{8} a_n = \sum_{n=1}^{4}(a_n + a_{n+4}) = \sum_{n=1}^{4} 12 = 12 \times 4 = 48$$

$$\sum_{n=9}^{16} a_n = \sum_{n=9}^{12}(a_n + a_{n+4}) = \sum_{n=9}^{12} 12 = 12 \times 4 = 48$$

따라서

$$\sum_{n=1}^{16} a_n = \sum_{n=1}^{4}(a_n + a_{n+4}) + \sum_{n=9}^{12}(a_n + a_{n+4}) = 48 + 48 = 96$$

19 삼차함수의 극댓값 정답률 67% | 정답 41

양수 a에 대하여 함수 $f(x)$를

$$f(x) = 2x^3 - 3ax^2 - 12a^2x$$

라 하자. 함수 $f(x)$의 극댓값이 $\dfrac{7}{27}$일 때, $f(3)$의 값을 구하시오. [3점]

| 문제 풀이 |

$f(x) = 2x^3 - 3ax^2 - 12a^2x$에서

$f'(x) = 6x^2 - 6ax - 12a^2 = 6(x+a)(x-2a)$

$f'(x) = 0$에서

$x = -a$ 또는 $x = 2a$

$a > 0$이므로

함수 $f(x)$의 증가와 감소를 표로 나타내면 다음과 같다.

x	$\cdots$	$-a$	$\cdots$	$2a$	$\cdots$
$f'(x)$	$+$	0	$-$	0	$+$
$f(x)$	↗	극대	↘	극소	↗

함수 $f(x)$는 $x = -a$에서 극댓값을 갖고,

$x = 2a$에서 극솟값을 갖는다.

함수 $f(x)$의 극댓값이 $\dfrac{7}{27}$이고

$f(-a) = -2a^3 - 3a^3 + 12a^3 = 7a^3$이므로

$7a^3 = \dfrac{7}{27}$에서 $a^3 = \dfrac{1}{27}$

$a > 0$이므로

$a = \dfrac{1}{3}$

따라서

$f(x) = 2x^3 - x^2 - \dfrac{4}{3}x$ 이므로

$f(3) = 54 - 9 - 4 = 41$

---

20 지수의 성질과 지수함수의 그래프　　정답률 8% | 정답 36

> 곡선 $y = \left(\dfrac{1}{5}\right)^{x-3}$ 과 직선 $y = x$ 가 만나는 점의 x좌표를 k라 하자.
> 실수 전체의 집합에서 정의된 함수 $f(x)$가 다음 조건을 만족시킨다.
>
> > $x > k$인 모든 실수 x에 대하여
> > $f(x) = \left(\dfrac{1}{5}\right)^{x-3}$ 이고 $f(f(x)) = 3x$이다.
>
> $f\left(\dfrac{1}{k^3 \times 5^{3k}}\right)$ 의 값을 구하시오. [4점]

| 문제 풀이 |

곡선 $y = \left(\dfrac{1}{5}\right)^{x-3}$ 과 직선 $y = x$는 다음 그림과 같다.

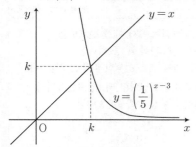

$x > k$인 모든 실수 x에 대하여

$f(f(x)) = 3x$ …… ㉠

곡선 $y = \left(\dfrac{1}{5}\right)^{x-3}$ 과 직선 $y = x$가 만나는 점의 x좌표가 k이므로

$\left(\dfrac{1}{5}\right)^{k-3} = k$

즉, $\left(\dfrac{1}{5}\right)^{k} \times \left(\dfrac{1}{5}\right)^{-3} = k$에서

$k \times 5^k = 5^3$

그러므로 구하는 값은 다음과 같다.

$f\left(\dfrac{1}{k^3 \times 5^{3k}}\right) = f\left(\left(\dfrac{1}{k \times 5^k}\right)^3\right) = f\left(\left(\dfrac{1}{5^3}\right)^3\right) = f\left(\dfrac{1}{5^9}\right)$ …… ㉡

한편,

$x > k$에서 $f(x) = \left(\dfrac{1}{5}\right)^{x-3}$ 이므로

k보다 작은 임의의 두 양수 y_1, y_2 $(y_1 < y_2)$에 대하여

$f(x_1) = \left(\dfrac{1}{5}\right)^{x_1 - 3} = y_1$

$f(x_2) = \left(\dfrac{1}{5}\right)^{x_2 - 3} = y_2$

인 x_1, x_2 $(k < x_2 < x_1)$이 존재한다.

㉠에서

$f(f(x_1)) = 3x_1$, $f(f(x_2)) = 3x_2$이므로

$f(f(x_1)) > f(f(x_2))$

즉, $f(y_1) > f(y_2)$이므로 함수 $f(x)$는 $x < k$에서 감소한다.

$x > k$에서 $f(x) = \left(\dfrac{1}{5}\right)^{x-3}$ 이므로 함수 $f(x)$는 실수 전체의 집합에서 감소한다.

그러므로 ㉡에서

$f(\alpha) = \dfrac{1}{5^9}$ 인 실수 α $(\alpha > k)$가 존재한다.

이때

$f(\alpha) = \left(\dfrac{1}{5}\right)^{\alpha - 3} = \dfrac{1}{5^9}$

에서

$\alpha - 3 = 9$, 즉 $\alpha = 12$

따라서 ㉡에 의해 구하는 값은

$f\left(\dfrac{1}{k^3 \times 5^{3k}}\right) = f\left(\dfrac{1}{5^9}\right) = f(f(\alpha)) = 3\alpha = 3 \times 12 = 36$

---

21 미정계수의 결정　　정답률 9% | 정답 16

> 함수 $f(x) = x^3 + ax^2 + bx + 4$가 다음 조건을 만족시키도록 하는 두 정수 a, b에 대하여 $f(1)$의 최댓값을 구하시오. [4점]
>
> > 모든 실수 α에 대하여 $\displaystyle\lim_{x \to \alpha} \dfrac{f(2x+1)}{f(x)}$의 값이 존재한다.

| 문제 풀이 |

삼차방정식 $x^3 + ax^2 + bx + 4 = 0$은 적어도 하나의 실근을 가지므로

$f(\beta) = 0$인 실수 β가 존재한다.

모든 실수 α에 대하여 $\displaystyle\lim_{x \to \alpha} \dfrac{f(2x+1)}{f(x)}$의 값이 존재하므로

$f(\beta) = 0$인 β에 대하여 $\displaystyle\lim_{x \to \beta} f(x) = 0$이고, $\displaystyle\lim_{x \to \beta} f(2x+1) = 0$

함수 $f(x)$는 연속이므로 $f(2\beta + 1) = 0$

즉 $2\beta + 1$은 방정식 $f(x) = 0$의 근이다.

마찬가지 방법으로 $2\beta + 1$이 방정식 $f(x) = 0$의 근이면

$2(2\beta + 1) + 1 = 4\beta + 3$도 방정식 $f(x) = 0$근이고

$2(4\beta + 3) + 1 = 8\beta + 7$도 방정식 $f(x) = 0$의 근이다.

만약 $\beta \neq 2\beta + 1$, 즉 $\beta \neq -1$이면

β, $2\beta + 1$, $4\beta + 3$, $8\beta + 7$가

방정식 $f(x) = 0$의 서로 다른 네 근이다.

그러므로 방정식 $f(x) = 0$는 $x = -1$만 실근으로 갖는다.

$f(-1) = 0$에서

$f(-1) = -1 + a - b + 4 = 0$

$b = a + 3$

$f(x) = x^3 + ax^2 + (a+3)x + 4 = (x+1)\{x^2 + (a-1)x + 4\}$

$f(x) \neq (x+1)^3$이므로

이차방정식 $x^2 + (a-1)x + 4 = 0$의 실근은 존재하지 않는다.

위의 이차방정식의 판별식을 D라 할 때

$D = (a-1)^2 - 16 < 0$

$a^2 - 2a - 15 < 0$

$(a+3)(a-5) < 0$

$-3 < a < 5$

$f(1) = a + b + 5 = a + (a+3) + 5 = 2a + 8$에서

$f(1)$의 최댓값은 $a = 4$일 때,

$2 \times 4 + 8 = 16$

---

22 귀납적으로 정의된 수열　　정답률 4% | 정답 64

> 모든 항이 정수이고 다음 조건을 만족시키는 모든 수열 $\{a_n\}$에 대하여 $|a_1|$의 값의 합을 구하시오. [4점]
>
> > (가) 모든 자연수 n에 대하여
> >
> > $a_{n+1} = \begin{cases} a_n - 3 & (|a_n|\text{이 홀수인 경우}) \\ \dfrac{1}{2}a_n & (a_n = 0 \text{ 또는 } |a_n|\text{이 짝수인 경우}) \end{cases}$
> >
> > 이다.
> > (나) $|a_m| = |a_{m+2}|$인 자연수 m의 최솟값은 3이다.

| 문제 풀이 |

조건 (나)에서 $|a_m| = |a_{m+2}|$를 만족시키는 자연수 m의 최솟값이 3이므로

다음의 경우로 나누어 생각할 수 있다.

(ⅰ) $|a_3|$이 홀수인 경우

$a_4 = a_3 - 3$이고 짝수이다.

$a_5 = \dfrac{1}{2}a_4 = \dfrac{1}{2}(a_3 - 3)$

$|a_3| = |a_5|$에서

$|a_3| = \left|\dfrac{1}{2}(a_3 - 3)\right|$

$a_3 = 1$ 또는 $a_3 = -3$

$a_3 = 1$이면 $a_4 = -2$이고 1은 홀수이므로

a_2는 짝수이고 $a_2 = 2$이므로 $|a_2| = |a_4|$가 되어 조건 (나)를 만족시키지 않는다.

$a_3 = -3$이면 $a_4 = -6$이고 $a_2 = -6$이므로

$|a_2| = |a_4|$가 되어 조건 (나)를 만족시키지 않는다.

(ii) $|a_3|$이 0 또는 짝수인 경우

a_3	a_4	a_5
a_3	$\dfrac{1}{2}a_3$	$\dfrac{1}{2}a_3-3$
		$\dfrac{1}{4}a_3$

$|a_3|=\left|\dfrac{1}{4}a_3\right|$ 에서 $a_3=0$

$a_3=0$이면 3 이상의 모든 자연수 m에 대하여 $a_m=0$이고

a_2, a_1은 다음과 같다.

a_3	a_2	a_1
0	3	6
	0	

$a_2=0$이면 $|a_2|=|a_4|$가 되어 조건 (나)를 만족시키지 않으므로,
이때의 조건을 만족시키는 a_1의 값은 6이다.

한편, $|a_3|=\left|\dfrac{1}{2}a_3-3\right|$ 에서

$a_3=2$ 또는 $a_3=-6$

$a_3=2$이면 $a_4=1$이고 a_2, a_1은 다음과 같다.

a_3	a_2	a_1
2	5	10
		7
	4	8

이때 조건을 만족시키는 a_1의 값은 10, 7, 8이다.

$a_3=-6$이면 $a_4=-3$이고 a_2, a_1은 다음과 같다.

a_3	a_2	a_1
-6	-3	-9
	-12	-24

$a_2=-3$이면 $|a_2|=|a_4|$가 되어 조건 (나)를 만족시키지 않으므로,
이때의 조건을 만족시키는 a_1의 값은
-9, -24이다.

따라서 조건을 만족시키는 모든 수열 $\{a_n\}$에 대하여 $|a_1|$의 값의 합은
$6+(10+7+8)+(9+24)=64$

확률과 통계

23 이항정리   정답률 77% | 정답 ⑤

다항식 $(x^3+2)^5$의 전개식에서 x^6의 계수는? [2점]

① 40   ② 50   ③ 60   ④ 70   ⑤ 80

| 문제 풀이 |

다항식 $(x^3+2)^5$의 전개식의 일반항은

$_5\mathrm{C}_r \times 2^{5-r} \times (x^3)^r$ $(r=0,\ 1,\ 2,\ \cdots,\ 5)$

x^6항은 $r=2$일 때이므로 x^6의 계수는

$_5\mathrm{C}_2 \times 2^{5-2}=10 \times 8 = 80$

24 조건부확률   정답률 69% | 정답 ③

두 사건 A, B에 대하여

$$\mathrm{P}(A|B)=\mathrm{P}(A)=\dfrac{1}{2},\ \mathrm{P}(A \cap B)=\dfrac{1}{5}$$

일 때, $\mathrm{P}(A \cup B)$의 값은? [3점]

① $\dfrac{1}{2}$ ② $\dfrac{3}{5}$ ③ $\dfrac{7}{10}$ ④ $\dfrac{4}{5}$ ⑤ $\dfrac{9}{10}$

| 문제 풀이 |

$\mathrm{P}(A|B)=\dfrac{\mathrm{P}(A \cap B)}{\mathrm{P}(B)}=\mathrm{P}(A)$ 이므로

$\mathrm{P}(A \cap B)=\mathrm{P}(A)\mathrm{P}(B)$

이때 $\mathrm{P}(A)=\dfrac{1}{2}$, $\mathrm{P}(A \cap B)=\dfrac{1}{5}$ 이므로

$\mathrm{P}(B)=\dfrac{2}{5}$

따라서

$\mathrm{P}(A \cup B)=\mathrm{P}(A)+\mathrm{P}(B)-\mathrm{P}(A \cap B)$

$\qquad\qquad =\dfrac{1}{2}+\dfrac{2}{5}-\dfrac{1}{5}=\dfrac{7}{10}$

25 모평균의 추정   정답률 56% | 정답 ①

정규분포 $\mathrm{N}(m,\ 2^2)$을 따르는 모집단에서 크기가 256인 표본을 임의추출하여
얻은 표본평균을 이용하여 구한 m에 대한 신뢰도 95%의 신뢰구간이
$a \le m \le b$이다. $b-a$의 값은? (단, Z가 표준정규분포를 따르는 확률변수일
때, $\mathrm{P}(|Z| \le 1.96)=0.95$로 계산한다.) [3점]

① 0.49   ② 0.52   ③ 0.55   ④ 0.58   ⑤ 0.61

| 문제 풀이 |

모평균 m에 대한 신뢰도 95%의 신뢰구간이
$a \le m \le b$이므로

$$b-a=2 \times 1.96 \times \dfrac{2}{\sqrt{256}}=2 \times 1.96 \times \dfrac{1}{8}=0.49$$

26 여사건의 확률   정답률 76% | 정답 ③

어느 학급의 학생 16명을 대상으로 과목 A와 과목 B에 대한 선호도를
조사하였다. 이 조사에 참여한 학생은 과목 A와 과목 B 중 하나를
선택하였고, 과목 A를 선택한 학생은 9명, 과목 B를 선택한 학생은 7명이다.
이 조사에 참여한 학생 16명 중에서 임의로 3명을 선택할 때, 선택한 3명의
학생 중에서 적어도 한 명이 과목 B를 선택한 학생일 확률은? [3점]

① $\dfrac{3}{4}$ ② $\dfrac{4}{5}$ ③ $\dfrac{17}{20}$ ④ $\dfrac{9}{10}$ ⑤ $\dfrac{19}{20}$

| 문제 풀이 |

어느 학급의 학생 16명 중 과목 A를 선택한 학생이 9명이므로
16명 중에서 선택한 3명의 학생 모두 과목 A를 선택할 확률은

$$\dfrac{_9\mathrm{C}_3}{_{16}\mathrm{C}_3}=\dfrac{\dfrac{9 \times 8 \times 7}{3 \times 2 \times 1}}{\dfrac{16 \times 15 \times 14}{3 \times 2 \times 1}}=\dfrac{3}{20}$$

따라서 16명 중에서 선택한 3명의 학생 중 적어도 한 명이 과목 B를 선택한
학생일 확률은 여사건의 확률에 의해

$$1-\dfrac{3}{20}=\dfrac{17}{20}$$

27 표본평균   정답률 28% | 정답 ③

숫자 1, 3, 5, 7, 9가 각각 하나씩 적혀 있는 5장의 카드가 들어 있는
주머니가 있다. 이 주머니에서 임의로 1장의 카드를 꺼내어 카드에 적혀 있는
수를 확인한 후 다시 넣는 시행을 한다. 이 시행을 3번 반복하여 확인한 세
개의 수의 평균을 $\overline{X}$ 라 하자. $\mathrm{V}(a\overline{X}+6)=24$일 때, 양수 a의 값은? [3점]

① 1   ② 2   ③ 3   ④ 4   ⑤ 5

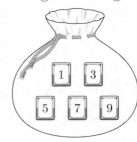

| 문제 풀이 |

모집단의 확률변수를 X라 하면

$$\mathrm{E}(X)=\dfrac{1+3+5+7+9}{5}=5$$

$$\mathrm{V}(X)=\dfrac{(1-5)^2+(3-5)^2+(5-5)^2+(7-5)^2+(9-5)^2}{5}=8$$

모집단에서 임의추출한 크기가 3인 표본의 표본평균 $\overline{X}$의 분산은

$$\mathrm{V}(\overline{X})=\dfrac{\mathrm{V}(X)}{3}=\dfrac{8}{3}$$

$\mathrm{V}(a\overline{X}+6)=24$에서

$V(a\overline{X}+6)=a^2V(\overline{X})=\dfrac{8}{3}a^2$이므로

$\dfrac{8}{3}a^2=24$에서 $a^2=9$

따라서 양수 a의 값은 3이다.

---

28 중복조합 　　　　　　　　　　　정답률 49% | 정답 ②

집합 $X=\{1,\ 2,\ 3,\ 4,\ 5,\ 6\}$에 대하여 다음 조건을 만족시키는
함수 $f:X\to X$의 개수는? [4점]

(가) $f(1)\times f(6)$의 값이 6의 약수이다.
(나) $2f(1)\le f(2)\le f(3)\le f(4)\le f(5)\le 2f(6)$

① 166　　② 171　　③ 176　　④ 181　　⑤ 186

| 문제 풀이 |

6의 약수는 1, 2, 3, 6이므로 조건 (가)에서
$f(1)\times f(6)=1$ 또는 $f(1)\times f(6)=2$
$f(1)\times f(6)=3$ 또는 $f(1)\times f(6)=6$

(i) $f(1)\times f(6)=1$일 때
　$f(1)=f(6)=1$
　따라서 조건 (나)에서
　$2\le f(2)\le f(3)\le f(4)\le f(5)\le 2$
　즉, $f(2)=f(3)=f(4)=f(5)=2$
　따라서 이 조건을 만족시키는 함수 f의 개수는 1이다.

(ii) $f(1)\times f(6)=2$일 때
　$f(1)\le f(6)$이므로 $f(1)=1$, $f(6)=2$
　따라서 조건 (나)에서
　$2\le f(2)\le f(3)\le f(4)\le f(5)\le 4$
　이므로 $f(2)$, $f(3)$, $f(4)$, $f(5)$의 값을 정하는 경우의 수는
　2, 3, 4 중에서 중복을 허락하여
　4개를 선택하는 중복조합의 수와 같으므로
　$_3H_4={}_{3+4-1}C_4={}_6C_4={}_6C_2=\dfrac{6\times5}{2\times1}=15$
　따라서 이 조건을 만족시키는 함수 f의 개수는 15이다.

(iii) $f(1)\times f(6)=3$일 때
　$f(1)\le f(6)$이므로 $f(1)=1$, $f(6)=3$
　따라서 조건 (나)에서
　$2\le f(2)\le f(3)\le f(4)\le f(5)\le 6$이므로
　$f(2)$, $f(3)$, $f(4)$, $f(5)$의 값을 정하는 경우의 수는
　2, 3, 4, 5, 6 중에서 중복을 허락하여
　4개를 선택하는 중복조합의 수와 같으므로
　$_5H_4={}_{5+4-1}C_4={}_8C_4=\dfrac{8\times7\times6\times5}{4\times3\times2\times1}=70$
　따라서 이 조건을 만족시키는 함수 f의 개수는 70이다.

(iv) $f(1)\times f(6)=6$일 때
　$f(1)\le f(6)$이므로
　$f(1)=1$, $f(6)=6$ 또는 $f(1)=2$, $f(6)=3$
　i) $f(1)=1$, $f(6)=6$일 때
　　조건 (나)에서
　　$2\le f(2)\le f(3)\le f(4)\le f(5)\le 12$
　　이므로
　　$f(2)$, $f(3)$, $f(4)$, $f(5)$의 값을 정하는 경우의 수는
　　2, 3, 4, 5, 6 중에서 중복을 허락하여
　　4개를 선택하는 중복조합의 수와 같으므로
　　$_5H_4={}_{5+4-1}C_4={}_8C_4=\dfrac{8\times7\times6\times5}{4\times3\times2\times1}=70$
　ii) $f(1)=2$, $f(6)=3$일 때
　　조건 (나)에서
　　$4\le f(2)\le f(3)\le f(4)\le f(5)\le 6$
　　이므로
　　$f(2)$, $f(3)$, $f(4)$, $f(5)$의 값을 정하는 경우의 수는
　　4, 5, 6 중에서 중복을 허락하여
　　4개를 선택하는 중복조합의 수와 같으므로
　　$_3H_4={}_{3+4-1}C_4={}_6C_4={}_6C_2=\dfrac{6\times5}{2\times1}=15$
　따라서 이 조건을 만족시키는 함수 f의 개수는
　$70+15=85$이다.

(i), (ii), (iii), (iv)에 의하여 구하는 함수 f의 개수는
$1+15+70+85=171$

---

29 정규분포 　　　　　　　　　　　정답률 30% | 정답 25

정규분포 $N(m_1,\ \sigma_1^2)$을 따르는 확률변수 X와 정규분포 $N(m_2,\ \sigma_2^2)$을
따르는 확률변수 Y가 다음 조건을 만족시킨다.

모든 실수 x에 대하여
$P(X\le x)=P(X\ge 40-x)$이고
$P(Y\le x)=P(X\le x+10)$이다.

$P(15\le X\le 20)+P(15\le Y\le 20)$의
값을 오른쪽 표준정규분포표를 이용하여
구한 것이 0.4772일 때, $m_1+\sigma_2$의 값을
구하시오.
(단, σ_1과 σ_2는 양수이다.) [4점]

z	$P(0\le Z\le z)$
0.5	0.1915
1.0	0.3413
1.5	0.4332
2.0	0.4772

| 문제 풀이 |

$P(X\le x)=P\left(Z\le\dfrac{x-m_1}{\sigma_1}\right)$

$P(X\ge 40-x)=P\left(Z\ge\dfrac{(40-x)-m_1}{\sigma_1}\right)$이므로

$P\left(Z\le\dfrac{x-m_1}{\sigma_1}\right)=P\left(Z\ge\dfrac{(40-x)-m_1}{\sigma_1}\right)$에서

$\dfrac{x-m_1}{\sigma_1}+\dfrac{(40-x)-m_1}{\sigma_1}=0$

$40-2m_1=0$, $m_1=20$

또한

$P(Y\le x)=P\left(Z\le\dfrac{x-m_2}{\sigma_2}\right)$

$P(X\le x+10)=P\left(Z\le\dfrac{(x+10)-m_1}{\sigma_1}\right)$

$\qquad\qquad\quad=P\left(Z\le\dfrac{x-10}{\sigma_1}\right)$이므로

$P\left(Z\le\dfrac{x-m_2}{\sigma_2}\right)=P\left(Z\le\dfrac{x-10}{\sigma_1}\right)$에서

$\dfrac{x-m_2}{\sigma_2}=\dfrac{x-10}{\sigma_1}$

$\sigma_1 x-m_2\sigma_1=\sigma_2 x-10\sigma_2$

이 식은 x에 대한 항등식이므로

$\sigma_1=\sigma_2$, $-m_2\sigma_1=-10\sigma_2$, $m_2=10$

$P(15\le X\le 20)+P(15\le Y\le 20)$

$=P\left(\dfrac{15-20}{\sigma_1}\le Z\le\dfrac{20-20}{\sigma_1}\right)+P\left(\dfrac{15-10}{\sigma_2}\le Z\le\dfrac{20-10}{\sigma_2}\right)$

$=P\left(-\dfrac{5}{\sigma_1}\le Z\le 0\right)+P\left(\dfrac{5}{\sigma_2}\le Z\le\dfrac{10}{\sigma_2}\right)$

$=P\left(0\le Z\le\dfrac{5}{\sigma_1}\right)+P\left(\dfrac{5}{\sigma_2}\le Z\le\dfrac{10}{\sigma_2}\right)$

$=P\left(0\le Z\le\dfrac{5}{\sigma_1}\right)+P\left(\dfrac{5}{\sigma_1}\le Z\le\dfrac{10}{\sigma_1}\right)$

$=P\left(0\le Z\le\dfrac{10}{\sigma_1}\right)$

$=0.4772$

이때 $P(0\le Z\le 2)=0.4772$이므로

$\dfrac{10}{\sigma_1}=2$, $\sigma_1=5$

즉 $\sigma_2=5$이므로

$m_1+\sigma_2=20+5=25$

---

30 독립사건의 확률 　　　　　　　　　정답률 25% | 정답 19

탁자 위에 5개의 동전이 일렬로 놓여 있다. 이 5개의 동전 중 1번째 자리와
2번째 자리의 동전은 앞면이 보이도록 놓여 있고, 나머지 자리의 3개의 동전은
뒷면이 보이도록 놓여 있다.
이 5개의 동전과 한 개의 주사위를 사용하여 다음 시행을 한다.

주사위를 한 번 던져 나온 눈의 수가 k일 때,
$k\le 5$이면 k번째 자리의 동전을 한 번 뒤집어 제자리에 놓고,
$k=6$이면 모든 동전을 한 번씩 뒤집어 제자리에 놓는다.

위의 시행을 3번 반복한 후 이 5개의 동전이 모두 앞면이 보이도록 놓여 있을

확률은 $\dfrac{q}{p}$이다. $p+q$의 값을 구하시오. (단, p와 q는 서로소인 자연수이다.)

[4점]

동전				
앞면	앞면	뒷면	뒷면	뒷면
1번째 자리	2번째 자리	3번째 자리	4번째 자리	5번째 자리

| 문제 풀이 |

동전의 앞면을 H, 동전의 뒷면을 T라 하자.

6의 눈이 나올 때 동전의 앞면의 개수와 뒷면의 개수가 서로 바뀌므로

주어진 시행을 3번 반복했을 때, 6의 눈이 나온 횟수를 기준으로 경우를 나누어

5개의 동전이 모두 앞면이 보이도록 놓여 있을 확률을 구하면 다음과 같다.

(i) 6의 눈이 세 번 나온 경우

각 자리에 있는 동전이 TTHH이므로 주어진 상황을 만족시키지 않는다.

(ii) 6의 눈이 두 번 나온 경우

3번의 시행 이후, 가능한 경우는 H가 1개, T가 4개 또는 H가 3개,

T가 2개이므로 주어진 상황을 만족시키지 않는다.

(iii) 6의 눈이 한 번 나온 경우

주어진 상황을 만족시키려면 1번째 자리, 2번째 자리의 동전을 각각

한 번씩 뒤집고, 5개의 동전을 한 번씩 뒤집어야 한다.

즉, 주사위의 눈의 수 1, 2, 6이 각각 한 번씩 나와야 한다.

이를 만족하는 경우의 수는 1, 2, 6을 일렬로 나열하는 경우의 수와

같으므로

$3! = 6$

그러므로 이 경우의 확률은

$\left(\dfrac{1}{6} \times \dfrac{1}{6} \times \dfrac{1}{6}\right) \times 3! = \dfrac{1}{36}$

(iv) 6의 눈이 한 번도 나오지 않는 경우

주어진 상황을 만족시키려면 3번째 자리, 4번째 자리, 5번째 자리의 동전을

각각 한 번씩 뒤집어야 한다.

즉, 주사위의 눈의 수 3, 4, 5가 각각 한 번씩 나와야 한다.

이를 만족하는 경우의 수는 3, 4, 5를 일렬로 나열하는 경우의 수와

같으므로

$3! = 6$

그러므로 이 경우의 확률은

$\left(\dfrac{1}{6} \times \dfrac{1}{6} \times \dfrac{1}{6}\right) \times 3! = \dfrac{1}{36}$

(i)~(iv)에 의해 구하는 확률은 $\dfrac{1}{36} + \dfrac{1}{36} = \dfrac{1}{18}$

따라서 $p=18$, $q=1$이므로

$p+q=19$

미적분

23 삼각함수의 극한
정답률 94% | 정답 ③

$\lim\limits_{x \to 0} \dfrac{3x^2}{\sin^2 x}$ 의 값은? [2점]

① 1 ② 2 ③ 3 ④ 4 ⑤ 5

| 문제 풀이 |

$\lim\limits_{x \to 0} \dfrac{3x^2}{\sin^2 x} = 3 \times \dfrac{1}{\lim\limits_{x \to 0} \dfrac{\sin x}{x}} \times \dfrac{1}{\lim\limits_{x \to 0} \dfrac{\sin x}{x}} = 3$

24 부정적분
정답률 87% | 정답 ④

$\displaystyle\int_0^{10} \dfrac{x+2}{x+1} dx$의 값은? [3점]

① $10 + \ln 5$ ② $10 + \ln 7$ ③ $10 + 2\ln 3$
④ $10 + \ln 11$ ⑤ $10 + \ln 13$

| 문제 풀이 |

$\displaystyle\int_0^{10} \dfrac{x+2}{x+1} dx = \int_0^{10} \left(1 + \dfrac{1}{x+1}\right) dx = \Big[x + \ln|x+1|\Big]_0^{10} = 10 + \ln 11$

25 수열의 극한
정답률 84% | 정답 ②

수열 $\{a_n\}$에 대하여 $\lim\limits_{n \to \infty} \dfrac{na_n}{n^2+3} = 1$일 때, $\lim\limits_{n \to \infty}\left(\sqrt{a_n^2 + n} - a_n\right)$의 값은?

[3점]

① $\dfrac{1}{3}$ ② $\dfrac{1}{2}$ ③ 1 ④ 2 ⑤ 3

| 문제 풀이 |

$b_n = \dfrac{na_n}{n^2+3}$이라 하면

$a_n = \dfrac{b_n(n^2+3)}{n}$이므로

$\lim\limits_{n \to \infty} \dfrac{a_n}{n} = \lim\limits_{n \to \infty} \dfrac{b_n(n^2+3)}{n^2} = \lim\limits_{n \to \infty} b_n \times \lim\limits_{n \to \infty} \dfrac{n^2+3}{n^2} = 1$

따라서

$\lim\limits_{n \to \infty}\left(\sqrt{a_n^2 + n} - a_n\right) = \lim\limits_{n \to \infty} \dfrac{a_n^2 + n - a_n^2}{\sqrt{a_n^2 + n} + a_n}$

$= \lim\limits_{n \to \infty} \dfrac{1}{\sqrt{\left(\dfrac{a_n}{n}\right)^2 + \dfrac{1}{n}} + \dfrac{a_n}{n}}$

$= \dfrac{1}{\sqrt{1^2 + 0} + 1} = \dfrac{1}{2}$

26 입체도형의 부피
정답률 73% | 정답 ①

그림과 같이 곡선 $y = \sqrt{\dfrac{x+1}{x(x+\ln x)}}$ 과 x축 및 두 직선 $x=1$, $x=e$로

둘러싸인 부분을 밑면으로 하는 입체도형이 있다. 이 입체도형을 x축에 수직인 평면으로 자른 단면이 모두 정사각형일 때, 이 입체도형의 부피는? [3점]

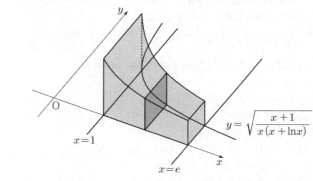

① $\ln(e+1)$ ② $\ln(e+2)$ ③ $\ln(e+3)$
④ $\ln(2e+1)$ ⑤ $\ln(2e+2)$

| 문제 풀이 |

직선 $x=t\,(1 \le t \le e)$를 포함하고 x축에

수직인 평면으로 자른 단면의 넓이를 $S(t)$라 하면

$S(t) = \left(\sqrt{\dfrac{t+1}{t(t+\ln t)}}\right)^2 = \dfrac{t+1}{t(t+\ln t)}$

따라서 이 입체도형의 부피는

$\displaystyle\int_1^e S(t) dt = \int_1^e \dfrac{t+1}{t(t+\ln t)} dt$

이때 $t + \ln t = s$라 하면

$\dfrac{ds}{dt} = 1 + \dfrac{1}{t} = \dfrac{t+1}{t}$

이고 $t=1$일 때 $s=1$, $t=e$일 때

$s = e+1$이므로

$\displaystyle\int_1^e S(t) dt = \int_1^e \dfrac{t+1}{t(t+\ln t)} dt = \int_1^{e+1} \dfrac{1}{s} ds = \Big[\ln s\Big]_1^{e+1} = \ln(e+1)$

27 역함수의 미분법
정답률 39% | 정답 ①

최고차항의 계수가 1인 삼차함수 $f(x)$에 대하여 함수 $g(x)$를

$\quad g(x) = f(e^x) + e^x$

이라 하자. 곡선 $y = g(x)$ 위의 점 $(0, g(0))$에서의 접선이 x축이고

함수 $g(x)$가 역함수 $h(x)$를 가질 때, $h'(8)$의 값은? [3점]

① $\dfrac{1}{36}$ ② $\dfrac{1}{18}$ ③ $\dfrac{1}{12}$ ④ $\dfrac{1}{9}$ ⑤ $\dfrac{5}{36}$

| 문제 풀이 |

곡선 $y = g(x)$ 위의 점 $(0, g(0))$ 에서의 접선이 x축이므로
$g(0) = 0$, $g'(0) = 0$이다.
$g(0) = f(e^0) + e^0 = f(1) + 1 = 0$
$f(1) = -1$ ····· ㉠
$g'(x) = f'(e^x) \times e^x + e^x$이므로
$g'(0) = f'(e^0) \times e^0 + e^0 = f'(1) + 1 = 0$
$f'(1) = -1$ ····· ㉡
한편, 함수 $g(x)$가 역함수를 가지므로 모든 실수 x에 대하여
$g'(x) \geq 0$ 또는 $g'(x) \leq 0$이어야 한다.
$g'(x) = f'(e^x) \times e^x + e^x = e^x\{f'(e^x) + 1\}$
에서 모든 실수 x에 대하여 $e^x > 0$이고 함수 $f(x)$의 최고차항의 계수가
양수이므로 모든 실수 x에 대하여 $f'(e^x) + 1 \geq 0$,
즉 $f'(e^x) \geq -1$이어야 한다.
㉡에서 $f'(1) = -1$이고 함수 $f'(x)$는 최고차항의 계수가 3인 이차함수이므로
$f'(x) = 3(x-1)^2 - 1$이어야 한다.
$f(x) = \int \{3(x-1)^2 - 1\}dx = (x-1)^3 - x + C$ (C는 적분상수)이고
㉠에서 $f(1) = -1$이므로
$f(1) = -1 + C = -1$, $C = 0$
$f(x) = (x-1)^3 - x$
$g(x) = f(e^x) + e^x = (e^x - 1)^3 - e^x + e^x = (e^x - 1)^3$
한편, 함수 $h(x)$가 함수 $g(x)$의 역함수이므로
$h(8) = k$라 하면 $g(k) = 8$에서
$(e^k - 1)^3 = 8$, $e^k - 1 = 2$, $e^k = 3$, $k = \ln 3$
따라서
$h'(8) = \dfrac{1}{g'(h(8))} = \dfrac{1}{g'(\ln 3)}$
$= \dfrac{1}{e^{\ln 3}\{f'(e^{\ln 3}) + 1\}}$
$= \dfrac{1}{3 \times [\{3 \times (3-1)^2 - 1\} + 1]}$
$= \dfrac{1}{36}$

---

28 부정적분과 접선의 방정식　　　정답률 29% | 정답 ②

실수 전체의 집합에서 미분가능한 함수 $f(x)$의 도함수 $f'(x)$가
$$f'(x) = -x + e^{1-x^2}$$
이다. 양수 t에 대하여 곡선 $y = f(x)$ 위의 점 $(t, f(t))$에서의 접선과 곡선
$y = f(x)$ 및 y축으로 둘러싸인 부분의 넓이를 $g(t)$라 하자. $g(1) + g'(1)$의
값은? [4점]

① $\dfrac{1}{2}e + \dfrac{1}{2}$　　② $\dfrac{1}{2}e + \dfrac{2}{3}$　　③ $\dfrac{1}{2}e + \dfrac{5}{6}$

④ $\dfrac{2}{3}e + \dfrac{1}{2}$　　⑤ $\dfrac{2}{3}e + \dfrac{2}{3}$

| 문제 풀이 |

$x > 0$에서
$f''(x) = -1 - 2xe^{1-x^2} < 0$이므로
따라서 곡선 $y = f(x)$는 $x > 0$에서 위로 볼록이다.
따라서 양수 t에 대하여 점 $(t, f(t))$에서의 접선과
곡선 $y = f(x)$ $(x > 0)$의 교점은 점 $(t, f(t))$ 하나이고,
접선은 곡선의 위쪽에 위치한다.
점 $(t, f(t))$에서의 접선의 방정식
$y = f'(t)(x-t) + f(t)$에 대하여
$g(t) = \int_0^t \{f'(t)(x-t) + f(t) - f(x)\}dx$
이때 $f'(x) = -x + e^{1-x^2}$에서 양변에 x를 곱하면
$xf'(x) = -x^2 + xe^{1-x^2}$
$\int xf'(x)dx = \int (-x^2 + xe^{1-x^2})dx$
$xf(x) - \int f(x)dx = -\dfrac{1}{3}x^3 - \dfrac{1}{2}e^{1-x^2}$
$\int f(x)dx = xf(x) + \dfrac{1}{3}x^3 + \dfrac{1}{2}e^{1-x^2}$
$g(t) = \left[\dfrac{f'(t)}{2}x^2 - tf'(t)x + f(t)x\right]_0^t - \int_0^t f(x)dx$

$= \dfrac{1}{2}t^2 f'(t) - t^2 f'(t) + tf(t) - \left[xf(x) + \dfrac{1}{3}x^3 + \dfrac{1}{2}e^{1-x^2}\right]_0^t$
$= -\dfrac{1}{2}t^2 f'(t) + tf(t) - \left(tf(t) + \dfrac{1}{3}t^3 + \dfrac{1}{2}e^{1-t^2} - \dfrac{1}{2}e\right)$
$= -\dfrac{1}{2}t^2(-t + e^{1-t^2}) - \dfrac{1}{3}t^3 - \dfrac{1}{2}e^{1-t^2} + \dfrac{1}{2}e$
$= \dfrac{1}{6}t^3 - \dfrac{1}{2}(t^2 + 1)e^{1-t^2} + \dfrac{1}{2}e$
$g'(t) = \dfrac{1}{2}t^2 + t^3 e^{1-t^2}$

따라서 $g(1) + g'(1) = \left(-\dfrac{5}{6} + \dfrac{1}{2}e\right) + \dfrac{3}{2} = \dfrac{1}{2}e + \dfrac{2}{3}$

---

29 등비급수　　　정답률 16% | 정답 25

등비수열 $\{a_n\}$이
$$\sum_{n=1}^{\infty}(|a_n| + a_n) = \dfrac{40}{3}, \quad \sum_{n=1}^{\infty}(|a_n| - a_n) = \dfrac{20}{3}$$
을 만족시킨다. 부등식
$$\lim_{n\to\infty}\sum_{k=1}^{2n}\left((-1)^{\frac{k(k+1)}{2}} \times a_{m+k}\right) > \dfrac{1}{700}$$
을 만족시키는 모든 자연수 m의 값의 합을 구하시오. [4점]

| 문제 풀이 |

등비수열 $\{a_n\}$의 첫째항을 a, 공비를 r이라 하자.
$a > 0$, $r > 0$인 경우 모든 자연수 n에 대하여 $|a_n| - a_n = 0$이므로
조건을 만족시키지 않는다.
$a < 0$, $r > 0$인 경우 모든 자연수 n에 대하여 $|a_n| + a_n = 0$이므로
조건을 만족시키지 않는다.
따라서 $a > 0$, $r < 0$이거나 $a < 0$, $r < 0$이다.
(i) $a > 0$, $r < 0$인 경우
$\sum_{n=1}^{\infty}(|a_n| + a_n) = \sum_{n=1}^{\infty}2a_{2n-1} = \dfrac{2a}{1-r^2} = \dfrac{40}{3}$
$\sum_{n=1}^{\infty}(|a_n| - a_n) = \sum_{n=1}^{\infty}(-2a_{2n}) = \dfrac{-2ar}{1-r^2} = \dfrac{20}{3}$
$\dfrac{2a}{1-r^2} \times (-r) = \dfrac{20}{3}$, $\dfrac{40}{3} \times (-r) = \dfrac{20}{3}$
$r = -\dfrac{1}{2}$, $a = 5$
(ii) $a < 0$, $r < 0$인 경우
$\sum_{n=1}^{\infty}(|a_n| + a_n) = \sum_{n=1}^{\infty}2a_{2n} = \dfrac{2ar}{1-r^2} = \dfrac{40}{3}$
$\sum_{n=1}^{\infty}(|a_n| - a_n) = \sum_{n=1}^{\infty}(-2a_{2n-1}) = \dfrac{-2a}{1-r^2} = \dfrac{20}{3}$
$\dfrac{2a}{1-r^2} \times r = \dfrac{40}{3}$, $-\dfrac{20}{3}r = \dfrac{40}{3}$
$r = -2$
이때, $r < -1$이므로 $r^2 > 1$이 되어
$\sum_{n=1}^{\infty}(|a_n| + a_n)$와 $\sum_{n=1}^{\infty}(|a_n| - a_n)$ 모두 수렴하지 않는다.
(i), (ii)에서 $a = 5$, $r = -\dfrac{1}{2}$이므로
$a_n = 5 \times \left(-\dfrac{1}{2}\right)^{n-1}$
부등식
$\lim_{n\to\infty}\sum_{k=1}^{2n}\left((-1)^{\frac{k(k+1)}{2}} \times a_{m+k}\right) > \dfrac{1}{700}$ 에서
$\lim_{n\to\infty}\left\{5 \times \left(-\dfrac{1}{2}\right)^{m-1} \times \sum_{k=1}^{2n}\left((-1)^{\frac{k(k+1)}{2}} \times \left(-\dfrac{1}{2}\right)^k\right)\right\} > \dfrac{1}{700}$
이때
$\sum_{k=1}^{2n}\left((-1)^{\frac{k(k+1)}{2}} \times \left(-\dfrac{1}{2}\right)^k\right) = \sum_{k=1}^{2n}\left((-1)^{\frac{k(k+3)}{2}} \times \left(\dfrac{1}{2}\right)^k\right)$에서
$k = 4l - 3$이면 $(-1)^{\frac{k(k+3)}{2}} = 1$
$k = 4l - 2$이면 $(-1)^{\frac{k(k+3)}{2}} = -1$
$k = 4l - 1$이면 $(-1)^{\frac{k(k+3)}{2}} = -1$

$k=4l$이면 $(-1)^{\frac{k(k+3)}{2}}=1$ (단, l은 자연수)이므로

$2n=4p-2(p$는 자연수)이면

$$\sum_{k=1}^{2n}\left((-1)^{\frac{k(k+3)}{2}}\times\left(\frac{1}{2}\right)^k\right)$$

$$=\sum_{i=1}^{p}\frac{1}{2}\times\left(\frac{1}{16}\right)^{i-1}-\sum_{i=1}^{p}\frac{1}{4}\times\left(\frac{1}{16}\right)^{i-1}-\sum_{i=1}^{p-1}\frac{1}{8}\times\left(\frac{1}{16}\right)^{i-1}+\sum_{i=1}^{p-1}\frac{1}{16}\times\left(\frac{1}{16}\right)^{i-1}$$

$2n=4p(p$는 자연수)이면

$$\sum_{k=1}^{2n}\left((-1)^{\frac{k(k+3)}{2}}\times\left(\frac{1}{2}\right)^k\right)$$

$$=\sum_{i=1}^{p}\frac{1}{2}\times\left(\frac{1}{16}\right)^{i-1}-\sum_{i=1}^{p}\frac{1}{4}\times\left(\frac{1}{16}\right)^{i-1}-\sum_{i=1}^{p}\frac{1}{8}\times\left(\frac{1}{16}\right)^{i-1}+\sum_{i=1}^{p}\frac{1}{16}\times\left(\frac{1}{16}\right)^{i-1}$$

$n\to\infty$이면 $p\to\infty$이고

$2n=4p-2$, $2n=4p$의 두 경우 모두 각 급수가 수렴하므로

$$\lim_{n\to\infty}\left\{5\times\left(-\frac{1}{2}\right)^{m-1}\times\sum_{k=1}^{2n}\left((-1)^{\frac{k(k+1)}{2}}\times\left(-\frac{1}{2}\right)^k\right)\right\}$$

$$=5\times\left(-\frac{1}{2}\right)^{m-1}\times\left\{\left(\frac{1}{2}-\frac{1}{4}-\frac{1}{8}+\frac{1}{16}\right)\times\frac{1}{1-\frac{1}{16}}\right\}$$

$$=\left(-\frac{1}{2}\right)^{m-1}>\frac{1}{700}$$

따라서 주어진 부등식을 만족시키는 m의 값은 1, 3, 5, 7, 9이고, 그 합은

$1+3+5+7+9=25$

---

30 합성함수의 미분법 　　　　　정답률 15% | 정답 17

두 상수 $a(1\le a\le 2)$, b에 대하여 함수 $f(x)=\sin(ax+b+\sin x)$가 다음 조건을 만족시킨다.

> (가) $f(0)=0$, $f(2\pi)=2\pi a+b$
> (나) $f'(0)=f'(t)$인 양수 t의 최솟값은 4π이다.

함수 $f(x)$가 $x=\alpha$에서 극대인 α의 값 중 열린구간 $(0, 4\pi)$에 속하는 모든 값의 집합을 A라 하자. 집합 A의 원소의 개수를 n, 집합 A의 원소 중 가장 작은 값을 α_1이라 하면, $n\alpha_1-ab=\frac{q}{p}\pi$이다. $p+q$의 값을 구하시오. (단, p와 q는 서로소인 자연수이다.) [4점]

| 문제 풀이 |

$f(x)=\sin(ax+b+\sin x)$이고 조건 (가)에서 $f(0)=0$이므로

$f(0)=\sin b=0$, $b=k\pi$ (단, k는 정수) …… ㉠

$f(2\pi)=2\pi a+b$이므로

$f(2\pi)=\sin(2\pi a+b)=2\pi a+b$ …… ㉡

이때 $\sin x=x$를 만족시키는 실수 x의 값은 0뿐이므로 ㉡에서

$2\pi a+b=0$, $b=-2\pi a$ …… ㉢

㉠, ㉢에서

$-2\pi a=k\pi$, $a=-\frac{k}{2}$ …… ㉣

이고 $f(x)=\sin(ax-2\pi a+\sin x)$이다.

$1\le a\le 2$이고 ㉣에서 $a=-\frac{k}{2}$ (k는 정수)이므로

$a=1$ 또는 $a=\frac{3}{2}$ 또는 $a=2$이다.

이때

$f'(x)=\cos(ax-2\pi a+\sin x)\times(a+\cos x)$에서

$f'(0)=\cos(-2\pi a)\times(a+1)=(a+1)\cos 2\pi a$

$f'(4\pi)=\cos 2\pi a\times(a+1)=(a+1)\cos 2\pi a$이고

$f'(2\pi)=\cos 0\times(a+1)=a+1$이므로

$a=1$ 또는 $a=2$이면

$f'(0)=(a+1)\cos 2\pi a=a+1$

즉, $f'(0)=f'(2\pi)$이므로 조건 (나)를 만족시키지 않는다.

따라서

$a=\frac{3}{2}$, $b=-2\pi a=-3\pi$이고

$f(x)=\sin\left(\frac{3}{2}x-3\pi+\sin x\right)$

$f'(x)=\left(\cos x+\frac{3}{2}\right)\cos\left(\frac{3}{2}x-3\pi+\sin x\right)$이다.

모든 실수 x에 대하여 $\cos x+\frac{3}{2}\ne 0$이므로 $f'(x)=0$에서

$\cos\left(\frac{3}{2}x-3\pi+\sin x\right)=0$

$g(x)=\frac{3}{2}x-3\pi+\sin x$라 하면 모든 실수 x에 대하여 $g'(x)>0$이므로

실수 전체의 집합에서 함수 $g(x)$는 증가하고

$g(0)=-3\pi$, $g(4\pi)=3\pi$

이다. 이때 $i=1$, 2, 3, 4, 5, 6에 대하여

$g(x)=\frac{2i-7}{2}\pi$를 만족시키는 실수 x의 값을 β_i라 하면

함수 $f(x)$는 $x=\beta_1$, $x=\beta_3$, $x=\beta_5$에서 극소이고

$x=\beta_2$, $x=\beta_4$, $x=\beta_6$에서 극대이다.

즉, $n=3$이다.

$g(\beta_2)=-\frac{3}{2}\pi$에서

$\frac{3}{2}\beta_2-3\pi+\sin\beta_2=-\frac{3}{2}\pi$

$\sin\beta_2=-\frac{3}{2}(\beta_2-\pi)$

이때 곡선 $y=\sin x$와 직선 $y=-\frac{3}{2}(x-\pi)$는 점 $(\pi, 0)$에서만 만나므로

$\beta_2=\pi$이다. 즉, $\alpha_1=\pi$이다.

따라서

$n\alpha_1-ab=3\times\pi-\frac{3}{2}\times(-3\pi)=\frac{15}{2}\pi$

$p=2$, $q=15$이므로

$p+q=2+15=17$

★ 표기된 문항은 [등급을 가르는 문항]에 해당하는 문제입니다.

---

01 지수법칙　정답률 85% | 정답 ①

❶ $\sqrt[3]{24} \times 3^{\frac{2}{3}}$ 의 값은? [2점]

① 6　② 7　③ 8　④ 9　⑤ 10

STEP 01 지수의 계산으로 ❶의 값을 구한다.

$\sqrt[3]{24} \times 3^{\frac{2}{3}} = (2^3 \times 3)^{\frac{1}{3}} \times 3^{\frac{2}{3}} = (2^3)^{\frac{1}{3}} \times 3^{\frac{1}{3}} \times 3^{\frac{2}{3}}$

$= 2^{3 \times \frac{1}{3}} \times 3^{\frac{1}{3}+\frac{2}{3}} = 2^1 \times 3^1 = 6$

• 핵심 공식

▶ 지수법칙

$a>0$, $b>0$이고, m, n이 실수일 때

(1) $a^m a^n = a^{m+n}$ 　(2) $(a^m)^n = a^{mn}$

(3) $(ab)^n = a^n b^n$ 　(4) $a^m \div a^n = a^{m-n}$

(5) $\sqrt[m]{a^n} = a^{\frac{n}{m}}$ 　(6) $\frac{1}{a^n} = a^{-n}$

(7) $a^0 = 1$

---

02 미분계수의 정의　정답률 86% | 정답 ④

함수 $f(x) = 2x^3 - 5x^2 + 3$에 대하여 $\lim_{h \to 0} \frac{f(2+h) - f(2)}{h}$의 값은? [2점]

① 1　② 2　③ 3　④ 4　⑤ 5

STEP 01 $f(x)$를 미분하여 $f'(x)$를 구한 뒤 미분계수의 정의를 이용하여 $f'(2)$의 값을 구한다.

$f(x) = 2x^3 - 5x^2 + 3$에서

$f'(x) = 6x^2 - 10x$이므로

$\lim_{h \to 0} \frac{f(2+h) - f(2)}{h} = f'(2) = 24 - 20 = 4$

• 핵심 공식

▶ 미분계수의 정의를 이용한 극한값의 계산

① $\lim_{h \to 0} \frac{f(a+h) - f(a)}{h} = f'(a)$ 　② $\lim_{h \to 0} \frac{f(a+ph) - f(a)}{h} = pf'(a)$

③ $\lim_{x \to a} \frac{f(x) - f(a)}{x - a} = f'(a)$ 　④ $\lim_{x \to a} \frac{af(x) - xf(a)}{x - a} = af'(a) - f(a)$

---

03 삼각함수의 성질　정답률 71% | 정답 ②

❶ $\frac{3}{2}\pi < \theta < 2\pi$인 θ에 대하여 $\sin(-\theta) = \frac{1}{3}$일 때, $\tan\theta$의 값은? [3점]

① $-\frac{\sqrt{2}}{2}$　② $-\frac{\sqrt{2}}{4}$　③ $-\frac{1}{4}$　④ $\frac{1}{4}$　⑤ $\frac{\sqrt{2}}{4}$

STEP 01 삼각함수 사이의 관계를 이용하여 ❶에서 $\sin\theta$, $\cos\theta$를 구한 후 $\tan\theta$의 값을 구한다.

$\sin(-\theta) = -\sin\theta = \frac{1}{3}$에서 $\sin\theta = -\frac{1}{3}$

$\frac{3}{2}\pi < \theta < 2\pi$이므로

$\cos\theta = \sqrt{1 - \sin^2\theta} = \sqrt{1 - \frac{1}{9}} = \frac{2\sqrt{2}}{3}$

$\tan\theta = \frac{\sin\theta}{\cos\theta} = -\frac{1}{2\sqrt{2}} = -\frac{\sqrt{2}}{4}$

---

04 함수의 연속　정답률 83% | 정답 ①

함수

$f(x) = \begin{cases} 3x - a & (x < 2) \\ x^2 + a & (x \geq 2) \end{cases}$

가 실수 전체의 집합에서 연속일 때, 상수 a의 값은? [3점]

① 1　② 2　③ 3　④ 4　⑤ 5

STEP 01 $f(x)$가 $x = 2$에서 연속일 조건으로 a의 값을 구한다.

함수 $f(x)$가 실수 전체의 집합에서 연속이므로

함수 $f(x)$는 $x = 2$에서도 연속이어야 한다. 즉,

$\lim_{x \to 2-} f(x) = \lim_{x \to 2+} f(x) = f(2)$

이때,

$\lim_{x \to 2-} f(x) = \lim_{x \to 2-} (3x - a) = 6 - a$

$\lim_{x \to 2+} f(x) = \lim_{x \to 2+} (x^2 + a) = 4 + a$

$f(2) = 4 + a$

그러므로 $6 - a = 4 + a = 4 + a$, $2a = 2$

따라서 $a = 1$

• 핵심 공식

▶ 함수의 연속

$x = n$에서 연속이려면 함수값 =좌극한 =우극한이어야 한다.

$f(n) = \lim_{x \to n-} f(x) = \lim_{x \to n+} f(x)$

---

05 부정적분　정답률 87% | 정답 ④

다항함수 $f(x)$가

$f'(x) = 3x(x - 2)$, $f(1) = 6$

을 만족시킬 때, $f(2)$의 값은? [3점]

① 1　② 2　③ 3　④ 4　⑤ 5

STEP 01 $f'(x)$를 적분한 후 $f(1) = 6$을 이용하여 $f(x)$를 구한 다음 $f(2)$의 값을 구한다.

$f'(x) = 3x^2 - 6x$이므로

$f(x) = \int (3x^2 - 6x)dx$

$= x^3 - 3x^2 + C$ (C는 적분상수)

$f(1) = 1 - 3 + C = 6$에서 $C = 8$

$f(x) = x^3 - 3x^2 + 8$

따라서 $f(2) = 8 - 12 + 8 = 4$

---

06 등비수열　정답률 79% | 정답 ④

등비수열 $\{a_n\}$의 첫째항부터 제n항까지의 합을 S_n이라 하자.

❶ $S_4 - S_2 = 3a_4$, ❷ $a_5 = \frac{3}{4}$

일 때, $a_1 + a_2$의 값은? [3점]

① 27　② 24　③ 21　④ 18　⑤ 15

STEP 01 등비수열의 성질을 이용하여 ❶에서 공비를 구한 후 ❷에서 a_1을 구한 다음 $a_1 + a_2$의 값을 구한다.

$S_4 - S_2 = a_3 + a_4$이므로

$a_3 + a_4 = 3a_4$, $a_3 = 2a_4$

등비수열 $\{a_n\}$의 공비를 r라 하면

$a_5 = \frac{3}{4}$에서 $r \neq 0$이고

$a_3 = 2a_4$에서 $r = \frac{a_4}{a_3} = \frac{1}{2}$

$a_5 = a_1 \times r^4$에서

$$a_1 = a_5 \times \frac{1}{r^4} = \frac{3}{4} \times 2^4 = 12$$

$$a_2 = a_1 \times r = 12 \times \frac{1}{2} = 6$$

따라서 $a_1 + a_2 = 12 + 6 = 18$

---

07 다항함수의 극댓값과 극솟값   정답률 82% | 정답 ⑤

함수 $f(x) = \frac{1}{3}x^3 - 2x^2 - 12x + 4$가 $x = \alpha$에서 극대이고 $x = \beta$에서 극소일 때, $\beta - \alpha$의 값은? (단, α와 β는 상수이다.) [3점]

① -4 ② -1 ③ 2 ④ 5 ⑤ 8

STEP 01 $f(x)$를 미분하여 $f'(x) = 0$을 만족하는 x를 구한 후 $\beta - \alpha$의 값을 구한다.

$f(x) = \frac{1}{3}x^3 - 2x^2 - 12x + 4$에서

$f'(x) = x^2 - 4x - 12 = (x+2)(x-6)$

$f'(x) = 0$에서 $x = -2$ 또는 $x = 6$

함수 $f(x)$의 증가와 감소를 표로 나타내면 다음과 같다.

x	$\cdots$	-2	$\cdots$	6	$\cdots$
$f'(x)$	$+$	0	$-$	0	$+$
$f(x)$	↗	극대	↘	극소	↗

함수 $f(x)$는 $x = -2$에서 극대이고, $x = 6$에서 극소이다.

따라서 $\alpha = -2$, $\beta = 6$이므로

$\beta - \alpha = 6 - (-2) = 8$

---

08 정적분의 성질   정답률 67% | 정답 ②

삼차함수 $f(x)$가 모든 실수 x에 대하여

❶ $xf(x) - f(x) = 3x^4 - 3x$

를 만족시킬 때, $\displaystyle\int_{-2}^{2} f(x)dx$의 값은? [3점]

① 12 ② 16 ③ 20 ④ 24 ⑤ 28

STEP 01 ❶을 인수분해하여 $f(x)$를 구한 후 적분하여 $\displaystyle\int_{-2}^{2} f(x)dx$의 값을 구한다.

$xf(x) - f(x) = 3x^4 - 3x$에서

$(x-1)f(x) = 3x(x-1)(x^2+x+1)$ ...... ㉠

$f(x)$가 삼차함수이고 ㉠이 x에 대한 항등식이므로

$f(x) = 3x(x^2+x+1)$

따라서

$$\int_{-2}^{2} f(x)dx = \int_{-2}^{2} 3x(x^2+x+1)dx$$
$$= \int_{-2}^{2} (3x^3 + 3x^2 + 3x)dx$$
$$= 2\int_{0}^{2} 3x^2 dx$$
$$= 2 \times \left[x^3\right]_0^2$$
$$= 2 \times 2^3 = 16$$

---

09 로그의 정의와 성질   정답률 56% | 정답 ④

수직선 위의 두 점 $P(\log_5 3)$, $Q(\log_5 12)$에 대하여 ❶ 선분 PQ를 $m : (1-m)$으로 내분하는 점의 좌표가 1일 때, 4^m의 값은?

(단, m은 $0 < m < 1$인 상수이다.) [4점]

① $\frac{7}{6}$ ② $\frac{4}{3}$ ③ $\frac{3}{2}$ ④ $\frac{5}{3}$ ⑤ $\frac{11}{6}$

STEP 01 ❶을 구한 후 좌표가 1임을 이용하여 4^m의 값을 구한다.

수직선 위의 두 점 $P(\log_5 3)$, $Q(\log_5 12)$에 대하여 선분 PQ를 $m : (1-m)$으로 내분하는 점의 좌표가 1이므로

$$\frac{m \times \log_5 12 + (1-m) \times \log_5 3}{m + (1-m)} = 1$$

$$m \times \log_5 12 + (1-m) \times \log_5 3 = 1$$

$$m(\log_5 12 - \log_5 3) = 1 - \log_5 3$$

$$m \times \log_5 \frac{12}{3} = \log_5 \frac{5}{3}$$

$$m \times \log_5 4 = \log_5 \frac{5}{3}$$

$$\log_5 4^m = \log_5 \frac{5}{3}$$

따라서 $4^m = \frac{5}{3}$

---

10 적분의 활용   정답률 49% | 정답 ②

시각 $t = 0$일 때 동시에 원점을 출발하여 수직선 위를 움직이는 두 점 P, Q의 시각 $t (t \geq 0)$에서의 속도가 각각

$$v_1(t) = t^2 - 6t + 5, \quad v_2(t) = 2t - 7$$

이다. 시각 t에서의 두 점 P, Q 사이의 거리를 $f(t)$라 할 때, 함수 $f(t)$는 구간 $[0, a]$에서 증가하고, 구간 $[a, b]$에서 감소하고, 구간 $[b, \infty)$에서 증가한다. 시각 $t = a$에서 $t = b$까지 점 Q가 움직인 거리는? (단, $0 < a < b$) [4점]

① $\frac{15}{2}$ ② $\frac{17}{2}$ ③ $\frac{19}{2}$ ④ $\frac{21}{2}$ ⑤ $\frac{23}{2}$

STEP 01 $v_1(t)$, $v_2(t)$를 각각 적분하여 두 점 P, Q의 위치를 구한 후 $f(t)$를 구한다.

시각 t에서의 두 점 P, Q의 위치를 각각 $x_1(t)$, $x_2(t)$라 하면

$$x_1(t) = 0 + \int_0^t (t^2 - 6t + 5)dt = \frac{1}{3}t^3 - 3t^2 + 5t,$$

$$x_2(t) = 0 + \int_0^t (2t - 7)dt = t^2 - 7t$$이므로

$$f(t) = |x_1(t) - x_2(t)| = \left| \frac{1}{3}t^3 - 4t^2 + 12t \right|$$

STEP 02 $f(t)$의 미분으로 극값을 갖는 x좌표를 구하여 a, b를 구한 후 $|v_2(t)|$의 적분을 이용하여 점 Q가 움직인 거리를 구한다.

함수 $g(t)$를 $g(t) = \frac{1}{3}t^3 - 4t^2 + 12t$라 하면

$g'(t) = t^2 - 8t + 12 = (t-2)(t-6)$

$g'(t) = 0$에서 $t = 2$ 또는 $t = 6$

$t \geq 0$에서 함수 $g(t)$의 증가와 감소를 표로 나타내면 다음과 같다.

t	0	$\cdots$	2	$\cdots$	6	$\cdots$
$g'(x)$		$+$	0	$-$	0	$+$
$g(x)$	0	↗	$\frac{32}{3}$	↘	0	↗

$t \geq 0$인 모든 실수 t에 대하여 $g(t) \geq 0$이므로 $f(t) = g(t)$이고 함수 $y = f(t)$의 그래프는 그림과 같다.

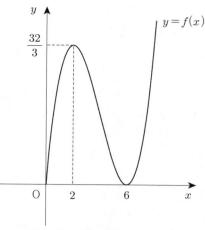

함수 $f(t)$는 구간 $[0,2]$에서 증가하고, 구간 $[2,6]$에서 감소하고, 구간 $[6,\infty)$에서 증가한다. 즉, $a=2$, $b=6$이다.
시각 $t=2$에서 $t=6$까지 점 Q가 움직인 거리는

$$\int_2^6 |v_2(t)|dt = \int_2^6 |2t-7|dt$$

$$= \int_2^{\frac{7}{2}} (7-2t)dt + \int_{\frac{7}{2}}^6 (2t-7)dt$$

$$= \left[7t-t^2\right]_2^{\frac{7}{2}} + \left[t^2-7t\right]_{\frac{7}{2}}^6$$

$$= \frac{9}{4}+\frac{25}{4}=\frac{17}{2}$$

● 핵심 공식

▶ 속도와 이동거리 및 위치

수직선 위를 움직이는 점 p의 시각 t에서의 속도를 $v(t)$라 할 때, $t=a$에서 $t=b$ $(a<b)$까지의 실제 이동거리 s는 $s=\int_a^b |v(t)|dt$이고

점 p가 원점을 출발하여 $t=a$에서의 점 p의 위치는 $\int_0^a v(t)dt$이다.

11 등차수열의 합   정답률 49% | 정답 ①

공차가 0이 아닌 등차수열 $\{a_n\}$에 대하여

❶ $|a_6|=a_8$, ❷ $\sum_{k=1}^5 \dfrac{1}{a_k a_{k+1}}=\dfrac{5}{96}$

일 때, $\sum_{k=1}^{15} a_k$의 값은? [4점]

① 60 ② 65 ③ 70 ④ 75 ⑤ 80

STEP 01 ❶에서 a_1과 공차의 관계를 구한다.

$|a_6|=a_8$에서
$a_6=a_8$ 또는 $-a_6=a_8$ ······㉠
등차수열 $\{a_n\}$의 공차가 0이 아니므로
$a_6 \neq a_8$ ······㉡
㉠, ㉡에서 $-a_6=a_8$
즉, $a_6+a_8=0$ ······㉢
한편, $|a_6|=a_8$에서 $a_8 \geq 0$이고, $a_6+a_8=0$이므로
$a_6<0<a_8$이다.
즉, 등차수열 $\{a_n\}$의 공차는 양수이다.
등차수열 $\{a_n\}$의 공차를 $d(d>0)$이라 하면 ㉢에서
$(a_1+5d)+(a_1+7d)=0$
$a_1=-6d$ ······㉣

STEP 02 부분수의 합으로 ❷를 정리한 식과 ㉣을 연립하여 a_1과 공차를 구한 후 등차수열의 합으로 $\sum_{k=1}^{15} a_k$의 값을 구한다.

한편, $\sum_{k=1}^5 \dfrac{1}{a_k a_{k+1}}=\dfrac{5}{96}$에서

$$\sum_{k=1}^5 \frac{1}{a_k a_{k+1}} = \sum_{k=1}^5 \frac{1}{a_{k+1}-a_k}\left(\frac{1}{a_k}-\frac{1}{a_{k+1}}\right)$$

$$= \sum_{k=1}^5 \frac{1}{d}\left(\frac{1}{a_k}-\frac{1}{a_{k+1}}\right)$$

$$= \frac{1}{d}\left\{\left(\frac{1}{a_1}-\frac{1}{a_2}\right)+\left(\frac{1}{a_2}-\frac{1}{a_3}\right)+\left(\frac{1}{a_3}-\frac{1}{a_4}\right)+\left(\frac{1}{a_4}-\frac{1}{a_5}\right)+\left(\frac{1}{a_5}-\frac{1}{a_6}\right)\right\}$$

$$= \frac{1}{d}\left(\frac{1}{a_1}-\frac{1}{a_6}\right)=\frac{1}{d}\left(\frac{1}{a_1}-\frac{1}{a_1+5d}\right)$$

$$= \frac{1}{d}\times\frac{5d}{a_1(a_1+5d)}=\frac{5}{a_1(a_1+5d)}$$

이므로

$$\frac{5}{a_1(a_1+5d)}=\frac{5}{96}$$

$a_1(a_1+5d)=96$ ······㉤

㉣을 ㉤에 대입하면
$-6d\times(-d)=96$, $d^2=16$
$d>0$이므로 $d=4$
$d=4$를 ㉣에 대입하면
$a_1=-6\times4=-24$

따라서 $\sum_{k=1}^{15} a_k = \dfrac{15\{2\times(-24)+14\times4\}}{2}=60$

● 핵심 공식

▶ 부분수

$\dfrac{1}{AB}=\dfrac{1}{B-A}\left(\dfrac{1}{A}-\dfrac{1}{B}\right)$ (단, $0<A<B$)

▶ 등차수열의 일반항과 합

(1) 등차수열의 일반항
  첫째항이 a, 공차가 d인 등차수열의 일반항 a_n은
  $a_n=a+(n-1)d$ $(n=1,\ 2,\ 3,\ \cdots)$

(2) 등차수열의 합
  첫째항이 a, 공차가 d, 제n항이 l인 등차수열의 첫째항부터 제n항까지의 합을 S_n이라 하면
  $S_n=\dfrac{n(a+l)}{2}=\dfrac{n\{2a+(n-1)d\}}{2}$

12 적분을 활용한 넓이   정답률 57% | 정답 ③

함수 $f(x)=\dfrac{1}{9}x(x-6)(x-9)$와 실수 $t(0<t<6)$에 대하여 함수 $g(x)$는

$$g(x)=\begin{cases} f(x) & (x<t) \\ -(x-t)+f(t) & (x\geq t) \end{cases}$$

이다. 함수 ❶ $y=g(x)$의 그래프와 x축으로 둘러싸인 영역의 넓이의 최댓값은? [4점]

① $\dfrac{125}{4}$ ② $\dfrac{127}{4}$ ③ $\dfrac{129}{4}$ ④ $\dfrac{131}{4}$ ⑤ $\dfrac{133}{4}$

STEP 01 $g(x)$의 적분으로 ❶을 구한다.

함수 $g(x)$는 $x \geq t$일 때, 점 $(t, f(t))$를 지나고 기울기가 -1인 직선이므로 이 직선은 x축과 점 $(t+f(t), 0)$에서 만난다.
그러므로 함수 $y=g(x)$의 그래프와 x축으로 둘러싸인 부분의 넓이를 $S(t)$라 하면

$$S(t)=\int_0^t f(x)dx+\frac{1}{2}\times\{f(t)\}^2$$

STEP 02 $S(t)$를 미분하여 최댓값을 갖는 t를 구한 후 $S(t)$의 최댓값을 구한다.

이때, 양변을 t에 대하여 미분하면
$S'(t)=f(t)+f(t)\times f'(t)=f(t)\{1+f'(t)\}$
한편, $f(x)=\dfrac{1}{9}x(x-6)(x-9)$이므로
$0<t<6$에서 $f(t)>0$
또,

$$1+f'(t)=1+\frac{1}{9}\{(t-6)(t-9)+t(t-9)+t(t-6)\}$$

$$= 1+\frac{1}{9}\{(t^2-15t+54)+(t^2-9t)+(t^2-6t)\}$$

$$= 1+\frac{1}{9}(3t^2-30t+54)$$

$$= 1+\frac{1}{3}(t^2-10t+18)$$

$$= \frac{1}{3}(t^2-10t+21)$$

$$= \frac{1}{3}(t-3)(t-7)$$

그러므로 $0 < t < 6$에서 $S(t)$의 증가와 감소는 다음 표와 같다.

t	(0)	$\cdots$	3	$\cdots$	(6)
$S'(t)$		$+$	0	$-$	
$S(t)$		↗	(극대)	↘	

그러므로 $S(t)$는 $t=3$에서 극대이면서 최대이다.

따라서, 최댓값은

$$S(3) = \int_0^3 f(x)dx + \frac{1}{2} \times \{f(3)\}^2$$

$$= \frac{1}{9} \int_0^3 x(x-6)(x-9)dx + \frac{1}{2} \times \left\{ \frac{1}{9} \times 3 \times (-3) \times (-6) \right\}^2$$

$$= \frac{1}{9} \int_0^3 (x^3 - 15x^2 + 54x)dx + 18$$

$$= \frac{1}{9} \left[\frac{1}{4}x^4 - 5x^3 + 27x^2 \right]_0^3 + 18$$

$$= \frac{1}{9} \times \left(\frac{1}{4} \times 81 - 5 \times 27 + 27 \times 9 \right) + 18$$

$$= \left(\frac{9}{4} - 15 + 27 \right) + 18$$

$$= \left(\frac{9}{4} + 12 \right) + 18$$

$$= \frac{9}{4} + 30 = \frac{129}{4}$$

---

13 사인법칙과 코사인법칙   정답률 43% | 정답 ①

그림과 같이

$$\overline{AB} = 3, \ \overline{BC} = \sqrt{13}, \ \overline{AD} \times \overline{CD} = 9, \ \angle BAC = \frac{\pi}{3}$$

인 사각형 ABCD가 있다. 삼각형 ABC의 넓이를 S_1, 삼각형 ACD의 넓이를 S_2라 하고, 삼각형 ACD의 외접원의 반지름의 길이를 R이라 하자.

❶ $S_2 = \dfrac{5}{6} S_1$일 때, $\dfrac{R}{\sin(\angle ADC)}$의 값은? [4점]

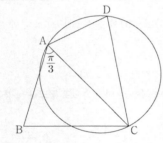

① $\dfrac{54}{25}$ ② $\dfrac{117}{50}$ ③ $\dfrac{63}{25}$ ④ $\dfrac{27}{10}$ ⑤ $\dfrac{72}{25}$

STEP 01 삼각형 ABC에서 코사인법칙에 의해 $\overline{AC}$를 구한다.

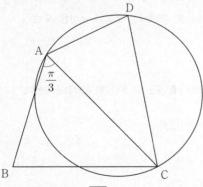

삼각형 ABC에서 $\overline{AC} = a \ (a > 0)$라 하면
코사인법칙에 의해

$$\overline{BC}^2 = \overline{AB}^2 + \overline{AC}^2 - 2 \times \overline{AB} \times \overline{AC} \times \cos(\angle BAC)$$

$$(\sqrt{13})^2 = 3^2 + a^2 - 2 \times 3 \times a \times \cos\frac{\pi}{3}$$

$$a^2 - 3a - 4 = 0$$
$$(a+1)(a-4) = 0$$
$a > 0$이므로 $a = 4$

즉, $\overline{AC} = 4$

STEP 02 S_1, S_2를 구한 후 ❶을 이용하여 $\sin(\angle ADC)$를 구한다.

삼각형 ABC의 넓이 S_1은

$$S_1 = \frac{1}{2} \times \overline{AB} \times \overline{AC} \times \sin(\angle BAC)$$

$$= \frac{1}{2} \times 3 \times 4 \times \sin\frac{\pi}{3}$$

$$= \frac{1}{2} \times 3 \times 4 \times \frac{\sqrt{3}}{2}$$

$$= 3\sqrt{3}$$

$\overline{AD} \times \overline{CD} = 9$이므로
삼각형 ACD의 넓이 S_2는

$$S_2 = \frac{1}{2} \times \overline{AD} \times \overline{CD} \times \sin(\angle ADC)$$

$$= \frac{9}{2} \sin(\angle ADC)$$

이때, $S_2 = \dfrac{5}{6} S_1$이므로

$$\frac{9}{2} \sin(\angle ADC) = \frac{5}{6} \times 3\sqrt{3}$$

$$\sin(\angle ADC) = \frac{5\sqrt{3}}{9}$$

STEP 03 삼각형 ACD에서 사인법칙에 의해 R을 구한 다음 $\dfrac{R}{\sin(\angle ADC)}$의 값을 구한다.

삼각형 ACD에서 사인법칙에 의해

$$\frac{\overline{AC}}{\sin(\angle ADC)} = 2R$$이므로

$$\frac{4}{\frac{5\sqrt{3}}{9}} = 2R, \ R = \frac{6\sqrt{3}}{5}$$

따라서 $\dfrac{R}{\sin(\angle ADC)} = \dfrac{\frac{6\sqrt{3}}{5}}{\frac{5\sqrt{3}}{9}} = \dfrac{54}{25}$

● 핵심 공식

▶ 사인법칙

△ABC에 대하여 △ABC의 외접원의 반지름 길이를 R라고 할 때,

$$\frac{a}{\sin A} = \frac{b}{\sin B} = \frac{c}{\sin C} = 2R$$

▶ 코사인법칙

세 변의 길이를 각각 a, b, c라 하고 b, c 사이의 끼인각을 A라 하면

$$a^2 = b^2 + c^2 - 2bc\cos A, \ \left(\cos A = \frac{b^2 + c^2 - a^2}{2bc} \right)$$

★★★ 등급을 가르는 문제!

14 미분의 활용   정답률 15% | 정답 ①

두 자연수 a, b에 대하여 함수 $f(x)$는

$$f(x) = \begin{cases} 2x^3 - 6x + 1 & (x \leq 2) \\ a(x-2)(x-b) + 9 & (x > 2) \end{cases}$$

이다. 실수 t에 대하여 함수 $y = f(x)$의 그래프와 직선 $y = t$가 만나는 점의 개수를 $g(t)$라 하자.

❶ $g(k) + \lim\limits_{t \to k-} g(t) + \lim\limits_{t \to k+} g(t) = 9$

를 만족시키는 실수 k의 개수가 1이 되도록 하는 ❷ 두 자연수 a, b의 순서쌍 (a, b)에 대하여 $a + b$의 최댓값은? [4점]

① 51 ② 52 ③ 53 ④ 54 ⑤ 55

STEP 01 b의 범위를 나누어 $y = f(x)$의 그래프를 그려 ❶을 만족시키는 경우를 찾는다.

$x \leq 2$일 때,
$f(x) = 2x^3 - 6x + 1$에서
$f'(x) = 6x^2 - 6 = 6(x-1)(x+1)$이므로
$f'(x) = 0$에서 $x = -1$ 또는 $x = 1$
$x \leq 2$에서 함수 $f(x)$의 증가와 감소를 표로 나타내면 다음과 같다.

x	$\cdots$	-1	$\cdots$	1	$\cdots$	2
$f'(x)$	$+$	0	$-$	0	$+$	
$f(x)$	↗	5	↘	-3	↗	5

또한, a, b가 자연수이므로
곡선 $y=a(x-2)(x-b)+9$는
점 $(2, 9)$와 점 $(b, 9)$를 지나고 아래로 볼록한 포물선이다.
(i) $b=1$ 또는 $b=2$인 경우
함수 $f(x)$는 $x>2$에서 증가하고, 함수 $y=f(x)$의 그래프는 그림과 같다.

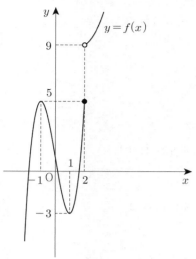

이때 $-3<k<5$인 모든 실수 k에 대하여
$g(k)=\lim_{t \to k-}g(k)=\lim_{t \to k+}g(k)=3$이므로 ......㉠
$g(k)+\lim_{t \to k-}g(k)+\lim_{t \to k+}g(k)=9$ ......㉡
를 만족시키는 실수 k의 개수가 1이 아니다.

(ii) $b \geq 3$인 경우
곡선 $y=a(x-2)(x-b)+9$는
직선 $x=\dfrac{2+b}{2}=1+\dfrac{b}{2}$에 대하여 대칭이므로
함수 $f(x)$는 $x=1+\dfrac{b}{2}$에서 극솟값을 갖는다.
이 극솟값을 m이라 하자.
 i) $m>-3$인 경우

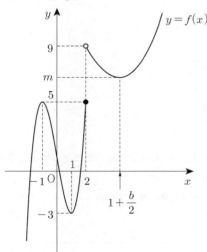

m과 5 중에 크지 않은 값을 m_1이라 하면
$-3<k<m_1$인 모든 실수 k에 대하여 ㉠이 성립하므로
㉡을 만족시키는 실수 k의 개수가 1이 아니다.

 ii) $m<-3$인 경우

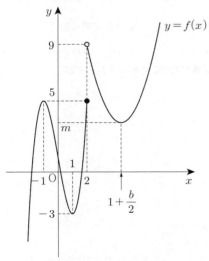

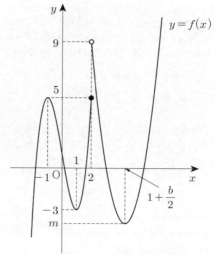

$m<k<-3$인 모든 실수 k에 대하여 ㉠이 성립하므로
㉡을 만족시키는 실수 k의 개수가 1이 아니다.
 iii) $m=-3$인 경우

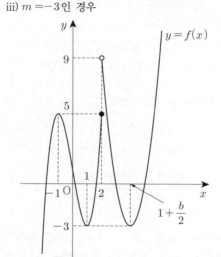

㉡을 만족시키는 실수 $k=-3$뿐으로 개수가 1이다.
(i), (ii)에서 $b \geq 3$, $m=-3$이다.

STEP 02 $y=a(x-2)(x-b)+9$의 꼭짓점의 좌표를 이용하여 a, b의 관계식을 구한 후 ❷를 구한다.

$f\left(1+\dfrac{b}{2}\right)=-3$에서
$a\left(\dfrac{b}{2}-1\right)\left(1-\dfrac{b}{2}\right)+9=-3$
$a(b-2)^2=48=3 \times 2^4$이므로
만족하는 두 자연수 a, b의 모든 순서쌍 (a, b)는
$(48, 3)$, $(12, 4)$, $(3, 6)$이다.
따라서 $a+b$의 최댓값은
$48+3=51$

〈참고〉
k의 값에 따라 $g(k)$, $\lim_{t \to k-}g(k)$, $\lim_{t \to k+}g(k)$의 값을 구하면 다음과 같다.

	$g(k)$	$\lim_{t \to k-}g(k)$	$\lim_{t \to k+}g(k)$
$k<-3$	1	1	1
$k=-3$	3	1	5
$-3<k<5$	5	5	5
$k=5$	4	5	2
$5<k<9$	2	2	2
$k=9$	1	2	1
$k>9$	1	1	1

★★ 문제 해결 꿀~팁 ★★

▶ 문제 해결 방법
$p(x)=2x^3-6x+1\,(x \leq 2)$, $h(x)=a(x-2)(x-b)+9\,(x>2)$라 하자.
$y=p(x)$는 미분하여 극값을 구하면 2개의 극값을 갖는 일반적인 삼차함수의 그래프이다. $y=h(x)$는 b의 위치에 따라 그래프가 달라지므로 b의 범위를 나누어 그래프를 그려야 하나 만족해야 할 조건이 '$y=f(x)$의 그래프와 직선 $y=t$가 만나는 점의 개수와 직선 $y=t$를 위, 아래로 약간 움직였을 때 만나는 점의 개수의 총합이 9'가 되어야 하는 것이다. b의 범위를 나누어 그래프를 각각 그려도 좋으나 점 $(2, 9)$를 지나고 기울기가

양수인 이차함수의 그래프를 $x > 2$인 범위에서 꼭짓점의 위치를 변화시켜 가며 그려서 조건을 만족하는 경우를 찾는 것이 보다 효과적이라 할 수 있다. 어떠한 방법으로 찾든 자신에게 편한 방법을 찾아 그래프를 구하면 $y = p(x)$의 극솟값과 $y = h(x)$의 최솟값이 일치하는 경우에 조건을 만족한다. 즉, $y = h(x)$의 꼭짓점의 좌표가 $\left(1 + \dfrac{b}{2}, -3\right)$이어야 한다. 이를 이용하면 $a(b-2)^2 = 3 \times 2^4$이므로 만족하는 자연수 a, b의 순서쌍 (a, b)를 구하면 된다.

조건을 만족하도록 그래프를 변화시켜 가며 그려 조건에 맞는 그래프를 찾는 훈련을 계속하여 익숙해지면 많은 시간과 노력을 줄일 수 있으므로 꾸준히 연습하여 익혀두는 것이 좋다.

---

15 수열의 귀납적 정의

정답률 57% | 정답 ③

첫째항이 자연수인 수열 $\{a_n\}$이 모든 자연수 n에 대하여

❶ $a_{n+1} = \begin{cases} 2^{a_n} & (a_n\text{이 홀수인 경우}) \\ \dfrac{1}{2}a_n & (a_n\text{이 짝수인 경우}) \end{cases}$

를 만족시킬 때, ❷ $a_6 + a_7 = 3$이 되도록 하는 모든 a_1의 값의 합은? [4점]

① 139　　② 146　　③ 153　　④ 160　　⑤ 167

STEP 01 ❶, ❷에서 a_6과 a_7이 될 수 있는 값을 구한다.

a_n이 홀수일 때 $a_{n+1} = 2^{a_n}$은 자연수이고

a_n이 짝수일 때 $a_{n+1} = \dfrac{1}{2}a_n$은 자연수이다.

이때 a_1이 자연수이므로 수열 $\{a_n\}$의 모든 항은 자연수이다.

$a_6 + a_7 = 3$에서

$a_6 = 1$, $a_7 = 2$ 또는 $a_6 = 2$, $a_7 = 1$이다.

STEP 02 a_6의 값에 따라 경우를 나누고 각각 a_5의 홀수, 짝수의 경우를 나누어 만족하는 a_5를 구한 다음 같은 방법으로 a_4, a_3, a_2, a_1을 구한 후 만족하는 모든 a_1의 값의 합을 구한다.

(i) $a_6 = 1$일 때

$a_6 = 1$이고 a_5가 홀수인 경우

$a_6 = 2^{a_5}$에서 $1 = 2^{a_5}$

이 등식을 만족시키는 자연수 a_5의 값은 없다.

$a_6 = 1$이고 a_5가 짝수인 경우

$a_6 = \dfrac{1}{2}a_5$에서 $1 = \dfrac{1}{2}a_5$, $a_5 = 2$

ⅰ) a_4를 구해보자.

$a_5 = 2$이고 a_4가 홀수인 경우

$a_5 = 2^{a_4}$에서 $2 = 2^{a_4}$, $a_4 = 1$

$a_5 = 2$이고 a_4가 짝수인 경우

$a_5 = \dfrac{1}{2}a_4$에서 $2 = \dfrac{1}{2}a_4$, $a_4 = 4$

ⅱ) a_3을 구해보자.

$a_4 = 1$일 때 $a_3 = 2$

$a_4 = 4$이고 a_3이 홀수인 경우

$a_4 = 2^{a_3}$에서 $4 = 2^{a_3}$, $a_3 = 2$

이때, a_3이 짝수이므로 모순이다.

$a_4 = 4$이고 a_3이 짝수인 경우

$a_4 = \dfrac{1}{2}a_3$에서 $4 = \dfrac{1}{2}a_3$, $a_3 = 8$

ⅲ) a_2를 구해보자.

$a_3 = 2$일 때 $a_2 = 1$ 또는 $a_2 = 4$

$a_3 = 8$이고 a_2가 홀수인 경우

$a_3 = 2^{a_2}$에서 $8 = 2^{a_2}$, $a_2 = 3$

$a_3 = 8$이고 a_2가 짝수인 경우

$a_3 = \dfrac{1}{2}a_2$에서 $8 = \dfrac{1}{2}a_2$, $a_2 = 16$

ⅳ) a_1을 구해보자.

$a_2 = 1$일 때 $a_1 = 2$

$a_2 = 4$일 때 $a_1 = 8$

$a_2 = 3$이고 a_1이 홀수인 경우

$a_2 = 2^{a_1}$에서 $3 = 2^{a_1}$

이 등식을 만족시키는 자연수 a_1의 값은 없다.

$a_2 = 3$이고 a_1이 짝수인 경우

$a_2 = \dfrac{1}{2}a_1$에서 $3 = \dfrac{1}{2}a_1$, $a_1 = 6$

$a_2 = 16$이고 a_1이 홀수인 경우

$a_2 = 2^{a_1}$에서 $16 = 2^{a_1}$, $a_1 = 4$

이때 a_1이 짝수이므로 모순이다.

$a_2 = 16$이고 a_1이 짝수인 경우

$a_2 = \dfrac{1}{2}a_1$에서 $16 = \dfrac{1}{2}a_1$, $a_1 = 32$

따라서 a_1의 값은 2 또는 6 또는 8 또는 32이다.

(ii) $a_6 = 2$일 때

(i)의 과정을 이용하면

$a_2 = 2$ 또는 $a_2 = 6$ 또는 $a_2 = 8$ 또는 $a_2 = 32$

a_1을 구해보자.

$a_2 = 2$이고 a_1이 홀수인 경우

$a_2 = 2^{a_1}$에서 $2 = 2^{a_1}$, $a_1 = 1$

$a_2 = 2$이고 a_1이 짝수인 경우

$a_2 = \dfrac{1}{2}a_1$에서 $2 = \dfrac{1}{2}a_1$, $a_1 = 4$

$a_2 = 6$이고 a_1이 홀수인 경우

$a_2 = 2^{a_1}$에서 $6 = 2^{a_1}$

이 등식을 만족시키는 자연수 a_1의 값은 없다.

$a_2 = 6$이고 a_1이 짝수인 경우

$a_2 = \dfrac{1}{2}a_1$에서 $6 = \dfrac{1}{2}a_1$, $a_1 = 12$

$a_2 = 8$이고 a_1이 홀수인 경우

$a_2 = 2^{a_1}$에서 $8 = 2^{a_1}$, $a_1 = 3$

$a_2 = 8$이고 a_1이 짝수인 경우

$a_2 = \dfrac{1}{2}a_1$에서 $8 = \dfrac{1}{2}a_1$, $a_1 = 16$

$a_2 = 32$이고 a_1이 홀수인 경우

$a_2 = 2^{a_1}$에서 $32 = 2^{a_1}$, $a_1 = 5$

$a_2 = 32$이고 a_1이 짝수인 경우

$a_2 = \dfrac{1}{2}a_1$에서 $32 = \dfrac{1}{2}a_1$, $a_1 = 64$

따라서 a_1의 값은 1 또는 3 또는 4 또는 5 또는 12 또는 16 또는 64이다.

(i), (ii)에서 모든 a_1의 값의 합은

$(2 + 6 + 8 + 32) + (1 + 3 + 4 + 5 + 12 + 16 + 64) = 153$

---

16 지수방정식

정답률 75% | 정답 2

방정식 $3^{x-8} = \left(\dfrac{1}{27}\right)^x$을 만족시키는 실수 x의 값을 구하시오. [3점]

STEP 01 지수의 성질을 이용하여 방정식을 풀어 x의 값을 구한다.

$3^{x-8} = \left(\dfrac{1}{27}\right)^x$

$3^{x-8} = (3^{-3})^x$

$3^{x-8} = 3^{-3x}$

그러므로

$x - 8 = -3x$

$4x = 8$

$x = 2$

---

17 곱의 미분법

정답률 84% | 정답 8

함수 $f(x) = (x+1)(x^2+3)$에 대하여 $f'(1)$의 값을 구하시오. [3점]

STEP 01 곱의 미분법으로 $f(x)$를 미분한 후 $f'(1)$의 값을 구한다.

[문제편 p.182]

$f(x)=(x+1)(x^2+3)$ 이므로

$f'(x)=(x^2+3)+(x+1)\times 2x$

따라서, $f'(1)=(1+3)+2\times 2=8$

●핵심 공식

▶ 곱의 미분

$f(x)=g(x)h(x)$ 라 하면, $f'(x)=g'(x)h(x)+g(x)h'(x)$

---

18 $\sum$의 성질
정답률 73% | 정답 9

두 수열 $\{a_n\}$, $\{b_n\}$ 에 대하여

❶ $\displaystyle\sum_{k=1}^{10} a_k = \sum_{k=1}^{10}(2b_k-1)$, $\displaystyle\sum_{k=1}^{10}(3a_k+b_k)=33$

일 때, $\displaystyle\sum_{k=1}^{10} b_k$ 의 값을 구하시오. [3점]

STEP 01 $\sum$의 성질을 이용하여 ❶의 두 식을 전개한 후 연립하여 $\displaystyle\sum_{k=1}^{10} b_k$ 의 값을 구한다.

$\displaystyle\sum_{k=1}^{10} a_k = \sum_{k=1}^{10}(2b_k-1)=2\sum_{k=1}^{10}b_k-10$ ······㉠

$\displaystyle\sum_{k=1}^{10}(3a_k+b_k)=33$ 에서

$3\displaystyle\sum_{k=1}^{10}a_k+\sum_{k=1}^{10}b_k=33$

$\displaystyle\sum_{k=1}^{10}b_k=-3\sum_{k=1}^{10}a_k+33$ ······㉡

㉠을 ㉡에 대입하면

$\displaystyle\sum_{k=1}^{10}b_k=-3\left(2\sum_{k=1}^{10}b_k-10\right)+33$

$\displaystyle\sum_{k=1}^{10}b_k=-6\sum_{k=1}^{10}b_k+63$

$7\displaystyle\sum_{k=1}^{10}b_k=63$

따라서 $\displaystyle\sum_{k=1}^{10}b_k=9$

---

19 삼각부등식
정답률 26% | 정답 32

함수 $f(x)=\sin\dfrac{\pi}{4}x$ 라 할 때, $0<x<16$ 에서 부등식

$f(2+x)f(2-x)<\dfrac{1}{4}$

을 만족시키는 모든 자연수 x의 값의 합을 구하시오. [3점]

STEP 01 삼각함수의 성질을 이용하여 부등식의 좌변을 정리한 후 부등식을 풀어 x의 범위를 구한 다음 범위에 해당하는 자연수 x를 구하여 합을 구한다.

$f(2+x)=\sin\left(\dfrac{\pi}{2}+\dfrac{\pi}{4}x\right)=\cos\dfrac{\pi}{4}x$,

$f(2-x)=\sin\left(\dfrac{\pi}{2}-\dfrac{\pi}{4}x\right)=\cos\dfrac{\pi}{4}x$

이므로 주어진 부등식은

$\cos^2\dfrac{\pi}{4}x<\dfrac{1}{4}$

즉, $-\dfrac{1}{2}<\cos\dfrac{\pi}{4}x<\dfrac{1}{2}$ ······㉠

$0<x<16$ 에서 $0<\dfrac{\pi}{4}x<4\pi$ 이므로 ㉠에서

$\dfrac{\pi}{3}<\dfrac{\pi}{4}x<\dfrac{2}{3}\pi$ 또는 $\dfrac{4}{3}\pi<\dfrac{\pi}{4}x<\dfrac{5}{3}\pi$ 또는

$\dfrac{7}{3}\pi<\dfrac{\pi}{4}x<\dfrac{8}{3}\pi$ 또는 $\dfrac{10}{3}\pi<\dfrac{\pi}{4}x<\dfrac{11}{3}\pi$ 이다. 즉,

$\dfrac{4}{3}<x<\dfrac{8}{3}$ 또는 $\dfrac{16}{3}<x<\dfrac{20}{3}$ 또는 $\dfrac{28}{3}<x<\dfrac{32}{3}$ 또는 $\dfrac{40}{3}<x<\dfrac{44}{3}$

이므로 구하는 자연수 x의 값은 2, 6, 10, 14이다.

따라서 구하는 모든 자연수 x의 값의 합은

$2+6+10+14=32$

●핵심 공식

▶ 삼각함수의 성질

$\dfrac{\pi}{2}\pm\theta$ 의 삼각함수

$\sin\left(\dfrac{\pi}{2}+\theta\right)=\cos\theta$, $\sin\left(\dfrac{\pi}{2}-\theta\right)=\cos\theta$

$\cos\left(\dfrac{\pi}{2}+\theta\right)=-\sin\theta$, $\cos\left(\dfrac{\pi}{2}-\theta\right)=\sin\theta$

$\tan\left(\dfrac{\pi}{2}+\theta\right)=-\dfrac{1}{\tan\theta}$, $\tan\left(\dfrac{\pi}{2}-\theta\right)=\dfrac{1}{\tan\theta}$

★★★ 등급을 가르는 문제!

20 접선의 방정식
정답률 15% | 정답 25

$a>\sqrt{2}$ 인 실수 a에 대하여 함수 $f(x)$를

$f(x)=-x^3+ax^2+2x$

라 하자. ❶ 곡선 $y=f(x)$ 위의 점 $\mathrm{O}(0,0)$에서의 접선이 곡선 $y=f(x)$와 만나는 점 중 O가 아닌 점을 A라 하고, 곡선 ❷ $y=f(x)$ 위의 점 A에서의 접선이 x축과 만나는 점을 B라 하자. ❸ 점 A가 선분 OB를 지름으로 하는 원 위의 점일 때, $\overline{\mathrm{OA}}\times\overline{\mathrm{AB}}$의 값을 구하시오. [4점]

STEP 01 ❶을 구한 후 점 A의 좌표를 구한다.

$f(x)=-x^3+ax^2+2x$ 에서

$f'(x)=-3x^2+2ax+2$

$f'(0)=2$

곡선 $y=f(x)$ 위의 점 $\mathrm{O}(0,0)$에서의 접선의 방정식은

$y=2x$

곡선 $y=f(x)$와 직선 $y=2x$가 만나는 점의 x좌표를 구해보자.

$f(x)=2x$ 에서

$-x^3+ax^2+2x=2x$

$x^2(x-a)=0$

$x=0$ 또는 $x=a$

점 A의 x좌표는 0이 아니므로 점 A의 x좌표는 a이다.

즉, 점 A의 좌표는 $(a, 2a)$이다.

STEP 02 ❸에서 두 직선 OA와 AB의 관계를 파악하여 a를 구한다.

점 A가 선분 OB를 지름으로 하는 원 위의 점이므로

$\angle\mathrm{OAB}=\dfrac{\pi}{2}$

즉, 두 직선 OA와 AB는 서로 수직이다.

이때, $f'(a)=-3a^2+2a^2+2=-a^2+2$ 이므로

직선 AB의 기울기는 $-a^2+2$ 이다.

$2\times(-a^2+2)=-1$ 에서 $a^2=\dfrac{5}{2}$

$a>\sqrt{2}$ 이므로 $a=\dfrac{\sqrt{10}}{2}$

점 A의 좌표는 $\left(\dfrac{\sqrt{10}}{2}, \sqrt{10}\right)$이다.

STEP 03 ❷를 구하여 점 B의 좌표를 구한 후 두 선분 OA와 AB의 길이를 구한 다음 $\overline{\mathrm{OA}}\times\overline{\mathrm{AB}}$의 값을 구한다.

곡선 $y=f(x)$ 위의 점 A에서의 접선의 방정식은

$y=-\dfrac{1}{2}\left(x-\dfrac{\sqrt{10}}{2}\right)+\sqrt{10}$ ······㉠

㉠에 $y=0$을 대입하면

$0=-\dfrac{1}{2}\left(x-\dfrac{\sqrt{10}}{2}\right)+\sqrt{10}$

$x=\dfrac{5\sqrt{10}}{2}$

점 B의 좌표는 $\left(\dfrac{5\sqrt{10}}{2}, 0\right)$이다.

따라서

$\overline{\mathrm{OA}}=\sqrt{\left(\dfrac{\sqrt{10}}{2}\right)^2+\left(\sqrt{10}\right)^2}=\dfrac{5\sqrt{2}}{2}$

$\overline{\mathrm{AB}}=\sqrt{\left(\dfrac{5\sqrt{10}}{2}-\dfrac{\sqrt{10}}{2}\right)^2+\left(0-\sqrt{10}\right)^2}=5\sqrt{2}$ 이므로

$\overline{\mathrm{OA}}\times\overline{\mathrm{AB}}=\dfrac{5\sqrt{2}}{2}\times 5\sqrt{2}=25$

▶ 접선의 방정식

곡선 $y=f(x)$ 위의 점 $(a, f(a))$에서의 접선의 방정식은
$$y-f(a)=f'(a)(x-a)$$

★★ 문제 해결 꿀~팁 ★★

▶ 문제 해결 방법

$y=f(x)$ 위의 점 $O(0, 0)$에서의 접선의 방정식은 $y=2x$이고 $y=f(x)$와 $y=2x$가 만나는 점의 x좌표를 구하면 $f(x)=2x$에서 $x=a$이므로 점 A의 좌표는 $(a, 2a)$이다.

한편, 점 A가 선분 OB를 지름으로 하는 원 위의 점이므로 $\angle OAB=\dfrac{\pi}{2}$, 두 직선 OA

와 AB는 서로 수직으로 직선 AB의 기울기는 $-\dfrac{1}{2}$이다.

따라서 $a=\dfrac{\sqrt{10}}{2}$, 점 A의 좌표는 $\left(\dfrac{\sqrt{10}}{2}, \sqrt{10}\right)$이다.

이제 점 A에서의 접선의 방정식을 구하여 x절편을 구하여 점 B의 좌표를 구하고, 두 점의 좌표를 이용하여 선분의 길이를 구하면 된다.

미분으로 접선의 방정식을 구할 수 있고, 점 A가 선분 OB를 지름으로 하는 원 위의 점이라는 조건에서 두 직선 OA와 AB가 서로 수직임을 알 수 있으면 큰 어려움 없이 문제를 해결할 수 있다.

---

21 로그함수의 그래프 　　　　　 정답률 23% | 정답 10

양수 a에 대하여 $x \geq -1$에서 정의된 함수 $f(x)$는
$$f(x)=\begin{cases} -x^2+6x & (-1 \leq x < 6) \\ a\log_4(x-5) & (x \geq 6) \end{cases}$$

이다. $t \geq 0$인 실수 t에 대하여 닫힌구간 $[t-1, t+1]$에서의 $f(x)$의 최댓값을 $g(t)$라 하자. ❶ 구간 $[0, \infty)$에서 함수 $g(t)$의 최솟값이 5가 되도록 하는 양수 a의 최솟값을 구하시오. [4점]

STEP 01 $y=f(x)$의 그래프의 개형을 유추하여 ❶을 만족할 조건을 구하여 a의 범위를 구한 다음 양수 a의 최솟값을 구한다.

$t=0$일 때, 구간 $[-1, 1]$에서 함수 $f(x)$는 $x=1$에서 최댓값 5를 가지므로
$g(0)=5$

한편, 함수 $y=-x^2+6x$는 직선 $x=3$에 대하여 대칭이고 $f(5)=5$이므로
$1 \leq t \leq 5$일 때 $g(t) \geq 5$

한편, $f(5)=5$이고 $f(6)=0$

또, 구간 $[0, \infty)$에서 함수 $g(t)$가 최솟값을 5로 갖기 위해서는 $t=6$일 때, 구간 $[5, 7]$에서 함수 $f(x)$의 최댓값이 5이상이어야 하므로
$f(7) \geq 5$

즉, $a\log_4(7-5) \geq 5$

$a \times \log_{2^2}2 \geq 5$

$a \times \dfrac{1}{2} \geq 5$

$a \geq 10$

따라서, 양수 a의 최솟값은 10이다.

★★★ 등급을 가르는 문제!

22 미분을 이용한 함수의 추론 　　　 정답률 2% | 정답 483

최고차항의 계수가 1인 삼차함수 $f(x)$가 다음 조건을 만족시킨다.

> 함수 $f(x)$에 대하여
> $$f(k-1)f(k+1)<0$$
> 을 만족시키는 정수 k는 존재하지 않는다.

❶ $f'\left(-\dfrac{1}{4}\right)=-\dfrac{1}{4}$, $f'\left(\dfrac{1}{4}\right)<0$일 때, $f(8)$의 값을 구하시오. [4점]

STEP 01 $f(x)=0$의 실근의 개수에 따라 경우를 나누어 주어진 조건을 만족하는 경우를 찾는다.

문제의 조건으로부터
함수 $f(x)$가 모든 정수 k에 대하여
$f(k-1)f(k+1) \geq 0$을 만족시켜야 한다. 　　　 ……㉠
함수 $f(x)$는 삼차함수이므로 방정식 $f(x)=0$은 반드시 실근을 갖는다.
(ⅰ) 방정식 $f(x)=0$의 실근의 개수가 1인 경우
　　방정식 $f(x)=0$의 실근을 a라 할 때,

---

a보다 작은 정수 중 최댓값을 m이라 하면
$f(m)<0<f(m+2)$이므로
$f(m)f(m+2)<0$이 되어 ㉠을 만족시키지 않는다.

(ⅱ) 방정식 $f(x)=0$의 서로 다른 실근의 개수가 2인 경우
방정식 $f(x)=0$의 실근을 $a, b(a<b)$라 할 때,
$f(x)=(x-a)(x-b)^2$ 또는 $f(x)=(x-a)^2(x-b)$이다.

ⅰ) $f(x)=(x-a)(x-b)^2$일 때

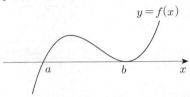

a보다 작은 정수 중 최댓값을 m이라 하면
$f(m-1)<0$, $f(m)<0$, $f(m+1) \geq 0$, $f(m+2) \geq 0$
이때 ㉠을 만족시키려면
$f(m-1)f(m+1) \geq 0$, $f(m)f(m+2) \geq 0$이어야 하므로
$f(m+1)=f(m+2)=0$이어야 한다.
그러므로 $a=m+1$, $b=m+2$이다.

$f'\left(\dfrac{1}{4}\right)<0$이므로 $m+1<\dfrac{1}{4}<m+2$이고

정수 m의 값은 -1이다. 　　　　　 ……㉡

즉, $f(x)=x(x-1)^2$

그러나 이때 함수 $y=f(x)$의 그래프에서 $f'\left(-\dfrac{1}{4}\right)>0$이므로

$f'\left(-\dfrac{1}{4}\right)=-\dfrac{1}{4}$을 만족시키지 않는다.

ⅱ) $f(x)=(x-a)^2(x-b)$일 때

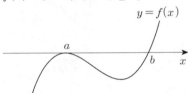

만약 $a<n<b$인 정수 n이 존재한다면 그 중 가장 큰 값을 n_1이라 하자.
그러면 $f(n_1)<0<f(n_1+2)$이므로
$f(n_1)f(n_1+2)<0$이 되어 ㉠을 만족시키지 않는다.
즉, $a<n<b$인 정수 n은 존재하지 않는다. 　　　 ……㉢
그러므로 a보다 작은 정수 중 최댓값을 m이라 하면
$f(m-1)<0$, $f(m)<0$, $f(m+1) \geq 0$, $f(m+2) \geq 0$이고,
㉢과 마찬가지로
$a=m+1$, $b=m+2$, 정수 m의 값은 -1이다.
즉, $f(x)=x^2(x-1)$

그러나 이때 함수 $y=f(x)$의 그래프에서 $f'\left(-\dfrac{1}{4}\right)>0$이므로

$f'\left(-\dfrac{1}{4}\right)=-\dfrac{1}{4}$을 만족시키지 않는다.

(ⅲ) 방정식 $f(x)=0$의 서로 다른 실근의 개수가 3인 경우
$f(x)=(x-a)(x-b)(x-c)(a<b<c)$라 하자.

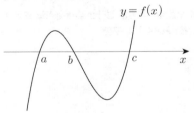

이때 ㉢과 마찬가지로 $b<n<c$인 정수 n은 존재하지 않는다.
그러므로 a보다 작은 정수 중 최댓값을 m이라 하면
$f(m-1)<0$, $f(m)<0$, $f(m+1) \geq 0$, $f(m+2) \geq 0$이다.
이때 ㉠을 만족시키려면
$f(m-1)f(m+1) \geq 0$, $f(m)f(m+2) \geq 0$이어야 하므로
$f(m+1)=f(m+2)=0$이어야 한다.
즉, $a=m+1$, $b=m+2$ 또는 $a=m+1$, $c=m+2$
또는 $b=m+1$, $c=m+2$이다.

STEP 02 가능한 a, b, c의 경우에 따라 경우를 나누어 ❶을 만족하는 경우를 찾아 $f(x)$를 구한다.

또, $f'\left(-\dfrac{1}{4}\right)=-\dfrac{1}{4}<0$, $f'\left(\dfrac{1}{4}\right)<0$이므로 $f'(0)<0$이다.

ⅰ) $a=m+1$, $b=m+2$일 때
　$a<n<b$ 또는 $b<n<c$인 정수 n은 존재하지 않고,

$f'(0) < 0$이므로 $b = m+2 = 0$이다.

이때 $a = m+1 = -1$이므로

$f(x) = x(x+1)(x-c) = (x^2+x)(x-c)$이다.

$f'(x) = (2x+1)(x-c) + (x^2+x)$이므로

$f'\left(-\dfrac{1}{4}\right) = \dfrac{1}{2} \times \left(-\dfrac{1}{4} - c\right) + \left(\dfrac{1}{16} - \dfrac{1}{4}\right) = -\dfrac{1}{2}c - \dfrac{5}{16}$

$f'\left(-\dfrac{1}{4}\right) = -\dfrac{1}{4}$에서 $-\dfrac{1}{2}c - \dfrac{5}{16} = -\dfrac{1}{4}$, $c = -\dfrac{1}{8}$

그러나 이는 $b < c$에 모순이다.

ii) $a = m+1$, $c = m+2$일 때

$m+1$, $m+2$는 연속하는 두 정수이므로

$f'(n) < 0$을 만족시키는 정수 n은 존재하지 않으므로 조건을 만족하지 않는다.

iii) $b = m+1$, $c = m+2$일 때

$a < n < b$ 또는 $b < n < c$인 정수 n은 존재하지 않고,

$f'(0) < 0$이므로 $b = m+1 = 0$이다.

이때 $c = m+1 = 1$이므로

$f(x) = (x-a)x(x-1) = (x-a)(x^2-x)$이다.

$f'(x) = (x^2-x) + (x-a)(2x-1)$이므로

$f'\left(-\dfrac{1}{4}\right) = \dfrac{5}{16} + \left(-\dfrac{1}{4} - a\right) \times \left(-\dfrac{3}{2}\right) = \dfrac{11}{16} + \dfrac{3}{2}a$

$f'\left(-\dfrac{1}{4}\right) = -\dfrac{1}{4}$에서 $\dfrac{11}{16} + \dfrac{3}{2}a = -\dfrac{1}{4}$, $a = -\dfrac{5}{8}$

$f'\left(\dfrac{1}{4}\right) = -\dfrac{3}{16} + \left(\dfrac{1}{4} + \dfrac{5}{8}\right) \times \left(-\dfrac{1}{2}\right) = -\dfrac{5}{8}$이므로

$f'\left(\dfrac{1}{4}\right) < 0$도 만족시킨다.

(ⅰ), (ⅱ), (ⅲ)에서 함수 $f(x)$는

$f(x) = \left(x + \dfrac{5}{8}\right)(x^2 - x)$이다.

따라서 $f(8) = \dfrac{69}{8} \times 56 = 483$

★★ 문제 해결 꿀~팁 ★★

▶ 문제 해결 방법

문제의 조건으로부터 함수 $f(x)$가 모든 정수 k에 대하여 $f(k-1)f(k+1) \geq 0$을 만족시켜야 한다. 즉, 정수 x에 대하여 $f(x)$와 $f(x+2)$의 값의 부호가 같거나 0이어야 한다. $f(x) = 0$의 실근의 개수에 따라 $y = f(x)$의 그래프의 개형이 달라지므로 실근의 개수에 따라 경우를 나누어 그래프를 그려 조건을 만족할 수 있는지 확인하여야 한다. 실근의 개수가 1인 경우는 조건을 만족할 수가 없으며 실근의 개수가 2인 경우는 $f'\left(-\dfrac{1}{4}\right) = -\dfrac{1}{4}$, $f'\left(\dfrac{1}{4}\right) < 0$을 만족하지 않는다.

결국 $f(x) = 0$은 서로 다른 세 실근을 갖는 가장 일반적인 삼차함수의 그래프이다. 또한 $f'\left(-\dfrac{1}{4}\right) = -\dfrac{1}{4}$, $f'\left(\dfrac{1}{4}\right) < 0$에서 $-\dfrac{1}{4}$과 $\dfrac{1}{4}$은 모두 극값을 갖는 x좌표 사이에 있어야 한다. 이 성질과 $f'\left(-\dfrac{1}{4}\right) = -\dfrac{1}{4}$, $f'\left(\dfrac{1}{4}\right) < 0$을 만족할 조건으로 $f(x)$를 구해야 한다.

주어진 조건의 의미를 정확히 파악하여 이해할 수 있어야 하며, 조건을 만족하는 그래프를 유추할 수 있어야 한다. 다양한 조건의 함수를 그리는 연습을 충분히 하여 능숙하게 그래프를 그릴 수 있도록 훈련할 필요가 있다.

확률과 통계

23 같은 것이 있는 순열
정답률 86% | 정답 ③

5개의 문자 x, x, y, y, z를 모두 일렬로 나열하는 경우의 수는? [2점]

① 10 ② 20 ③ 30 ④ 40 ⑤ 50

STEP 01 같은 것이 있는 순열을 이용하여 나열하는 경우의 수를 구한다.

문자 x 2개, 문자 y 2개, 문자 z 1개를 일렬로 나열하는 경우의 수이므로

$\dfrac{5!}{2! \times 2!} = 30$

● 핵심 공식

▶ 같은 것이 있는 순열

n개 중에서 같은 것이 각각 p개, q개, r개, $\cdots$, s개가 있을 때, n개를 택하여 만든 순열의 수는

$\dfrac{n!}{p! q! r! \cdots s!}$ $(n = p+q+r+ \cdots +s)$

24 독립사건의 확률
정답률 68% | 정답 ④

두 사건 A, B는 서로 독립이고

❶ $P(A \cap B) = \dfrac{1}{4}$, ❷ $P(A^C) = 2P(A)$

일 때, $P(B)$의 값은? (단, A^C은 A의 여사건이다.) [3점]

① $\dfrac{3}{8}$ ② $\dfrac{1}{2}$ ③ $\dfrac{5}{8}$ ④ $\dfrac{3}{4}$ ⑤ $\dfrac{7}{8}$

STEP 01 ❷에서 $P(A)$를 구한 후 두 사건 A, B의 관계를 이용하여 ❶에서 $P(B)$의 값을 구한다.

$P(A^C) = 2P(A)$에서

$1 - P(A) = 2P(A)$이므로

$P(A) = \dfrac{1}{3}$

두 사건 A, B가 서로 독립이므로

$P(A \cap B) = \dfrac{1}{4}$에서

$P(A)P(B) = \dfrac{1}{4}$

$\dfrac{1}{3} \times P(B) = \dfrac{1}{4}$

따라서 $P(B) = \dfrac{3}{4}$

● 핵심 공식

▶ 독립사건과 배반사건

두 사건 A, B에 대하여

(1) 두 사건 A, B가 독립이면 $P(A \cap B) = P(A)P(B)$

(2) 두 사건 A, B가 배반이면 $P(A \cup B) = P(A) + P(B)$

25 여사건의 확률
정답률 73% | 정답 ⑤

숫자 1, 2, 3, 4, 5, 6이 하나씩 적혀있는 6장의 카드가 있다. 이 6장의 카드를 모두 한 번씩 사용하여 일렬로 임의로 나열할 때, ❶ 양 끝에 놓인 카드에 적힌 두 수의 합이 10 이하가 되도록 카드가 놓일 확률은? [3점]

① $\dfrac{8}{15}$ ② $\dfrac{19}{30}$ ③ $\dfrac{11}{15}$ ④ $\dfrac{5}{6}$ ⑤ $\dfrac{14}{15}$

STEP 01 ❶의 여사건의 확률을 구하여 구하는 확률을 구한다.

두 수의 합이 10보다 큰 경우는 $5 + 6 = 11$ 뿐이므로 양 끝에 놓인 카드에 적힌 두수의 합이 10 이하인 사건을 A라 하면 사건 A^C는 양 끝에 놓인 카드에 적힌 두 수가 5, 6인 사건이다.

따라서 $P(A^C) = \dfrac{2! \times 4!}{6!} = \dfrac{1}{15}$이므로

$P(A) = 1 - P(A^C) = 1 - \dfrac{1}{15} = \dfrac{14}{15}$

26 이산확률변수의 평균
정답률 43% | 정답 ②

4개의 동전을 동시에 던져서 앞면이 나오는 동전의 개수를 확률변수 X라 하고, 이산확률변수 Y를

$Y = \begin{cases} X & (X\text{가 0 또는 1의 값을 가지는 경우}) \\ 2 & (X\text{가 2 이상의 값을 가지는 경우}) \end{cases}$

라 하자. $E(Y)$의 값은? [3점]

① $\dfrac{25}{16}$ ② $\dfrac{13}{8}$ ③ $\dfrac{27}{16}$ ④ $\dfrac{7}{4}$ ⑤ $\dfrac{29}{16}$

STEP 01 독립시행의 확률로 $P(Y)$를 구한 후 $E(Y)$의 값을 구한다.

$P(Y=0) = P(X=0) = {}_4C_0 \left(\dfrac{1}{2}\right)^4 = \dfrac{1}{16}$

$P(Y=1) = P(X=1) = {}_4C_1 \left(\dfrac{1}{2}\right)^4 = \dfrac{1}{4}$

$P(Y=2) = 1 - P(Y=0) - P(Y=1) = 1 - \dfrac{1}{16} - \dfrac{1}{4} = \dfrac{11}{16}$

확률변수 Y의 확률분포를 표로 나타내면 다음과 같다.

Y	0	1	2	계
$P(Y=y)$	$\frac{1}{16}$	$\frac{1}{4}$	$\frac{11}{16}$	1

따라서 $E(Y)=0\times\frac{1}{16}+1\times\frac{1}{4}+2\times\frac{11}{16}=\frac{13}{8}$

●핵심 공식

▶ 이항분포
한 번의 시행에서 사건 A가 일어날 확률이 p일 때, n번의 독립시행에서 사건 A가 일어나는 횟수를 확률변수 X라 하면 X의 확률분포는
$$P(X=k)={}_n C_k p^k (1-p)^{n-k} \ (k=0,\ 1,\ \cdots,\ n)$$
이와 같은 확률분포를 이항분포라 한다.

▶ 이항분포의 평균, 분산, 표준편차
확률변수 X가 이항분포 $B(n,\ p)$를 따를 때, X의 평균, 분산, 표준편차는 다음과 같다.
$$E(X)=np,\ V(X)=npq,\ \sigma(X)=\sqrt{npq}\ (단,\ q=1-p)$$

---

27 모평균의 추정 정답률 56% | 정답 ②

❶ 정규분포 $N(m,\ 5^2)$을 따르는 모집단에서 크기가 49인 표본을 임의추출하여 얻은 표본평균이 $\overline{x}$일 때, 모평균 m에 대한 신뢰도 95%의 신뢰구간이 ❷ $a\le m\le\frac{6}{5}a$이다. $\overline{x}$의 값은? (단, Z가 표준정규분포를 따르는 확률변수일 때, $P(|Z|\le 1.96)=0.95$로 계산한다.) [3점]

① 15.2 ② 15.4 ③ 15.6 ④ 15.8 ⑤ 16.0

STEP 01 ❶에서 모평균의 신뢰구간을 구한 후 ❷와 연립하여 $\overline{x}$의 값을 구한다.

모표준편차가 5이고, 표본의 크기가 49, 표본평균이 $\overline{x}$이므로 모평균 m에 대한 신뢰도 95%의 신뢰구간은
$$\overline{x}-1.96\times\frac{5}{\sqrt{49}}\le m\le\overline{x}+1.96\times\frac{5}{\sqrt{49}}$$
$$\overline{x}-1.4\le m\le\overline{x}+1.4$$
따라서 $a=\overline{x}-1.4$이고 $\frac{6}{5}a=\overline{x}+1.4$이므로

$$\frac{a}{5}=(\overline{x}+1.4)-(\overline{x}-1.4)=2.8$$
따라서 $a=5\times 2.8=14$이므로
$$\overline{x}=a+1.4=14+1.4=15.4$$

●핵심 공식

▶ 모평균의 추정
(1) 신뢰도가 95%일 때, 모평균 m의 신뢰구간은
$$\overline{X}-1.96\times\frac{\sigma}{\sqrt{n}}\le m\le\overline{X}+1.96\times\frac{\sigma}{\sqrt{n}}$$
(2) 신뢰도가 99%일 때, 모평균 m의 신뢰구간은
$$\overline{X}-2.58\times\frac{\sigma}{\sqrt{n}}\le m\le\overline{X}+2.58\times\frac{\sigma}{\sqrt{n}}$$

---

28 조건부확률 정답률 47% | 정답 ④

하나의 주머니와 두 상자 A, B가 있다. 주머니에는 숫자 1, 2, 3, 4가 하나씩 적힌 4장의 카드가 들어 있고, 상자 A에는 흰 공과 검은 공이 각각 8개 이상 들어 있고, 상자 B는 비어 있다. 이 주머니와 두 상자 A, B를 사용하여 다음 시행을 한다.

주머니에서 임의로 한 장의 카드를 꺼내어 카드에 적힌 수를 확인한 후 다시 주머니에 넣는다.
확인한 수가 1이면 상자 A에 있는 흰 공 1개를 상자 B에 넣고, 확인한 수가 2 또는 3이면 상자 A에 있는 흰 공 1개와 검은 공 1개를 상자 B에 넣고, 확인한 수가 4이면 상자 A에 있는 흰 공 2개와 검은 공 1개를 상자 B에 넣는다.

❶ 이 시행을 4번 반복한 후 상자 B에 들어 있는 공의 개수가 8일 때, 상자 B에 들어 있는 검은 공의 개수가 2일 확률은? [4점]

① $\frac{3}{70}$ ② $\frac{2}{35}$ ③ $\frac{1}{14}$ ④ $\frac{3}{35}$ ⑤ $\frac{1}{10}$

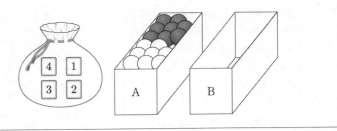

STEP 01 ❶의 경우를 구한다.

상자 B에 들어있는 공의 개수가 8인 사건을 E, 상자 B에 들어있는 검은 공의 개수가 2인 사건을 F라 하면

구하는 확률은 $P(F|E)=\dfrac{P(E\cap F)}{P(E)}$이다.

한 번의 시행에서 상자 B에 넣는 공의 개수는 1 또는 2 또는 3이므로 4번의 시행 후 상자 B에 들어있는 공의 개수가 8인 경우는
$8=3+3+1+1$ 또는 $8=3+2+2+1$ 또는 $8=2+2+2+2$
뿐이다.

STEP 02 ❶의 각 경우의 확률과 4번의 시행 후 상자 B에 들어있는 검은 공의 개수를 각각 구한 후 조건부확률로 구하는 확률을 구한다.

(i) $8=3+3+1+1$인 경우
상자 B에 들어있는 검은 공의 개수는 2이다.
주머니에서 숫자 1이 적힌 카드를 2번, 숫자 4가 적힌 카드를 2번 꺼내야 하므로 이 경우의 확률은
$$\frac{4!}{2!\times 2!}\times\left(\frac{1}{4}\right)^4=6\times\left(\frac{1}{4}\right)^4$$

(ii) $8=3+2+2+1$인 경우
상자 B에 들어있는 검은 공의 개수는 3이다.
주머니에서 숫자 1이 적힌 카드를 1번, 숫자 2 또는 3이 적힌 카드를 2번, 숫자 4가 적힌 카드를 1번 꺼내야 하므로 이 경우의 확률은
$$\frac{4!}{2!}\times\left\{\left(\frac{1}{4}\right)\times\left(\frac{2}{4}\right)^2\times\left(\frac{1}{4}\right)\right\}=48\times\left(\frac{1}{4}\right)^4$$

(iii) $8=2+2+2+2$인 경우
상자 B에 들어있는 검은 공의 개수는 4이다.
주머니에서 숫자 2 또는 3이 적힌 카드를 4번 꺼내야 하므로 이 경우의 확률은
$$\left(\frac{2}{4}\right)^4=16\times\left(\frac{1}{4}\right)^4$$

(i), (ii), (iii)에서
$$P(E)=6\times\left(\frac{1}{4}\right)^4+48\times\left(\frac{1}{4}\right)^4+16\times\left(\frac{1}{4}\right)^4=70\times\left(\frac{1}{4}\right)^4$$

$$P(E\cap F)=6\times\left(\frac{1}{4}\right)^4$$

따라서 $P(F|E)=\dfrac{P(E\cap F)}{P(E)}=\dfrac{6\times\left(\frac{1}{4}\right)^4}{70\times\left(\frac{1}{4}\right)^4}=\dfrac{3}{35}$

●핵심 공식

▶ 조건부확률
확률이 0이 아닌 두 사건 A, B에 대하여 사건 A가 일어났다고 가정할 때, 사건 B가 일어날 확률을 사건 A가 일어났을 때의 사건 B의 조건부 확률이라 하고, 이것을 $P(B|A)$로 나타낸다.
$$P(B|A)=\frac{P(A\cap B)}{P(A)}\ (단,\ P(A)>0)$$

---

29 중복조합 정답률 25% | 정답 196

다음 조건을 만족시키는 6 이하의 자연수 a, b, c, d의 ❶ 모든 순서쌍 $(a,\ b,\ c,\ d)$의 개수를 구하시오. [4점]

$a\le c\le d$이고 $b\le c\le d$이다.

STEP 01 a, b의 대소관계에 따라 경우를 나누고 각각 중복조합으로 순서쌍 $(a,\ b,\ c,\ d)$의 개수를 구한 후 ❶을 구한다.

(i) $a\le b\le c\le d$인 순서쌍의 개수
1, 2, 3, 4, 5, 6 중에서 중복을 허락하여 4개를 택한 다음 크지 않은 순서대로 a, b, c, d의 값으로 정하는 경우의 수와 같으므로
$${}_6 H_4={}_{6+4-1}C_4={}_9 C_4=\frac{9\times 8\times 7\times 6}{4\times 3\times 2\times 1}=126$$

(ii) $b \le a \le c \le d$인 순서쌍의 개수

(i)과 마찬가지이므로 $_6H_4 = 126$

(iii) $a = b \le c \le d$인 순서쌍의 개수

1, 2, 3, 4, 5, 6 중에서 중복을 허락하여 3개를 택한 다음 크지 않은 순서대로 $a(=b)$, c, d의 값으로 정하는 경우의 수와 같으므로

$_6H_3 = _{6+3-1}C_3 = _8C_3 = \dfrac{8 \times 7 \times 6}{3 \times 2 \times 1} = 56$

(i), (ii), (iii)에서 구하는 순서쌍의 개수는

$126 + 126 - 56 = 196$

다른 풀이

(i) $a \le b \le c \le d$인 순서쌍의 개수

1, 2, 3, 4, 5, 6 중에서 중복을 허락하여 4개를 택한 다음 크지 않은 순서대로 a, b, c, d의 값으로 정하는 경우의 수와 같으므로

$_6H_4 = _{6+4-1}C_4 = _9C_4 = \dfrac{9 \times 8 \times 7 \times 6}{4 \times 3 \times 2 \times 1} = 126$

(ii) $b < a \le c \le d$인 순서쌍의 개수

i) $b = 1$일 때 $1 < a \le c \le d$인 순서쌍의 개수는

2, 3, 4, 5, 6 중에서 중복을 허락하여 3개를 택한 다음 크지 않은 순서대로 a, c, d의 값으로 정하는 경우의 수와 같으므로

$_5H_3 = _{5+3-1}C_3 = _7C_3 = 35$

ii) $b = 2$일 때 $2 < a \le c \le d$인 순서쌍의 개수는

3, 4, 5, 6 중에서 중복을 허락하여 3개를 택한 다음 크지 않은 순서대로 a, c, d의 값으로 정하는 경우의 수와 같으므로

$_4H_3 = _{4+3-1}C_3 = _6C_3 = 20$

iii) $b = 3$일 때 $3 < a \le c \le d$인 순서쌍의 개수는

4, 5, 6 중에서 중복을 허락하여 3개를 택한 다음 크지 않은 순서대로 a, c, d의 값으로 정하는 경우의 수와 같으므로

$_3H_3 = _{3+3-1}C_3 = _5C_3 = 10$

iv) $b = 4$일 때 $4 < a \le c \le d$인 순서쌍의 개수는

5, 6 중에서 중복을 허락하여 3개를 택한 다음 크지 않은 순서대로 a, c, d의 값으로 정하는 경우의 수와 같으므로

$_2H_3 = _{2+3-1}C_3 = _4C_3 = 4$

v) $b = 5$일 때 $5 < a \le c \le d$이려면

$a = c = d = 6$이어야 하므로 순서쌍의 개수는 1

이상에서 $b < a \le c \le d$인 순서쌍의 개수는

$35 + 20 + 10 + 4 + 1 = 70$

(i), (ii)에서 구하는 순서쌍의 개수는 $126 + 70 = 196$

● **핵심 공식**

▶ 중복조합

$_nH_r$은 서로 다른 n개의 원소에서 r개를 뽑는 경우의 수이다.

$_nH_r = _{n+r-1}C_r$

★★★ 등급을 가르는 문제!

30 정규분포   정답률 21% | 정답 673

양수 t에 대하여 확률변수 X가 정규분포 **❶** $N(1, t^2)$을 따른다.

❷ $P(X \le 5t) \ge \dfrac{1}{2}$

이 되도록 하는 모든 양수 t에 대하여

❸ $P(t^2 - t + 1 \le X \le t^2 + t + 1)$의

최댓값을 오른쪽 표준정규분포표를 이용하여 구한 값을 k라 하자.

$1000 \times k$의 값을 구하시오. [4점]

z	$P(0 \le Z \le z)$
0.6	0.226
0.8	0.288
1.0	0.341
1.2	0.385
1.4	0.419

STEP 01 ❶, ❷에서 t의 범위를 구한다. ❸을 표준화하고 최댓값을 갖는 경우를 파악하여 표준정규분포표를 이용하여 k를 구한 다음 $1000 \times k$의 값을 구한다.

확률변수 X의 평균이 1이므로

$P(X \le 5t) \ge \dfrac{1}{2}$에서 $5t \ge 1$, 즉 $t \ge \dfrac{1}{5}$ …… ㉠

확률변수 X의 평균이 1, 표준편차가 t이므로 $Z = \dfrac{X-1}{t}$로 놓으면

확률변수 Z는 표준정규분포 $N(0, 1)$을 따른다.

$P(t^2 - t + 1 \le X \le t^2 + t + 1) = P\left(\dfrac{t^2 - t}{t} \le \dfrac{X-1}{t} \le \dfrac{t^2 + t}{t} \right)$

$= P(t - 1 \le Z \le t + 1)$ …… ㉡

이때 $(t+1) - (t-1) = 2$로 일정하므로 t의 값이 확률변수 Z의 평균 0에 가까울수록 ㉡의 값은 증가한다.

따라서 ㉠에서 $t = \dfrac{1}{5}$일 때 ㉡의 최댓값은

$k = P\left(\dfrac{1}{5} - 1 \le Z \le \dfrac{1}{5} + 1 \right)$

$= P(-0.8 \le Z \le 1.2)$

$= P(0 \le Z \le 0.8) + P(0 \le Z \le 1.2)$

$= 0.288 + 0.385 = 0.673$이므로

$1000 \times k = 673$

● **핵심 공식**

▶ 정규분포의 표준화

(1) 확률변수 X가 정규분포 $N(m, \sigma^2)$을 따를 때 확률변수 $Z = \dfrac{X-m}{\sigma}$은 표준정규분포 $N(0, 1)$을 따른다.

(2) $P(a \le X \le b) = P\left(\dfrac{a-m}{\sigma} \le Z \le \dfrac{b-m}{\sigma} \right)$

★★ **문제 해결 꿀~팁** ★★

▶ 문제 해결 방법

확률변수 X의 평균이 1, 표준편차가 t이므로

$P(t^2 - t + 1 \le X \le t^2 + t + 1)$를 표준화하면 $P(t-1 \le Z \le t+1)$이다.

이때 $(t+1) - (t-1) = 2$로 일정하므로 t의 값이 Z의 평균 0에 가까울수록 $P(t-1 \le Z \le t+1)$의 값이 증가한다. 조건에서 양수 t라 하였으므로 $t \ne 0$이다. t의 범위를 모르므로 주어진 조건으로 t의 범위를 구해야 한다.

$N(1, t^2)$에서 X의 평균이 1이고 $P(X \le 5t) \ge \dfrac{1}{2}$이므로 $5t$는 평균 1 이상이어야 한다. 따라서 $t \ge \dfrac{1}{5}$이다. 여기서 t의 범위를 구하지 못하면 문제를 해결할 수가 없다. 정규분포그래프에 X의 평균이 1이고 $P(X \le 5t) \ge \dfrac{1}{2}$인 상황을 나타내면 t의 범위를 쉽게 구할 수 있다. 정규분포의 문제에서 그래프를 이용하면 문제를 훨씬 더 쉽고 빠르게 이해하고 해결할 수 있으므로 그래프를 그려 상황을 나타내는 연습을 하여 익혀두는 것이 좋다.

미적분

23 로그함수의 극한   정답률 93% | 정답 ③

$\displaystyle \lim_{x \to 0} \dfrac{\ln(1+3x)}{\ln(1+5x)}$의 값은? [2점]

① $\dfrac{1}{5}$ ② $\dfrac{2}{5}$ ③ $\dfrac{3}{5}$ ④ $\dfrac{4}{5}$ ⑤ 1

STEP 01 로그함수의 극한으로 값을 구한다.

$\displaystyle \lim_{x \to 0} \dfrac{\ln(1+3x)}{\ln(1+5x)} = \lim_{x \to 0} \dfrac{3x \times \dfrac{\ln(1+3x)}{3x}}{5x \times \dfrac{\ln(1+5x)}{5x}} = \dfrac{3}{5} \times \dfrac{\displaystyle\lim_{x \to 0} \dfrac{\ln(1+3x)}{3x}}{\displaystyle\lim_{x \to 0} \dfrac{\ln(1+5x)}{5x}}$

$= \dfrac{3}{5} \times \dfrac{1}{1} = \dfrac{3}{5}$

24 음함수의 미분법   정답률 81% | 정답 ②

매개변수 $t(t > 0)$으로 나타내어진 곡선

❶ $x = \ln(t^3 + 1)$, $y = \sin \pi t$

에서 $t = 1$일 때, $\dfrac{dy}{dx}$의 값은? [3점]

① $-\dfrac{1}{3}\pi$ ② $-\dfrac{2}{3}\pi$ ③ $-\pi$ ④ $-\dfrac{4}{3}\pi$ ⑤ $-\dfrac{5}{3}\pi$

STEP 01 ❶에서 $\dfrac{dx}{dt}$, $\dfrac{dy}{dt}$를 구한 후 $\dfrac{dy}{dx}$를 구한 다음 $t = 1$을 대입하여 값을 구한다.

$x = \ln(t^3 + 1)$에서 $\dfrac{dx}{dt} = \dfrac{3t^2}{t^3 + 1}$

$y = \sin \pi t$에서 $\dfrac{dy}{dt} = \pi \cos \pi t$

따라서 $\dfrac{dy}{dx}=\dfrac{\dfrac{dy}{dt}}{\dfrac{dx}{dt}}=\dfrac{\pi\cos t}{\dfrac{3t^2}{t^3+1}}=\dfrac{\pi(t^3+1)\cos\pi t}{3t^2}$

따라서 $t=1$일 때의 $\dfrac{dy}{dx}$의 값은

$\dfrac{\pi(1^3+1)\cos\pi}{3\times1^2}=\dfrac{\pi\times2\times(-1)}{3}=-\dfrac{2}{3}\pi$

---

25 역함수의 미분법과 치환적분법 | 정답률 71% | 정답 ④

양의 실수 전체의 집합에서 정의되고 미분가능한 두 함수 $f(x)$, $g(x)$가 있다. $g(x)$는 $f(x)$의 역함수이고, $g'(x)$는 양의 실수 전체의 집합에서 연속이다. 모든 양수 a에 대하여

❶ $\displaystyle\int_1^a\dfrac{1}{g'(f(x))f(x)}dx=2\ln a+\ln(a+1)-\ln2$

이고 $f(1)=8$일 때, $f(2)$의 값은? [3점]

① 36 　② 40 　③ 44 　④ 48 　⑤ 52

STEP 01 역함수의 미분과 치환적분으로 ❶의 좌변을 정리하여 $f(a)$를 구한 다음 $f(2)$의 값을 구한다.

함수 $g(x)$의 정의역이 양의 실수 전체의 집합이고 그 역수 $f(x)$의 치역은 양의 실수 전체의 집합이다.
즉, 모든 양수 x에 대하여
$f(x)>0$ ······ ㉠
모든 양수 x에 대하여 $g(f(x))=x$이므로 양변을 x에 대하여 미분하면
$g'(f(x))f'(x)=1$
따라서
$\displaystyle\int_1^a\dfrac{1}{g'(f(x))f(x)}dx=\int_1^a\dfrac{f'(x)}{f(x)}dx=[\ln|f(x)|]_1^a$
$\qquad=\ln f(a)-\ln f(1)\ (\because ㉠)$
$\qquad=\ln f(a)-\ln8$
$\qquad=\ln f(a)-3\ln2$이므로

$\ln f(a)-3\ln2=2\ln a+\ln(a+1)-\ln2$에서
$\ln f(a)=2\ln a+\ln(a+1)+2\ln2=\ln a^2+\ln(a+1)+\ln2^2=\ln4a^2(a+1)$
즉, $f(a)=4a^2(a+1)$이므로
$f(2)=4\times2^2\times(2+1)=48$

다른 풀이

함수 $g(x)$의 정의역이 양의 실수 전체의 집합이고 그 역수 $f(x)$의 치역은 양의 실수 전체의 집합이다.
즉, 모든 양수 x에 대하여
$f(x)>0$ ······ ㉠
$\displaystyle\int_1^a\dfrac{1}{g'(f(x))f(x)}dx$에서 $f(x)=y$라 하면
$x=1$일 때 $y=f(1)=8$
$x=a$일 때 $y=f(a)$이고
$\dfrac{dy}{dx}=f'(x)$
이때 역함수의 미분법에 의하여
$f'(x)=\dfrac{1}{g'(y)}$이므로 $\dfrac{dy}{dx}=\dfrac{1}{g'(y)}$
이때 도함수 $g'(x)$가 양의 실수 전체의 집합에서 연속이므로 $g'(y)\neq0$
따라서
$\displaystyle\int_1^a\dfrac{1}{g'(f(x))f(x)}dx=\int_8^{f(a)}\left\{\dfrac{1}{g'(y)\times y}\times g'(y)\right\}dy$
$\qquad=\displaystyle\int_8^{f(a)}\dfrac{1}{y}dy$
$\qquad=[\ln|y|]_8^{f(a)}$
$\qquad=\ln|f(a)|-\ln|8|$
$\qquad=\ln|f(a)|-3\ln2$
㉠에서 $f(a)>0$이므로 주어진 등식에서
$\ln f(a)-3\ln2=2\ln a+\ln(a+1)-\ln2$
$\ln f(a)=2\ln a+\ln(a+1)+2\ln2$
$\qquad=\ln a^2+\ln(a+1)+\ln2^2$
$\qquad=\ln4a^2(a+1)$
따라서 $f(a)=4a^2(a+1)$이므로
$f(2)=4\times2^2\times(2+1)=48$

● **핵심 공식**

▶ **치환적분**

$\displaystyle\int_a^b f(g(x))g'(x)dx$에서 $g(x)=t$로 놓으면 $g'(x)dx=dt$

$\displaystyle\int_a^b f(g(x))g'(x)dx=\int_{g(a)}^{g(b)}f(t)dt$

---

26 적분을 이용한 입체도형의 부피 | 정답률 68% | 정답 ③

그림과 같이 곡선 $y=\sqrt{(1-2x)\cos x}\left(\dfrac{3}{4}\pi\leq x\leq\dfrac{5}{4}\pi\right)$와 x축 및 두 직선 $x=\dfrac{3}{4}\pi$, $x=\dfrac{5}{4}\pi$로 둘러싸인 부분을 밑면으로 하는 입체도형이 있다.

이 ❶ 입체도형을 x축에 수직인 평면으로 자른 단면이 모두 정사각형일 때, 이 입체도형의 부피는? [3점]

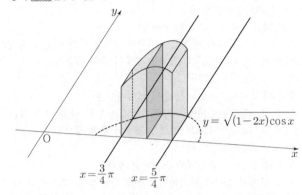

① $\sqrt2\pi-\sqrt2$ 　② $\sqrt2\pi-1$ 　③ $2\sqrt2\pi-\sqrt2$
④ $2\sqrt2\pi-1$ 　⑤ $2\sqrt2\pi$

STEP 01 ❶의 넓이를 구한 후 부분적분으로 적분하여 부피를 구한다.

직선 $x=t\left(\dfrac{3}{4}\pi\leq t\leq\dfrac{5}{4}\pi\right)$를 포함하고 x축에 수직인 평면으로 입체도형을 자른 단면의 넓이를 $S(t)$라 하면
$S(t)=(1-2t)\cos t$
따라서 입체도형의 부피를 V라 하면
$u(t)=1-2t$, $v'(t)=\cos t$
$u'(t)=-2$, $v(t)=\sin t$라 하면

$V=\displaystyle\int_{\frac{3}{4}\pi}^{\frac{5}{4}\pi}(1-2t)\cos t\,dt$

$=[(1-2t)\sin t]_{\frac{3}{4}\pi}^{\frac{5}{4}\pi}+2\displaystyle\int_{\frac{3}{4}\pi}^{\frac{5}{4}\pi}\sin t\,dt$

$=[(1-2t)\sin t]_{\frac{3}{4}\pi}^{\frac{5}{4}\pi}+2[-\cos t]_{\frac{3}{4}\pi}^{\frac{5}{4}\pi}$

$=\left(1-\dfrac{5}{2}\pi\right)\left(-\dfrac{\sqrt2}{2}\right)-\left(1-\dfrac{3}{2}\pi\right)\times\dfrac{\sqrt2}{2}+2\left(\dfrac{\sqrt2}{2}-\dfrac{\sqrt2}{2}\right)$

$=2\sqrt2\pi-\sqrt2$

● **핵심 공식**

▶ **부분적분법**

$\{f(x)g(x)\}'=f'(x)g(x)+f(x)g'(x)$에서 $f(x)g'(x)=\{f(x)g(x)\}'-f'(x)g(x)$이므로 양변을 적분하면
$\displaystyle\int f(x)g'(x)dx=f(x)g(x)-\int f'(x)g(x)dx$

---

27 접선의 방정식 | 정답률 31% | 정답 ①

실수 t에 대하여 원점을 지나고 곡선 $y=\dfrac{1}{e^x}+e^t$에 접하는 직선의 기울기를 $f(t)$라 하자. ❶ $f(a)=-e\sqrt e$를 만족시키는 상수 a에 대하여 $f'(a)$의 값은? [3점]

① $-\dfrac{1}{3}e\sqrt e$ 　② $-\dfrac{1}{2}e\sqrt e$ 　③ $-\dfrac{2}{3}e\sqrt e$ 　④ $-\dfrac{5}{6}e\sqrt e$ 　⑤ $-e\sqrt e$

STEP 01 접점의 x좌표를 미지수로 놓고 $f(t)$를 구한 후 미분하여 $f'(t)$를 구한다. ❶을 이용하여 접점의 x좌표를 구한 다음 $f'(a)$의 값을 구한다.

$y=e^{-x}+e^t$이므로 $y'=-e^{-x}$

접점의 좌표를 $(s, e^{-s}+e^t)$이라고 하면

접선의 방정식은 $y=-e^{-s}(x-s)+e^{-s}+e^t$

이 접선이 원점을 지나므로

$se^{-s}+e^{-s}+e^t=0$

$e^t=-(s+1)e^{-s}$ ······ ㉠

양변을 s에 대하여 미분하면

$e^t\dfrac{dt}{ds}=-e^{-s}+(s+1)e^{-s}=se^{-s}$ ······ ㉡

또한 $f(t)=-e^{-s}$이므로 양변을 s에 대하여 미분하면

$f'(t)\dfrac{dt}{ds}=e^{-s}$ ······ ㉢

㉡, ㉢에서 $\dfrac{e^t}{f'(t)}=s$, 즉 $f'(t)=\dfrac{e^t}{s}$

또한 $f(a)=-e^{-s}=-e\sqrt{e}=-e^{\frac{3}{2}}$에서 $s=-\dfrac{3}{2}$

이고 ㉠에서 $e^a=\dfrac{1}{2}e^{\frac{3}{2}}$이므로

$f'(t)=\dfrac{e^t}{s}$에서

$f'(a)=\dfrac{\frac{1}{2}e^{\frac{3}{2}}}{-\frac{3}{2}}=-\dfrac{1}{3}e^{\frac{3}{2}}=-\dfrac{1}{3}e\sqrt{e}$

●핵심 공식

▶ 접선의 방정식

곡선 $y=f(x)$ 위의 점 $(a, f(a))$에서의 접선의 방정식은

$y-f(a)=f'(a)(x-a)$

---

28 정적분의 활용 정답률 15% | 정답 ②

실수 전체의 집합에서 연속인 함수 $f(x)$가 모든 실수 x에 대하여

$f(x)\geq 0$이고, $x<0$일 때 $f(x)=-4xe^{4x^2}$이다.

모든 양수 t에 대하여 x에 대한 방정식 $f(x)=t$의 서로 다른 실근의 개수는 2이고, 이 방정식의 두 실근 중 작은 값을 $g(t)$, 큰 값을 $h(t)$라 하자.

두 함수 $g(t)$, $h(t)$는 모든 양수 t에 대하여

$2g(t)+h(t)=k(k$는 상수$)$

를 만족시킨다. ❶ $\displaystyle\int_0^7 f(x)dx=e^4-1$일 때, $\dfrac{f(9)}{f(8)}$의 값은? [4점]

① $\dfrac{3}{2}e^5$ ② $\dfrac{4}{3}e^7$ ③ $\dfrac{5}{4}e^9$ ④ $\dfrac{6}{5}e^{11}$ ⑤ $\dfrac{7}{6}e^{13}$

STEP 01 $f(x)$의 미분과 주어진 조건으로 함수 $f(x)$의 증가와 감소를 따져 $y=f(x)$의 그래프의 개형을 그린다.

$x<0$일 때 $f(x)=-4xe^{4x^2}$이므로

$f'(x)=-4e^{4x^2}-4xe^{4x^2}\times 8x=-4e^{4x^2}-32x^2e^{4x^2}<0$

즉, $x<0$에서 함수 $f(x)$는 감소한다.

또한 모든 실수 x에 대하여 $f(x)\geq 0$이고

양수 t에 대하여 x에 대한 방정식 $f(x)=t$의 서로 다른 실근의 개수가 2이므로

$x\geq 0$에서 함수 $f(x)$는 증가한다.

또한, 모든 양수 t에 대하여 $2g(t)+h(t)=k$가 성립하므로

함수 $y=f(x)$의 그래프의 개형은 다음과 같다.

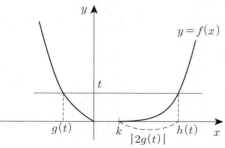

STEP 02 ❶에서 k를 구한 다음 $\dfrac{f(9)}{f(8)}$의 값을 구한다.

이때 $\displaystyle\int_0^7 f(x)dx=e^4-1$에서 $h(t_1)=7$이라 하면

$\displaystyle\int_{g(t_1)}^0 -4xe^{4x^2}dx=\dfrac{1}{2}(e^4-1)$

$\left[-\dfrac{1}{2}e^{4x^2}\right]_{g(t_1)}^0=\dfrac{1}{2}(e^4-1)$

$-\dfrac{1}{2}+\dfrac{1}{2}e^{4\{g(t_1)\}^2}=\dfrac{1}{2}(e^4-1)$

$g(t_1)=-1$

즉 $k+|2\times(-1)|=7$에서 $k=5$이므로

$f(8)=f\left(-\dfrac{3}{2}\right)$, $f(9)=f(-2)$

$\dfrac{f(9)}{f(8)}=\dfrac{f(-2)}{f\left(-\frac{3}{2}\right)}=\dfrac{-4\times(-2)e^{4(-2)^2}}{-4\times\left(-\frac{3}{2}\right)e^{4\left(-\frac{3}{2}\right)^2}}=\dfrac{4}{3}e^{16-9}=\dfrac{4}{3}e^7$

---

29 등비급수 정답률 11% | 정답 162

첫째항과 공비가 각각 0이 아닌 두 등비수열 $\{a_n\}$, $\{b_n\}$에 대하여 두 급수

$\displaystyle\sum_{n=1}^\infty a_n$, $\displaystyle\sum_{n=1}^\infty b_n$이 각각 수렴하고

❶ $\displaystyle\sum_{n=1}^\infty a_n b_n=\left(\sum_{n=1}^\infty a_n\right)\times\left(\sum_{n=1}^\infty b_n\right)$, ❷ $\displaystyle 3\times\sum_{n=1}^\infty |a_{2n}|=7\times\sum_{n=1}^\infty |a_{3n}|$

이 성립한다. $\displaystyle\sum_{n=1}^\infty \dfrac{b_{2n-1}+b_{3n+1}}{b_n}=S$일 때, $120S$의 값을 구하시오. [4점]

STEP 01 등비급수로 ❶의 식을 정리한다.

등비수열 $\{a_n\}$의 첫째항을 a, 공비를 r,

등비수열 $\{b_n\}$의 첫째항을 b, 공비를 $s(a\neq 0, b\neq 0, r\neq 0, s\neq 0)$이라 하자.

$\displaystyle\sum_{n=1}^\infty a_n$, $\displaystyle\sum_{n=1}^\infty b_n$이 각각 수렴하므로

$-1<r<1, -1<s<1$

$\displaystyle\sum_{n=1}^\infty a_n b_n=\dfrac{ab}{1-rs}$

$\displaystyle\sum_{n=1}^\infty a_n=\dfrac{a}{1-r}$, $\displaystyle\sum_{n=1}^\infty b_n=\dfrac{b}{1-s}$이므로

$\dfrac{ab}{1-rs}=\dfrac{a}{1-r}\times\dfrac{b}{1-s}$

$1-rs=(1-r)(1-s)$

$r+s=2rs$ ······ ㉠

STEP 02 r의 범위를 나누어 ❷를 만족하는 r, s를 구한다.

(i) $r>0$인 경우

$a>0$이면 $a_2>0$, $a_3>0$이므로 모든 항이 양수이다.

$3\times\displaystyle\sum_{n=1}^\infty |a_{2n}|=3\times\dfrac{a_2}{1-r^2}$

$7\times\displaystyle\sum_{n=1}^\infty |a_{3n}|=7\times\dfrac{a_3}{1-r^3}$

$\dfrac{3a_2}{1-r^2}=\dfrac{7a_3}{1-r^3}$

$\dfrac{3}{1-r^2}=\dfrac{7r}{1-r^3}$

$4r^3-7r+3=0$

$(r-1)(2r-1)(2r+3)=0$

따라서 $r=\dfrac{1}{2}$인데 ㉠을 만족시키는 s의 값이 존재하지 않으므로 모순이다.

같은 방법으로 $a_1<0$인 경우도 존재하지 않는다.

(ii) $r<0$인 경우

$a>0$이면 $a_2<0$, $a_3>0$이고

수열 $\{|a_{2n}|\}$의 공비는 r^2, 수열 $\{|a_{3n}|\}$의 공비는 $-r^3$이므로

$3\times\displaystyle\sum_{n=1}^\infty |a_{2n}|=3\times\dfrac{-a_2}{1-r^2}$

$7\times\displaystyle\sum_{n=1}^\infty |a_{3n}|=7\times\dfrac{a_3}{1+r^3}$

$\dfrac{-3a_2}{1-r^2}=\dfrac{7a_3}{1+r^3}$

$\dfrac{-3}{1-r^2}=\dfrac{7r}{1+r^3}$

$4r^3-7r-3=0$

$(r+1)(2r-3)(2r+1)=0$

따라서 $r=-\dfrac{1}{2}$이므로 ㉠에 대입하면 $s=\dfrac{1}{4}$이다.

$a_1<0$인 경우도 같은 방법으로 생각하면 같은 결론을 얻을 수 있다.

STEP 03 등비급수로 S를 구한 다음 $120S$의 값을 구한다.

$b_n=b\left(\dfrac{1}{4}\right)^{n-1}$이므로

$$\sum_{n=1}^{\infty}\frac{b_{2n-1}+b_{3n+1}}{b_n}=\sum_{n=1}^{\infty}\frac{b\left(\dfrac{1}{16}\right)^{n-1}+b\left(\dfrac{1}{64}\right)^{n}}{b\left(\dfrac{1}{4}\right)^{n-1}}$$

$$=\sum_{n=1}^{\infty}\left\{\left(\dfrac{1}{4}\right)^{n-1}+\left(\dfrac{1}{4}\right)^{2n+1}\right\}$$

$$=\frac{1}{1-\dfrac{1}{4}}+\frac{\dfrac{1}{64}}{1-\dfrac{1}{16}}$$

$$=\frac{4}{3}+\frac{1}{60}=\frac{27}{20}$$

따라서 $S=\dfrac{27}{20}$이므로

$$120S=120\times\frac{27}{20}=162$$

> **● 핵심 공식**
>
> ▶ 무한등비급수
>
> 무한등비급수 $\displaystyle\sum_{n=1}^{\infty}ar^{n-1}=a+ar+ar^2+\cdots+ar^{n-1}+\cdots\ (a\neq0)$
>
> 에서 $|r|<1$이면 수렴하고 그 합은 $\dfrac{a}{1-r}$이다.

★★★ 등급을 가르는 문제!

30 미적분의 활용 　　　　정답률 6% | 정답 125

실수 전체의 집합에서 미분가능한 함수 $f(x)$의 도함수 $f'(x)$가

$$f'(x)=|\sin x|\cos x$$

이다. 양수 a에 대하여 곡선 $y=f(x)$ 위의 점 $(a,f(a))$에서의 접선의
방정식을 $y=g(x)$라 하자. 함수

❶ $h(x)=\displaystyle\int_0^x\{f(t)-g(t)\}dt$

가 $x=a$에서 극대 또는 극소가 되도록 하는 모든 양수 a를 작은 수부터
크기순으로 나열할 때, n번째 수를 a_n이라 하자. $\dfrac{100}{\pi}\times(a_6-a_2)$의 값을
구하시오. [4점]

STEP 01 x의 범위를 나누어 $f'(x)$를 구한 후 삼각함수의 배각공식으로 식을
정리하여 $y=f'(x)$의 그래프를 그린다.

$$f'(x)=|\sin x|\cos x=\begin{cases}\sin x\cos x & (\sin x\geq0)\\[2mm]-\sin x\cos x & (\sin x<0)\end{cases}$$

$$=\begin{cases}\dfrac{1}{2}\sin2x & (\sin x\geq0)\\[2mm]-\dfrac{1}{2}\sin2x & (\sin x<0)\end{cases}$$

이때 함수 $y=\sin2x$의 주기는 $\dfrac{2\pi}{2}=\pi$이므로 함수 $y=f'(x)$의 그래프의
개형을 $0\leq x\leq2\pi$에서만 그려보면 다음과 같다.

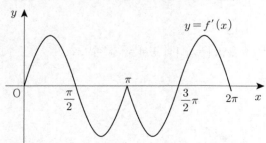

STEP 02 ❶을 만족하는 a의 특징을 파악한 후 삼각함수의 대칭성을 이용하여 a_2,
a_6을 구한 다음 $\dfrac{100}{\pi}\times(a_6-a_2)$의 값을 구한다.

또한 $h(x)=\displaystyle\int_0^x\{f(t)-g(t)\}dt$에서

$$h'(x)=f(x)-g(x)$$

이므로 $h'(x)=0$, 즉 $f(x)=g(x)$를 만족시키면서 그 값의 좌우에서 $h'(x)$의
부호가 바뀌는 경우이다.

이때 $y=\sin2x$의 대칭성을 이용하여 양수 a의 값을 작은 수부터 차례대로
구하면

$$\frac{\pi}{4},\ \frac{3}{4}\pi,\ \pi,\ \frac{5}{4}\pi,\ \frac{7}{4}\pi,\ 2\pi$$이므로

$$a_2=\frac{3}{4}\pi,\ a_6=2\pi$$

따라서 $\dfrac{100}{\pi}\times(a_6-a_2)=\dfrac{100}{\pi}\times\left(2\pi-\dfrac{3}{4}\pi\right)=125$

> **● 핵심 공식**
>
> ▶ 배각공식
>
> (1) $\sin2\alpha=2\sin\alpha\cos\alpha$
>
> (2) $\cos2\alpha=\cos^2\alpha-\sin^2\alpha=2\cos^2\alpha-1=1-2\sin^2\alpha$
>
> (3) $\tan2\alpha=\dfrac{2\tan\alpha}{1-\tan^2\alpha}$
>
> ▶ 변곡점
>
> $f'(a)=0$인 $x=a$의 좌우에서 $f'(x)$의 부호가 바뀌면 점 $(a,f(a))$는 곡선 $y=f(x)$
> 의 변곡점이라고 한다.

★★ 문제 해결 꿀~팁 ★★

▶ 문제 해결 방법

다른 어려운 문항들도 마찬가지이지만 이번 문제는 더욱더 문제의 의미를 파악하는 것이
제일 중요하다 할 수 있다.

$h(x)=\displaystyle\int_0^x\{f(t)-g(t)\}dt$가 $x=a$에서 극대 또는 극소라는 의미만 정확하게 파악할
수 있다면 문제를 매우 간단히 풀 수 있다.

$h(x)$가 $x=a$에서 극대 또는 극소이다.

→ $h'(a)=0$이고 좌우에서 부호가 바뀐다.

→ $f(a)=g(a)$이며 교점의 좌우에서 두 그래프의 위 아래가 반대이다.

⇒ $y=f(x)$와 접선 $y=g(x)$가 $x=a$일 때 만나는데 접점의 좌우에서 두 그래프의 위
아래가 반대가 되려면 접선이 곡선을 관통해야 한다. 즉, $(a,f(a))$는 $y=f(x)$의 변곡점
이다. 따라서 $f''(a)=0$을 만족하는 x를 구하면 된다.

$f(x)$를 미분하여 $y=f'(x)$의 그래프를 그려 극값을 갖는 x의 값 중 작은 수부터 2번
째와 6번째 x좌표를 구하거나 $f''(x)$를 구한 후 그래프를 그려 좌우에서 부호가 바뀌는
x의 값 중 작은 수부터 2번째와 6번째 x좌표를 구하면 된다.

문제의 의미를 파악하고 나면 문제를 어떻게 풀이해야 할지 계획이 서게 되고 풀이과정은
그다지 복잡하지 않다. 문제에서 주어진 문장들의 의미와 식의 의미를 파악하는 연습을
충분히 하여야 한다.

●정답●

공통 | 수학
01 ⑤ 02 ④ 03 ① 04 ③ 05 ⑤ 06 ② 07 ④ 08 ④ 09 ③ 10 ④ 11 ① 12 ② 13 ③ 14 ① 15 ⑤
16 10 17 15 18 22 19 7 20 17 21 33 22 13
선택 | 확률과 통계
23 ③ 24 ② 25 ⑤ 26 ③ 27 ② 28 ④ 29 49 30 100
선택 | 미적분
23 ④ 24 ③ 25 ⑤ 26 ④ 27 ② 28 ② 29 26 30 31

★ 표기된 문항은 [등급을 가르는 문항]에 해당하는 문제입니다.

01 지수법칙 정답률 88% | 정답 ⑤

❶ $\left(\dfrac{4}{2^{\sqrt{2}}}\right)^{2+\sqrt{2}}$ 의 값은? [2점]

① $\dfrac{1}{4}$ ② $\dfrac{1}{2}$ ③ 1 ④ 2 ⑤ 4

STEP 01 지수법칙으로 ❶의 값을 구한다.

$\left(\dfrac{4}{2^{\sqrt{2}}}\right)^{2+\sqrt{2}} = \left(2^2 \div 2^{\sqrt{2}}\right)^{2+\sqrt{2}} = \left(2^{2-\sqrt{2}}\right)^{2+\sqrt{2}} = 2^{(2-\sqrt{2})(2+\sqrt{2})} = 2^2 = 4$

●핵심 공식●

▶ 지수법칙
$a > 0$, $b > 0$이고, m, n이 실수일 때
(1) $a^m a^n = a^{m+n}$ (2) $(a^m)^n = a^{mn}$
(3) $(ab)^n = a^n b^n$ (4) $a^m \div a^n = a^{m-n}$
(5) $\sqrt[m]{a^n} = a^{\frac{n}{m}}$ (6) $\dfrac{1}{a^n} = a^{-n}$
(7) $a^0 = 1$

02 함수의 극한 정답률 88% | 정답 ④

❶ $\lim\limits_{x\to\infty} \dfrac{\sqrt{x^2-2}+3x}{x+5}$ 의 값은? [2점]

① 1 ② 2 ③ 3 ④ 4 ⑤ 5

STEP 01 ❶의 분자와 분모를 각각 x로 나누어 극한값을 구한다.

$\lim\limits_{x\to\infty} \dfrac{\sqrt{x^2-2}+3x}{x+5} = \lim\limits_{x\to\infty} \dfrac{\sqrt{1-\dfrac{2}{x^2}}+3}{1+\dfrac{5}{x}} = \dfrac{\sqrt{1-0}+3}{1+0} = 4$

03 등비수열 정답률 86% | 정답 ①

공비가 양수인 등비수열 $\{a_n\}$이

❶ $a_2 + a_4 = 30$, $a_4 + a_6 = \dfrac{15}{2}$

를 만족시킬 때, a_1의 값은? [3점]

① 48 ② 56 ③ 64 ④ 72 ⑤ 80

STEP 01 ❶에서 등비수열의 성질을 이용하여 공비를 구한 후 a_1의 값을 구한다.

등비수열 $\{a_n\}$의 공비를 $r(r>0)$이라 하자.

$a_2 + a_4 = 30$ ······ ㉠

한편, $a_4 + a_6 = \dfrac{15}{2}$ 에서 $r^2(a_2 + a_4) = \dfrac{15}{2}$ ······ ㉡

㉠을 ㉡에 대입하면 $r^2 \times 30 = \dfrac{15}{2}$, $r^2 = \dfrac{1}{4}$

$r > 0$이므로 $r = \dfrac{1}{2}$

㉠에서 $a_1 r + a_1 r^3 = 30$

$a_1 \times \dfrac{1}{2} + a_1 \times \left(\dfrac{1}{2}\right)^3 = 30$, $a_1 \times \dfrac{5}{8} = 30$

따라서 $a_1 = 30 \times \dfrac{8}{5} = 48$

●핵심 공식●

▶ 등비수열
첫째항이 a, 공비가 r인 등비수열에서 일반항 a_n은
$a_n = ar^{n-1}$ $(n=1, 2, 3, \cdots)$

04 곱의 미분법 정답률 87% | 정답 ③

다항함수 $f(x)$에 대하여 함수 $g(x)$를

❶ $g(x) = x^2 f(x)$

라 하자. ❷ $f(2) = 1$, $f'(2) = 3$일 때, $g'(2)$의 값은? [3점]

① 12 ② 14 ③ 16 ④ 18 ⑤ 20

STEP 01 곱의 미분법으로 ❶을 미분한 후 ❷를 이용하여 $g'(2)$의 값을 구한다.

$g(x) = x^2 f(x)$에서 미분하면 $g'(x) = 2xf(x) + x^2 f'(x)$
이때, $f(2) = 1$, $f'(2) = 3$이므로
$g'(2) = 4f(2) + 4f'(2) = 4\times 1 + 4\times 3 = 16$

●핵심 공식●

▶ 곱의 미분법
$f(x) = g(x)h(x)$라 하면, $f'(x) = g'(x)h(x) + g(x)h'(x)$

05 삼각함수의 값 정답률 69% | 정답 ⑤

$\tan\theta < 0$이고 ❶ $\cos\left(\dfrac{\pi}{2}+\theta\right) = \dfrac{\sqrt{5}}{5}$ 일 때, $\cos\theta$의 값은? [3점]

① $-\dfrac{2\sqrt{5}}{5}$ ② $-\dfrac{\sqrt{5}}{5}$ ③ 0 ④ $\dfrac{\sqrt{5}}{5}$ ⑤ $\dfrac{2\sqrt{5}}{5}$

STEP 01 삼각함수의 성질을 이용하여 ❶에서 $\sin\theta$를 구한 후 $\cos\theta$의 값을 구한다.

$\cos\left(\dfrac{\pi}{2}+\theta\right) = -\sin\theta$ 이므로

$\sin\theta = -\dfrac{\sqrt{5}}{5}$

$\tan\theta < 0$, $\sin\theta < 0$이므로

θ는 제4사분면의 각이고 $\cos\theta > 0$ 이다.

$\cos^2\theta = 1 - \sin^2\theta = 1 - \left(\dfrac{\sqrt{5}}{5}\right)^2 = \dfrac{4}{5}$ 에서

$\cos\theta = -\dfrac{2\sqrt{5}}{5}$ 또는 $\cos\theta = \dfrac{2\sqrt{5}}{5}$

따라서 $\cos\theta > 0$ 이므로

$\cos\theta = \dfrac{2\sqrt{5}}{5}$

06 함수의 극대와 극소 정답률 88% | 정답 ②

함수 $f(x) = 2x^3 - 9x^2 + ax + 5$는 ❶ $x=1$에서 극대이고, $x=b$에서 극소이다. $a+b$의 값은? (단, a, b는 상수이다.) [3점]

① 12 ② 14 ③ 16 ④ 18 ⑤ 20

STEP 01 $f(x)$를 미분하고 ❶에서 a를 구한 후 b를 구한 다음 합을 구한다.

$f(x) = 2x^3 - 9x^2 + ax + 5$에서 $f'(x) = 6x^2 - 18x + a$
함수 $f(x)$가 $x=1$에서 극대이므로
$f'(1) = 6 - 18 + a = 0$, $a = 12$
이때, $f'(x) = 6x^2 - 18x + 12 = 6(x-1)(x-2)$
$f'(x) = 0$에서 $x=1$ 또는 $x=2$
이때 함수 $f(x)$의 증가와 감소를 표로 나타내면 다음과 같다.

x	$\cdots$	1	$\cdots$	2	$\cdots$
$f'(x)$	+	0	−	0	+
$f(x)$	↗	극대	↘	극소	↗

함수 $f(x)$는 $x=2$에서 극소이므로 $b=2$
따라서 $a+b = 12 + 2 = 14$

07 등차수열의 일반항과 $\sum$의 정의 정답률 72% | 정답 ④

모든 항이 양수이고 ❶ 첫째항과 공차가 같은 등차수열 $\{a_n\}$이

② $\sum_{k=1}^{15} \dfrac{1}{\sqrt{a_k}+\sqrt{a_{k+1}}}=2$

를 만족시킬 때, a_4의 값은? [3점]

① 6   ② 7   ③ 8   ④ 9   ⑤ 10

STEP 01 등차수열의 일반항으로 ❶을 놓고 ❷에 대입한 후 합을 구하여 첫째항을 구한 다음 a_4의 값을 구한다.

등차수열 $\{a_n\}$의 첫째항과 공차가 같으므로 $a_1 = a$라 하면

$a_n = a+(n-1)\times a = an$

한편 $\sum_{k=1}^{15} \dfrac{1}{\sqrt{a_k}+\sqrt{a_{k+1}}}=2$에서

$\sum_{k=1}^{15} \dfrac{1}{\sqrt{a_k}+\sqrt{a_{k+1}}} = \sum_{k=1}^{15} \dfrac{1}{\sqrt{ak}+\sqrt{a(k+1)}}$

$\qquad = \sum_{k=1}^{15} \dfrac{\sqrt{a(k+1)}-\sqrt{ak}}{a}$

$\qquad = \dfrac{1}{a}\sum_{k=1}^{15}(\sqrt{a(k+1)}-\sqrt{ak})$

$\qquad = \dfrac{1}{a}\{(\sqrt{2a}-\sqrt{a})+(\sqrt{3a}-\sqrt{2a})+$

$\qquad\qquad \cdots\cdots +(\sqrt{16a}-\sqrt{15a})\}$

$\qquad = \dfrac{1}{a}(4\sqrt{a}-\sqrt{a}) = \dfrac{3\sqrt{a}}{a} = \dfrac{3}{\sqrt{a}} = 2$

$2\sqrt{a}=3$, $a=\dfrac{9}{4}$

따라서

$a_4 = 4a = 4\times\dfrac{9}{4} = 9$

●핵심 공식

▶ 등차수열

첫째항이 a, 공차가 d인 등차수열의 일반항 a_n은

$a_n = a+(n-1)d$ $(n=1, 2, 3, \cdots)$

---

08 접선의 방정식   정답률 76% | 정답 ④

❶ 점 $(0, 4)$에서 곡선 $y=x^3-x+2$에 그은 접선의 x절편은? [3점]

① $-\dfrac{1}{2}$ ② -1 ③ $-\dfrac{3}{2}$ ④ -2 ⑤ $-\dfrac{5}{2}$

STEP 01 미분을 이용하여 ❶의 방정식을 구한 후 x절편을 구한다.

$y=x^3-x+2$에서 $y'=3x^2-1$

이때 곡선 $y=x^3-x+2$ 위의 점 (t, t^3-t+2)에서의 접선의 방정식은

$y-(t^3-t+2) = (3t^2-1)(x-t)$

이 직선이 점 $(0, 4)$를 지나므로

$4-(t^3-t+2) = (3t^2-1)(0-t)$

정리하면 $t^3=-1$이므로 $t=-1$

따라서 점 $(0, 4)$에서 곡선 $y=x^3-x+2$에 그은 접선의 방정식은

$y-2 = 2(x+1)$

$y = 2x+4$

따라서 직선 $y=2x+4$의 x절편은 -2이다.

●핵심 공식

▶ 접선의 방정식

곡선 $y=f(x)$ 위의 점 $(a, f(a))$에서의 접선의 방정식은

$y-f(a) = f'(a)(x-a)$

---

09 삼각함수의 최댓값과 최솟값   정답률 72% | 정답 ③

함수

$f(x) = a-\sqrt{3}\tan 2x$

가 닫힌구간 ❶ $\left[-\dfrac{\pi}{6}, b\right]$에서 최댓값 7, 최솟값 3을 가질 때, $a\times b$의 값은?

(단, a, b는 상수이다.) [4점]

① $\dfrac{\pi}{2}$ ② $\dfrac{5\pi}{12}$ ③ $\dfrac{\pi}{3}$ ④ $\dfrac{\pi}{4}$ ⑤ $\dfrac{\pi}{6}$

STEP 01 함수 $f(x)$의 주기와 증가, 감소를 파악하여 a, b를 차례로 구한 다음 곱을 구한다.

함수 $f(x) = a-\sqrt{3}\tan 2x$의 그래프의 주기는 $\dfrac{\pi}{2}$이다.

함수 $f(x)$가 닫힌구간 $\left[-\dfrac{\pi}{6}, b\right]$에서 최댓값과 최솟값을 가지므로

$-\dfrac{\pi}{6}<b<\dfrac{\pi}{4}$이다.

한편, 함수 $y=f(x)$의 그래프는 구간 $\left[-\dfrac{\pi}{6}, b\right]$에서 x의 값이 증가할 때, y의 값은 감소한다.

함수 $f(x)$는 $x=-\dfrac{\pi}{6}$에서 최댓값 7을 가지므로

$f\left(-\dfrac{\pi}{6}\right) = a-\sqrt{3}\tan\left(-\dfrac{\pi}{3}\right) = 7$에서 $a+\sqrt{3}\tan\dfrac{\pi}{3} = 7$

$a+3=7$, $a=4$

함수 $f(x)$는 $x=b$에서 최솟값 3을 가지므로

$f(b) = 4-\sqrt{3}\tan 2b = 3$에서 $\tan 2b = \dfrac{\sqrt{3}}{3}$

이때, $-\dfrac{\pi}{3}<2b<\dfrac{\pi}{2}$이므로

$2b=\dfrac{\pi}{6}$, $b=\dfrac{\pi}{12}$

따라서 $a\times b = 4\times\dfrac{\pi}{12} = \dfrac{\pi}{3}$

---

10 정적분과 넓이   정답률 76% | 정답 ④

두 곡선 $y=x^3+x^2$, $y=-x^2+k$와 y축으로 둘러싸인 부분의 넓이를 A, 두 곡선 $y=x^3+x^2$, $y=-x^2+k$와 직선 $x=2$로 둘러싸인 부분의 넓이를 B라 하자. $A=B$일 때, 상수 k의 값은? (단, $4<k<5$) [4점]

① $\dfrac{25}{6}$ ② $\dfrac{13}{3}$ ③ $\dfrac{9}{2}$ ④ $\dfrac{14}{3}$ ⑤ $\dfrac{29}{6}$

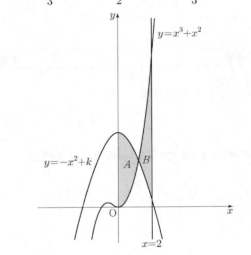

STEP 01 $A=B$를 적분에 이용하여 k의 값을 구한다.

$A=B$이므로 $\displaystyle\int_0^2 \{(x^3+x^2)-(-x^2+k)\}dx = 0$

이어야 한다.

이때,

$\displaystyle\int_0^2 \{(x^3+x^2)-(-x^2+k)\}dx = \int_0^2 (x^3+2x^2-k)dx$

$\qquad = \left[\dfrac{1}{4}x^4+\dfrac{2}{3}x^3-kx\right]_0^2$

$\qquad = 4+\dfrac{16}{3}-2k$

$\qquad = \dfrac{28}{3}-2k = 0$

따라서 $2k=\dfrac{28}{3}$, $k=\dfrac{14}{3}$

---

11 사인법칙과 코사인법칙   정답률 64% | 정답 ①

그림과 같이 사각형 ABCD가 한 원에 내접하고

$\overline{AB}=5$, $\overline{AC}=3\sqrt{5}$, $\overline{AD}=7$, ❶ $\angle BAC = \angle CAD$

일 때, 이 원의 반지름의 길이는? [4점]

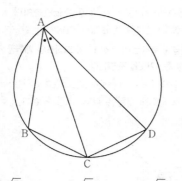

① $\dfrac{5\sqrt{2}}{2}$ ② $\dfrac{8\sqrt{5}}{5}$ ③ $\dfrac{5\sqrt{5}}{3}$ ④ $\dfrac{8\sqrt{2}}{3}$ ⑤ $\dfrac{9\sqrt{3}}{4}$

STEP 01 두 삼각형 ABC, ACD에서 코사인법칙에 의하여 각각 $\overline{BC}^2$, $\overline{CD}^2$을 구한 후 ❶에서 $\cos(\angle BAC)$를 구한 다음 $\sin(\angle BAC)$를 구한다.

$\angle BAC = \angle CAD = \theta$ 라 하면

삼각형 ABC에서 코사인법칙에 의하여

$\overline{BC}^2 = \overline{AB}^2 + \overline{AC}^2 - 2 \times \overline{AB} \times \overline{AC} \times \cos\theta$
$\quad = 25 + 45 - 2 \times 5 \times 3\sqrt{5} \times \cos\theta = 70 - 30\sqrt{5}\cos\theta$

또 삼각형 ACD에서 코사인법칙에 의하여

$\overline{CD}^2 = \overline{AD}^2 + \overline{AC}^2 - 2 \times \overline{AD} \times \overline{AC} \times \cos\theta$
$\quad = 49 + 45 - 2 \times 7 \times 3\sqrt{5} \times \cos\theta = 94 - 42\sqrt{5}\cos\theta$

이때 $\angle BAC = \angle CAD$이므로

$\overline{BC}^2 = \overline{CD}^2$

$70 - 30\sqrt{5}\cos\theta = 94 - 42\sqrt{5}\cos\theta$에서

$\cos\theta = \dfrac{2\sqrt{5}}{5}$

$\overline{BC}^2 = 70 - 30\sqrt{5}\cos\theta = 70 - 30\sqrt{5} \times \dfrac{2\sqrt{5}}{5} = 10$

즉, $\overline{BC} = \sqrt{10}$

한편, $\sin^2\theta = 1 - \cos^2\theta = 1 - \left(\dfrac{2\sqrt{5}}{5}\right)^2 = \dfrac{1}{5}$

$\sin\theta = \dfrac{\sqrt{5}}{5}$

STEP 02 삼각형 ABC에서 사인법칙에 의하여 원의 반지름의 길이를 구한다.

따라서 구하는 원의 반지름의 길이를 R라 하면
삼각형 ABC에서 사인법칙에 의하여

$\dfrac{\overline{BC}}{\sin\theta} = 2R$, $\dfrac{\sqrt{10}}{\dfrac{\sqrt{5}}{5}} = 2R$, $5\sqrt{2} = 2R$

따라서 $R = \dfrac{5\sqrt{2}}{2}$

● **핵심 공식**

▶ 사인법칙

△ABC에 대하여, △ABC의 외접원의 반지름 길이가 R이라고 할 때,

$\dfrac{a}{\sin A} = \dfrac{b}{\sin B} = \dfrac{c}{\sin C} = 2R$

▶ 코사인법칙

세 변의 길이를 각각 a, b, c라 하고 b, c 사이의 끼인각을 A라 하면

$a^2 = b^2 + c^2 - 2bc\cos A$, $\left(\cos A = \dfrac{b^2 + c^2 - a^2}{2bc}\right)$

---

12 정적분과 넓이의 관계 　정답률 48% | 정답 ②

실수 전체의 집합에서 연속인 함수 $f(x)$가 다음 조건을 만족시킨다.

$n-1 \le x < n$일 때, $|f(x)| = |6(x-n+1)(x-n)|$ 이다.
(단, n은 자연수이다.)

열린구간 $(0, 4)$에서 정의된 함수

❶ $g(x) = \displaystyle\int_0^x f(t)dt - \int_x^4 f(t)dt$

가 ❷ $x = 2$에서 최솟값 0을 가질 때, ❸ $\displaystyle\int_{\frac{1}{2}}^4 f(x)dx$의 값은? [4점]

① $-\dfrac{3}{2}$ ② $-\dfrac{1}{2}$ ③ $\dfrac{1}{2}$ ④ $\dfrac{3}{2}$ ⑤ $\dfrac{5}{2}$

STEP 01 ❶, ❷에서 함수 $y = f(x)$의 그래프를 그린다.

함수 $f(x)$가 실수 전체의 집합에서 연속이므로
$n-1 \le x \le n$일 때,
$f(x) = 6(x-n+1)(x-n)$
또는 $f(x) = -6(x-n+1)(x-n)$
함수 $g(x)$가 $x = 2$에서 최솟값 0을 가지므로

$g(2) = \displaystyle\int_0^2 f(t)dt - \int_2^4 f(t)dt = 0$

$\displaystyle\int_0^2 f(t)dt = \int_2^4 f(t)dt$

이때, 함수 $g(x)$가 $x = 2$에서 최솟값을 가져야 하므로 닫힌구간 $[0, 4]$에서 함수 $y = f(x)$의 그래프는 다음과 같다.

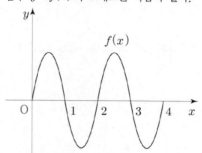

STEP 02 함수 $y = f(x)$의 그래프를 이용하여 ❸을 정리한 후 $f(x)$를 대입하고 적분하여 값을 구한다.

따라서

$\displaystyle\int_{\frac{1}{2}}^4 f(x)dx = \int_{\frac{1}{2}}^1 f(x)dx + \int_1^2 f(x)dx + \int_2^3 f(x)dx + \int_3^4 f(x)dx$

$\quad = \displaystyle\int_{\frac{1}{2}}^1 f(x)dx - \int_0^1 f(x)dx + \int_0^1 f(x)dx - \int_0^1 f(x)dx$

$\quad = -\displaystyle\int_0^{\frac{1}{2}} f(x)dx = -\int_0^{\frac{1}{2}} \{-6x(x-1)\}dx$

$\quad = \displaystyle\int_0^{\frac{1}{2}} (6x^2 - 6x)dx = \left[2x^3 - 3x^2\right]_0^{\frac{1}{2}}$

$\quad = 2 \times \left(\dfrac{1}{2}\right)^3 - 3 \times \left(\dfrac{1}{2}\right)^2 = -\dfrac{1}{2}$

---

13 거듭제곱근의 뜻 　정답률 61% | 정답 ③

자연수 $m(m \ge 2)$에 대하여 ❶ m^{12}의 n제곱근 중에서 정수가 존재하도록 하는 2 이상의 자연수 n의 개수를 $f(m)$이라 할 때, $\displaystyle\sum_{m=2}^9 f(m)$의 값은? [4점]

① 37 ② 42 ③ 47 ④ 52 ⑤ 57

STEP 01 ❶의 방정식을 세워 $m = 1$부터 $m = 9$까지 $f(m)$을 구한 후 합을 구한다.

m^{12}의 n제곱근은 x에 대한 방정식

$x^n = m^{12}$　　　　　……㉠

의 근이다.

이때, m의 값에 따라 ㉠의 방정식이 정수근을 갖도록 하는 2 이상의 자연수의 n의 개수를 구하면 다음과 같다.

(ⅰ) $m = 2$일 때,
　㉠의 방정식은 $x^n = 2^{12}$
　이 방정식의 근 중 정수가 존재하기 위한 n의 값은 2, 3, 4, 6, 12이므로
　$f(2) = 5$

(ⅱ) $m = 3$일 때,
　㉠의 방정식은 $x^n = 3^{12}$
　이 방정식의 근 중 정수가 존재하기 위한 n의 값은 2, 3, 4, 6, 12이므로
　$f(3) = 5$

(ⅲ) $m = 4$일 때,
　㉠의 방정식은 $x^n = 4^{12}$ 즉, $x^n = 2^{24}$
　이 방정식의 근 중 정수가 존재하기 위한 n의 값은 2, 3, 4, 6, 8, 12, 24 이므로
　$f(4) = 7$

(ⅳ) $m = 5$일 때,
　㉠의 방정식은 $x^n = 5^{12}$
　이 방정식의 근 중 정수가 존재하기 위한 n의 값은 2, 3, 4, 6, 12이므로
　$f(5) = 5$

(ⅴ) $m = 6$일 때,

13회

①의 방정식은 $x^n = 6^{12}$

이 방정식의 근 중 정수가 존재하기 위한 n의 값은 2, 3, 4, 6, 12이므로

$f(6) = 5$

(vi) $m = 7$일 때,

①의 방정식은 $x^n = 7^{12}$

이 방정식의 근 중 정수가 존재하기 위한 n의 값은 2, 3, 4, 6, 12이므로

$f(7) = 5$

(vii) $m = 8$일 때,

①의 방정식은 $x^n = 8^{12}$ 즉, $x^n = 2^{36}$

이 방정식의 근 중 정수가 존재하기 위한 n의 값은 2, 3, 4, 6, 9, 12, 18, 36이므로

$f(8) = 8$

(viii) $m = 9$일 때,

①의 방정식은 $x^n = 9^{12}$ 즉, $x^n = 3^{24}$

이 방정식의 근 중 정수가 존재하기 위한 n의 값은 2, 3, 4, 6, 8, 12, 24 이므로

$f(9) = 7$

따라서

$$\sum_{m=2}^{9} f(m) = f(2) + f(3) + \cdots + f(9)$$
$$= 5 + 5 + 7 + 5 + 5 + 5 + 8 + 7$$
$$= 5 \times 5 + 7 \times 2 + 8 = 47$$

★★★ 등급을 가르는 문제!

14 극한으로 표현된 함수　　　　정답률 21% | 정답 ①

다항함수 $f(x)$에 대하여 함수 $g(x)$를 다음과 같이 정의한다.

$$g(x) = \begin{cases} x & (x < -1 \text{ 또는 } x > 1) \\ f(x) & (-1 \leq x \leq 1) \end{cases}$$

함수 $h(x) = \lim_{t \to 0+} g(x+t) \times \lim_{t \to 2+} g(x+t)$에 대하여 〈보기〉에서 옳은 것만을 있는 대로 고른 것은? [4점]

─── 〈보기〉 ───

ㄱ. $h(1) = 3$

ㄴ. 함수 $h(x)$는 실수 전체의 집합에서 연속이다.

ㄷ. 함수 $g(x)$가 닫힌구간 $[-1, 1]$에서 감소하고 $g(-1) = -2$이면 함수 $h(x)$는 실수 전체의 집합에서 최솟값을 갖는다.

① ㄱ　　② ㄴ　　③ ㄱ, ㄴ　　④ ㄱ, ㄷ　　⑤ ㄴ, ㄷ

STEP 01 ㄱ. $h(1)$을 구하여 참, 거짓을 판별한다.

ㄱ. $x > 1$에서 $g(x) = x$이므로

$h(1) = \lim_{t \to 0+} g(1+t) \times \lim_{t \to 2+} g(1+t) = \lim_{t \to 0+} (1+t) \times \lim_{t \to 2+} (1+t)$

$= 1 \times 3 = 3$　　　　∴ 참

STEP 02 ㄴ. $x = -3$, $x = -1$, $x = 1$일 때 $h(x)$의 연속성을 조사하여 참, 거짓을 판별한다.

ㄴ. $h(x) = \lim_{t \to 0+} g(x+t) \times \lim_{t \to 2+} g(x+t)$이므로

$x < -3$일 때 $h(x) = x \times (x+2)$

$x = -3$일 때 $h(-3) = -3 \times f(-1)$

$-3 < x < -1$일 때 $h(x) = x \times f(x+2)$

$x = -1$일 때 $h(-1) = f(-1) \times 1$

$-1 < x < 1$일 때 $h(x) = f(x) \times (x+2)$

$x = 1$일 때 $h(1) = 1 \times 3$

$x > 1$일 때 $h(x) = x \times (x+2)$

즉, $x < -3$ 또는 $x \geq 1$일 때 함수 $y = h(x)$의 그래프는 그림과 같다.

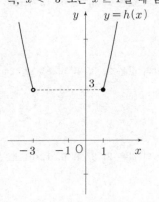

$f(-3) \neq 3$이면 함수 $h(x)$는 $x = -3$에서 불연속이다.

즉, 함수 $h(x)$는 실수 전체의 집합에서 연속이라 할 수 없다.　　　　∴ 거짓

STEP 03 ㄷ. 조건을 만족하는 $y = g(x)$의 그래프의 개형을 구한 후 $y = h(x)$의 그래프의 개형을 추론하여 참, 거짓을 판별한다.

ㄷ. 함수 $g(x)$가 닫힌구간 $[-1, 1]$에서 감소하고 $g(-1) = -2$일 때, 함수 $y = g(x)$의 그래프의 개형은 다음 그림과 같다.

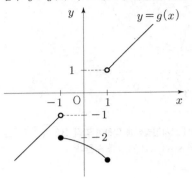

이때,

$h(-3) = -3 \times f(-1) = -3 \times (-2) = 6$

$h(-1) = f(-1) \times 1 = -2 \times 1 = -2$이다.

$-3 < x < -1$에서 $h(x) > 0$

또 $-1 < x < 1$에서 $h(x) = f(x) \times (x+2)$이므로

$h'(x) = f'(x) \times (x+2) + f(x)$

$f'(x) < 0$, $x + 2 > 0$, $f(x) < 0$이므로

$h'(x) < 0$

즉, $-1 < x < 1$에서 함수 $h(x)$는 감소하고 $f(1) = 3$이므로

함수 $h(x)$는 최솟값을 갖지 않는다.　　　　∴ 거짓

따라서 옳은 것은 ㄱ

★★ 문제 해결 꿀~팁 ★★

▶ 문제 해결 방법

먼저 $h(1)$을 구하면 $h(1) \neq g(1) \times g(3)$임을 알 수 있다. $h(x)$에 $x = 1$을 대입하면
$h(1) = \lim_{t \to 0+} g(1+t) \times \lim_{t \to 2+} g(1+t) = 1 \times 3$이다.

이 사실은 다음 보기를 해결할 때 매우 중요하게 작용한다. 여기서 $h(x)$가 대략 어떻게 만들어지는 함수인지를 짐작할 수 있어야 한다.

이제 $h(x)$가 연속인지를 파악하여야 하는데 $y = g(x)$는 $x = -1$과 $x = 1$에서 불연속이므로 $h(x)$는 $x = -3$, $x = -1$, $x = 1$에서 불연속일 가능성이 있다. 그러므로 위의 세 값을 기준으로 범위를 나누어 각각 $y = h(x)$를 구하여 불연속성을 조사하여야 한다.

이와 같은 방법으로 $y = h(x)$를 구하면 일부 구간에서 $h(x)$는 $g(x)$를 포함한 식으로 표현되고 있어 그래프를 명확하게 그리기는 어렵다. 다만 위에서 언급한 세 지점에서의 불연속성만 따져주면 된다.

ㄷ에서 $g(x)$에 대한 정보를 주고 있어 이를 바탕으로 $y = g(x)$의 그래프를 그린 후 $y = h(x)$의 그래프를 추론하면 $-1 < x < 1$인 범위에서 ㄴ보다 더 구체적으로 $y = h(x)$의 그래프에 대해 알 수 있으므로 최솟값의 존재여부도 알 수 있다.

★★★ 등급을 가르는 문제!

15 수열의 귀납법　　　　정답률 36% | 정답 ⑤

모든 항이 자연수이고 다음 조건을 만족시키는 모든 수열 $\{a_n\}$에 대하여 a_9의 최댓값과 최솟값을 각각 M, m이라 할 때, $M + m$의 값은? [4점]

(가) $a_7 = 40$

(나) 모든 자연수 n에 대하여

$$a_{n+2} = \begin{cases} a_{n+1} + a_n & (a_{n+1}\text{이 3의 배수가 아닌 경우}) \\ \dfrac{1}{3} a_{n+1} & (a_{n+1}\text{이 3의 배수인 경우}) \end{cases}$$

이다.

① 216　　② 218　　③ 220　　④ 222　　⑤ 224

STEP 01 $a_6 = 3k$, $a_6 = 3k \pm 1$인 경우로 경우를 나누고 두 조건을 이용하여 각각 a_9를 구한 다음 $M + m$의 값을 구한다.

(i) a_6이 3의 배수인 경우

$a_7 = 40$이므로 $\dfrac{a_6}{3} = a_7$

$a_6 = 3a_7 = 3 \times 40 = 120$

$a_7 = 40$이 3의 배수가 아니므로

$a_8 = a_6 + a_7 = 120 + 40 = 160$

$a_8 = 160$이 3의 배수가 아니므로

$a_9 = a_7 + a_8 = 40 + 160 = 200$

(ii) $a_6 = 3k - 2$ (k는 자연수)인 경우

$a_5 + a_6 = a_7$

$a_5 = a_7 - a_6 = 40 - (3k - 2) = 42 - 3k = 3(14 - k)$

a_5는 자연수이므로

$3(14 - k) > 0$에서 $k < 14$

한편, a_5는 3의 배수이므로 $a_6 = \dfrac{a_5}{3}$

즉, $3k - 2 = \dfrac{3(14 - k)}{3}$에서 $4k = 16$, $k = 4$

따라서 $a_6 = 3 \times 4 - 2 = 10$이므로

$a_8 = a_6 + a_7 = 10 + 40 = 50$

$a_8 = 50$이 3의 배수가 아니므로

$a_9 = a_7 + a_8 = 40 + 50 = 90$

(iii) $a_6 = 3k - 1$ (k는 자연수)인 경우

$a_5 + a_6 = a_7$

$a_5 = a_7 - a_6 = 40 - (3k - 1) = 41 - 3k$

a_5는 자연수이므로 $41 - 3k > 0$에서

$k < \dfrac{41}{3}$ ...... ㉠

한편, a_5는 3의 배수가 아니므로

$a_4 + a_5 = a_6$에서

$a_4 = a_6 - a_5 = (3k - 1) - (41 - 3k)$

$\quad = 6k - 42 = 3(2k - 14)$

a_4가 자연수이므로 $3(2k - 14) > 0$에서

$k > 7$ ...... ㉡

㉠, ㉡에서 $7 < k < \dfrac{41}{3}$

한편, a_4는 3의 배수이므로 $a_5 = \dfrac{a_4}{3}$

즉, $41 - 3k = \dfrac{3(2k - 14)}{3}$에서 $5k = 55$, $k = 11$

따라서 $a_6 = 3 \times 11 - 1 = 32$이므로

$a_8 = a_6 + a_7 = 32 + 40 = 72$

$a_8 = 72$가 3의 배수이므로

$a_9 = \dfrac{a_8}{3} = \dfrac{72}{3} = 24$

(i), (ii), (iii)에서 a_9의 최댓값은 $M = 200$, 최솟값은 $m = 24$

따라서 $M + m = 200 + 24 = 224$

★★ 문제 해결 꿀~팁 ★★

▶ 문제 해결 방법

조건 (나)에서 a_{n+1}이 3의 배수인 경우와 아닌 경우에 따라 a_{n+2}를 구하는 방법이 달라지고 조건 (가)에서 $a_7 = 40$임을 알려 주었으므로 a_6이 3의 배수인지 아닌지를 구분하여야 한다.

먼저 a_6이 3의 배수이면 $\dfrac{a_6}{3} = a_7 = 40$이므로 $a_6 = 120$이고

a_7이 3의 배수가 아니므로 $a_8 = a_6 + a_7 = 120 + 40 = 160$,

a_8이 3의 배수가 아니므로 $a_9 = a_7 + a_8 = 40 + 160 = 200$

a_6이 3의 배수가 아니면 $a_5 + a_6 = a_7$, $a_5 = a_7 - a_6 = 40 - (3k \pm 1)$로 a_5는 3의 배수일 수도 있고 아닐 수도 있다.

그러므로 $a_6 = 3k - 2$인 경우와 $a_6 = 3k - 1$인 경우로 경우를 나누어 a_5를 구해야 한다. 이렇게 세 가지 경우로 a_6의 경우를 나누어 각각 구할 수 있는 항들을 구하여 3의 배수인지 아닌지를 판단하고 a_6을 구하여야 a_7, a_8, a_9를 구할 수 있다. 구하는 과정이 다소 복잡하고 까다롭더라도 포기하거나 실수하지 않도록 꼼꼼하게 따져주어야 한다.

---

16 로그방정식   정답률 91% | 정답 10

방정식

❶ $\log_2(3x + 2) = 2 + \log_2(x - 2)$

를 만족시키는 실수 x의 값을 구하시오. [3점]

STEP 01 로그의 성질을 이용하여 ❶의 방정식을 풀어 x의 값을 구한다.

$\log_2(3x + 2) = 2 + \log_2(x - 2)$에서

$\log_2(3x + 2) = \log_2 2^2 + \log_2(x - 2)$

$\log_2(3x + 2) = \log_2 \{4 \times (x - 2)\}$이므로

$3x + 2 = 4(x - 2)$, $3x + 2 = 4x - 8$

$x = 10$

● **핵심 공식**

▶ 로그의 성질

$a > 0$, $a \ne 1$, $M > 0$, $N > 0$일 때

① $\log_a 1 = 0$, $\log_a a = 1$

② $\log_a MN = \log_a M + \log_a N$

③ $\log_a \dfrac{M}{N} = \log_a M - \log_a N$

④ $\log_a N^k = k \log_a N$ (단, k는 실수)

---

17 부정적분   정답률 93% | 정답 15

함수 $f(x)$에 대하여 $f'(x) = 4x^3 - 2x$이고 ❶ $f(0) = 3$일 때, $f(2)$의 값을 구하시오. [3점]

STEP 01 $f'(x)$를 적분한 후 ❶을 이용하여 적분상수를 구한 다음 $f(2)$의 값을 구한다.

$f(x) = \displaystyle\int f'(x)\,dx = \int (4x^3 - 2x)\,dx = x^4 - x^2 + C$ (C는 적분상수)

이때 $f(0) = 3$이므로 $C = 3$

따라서 $f(x) = x^4 - x^2 + 3$이므로

$f(2) = 16 - 4 + 3 = 15$

---

18 $\sum$의 성질   정답률 92% | 정답 22

두 수열 $\{a_n\}$, $\{b_n\}$에 대하여

❶ $\displaystyle\sum_{k=1}^{5}(3a_k + 5) = 55$, ❷ $\displaystyle\sum_{k=1}^{5}(a_k + b_k) = 32$

일 때, $\displaystyle\sum_{k=1}^{5} b_k$의 값을 구하시오. [3점]

STEP 01 ❶에서 $\displaystyle\sum_{k=1}^{5} a_k$를 구한 후 ❷에 대입하여 $\displaystyle\sum_{k=1}^{5} b_k$의 값을 구한다.

$\displaystyle\sum_{k=1}^{5}(3a_k + 5) = 55$에서

$3\displaystyle\sum_{k=1}^{5} a_k + 25 = 55$

$\displaystyle\sum_{k=1}^{5} a_k = 10$

$\displaystyle\sum_{k=1}^{5}(a_k + b_k) = 32$에서

$\displaystyle\sum_{k=1}^{5} a_k + \sum_{k=1}^{5} b_k = 32$

따라서 $\displaystyle\sum_{k=1}^{5} b_k = -\sum_{k=1}^{5} a_k + 32 = -10 + 32 = 22$

---

19 미분의 활용   정답률 78% | 정답 7

방정식 ❶ $2x^3 - 6x^2 + k = 0$의 서로 다른 양의 실근의 개수가 2가 되도록 하는 정수 k의 개수를 구하시오. [3점]

STEP 01 $2x^3 - 6x^2 + k$를 미분하여 극값을 구한 후 ❶을 만족할 조건으로 k의 범위를 구한 다음 범위에 해당하는 정수 k의 개수를 구한다.

방정식 $2x^3 - 6x^2 + k = 0$ ...... ㉠

에서 $f(x) = 2x^3 - 6x^2 + k$라 하면 방정식의 실근은 함수 $y = f(x)$의 그래프와 x축이 만나는 점의 x좌표이다.

한편, $f'(x) = 6x^2 - 12x = 6x(x - 2)$이므로

$f'(x) = 0$에서 $x = 0$ 또는 $x = 2$

그러므로 함수 $f(x)$의 증가와 감소를 표로 나타내면 다음과 같다.

x	$\cdots$	0	$\cdots$	2	$\cdots$
$f'(x)$	+	0	$-$	0	+
$f(x)$	↗	k	↘	$k - 8$	↗

이때, ㉠이 2개의 서로 다른 양의 실근을 갖기 위해서는 다음 그림과 같아야 한다.

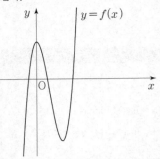

즉, 함수 $f(x)$의 극댓값은 양수이어야 하고 함수 $f(x)$의 극솟값은 음수이어야 한다.

그러므로 $k > 0$이고 $k - 8 < 0$이므로

$0 < k < 8$

따라서 정수 k는 1, 2, 3, 4, 5, 6, 7로

그 개수는 7이다.

---

20 적분의 활용　　　　　　　　　　정답률 64% | 정답 17

수직선 위를 움직이는 점 P의 시각 $t(t \geq 0)$에서의 속도 $v(t)$와 가속도 $a(t)$가 다음 조건을 만족시킨다.

> (가) $0 \leq t \leq 2$일 때, $v(t) = 2t^3 - 8t$이다.
> (나) $t \geq 2$일 때, $a(t) = 6t + 4$이다.

❶ 시각 $t = 0$에서 $t = 3$까지 점 P가 움직인 거리를 구하시오. [4점]

STEP 01 조건 (나)에서 $a(t)$를 적분하여 $v(t)$를 구한 후 조건 (가)를 이용하여 $0 \leq t \leq 3$에서의 $v(t)$를 구한다.

$t \geq 2$일 때

$v(t) = 3t^2 + 4t + C$ (C는 적분상수)

이때 $v(2) = 0$이므로

$12 + 8 + C = 0$에서 $C = -20$

즉, $0 \leq t \leq 3$에서

$v(t) = \begin{cases} 2t^3 - 8t & (0 \leq t \leq 2) \\ 3t^2 + 4t - 20 & (2 \leq t \leq 3) \end{cases}$

STEP 02 $|v(t)|$를 적분하여 ❶을 구한다.

따라서 $t = 0$에서 $t = 3$까지 점 P가 움직인 거리는

$\int_0^3 |v(t)| dt = \int_0^2 |v(t)| dt + \int_2^3 |v(t)| dt$

$= -\int_0^2 v(t) dt + \int_2^3 v(t) dt$

$= -\int_0^2 (2t^3 - 8t) dt + \int_2^3 (3t^2 + 4t - 20) dt$

$= -\left[\frac{1}{2} t^4 - 4t^2 \right]_0^2 + \left[t^3 + 2t^2 - 20t \right]_2^3$

$= -(-8) + 9 = 17$

---

21 지수함수와 로그함수의 그래프　　　　정답률 43% | 정답 33

자연수 n에 대하여 함수 $f(x)$를

$f(x) = \begin{cases} |3^{x+2} - n| & (x < 0) \\ |\log_2(x+4) - n| & (x \geq 0) \end{cases}$

이라 하자. 실수 t에 대하여 x에 대한 방정식 $f(x) = t$의 서로 다른 실근의 개수를 $g(t)$라 할 때, 함수 ❶ $g(t)$의 최댓값이 4가 되도록 하는 모든 자연수 n의 값의 합을 구하시오. [4점]

STEP 01 $y = |3^{x+2} - n|$의 평행이동과 점근선을 구한 후 n의 범위를 나누어 그래프를 그린다.

함수 $y = 3^{x+2} - n$의 그래프는 함수 $y = 3^x$의 그래프를 x축의 방향으로 -2 만큼, y축의 방향으로 $-n$ 만큼 평행이동한 그래프이다.

함수 $y = |3^{x+2} - n|$의 그래프는 점 $(0, |9 - n|)$을 지나고 점근선의 방정식은 $y = n$이다.

$x < 0$일 때, 자연수 n의 값에 따른 함수 $y = |3^{x+2} - n|$의 그래프는 다음과 같다.

$1 \leq n < 9$일 때,

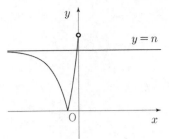

$n = 9$일 때,

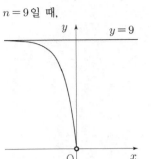

$n > 9$일 때,

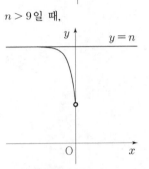

STEP 02 $y = \log_2(x+4) - n$의 평행이동과 점근선을 구한 후 n의 범위를 나누어 그래프를 그린다.

또, 함수 $y = \log_2(x+4) - n$의 그래프는 함수 $y = \log_2 x$의 그래프를 x축의 방향으로 -4 만큼, y축의 방향으로 $-n$ 만큼 평행이동한 그래프이다.

함수 $y = |\log_2(x+4) - n|$의 그래프는 점 $(0, |2 - n|)$을 지나고 점근선의 방정식은 $x = -4$이다.

$x \geq 0$일 때, 자연수 n의 값에 따른 함수 $y = |\log_2(x+4) - n|$의 그래프는 다음과 같다.

$n = 1$일 때,

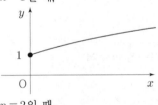

$n = 2$일 때,

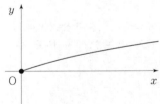

$n > 2$일 때,

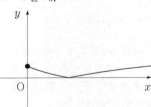

STEP 03 ❶을 만족하도록 하는 $y = f(x)$의 그래프를 찾아 n의 범위를 구한 후 범위에 포함되는 자연수 n의 값을 구하여 합을 구한다.

x에 대한 방정식 $f(x) = t$의 서로 다른 실근의 개수 $g(t)$는 함수 $y = f(x)$의 그래프와 직선 $y = t$가 만나는 점의 개수와 같다.

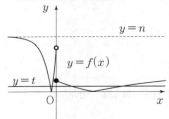

함수 $g(t)$의 최댓값이 4이므로
$9-n>0$이고 $2-n<0$이어야 한다.
즉, $2<n<9$이다.
따라서 자연수 n의 값은 3, 4, 5, 6, 7, 8이고,
그 합은 $3+4+5+6+7+8=33$이다.

★★★ 등급을 가르는 문제!

22 미분계수의 정의와 연속성   정답률 8% | 정답 13

> 최고차항의 계수가 1인 삼차함수 $f(x)$와 실수 전체의 집합에서 연속인 함수 $g(x)$가 다음 조건을 만족시킬 때, $f(4)$의 값을 구하시오. [4점]
>
> (가) 모든 실수 x에 대하여 $f(x)=f(1)+(x-1)f'(g(x))$이다.
> (나) 함수 $g(x)$의 최솟값은 $\dfrac{5}{2}$이다.
> (다) $f(0)=-3$, $f(g(1))=6$

STEP 01 함수 $f(x)$를 놓고 조건 (가)에 대입하여 $f'(g(x))$를 구한 다음 조건 (나)와 $y=f'(g(x))$의 그래프의 대칭성을 이용하여 a를 구한다.

조건 (다)에서 $f(0)=-3$이므로 두 상수 a, b에 대하여 함수 $f(x)$는
$$f(x)=x^3+ax^2+bx-3$$
한편, 조건 (가)에서
$f(x)=f(1)+(x-1)f'(g(x))$이므로
$x \neq 1$일 때,
$$f'(g(x))=\frac{f(x)-f(1)}{x-1}$$
$$=\frac{(x^3+ax^2+bx-3)-(a+b-2)}{x-1}$$
$$=\frac{(x^3-1)+a(x^2-1)+b(x-1)}{x-1}$$
$$=(x^2+x+1)+a(x+1)+b$$
$$=x^2+(a+1)x+a+b+1 \qquad \cdots\cdots \text{㉠}$$

조건 (나)에서 함수 $g(x)$가 최솟값 $\dfrac{5}{2}$를 가지므로 이 값을 갖는 x의 값을 α라 하자.

이때, $f'(x)$는 이차함수이고 ㉠의 우변의 이차함수의 그래프가 대칭이므로 $g(x)$도 $x=\alpha$에 대하여 대칭이어야 한다.

이때, 함수 $y=f'(g(x))$의 그래프는 $x=\alpha$에 대하여 대칭이다.

한편, ㉠의 우변의 함수 $y=x^2+(a+1)x+a+b+1$의 그래프는

직선 $x=-\dfrac{a+1}{2}$에 대하여 대칭이다.

그러므로 $\alpha=-\dfrac{a+1}{2}$

한편, ㉠의 식에 $x=\alpha$를 대입하면
$$f'(g(\alpha))=\alpha^2+(a+1)\alpha+a+b+1$$
이때, $g(\alpha)=\dfrac{5}{2}$이므로 대입하면
$$f'\left(\frac{5}{2}\right)=\alpha^2+(a+1)\alpha+a+b+1$$
한편, $f'(x)=3x^2+2ax+b$이므로
$$\frac{75}{4}+5a+b=\alpha^2+(a+1)\alpha+a+b+1$$
즉, $\dfrac{75}{4}+5a=\alpha^2+(a+1)\alpha+a+1$

이때, $\alpha=-\dfrac{a+1}{2}$을 대입하면
$$\frac{75}{4}+5a=\frac{(a+1)^2}{4}-\frac{(a+1)^2}{2}+a+1$$
$$\frac{75}{4}+5a=-\frac{(a+1)^2}{4}+a+1$$
$$75+20a=-(a^2+2a+1)+(4a+4)$$
$$a^2+18a+72=0$$
$$(a+6)(a+12)=0$$
$$a=-6 \text{ 또는 } a=-12$$

STEP 02 각 a에 대하여 $y=f'(g(x))$의 그래프의 개형을 파악하고 조건에 맞는 a를 구한다.

한편, $a=-12$일 때, $f'(x)=3x^2-24x+b$이고
이 함수 $y=f'(x)$의 그래프는 직선 $x=8$에 대하여 대칭이므로
함수 $y=f'(g(x))$의 그래프의 개형은 다음과 같다.

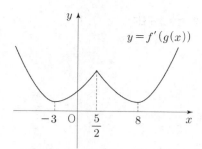

즉, 함수 $y=f'(g(x))$의 그래프의 개형은 이차함수의 그래프의 개형이 아니다.

그러므로 $a=-6$이고 $\alpha=\dfrac{5}{2}$이어야 한다. 그러므로
$$f(x)=x^3-6x^2+bx-3 \qquad \cdots\cdots \text{㉡}$$
$$f'(x)=3x^2-12x+b \qquad \cdots\cdots \text{㉢}$$

STEP 03 $x=1$에서 $g(x)$가 연속이고 조건 (나), (다)를 만족하도록 하는 b를 구한 후 $f(4)$의 값을 구한다.

한편 ㉠에서 $f'(x)$와 $g(x)$가 연속이므로
$$\lim_{x \to 1}f'(g(x))=\lim_{x \to 1}\frac{f(x)-f(1)}{x-1}$$
$$f'(g(1))=f'(1)$$
이때 $g(1)=k$라 하면 ㉢으로부터
$$3k^2-12k+b=-9+b, \quad 3k^2-12k+9=0$$
$$k^2-4k+3=0, \quad (k-1)(k-3)=0$$
$$k=1 \text{ 또는 } k=3$$
즉 $g(1)=1$ 또는 $g(1)=3$

이때 $g(1)=1$은 $g(x)$가 최솟값 $\dfrac{5}{2}$를 갖는다는 것에 모순이다.

그러므로 $g(1)=3$
한편, 조건 (다)에서 $f(g(1))=6$이므로
$$f(3)=6$$
이때 ㉡에 대입하면
$$27-54+3b=9$$
$$3b=36, \quad b=12$$
따라서 $f(x)=x^3-6x^2+12x-3$이므로
$$f(4)=4^3-6 \times 4^2+12 \times 4-3=13$$

★★ 문제 해결 꿀~팁 ★★

▶ 문제 해결 방법

$f(x)$는 최고차항의 계수가 1이고 상수항이 -3인 삼차함수이므로
$f(x)=x^3+ax^2+bx-3$이라 하자. 이를 조건 (가)에 대입하면
$$f'(g(x))=\frac{f(x)-f(1)}{x-1}=x^2+(a+1)x+a+b+1$$
여기서 $\dfrac{f(x)-f(1)}{x-1}$의 의미는 $y=f(x)$위의 임의의 점과 점 $(1, f(1))$을 지나는 직선의 기울기이다. 이 의미를 이용하여 문제를 풀이하는 방법도 좋은 방법이다.
해설의 풀이는 함수의 차수와 대칭성을 이용하여 풀이를 하고 있다.
$g(x)$가 최솟값 $\dfrac{5}{2}$를 갖는 x의 값을 α, $h(x)=x^2+(a+1)x+a+b+1$이라 하자.
$y=h(x)$의 그래프는 직선 $x=-\dfrac{a+1}{2}$에 대하여 대칭인 이차함수이므로 $g(x)$도 $x=\alpha$
에 대하여 대칭이어야 한다. 그러므로 $\alpha=-\dfrac{a+1}{2}$이다.

$f'(g(x))$와 $f(x)$를 미분하여 얻은 $f'(x)$의 두 식에서 $f'\left(\dfrac{5}{2}\right)$를 각각 구하여 연립하면 a를 구할 수 있다. 또한 조건 (가)의 식이 모든 실수 x에 대하여 성립하고 함수 $g(x)$가 실수 전체의 집합에서 연속이므로 $x=1$에서 조건 (가)를 만족하며 $g(x)$가 연속일 조건을 구하면 b를 구할 수 있다.
주어진 식을 어떻게 이해하느냐, 숨겨진 뜻과 식의 의미를 어디까지 이해할 수 있느냐에 따라 풀이방법 및 문제풀이의 소요시간에 상당한 차이가 있는 문제이다. 다항함수의 미분과 적분에 관련된 식의 숨은 의미를 볼 때마다 익혀 두고 그래프를 추론하는 훈련을 꾸준히 하는 것이 큰 도움이 된다.

확률과 통계

23 이항정리   정답률 86% | 정답 ③

> 다항식 ❶ $(x^3+3)^5$의 전개식에서 x^9의 계수는? [2점]
>
> ① 30   ② 60   ③ 90   ④ 120   ⑤ 150

❶에서 이항정리를 이용하여 x^9의 계수를 구한다.

다항식 $(x^3+3)^5$의 전개식의 일반항은
$_5\mathrm{C}_r(x^3)^{5-r}3^r=_5\mathrm{C}_r\,3^r\,x^{15-3r}$
$(r=0, 1, 2, \cdots , 5)$이므로
x^9항은 $15-3r=9$, 즉 $r=2$일 때이다.
따라서 x^9의 계수는
$_5\mathrm{C}_2\times3^2=10\times9=90$

● 핵심 공식

▶ 이항정리
(1) n이 자연수일 때 $(a+b)^n$의 전개식은 다음과 같다.
$$(a+b)^n=\sum_{r=0}^{n}{_n\mathrm{C}_r}\,a^{n-r}b^r={_n\mathrm{C}_0}a^nb^0+{_n\mathrm{C}_1}a^{n-1}b^1+\cdots+{_n\mathrm{C}_r}a^{n-r}b^r+\cdots+{_n\mathrm{C}_n}a^0b^n$$
(2) $(1+x)^n=\sum_{r=0}^{n}{_n\mathrm{C}_r}x^r={_n\mathrm{C}_0}x^0+{_n\mathrm{C}_1}x^1+\cdots+{_n\mathrm{C}_r}x^r+\cdots+{_n\mathrm{C}_n}x^n$

---

24 중복순열 정답률 82% | 정답 ②

숫자 1, 2, 3, 4, 5 중에서 중복을 허락하여 4개를 택해 일렬로 나열하여 만들 수 있는 네 자리의 자연수 중 4000 이상인 홀수의 개수는? [3점]
① 125 ② 150 ③ 175 ④ 200 ⑤ 225

STEP 01 천의 자리의 수와 일의 자리의 수를 결정한 후 중복조합을 이용하여 구하는 홀수의 개수를 구한다.

네 자리의 자연수가 4000 이상인 홀수이려면
천의 자리의 수는 4, 5 중 하나이고,
일의 자리의 수는 1, 3, 5 중 하나이며,
십의 자리와 백의 자리의 수는 각각
1, 2, 3, 4, 5 중 하나이어야 한다.
따라서 구하는 자연수의 개수는
$_2\Pi_1\times{_3\Pi_1}\times{_5\Pi_2}=2\times3\times25=150$

● 핵심 공식

▶ 중복순열
서로 다른 n개의 물건에서 중복을 허락하여, r개를 택해 일렬로 배열한 것을 서로 다른 n개에서 중복을 허락하여 r개를 택한 중복순열이라 하고, 중복순열의 총갯수는 $_n\Pi_r$로 나타낸다.
$\therefore {_n\Pi_r}=n\times n\times n\times \cdots \times n=n^r$

---

25 여사건의 확률 정답률 77% | 정답 ⑤

흰색 마스크 5개, 검은색 마스크 9개가 들어 있는 상자가 있다. 이 상자에서 임의로 3개의 마스크를 동시에 꺼낼 때, 꺼낸 3개의 마스크 중에서 **❶ 적어도 한 개가 흰색 마스크**일 확률은? [3점]
① $\dfrac{8}{13}$ ② $\dfrac{17}{26}$ ③ $\dfrac{9}{13}$ ④ $\dfrac{19}{26}$ ⑤ $\dfrac{10}{13}$

STEP 01 **❶**의 여사건의 확률을 구한 후 구하는 확률을 구한다.

14개의 마스크 중에서 임의로 3개의 마스크를 동시에 꺼낼 때, 꺼낸 3개의 마스크가 모두 검은색일 확률은
$\dfrac{_9\mathrm{C}_3}{_{14}\mathrm{C}_3}=\dfrac{\dfrac{9\times8\times7}{3\times2\times1}}{\dfrac{14\times13\times12}{3\times2\times1}}=\dfrac{3}{13}$

따라서 여사건의 확률에 의하여 구하는 확률은
$1-\dfrac{_9\mathrm{C}_3}{_{14}\mathrm{C}_3}=1-\dfrac{3}{13}=\dfrac{10}{13}$

---

26 확률의 덧셈정리 정답률 63% | 정답 ③

주머니에 1이 적힌 흰 공 1개, 2가 적힌 흰 공 1개, 1이 적힌 검은 공 1개, 2가 적힌 검은 공 3개가 들어 있다. 이 주머니에서 임의로 3개의 공을 동시에 꺼내는 시행을 한다. 이 시행에서 꺼낸 3개의 공 중에서 흰 공이 1개이고 검은 공이 2개인 사건을 A, 꺼낸 3개의 공에 적혀 있는 수를 모두 곱한 값이 8인 사건을 B라 할 때, $\mathrm{P}(A\cup B)$의 값은? [3점]
① $\dfrac{11}{20}$ ② $\dfrac{3}{5}$ ③ $\dfrac{13}{20}$ ④ $\dfrac{7}{10}$ ⑤ $\dfrac{3}{4}$

STEP 01 사건 A의 확률, 사건 B의 확률, 사건 A와 사건 B가 동시에 일어날 확률을 각각 구한 후 확률의 덧셈정리를 이용하여 $\mathrm{P}(A\cup B)$의 값을 구한다.

(i) A는 흰 공 1개와 검은 공 2개가 나오는 사건이므로
$$\mathrm{P}(A)=\dfrac{_2\mathrm{C}_1\times{_4\mathrm{C}_2}}{_6\mathrm{C}_3}=\dfrac{2\times\dfrac{4\times3}{2\times1}}{\dfrac{6\times5\times4}{3\times2\times1}}=\dfrac{12}{20}=\dfrac{3}{5}$$

(ii) B는 2가 적혀 있는 공이 3개 나오는 사건이므로
$$\mathrm{P}(B)=\dfrac{_4\mathrm{C}_3}{_6\mathrm{C}_3}=\dfrac{4}{20}=\dfrac{1}{5}$$

(iii) $A\cap B$는 2가 적혀 있는 흰 공 1개와 2가 적혀 있는 검은 공 2개가 나오는 사건이므로
$$\mathrm{P}(A\cap B)=\dfrac{_1\mathrm{C}_1\times{_3\mathrm{C}_2}}{_6\mathrm{C}_3}=\dfrac{1\times3}{20}=\dfrac{3}{20}$$

(i), (ii), (iii)에서 확률의 덧셈정리에 의하여
$$\mathrm{P}(A\cup B)=\mathrm{P}(A)+\mathrm{P}(B)-\mathrm{P}(A\cap B)$$
$$=\dfrac{3}{5}+\dfrac{1}{5}-\dfrac{3}{20}=\dfrac{13}{20}$$

---

27 모평균의 신뢰구간 정답률 52% | 정답 ②

어느 회사에서 생산하는 샴푸 1개의 용량은 정규분포 $\mathrm{N}(m,\ \sigma^2)$을 따른다고 한다. 이 회사에서 생산하는 샴푸 중에서 16개를 임의추출하여 얻은 표본평균을 이용하여 구한 **❶** m에 대한 신뢰도 95%의 신뢰구간이 **❷** $746.1\le m\le755.9$이다.
이 회사에서 생산하는 샴푸 중에서 n개를 임의추출하여 얻은 표본평균을 이용하여 구하는 **❸** m에 대한 신뢰도 99%의 신뢰구간이 $a\le m\le b$일 때, **❹** $b-a$의 값이 6 이하가 되기 위한 자연수 n의 최솟값은? (단, 용량의 단위는 mL이고, Z가 표준정규분포를 따르는 확률변수일 때, $\mathrm{P}(|Z|\le1.96)=0.95$, $\mathrm{P}(|Z|\le2.58)=0.99$로 계산한다.) [3점]
① 70 ② 74 ③ 78 ④ 82 ⑤ 86

STEP 01 **❶**을 구하고 **❷**를 이용하여 σ를 구한 다음 **❸**을 구하고 **❹**를 이용하여 n의 범위를 구한 다음 자연수 n의 최솟값을 구한다.

이 회사에서 생산하는 샴푸 1개의 용량을 $X(\mathrm{mL})$라 하면 확률변수 X는 정규분포 $\mathrm{N}(m,\ \sigma^2)$을 따른다.
표본의 크기가 16일 때의 표본평균을 $\overline{x_1}$이라 하면 모평균 m에 대한 신뢰도 95%의 신뢰구간은
$$\overline{x_1}-1.96\times\dfrac{\sigma}{\sqrt{16}}\le m\le\overline{x_1}+1.96\times\dfrac{\sigma}{\sqrt{16}}$$이므로
$$2\times1.96\times\dfrac{\sigma}{\sqrt{16}}=755.9-746.1$$
즉, $0.98\sigma=9.8$
따라서 $\sigma=10$이다.
표본의 크기가 n일 때의 표본평균을 $\overline{x_2}$라 하면 모평균 m에 대한 신뢰도 99%의 신뢰구간은
$$\overline{x_2}-2.58\times\dfrac{10}{\sqrt{n}}\le m\le\overline{x_2}+2.58\times\dfrac{10}{\sqrt{n}}$$이므로
$$b-a=2\times2.58\times\dfrac{10}{\sqrt{n}}=\dfrac{51.6}{\sqrt{n}}$$
이때 $\dfrac{51.6}{\sqrt{n}}\le6$, 즉 $\sqrt{n}\ge\dfrac{51.6}{6}=8.6$이어야 하므로
$n\ge8.6^2=73.96$이다.
따라서 자연수 n의 최솟값은 74이다.

● 핵심 공식

▶ 모평균의 추정
(1) 신뢰도가 95%일 때, 모평균 m의 신뢰구간은
$$\overline{X}-1.96\times\dfrac{\sigma}{\sqrt{n}}\le m\le\overline{X}+1.96\times\dfrac{\sigma}{\sqrt{n}}$$

(2) 신뢰도가 99%일 때, 모평균 m의 신뢰구간은

$$\overline{X}-2.58\times\frac{\sigma}{\sqrt{n}} \leq m \leq \overline{X}+2.58\times\frac{\sigma}{\sqrt{n}}$$

---

28 연속확률변수의 확률밀도 함수　　　정답률 57% | 정답 ④

연속확률변수 X가 갖는 값의 범위는 $0 \leq X \leq a$이고, X의 확률밀도함수의 그래프가 그림과 같다.

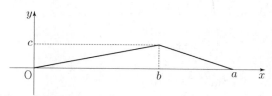

❶ $\mathrm{P}(X \leq b) - \mathrm{P}(X \geq b) = \frac{1}{4}$, ❷ $\mathrm{P}(X \leq \sqrt{5}) = \frac{1}{2}$일 때, $a+b+c$의 값은? (단, a, b, c는 상수이다.) [4점]

① $\frac{11}{2}$　　② 6　　③ $\frac{13}{2}$　　④ 7　　⑤ $\frac{15}{2}$

STEP 01 확률밀도함수의 그래프를 이용하여 ❶, ❷에서 각각 b, c의 관계식을 구한 후 연립하여 b, c를 구한 다음 a를 구하고 $a+b+c$의 값을 구한다.

$\mathrm{P}(0 \leq X \leq a) = 1$이므로

확률변수 X의 확률밀도함수의 그래프로부터 $\frac{1}{2}ac = 1$, $ac = 2$

한편, $\mathrm{P}(0 \leq X \leq a) = \mathrm{P}(X \leq b) + \mathrm{P}(X \geq b) = 1$이고

$\mathrm{P}(X \leq b) - \mathrm{P}(X \geq b) = \frac{1}{4}$이므로

$\mathrm{P}(X \leq b) = \frac{5}{8}$이고 $\mathrm{P}(X \geq b) = \frac{3}{8}$이다.

따라서 확률변수 X의 확률밀도함수의 그래프로부터 $\frac{1}{2} \times b \times c = \frac{5}{8}$이다.

한편, $\mathrm{P}(X \leq b) > \frac{1}{2}$이므로 $0 < \sqrt{5} < b$이다.

이때 두 점 $(0, 0)$, (b, c)를 지나는 직선의 방정식은 $y = \frac{c}{b}x$이므로

$\mathrm{P}(X \leq \sqrt{5}) = \frac{1}{2}$에서

$\frac{1}{2} \times \sqrt{5} \times \left(\frac{c}{b} \times \sqrt{5}\right) = \frac{5c}{2b} = \frac{1}{2}$, $b = 5c$이다.

이때 $bc = 5c^2 = \frac{5}{4}$이므로 $c = \frac{1}{2}$ ($\because c > 0$)

따라서 $b = \frac{5}{2}$, $a = 4$이므로

$a+b+c = 4 + \frac{5}{2} + \frac{1}{2} = 7$

★★★ 등급을 가르는 문제!

29 조건부확률　　　정답률 5% | 정답 49

앞면에는 1부터 6까지의 자연수가 하나씩 적혀 있고 뒷면에는 모두 0이 하나씩 적혀 있는 6장의 카드가 있다. 이 6장의 카드가 그림과 같이 6 이하의 자연수 k에 대하여 k번째 자리에 자연수 k가 보이도록 놓여 있다.

1	2	3	4	5	6
1번째 자리	2번째 자리	3번째 자리	4번째 자리	5번째 자리	6번째 자리

이 6장의 카드와 한 개의 주사위를 사용하여 다음 시행을 한다.

주사위를 한 번 던져 나온 눈의 수가 k이면 k번째 자리에 놓여 있는 카드를 한 번 뒤집어 제자리에 놓는다.

위의 ❶ 시행을 3번 반복한 후 6장의 카드에 보이는 모든 수의 합이 짝수일 때, ❷ 주사위의 1의 눈이 한 번만 나왔을 확률은 $\frac{q}{p}$이다. $p+q$의 값을 구하시오. (단, p와 q는 서로소인 자연수이다.) [4점]

STEP 01 ❶을 성립하도록 주사위를 던져 나오는 홀수의 눈의 개수를 구한 후 확률을 구한다.

주어진 시행을 3번 반복한 후 6장의 카드에 보이는 모든 수의 합이 짝수인

사건을 A, 주사위의 1의 눈이 한 번만 나오는 사건을 B라 하면 구하는 확률은 $\mathrm{P}(B|A)$이다.

(ⅰ) 사건 A가 일어날 확률

주어진 시행을 3번 반복한 후 6장의 카드에 보이는 모든 수의 합이 짝수인 경우는 홀수가 보이는 카드의 개수가 0 또는 2이어야 하므로 주사위를 3번 던질 때 홀수의 눈이 나오는 횟수가 3 또는 1이어야 한다.

이때 독립시행의 확률에 의하여 홀수의 눈이 3번 나올 확률은

$$_3\mathrm{C}_3\left(\frac{1}{2}\right)^3 = 1 \times \frac{1}{8} = \frac{1}{8} \qquad\qquad \cdots\cdots \ \unicode{x24D0}$$

홀수의 눈이 1번 나올 확률은

$$_3\mathrm{C}_1\left(\frac{1}{2}\right)^1\left(\frac{1}{2}\right)^2 = 3 \times \frac{1}{2} \times \frac{1}{4} = \frac{3}{8} \qquad\qquad \cdots\cdots \ \unicode{x24D1}$$

$\unicode{x24D0}$, $\unicode{x24D1}$의 두 사건은 서로 배반사건이므로 확률의 덧셈정리에 의하여

$$\mathrm{P}(A) = \frac{1}{8} + \frac{3}{8} = \frac{1}{2}$$

STEP 02 ❶, ❷를 동시에 성립하는 경우를 파악하여 확률을 구한 다음 조건부확률로 구하는 확률을 구한다.

(ⅱ) 사건 $A \cap B$가 일어날 확률

$\unicode{x24D0}$에서 1의 눈이 한 번만 나오는 경우는 3번의 시행 중 1의 눈이 한 번 나오고 나머지 두 번은 3 또는 5의 눈이 나오는 경우이므로 이 확률은

$$_3\mathrm{C}_1\left(\frac{1}{6}\right)^1 \times {}_2\mathrm{C}_2\left(\frac{2}{6}\right)^2 = 3 \times \frac{1}{6} \times 1 \times \frac{1}{9} = \frac{1}{18}$$

$\unicode{x24D1}$에서 1의 눈이 한 번만 나오는 경우는 3번의 시행 중 1의 눈이 한 번 나오고 나머지 두 번은 짝수의 눈이 나오는 경우이므로 이 확률은

$$_3\mathrm{C}_1\left(\frac{1}{6}\right)^1 \times {}_2\mathrm{C}_2\left(\frac{1}{2}\right)^2 = 3 \times \frac{1}{6} \times 1 \times \frac{1}{4} = \frac{1}{8}$$

따라서 $\mathrm{P}(A \cap B) = \frac{1}{18} + \frac{1}{8} = \frac{13}{72}$

(ⅰ), (ⅱ)에서 구하는 조건부확률은

$$\mathrm{P}(B|A) = \frac{\mathrm{P}(A \cap B)}{\mathrm{P}(A)} = \frac{\frac{13}{72}}{\frac{1}{2}} = \frac{13}{36}$$이므로

$p+q = 36 + 13 = 49$

● 핵심 공식

▶ 조건부확률

확률이 0이 아닌 두 사건 A, B에 대하여 사건 A가 일어났다고 가정할 때, 사건 B가 일어날 확률을 사건 A가 일어났을 때의 사건 B의 조건부 확률이라 하고, 이것을 $\mathrm{P}(B|A)$로 나타낸다.

$$\mathrm{P}(B|A) = \frac{\mathrm{P}(A \cap B)}{\mathrm{P}(A)} \text{ (단, } \mathrm{P}(A) > 0\text{)}$$

★★ 문제 해결 꿀~팁 ★★

▶ 문제 해결 방법

주어진 시행을 3번 반복한 후 6장의 카드에 보이는 모든 수의 합이 짝수인 경우는 홀수가 보이는 카드의 개수가 0 또는 2이어야 하므로 주사위를 3번 던질 때 홀수의 눈이 나오는 횟수가 3 또는 1이어야 한다.
한편, 이때 주사위의 1의 눈이 한 번만 나오는 경우는 3번의 시행 중 1의 눈이 한 번 나오고 나머지 두 번은 3 또는 5의 눈이 나오거나 3번의 시행 중 1의 눈이 한 번 나오고 나머지 두 번은 짝수의 눈이 나오는 경우이다.
카드에 적힌 홀수의 개수, 카드에 적힌 짝수의 개수, 카드의 개수, 주사위를 던지는 횟수, 합이 짝수일 때 보이는 홀수의 개수, 그때 주사위를 던져 나오는 홀수의 개수등 여러 가지 종류의 홀수와 짝수, 횟수가 나오고 있는데 이를 정확하게 구분하는 것이 가장 중요하다 할 수 있다. 구하는 확률은 독립시행의 확률로 어렵지 않게 구할 수 있는 반면 여러 가지 경우의 수들에 주의하여야 한다.

---

30 함수의 개수　　　정답률 6% | 정답 100

집합 $X = \{x \,|\, x$는 10 이하의 자연수$\}$에 대하여 다음 조건을 만족시키는 함수 $f : X \rightarrow X$의 개수를 구하시오. [4점]

(가) 9 이하의 모든 자연수 x에 대하여 $f(x) \leq f(x+1)$이다.
(나) $1 \leq x \leq 5$일 때 $f(x) \leq x$이고, $6 \leq x \leq 10$일 때 $f(x) \geq x$이다.
(다) $f(6) = f(5) + 6$

STEP 01 조건 (나)에서 $f(1)$, $f(10)$을 구한다. 조건 (다)를 만족하는 $f(5)$, $f(6)$의 값에 따라 경우를 나누어 각각 조건을 만족하는 나머지 함숫값들을 구하여 함수의 개수를 구한다.

조건 (나)에서 $f(1)=1$, $f(10)=10$이다.

(ⅰ) $f(5)=1$, $f(6)=7$인 경우

$f(5)=1$일 때 조건 (가)와 조건 (나)를 만족시키는
순서쌍 $(f(2), f(3), f(4))$는
$(1, 1, 1)$
의 1개가 존재한다.

$f(6)=7$일 때 조건 (가)와 조건 (나)를 만족시키는
순서쌍 $(f(7), f(8), f(9))$는
$(7, 8, 9)$, $(7, 8, 10)$, $(7, 9, 9)$, $(7, 9, 10)$, $(7, 10, 10)$,
$(8, 8, 9)$, $(8, 8, 10)$, $(8, 9, 9)$, $(8, 9, 10)$, $(8, 10, 10)$,
$(9, 9, 9)$, $(9, 9, 10)$, $(9, 10, 10)$, $(10, 10, 10)$
의 14개가 존재한다.
따라서 이 경우의 함수 f의 개수는 $1 \times 14 = 14$이다.

(ⅱ) $f(5)=2$, $f(6)=8$인 경우

$f(5)=2$일 때 조건 (가)와 조건 (나)를 만족시키는
순서쌍 $(f(2), f(3), f(4))$는
$(1, 1, 1)$, $(1, 1, 2)$, $(1, 2, 2)$, $(2, 2, 2)$
의 4개가 존재한다.

$f(6)=8$일 때 조건 (가)와 조건 (나)를 만족시키는
순서쌍 $(f(7), f(8), f(9))$는
$(8, 8, 9)$, $(8, 8, 10)$, $(8, 9, 9)$, $(8, 9, 10)$, $(8, 10, 10)$,
$(9, 9, 9)$, $(9, 9, 10)$, $(9, 10, 10)$, $(10, 10, 10)$
의 9개가 존재한다.
따라서 이 경우의 함수 f의 개수는 $4 \times 9 = 36$이다.

(ⅲ) $f(5)=3$, $f(6)=9$인 경우

$f(5)=3$일 때 조건 (가)와 조건 (나)를 만족시키는
순서쌍 $(f(2), f(3), f(4))$는
$(1, 1, 1)$, $(1, 1, 2)$, $(1, 1, 3)$, $(1, 2, 2)$, $(1, 2, 3)$, $(1, 3, 3)$,
$(2, 2, 2)$, $(2, 2, 3)$, $(2, 3, 3)$
의 9개가 존재한다.

$f(6)=9$일 때 조건 (가)와 조건 (나)를 만족시키는
순서쌍 $(f(7), f(8), f(9))$는
$(9, 9, 9)$, $(9, 9, 10)$, $(9, 10, 10)$, $(10, 10, 10)$
의 4개가 존재한다.
따라서 이 경우의 함수 f의 개수는 $9 \times 4 = 36$이다.

(ⅳ) $f(5)=4$, $f(6)=10$인 경우

$f(5)=4$일 때 조건 (가)와 조건 (나)를 만족시키는
순서쌍 $(f(2), f(3), f(4))$는
$(1, 1, 1)$, $(1, 1, 2)$, $(1, 1, 3)$, $(1, 1, 4)$, $(1, 2, 2)$, $(1, 2, 3)$,
$(1, 2, 4)$, $(1, 3, 3)$, $(1, 3, 4)$, $(2, 2, 2)$, $(2, 2, 3)$, $(2, 2, 4)$,
$(2, 3, 3)$, $(2, 3, 4)$
의 14개가 존재한다.

$f(6)=10$일 때 조건 (가)와 조건 (나)를 만족시키는
순서쌍 $(f(7), f(8), f(9))$는
$(10, 10, 10)$
의 1개가 존재한다.
따라서 이 경우의 함수 f의 개수는 $14 \times 1 = 14$이다.

(ⅰ), (ⅱ), (ⅲ), (ⅳ)에서 구하는 함수 f의 개수는
$14 + 36 + 36 + 14 = 100$

미적분

23 함수의 극한값
정답률 88% | 정답 ④

❶ $\lim\limits_{x \to 0} \dfrac{\ln(x+1)}{\sqrt{x+4}-2}$ 의 값은? [2점]

① 1　　② 2　　③ 3　　④ 4　　⑤ 5

STEP 01 ❶의 분모를 유리화하여 극한값을 구한다.

$$\lim_{x \to 0} \frac{\ln(x+1)}{\sqrt{x+4}-2} = \lim_{x \to 0}\left\{ \ln(x+1) \times \frac{1}{\sqrt{x+4}-2} \right\}$$
$$= \lim_{x \to 0}\left\{ \frac{\ln(x+1)}{x} \times \frac{x}{\sqrt{x+4}-2} \right\}$$
$$= \lim_{x \to 0}\left\{ \frac{\ln(x+1)}{x} \times \frac{x(\sqrt{x+4}+2)}{(\sqrt{x+4}-2)(\sqrt{x+4}+2)} \right\}$$
$$= \lim_{x \to 0}\left\{ \frac{\ln(x+1)}{x} \times (\sqrt{x+4}+2) \right\}$$
$$= 1 \times (2+2) = 4$$

24 급수와 정적분의 관계
정답률 77% | 정답 ③

❶ $\lim\limits_{n \to \infty} \dfrac{1}{n} \sum\limits_{k=1}^{n} \sqrt{1 + \dfrac{3k}{n}}$ 의 값은? [3점]

① $\dfrac{4}{3}$　② $\dfrac{13}{9}$　③ $\dfrac{14}{9}$　④ $\dfrac{5}{3}$　⑤ $\dfrac{16}{9}$

STEP 01 ❶을 적분으로 변형한 후 적분하여 값을 구한다.

$$\lim_{n \to \infty} \frac{1}{n} \sum_{k=1}^{n} \sqrt{1 + \frac{3k}{n}} = \int_0^1 \sqrt{1+3x}\,dx$$
$$= \left[\frac{2}{9}(1+3x)^{\frac{3}{2}} \right]_0^1$$
$$= \frac{2}{9}(8-1) = \frac{14}{9}$$

● 핵심 공식

▶ 정적분과 급수

연속함수 $f(x)$에 대하여

(1) $\lim\limits_{n \to \infty} \sum\limits_{k=1}^{n} f\left(a + \dfrac{b-a}{n}k\right) \times \dfrac{b-a}{n} = \int_a^b f(x)dx$

(2) $\lim\limits_{n \to \infty} \sum\limits_{k=1}^{n} f\left(a + \dfrac{p}{n}k\right) \times \dfrac{p}{n} = \int_a^{a+p} f(x)dx$

(3) $\lim\limits_{n \to \infty} \sum\limits_{k=1}^{n} f\left(\dfrac{p}{n}k\right) \times \dfrac{p}{n} = \int_0^p f(x)dx$

25 등비수열의 극한
정답률 87% | 정답 ⑤

등비수열 $\{a_n\}$에 대하여 ❶ $\lim\limits_{n \to \infty} \dfrac{a_n + 1}{3^n + 2^{2n-1}} = 3$일 때, a_2의 값은? [3점]

① 16　② 18　③ 20　④ 22　⑤ 24

STEP 01 ❶에서 극한값이 존재할 조건으로 공비를 구한 후 등비수열의 극한으로 극한값을 구하여 첫째항을 구한 다음 a_2의 값을 구한다.

등비수열 $\{a_n\}$의 첫째항을 a, 공비를 r라 하면 $a_n = ar^{n-1}$

이때, $\lim\limits_{n \to \infty} \dfrac{a_n+1}{3^n+2^{2n-1}} = \lim\limits_{n \to \infty} \dfrac{a \times \dfrac{r^{n-1}}{4^n} + \left(\dfrac{1}{4}\right)^n}{\left(\dfrac{3}{4}\right)^n + \dfrac{1}{2}}$ 이고

극한값이 존재하므로 $r=4$
따라서

$$\lim_{n \to \infty} \frac{a_n+1}{3^n+2^{2n-1}} = \lim_{n \to \infty} \frac{\dfrac{a}{4} + \left(\dfrac{1}{4}\right)^n}{\left(\dfrac{3}{4}\right)^n + \dfrac{1}{2}} = \frac{\dfrac{a}{4} + 0}{0 + \dfrac{1}{2}} = \frac{a}{2} = 3$$

에서 $a=6$이므로 $a_2 = 6 \times 4 = 24$

26 입체도형의 부피
정답률 71% | 정답 ④

그림과 같이 곡선 $y = \sqrt{\sec^2 x + \tan x}\ \left(0 \le x \le \dfrac{\pi}{3}\right)$와 x축, y축 및 직선 $x = \dfrac{\pi}{3}$로 둘러싸인 부분을 밑면으로 하는 입체도형이 있다. 이 입체도형을 x축에 수직인 평면으로 자른 단면이 모두 정사각형일 때, 이 입체도형의 부피는? [3점]

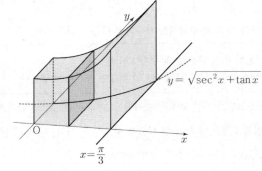

① $\dfrac{\sqrt{3}}{2} + \dfrac{\ln 2}{2}$　　② $\dfrac{\sqrt{3}}{2} + \ln 2$　　③ $\sqrt{3} + \dfrac{\ln 2}{2}$

④ $\sqrt{3} + \ln 2$　　⑤ $\sqrt{3} + 2\ln 2$

STEP 01 단면의 넓이를 구한 후 적분하여 부피를 구한다.

$0 \le t \le \dfrac{\pi}{3}$ 인 실수 t에 대하여 직선 $x=t$를 포함하고 x축에 수직인 평면으로 자른 단면의 넓이를 $S(t)$라 하면
$$S(t)=\left(\sqrt{\sec^2 t + \tan t}\right)^2 = \sec^2 t + \tan t$$
이므로 구하는 입체도형의 부피는

$$\int_0^{\frac{\pi}{3}} (\sec^2 t + \tan t)\,dt = \int_0^{\frac{\pi}{3}}\left(\sec^2 x + \frac{\sin x}{\cos x}\right)dx = \int_0^{\frac{\pi}{3}}\left\{\sec^2 x - \frac{(\cos x)'}{\cos x}\right\}dx$$

$$= \left[\tan x - \ln|\cos x|\right]_0^{\frac{\pi}{3}} = \tan\frac{\pi}{3} - \ln\cos\frac{\pi}{3}$$

$$= \sqrt{3} - \ln\frac{1}{2} = \sqrt{3} + \ln 2$$

---

27 도형의 무한급수   정답률 67% | 정답 ②

그림과 같이 중심이 O, 반지름의 길이가 1이고 중심각의 크기가 $\dfrac{\pi}{2}$인 부채꼴 OA_1B_1이 있다. 호 A_1B_1 위에 점 P_1, 선분 OA_1 위에 점 C_1, 선분 OB_1 위에 점 D_1을 사각형 $OC_1P_1D_1$이 $\overline{OC_1}:\overline{OD_1}=3:4$인 직사각형이 되도록 잡는다.

부채꼴 OA_1B_1의 내부에 점 Q_1을 $\overline{P_1Q_1}=\overline{A_1Q_1}$, $\angle P_1Q_1A_1 = \dfrac{\pi}{2}$가 되도록 잡고, 이등변삼각형 $P_1Q_1A_1$에 색칠하여 얻은 그림을 R_1이라 하자. 그림 R_1에서 선분 OA_1 위의 점 A_2와 선분 OB_1 위의 점 B_2를 $\overline{OQ_1}=\overline{OA_2}=\overline{OB_2}$가 되도록 잡고, 중심이 O, 반지름의 길이가 $\overline{OQ_1}$, 중심각의 크기가 $\dfrac{\pi}{2}$인 부채꼴 OA_2B_2를 그린다. 그림 R_1을 얻은 것과 같은 방법으로 네 점 P_2, C_2, D_2, Q_2를 잡고, 이등변삼각형 $P_2Q_2A_2$에 색칠하여 얻은 그림을 R_2라 하자.

이와 같은 과정을 계속하여 n번째 얻은 그림 R_n에 색칠되어 있는 부분의 넓이를 S_n이라 할 때, $\lim\limits_{n\to\infty} S_n$의 값은? [3점]

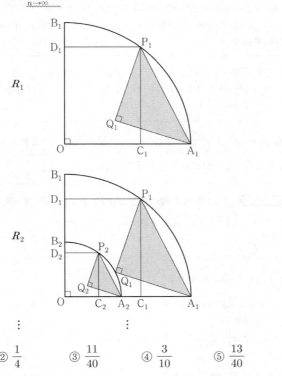

① $\dfrac{9}{40}$ ② $\dfrac{1}{4}$ ③ $\dfrac{11}{40}$ ④ $\dfrac{3}{10}$ ⑤ $\dfrac{13}{40}$

STEP 01 직각이등변삼각형 $P_1Q_1A_1$의 넓이를 구하여 S_1을 구한다.

$\overline{OC_1}=3t$, $\overline{OD_1}=4t$ $(t>0)$라 하면
$\overline{OP_1}=5t$이므로 $5t=1$에서 $t=\dfrac{1}{5}$

따라서 $\overline{OC_1}=\dfrac{3}{5}$에서 $\overline{A_1C_1}=\dfrac{2}{5}$이고 $\overline{C_1P_1}=\overline{OD_1}=\dfrac{4}{5}$이므로

$$\overline{A_1P_1}=\sqrt{\left(\frac{2}{5}\right)^2+\left(\frac{4}{5}\right)^2}=\frac{2}{\sqrt{5}}$$

이때 삼각형 $P_1Q_1A_1$은 직각이등변삼각형이므로

$$\overline{A_1Q_1}=\overline{P_1Q_1}=\frac{\sqrt{2}}{\sqrt{5}}$$

따라서 $S_1=\dfrac{1}{2}\times\left(\dfrac{\sqrt{2}}{\sqrt{5}}\right)^2=\dfrac{1}{5}$

STEP 02 두 도형 OA_1B_1, OA_2B_2의 닮음비를 구하여 공비를 구한 후 등비급수로 $\lim\limits_{n\to\infty} S_n$의 값을 구한다.

또한, 선분 A_1P_1의 중점을 M이라 하면
$\overline{A_1P_1}\perp\overline{Q_1M}$, $\overline{A_1P_1}\perp\overline{OM}$이므로
세 점 O, Q_1, M은 한 직선 위에 있다.

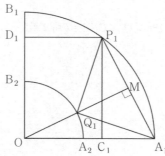

이때,
$$\overline{OM}=\sqrt{1^2-\left(\frac{1}{\sqrt{5}}\right)^2}=\frac{2}{\sqrt{5}}, \quad \overline{Q_1M}=\frac{1}{\sqrt{5}}$$이므로
$$\overline{OQ_1}=\frac{2}{\sqrt{5}}-\frac{1}{\sqrt{5}}=\frac{1}{\sqrt{5}}$$

따라서 두 도형 OA_1B_1, OA_2B_2의 닮음비는 $1:\dfrac{1}{\sqrt{5}}$이므로 넓이의 비는 $1:\dfrac{1}{5}$

$$\lim_{n\to\infty} S_n=\frac{\dfrac{1}{5}}{1-\dfrac{1}{5}}=\frac{1}{4}$$

● 핵심 공식

▶ 무한등비급수

무한등비급수 $\sum\limits_{n=1}^{\infty} ar^{n-1}=a+ar+ar^2+\cdots+ar^{n-1}+\cdots$ $(a\ne 0)$

에서 $|r|<1$이면 수렴하고 그 합은 $\dfrac{a}{1-r}$이다.

---

28 삼각함수의 극한값   정답률 43% | 정답 ②

그림과 같이 중심이 O이고 길이가 2인 선분 AB를 지름으로 하는 반원 위에 $\angle AOC=\dfrac{\pi}{2}$인 점 C가 있다. 호 BC 위에 점 P와 호 CA 위에 점 Q를 $\overline{PB}=\overline{QC}$가 되도록 잡고, 선분 AP 위에 점 R를 $\angle CQR=\dfrac{\pi}{2}$가 되도록 잡는다. 선분 AP와 선분 CO의 교점을 S라 하자. $\angle PAB=\theta$일 때, 삼각형 POB의 넓이를 $f(\theta)$, 사각형 CQRS의 넓이를 $g(\theta)$라 하자. ❶ $\lim\limits_{\theta\to 0+}\dfrac{3f(\theta)-2g(\theta)}{\theta^2}$의 값은? (단, $0<\theta<\dfrac{\pi}{4}$) [4점]

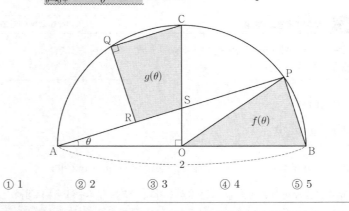

① 1   ② 2   ③ 3   ④ 4   ⑤ 5

STEP 01 $f(\theta)$를 구한 후 사각형 CQRS의 종류를 파악하여 $g(\theta)$를 구한다.

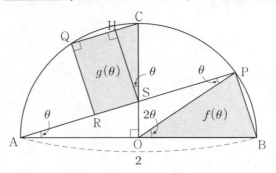

$\angle OAP=\angle OPA=\theta$이므로 $\angle BOP=2\theta$

따라서 $f(\theta) = \dfrac{1}{2}\sin 2\theta$

또한, $\overline{OA} = 1$에서 $\overline{OS} = \tan\theta$ 이므로 $\overline{CS} = 1 - \tan\theta$

이때, $\angle BOP = \angle COQ = 2\theta$ 이고

삼각형 OCQ는 이등변삼각형이므로 $\angle SCQ = \dfrac{\pi}{2} - \theta$

또한, $\angle CSR = \theta + \dfrac{\pi}{2}$ 이므로 $\angle QRS = \dfrac{\pi}{2}$

따라서 점 S에서 변 CQ에 내린 수선의 발을 H라 하면 $\angle CSH = \theta$ 이므로

$\overline{SH} = \overline{RQ} = (1 - \tan\theta)\cos\theta$

$\overline{CH} = (1 - \tan\theta)\sin\theta$ 이고

$\overline{CQ} = \overline{BP} = 2\sin\theta$

$\overline{RS} = \overline{QH} = \overline{CQ} - \overline{CH}$

$\quad = 2\sin\theta - (\sin\theta - \sin\theta\tan\theta)$

$\quad = \sin\theta + \sin\theta\tan\theta$

따라서

$g(\theta) = \dfrac{1}{2} \times (\overline{CQ} + \overline{RS}) \times \overline{QR}$

$\quad = \dfrac{1}{2} \times (2\sin\theta + \sin\theta + \sin\theta\tan\theta) \times (1 - \tan\theta)\cos\theta$

$\quad = \dfrac{1}{2} \times (3\sin\theta + \sin\theta\tan\theta)(1 - \tan\theta)\cos\theta$ 이므로

STEP 02 $3f(\theta) - 2g(\theta)$를 구하여 ❶에 대입한 후 삼각함수의 극한으로 극한값을 구한다.

$3f(\theta) - 2g(\theta) = \dfrac{3}{2}\sin 2\theta - (3\sin\theta + \sin\theta\tan\theta)(1 - \tan\theta)\cos\theta$

$\quad = 3\sin\theta\cos\theta - \sin\theta\cos\theta(3 + \tan\theta)(1 - \tan\theta)$

$\quad = \sin\theta\cos\theta\tan\theta(\tan\theta + 2)$

따라서

$\lim\limits_{\theta \to 0+} \dfrac{3f(\theta) - 2g(\theta)}{\theta^2} = \lim\limits_{\theta \to 0+} \dfrac{\sin\theta\cos\theta\tan\theta(\tan\theta + 2)}{\theta^2}$

$\quad = \lim\limits_{\theta \to 0+} \left\{ \dfrac{\sin\theta}{\theta} \times \dfrac{\tan\theta}{\theta} \times \cos\theta \times (\tan\theta + 2) \right\}$

$\quad = 1 \times 1 \times 1 \times 2 = 2$

● 핵심 공식

▶ $\dfrac{0}{0}$ 꼴의 삼각함수의 극한

x의 단위는 라디안일 때

① $\lim\limits_{x \to 0} \dfrac{\sin x}{x} = 1$ ② $\lim\limits_{x \to 0} \dfrac{\tan x}{x} = 1$

③ $\lim\limits_{x \to 0} \dfrac{\sin bx}{ax} = \dfrac{b}{a}$ ④ $\lim\limits_{x \to 0} \dfrac{\tan bx}{ax} = \dfrac{b}{a}$

⑤ $\lim\limits_{x \to 0} \dfrac{\sin bx}{\tan ax} = \dfrac{b}{a}$

29 함수의 추론과 정적분   정답률 27% | 정답 26

세 상수 a, b, c에 대하여 함수 $f(x) = ae^{2x} + be^x + c$가 다음 조건을 만족시킨다.

> (가) $\lim\limits_{x \to -\infty} \dfrac{f(x) + 6}{e^x} = 1$
>
> (나) $f(\ln 2) = 0$

함수 $f(x)$의 역함수를 $g(x)$라 할 때, $\displaystyle\int_0^{14} g(x)dx = p + q\ln 2$이다.

$\underline{p + q}$의 값을 구하시오. (단, p, q는 유리수이고, $\ln 2$는 무리수이다.) [4점]

STEP 01 두 조건에서 $f(x)$를 구한다.

조건 (가)에서

$\lim\limits_{x \to -\infty} \dfrac{f(x) + 6}{e^x} = \lim\limits_{x \to -\infty} \dfrac{ae^{2x} + be^x + c + 6}{e^x}$

$\quad = \lim\limits_{x \to -\infty} \left(ae^x + b + \dfrac{c + 6}{e^x} \right) = 1$

따라서 $b = 1$, $c = -6$이므로

$f(x) = ae^{2x} + e^x - 6$

조건 (나)에서

$f(\ln 2) = ae^{2\ln 2} + e^{\ln 2} - 6 = 4a + 2 - 6 = 0$

$a = 1$

즉, $f(x) = e^{2x} + e^x - 6$

STEP 02 $f(k) = 14$를 만족하는 k를 구한 후 역함수의 적분을 이용하여 $\displaystyle\int_0^{14} g(x)dx$를 적분하여 $p + q$의 값을 구한다.

이때 $f(k) = 14$라 하면

$f(k) = e^{2k} + e^k - 6 = 14$

$e^{2k} + e^k - 20 = 0$에서

$e^k = 4$

즉, $k = \ln 4$

따라서 $f(\ln 2) = 0$, $f(\ln 4) = 14$이므로

$g(0) = \ln 2$, $g(14) = \ln 4$

따라서 $\displaystyle\int_0^{14} g(x)dx$에서 $g(x) = t$로 놓으면

$g'(x) = \dfrac{dt}{dx}$ 이고

$g'(x) = \dfrac{1}{f'(g(x))} = \dfrac{1}{f'(t)}$ 이므로

$\displaystyle\int_0^{14} g(x)dx = \int_{\ln 2}^{\ln 4} tf'(t)dt = \Big[tf(t) \Big]_{\ln 2}^{\ln 4} - \int_{\ln 2}^{\ln 4} f(t)dt$

$\quad = 14\ln 4 - \int_{\ln 2}^{\ln 4} (e^{2t} + e^t - 6)dt$

$\quad = 14\ln 4 - \left[\dfrac{1}{2}e^{2t} + e^t - 6t \right]_{\ln 2}^{\ln 4}$

$\quad = 28\ln 2 - (8 - 6\ln 2)$

$\quad = 34\ln 2 - 8$

따라서 $p = -8$, $q = 34$이므로

$p + q = 26$

★★★ 등급을 가르는 문제!

30 미분의 활용   정답률 9% | 정답 31

최고차항의 계수가 양수인 삼차함수 $f(x)$와 함수 $g(x) = e^{\sin \pi x} - 1$에 대하여 실수 전체의 집합에서 정의된 합성함수 $h(x) = g(f(x))$가 다음 조건을 만족시킨다.

> (가) 함수 $h(x)$는 $x = 0$에서 극댓값 0을 갖는다.
> (나) 열린구간 (0, 3)에서 방정식 $h(x) = 1$의 서로 다른 실근의 개수는 7이다.

❶ $f(3) = \dfrac{1}{2}$, $f'(3) = 0$일 때, $f(2) = \dfrac{q}{p}$이다. $p + q$의 값을 구하시오.

(단, p와 q는 서로소인 자연수이다.) [4점]

STEP 01 $f(x)$를 놓고 ❶과 조건 (가)에서 $f(x)$의 극값을 구한다.

$f(x) = ax^3 + bx^2 + cx + d$ ($a > 0$, b, c, d는 상수)

라 하면

$f'(x) = 3ax^2 + 2bx + c$이므로

$f(3) = 27a + 9b + 3c + d = \dfrac{1}{2}$ …… ㉠

$f'(3) = 27a + 6b + c = 0$ …… ㉡

조건 (가)에서

$h(0) = g(f(0)) = g(d) = e^{\sin \pi d} - 1 = 0$

$e^{\sin \pi d} = 1$, $\sin \pi d = 0$

따라서 d는 정수이다. 또한,

$g'(x) = e^{\sin \pi x} \times \pi\cos \pi x$

$h'(x) = g'(f(x)) \times f'(x)$이므로

$h'(0) = g'(f(0)) \times f'(0)$

$\quad = g'(d) \times c$

$\quad = e^{\sin \pi d} \times \pi\cos \pi d \times c$

$\quad = \pi\cos \pi d \times c = 0$

그런데, $\cos \pi d \neq 0$ 이므로 $c = 0$

따라서 ㉠, ㉡에서

$27a + 9b + d = \dfrac{1}{2}$ …… ㉢

$9a + 2b = 0$ …… ㉣

이고 $a > 0$이므로 $b < 0$이고 ㉠-㉡에서

$3b + d = \dfrac{1}{2}$ 이므로 $d > 0$

즉, d는 자연수이다.

또한 $f'(0)=c=0$이므로

함수 $f(x)$는 $x=0$에서 극댓값이

$f(0)=d$, $x=3$에서 극솟값이 $\frac{1}{2}$이다.

따라서 두 함수 $f(x)$와 $h(x)$가 $x=0$에서 모두 극댓값을 가지므로 두 함수의 도함수의 부호는 $x=0$의 좌우에서 같다.

그러므로 $h'(x)=g'(f(x))\times f'(x)$에서

$x=0$의 좌우에서 $g'(f(x))>0$이다.

즉, $\cos\pi d>0$ 이어야 한다.

따라서 d는 짝수이다.

그리고 $0<x<3$에서 $f(3)<f(x)<f(0)$이므로

$\frac{1}{2}<f(x)<d$

$\frac{\pi}{2}<\pi f(x)<\pi d$

STEP 02 조건 (나)에서 d를 구한 후 나머지 미지수들을 구하여 $f(x)$를 구한 다음 $f(2)$를 구하여 $p+q$의 값을 구한다.

그런데 조건 (나)에 의하여 열린구간 $(0, 3)$에서 방정식

$h(x)=g(f(x))=e^{\sin\pi f(x)}-1=1$

즉, $e^{\sin\pi f(x)}=2$, $\sin\pi f(x)=\ln 2$ $(0<\ln 2<1)$

의 서로 다른 실근의 개수가 7이기 위해서는

함수 $y=\sin\pi t$의 주기는 2이므로 $d=8$

㉢, ㉣에서 $a=\frac{5}{9}$, $b=-\frac{5}{2}$이므로

$f(x)=\frac{5}{9}x^3-\frac{5}{2}x^2+8$

따라서 $f(2)=\frac{40}{9}-10+8=\frac{22}{9}$

즉, $p=9$, $q=22$이므로 $p+q=31$

★★ 문제 해결 꿀~팁 ★★

▶ 문제 해결 방법

$f(x)=ax^3+bx^2+cx+d$라 하면 $f'(x)=3ax^2+2bx+c$이고 $f(3)=\frac{1}{2}$, $f'(3)=0$, $h(0)=0$라는 조건이 주어졌다. 그러나 $h(0)=0$에서 중요한 사실들을 찾아내야야 한다. $h(x)$는 $x=0$에서 극댓값 0을 가지므로 $h(0)=0$에서 끝나는 것이 아니라 $h'(0)=0$이고 $h'(0)=g'(f(0))\times f'(0)=\pi\cos\pi d\times c=0$이다. 이때 $f'(0)=c=0$이다. $f'(0)=0$이므로 $f(x)$는 $x=0$에서 극값을 갖는다. 여기서 이차함수 $f'(x)=3ax(x-3)$으로 놓고 적분하여 $f(x)$를 구할 수도 있다. $f'(k)=0$이면 $f(x)$는 k에서 극값을 가짐을 반드시 기억하고 있어야 한다. 조건 (나)에서 $h(x)=1$의 서로 다른 실근의 개수가 7이고 이를 만족하는 $d=8$이다. 이제 나머지 미지수 a, b를 구하여 $f(x)$를 구하면 된다.

주어진 조건을 극값 및 주기와 연관시켜 내포된 식과 의미를 찾을 수 있어야 한다.

•정답•

공통 | 수학

01② 02⑤ 03⑤ 04④ 05① 06③ 07① 08① 09④ 10⑤ 11③ 12③ 13② 14③ 15②

16 3 17 4 18 12 19 6 20★110 21 678 22★9

선택 | 확률과 통계

23④ 24④ 25① 26③ 27② 28★① 29 31 30 191

선택 | 미적분

23⑤ 24④ 25② 26③ 27① 28★② 29 11 30★143

★ 표기된 문항은 [등급을 가르는 문항]에 해당하는 문제입니다.

01 지수법칙 정답률 84% | 정답 ②

❶ $(2^{\sqrt{3}}\times 4)^{\sqrt{3}-2}$의 값은? [2점]

① $\frac{1}{4}$ ② $\frac{1}{2}$ ③ 1 ④ 2 ⑤ 4

STEP 01 ❶을 2의 거듭제곱으로 나타내어 지수의 계산으로 값을 구한다.

$(2^{\sqrt{3}}\times 4)^{\sqrt{3}-2}=(2^{\sqrt{3}+2})^{\sqrt{3}-2}=2^{(\sqrt{3}+2)(\sqrt{3}-2)}=2^{-1}=\frac{1}{2}$

02 다항함수의 미분계수 정답률 89% | 정답 ⑤

함수 ❶ $f(x)=x^3+3x^2+x-1$에 대하여 $f'(1)$의 값은? [2점]

① 6 ② 7 ③ 8 ④ 9 ⑤ 10

STEP 01 ❶을 미분하여 $f'(1)$의 값을 구한다.

$f'(x)=3x^2+6x+1$

$f'(1)=3+6+1=10$

03 등차수열의 일반항 정답률 87% | 정답 ⑤

등차수열 $\{a_n\}$에 대하여 ❶ $a_2=6$, $a_4+a_6=36$일 때, a_{10}의 값은? [3점]

① 30 ② 32 ③ 34 ④ 36 ⑤ 38

STEP 01 ❶에서 등차수열의 성질을 이용하여 a_{10}의 값을 구한다.

$a_4+a_6=36$이므로 등차중항의 성질에 의해 $a_4+a_6=2a_5=36$에서 $a_5=18$

등차수열 $\{a_n\}$의 공차를 d라 하면 $a_5=a_2+3d=18$, $a_2=6$이므로 $d=4$

따라서 $a_{10}=a_2+8d=6+32=38$

●핵심 공식

▶ 등차수열의 성질

(1) 등차수열의 일반항

첫째항이 a, 공차가 d인 등차수열 $\{a_n\}$의 일반항은

$a_n=a_1+(n-1)d\,(n=1, 2, 3, \cdots)$

(2) 세 수 a, b, c가 이 순서로 등차수열을 이룰 때, b를 a와 c의 등차중항이라 하고, $2b=a+c$를 만족한다.

04 함수의 극한 정답률 85% | 정답 ④

함수 $y=f(x)$의 그래프가 그림과 같다.

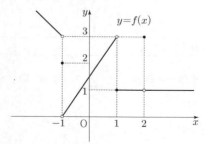

❶ $\lim\limits_{x\to -1^-}f(x)+\lim\limits_{x\to 2}f(x)$의 값은? [3점]

① 1 ② 2 ③ 3 ④ 4 ⑤ 5

STEP 01 그래프에서 ❶의 극한값을 각각 구한 후 합을 구한다.

$$\lim_{x\to-1-}f(x)+\lim_{x\to2}f(x)=3+1=4$$

---

05 귀납적으로 정의된 수열 정답률 79% | 정답 ①

첫째항이 1인 수열 $\{a_n\}$이 모든 자연수 n에 대하여

❶ $a_{n+1}=\begin{cases}2a_n & (a_n<7)\\ a_n-7 & (a_n\geq7)\end{cases}$

일 때, ❷ $\displaystyle\sum_{k=1}^{8}a_k$의 값은? [3점]

① 30   ② 32   ③ 34   ④ 36   ⑤ 38

STEP 01 ❶을 이용하여 각 항의 값을 구한 후 ❷의 값을 구한다.

$a_1=1$에서 $a_2=2$, $a_2=2$에서 $a_3=4$, $a_3=4$에서 $a_4=8$,
$a_4=8$에서 $a_5=1$, $a_5=1$에서 $a_6=2$, $a_6=2$에서 $a_7=4$,
$a_7=4$에서 $a_8=8$

따라서 $\displaystyle\sum_{k=1}^{8}a_k=2(1+2+4+8)=2\times15=30$

---

06 도함수의 활용 정답률 80% | 정답 ③

방정식 ❶ $2x^3-3x^2-12x+k=0$이 서로 다른 세 실근을 갖도록 하는 정수 k의 개수는? [3점]

① 20   ② 23   ③ 26   ④ 29   ⑤ 32

STEP 01 ❶을 미분하여 함수의 개형을 알아낸 뒤 조건을 만족하는 정수 k의 값의 범위를 구한 다음 만족하는 정수 k의 개수를 구한다.

방정식 $2x^3-3x^2-12x+k=0$의 실근은
방정식 $2x^3-3x^2-12x=-k$의 실근과 같다.
$f(x)=2x^3-3x^2-12x$라 하면
$f'(x)=6x^2-6x-12=6(x+1)(x-2)$
$f'(x)=0$에서 $x=-1$ 또는 $x=2$일 때
그러므로 함수 $f(x)$는
$x=-1$에서 극댓값 7을 갖고, $x=2$에서 극솟값 -20을 갖는다.

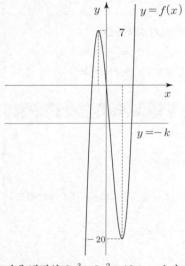

이때 방정식 $2x^3-3x^2-12x=-k$가 서로 다른 세 실근을 가지기 위해서는
함수 $y=f(x)$의 그래프와 직선 $y=-k$가 서로 다른 세 점에서 만나야 하므로
$-7<k<20$이고, 이를 만족하는 정수 k의 개수는 26

---

07 삼각함수의 정의 정답률 60% | 정답 ①

$\pi<\theta<\dfrac{3}{2}\pi$인 θ에 대하여 ❶ $\tan\theta-\dfrac{6}{\tan\theta}=1$일 때, ❷ $\sin\theta+\cos\theta$의 값은? [3점]

① $-\dfrac{2\sqrt{10}}{5}$ ② $-\dfrac{\sqrt{10}}{5}$ ③ 0   ④ $\dfrac{\sqrt{10}}{5}$ ⑤ $\dfrac{2\sqrt{10}}{5}$

STEP 01 ❶의 방정식을 풀어 $\tan\theta$의 값을 구한 후 이를 이용하여 $\sin\theta$와 $\cos\theta$의 값을 구하고 ❷의 값을 구한다.

$\tan\theta-\dfrac{6}{\tan\theta}=1$이므로 양변에 $\tan\theta$를 곱하면 $\tan^2\theta-6=\tan\theta$

$\tan^2\theta-\tan\theta-6=0$에서 $(\tan\theta+2)(\tan\theta-3)=0$이므로
$\tan\theta=-2$ 또는 $\tan\theta=3$

이때 $\pi<\theta<\dfrac{3}{2}\pi$이므로
$\tan\theta=3$

$\tan\theta=\dfrac{\sin\theta}{\cos\theta}=3$에서
$\sin\theta=3\cos\theta$이므로

$\sin^2\theta+\cos^2\theta=1$에 대입하면 $9\cos^2\theta+\cos^2\theta=10\cos^2\theta=1$이므로

$\cos\theta=\dfrac{1}{\sqrt{10}}$ 또는 $\cos\theta=-\dfrac{1}{\sqrt{10}}$

이때 $\pi<\theta<\dfrac{3}{2}\pi$이므로

$\cos\theta=-\dfrac{1}{\sqrt{10}}$

또한 $\sin\theta=3\cos\theta$에서

$\sin\theta=-\dfrac{3}{\sqrt{10}}$

따라서

$\sin\theta+\cos\theta=\left(-\dfrac{3}{\sqrt{10}}\right)+\left(-\dfrac{1}{\sqrt{10}}\right)$

$=-\dfrac{4}{\sqrt{10}}=-\dfrac{4\sqrt{10}}{10}=-\dfrac{2\sqrt{10}}{5}$

● 핵심 공식

▶ 삼각함수 사이의 관계

(1) $\tan\theta=\dfrac{\sin\theta}{\cos\theta}$ (2) $\sin^2\theta+\cos^2\theta=1$

---

08 정적분의 활용 정답률 60% | 정답 ①

❶ 곡선 $y=x^2-5x$와 직선 $y=x$로 둘러싸인 부분의 넓이를 직선 $x=k$가 이등분할 때, 상수 k의 값은? [3점]

① 3   ② $\dfrac{13}{4}$ ③ $\dfrac{7}{2}$ ④ $\dfrac{15}{4}$ ⑤ 4

STEP 01 정적분을 활용하여 ❶에서 곡선과 직선으로 둘러싸인 부분의 넓이를 구한 뒤 정적분을 활용하여 k의 값을 구한다.

$x^2-5x=x$에서 $x^2-6x=0$,
$x=0$ 또는 $x=6$이므로
곡선 $y=x^2-5x$와 직선 $y=x$가 만나는 점은 $(0,0)$, $(6,6)$이다.

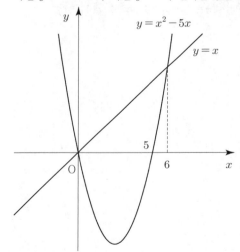

따라서 곡선 $y=x^2-5x$와 직선 $y=x$로 둘러싸인 부분의 넓이는
$$\int_0^6\{x-(x^2-5x)\}dx=\int_0^6(6x-x^2)dx=\left[3x^2-\frac{1}{3}x^3\right]_0^6=36$$

그러므로 직선 $x=k$가 넓이를 이등분하기 위해서는
$$\int_0^k(6x-x^2)dx=18$$이어야 한다.

이때 $\displaystyle\int_0^k(6x-x^2)dx=\left[3x^2-\frac{1}{3}x^3\right]_0^k=3k^2-\frac{1}{3}k^3=18$이므로

$3k^2-\dfrac{1}{3}k^3=18$에서

$k^3-9k^2+54=0$이므로
$(k-3)(k^2-6k-18)=0$
이때 $0<k<6$이므로 $k=3$

09 지수방정식
정답률 54% | 정답 ④

직선 $y = 2x + k$ 가 두 함수

$$y = \left(\frac{2}{3}\right)^{x+3} + 1, \quad y = \left(\frac{2}{3}\right)^{x+1} + \frac{8}{3}$$

의 그래프와 만나는 점을 각각 P, Q라 하자. ❶ $\overline{PQ} = \sqrt{5}$ 일 때, 상수 k의 값은? [4점]

① $\dfrac{31}{6}$ ② $\dfrac{16}{3}$ ③ $\dfrac{11}{2}$ ④ $\dfrac{17}{3}$ ⑤ $\dfrac{35}{6}$

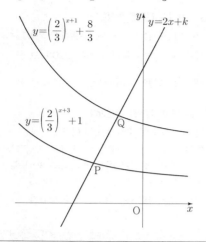

STEP 01 지수함수의 성질을 활용하여 P, Q의 좌표를 놓고 ❶을 이용하여 k의 값을 구한다.

점 $P(a,\ 2a+k)$로 놓으면 $\overline{PQ} = \sqrt{5}$, 직선 $y = 2x + k$의 기울기가 2이므로 점 $Q(a+1,\ 2a+k+2)$로 놓을 수 있다.

이때 점 P와 점 Q는 각각 두 함수 $y = \left(\frac{2}{3}\right)^{x+3} + 1$, $y = \left(\frac{2}{3}\right)^{x+1} + \frac{8}{3}$ 위의 점이므로

$$\left(\frac{2}{3}\right)^{a+3} + 1 = 2a + k, \quad \left(\frac{2}{3}\right)^{a+2} + \frac{8}{3} = 2a + k + 2 \text{이다.}$$

두 식을 연립하면

$$\left(\frac{2}{3}\right)^{a+3} + 3 = \left(\frac{2}{3}\right)^{a+2} + \frac{8}{3} \text{이므로 } \left(\frac{2}{3}\right)^{a+2} = 1, \ a = -2$$

$a = -2$를 $\left(\frac{2}{3}\right)^{a+3} + 1 = 2a + k$에 대입하면 $\frac{2}{3} + 1 = -4 + k$

따라서 $k = \dfrac{17}{3}$

10 접선의 방정식
정답률 47% | 정답 ⑤

삼차함수 $f(x)$에 대하여 ❶ 곡선 $y = f(x)$ 위의 점 $(0, 0)$에서의 접선과 곡선 $y = xf(x)$ 위의 점 $(1, 2)$에서의 접선이 일치할 때, $f'(2)$의 값은? [4점]

① -18 ② -17 ③ -16 ④ -15 ⑤ -14

STEP 01 ❶을 활용하여 접선의 방정식을 세운 후 $f(x)$의 미정계수를 결정하여 $f'(2)$의 값을 구한다.

우선 점 $(0, 0)$이 $y = f(x)$ 위의 점이므로 $f(0) = 0$
이때 점 $(0, 0)$에서의 $y = f(x)$의 접선의 방정식은
$y = f'(0)(x-0) + 0 = f'(0)x$
다음으로 점 $(1, 2)$가 $y = xf(x)$ 위의 점이므로 $f(1) = 2$
$y = xf(x)$에서 $y' = f(x) + xf'(x)$이므로
점 $(1, 2)$에서의 $y = xf(x)$의 접선의 방정식은
$y = \{f(1) + f'(1)\}(x-1) + 2 = \{f'(1) + 2\}x - f'(1)$
두 접선이 일치하므로 $f'(0)x = \{f'(1) + 2\}x - f'(1)$에서
$f'(1) = 0, \ f'(0) = 2$
$f(x) = ax^3 + bx^2 + cx + d$라 하면
$f(0) = 0$에서 $d = 0$,
$f(1) = 2$에서 $a + b + c = 2$
$f'(x) = 3ax^2 + 2bx + c$이므로
$f'(0) = 2$에서 $c = 2$,
$f'(1) = 0$에서 $3a + 2b + 2 = 0$
이때 $c = 2$를 $a + b + c = 2$에 대입하면 $a + b = 0$이므로 연립하면
$a = -2, \ b = 2$이므로
$f'(x) = -6x^2 + 4x + 2$
$f'(2) = -14$

● 핵심 공식

▶ 곡선 위의 점에서 그은 접선의 방정식
함수 $y = f(x)$가 $x = a$에서 미분가능할 때,
곡선 $y = f(x)$ 위의 점 $(a, f(a))$에서의
접선의 기울기는 $f'(a)$이고, 접선의 방정식은
$y - f(a) = f'(a)(x-a)$이다.

11 삼각함수의 그래프
정답률 50% | 정답 ③

양수 a에 대하여 집합 $\left\{ x \mid -\dfrac{a}{2} < x \leq a, x \neq \dfrac{a}{2} \right\}$에서 정의된 함수

❶ $f(x) = \tan \dfrac{\pi x}{a}$

가 있다. 그림과 같이 함수 $y = f(x)$의 그래프 위의 세 점 O, A, B를 지나는 직선이 있다. 점 A를 지나고 x축에 평행한 직선이 함수 $y = f(x)$의 그래프와 만나는 점 중 A가 아닌 점을 C라 하자. ❷ 삼각형 ABC가 정삼각형일 때, 삼각형 ABC의 넓이는? (단, O는 원점이다.)[4점]

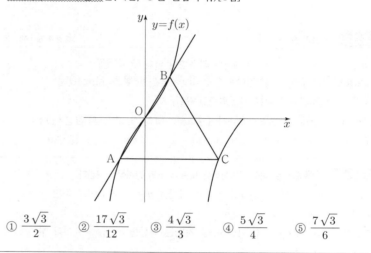

① $\dfrac{3\sqrt{3}}{2}$ ② $\dfrac{17\sqrt{3}}{12}$ ③ $\dfrac{4\sqrt{3}}{3}$ ④ $\dfrac{5\sqrt{3}}{4}$ ⑤ $\dfrac{7\sqrt{3}}{6}$

STEP 01 ❶의 주기성과 ❷를 활용하여 삼각형 ABC의 넓이를 구한다.

$f(x) = \tan \dfrac{\pi x}{a}$에서 $f(x)$의 주기 $= \dfrac{\pi}{\frac{\pi}{a}} = a$

삼각형 ABC가 정삼각형이고 직선 AB가 원점을 지나므로
직선 AB는 $y = \sqrt{3}\,x$
따라서 $A(-t,\ -\sqrt{3}\,t)$, $B(t,\ \sqrt{3}\,t)$로 놓을 수 있다. (단, t는 양수)
$\overline{AB} = 4t$이므로 $\overline{AC} = 4t$에서 $C(3t,\ -\sqrt{3}\,t)$
이때 $f(x)$의 주기$= a$이므로 $\overline{AC} = 4t = a$
$C(3t,\ -\sqrt{3}\,t)$의 좌표를 $y = f(x)$에 대입하면
$-\sqrt{3}\,t = \tan \dfrac{\pi \times 3t}{4t} = \tan \dfrac{3}{4}\pi = -1$, $t = \dfrac{1}{\sqrt{3}}$
따라서 삼각형 ABC의 넓이는

$$\frac{\sqrt{3}}{4}(4t)^2 = \frac{\sqrt{3}}{4} \times \left(\frac{4}{\sqrt{3}}\right)^2 = \frac{4}{\sqrt{3}} = \frac{4\sqrt{3}}{3}$$

12 함수의 연속
정답률 46% | 정답 ③

❶ 실수 전체의 집합에서 연속인 함수 $f(x)$가 모든 실수 x에 대하여
❷ $\{f(x)\}^3 - \{f(x)\}^2 - x^2 f(x) + x^2 = 0$
을 만족시킨다. ❸ 함수 $f(x)$의 최댓값이 1이고 최솟값이 0일 때,
❹ $f\left(-\dfrac{4}{3}\right) + f(0) + f\left(\dfrac{1}{2}\right)$의 값은? [4점]

① $\dfrac{1}{2}$ ② 1 ③ $\dfrac{3}{2}$ ④ 2 ⑤ $\dfrac{5}{2}$

STEP 01 ❷의 식을 정리한 뒤 ❶과 ❸의 조건을 활용하여 $f(x)$를 파악한 후 ❹의 값을 구한다.

주어진 식을 정리하면
$\{f(x)\}^2\{f(x)-1\} - x^2\{f(x)-1\} = [\{f(x)\}^2 - x^2]\{f(x)-1\}$
$\qquad\qquad\qquad\qquad = \{f(x)-x\}\{f(x)+x\}\{f(x)-1\} = 0$
이므로
$f(x) = x$ 또는 $f(x) = -x$ 또는 $f(x) = 1$
이때, $f(0) = 1$ 또는 $f(0) = 0$이다.
(i) $f(0) = 1$인 경우

함수 $f(x)$가 실수 전체의 집합에서 연속이고, 최댓값이 1이므로
모든 실수 x에 대해 $f(x) = 1$이다.
이는 함수 $f(x)$의 최솟값이 0이라는 조건에 모순이다.

(ii) $f(0) = 0$인 경우
함수 $f(x)$가 실수 전체의 집합에서 연속이고 최댓값이 1, 최솟값이 0이므로
$f(x) = \begin{cases} |x| & (|x| \le 1) \\ 1 & (|x| > 1) \end{cases}$ 로 정의된다.

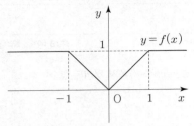

따라서 $f\left(-\dfrac{4}{3}\right) = 1$, $f(0) = 0$, $f\left(\dfrac{1}{2}\right) = \dfrac{1}{2}$이므로
$f\left(-\dfrac{4}{3}\right) + f(0) + f\left(\dfrac{1}{2}\right) = \dfrac{3}{2}$

---

13 로그의 정의와 성질 　　　　　정답률 41% | 정답 ②

두 상수 $a, b(1 < a < b)$에 대하여 좌표평면 위의 ❶ 두 점
$(a, \log_2 a)$, $(b, \log_2 b)$를 지나는 직선의 y절편과 두 점 $(a, \log_4 a)$,
$(b, \log_4 b)$를 지나는 직선의 y절편이 같다.
함수 ❷ $f(x) = a^{bx} + b^{ax}$에 대하여 $f(1) = 40$일 때, $f(2)$의 값은? [4점]

① 760　　② 800　　③ 840　　④ 880　　⑤ 920

STEP 01 ❶에서 두 직선의 방정식을 세워 a, b의 관계식을 구한다.

두 점 $(a, \log_2 a)$, $(b, \log_2 b)$를 지나는 직선을 $y = mx + n$이라 하면
$ma + n = \log_2 a$, $mb + n = \log_2 b$ 　　　　…… ㉠
또한, 두 점 $(a, \log_4 a)$, $(b, \log_4 b)$를 지나는 직선을 $y = px + n$이라 하면
$\log_4 a = \dfrac{1}{2} \log_2 a$, $\log_4 b = \dfrac{1}{2} \log_2 b$이므로

$pa + n = \dfrac{1}{2} \log_2 a$, $pb + n = \dfrac{1}{2} \log_2 b$ 　　　　…… ㉡

㉠, ㉡에서
$2(pa + n) = ma + n$, $2(pb + n) = mb + n$에서 $n = (m - 2p)a = (m - 2p)b$
이때 $a \ne b$이므로
$n = 0$, $m = 2p$
따라서 두 점 $(a, \log_2 a)$, $(b, \log_2 b)$가 모두 $y = mx$ 위의 점이므로

$ma = \log_2 a$, $mb = \log_2 b$에서 $m = \dfrac{\log_2 a}{a} = \dfrac{\log_2 b}{b}$,

$a \log_2 b = b \log_2 a$에서 $\log_2 b^a = \log_2 a^b$이므로
$a^b = b^a$

STEP 02 ❷를 이용하여 $f(2)$의 값을 구한다.

이때 함수 $f(x) = a^{bx} + b^{ax}$에 대하여 $f(1) = a^b + b^a = 40$이므로
$a^b = b^a = 20$
따라서 $f(2) = a^{2b} + b^{2a} = (a^b)^2 + (b^a)^2 = 400 + 400 = 800$

---

14 위치와 속도 　　　　　정답률 27% | 정답 ③

수직선 위를 움직이는 점 P의 시각 t에서의 위치 $x(t)$가 두 상수 a, b에
대하여
❶ $x(t) = t(t-1)(at+b) \; (a \ne 0)$

이다. 점 P의 시각 t에서의 속도 $v(t)$가 ❷ $\displaystyle\int_0^1 |v(t)| dt = 2$를 만족시킬 때,
〈보기〉에서 옳은 것만을 있는 대로 고른 것은? [4점]

―――――――――〈보기〉――――――――――

ㄱ. $\displaystyle\int_0^1 v(t) dt = 0$

ㄴ. $|x(t_1)| > 1$인 t_1이 열린구간 $(0, 1)$에 존재한다.

ㄷ. $0 \le t \le 1$인 모든 t에 대하여 $|x(t)| < 1$이면 $x(t_2) = 0$인 t_2가
　열린구간 $(0, 1)$에 존재한다.

① ㄱ　　② ㄱ, ㄴ　　③ ㄱ, ㄷ　　④ ㄴ, ㄷ　　⑤ ㄱ, ㄴ, ㄷ

STEP 01 ❶, ❷에서 알 수 있는 위치와 거리를 구한다.

$x(0) = 0$, $x(1) = 0$이므로 점 P의 위치는 $t = 0$일 때 수직선의 원점이고,
$t = 1$일 때도 수직선의 원점이다.
또, $\displaystyle\int_0^1 |v(t)| dt = 2$이므로 점 P가 $t = 0$에서 $t = 1$까지 움직인 거리가 2이다.

STEP 02 ㄱ. 위치와 속도의 관계를 이용하여 진위를 판정한다.

ㄱ. $x'(t) = v(t)$이므로 $\displaystyle\int_0^1 v(t) dt = [x(t)]_0^1 = x(1) - x(0) = 0$ 　　 ∴ 참

STEP 03 ㄴ. ❷를 이용하여 진위를 판정한다.

ㄴ. $|x(t_1)| > 1$인 t_1이 열린구간 $(0, 1)$에 존재하면 $x(0) = x(1) = 0$이므로
　$t = 0$에서 $t = 1$까지 점 P가 이동한 거리는 2보다 크다.

　이는 $\displaystyle\int_0^1 |v(t)| dt = 2$ 조건에 모순이다. 　　 ∴ 거짓

STEP 04 ㄷ. ❷를 이용하여 진위를 판정한다.

ㄷ. $0 \le t \le 1$인 모든 t에 대하여 $|x(t)| < 1$이므로
　점 P와 원점 사이의 거리는 $t = 0$에서 $t = 1$까지 항상 1보다 작다.
　이때 $t = 0$에서 $t = 1$까지 점 P가 이동한 거리가 2이므로
　점 P는 $0 < t < 1$에서 적어도 한 번 원점을 지나간다.
　따라서 $x(t_2) = 0$인 t_2가 열린구간 $(0, 1)$에 존재한다. 　　 ∴ 참

따라서 옳은 것은 ㄱ, ㄷ

●핵심 공식

▶ 속도와 가속도

수직선 위를 움직이는 점 P의 시각 t에서의 위치 x가 $x = f(t)$일 때,
(1) 속도
$v(t) = \lim_{\Delta t \to 0} \dfrac{\Delta x}{\Delta t} = \lim_{\Delta t \to 0} \dfrac{f(t + \Delta t) - f(t)}{\Delta t} = \dfrac{dx}{dt} = f'(t)$
(2) 가속도
$a(t) = \lim_{\Delta t \to 0} \dfrac{\Delta v}{\Delta t} = \dfrac{dv}{dt} = v'(t) = \dfrac{d}{dt} f'(t)$

---

15 코사인법칙 　　　　　정답률 34% | 정답 ②

두 점 O_1, O_2를 각각 중심으로 하고 반지름의 길이가 $\overline{O_1 O_2}$인 두 원
C_1, C_2가 있다. 그림과 같이 원 C_1 위의 서로 다른 세 점 A, B, C와 원 C_2
위의 점 D가 주어져 있고, 세 점 A, O_1, O_2와 세 점 C, O_2, D가 각각 한
직선 위에 있다. 이때 $\angle BO_1 A = \theta_1$, $\angle O_2 O_1 C = \theta_2$, $\angle O_1 O_2 D = \theta_3$이라
하자.

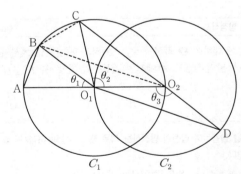

다음은 $\overline{AB} : \overline{O_1 D} = 1 : 2\sqrt{2}$이고 $\theta_3 = \theta_1 + \theta_2$일 때, 선분 AB와 선분
CD의 길이의 비를 구하는 과정이다.

―――――――――――――――――――――――――

$\angle CO_2 O_1 + \angle O_1 O_2 D = \pi$이므로 $\theta_3 = \dfrac{\pi}{2} + \dfrac{\theta_2}{2}$이고

$\theta_3 = \theta_1 + \theta_2$에서 $2\theta_1 + \theta_2 = \pi$이므로 $\angle CO_1 B = \theta_1$이다.

이때 $\angle O_2 O_1 B = \theta_1 + \theta_2 = \theta_3$이므로 삼각형 $O_1 O_2 B$와 삼각형 $O_2 O_1 D$
는 합동이다.

❶ $\overline{AB} = k$라 할 때

$\overline{BO_2} = \overline{O_1 D} = 2\sqrt{2}\,k$이므로 $\overline{AO_2} = \boxed{\text{(가)}}$이고,

$\angle BO_2 A = \dfrac{\theta_1}{2}$이므로 $\cos \dfrac{\theta_1}{2} = \boxed{\text{(나)}}$이다.

삼각형 $O_2 BC$에서

❷ $\overline{BC} = k$, $\overline{BO_2} = 2\sqrt{2}\,k$, $\angle CO_2 B = \dfrac{\theta_1}{2}$이므로

코사인법칙에 의하여 $\overline{O_2 C} = \boxed{\text{(다)}}$이다.

$\overline{CD} = \overline{O_2 D} + \overline{O_2 C} = \overline{O_1 O_2} + \overline{O_2 C}$이므로

$$\overline{AB} : \overline{CD} = k : \left(\frac{\boxed{(가)}}{2} + \boxed{(다)} \right) \text{이다.}$$

위의 (가), (다)에 알맞은 식을 각각 $f(k)$, $g(k)$라 하고, (나)에 알맞은 수를 p라 할 때, $f(p) \times g(p)$의 값은? [4점]

① $\frac{169}{27}$ ② $\frac{56}{9}$ ③ $\frac{167}{27}$ ④ $\frac{166}{27}$ ⑤ $\frac{55}{9}$

STEP 01 ❶을 이용하여 (가)와 (나)를 구한다.

$\overline{AB} = k$, $\overline{BO_2} = 2\sqrt{2}\,k$이고 $\angle ABO_2 = \frac{\pi}{2}$이므로

$\overline{AO_2} = \sqrt{k^2 + (2\sqrt{2}\,k)^2} = \boxed{3k}$

따라서 $f(k) = 3k$

또한 $\angle BO_2A = \frac{\theta_1}{2}$이므로 $\cos\frac{\theta_1}{2} = \frac{\overline{BO_2}}{\overline{AO_2}} = \frac{2\sqrt{2}\,k}{3k} = \boxed{\dfrac{2\sqrt{2}}{3}}$

따라서 $p = \dfrac{2\sqrt{2}}{3}$

STEP 02 ❷에 코사인법칙을 적용하여 (다)를 구한다.

삼각형 O_2BC에서

$\overline{BC} = k$, $\overline{BO_2} = 2\sqrt{2}\,k$, $\angle CO_2B = \frac{\theta_1}{2}$이므로

삼각형 BO_2C에서 $\overline{O_2C} = x \; (0 < x < 3k)$라 하면 코사인법칙에 의하여

$k^2 = x^2 + (2\sqrt{2}\,k)^2 - 2 \times x \times 2\sqrt{2}\,k \times \cos\frac{\theta_1}{2}$

$\quad = x^2 + 8k^2 - 4\sqrt{2}\,kx \times \frac{2\sqrt{2}}{3}$

$\quad = x^2 + 8k^2 - \frac{16}{3}kx$

$3x^2 - 16kx + 21k^2 = 0$

$(3x - 7k)(x - 3k) = 0$에서

$0 < x < 3k$이므로

$x = \frac{7}{3}k$

즉, $\overline{O_2C} = \boxed{\dfrac{7}{3}k}$

따라서 $g(k) = \frac{7}{3}k$

그러므로

$f(p) \times g(p) = \left(3 \times \frac{2\sqrt{2}}{3} \right) \times \left(\frac{7}{3} \times \frac{2\sqrt{2}}{3} \right) = \frac{56}{9}$

● 핵심 공식

▶ 코사인법칙

삼각형 ABC에서

(1) $a^2 = b^2 + c^2 - 2bc\cos A$ (2) $b^2 = c^2 + a^2 - 2ca\cos B$

(3) $c^2 = a^2 + b^2 - 2ab\cos C$

---

16 로그의 성질   정답률 80% | 정답 3

$\log_2 120 - \dfrac{1}{\log_{15} 2}$ 의 값을 구하시오. [3점]

STEP 01 로그의 밑 변환 공식을 이용하여 밑을 같게 만들어준 후 로그의 성질을 이용하여 값을 구한다.

$\log_2 120 - \dfrac{1}{\log_{15} 2} = \log_2 120 - \log_2 15 = \log_2 \frac{120}{15} = \log_2 8 = 3$

● 핵심 공식

▶ 로그의 성질과 밑의 변환 공식

(1) 로그의 성질

$a > 0$, $a \neq 1$, M > 0, N > 0일 때

① $\log_a 1 = 0$, $\log_a a = 1$ ② $\log_a MN = \log_a M + \log_a N$

③ $\log_a \frac{M}{N} = \log_a M - \log_a N$ ④ $\log_a N^k = k\log_a N$ (단, k는 실수)

(2) 로그의 밑의 변환 공식

$a > 0$, $a \neq 1$, $b > 0$, $b \neq 1$, $c > 0$일 때, $\log_a c = \dfrac{\log_b c}{\log_b a}$, $\log_a b = \dfrac{1}{\log_b a}$

---

17 부정적분   정답률 85% | 정답 4

함수 $f(x)$에 대하여 ❶ $f'(x) = 3x^2 + 2x$이고 ❷ $f(0) = 2$일 때, $f(1)$의 값을 구하시오. [3점]

STEP 01 ❶을 적분한 후 ❷를 이용하여 미정계수를 결정하여 $f(1)$의 값을 구한다.

$f'(x) = 3x^2 + 2x$

$f(x) = \displaystyle\int f'(x)dx = \int (3x^2 + 2x)dx = x^3 + x^2 + C$ (단, C는 적분상수)

이때 $f(0) = 2$이므로 $C = 2$

$f(x) = x^3 + x^2 + 2$

따라서 $f(1) = 4$

---

18 시그마의 정의와 성질   정답률 67% | 정답 12

수열 $\{a_n\}$에 대하여

❶ $\displaystyle\sum_{k=1}^{10} a_k - \sum_{k=1}^{7} \frac{a_k}{2} = 56$, $\displaystyle\sum_{k=1}^{10} 2a_k - \sum_{k=1}^{8} a_k = 100$

일 때, a_8의 값을 구하시오. [3점]

STEP 01 시그마의 성질을 이용하여 ❶의 두 식을 연립하여 a_8의 값을 구한다.

$\displaystyle\sum_{k=1}^{10} a_k - \sum_{k=1}^{7} \frac{a_k}{2} = 56$에서 $\displaystyle\sum_{k=1}^{10} 2a_k - \sum_{k=1}^{7} a_k = 112$

이때 $\displaystyle\sum_{k=1}^{10} 2a_k - \sum_{k=1}^{8} a_k = 100$이므로 두 식을 연립하면

$\displaystyle\sum_{k=1}^{8} a_k - \sum_{k=1}^{7} a_k = a_8 = 12$

따라서 $a_8 = 12$

● 핵심 공식

▶ 합의 기호 시그마의 성질

(1) $\displaystyle\sum_{k=1}^{n}(a_k + b_k) = \sum_{k=1}^{n} a_k + \sum_{k=1}^{n} b_k$ (2) $\displaystyle\sum_{k=1}^{n}(a_k - b_k) = \sum_{k=1}^{n} a_k - \sum_{k=1}^{n} b_k$

(3) $\displaystyle\sum_{k=1}^{n} ca_k = c\sum_{k=1}^{n} a_k$ (단, c는 상수)   (4) $\displaystyle\sum_{k=1}^{n} c = cn$ (단, c는 상수)

---

19 도함수의 활용   정답률 54% | 정답 6

함수 $f(x) = x^3 + ax^2 - (a^2 - 8a)x + 3$이

❶ 실수 전체의 집합에서 증가하도록 하는 실수 a의 최댓값을 구하시오. [3점]

STEP 01 $f(x)$의 도함수를 구한 후 도함수의 성질을 이용하여 ❶을 만족시키는 a의 최댓값을 구한다.

$f(x) = x^3 + ax^2 - (a^2 - 8a)x + 3$에서

$f'(x) = 3x^2 + 2ax - (a^2 - 8a)$

이때 함수 $f(x)$가 실수 전체의 집합에서 증가하기 위해서는 모든 x값에 대해 $f'(x) \geq 0$이어야 한다.

이차방정식 $f'(x) = 0$의 판별식을 D라 하면 $D \leq 0$이어야 한다.

$\frac{D}{4} = a^2 + 3(a^2 - 8a) = 4a^2 - 24a = 4a(a - 6) \leq 0$에서

$0 \leq a \leq 6$

따라서 a의 최댓값은 6

★★★ 등급을 가르는 문제!

20 정적분의 계산   정답률 9% | 정답 110

실수 전체의 집합에서 미분가능한 함수 $f(x)$가 다음 조건을 만족시킨다.

(가) 닫힌구간 $[0, 1]$에서 ❶ $f(x) = x$이다.

(나) 어떤 상수 a, b에 대하여 구간 $[0, \infty)$에서
❷ $f(x+1) - xf(x) = ax + b$이다.

❸ $60 \times \displaystyle\int_1^2 f(x)dx$의 값을 구하시오. [4점]

STEP 01 ❷에 $x = 0$을 대입하고, ❷를 미분한 후 ❶을 이용하여 미정계수를 결정한다.

14회

$f(x+1)-xf(x)=ax+b$에 $x=0$을 대입하면
$f(1)=b$
이때 (가)에 따라 닫힌구간 $[0,\ 1]$에서
$f(x)=x$이므로
$f(1)=1,\ b=1$
함수 $f(x)$는 실수 전체의 집합에서 미분가능하므로
$f(x+1)-xf(x)=ax+b$의 양변을 미분하면
$f'(x+1)-f(x)-xf'(x)=a$
$x=0$을 대입하면
$f'(1)-f(0)=a$
이때 (가)에 따라 닫힌구간 $[0,\ 1]$에서
$f(x)=x$이므로
$f'(1)=1,\ f(0)=0,\ a=1$

STEP 02 ❷를 이용하여 ❸을 변형한 후 적분하여 값을 구한다.

구간 $[0,\ \infty)$에서
$f(x+1)-xf(x)=x+1$이고
$\displaystyle\int_1^2 f(x)dx=\int_0^1 f(x+1)dx$에서
$f(x+1)=xf(x)+x+1$인데
닫힌구간 $[0,\ 1]$에서 $f(x)=x$이므로
$$\int_1^2 f(x)dx=\int_0^1 f(x+1)dx=\int_0^1 \{xf(x)+x+1\}dx$$
$$=\int_0^1 (x^2+x+1)dx=\left[\frac{1}{3}x^3+\frac{1}{2}x^2+x\right]_0^1$$
$$=\frac{1}{3}+\frac{1}{2}+1=\frac{11}{6}$$
따라서 $\displaystyle 60\times\int_1^2 f(x)dx=60\times\frac{11}{6}=110$

★★ 문제 해결 꿀~팁 ★★

▶ 문제 해결 방법

먼저 $f(x+1)-xf(x)=ax+b$와 이 식을 미분한 식에 각각 $x=0$을 대입하면 a, b를 구할 수 있다. 다음으로 $\displaystyle\int_1^2 f(x)dx=\int_0^1 f(x+1)dx$, $f(x+1)=xf(x)+x+1$이고 닫힌구간 $[0,1]$에서 $f(x)=x$이므로 $f(x+1)=x^2+x+1$이다.
따라서 $\displaystyle\int_1^2 f(x)dx=\int_0^1 (x^2+x+1)dx$이다.
이제 적분하여 값을 구하면 된다. 두 미지수 a, b를 구하고 함수의 성질을 이용하여 주어진 정적분의 식을 변형하거나 닫힌구간 $[0,1]$에서 $f(x+1)$에 $f(x)$를 대입한 후 $x+1$을 치환하여 $1\le x\le 2$에서 $f(x)$를 구하여 적분하는 방법으로 문제를 해결할 수 있다.

★★★ 등급을 가르는 문제! ★★★

21 등비수열의 합   정답률 22% | 정답 678

수열 $\{a_n\}$이 다음 조건을 만족시킨다.

(가) $|a_1|=2$
(나) 모든 자연수 n에 대하여 ❶ $|a_{n+1}|=2|a_n|$이다.
(다) ❷ $\displaystyle\sum_{n=1}^{10}a_n=-14$

$a_1+a_3+a_5+a_7+a_9$의 값을 구하시오. [4점]

STEP 01 ❶을 이용하여 수열의 규칙을 파악한 후 ❷를 통해 각 항의 값을 결정한다.

조건 (가), (나)에 의해 수열 $\{|a_n|\}$은 첫째항이 2, 공비가 2인 등비수열이므로
$|a_n|=2^n$
한편 $|a_{10}|=2^{10}=1024$이고
$$\sum_{k=1}^{9}|a_k|=\sum_{k=1}^{9}2^k=\frac{2(2^9-1)}{2-1}=2^{10}-2=1022$$
조건 (다)를 만족하기 위해서는
$a_{10}=-1024,\ \displaystyle\sum_{k=1}^{9}a_k=1010=1022-12=1022-2\times(2^1+2^2)$
이므로 $a_1=-2,\ a_2=-4$
따라서
$a_1+a_3+a_5+a_7+a_9=(-2)+2^3+2^5+2^7+2^9$
$\qquad\qquad\qquad\qquad\quad=(-2)+8+32+128+512$
$\qquad\qquad\qquad\qquad\quad=678$

●핵심 공식

▶ 등비수열의 합

첫째항이 a, 등비가 r인 등비수열의 첫째항부터 제n항까지의 합 S_n은

(1) $r\ne 1$일 때, $S_n=\dfrac{a(1-r^n)}{1-r}=\dfrac{a(r^n-1)}{r-1}$ (2) $r=1$일 때, $S_n=na$

★★ 문제 해결 꿀~팁 ★★

▶ 문제 해결 방법

우선 (가)와 (나)를 이용하여 수열 $\{|a_n|\}$의 규칙성을 파악한 이후 (다)를 적용하여 각 항의 부호를 추론해야 한다. a_1, a_2, $\cdots$, a_{10} 모두를 양수라고 생각했을 때
$$\sum_{k=1}^{10}|a_k|=2^{11}-2=2046$$이고 $\displaystyle\sum_{k=1}^{10}a_k=-14$인데, 두 식을 더한 값,
즉 $\displaystyle\sum_{k=1}^{10}|a_k|+\sum_{k=1}^{10}a_k=2046-14=2032$는 수열 $\{a_n\}$에서 값이 양수인 항들의 값의 합의 2배이다. 그러므로 a_1, a_2, $\cdots$, a_{10} 중 양수인 항들의 값의 합은 1016이고, 이는 $2^{10}-8$임에 따라 자연히 a_{10}은 음수임이 결정된다. 이때 만약 a_1, a_2, $\cdots$, a_9 모두를 양수라고 생각한다면 $\displaystyle\sum_{k=1}^{9}a_k=2^{10}-2=1022$이고, $1022=1016+2^1+2^2$이므로 a_1, a_2가 음수임을 알 수 있다.

★★★ 등급을 가르는 문제! ★★★

22 도함수의 활용   정답률 3% | 정답 9

최고차항의 계수가 $\dfrac{1}{2}$인 삼차함수 $f(x)$와 실수 t에 대하여 방정식 $f'(x)=0$이 닫힌구간 $[t,\ t+2]$에서 갖는 실근의 개수를 $g(t)$라 할 때, 함수 $g(t)$는 다음 조건을 만족시킨다.

(가) 모든 실수 a에 대하여 $\displaystyle\lim_{t\to a+}g(t)+\lim_{t\to a-}g(t)\le 2$이다.
(나) $g(f(1))=g(f(4))=2,\ g(f(0))=1$

$f(5)$의 값을 구하시오. [4점]

STEP 01 두 조건을 이용하여 $f'(x)=0$의 근의 특징을 파악한다.

이차방정식 $f'(x)=0$의 근의 종류에 따라 경우를 나누어 두 조건을 만족하는지 확인하면 다음과 같다.
(ⅰ) $f'(x)=0$의 실근이 존재하지 않는 경우
$g(t)=0$이므로 조건 (나)에서 $g(t)$가 함숫값 1 또는 2를 갖는 것을 만족하지 못한다.
(ⅱ) $f'(x)=0$이 중근 α를 가지는 경우

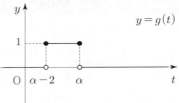

$g(t)$의 최댓값이 1이므로 조건 (나)를 만족하지 못한다.
(ⅲ) $f'(x)=0$이 서로 다른 두 실근 $\alpha,\beta\,(\alpha<\beta)$를 가지는 경우
  i) $\beta<\alpha+2$

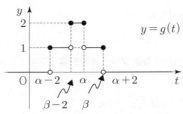

$\beta-2\le a\le\alpha$인 t_1에 대하여 $\displaystyle\lim_{t\to a+}g(t)+\lim_{t\to a-}g(t)>2$이므로 조건 (가)를 만족하지 못한다.
  ii) $\beta>\alpha+2$

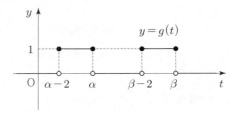

$g(t)$의 최댓값이 1이므로 조건 (나)를 만족하지 못한다.

iii) $\beta = \alpha + 2$

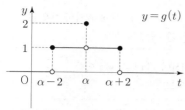

모든 t값에 대해 조건 (가)를 만족하고 $g(\alpha) = 2$이므로 조건 (나)를
만족할 수 있다.
따라서 $\beta = \alpha + 2$

STEP 02 $f'(x)$를 적분한 뒤 조건 (나)를 이용하여 $f(x)$의 미정계수를 결정한다.

이때 $f(x)$가 최고차항의 계수가 $\dfrac{1}{2}$인 삼차함수이므로

$f'(x)$는 최고차항의 계수가 $\dfrac{3}{2}$인 이차함수이다.

$$f'(x) = \frac{3}{2}(x-\alpha)\{x-(\alpha+2)\}$$
$$= \frac{3}{2}\{x^2 - (2\alpha+2)x + (\alpha^2+2\alpha)\}$$
$$= \frac{3}{2}x^2 - (3\alpha+3)x + \left(\frac{3}{2}\alpha^2 + 3\alpha\right)$$

$f(x) = \dfrac{1}{2}x^3 - \dfrac{3\alpha+3}{2}x^2 + \left(\dfrac{3}{2}\alpha^2 + 3\alpha\right)x + C$ (단, C는 적분상수)

조건 (나)에 의해
$g(f(1)) = g(f(4)) = 2$이고
$g(t) = 2$를 만족시키는 t값은 오직 $t = \alpha$뿐이므로
$f(1) = f(4) = \alpha$

$f(1) = \dfrac{1}{2} - \dfrac{3\alpha+3}{2} + \left(\dfrac{3}{2}\alpha^2 + 3\alpha\right) + C = \dfrac{3}{2}\alpha^2 + \dfrac{3}{2}\alpha - 1 + C$

$f(4) = 32 - 8(3\alpha+3) + 4\left(\dfrac{3}{2}\alpha^2 + 3\alpha\right) + C = 6\alpha^2 - 12\alpha + 8 + C$

$\dfrac{3}{2}\alpha^2 + \dfrac{3}{2}\alpha - 1 + C = 6\alpha^2 - 12\alpha + 8 + C$에서 양변에 2를 곱하고 이항하면

$9\alpha^2 - 27\alpha + 18 = 0$, $9(\alpha-1)(\alpha-2) = 0$에서
$\alpha = 1$ 또는 $\alpha = 2$

(i) $\alpha = 1$인 경우

$f(x) = \dfrac{1}{2}x^3 - 3x^2 + \dfrac{9}{2}x + C$

$f(1) = \alpha = 1$이므로
$C + 2 = 1$, $C = -1$
조건 (나)에 의해 $g(f(0)) = 1$인데
$f(0) = -1$이고 $g(-1) = 1$이므로
주어진 조건을 만족시킨다.

(ii) $\alpha = 2$인 경우

$f(x) = \dfrac{1}{2}x^3 - \dfrac{9}{2}x^2 + 12x + C$

$f(1) = \alpha = 2$이므로
$C + 8 = 2$, $C = -6$
조건 (나)에 의해 $g(f(0)) = 1$인데 $f(0) = -6$이고 $g(-6) = 0$이므로
주어진 조건을 만족시키지 못한다.

따라서
$f(x) = \dfrac{1}{2}x^3 - 3x^2 + \dfrac{9}{2}x - 1$

$f(5) = \dfrac{1}{2} \times 125 - 3 \times 25 + \dfrac{9}{2} \times 5 - 1 = 9$

★★ 문제 해결 꿀~팁 ★★

▶ **문제 해결 방법**

조건 (가)를 이용하여 $f'(x)$의 개형을 추론한 뒤 조건 (나)에 제시된 $g(t)$의 함숫값에 대한 조건을 활용하여 $f'(x)$의 개형을 확정한 후 조건 (나)를 이용하여 $f(x)$의 미정계수를 결정해야 한다.
$g(t)$는 $f'(x) = 0$이 닫힌구간 $[t, t+2]$에서 갖는 실근의 개수이므로 $f'(x) = 0$의 실근의 차가 2일 때를 기준으로 상황을 분류하고 조건 (가)를 적용하면 $f'(x)$가 조건 (가)를 만족시키는 경우는 $f'(x) = 0$이 서로 다른 두 실근을 가지며 두 실근의 차가 2보다 크거나 같을 때이다.
그러나 실근의 차가 2보다 크면 $f'(x) = 0$이 닫힌구간 $[t, t+2]$에서 갖는 실근의 개수의 최댓값, 즉 $g(t)$의 최댓값이 1이 되므로 $g(f(1)) = g(f(4)) = 2$라는 조건 (나)를 만족시킬 수 없다. 따라서 $f'(x)$는 방정식 $f'(x) = 0$이 서로 다른 두 실근을 가지며 두 실근의 차가 2인 함수로 결정된다. 이처럼 두 조건을 연속하여 활용하여 $f'(x)$의 개형을 결정할 수 있어야 한다.

23 이항정리   정답률 84% | 정답 ④

다항식 $(x+2)^7$의 전개식에서 $\underline{x^5의\ 계수}$는? [2점]

① 42   ② 56   ③ 70   ④ 84   ⑤ 98

STEP 01 이항정리를 이용하여 x^5의 계수를 구한다.

$(x+2)^7$의 전개식의 일반항은
$_7C_r \times x^r \times 2^{7-r}$ (단, $r = 0, 1, 2, \cdots, 7$)이므로
$r = 5$일 때 x^5의 계수는
$_7C_5 \times 2^2 = {}_7C_2 \times 2^2 = \dfrac{7 \times 6}{2 \times 1} \times 4 = 84$

● **핵심 공식**

▶ **이항정리**

(1) n이 자연수일 때 $(a+b)^n$의 전개식은 다음과 같다.
$$(a+b)^n = \sum_{r=0}^{n} {}_nC_r a^{n-r}b^r = {}_nC_0 a^n b^0 + {}_nC_1 a^{n-1}b^1 + \cdots + {}_nC_r a^{n-r}b^r + \cdots + {}_nC_n a^0 b^n$$

(2) $(1+x)^n = \sum_{r=0}^{n} {}_nC_r x^r = {}_nC_0 x^0 + {}_nC_1 x^1 + \cdots + {}_nC_r x^r + \cdots + {}_nC_n x^n$

24 이항분포   정답률 70% | 정답 ④

확률변수 X가 이항분포 ❶ $B\left(n, \dfrac{1}{3}\right)$을 따르고 ❷ $V(2X) = 40$일 때, n의 값은? [3점]

① 30   ② 35   ③ 40   ④ 45   ⑤ 50

STEP 01 ❶, ❷와 이항분포의 성질을 이용하여 n의 값을 구한다.

$V(2X) = 4V(X) = 40$에서 $V(X) = 10$

이때 확률변수 X가 이항분포 $B\left(n, \dfrac{1}{3}\right)$을 따르므로

$V(X) = n \times \dfrac{1}{3} \times \dfrac{2}{3} = \dfrac{2}{9}n = 10$

따라서 $n = 45$

● **핵심 공식**

▶ **이항분포의 평균, 분산, 표준편차**
확률변수 X가 이항분포 $B(n, p)$를 따를 때
$E(X) = np$, $V(X) = npq$, $\sigma(X) = \sqrt{npq}$ (단, $q = 1 - p$)

25 중복조합   정답률 56% | 정답 ①

다음 조건을 만족시키는 자연수 a, b, c, d, e의 모든 $\underline{순서쌍}$
$\underline{(a, b, c, d, e)}$의 개수는? [3점]

(가) $a+b+c+d+e = 12$
(나) $|a^2 - b^2| = 5$

① 30   ② 32   ③ 34   ④ 36   ⑤ 38

STEP 01 조건 (나)를 이용하여 a, b를 구한 후 조건 (가)를 만족시키는 순서쌍의 개수를 중복조합을 이용하여 구한다.

a, b는 자연수이므로 조건 (나)에 의해 $a = 3, b = 2$ 또는 $a = 2, b = 3$
따라서 조건 (가)에 의해 $c + d + e = 7$ (c, d, e는 자연수)
$c = c'+1, d = d'+1, e = e'+1$로 놓으면 ($c', d', e'$는 음이 아닌 정수)
$(c'+1) + (d'+1) + (e'+1) = 7$에서 $c' + d' + e' = 4$
이를 만족시키는 모든 순서쌍 (c', d', e')의 개수는
$_3H_4 = {}_6C_4 = {}_6C_2 = \dfrac{6 \times 5}{2 \times 1} = 15$
따라서 조건을 만족시키는 모든 순서쌍 (a, b, c, d, e)의 개수는
$2 \times 15 = 30$

● **핵심 공식**

▶ **중복조합**
$_nH_r$은 서로 다른 n개의 원소 중 r개를 뽑는 경우의 수이다. $_nH_r = {}_{n+r-1}C_r$

26 여사건의 확률 　정답률 68% | 정답 ③

1부터 10까지 자연수가 하나씩 적혀 있는 10장의 카드가 들어 있는 주머니가 있다. 이 주머니에서 임의로 카드 3장을 동시에 꺼낼 때, 꺼낸 카드에 적혀 있는 세 자연수 중에서 가장 작은 수가 4 이하이거나 7 이상일 확률은? [3점]

① $\frac{4}{5}$　　② $\frac{5}{6}$　　③ $\frac{13}{15}$　　④ $\frac{9}{10}$　　⑤ $\frac{14}{15}$

STEP 01　여사건의 확률을 이용하여 구하는 확률을 구한다.

꺼낸 카드에 적혀 있는 세 자연수 중에서
가장 작은 수가 4 이하이거나 7 이상인 사건을 A라 하면,
A의 여사건 A^C은 꺼낸 카드에 적혀 있는 세 자연수 중에서 가장 작은 수가 5이거나 6인 사건이다.

$$P(A) = 1 - P(A^C) = 1 - \frac{{}_5C_2 + {}_4C_2}{{}_{10}C_3} = 1 - \frac{\frac{5 \times 4}{2 \times 1} + \frac{4 \times 3}{2 \times 1}}{\frac{10 \times 9 \times 8}{3 \times 2 \times 1}}$$

$$= 1 - \frac{16}{120} = \frac{104}{120} = \frac{13}{15}$$

---

27 모평균의 추정 　정답률 56% | 정답 ②

어느 자동차 회사에서 생산하는 전기 자동차의 1회 충전 주행 거리는 평균이 m이고 표준편차가 σ인 정규분포를 따른다고 한다. 이 자동차 회사에서 생산한 전기 자동차 100대를 임의추출하여 얻은 1회 충전 주행 거리의 표본평균이 $\overline{x_1}$일 때, 모평균 m에 대한 신뢰도 95%의 신뢰구간이 $a \le m \le b$이다. 이 자동차 회사에서 생산한 전기 자동차 400대를 임의추출하여 얻은 1회 충전 주행 거리의 표본평균이 $\overline{x_2}$일 때, 모평균 m에 대한 신뢰도 99%의 신뢰구간이 $c \le m \le d$이다. $\overline{x_1} - \overline{x_2} = 1.34$이고 $a = c$일 때, $b - a$의 값은? (단, 주행 거리의 단위는 km이고, Z가 표준정규분포를 따르는 확률변수일 때 $P(|Z| \le 1.96) = 0.95$, $P(|Z| \le 2.58) = 0.99$로 계산한다.) [3점]

① 5.88　　② 7.84　　③ 9.80　　④ 11.76　　⑤ 13.72

STEP 01　표본평균을 통해 추정한 모평균의 신뢰구간을 비교하여 $b - a$의 값을 구한다.

전기자동차 100대를 임의추출하여 얻은
1회 충전 주행 거리의 표본평균이 $\overline{x_1}$일 때,
모평균 m에 대한 신뢰도 95%의 신뢰구간은
$$\overline{x_1} - 1.96 \times \frac{\sigma}{10} \le m \le \overline{x_1} + 1.96 \times \frac{\sigma}{10}$$

전기자동차 400대를 임의추출하여 얻은
1회 충전 주행 거리의 표본평균이 $\overline{x_2}$일 때,
모평균 m에 대한 신뢰도 99%의 신뢰구간은
$$\overline{x_2} - 2.58 \times \frac{\sigma}{20} \le m \le \overline{x_2} + 2.58 \times \frac{\sigma}{20}$$

$a = c$에서
$$\overline{x_1} - 1.96 \times \frac{\sigma}{10} = \overline{x_2} - 2.58 \times \frac{\sigma}{20},$$

$$\overline{x_1} - \overline{x_2} = 1.96 \times \frac{\sigma}{10} - 2.58 \times \frac{\sigma}{20} = 0.067\sigma = 1.34$$

$$\sigma = 20$$

따라서 $b - a = 2 \times 1.96 \times \frac{\sigma}{10} = 3.92 \times 2 = 7.84$

● 핵심 공식

▶ 모평균의 추정과 신뢰구간
정규분포 $N(m, \sigma^2)$을 따르는 모집단에서 크기가 n인 표본을 임의추출하여 구한 표본평균 $\overline{X}$의 값이 $\overline{x}$일 때, 모평균 m의 신뢰구간은

(1) 신뢰도 95% : $\overline{x} - 1.96 \times \frac{\sigma}{\sqrt{n}} \le m \le \overline{x} + 1.96 \times \frac{\sigma}{\sqrt{n}}$

(2) 신뢰도 99% : $\overline{x} - 2.58 \times \frac{\sigma}{\sqrt{n}} \le m \le \overline{x} + 2.58 \times \frac{\sigma}{\sqrt{n}}$

---

28 중복순열 　정답률 21% | 정답 ①

두 집합 $X = \{1, 2, 3, 4, 5\}$, $Y = \{1, 2, 3, 4\}$에 대하여 다음 조건을 만족시키는 X에서 Y로의 함수 f의 개수는? [4점]

> (가) 집합 X의 모든 원소 x에 대하여 $f(x) \ge \sqrt{x}$ 이다.
> (나) 함수 f의 치역의 원소의 개수는 3이다.

① 128　　② 138　　③ 148　　④ 158　　⑤ 168

STEP 01　조건 (가)를 이용하여 $f(1)$, $f(2)$, $f(3)$, $f(4)$, $f(5)$의 조건을 파악한다.

조건 (가)에 의해
$f(x) \ge n$ (단, $x = 1, 2, 3, 4, 5$, n은 자연수)으로 나타내면
$f(1) \ge 1$, $f(2) \ge 2$, $f(3) \ge 2$, $f(4) \ge 2$, $f(5) \ge 3$

STEP 02　조건 (나)를 이용하여 가능한 치역에 따라 경우를 분류하여 조건을 만족하는 함수 f의 개수를 구한다.

조건 (나)에 의해 함수 f의 치역으로는
$\{1, 2, 3\}$, $\{1, 2, 4\}$, $\{1, 3, 4\}$, $\{2, 3, 4\}$의 4가지 경우가 가능하다.

(ⅰ) 함수 f의 치역 = $\{1, 2, 3\}$
　　$f(1) = 1$, $f(5) = 3$이므로
　　$f(2)$, $f(3)$, $f(4)$ 중 적어도 하나의 값이 2가 되어야 하므로
　　(함수 f의 개수) = ${}_2\Pi_3 - 1 = 2^3 - 1 = 7$

(ⅱ) 함수 f의 치역 = $\{1, 2, 4\}$
　　$f(1) = 1$, $f(5) = 4$이므로
　　$f(2)$, $f(3)$, $f(4)$ 중 적어도 하나의 값이 2가 되어야 하므로
　　(함수 f의 개수) = ${}_2\Pi_3 - 1 = 2^3 - 1 = 7$

(ⅲ) 함수 f의 치역 = $\{1, 3, 4\}$
　　$f(1) = 1$이므로
　　$f(2)$, $f(3)$, $f(4)$, $f(5)$ 중 적어도 하나의 값이 3과 4가 되어야 하므로
　　(함수 f의 개수) = ${}_2\Pi_4 - 2 = 2^4 - 2 = 14$

(ⅳ) 함수 f의 치역 = $\{2, 3, 4\}$
　　ⅰ) $f(5) = 3$인 경우
　　　$f(1)$, $f(2)$, $f(3)$, $f(4)$ 중 적어도 하나의 값이 2와 4가 되어야 하므로
　　　(함수 f의 개수) = ${}_3\Pi_4 - \{2 \times {}_2\Pi_4 - 1\} = 81 - 31 = 50$
　　ⅱ) $f(5) = 4$인 경우
　　　ⅰ)과 마찬가지로
　　　(함수 f의 개수) = 50

(ⅰ), (ⅱ), (ⅲ), (ⅳ)에 의하여 구하는 함수 f의 개수는
$7 + 7 + 14 + 100 = 128$

---

29 확률밀도함수의 그래프 　정답률 13% | 정답 31

두 연속확률변수 X와 Y가 갖는 값의 범위는 $0 \le X \le 6, 0 \le Y \le 6$이고, X와 Y의 확률밀도함수는 각각 $f(x), g(x)$이다. 확률변수 X의 확률밀도함수 $f(x)$의 그래프는 그림과 같다.

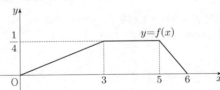

$0 \le x \le 6$인 모든 x에 대하여
❶ $f(x) + g(x) = k$ (k는 상수)

를 만족시킬 때, ❷ $P(6k \le Y \le 15k) = \frac{q}{p}$이다. $p + q$의 값을 구하시오.
(단, p와 q는 서로소인 자연수이다.) [4점]

STEP 01　❶을 이용하여 k의 값을 구한다.

두 연속확률변수 X와 Y가 닫힌구간 $[0, 6]$에서만 값을 가지고,
$0 \le x \le 6$인 모든 x에 대하여
$f(x) + g(x) = k$이므로

$$\int_0^6 \{f(x) + g(x)\}dx = \int_0^6 f(x)dx + \int_0^6 g(x)dx = 1 + 1 = 2$$

$$\int_0^6 \{f(x) + g(x)\}dx = \int_0^6 kdx = 6k = 2$$이므로 $k = \frac{1}{3}$

STEP 02　$y = f(x)$의 그래프를 이용하여 ❷를 구한다.

따라서 $P(6k \le Y \le 15k) = P(2 \le Y \le 5)$

이때 확률밀도함수 $f(x)$의 그래프에 따라 $P(2 \le X \le 5) = \dfrac{17}{24}$이므로

$$P(2 \le Y \le 5) = \int_2^5 \{f(x) + g(x)\}dx - P(2 \le X \le 5)$$
$$= \int_2^5 \frac{1}{3}dx - \frac{17}{24}$$
$$= 1 - \frac{17}{24} = \frac{7}{24}$$

따라서 $p = 24$, $q = 7$이므로 $p + q = 31$

★★★ 등급을 가르는 문제!

30 조건부확률
정답률 5% | 정답 191

흰 공과 검은 공이 각각 10개 이상 들어 있는 바구니와 비어 있는 주머니가 있다. 한 개의 주사위를 사용하여 다음 시행을 한다.

> 주사위를 한 번 던져
> 나온 눈의 수가 5 이상이면
> 바구니에 있는 흰 공 2개를 주머니에 넣고,
> 나온 눈의 수가 4 이하이면
> 바구니에 있는 검은 공 1개를 주머니에 넣는다.

위의 시행을 5번 반복할 때, $n(1 \le n \le 5)$번째 시행 후 주머니에 들어 있는 흰 공과 검은 공의 개수를 각각 a_n, b_n이라 하자. ❶ $a_5 + b_5 \ge 7$일 때,
❷ $a_k = b_k$인 자연수 $k(1 \le k \le 5)$가 존재할 확률은 $\dfrac{q}{p}$이다. $p+q$의 값을 구하시오. (단, p와 q는 서로소인 자연수이다.) [4점]

STEP 01 ❶에 해당하는 사건의 확률을 구한다.

우선 $a_5 + b_5 \ge 7$인 사건을 A, $a_k = b_k$인 자연수 $k(1 \le k \le 5)$가 존재하는 사건을 B라 하자.

조건에 따라 시행의 결과는 흰 공 2개를 주머니에 넣는 것과
검은 공 1개를 주머니에 넣는 것 중 하나인데,
$a_5 + b_5 \ge 7$을 만족하기 위해서는 흰 공 2개를 주머니에 넣는 결과가 5회의 시행 중 2회 이상 나와야 한다.

사건 A가 일어나는 경우는 다음과 같다.
$a_5 + b_5 = 10 = 2+2+2+2+2$
$a_5 + b_5 = 9 = 2+2+2+2+1$
$a_5 + b_5 = 8 = 2+2+2+1+1$
$a_5 + b_5 = 7 = 2+2+1+1+1$

한 차례의 시행에서 흰 공 2개를 주머니에 넣을 확률이 $\dfrac{1}{3}$,

검은 공 1개를 주머니에 넣을 확률이 $\dfrac{2}{3}$이므로

(i) $a_5 + b_5 = 10$일 확률
흰 공 2개를 주머니에 넣는 시행이 5번, 검은 공 1개를 주머니에 넣는 시행이 0번 일어나야 하므로

$$_5C_5 \times \left(\frac{1}{3}\right)^5 \times \left(\frac{2}{3}\right)^0 = \frac{1}{3^5}$$

(ii) $a_5 + b_5 = 9$일 확률
흰 공 2개를 주머니에 넣는 시행이 4번, 검은 공 1개를 주머니에 넣는 시행이 1번 일어나야 하므로

$$_5C_4 \times \left(\frac{1}{3}\right)^4 \times \left(\frac{2}{3}\right)^1 = \frac{10}{3^5}$$

(iii) $a_5 + b_5 = 8$일 확률
흰 공 2개를 주머니에 넣는 시행이 3번, 검은 공 2개를 주머니에 넣는 시행이 2번 일어나야 하므로

$$_5C_3 \times \left(\frac{1}{3}\right)^3 \times \left(\frac{2}{3}\right)^2 = \frac{40}{3^5}$$

(iv) $a_5 + b_5 = 7$일 확률
흰 공 2개를 주머니에 넣는 시행이 2번, 검은 공 2개를 주머니에 넣는 시행이 3번 일어나야 하므로

$$_5C_2 \times \left(\frac{1}{3}\right)^2 \times \left(\frac{2}{3}\right)^3 = \frac{80}{3^5}$$

(i), (ii), (iii), (iv)에 의하여

$$P(A) = \frac{1+10+40+80}{3^5} = \frac{131}{3^5}$$

STEP 02 ❶과 ❷에 동시에 해당하는 사건의 확률을 구한 후 조건부확률의 성질을 이용하여 구하는 확률을 구한다.

다음으로 $a_5 + b_5 \ge 7$인 동시에 $a_k = b_k$인 자연수 $k(1 \le k \le 5)$가 존재하는 경우, 즉 $A \cap B$인 경우는 다음과 같다.

(i) $a_5 + b_5 = 10$인 경우의 확률
$a_5 = 10, b_5 = 0$이므로 $a_k = b_k$인 자연수 k가 존재할 수 없다.

(ii) $a_5 + b_5 = 9$인 경우의 확률
$a_5 = 8, b_5 = 1$이므로 $a_k = b_k$인 자연수 k가 존재할 수 없다.

(iii) $a_5 + b_5 = 8$인 경우의 확률
$a_5 = 6, b_5 = 2$이므로 $a_k = b_k = 2$인 자연수 k가 존재할 수 있다.
3번째 시행까지 흰 공 2개를 주머니에 넣는 시행이 1번,
검은 공 1개를 주머니에 넣는 시행이 2번 일어나며
이후 2번의 시행에서는 흰 공 2개를 주머니에 넣는 시행이 2번 일어나므로

$$_3C_1 \times \left(\frac{1}{3}\right)^1 \times \left(\frac{2}{3}\right)^2 \times {}_2C_2 \times \left(\frac{1}{3}\right)^2 = \frac{12}{3^5}$$

(iv) $a_5 + b_5 = 7$인 경우의 확률
$a_5 = 4, b_5 = 3$이므로 $a_k = b_k = 2$인 자연수 k가 존재할 수 있다.
3번째 시행까지 흰 공 2개를 주머니에 넣는 시행이 1번,
검은 공 1개를 주머니에 넣는 시행이 2번 일어나며
이후 2번의 시행에서는 흰 공 2개를 주머니에 넣는 시행이 1번,
검은 공 1개를 주머니에 넣는 시행이 1번 일어나므로

$$_3C_1 \times \left(\frac{1}{3}\right)^1 \times \left(\frac{2}{3}\right)^2 \times {}_2C_1 \times \left(\frac{1}{3}\right)^1 \times \left(\frac{2}{3}\right)^1 = \frac{48}{3^5}$$

(i), (ii), (iii), (iv)에 의하여

$$P(A \cap B) = \frac{12+48}{3^5} = \frac{60}{3^5}$$

그러므로 구하는 확률은 $P(B|A) = \dfrac{P(A \cap B)}{P(A)} = \dfrac{\frac{60}{3^5}}{\frac{131}{3^5}} = \dfrac{60}{131}$

따라서 $p = 131$, $q = 60$이므로 $p + q = 191$

● 핵심 공식

▶ 조건부확률

표본공간 S의 두 사건 A, B에 대하여 확률이 0이 아닌 사건 A가 일어났을 때, 사건 B가 일어날 확률을 사건 A가 일어났을 때의 사건 B의 조건부확률이라 하고, 기호로 $P(B|A)$와 같이 나타낸다. 사건 A가 일어났을 때의 사건 B의 조건부확률은

$$P(B|A) = \frac{P(A \cap B)}{P(A)} \quad (\text{단, } P(A) > 0)$$

★★ 문제 해결 꿀~팁 ★★

▶ 문제 해결 방법

조건부확률 문제를 표방하고 있으나 문제를 정확히 풀기 위해서는 문제에서 주어진 조건을 분석하여 독립시행의 확률을 구해야 하는 고난도 문제다.
흰 공을 뽑은 횟수를 A, 검은 공을 뽑은 횟수를 B라 하면 $a_5 = 2A, b_5 = B$이고 $A + B = 5$임을 이용하여 $a_5 + b_5 \ge 7$인 a_5, b_5의 모든 순서쌍을 구할 수 있다.
각 경우에 대해 독립시행의 확률을 적용하여 확률을 구한 뒤 $a_k = b_k$를 만족시키는 자연수 k가 존재할 확률을 다시 각 경우에 대해 구하면 되는데, a_k가 2의 배수여야 함을 이용하면 $a_k = b_k = 2$인 상황, 즉 흰 공 2개를 1번 뽑고 검은 공 1개를 2번 뽑는 상황만이 문제의 조건에 해당하는 유일한 상황임을 알 수 있다.

미적분

23 수열의 극한
정답률 93% | 정답 ⑤

$$\lim_{n \to \infty} \frac{\dfrac{5}{n} + \dfrac{3}{n^2}}{\dfrac{1}{n} - \dfrac{2}{n^3}}$$ 의 값은? [2점]

① 1 ② 2 ③ 3 ④ 4 ⑤ 5

STEP 01 분자와 분모의 차수가 같은 유리식의 극한값을 구한다.

$$\lim_{n \to \infty} \frac{\dfrac{5}{n} + \dfrac{3}{n^2}}{\dfrac{1}{n} - \dfrac{2}{n^3}} = \lim_{n \to \infty} \frac{5 + \dfrac{3}{n}}{1 - \dfrac{2}{n^2}} = \frac{5+0}{1-0} = 5$$

실수 전체의 집합에서 미분가능한 함수 $f(x)$가 모든 실수 x에 대하여
❶ $f(x^3+x)=e^x$을 만족시킬 때, $f'(2)$의 값은? [3점]

① e　　　② $\dfrac{e}{2}$　　　③ $\dfrac{e}{3}$　　　④ $\dfrac{e}{4}$　　　⑤ $\dfrac{e}{5}$

STEP 01 합성함수의 미분법을 이용하여 ❶의 양변을 미분한 후 적절한 값을 대입하여 $f'(2)$의 값을 구한다.

$f(x)$가 실수 전체의 집합에서 미분가능하므로
$f(x^3+x)=e^x$의 양변을 x에 대하여 미분하면
$(3x^2+1)f'(x^3+x)=e^x$
$x=1$을 대입하면 $4f'(2)=e$
따라서 $f'(2)=\dfrac{e}{4}$

●핵심 공식

▶ 합성함수의 미분법

두 함수 $y=f(u),u=g(x)$가 미분가능할 때, 합성함수 $y=f(g(x))$는 미분가능하며 그 도함수는

$\dfrac{dy}{dx}=\dfrac{dy}{du}\cdot\dfrac{du}{dx}$ 또는 $y'=f'(g(x))g'(x)$

등비수열 $\{a_n\}$에 대하여

❶ $\displaystyle\sum_{n=1}^{\infty}(a_{2n-1}-a_{2n})=3,\ \sum_{n=1}^{\infty}a_n^2=6$

일 때, $\displaystyle\sum_{n=1}^{\infty}a_n$의 값은? [3점]

① 1　　　② 2　　　③ 3　　　④ 4　　　⑤ 5

STEP 01 등비수열의 성질을 이용하여 ❶을 $\{a_n\}$에 관한 식으로 변형한 후 $\displaystyle\sum_{n=1}^{\infty}a_n$의 값을 구한다.

등비수열 $\{a_n\}$의 첫째항을 a, 공비를 r이라 하면

$\displaystyle\sum_{n=1}^{\infty}(a_{2n-1}-a_{2n})=\sum_{n=1}^{\infty}(a_{2n-1}-r\times a_{2n-1})=(1-r)\sum_{n=1}^{\infty}a_{2n-1}=3$

$\displaystyle\sum_{n=1}^{\infty}a_{2n-1}$은 첫째항이 a이고 공비가 r^2인 등비급수이고, 합이 수렴하므로
$-1<r^2<1$에서 $-1<r<1$이다.

$(1-r)\displaystyle\sum_{n=1}^{\infty}a_{2n-1}=(1-r)\dfrac{a}{1-r^2}=\dfrac{a}{1+r}=3$

$\displaystyle\sum_{n=1}^{\infty}a_n^2$은 첫째항이 a^2이고 공비가 r^2인 등비급수이므로

$\displaystyle\sum_{n=1}^{\infty}a_n^2=\dfrac{a^2}{1-r^2}=\dfrac{a}{1-r}\times\dfrac{a}{1+r}=6$

이때 $\dfrac{a}{1+r}=3$이므로 $\dfrac{a}{1-r}=2$

따라서 $\displaystyle\sum_{n=1}^{\infty}a_n=\dfrac{a}{1-r}=2$

●핵심 공식

▶ 등비급수의 수렴과 발산

첫째항이 $a(a\neq0)$, 공비가 r인 등비급수

$\displaystyle\sum_{n=1}^{\infty}ar^{n-1}=a+ar+ar^2+\cdots+ar^{n-1}+\cdots$은

(1) $-1<r<1$일 때 수렴하고, 그 합은 $\dfrac{a}{1-r}$

(2) $r\leq-1$ 또는 $r\geq1$일 때 발산한다.

$\displaystyle\lim_{n\to\infty}\sum_{k=1}^{n}\dfrac{k^2+2kn}{k^3+3k^2n+n^3}$의 값은? [3점]

① $\ln5$　　② $\dfrac{\ln5}{2}$　　③ $\dfrac{\ln5}{3}$　　④ $\dfrac{\ln5}{4}$　　⑤ $\dfrac{\ln5}{5}$

STEP 01 급수와 정적분의 관계를 이용하여 주어진 식을 정적분의 꼴로 바꾸고 적분하여 값을 구한다.

$\displaystyle\lim_{n\to\infty}\sum_{k=1}^{n}\dfrac{k^2+2kn}{k^3+3k^2n+n^3}=\lim_{n\to\infty}\sum_{k=1}^{n}\left\{\dfrac{\left(\dfrac{k}{n}\right)^2+2\left(\dfrac{k}{n}\right)}{\left(\dfrac{k}{n}\right)^3+3\left(\dfrac{k}{n}\right)^2+1}\times\dfrac{1}{n}\right\}$

$=\displaystyle\int_0^1\dfrac{x^2+2x}{x^3+3x^2+1}dx$

$=\left[\dfrac{1}{3}\ln|x^3+3x^2+1|\right]_0^1$

$=\dfrac{1}{3}(\ln5-\ln1)=\dfrac{\ln5}{3}$

●핵심 공식

▶ 정적분과 급수

연속함수 $f(x)$에 대하여

(1) $\displaystyle\lim_{n\to\infty}\sum_{k=1}^{n}f\left(a+\dfrac{b-a}{n}k\right)\times\dfrac{b-a}{n}=\int_a^b f(x)dx$

(2) $\displaystyle\lim_{n\to\infty}\sum_{k=1}^{n}f\left(a+\dfrac{p}{n}k\right)\times\dfrac{p}{n}=\int_a^{a+p}f(x)dx$

(3) $\displaystyle\lim_{n\to\infty}\sum_{k=1}^{n}f\left(\dfrac{p}{n}k\right)\times\dfrac{p}{n}=\int_0^p f(x)dx$

좌표평면 위를 움직이는 점 P의 시각 $t(t>0)$에서의 위치가
❶ 곡선 $y=x^2$과 직선 $y=t^2x-\dfrac{\ln t}{8}$가 만나는 서로 다른 두 점의 중점일 때,
❷ 시각 $t=1$에서 $t=e$까지 점 P가 움직인 거리는? [3점]

① $\dfrac{e^4}{2}-\dfrac{3}{8}$　② $\dfrac{e^4}{2}-\dfrac{5}{16}$　③ $\dfrac{e^4}{2}-\dfrac{1}{4}$　④ $\dfrac{e^4}{2}-\dfrac{3}{16}$　⑤ $\dfrac{e^4}{2}-\dfrac{1}{8}$

STEP 01 ❶의 좌표를 구한다.

곡선 $y=x^2$와 직선 $y=t^2x-\dfrac{\ln t}{8}$가 만나는
서로 다른 두 점의 x좌표를 각각 $\alpha,\beta(\alpha<\beta)$라고 하면
α,β는 방정식 $x^2=t^2x-\dfrac{\ln t}{8}$,
이항하여 $x^2-t^2x+\dfrac{\ln t}{8}=0$의 두 근이다.
이차방정식의 근과 계수의 관계에 의해
$\alpha+\beta=t^2,\ \alpha\beta=\dfrac{\ln t}{8}$

이때 점 P$\left(\dfrac{\alpha+\beta}{2},\ \dfrac{\alpha^2+\beta^2}{2}\right)$이고

$\alpha^2+\beta^2=(\alpha+\beta)^2-2\alpha\beta=t^4-\dfrac{\ln t}{4}$이므로

점 P의 좌표는 P$\left(\dfrac{1}{2}t^2,\ \dfrac{1}{2}t^4-\dfrac{\ln t}{8}\right)$

STEP 02 점 P의 좌표와 적분을 이용하여 ❷를 구한다.

점 P의 시각 t에서의 위치는
$x=\dfrac{1}{2}t^2,\ y=\dfrac{1}{2}t^4-\dfrac{\ln t}{8}$
이때 $\dfrac{dx}{dt}=t,\ \dfrac{dy}{dt}=2t^3-\dfrac{1}{8t}$이므로
$t=1$에서 $t=e$까지 점 P가 움직인 거리는

$\displaystyle\int_1^e\sqrt{\left(\dfrac{dx}{dt}\right)^2+\left(\dfrac{dy}{dt}\right)^2}dt=\int_1^e\sqrt{t^2+\left(2t^3-\dfrac{1}{8t}\right)^2}dt$

$=\displaystyle\int_1^e\sqrt{4t^6+\dfrac{1}{2}t^2+\dfrac{1}{64t^2}}dt$

$=\displaystyle\int_1^e\sqrt{\left(2t^3+\dfrac{1}{8t}\right)^2}dt$

$=\displaystyle\int_1^e\left(2t^3+\dfrac{1}{8t}\right)dt$

$=\left[\dfrac{1}{2}t^4+\dfrac{1}{8}\ln|t|\right]_1^e$

$=\dfrac{1}{2}(e^4-1)+\dfrac{1}{8}(\ln e-\ln1)$

$=\dfrac{e^4}{2}-\dfrac{3}{8}$

● 핵심 공식

▶ 평면 운동에서 점이 움직인 거리

좌표평면 위를 움직이는 점 P의 시각 t에서의 좌표 (x, y)가 $x=f(t), y=g(t)$일 때, $t=a$에서 $t=b$까지 점 P가 움직인 거리 s는

$$s=\int_a^b |v|\,dt = \int_a^b \sqrt{\left(\frac{dx}{dt}\right)^2 + \left(\frac{dy}{dt}\right)^2}\,dt = \int_a^b \sqrt{\{f'(t)\}^2 + \{g'(t)\}^2}\,dt$$

---

28 합성함수의 미분법 정답률 49% | 정답 ②

함수 $f(x)=6\pi(x-1)^2$에 대하여 함수 $g(x)$를

❶ $g(x)=3f(x)+4\cos f(x)$

라 하자. $0<x<2$에서 함수 $g(x)$가 극소가 되는 x의 개수는? [4점]

① 6　　② 7　　③ 8　　④ 9　　⑤ 10

STEP 01 ❶을 미분하여 $g(x)$가 극소가 되는 x값을 파악하고 개수를 구한다.

$g(x)=3f(x)+4\cos f(x)$의 양변을 미분하면

$g'(x)=3f'(x)-4f'(x)\sin f(x)=f'(x)\{3-4\sin f(x)\}$
$\quad\quad =12\pi(x-1)[3-4\sin\{6\pi(x-1)^2\}]$ 이므로

$g'(x)=0$에서 $x=1$ 또는 $\sin\{6\pi(x-1)^2\}=\dfrac{3}{4}$

(i) $x=1$인 경우

$x=1$일 때 $\sin\{6\pi(x-1)^2\}=0$이므로

$f'(x)$의 부호가 $x=1$의 좌우에서 음에서 양으로 바뀌므로

$g'(x)=f'(x)\{3-4\sin f(x)\}$의 부호도

$x=1$의 좌우에서 음에서 양으로 바뀐다.

따라서 $g(x)$는 $x=1$에서 극소이다.

(ii) $0<x<1$인 경우

$f'(x)=12\pi(x-1)$이므로

$0<x<1$에서 $f(x)$는 항상 감소한다.

이때 $f(0)=6\pi$, $f(1)=0$

$f(x)=t$로 치환하여 t의 값을 6π부터 0까지 변화시키면

$0<x<1$ 구간에서 $\sin f(x)=\dfrac{3}{4}$의

서로 다른 실근은 6개다. 이 중 $g'(x)$의 부호가 음에서 양으로 바뀌는 점이 3개, 양에서 음으로 바뀌는 점이 3개이므로

$0<x<1$ 구간에서 $g(x)$가 극소가 되는 x의 개수는 3개다.

(iii) $1<x<2$ $g(2-x)=3f(2-x)+4\cos f(2-x)$에서

$f(2-x)=6\pi(1-x)^2=6\pi(x-1)^2=f(x)$이므로

$g(2-x)=3f(2-x)+4\cos f(2-x)$
$\quad\quad\quad =3f(x)+4\cos f(x)=g(x)$

$g(x)$는 $x=1$에 대해 대칭이고,

대칭성에 의하여 $1<x<2$ 구간에서 $g(x)$가 극소가 되는 x의 개수는 3개다.

(i), (ii), (iii)에서 함수 $g(x)$가 극소가 되는 x의 개수는

$1+3+3=7$

---

29 삼각함수의 극한, 사인법칙 정답률 22% | 정답 11

그림과 같이 길이가 2인 선분 AB를 지름으로 하는 반원이 있다. 호 AB 위에 두 점 P, Q를 $\angle PAB=\theta$, $\angle QBA=2\theta$가 되도록 잡고, 두 선분 AP, BQ의 교점을 R라 하자.

선분 AB 위의 점 S, 선분 BR 위의 점 T, 선분 AR 위의 점 U를 선분 UT가 선분 AB에 평행하고 삼각형 STU가 정삼각형이 되도록 잡는다. 두 선분 AR, QR와 호 AQ로 둘러싸인 부분의 넓이를 ❶ $f(\theta)$, 삼각형 STU의 넓이를 ❷ $g(\theta)$라 할 때, $\displaystyle\lim_{\theta\to 0+}\frac{g(\theta)}{\theta\times f(\theta)}=\frac{q}{p}\sqrt{3}$ 이다. $p+q$의 값을 구하시오. (단, $0<\theta<\dfrac{\pi}{6}$이고, p와 q는 서로소인 자연수이다.) [4점]

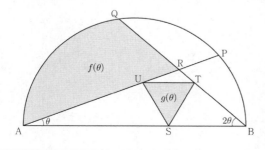

STEP 01 도형의 성질과 사인법칙을 이용하여 ❶의 극한값을 구한다.

반원의 중심(선분 AB의 중점)을 O라 하면

$f(\theta)=$(부채꼴 AOQ의 넓이)+(삼각형 OBQ의 넓이)−(삼각형 ARB의 넓이)

(i) 부채꼴 AOQ의 넓이

$\angle AOQ = 2\angle ABQ = 4\theta$이므로

(부채꼴 AOQ의 넓이)$=\dfrac{1}{2}\times 1^2 \times 4\theta = 2\theta$

(ii) 삼각형 OBQ의 넓이

$\angle BOQ = \pi - 4\theta$이므로

(삼각형 OBQ의 넓이)$=\dfrac{1}{2}\times 1^2 \times \sin(\pi-4\theta)=\dfrac{1}{2}\sin 4\theta$

(iii) 삼각형 ARB의 넓이

$\angle ARB = \pi - 3\theta$이므로 사인법칙에 의해 $\dfrac{\overline{AR}}{\sin 2\theta}=\dfrac{\overline{AB}}{\sin(\pi-3\theta)}$에서

$\overline{AB}=2$이므로 $\overline{AR}=\dfrac{2\sin 2\theta}{\sin 3\theta}$

(삼각형 ARB의 넓이)$=\dfrac{1}{2}\times 2 \times \dfrac{2\sin 2\theta}{\sin 3\theta}\times\sin\theta=\dfrac{2\sin 2\theta \sin\theta}{\sin 3\theta}$

따라서 $f(\theta)=2\theta + \dfrac{1}{2}\sin 4\theta - \dfrac{2\sin 2\theta\sin\theta}{\sin 3\theta}$ 이고

$\displaystyle\lim_{\theta\to 0+}\frac{f(\theta)}{\theta}=\lim_{\theta\to 0+}\left(2+2\times\frac{\sin 4\theta}{4\theta}-\frac{4\times\frac{\sin 2\theta}{2\theta}\times\frac{\sin\theta}{\theta}}{3\times\frac{\sin 3\theta}{3\theta}}\right)=2+2-\frac{4}{3}=\frac{8}{3}$

STEP 02 도형의 성질과 사인법칙을 이용하여 ❷의 극한값을 구하고, $p+q$의 값을 구한다.

정삼각형 STU의 한 변의 길이를 k라 하면

삼각형 UAS에서 사인법칙에 의해

$\dfrac{k}{\sin\theta}=\dfrac{\overline{AU}}{\sin\frac{\pi}{3}}$에서 $\overline{AU}=\dfrac{\sqrt{3}\,k}{2\sin\theta}$

삼각형 RUT와 삼각형 RAB가 서로 닮음이므로

$\overline{RU}:\overline{RA}=\overline{UT}:\overline{AB}$ 이고

$\overline{RA}=\dfrac{2\sin 2\theta}{\sin 3\theta}$ 이므로

$\dfrac{2\sin 2\theta}{\sin 3\theta}-\dfrac{\sqrt{3}\,k}{2\sin\theta}:\dfrac{2\sin 2\theta}{\sin 3\theta}=k:2,$

$\dfrac{2\sin 2\theta}{\sin 3\theta}k=\dfrac{4\sin 2\theta}{\sin 3\theta}-\dfrac{\sqrt{3}\,k}{\sin\theta}$

$\left(\dfrac{2\sin 2\theta}{\sin 3\theta}+\dfrac{\sqrt{3}}{\sin\theta}\right)k=\dfrac{4\sin 2\theta}{\sin 3\theta}$

$\dfrac{2\sin 2\theta\sin\theta+\sqrt{3}\,\sin 3\theta}{\sin\theta\sin 3\theta}k=\dfrac{4\sin 2\theta}{\sin 3\theta}$

$k=\dfrac{4\sin 2\theta}{\sin 3\theta}\times\dfrac{\sin\theta\sin 3\theta}{2\sin 2\theta\sin\theta+\sqrt{3}\,\sin 3\theta}$

$\displaystyle\lim_{\theta\to 0+}\frac{k}{\theta}=\lim_{\theta\to 0+}\left(\frac{1}{\theta}\times\frac{4\sin 2\theta}{\sin 3\theta}\times\frac{\sin\theta\sin 3\theta}{2\sin 2\theta\sin\theta+\sqrt{3}\,\sin 3\theta}\right)$

$\quad\quad =\dfrac{8}{3}\times\dfrac{3}{0+3\sqrt{3}}=\dfrac{8}{3\sqrt{3}}$

이때 $g(\theta)=\dfrac{\sqrt{3}}{4}k^2$이므로

$\displaystyle\lim_{\theta\to 0+}\frac{g(\theta)}{\theta^2}=\frac{\sqrt{3}}{4}\lim_{\theta\to 0+}\left(\frac{k}{\theta}\right)^2=\frac{\sqrt{3}}{4}\times\left(\frac{8}{3\sqrt{3}}\right)^2=\frac{16\sqrt{3}}{27}$

따라서 $\displaystyle\lim_{\theta\to 0+}\frac{g(\theta)}{\theta\times f(\theta)}=\lim_{\theta\to 0+}\frac{\frac{g(\theta)}{\theta^2}}{\frac{f(\theta)}{\theta}}=\frac{\displaystyle\lim_{\theta\to 0+}\frac{g(\theta)}{\theta^2}}{\displaystyle\lim_{\theta\to 0+}\frac{f(\theta)}{\theta}}=\frac{\frac{16\sqrt{3}}{27}}{\frac{8}{3}}=\frac{2}{9}\sqrt{3}$

따라서 $p=9$, $q=2$이므로

$p+q=11$

★★★ 등급을 가르는 문제!

30 치환적분법, 부분적분법 정답률 9% | 정답 143

실수 전체의 집합에서 증가하고 미분가능한 함수 $f(x)$가 다음 조건을 만족시킨다.

(가) ❶ $f(1)=1$, $\displaystyle\int_1^2 f(x)\,dx=\dfrac{5}{4}$

(나) 함수 $f(x)$의 역함수를 $g(x)$라 할 때, $x\geq 1$인 모든 실수 x에 대하여 ❷ $g(2x)=2f(x)$이다.

❸ $\int_1^8 xf'(x)dx = \dfrac{q}{p}$ 일 때, $p+q$의 값을 구하시오. (단, p와 q는 서로소인 자연수이다.) [4점]

조건 (가)에 따라 $f(1)=1$이므로
조건 (나)에 $x=1$ 대입하면 $g(2)=2f(1)=2$에서 $f(2)=2$
조건 (나)에 $x=2$ 대입하면 $g(4)=2f(2)=4$에서 $f(4)=4$
조건 (나)에 $x=4$ 대입하면 $g(8)=2f(4)=8$에서 $f(8)=8$

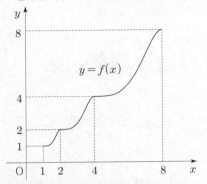

STEP 02 부분적분법을 이용하여 ❸을 변형한다.

부분적분법에 따라
$$\int_1^8 xf'(x)dx = \left[xf(x)\right]_1^8 - \int_1^8 f(x)dx = \{8f(8)-f(1)\} - \int_1^8 f(x)dx \text{에서}$$
$f(8)=8$, $f(1)=1$이므로
$$\int_1^8 xf'(x)dx = 63 - \int_1^8 f(x)dx$$
이때
$$\int_1^8 f(x)dx = (8^2-1^2) - \int_1^8 g(y)dy = 63 - \int_1^8 g(y)dy \text{이므로}$$
$$\int_1^8 xf'(x)dx = 63 - \int_1^8 f(x)dx = 63 - \left\{63 - \int_1^8 g(y)dy\right\} = \int_1^8 g(y)dy$$

STEP 03 ❶, ❷와 역함수의 성질을 이용하여 치환적분법으로 ❸의 값을 구한다.

$$\int_1^8 g(y)dy = \int_1^2 g(y)dy + \int_2^4 g(y)dy + \int_4^8 g(y)dy$$

(i) $\int_1^2 g(y)dy$
$$\int_1^2 g(y)dy = (2^2-1^2) - \int_1^2 f(x)dx$$
이때 조건 (가)에 의하여 $\int_1^2 f(x)dx = \dfrac{5}{4}$이므로
$$\int_1^2 g(y)dy = 3 - \frac{5}{4} = \frac{7}{4}$$

(ii) $\int_2^4 g(y)dy$

$y=2t$라 하면 치환적분법에 따라 $\int_2^4 g(y)dy = 2\int_1^2 g(2t)dt$이고
조건 (나)에 의하여
$$\int_2^4 g(y)dy = 2\int_1^2 g(2t)dt = 4\int_1^2 f(t)dt = 4 \times \frac{5}{4} = 5$$

(iii) $\int_4^8 g(y)dy$

$y=2t$라 하면 치환적분법에 따라 $\int_4^8 g(y)dy = 2\int_2^4 g(2t)dt$이고
조건 (나)에 의하여
$$\int_4^8 g(y)dy = 2\int_2^4 g(2t)dt = 4\int_2^4 f(t)dt$$
이때 (ii)에서 $\int_2^4 g(y)dy = (4^2-2^2) - \int_2^4 f(x)dx = 5$이므로
$$\int_2^4 f(x)dx = 7$$
그러므로 $\int_4^8 g(y)dy = 4\int_2^4 f(t)dt = 4 \times 7 = 28$

(i), (ii), (iii)에 의하여
$$\int_1^8 xf'(x)dx = \int_1^8 g(y)dy = \frac{7}{4} + 5 + 28 = \frac{139}{4}$$
따라서 $p=4$, $q=139$이므로
$p+q=143$

참고

조건 (나)의 성질 $g(2x)=2f(x)$에서 다음 그림과 같이 각 부분의 넓이가 대각선 방향으로 4배씩 증가함을 알 수 있다.

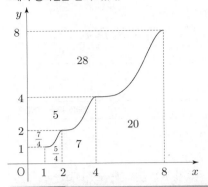

● **핵심 공식**

▶ **정적분에서의 치환적분법과 부분적분법**

(1) 치환적분법
   닫힌구간 $[a, b]$에서 연속인 함수 $f(x)$에 대하여 미분가능한 함수 $x=g(t)$의 도함수 $g'(t)$가 닫힌구간 $[\alpha, \beta]$에서 연속이고, $a=g(\alpha)$, $b=g(\beta)$이면
$$\int_a^b f(x)dx = \int_\alpha^\beta f(g(t))g'(t)dt$$

(2) 부분적분법
   두 함수 $f(x)$, $g(x)$가 미분가능하고, $f'(x)$, $g'(x)$가 닫힌구간 $[\alpha, \beta]$에서 연속일 때
$$\int_a^b f'(x)g(x)dx = \left[f(x)g(x)\right]_a^b - \int_a^b f(x)g'(x)dx$$

★★ **문제 해결 꿀~팁** ★★

▶ **문제 해결 방법**

치환적분법을 여러 번 사용하여 식을 변형하면 쉽게 풀 수 있는 문제인데, 이때 역함수의 적분에 대한 높은 이해를 가지고 있어야만 치환적분법 과정에서 조건 (나)를 이용할 수 있다. 조건 (나)에 $x=1, 2, 4, 8$을 대입하여 함숫값을 얻어내고 조건 (가)를 이용하면 문제에서 묻는 식은
$$\int_1^8 xf'(x)dx = 63 - \int_1^8 f(x)dx = 63 - \left\{63 - \int_1^8 g(y)dy\right\} = \int_1^8 g(y)dy$$
의 형태로 변형된다. 이때 조건 (나)를 이용하여 $f(2)=2$, $f(4)=4$, $f(8)=8$임을 구하였으므로 $x=2, 4, 8$을 경계로 구간을 나누어
$$\int_1^8 g(y)dy = \int_1^2 g(y)dy + \int_2^4 g(y)dy + \int_4^8 g(y)dy \text{의 형태로 식을 변형한 후 나누어진}$$
각 식에 대하여 치환적분법과 역함수의 적분 개념을 적용하여 식을 계산하면 어렵지 않게 문제를 해결할 수 있다.

[문제편 p.224]

•정답•

공통 | 수학

01 ③ 02 ③ 03 ② 04 ① 05 ⑤ 06 ① 07 ② 08 ② 09 ③ 10 ② 11 ① 12 ⑤ 13 ③ 14 ④ 15 ③
16 12 17 2 18 15 19 160 20 36 21 13 22 39

선택 | 확률과 통계

23 ⑤ 24 ② 25 ② 26 ④ 27 ④ 28 ③ 29 58 73 0 201

선택 | 미적분

23 ② 24 ① 25 ② 26 ① 27 ③ 28 ⑤ 29 72 30 29

★ 표기된 문항은 [등급을 가르는 문항]에 해당하는 문제입니다.

---

01 지수의 성질   정답률 96% | 정답 ③

❶ $\sqrt[3]{9} \times 3^{\frac{1}{3}}$ 의 값은? [2점]

① 1   ② $3^{\frac{1}{2}}$ ③ 3   ④ $3^{\frac{3}{2}}$ ⑤ 9

STEP 01 지수법칙을 이용하여 ❶의 값을 구한다.

$\sqrt[3]{9} \times 3^{\frac{1}{3}} = (3^2)^{\frac{1}{3}} \times (3^{\frac{1}{3}}) = 3^{\frac{2}{3} + \frac{1}{3}} = 3$

●핵심 공식

▶ 지수법칙

$a>0$, $b>0$이고, m, n이 실수일 때

(1) $a^m a^n = a^{m+n}$ (2) $(a^m)^n = a^{mn}$

(3) $(ab)^n = a^n b^n$ (4) $a^m \div a^n = a^{m-n}$

(5) $\sqrt[m]{a^n} = a^{\frac{n}{m}}$ (6) $\frac{1}{a^n} = a^{-n}$

(7) $a^0 = 1$

---

02 함수의 극한   정답률 92% | 정답 ③

❶ $\lim\limits_{x \to 2} \dfrac{x^2 + 2x - 8}{x - 2}$ 의 값은? [2점]

① 2   ② 4   ③ 6   ④ 8   ⑤ 10

STEP 01 ❶의 분자를 인수분해하고 약분한 후 ❶의 값을 구한다.

$\lim\limits_{x \to 2} \dfrac{x^2+2x-8}{x-2} = \lim\limits_{x \to 2} \dfrac{(x-2)(x+4)}{x-2} = \lim\limits_{x \to 2}(x+4) = 2+4 = 6$

---

03 삼각함수의 성질   정답률 86% | 정답 ②

함수 $f(x) = 4\cos x + 3$의 최댓값은? [3점]

① 6   ② 7   ③ 8   ④ 9   ⑤ 10

STEP 01 $\cos x$의 값의 범위를 이용하여 $f(x)$의 최댓값을 구한다.

$-1 \le \cos x \le 1$이므로

$-4 + 3 \le 4\cos x + 3 \le 4 + 3$

$-1 \le \cos x \le 7$

따라서 함수 $f(x) = 4\cos x + 3$의 최댓값은 7

다른 풀이

$\cos x$의 최댓값은 1이므로

$f(x) = 4\cos x + 3$의 최댓값은 $4 + 3 = 7$

---

04 미분계수   정답률 91% | 정답 ①

함수 $f(x) = x^4 + 3x - 2$에 대하여 $f'(2)$의 값은? [3점]

① 35   ② 37   ③ 39   ④ 41   ⑤ 43

STEP 01 $f(x)$를 미분하여 $f'(x)$를 구한 후 $f'(2)$의 값을 구한다.

$f(x) = x^4 + 3x - 2$에서

$f'(x) = 4x^3 + 3$이므로

$f'(2) = 32 + 3 = 35$

---

05 지수부등식   정답률 81% | 정답 ⑤

부등식 ❶ $\left(\dfrac{1}{9}\right)^x < 3^{21-4x}$ 을 만족시키는 자연수 x의 개수는? [3점]

① 6   ② 7   ③ 8   ④ 9   ⑤ 10

STEP 01 지수법칙을 이용하여 ❶의 부등식을 풀어 x의 범위를 구한 후 만족시키는 자연수 x의 개수를 구한다.

$\left(\dfrac{1}{9}\right)^x < 3^{21-4x}$ 에서

$3^{-2x} < 3^{21-4x}$

$-2x < 21 - 4x$

$2x < 21$

$x < \dfrac{21}{2}$

따라서 만족하는 자연수 x는 1, 2, …, 10이므로
그 개수는 10

---

06 미분을 이용한 접선의 방정식   정답률 72% | 정답 ①

곡선 ❶ $y = x^3 - 3x^2 + 2x + 2$ 위의 점 A$(0, 2)$에서의 접선과 수직이고 점 A를 지나는 직선의 x절편은? [3점]

① 4   ② 6   ③ 8   ④ 10   ⑤ 12

STEP 01 ❶의 미분을 이용하여 접선의 기울기를 구한 후 구하는 직선의 방정식을 구한 다음 x절편을 구한다.

$y = x^3 - 3x^2 + 2x + 2$에서

$y' = 3x^2 - 6x + 2$

따라서 점 A$(0, 2)$에서의 접선의 기울기는 2이므로

이 접선과 수직인 직선의 기울기는 $-\dfrac{1}{2}$이다.

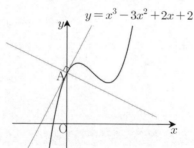

$y = x^3 - 3x^2 + 2x + 2$

따라서 점 A$(0, 2)$를 지나고 기울기가 $-\dfrac{1}{2}$인 직선의 방정식은

$y - 2 = -\dfrac{1}{2}(x - 0)$, $y = -\dfrac{1}{2}x + 2$

이고 이 직선의 x절편은

$0 = -\dfrac{1}{2}x + 2$에서 $x = 4$

●핵심 공식

▶ 미분계수의 기하학적 의미

함수 $y = f(x)$의 $x = a$에서의 미분계수 $f'(a)$는 $x = a$인 점 $(a, f(a))$에서의 접선의 기울기이다.

---

07 시그마의 정의   정답률 74% | 정답 ②

수열 $\{a_n\}$은 $a_1 = 1$이고, 모든 자연수 n에 대하여

❶ $\displaystyle\sum_{k=1}^{n}(a_k - a_{k+1}) = -n^2 + n$

을 만족시킨다. a_{11}의 값은? [3점]

① 88   ② 91   ③ 94   ④ 97   ⑤ 100

STEP 01 시그마의 성질을 이용하여 ❶의 좌변을 전개한 후 a_{n+1}을 구한 다음 a_{11}의 값을 구한다.

$\displaystyle\sum_{k=1}^{n}(a_k - a_{k+1}) = (a_1 - a_2) + (a_2 - a_3) + \cdots + (a_n - a_{n+1}) = a_1 - a_{n+1} = -n^2 + n$

$a_{n+1} = n^2 - n + 1$

따라서 $a_{11} = 10^2 - 10 + 1 = 91$

❶ $\angle A = \dfrac{\pi}{3}$ 이고 $\overline{AB} : \overline{AC} = 3 : 1$ 인 삼각형 ABC 가 있다. ❷ 삼각형 ABC 의 외접원의 반지름의 길이가 7일 때, 선분 AC 의 길이는? [3점]

① $2\sqrt{5}$ ② $\sqrt{21}$ ③ $\sqrt{22}$ ④ $\sqrt{23}$ ⑤ $2\sqrt{6}$

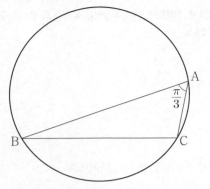

STEP 01 ❷에 사인법칙을 이용하여 $\overline{BC}$ 를 구한다.

삼각형 ABC 의 외접원의 반지름의 길이가 7이므로 사인법칙에 의하여

$$\dfrac{\overline{BC}}{\sin\dfrac{\pi}{3}} = 2 \times 7$$

$$\overline{BC} = 7\sqrt{3} \qquad\qquad \cdots\cdots ㉠$$

STEP 02 ❶에 코사인법칙을 이용하여 $\overline{BC}$ 를 구한다.

한편, $\overline{AB} : \overline{AC} = 3 : 1$ 이므로

$\overline{AC} = k \ (k > 0)$ 이라 하면 $\overline{AB} = 3k$

이때

$$\begin{aligned}
\overline{BC} &= \sqrt{\overline{AB}^2 + \overline{AC}^2 - 2\overline{AB} \times \overline{AC} \times \cos\dfrac{\pi}{3}} \\
&= \sqrt{9k^2 + k^2 - 2 \times 3k \times k \times \dfrac{1}{2}} \\
&= \sqrt{7k^2} = \sqrt{7}\,k \qquad\qquad \cdots\cdots ㉡
\end{aligned}$$

STEP 03 ㉠, ㉡을 연립하여 $\overline{AC}$ 를 구한다.

㉠, ㉡에서

$7\sqrt{3} = \sqrt{7}\,k$

$k = \sqrt{21}$

따라서 $\overline{AC} = k = \sqrt{21}$

● 핵심 공식

▶ 사인법칙

△ABC에 대하여, △ABC의 외접원의 반지름 길이가 R이라고 할 때,

$$\dfrac{a}{\sin A} = \dfrac{b}{\sin B} = \dfrac{c}{\sin C} = 2R$$

▶ 코사인법칙

세 변의 길이를 각각 a, b, c라 하고 b, c 사이의 끼인각을 A라 하면

$$a^2 = b^2 + c^2 - 2bc\cos A, \ \left(\cos A = \dfrac{b^2 + c^2 - a^2}{2bc}\right)$$

09 적분을 이용한 거리   정답률 77% | 정답 ③

수직선 위를 움직이는 점 P 의 시각 $t(t \geq 0)$ 에서의 속도 $v(t)$ 가

$$v(t) = 2t - 6$$

이다. 점 P 가 시각 $t = 3$ 에서 $t = k(k > 3)$ 까지 ❶ 움직인 거리가 25일 때, 상수 k 의 값은? [4점]

① 6   ② 7   ③ 8   ④ 9   ⑤ 10

STEP 01 $v(t)$ 를 $t = 3$ 에서 $t = k$ 까지 적분한 후 ❶을 이용하여 k 의 값을 구한다.

$k > 3$ 이므로

$$\begin{aligned}
\int_3^k |2t - 6|\,dt &= \int_3^k (2t - 6)\,dt = \left[t^2 - 6t\right]_3^k \\
&= (k^2 - 6k) - (9 - 18) \\
&= k^2 - 6k + 9 = 25
\end{aligned}$$

$k^2 - 6k - 16 = 0$

$(k - 8)(k + 2) = 0$

$k > 3$ 이므로

$k = 8$

$0 \leq x < 4\pi$ 일 때, 방정식

❶ $4\sin^2 x - 4\cos\left(\dfrac{\pi}{2} + x\right) - 3 = 0$

의 모든 해의 합은? [4점]

① 5π ② 6π ③ 7π ④ 8π ⑤ 9π

STEP 01 삼각함수의 성질을 이용하여 ❶의 방정식을 풀어 주어진 범위에서 만족하는 x 의 값을 구한 후 합을 구한다.

$\cos\left(\dfrac{\pi}{2} + x\right) = -\sin x$ 이므로 주어진 방정식은

$4\sin^2 x + 4\sin x - 3 = 0$

$(2\sin x - 1)(2\sin x + 3) = 0$

$\sin x = \dfrac{1}{2}$

이때, $0 \leq x < 4\pi$ 이므로

$$x = \dfrac{\pi}{6}, \ \dfrac{5}{6}\pi, \ 2\pi + \dfrac{\pi}{6}, \ 2\pi + \dfrac{5}{6}\pi$$

따라서 모든 해의 합은

$$\dfrac{\pi}{6} + \dfrac{5}{6}\pi + 2\pi + \dfrac{\pi}{6} + 2\pi + \dfrac{5}{6}\pi = 6\pi$$

11 미분계수의 정의와 곱의 미분법   정답률 59% | 정답 ①

두 다항함수 $f(x)$, $g(x)$ 가

❶ $\displaystyle\lim_{x \to 0} \dfrac{f(x) + g(x)}{x} = 3$, $\displaystyle\lim_{x \to 0} \dfrac{f(x) + 3}{xg(x)} = 2$

를 만족시킨다. 함수 $h(x) = f(x)g(x)$ 에 대하여 $h'(0)$ 의 값은? [4점]

① 27   ② 30   ③ 33   ④ 36   ⑤ 39

STEP 01 극한의 성질과 미분계수의 정의를 이용하여 ❶에서 $f(0)$, $g(0)$, $f'(0)$, $g'(0)$ 의 값을 구한다.

$\displaystyle\lim_{x \to 0} \dfrac{f(x) + g(x)}{x} = 3$ 에서

$x \to 0$ 일 때 (분모) $\to 0$ 이므로 (분자) $\to 0$ 이어야 한다.

즉, $\displaystyle\lim_{x \to 0} \{f(x) + g(x)\} = 0$ 이다.

이때 두 다항함수 $f(x)$, $g(x)$ 는 연속함수이므로

$f(0) + g(0) = 0 \qquad\qquad \cdots\cdots ㉠$

따라서

$$\begin{aligned}
\lim_{x \to 0} \dfrac{f(x) + g(x)}{x} &= \lim_{x \to 0} \dfrac{f(x) + g(x) - f(0) - g(0)}{x} \\
&= \lim_{x \to 0} \left\{ \dfrac{f(x) - f(0)}{x} + \dfrac{g(x) - g(0)}{x} \right\} \\
&= f'(0) + g'(0) = 3 \qquad\qquad \cdots\cdots ㉡
\end{aligned}$$

또, $\displaystyle\lim_{x \to 0} \dfrac{f(x) + 3}{xg(x)} = 2$ 에서

$x \to 0$ 일 때 (분모) $\to 0$ 이므로 (분자) $\to 0$ 이어야 한다.

즉, $\displaystyle\lim_{x \to 0} \{f(x) + 3\} = 0$ 이므로

$f(0) + 3 = 0$ 에서 $f(0) = -3$

따라서 ㉠에서 $g(0) = 3$

따라서 $\displaystyle\lim_{x \to 0} \dfrac{f(x) + 3}{xg(x)} = \lim_{x \to 0} \left\{ \dfrac{f(x) - f(0)}{x} \times \dfrac{1}{g(x)} \right\} = \dfrac{f'(0)}{g(0)} = \dfrac{f'(0)}{3} = 2$

에서 $f'(0) = 6$

따라서 ㉡에서 $g'(0) = -3$

STEP 02 곱의 미분법으로 $h(x)$ 를 미분하여 $h'(0)$ 의 값을 구한다.

그러므로 곱의 미분법에 의하여

$h'(0) = f'(0)g(0) + f(0)g'(0) = 6 \times 3 + (-3) \times (-3) = 27$

● 핵심 공식

▶ 미분계수의 정의를 이용한 극한값의 계산

① $\displaystyle\lim_{h \to 0} \dfrac{f(a + h) - f(a)}{h} = f'(a)$ ② $\displaystyle\lim_{h \to 0} \dfrac{f(a + ph) - f(a)}{h} = pf'(a)$

③ $\displaystyle\lim_{x \to a} \dfrac{f(x) - f(a)}{x - a} = f'(a)$ ④ $\displaystyle\lim_{x \to a} \dfrac{af(x) - xf(a)}{x - a} = af'(a) - f(a)$

▶ 곱의 미분법

$f(x) = g(x) \cdot h(x)$ 라 하면, $f'(x) = g'(x) \cdot h(x) + g(x) \cdot h'(x)$

12 지수함수와 등차수열 　　　　정답률 75% | 정답 ⑤

상수 $k(k>1)$에 대하여 다음 조건을 만족시키는 수열 $\{a_n\}$이 있다.

모든 자연수 n에 대하여 $a_n < a_{n+1}$이고
곡선 $y=2^x$ 위의 두 점 $\mathrm{P}_n(a_n,\ 2^{a_n})$, $\mathrm{P}_{n+1}(a_{n+1},\ 2^{a_{n+1}})$을 지나는 직선의 기울기는 $k \times 2^{a_n}$이다.

점 P_n을 지나고 x축에 평행한 직선과
점 P_{n+1}을 지나고 y축에 평행한 직선이
만나는 점을 Q_n이라 하고, 삼각형
$\mathrm{P}_n\mathrm{Q}_n\mathrm{P}_{n+1}$의 넓이를 A_n이라 하자.

다음은 $a_1=1$, $\dfrac{A_3}{A_1}=16$일 때, A_n을
구하는 과정이다.

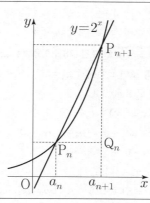

두 점 P_n, P_{n+1}을 지나는 직선의 기울기가 $k \times 2^{a_n}$이므로
$$2^{a_{n+1}-a_n} = k(a_{n+1}-a_n)+1$$
이다. 즉, 모든 자연수 n에 대하여 $a_{n+1}-a_n$은 방정식 $2^x=kx+1$의 해이다.

$k>1$이므로 방정식 $2^x=kx+1$은 오직 하나의 양의 실근 d를 갖는다.
따라서 모든 자연수 n에 대하여 $a_{n+1}-a_n=d$이고, 수열 $\{a_n\}$은 공차가 d인 등차수열이다.
점 Q_n의 좌표가 $(a_{n+1},\ 2^{a_n})$이므로
❶ $A_n = \dfrac{1}{2}(a_{n+1}-a_n)\left(2^{a_{n+1}}-2^{a_n}\right)$
이다. ❷ $\dfrac{A_3}{A_1}=16$이므로 d의 값은 　(가)　이고,
수열 $\{a_n\}$의 일반항은
$$a_n = \boxed{\text{(나)}}$$
이다. 따라서 모든 자연수 n에 대하여 $A_n = \boxed{\text{(다)}}$이다.

위의 (가)에 알맞은 수를 p, (나)와 (다)에 알맞은 식을 각각 $f(n)$, $g(n)$이라 할 때, ❸ $p+\dfrac{g(4)}{f(2)}$의 값은? [4점]

① 118　② 121　③ 124　④ 127　⑤ 130

STEP 01 ❶을 ❷의 좌변에 대입하고 식을 정리하여 (가)를 구한다.

$A_n = \dfrac{1}{2}(a_{n+1}-a_n)\left(2^{a_{n+1}}-2^{a_n}\right)$이므로

$\dfrac{A_3}{A_1} = \dfrac{\dfrac{1}{2}(a_4-a_3)\left(2^{a_4}-2^{a_3}\right)}{\dfrac{1}{2}(a_2-a_1)\left(2^{a_2}-2^{a_1}\right)} = \dfrac{\dfrac{1}{2}\times d\times\left(2^{1+3d}-2^{1+2d}\right)}{\dfrac{1}{2}\times d\times\left(2^{1+d}-2\right)} = 2^{2d} = 16 = 2^4$

이므로 d의 값은 $\boxed{2}$ 이고,

STEP 02 등차수열의 일반항을 이용하여 (나)를 구한 다음 ❶에 대입하여 (다)를 구한다.

수열 $\{a_n\}$의 일반항은
$$a_n = 1+(n-1)d = 1+(n-1)\times 2 = \boxed{2n-1}$$
이다. 따라서 모든 자연수 n에 대하여
$$A_n = \dfrac{1}{2}\times 2\times\left(2^{2n+1}-2^{2n-1}\right) = \boxed{3\times 2^{2n-1}}$$
이다.

STEP 03 p, $f(n)$, $g(n)$을 찾아 ❸의 값을 구한다.

따라서
$p=2$, $f(n)=2n-1$, $g(n)=3\times 2^{2n-1}$이므로
$$p+\dfrac{g(4)}{f(2)} = 2+\dfrac{3\times 2^7}{3} = 130$$

---

13 로그함수의 그래프 　　　　정답률 43% | 정답 ③

$\dfrac{1}{4}<a<1$인 실수 a에 대하여 ❶ 직선 $y=1$이 두 곡선 $y=\log_a x$,

$y=\log_{4a} x$와 만나는 점을 각각 A, B라 하고, ❷ 직선 $y=-1$이 두 곡선 $y=\log_a x$, $y=\log_{4a} x$와 만나는 점을 각각 C, D라 하자. 〈보기〉에서 옳은 것만을 있는 대로 고른 것은? [4점]

〈보기〉

ㄱ. 선분 AB를 $1:4$로 외분하는 점의 좌표는 $(0,\ 1)$이다.
ㄴ. ❸ 사각형 ABCD가 직사각형이면 $a=\dfrac{1}{2}$이다.
ㄷ. ❹ $\overline{\mathrm{AB}}<\overline{\mathrm{CD}}$이면 $\dfrac{1}{2}<a<1$이다.

---

① ㄱ　② ㄷ　③ ㄱ, ㄴ　④ ㄴ, ㄷ　⑤ ㄱ, ㄴ, ㄷ

STEP 01 ㄱ. ❶에서 두 점 A, B의 좌표를 각각 구한 후 외분점의 좌표를 구하여 참, 거짓을 판별한다.

ㄱ. 점 A의 x좌표는
$$\log_a x = 1,\ x = a$$
이므로 $\mathrm{A}(a,\ 1)$
또 점 B의 x좌표는
$$\log_{4a} x = 1,\ x = 4a$$
이므로 $\mathrm{B}(4a,\ 1)$
그러므로 선분 AB를 $1:4$로 외분하는 점의 좌표는
$$\left(\dfrac{1\times 4a - 4a}{1-4},\ \dfrac{1-4}{1-4}\right) = (0,\ 1)$$
　　　∴ 참

STEP 02 ㄴ. ❷에서 점 D의 좌표를 구한 후 ❸을 만족하는 a의 값을 구하여 참, 거짓을 판별한다.

ㄴ. 사각형 ABCD가 직사각형이면 선분 AB가 x축과 평행하므로 두 점 A, D의 x좌표는 같아야 한다.
한편 점 D의 x좌표는
$$\log_{4a} x = -1,\ x = \dfrac{1}{4a}$$
이므로 $\mathrm{D}\left(\dfrac{1}{4a},\ -1\right)$
이때 $\mathrm{A}(a,\ 1)$이므로
$$a = \dfrac{1}{4a},\ a^2 = \dfrac{1}{4}$$
이때 $\dfrac{1}{4}<a<1$이므로
$$a = \dfrac{1}{2}$$
　　　∴ 참

STEP 03 ㄷ. 점 C의 좌표를 구한 후 두 선분 $\overline{\mathrm{AB}}$, $\overline{\mathrm{CD}}$의 길이를 각각 구한 다음 ❹를 만족하도록 하는 a의 범위를 구하여 참, 거짓을 판별한다.

ㄷ. 점 C의 x좌표는
$$\log_a x = -1,\ x = \dfrac{1}{a}$$
이므로 $\mathrm{C}\left(\dfrac{1}{a},\ -1\right)$이고
$$\overline{\mathrm{AB}} = 4a - a = 3a$$
$$\overline{\mathrm{CD}} = \dfrac{1}{a} - \dfrac{1}{4a} = \dfrac{3}{4a}$$
한편, $\overline{\mathrm{AB}} < \overline{\mathrm{CD}}$이면
$$3a < \dfrac{3}{4a},\ a^2 < \dfrac{1}{4},\ -\dfrac{1}{2}<a<\dfrac{1}{2}$$
그런데 $\dfrac{1}{4}<a<1$이므로
$$\dfrac{1}{4}<a<\dfrac{1}{2}$$
　　　∴ 거짓

따라서 옳은 것은 ㄱ, ㄴ

● 핵심 공식

▶ 내분점과 외분점
좌표평면 위의 두 점 $A(x_1,\ y_1)$, $B(x_2,\ y_2)$를 연결한 선분 AB에 대하여 (단, $m>0$, $n>0$)
(1) $\overline{AB}$를 $m:n$으로 내분하는 점 P의 좌표
$$P\left(\dfrac{mx_2+nx_1}{m+n},\ \dfrac{my_2+ny_1}{m+n}\right)$$
(2) $\overline{AB}$를 $m:n$으로 외분하는 점 Q의 좌표
$$Q\left(\dfrac{mx_2-nx_1}{m-n},\ \dfrac{my_2-ny_1}{m-n}\right)$$

실수 $a(a>1)$에 대하여 함수 $f(x)$를

$$f(x)=(x+1)(x-1)(x-a)$$

라 하자. 함수

$$g(x)=x^2\int_0^x f(t)dt-\int_0^x t^2 f(t)dt$$

가 ❶ 오직 하나의 극값을 갖도록 하는 a의 최댓값은? [4점]

① $\dfrac{9\sqrt{2}}{8}$ ② $\dfrac{3\sqrt{6}}{4}$ ③ $\dfrac{3\sqrt{2}}{2}$ ④ $\sqrt{6}$ ⑤ $2\sqrt{2}$

STEP 01 $g(x)$를 미분하여 $g'(x)$를 구한 후 극값을 이용하여 $g(x)$가 ❶을 만족하도록 하는 경우를 파악한다.

$$g'(x)=2x\int_0^x f(t)dt+x^2 f(x)-x^2 f(x)=2x\int_0^x f(t)dt$$

$f(x)=(x+1)(x-1)(x-a)\,(a>1)$이므로

$g'(x)=0$을 만족시키는 x의 값의 좌우에서 $g'(x)$의 부호가 변하는 값이 오직 한 개만 존재해야 한다.

이때, $g'(x)=0$을 만족시키는 x의 값은

$x=0$ 또는 방정식 $\int_0^x f(t)dt=0$의 실근이다.

(i) $\int_0^\alpha f(t)dt=0$을 만족시키는 실수

$\alpha\,(\alpha<-1)$가 반드시 존재하고, $x=\alpha$의 좌우에서 $g'(x)$의 부호가 음에서 양으로 바뀌므로 함수 $g(x)$는 $x=\alpha$에서 극값을 갖는다.

(ii) $\int_0^0 f(t)dt=0$이고,

$-1<x<0$인 임의의 실수 x에 대하여 $\int_0^x f(t)dt<0$

$0<x<1$인 임의의 실수 x에 대하여 $\int_0^x f(t)dt>0$이므로

$x=0$의 좌우에서 $\int_0^x f(t)dt$의 부호는 음에서 양으로 바뀐다. 따라서

$g'(x)=2x\int_0^x f(t)dt$의 부호는 $x=0$의 좌우에서 항상 0이상이므로

함수 $g(x)$는 $x=0$에서 극값을 갖지 않는다.

따라서, $g(x)$가 오직 하나의 극값을 갖도록 하는 경우는 그림과 같이 색칠된 두 부분의 넓이가 같을 때이다.

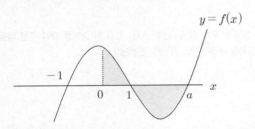

STEP 02   적분을 이용하여 색칠된 부분의 넓이를 구하여 a의 최댓값을 구한다.

즉, $\int_0^a f(t)dt=0$이어야 하므로

$$\int_0^a (x+1)(x-1)(x-a)dx=\left[\frac{1}{4}x^4-\frac{a}{3}x^3-\frac{1}{2}x^2+ax\right]_0^a$$

$$=\frac{1}{4}a^4-\frac{1}{3}a^4-\frac{1}{2}a^2+a^2=-\frac{a^4}{12}+\frac{a^2}{2}=0$$

$a^2=6$

따라서 a의 최댓값은 $\sqrt{6}$

★★★ 등급을 가르는 문제!

수열 $\{a_n\}$은 $0<a_1<1$이고, 모든 자연수 n에 대하여 다음 조건을 만족시킨다.

> (가) $a_{2n}=a_2\times a_n+1$
>
> (나) $a_{2n+1}=a_2\times a_n-2$

❶ $a_7=2$일 때, a_{25}의 값은? [4점]

① 78   ② 80   ③ 82   ④ 84   ⑤ 86

STEP 01   두 조건을 연립하여 a_{2n+1}과 a_{2n}의 관계식을 구한 다음 ❶을 이용하여 a_6의 값을 구한다.

두 조건 (가), (나)에서 모든 자연수 n에 대하여

$$a_{2n+1}=a_{2n}-3 \qquad\qquad \cdots\cdots\;\ominus$$

이 성립하므로

$$a_3=a_2-3 \qquad\qquad\qquad \cdots\cdots\;\bigcirc$$
$$a_5=a_4-3$$
$$a_7=a_6-3 \qquad\qquad\qquad \cdots\cdots\;\bigcirc$$

$a_7=2$이므로 $\bigcirc$에서 $a_6=5$

STEP 02   조건 (가)를 이용하여 조건을 만족하는 a_1, a_2의 값을 구한다.

이때 조건 (가)에서 $a_6=a_2\times a_3+1=5$

즉, $a_2\times a_3=4$

이므로 $\bigcirc$에서 $a_2(a_2-3)=4$

$a_2^2-3a_2-4=(a_2+1)(a_2-4)=0$

$a_2=-1$ 또는 $a_2=4$

(i) $a_2=-1$일 때

조건 (가)에서 $a_2=a_2\times a_1+1$이므로

$-1=-a_1+1$

$a_1=2$이므로 $0<a_1<1$이라는 조건에 모순이다.

(ii) $a_2=4$일 때

조건 (가)에서 $a_2=a_2\times a_1+1$이므로

$4=4a_1+1$

$a_1=\dfrac{3}{4}$이므로 $0<a_1<1$이라는 조건을 만족시킨다.

(i), (ii)에서 $a_1=\dfrac{3}{4}$, $a_2=4$

STEP 03   값을 알고 있는 a_n과 두 조건을 이용하여 a_{24}, a_{25}의 값을 차례로 구한다.

이때 $\ominus$에서 $a_{25}=a_{24}-3$

이고 조건 (가)에서 $a_{24}=a_2\times a_{12}+1=4a_{12}+1$

이때 $a_{12}=a_2\times a_6+1=4a_6+1=4\times 5+1=21$이므로

$a_{24}=4\times 21+1=85$

따라서 $a_{25}=a_{24}-3=85-3=82$

★★ 문제 해결 꿀~팁 ★★

▶ 문제 해결 방법

구하고자 하는 항이 a_{25}이므로 구해야 할 항들은 a_{24}, a_{12}, a_6, a_3, a_2, a_1이다. 한편 a_7이 주어졌으므로 이를 이용하여 이 중 구할 수 있는 항을 구해야 한다.

여기서 주어진 두 조건을 이용하여 $a_{2n+1}=a_{2n}-3$을 찾지 못하면 a_6을 구하는데 어려움이 있다.

주어진 두 조건에 모두 $a_2\times a_n$이 있으므로 두 식을 빼서 $a_2\times a_n$를 소거하면 $a_{2n+1}=a_{2n}-3$임을 알 수 있다. 여기서 a_6을 구하고 조건 (가)에 $n=3$을 대입하여 $\bigcirc$과 연립하면 a_2, a_1을 구할 수 있다. 다음 과정도 n에 적당한 수를 대입하여 필요한 항들을 구하면 된다.

주어진 조건으로 필요한 식을 구하고 아울러 구해야 할 항들과 구할 수 있는 항을 정확하고 빠르게 파악할 수 있느냐가 문제풀이의 핵심이라 할 수 있겠다.

함수 $f(x)$에 대하여 $f'(x)=3x^2+4x+5$이고 ❶ $f(0)=4$일 때, $f(1)$의 값을 구하시오. [3점]

STEP 01 $f'(x)$를 적분하여 $f(x)$를 구한 후 ❶을 이용하여 적분상수를 구한 다음 $f(1)$의 값을 구한다.

$f'(x)=3x^2+4x+5$에서

$$f(x)=\int f'(x)dx=\int (3x^2+4x+5)dx=x^3+2x^2+5x+C\;(C\text{는 적분상수})$$

$f(0)=4$이므로 $C=4$

따라서 $f(x)=x^3+2x^2+5x+4$이므로

$f(1)=12$

❶ $\log_3 72-\log_3 8$의 값을 구하시오. [3점]

STEP 01 로그의 계산으로 ❶의 값을 구한다.

$\log_3 72 - \log_3 8 = \log_3 9 = \log_3 3^2 = 2$

18 미분을 이용한 그래프의 추론 　　　정답률 74% | 정답 15

❶ 곡선 $y = 4x^3 - 12x + 7$과 직선 $y = k$가 만나는 점의 개수가 2가 되도록 하는 양수 k의 값을 구하시오. [3점]

STEP 01 $y = 4x^3 - 12x + 7$을 미분하여 극값을 구하여 ❶을 만족하는 양수 k의 값을 구한다.

$y = 4x^3 - 12x + 7$에서

$y' = 12x^2 - 12 = 12(x-1)(x+1)$

이므로 $y' = 0$을 만족시키는 x의 값은 $x = -1$과 $x = 1$이다.

따라서 함수 $y = 4x^3 - 12x + 7$은

$x = -1$에서 극댓값 15, $x = 1$에서 극솟값 -1을 갖는다.

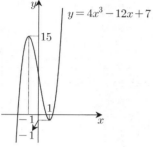

이때 곡선 $y = 4x^3 - 12x + 7$과 직선 $y = k$의

교점의 개수가 2이므로 직선 $y = k$는 점 $(-1, 15)$ 또는 $(1, -1)$을 지나야 한다.

따라서 양수 k의 값은 15

19 수열의 합 　　　정답률 80% | 정답 160

첫째항이 3인 등차수열 $\{a_n\}$에 대하여 ❶ $\sum\limits_{k=1}^{5} a_k = 55$일 때,

❷ $\sum\limits_{k=1}^{5} k(a_k - 3)$의 값을 구하시오. [3점]

STEP 01 등차수열의 합을 이용하여 ❶에서 a_n을 구한 후 ❷에 대입하여 값을 구한다.

등차수열 $\{a_n\}$의 공차를 d라 하면

$\sum\limits_{k=1}^{5} a_k = \dfrac{5(6+4d)}{2} = 55$에서 $d = 4$

즉, $a_n = 4n - 1$이므로

$\sum\limits_{k=1}^{5} k(a_k - 3) = \sum\limits_{k=1}^{5} k(4k-4) = 4\sum\limits_{k=1}^{5}(k^2 - k) = 4\left(\dfrac{5 \times 6 \times 11}{6} - \dfrac{5 \times 6}{2}\right) = 160$

20 정적분을 이용한 넓이 　　　정답률 70% | 정답 36

❶ 곡선 $y = x^2 - 7x + 10$과 직선 $y = -x + 10$으로 둘러싸인 부분의 넓이를 구하시오. [4점]

STEP 01 ❶의 두 식을 연립하여 교점의 x좌표를 구한 후 두 함수의 그래프를 그린다.

곡선 $y = x^2 - 7x + 10$과 직선 $y = -x + 10$이 만나는 점의 x좌표는

$x^2 - 7x + 10 = -x + 10$에서

$x^2 - 6x = x(x-6) = 0$이므로

$x = 0$과 $x = 6$이다.

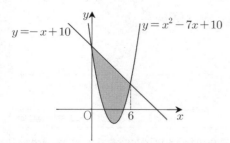

STEP 02 정적분을 이용하여 구하는 넓이를 구한다.

따라서 곡선 $y = x^2 - 7x + 10$과

직선 $y = -x + 10$으로 둘러싸인 부분의 넓이는

$\displaystyle\int_0^6 \{(-x+10) - (x^2 - 7x + 10)\}dx = \int_0^6 (-x^2 + 6x)dx = \left[-\dfrac{1}{3}x^3 + 3x^2\right]_0^6$

$$= -\dfrac{1}{3} \times 6^3 + 3 \times 6^2 = 36$$

★★★ 등급을 가르는 문제!

21 로그의 성질 　　　정답률 41% | 정답 13

❶ $\log_4 2n^2 - \dfrac{1}{2}\log_2 \sqrt{n}$ 의 ❷ 값이 40 이하의 자연수가 되도록 하는 자연수 n의 개수를 구하시오. [4점]

STEP 01 ❶을 정리한 후 ❷를 만족하도록 하는 조건을 구하여 만족하는 자연수 n의 개수를 구한다.

$\log_4 2n^2 - \dfrac{1}{2}\log_2 \sqrt{n} = \log_4 2n^2 - \log_4 \sqrt{n} = \log_4 \dfrac{2n^2}{\sqrt{n}} = \log_4 \left(2n^{\frac{3}{2}}\right)$

이 값이 40 이하의 자연수가 되려면

$2n^{\frac{3}{2}} = 4^k \ (k = 1, 2, 3, \cdots, 40)$이어야 한다.

즉, $n = 4^{\frac{2k-1}{3}}$에서 $\dfrac{2k-1}{3}$이 자연수가 되어야 하므로

$k = 2, 5, 8, \cdots, 38$

따라서 만족하는 자연수 n의 개수는 13

●핵심 공식

▶ 로그의 성질

$a > 0, a \neq 1, x > 0, y > 0, c > 0, c \neq 1$

n이 임의의 실수일 때

(1) $\log_a a = 1, \log_a 1 = 0$　　　(2) $\log_a xy = \log_a x + \log_a y$

(3) $\log_a \dfrac{x}{y} = \log_a x - \log_a y$　　　(4) $\log_a x^n = n\log_a x$

(5) $\log_a x = \dfrac{\log_c x}{\log_c a}$ (밑변환공식)

★★ 문제 해결 꿀~팁 ★★

▶ 문제 해결 방법

$\log_4 2n^2 - \dfrac{1}{2}\log_2 \sqrt{n}$ 을 정리하면 $\log_4 \left(2n^{\frac{3}{2}}\right)$이다. $\log_4 \left(2n^{\frac{3}{2}}\right)$이 40 이하의 자연수이려면 $2n^{\frac{3}{2}} = 4^k \ (k = 1, 2, 3, \cdots, 40)$이다. 즉, $n = 4^{\frac{2k-1}{3}}$에서 $\dfrac{2k-1}{3}$이 자연수가 되어야 한다. 그러므로 $2k-1$은 3의 배수이어야 하므로 $k = 2, 5, 8, \cdots, 38$이다. 어떠한 수나 식이 자연수 또는 t의 배수라고 할 때 이러한 문장을 도식화할 수 있어야 하고, 만족하는 수가 되도록 하는 조건만 잘 따져주면 무리 없이 해결할 수 있는 문제이다.

★★★ 등급을 가르는 문제!

22 미분가능 　　　정답률 6% | 정답 39

함수 ❶ $f(x)$는 최고차항의 계수가 1인 삼차함수이고, 함수 $g(x)$는 일차함수이다. 함수 $h(x)$를

$h(x) = \begin{cases} |f(x) - g(x)| & (x < 1) \\ f(x) + g(x) & (x \geq 1) \end{cases}$

이라 하자. 함수 $h(x)$가 실수 전체의 집합에서 미분가능하고, $h(0) = 0$, $h(2) = 5$일 때, $h(4)$의 값을 구하시오. [4점]

STEP 01 $x = 0$일 때 두 함수의 그래프의 위치 관계를 파악하여 함숫값과 미분계수의 관계를 구한다.

$h(0) = |f(0) - g(0)| = 0$에서

$f(0) = g(0)$

또한, $x < 1$일 때

함수 $h(x) = |f(x) - g(x)|$가 미분가능하고

$f(0) = g(0)$이므로 $x = 0$에서 두 함수 $y = f(x)$, $y = g(x)$의 그래프는 접해야 한다.

즉, $f'(0) = g'(0)$

STEP 02 $x = 1$에서 함수 $h(x)$가 미분가능함을 이용하여 만족하는 함숫값을 구한 후 미지수를 이용하여 ❶을 놓는다.

또한, $x = 1$에서 함수 $h(x)$는 미분가능하므로 $x = 1$에서 연속이다.

즉, $\lim\limits_{x \to 1^-} h(x) = \lim\limits_{x \to 1^+} h(x)$에서

15회

$$\lim_{x\to 1-}|f(x)-g(x)|=\lim_{x\to 1+}\{f(x)+g(x)\} \quad\cdots\cdots \text{㉠}$$

(i) 1보다 작은 근방 x에서 $f(x)>g(x)$일 때,

함수 $h(x)$가 $x=1$에서 미분가능하므로

$$\lim_{\triangle x\to 0-}\frac{h(1+\triangle x)-h(1)}{\triangle x}=\lim_{\triangle x\to 0+}\frac{h(1+\triangle x)-h(1)}{\triangle x}$$

$$f'(1)-g'(1)=f'(1)+g'(1)$$

$$g'(1)=0$$

그런데 $g(x)$는 일차함수이므로 모순이다.

(ii) 1보다 작은 근방 x에서 $f(x)<g(x)$일 때,

함수 $h(x)$가 $x=1$에서 미분가능하므로

$$\lim_{\triangle x\to 0-}\frac{h(1+\triangle x)-h(1)}{\triangle x}=\lim_{\triangle x\to 0+}\frac{h(1+\triangle x)-h(1)}{\triangle x}$$

$$-f'(1)+g'(1)=f'(1)+g'(1)$$

$$f'(1)=0$$

또한, ㉠에서 $-f(1)+g(1)=f(1)+g(1)$이므로

$$f(1)=0$$

따라서,

$f(x)=(x-1)^2(x+a)$, $g(x)=px+q$ (a, q는 상수, p는 0이 아닌 상수)

로 놓을 수 있다.

STEP 03 $f(0)=g(0)$, $f'(0)=g'(0)$, $h(2)=5$를 이용하여 두 함수 $f(x)$, $g(x)$를 구한 후 $h(4)$의 값을 구한다.

$$f'(x)=2(x-1)(x+a)+(x-1)^2$$

$$g'(x)=p$$

이때 $f(0)=g(0)$, $f'(0)=g'(0)$에서 $a=q$, $-2a+1=p$이고

$$h(2)=f(2)+g(2)=(2+a)+2p+q=2+a+2p+q=5$$

$$a+2p+q=3$$

$$a+2(-2a+1)+a=3$$

$$a=-\frac{1}{2},\ p=2,\ q=-\frac{1}{2}$$

따라서

$$f(x)=(x-1)^2\left(x-\frac{1}{2}\right),\ g(x)=2x-\frac{1}{2}$$

$$h(4)=f(4)+g(4)=39$$

● 핵심 공식

▶ 미분가능일 조건

$f(x)=\begin{cases} g(x) & (x\le a) \\ h(x) & (x>a) \end{cases}$ 가 $x=a$에서 미분가능일 조건

(1) $x=a$에서 연속이다. 즉, $g(a)=h(a)$

(2) $x=a$에서의 좌미분계수와 우미분계수가 같아야 한다. 즉, $g'(a)=h'(a)$

★★ 문제 해결 꿀~팁 ★★

▶ 문제 해결 방법

주어진 조건은 크게 3가지로 볼 수 있다.

· $h(0)=0$

· $h(2)=5$

· $h(x)$가 $x=1$에서 연속 및 미분가능.

이 세 조건을 이용하여 두 함수 $f(x)$와 $g(x)$를 구하면 된다.

$h(0)=0$에서 $f(0)=g(0)$, $f'(0)=g'(0)$,

$h(x)$가 $x=1$에서 연속 및 미분가능함에서

$f(1)=f'(1)=0$이므로 $f(x)=(x-1)^2\left(x-\frac{1}{2}\right)$임을 알 수 있다.

이제 이 조건들과 $h(2)=5$를 이용하면 두 함수 $f(x)$와 $g(x)$를 구할 수 있다. 미분가능과 연속일 조건을 정확하게 알고 있어야 한다.

확률과 통계

23 이항정리 정답률 86% | 정답 ⑤

다항식 ❶ $(3x+1)^8$의 전개식에서 x의 계수는? [2점]

① 12 ② 15 ③ 18 ④ 21 ⑤ 24

STEP 01 이항정리를 이용하여 ❶에서 x의 계수를 구한다.

$(3x+1)^8$의 전개식의 일반항은

$_8C_r(3x)^r=\ _8C_r3^rx^r$ (단, $r=0, 1, 2, \cdots, 8$)

따라서 x의 계수는 $r=1$일 때이므로

$_8C_1\times 3=24$

24 사건의 독립 정답률 75% | 정답 ②

두 사건 A와 B는 ❶ 서로 독립이고

❷ $P(A|B)=P(B)$, $P(A\cap B)=\frac{1}{9}$

일 때, $P(A)$의 값은? [3점]

① $\frac{7}{18}$ ② $\frac{1}{3}$ ③ $\frac{5}{18}$ ④ $\frac{2}{9}$ ⑤ $\frac{1}{6}$

STEP 01 ❶에 의하여 ❷를 정리하고 $P(A)$의 값을 구한다.

두 사건 A와 B가 서로 독립이므로

$P(A|B)=P(A)$, $P(A\cap B)=P(A)\times P(B)$

주어진 조건에서 $P(A|B)=P(B)$이므로

$P(A)=P(B)$

따라서 $P(A\cap B)=P(A)\times P(A)=\frac{1}{9}$에서

$$P(A)=\frac{1}{3}$$

25 확률의 곱셈정리 정답률 84% | 정답 ②

한 개의 주사위를 세 번 던져서 나오는 눈의 수를 차례로 a, b, c라 할 때, ❶ $a\times b\times c=4$일 확률은? [3점]

① $\frac{1}{54}$ ② $\frac{1}{36}$ ③ $\frac{1}{27}$ ④ $\frac{5}{108}$ ⑤ $\frac{1}{18}$

STEP 01 세 수의 곱이 4일 경우를 나누어 ❶의 확률을 구한다.

세 수를 곱해서 4가 나오는 경우는

1, 1, 4 또는 1, 2, 2이므로

(i) 1, 1, 4인 경우의 확률

$$3\times\left(\frac{1}{6}\right)^3=\frac{1}{72}$$

(ii) 1, 2, 2인 경우의 확률

$$3\times\left(\frac{1}{6}\right)^3=\frac{1}{72}$$

(i), (ii)에 의하여 구하는 확률은

$$\frac{1}{72}+\frac{1}{72}=\frac{1}{36}$$

26 표본평균 정답률 75% | 정답 ④

정규분포 ❶ $N(20, 5^2)$을 따르는 모집단에서 ❷ 크기가 16인 표본을 임의추출하여 구한 표본평균을 $\overline{X}$라 할 때, ❸ $E(\overline{X})+\sigma(\overline{X})$의 값은? [3점]

① $\frac{91}{4}$ ② $\frac{89}{4}$ ③ $\frac{87}{4}$ ④ $\frac{85}{4}$ ⑤ $\frac{83}{4}$

STEP 01 ❶, ❷를 이용하여 ❸을 구한다.

정규분포 $N(20, 5^2)$을 따르는 확률변수를 X라 하면

$E(X)=20$, $\sigma(X)=5$

이 모집단에서 크기가 16인 표본을 임의추출하여 구한 표본평균이 $\overline{X}$이므로

$$E(\overline{X})+\sigma(\overline{X})=E(X)+\frac{\sigma(X)}{\sqrt{16}}=20+\frac{5}{4}=\frac{85}{4}$$

● 핵심 공식

▶ 표본평균의 평균 · 분산과 표준편차

모평균 m, 모분산 σ^2인 모집단에서 크기 n인 표본을 임의추출했을 때, 표본평균 $\overline{X}$라고 하면

(1) $E(\overline{X})=m$ (2) $V(\overline{X})=\frac{\sigma^2}{n}$

(3) $\sigma(\overline{X})=\frac{\sigma}{\sqrt{n}}$

27 순열과 확률 정답률 87% | 정답 ④

문자 A, B, C, D, E가 하나씩 적혀 있는 5장의 카드와 숫자 1, 2, 3, 4가 하나씩 적혀 있는 4장의 카드가 있다. 이 9장의 카드를 모두 한 번씩 사용하여 일렬로 임의로 나열할 때, ❶ 문자 A가 적혀 있는 카드의 바로 양 옆에 각각 숫자가 적혀 있는 카드가 놓일 확률은? [3점]

① $\dfrac{5}{12}$　　② $\dfrac{1}{3}$　　③ $\dfrac{1}{4}$　　④ $\dfrac{1}{6}$　　⑤ $\dfrac{1}{12}$

STEP 01 ❶의 경우의 수를 구한 후 확률을 구한다.

9장의 카드를 일렬로 나열하는 경우의 수는 9!

문자 A가 적혀 있는 카드의 바로 양옆에 숫자가 적혀 있는 카드를 나열하는
경우의 수는 $_4P_2=12$

이 각각에 대하여 나머지 카드 6장과 함께 나열하는 경우의 수는 7!

따라서 구하는 확률은 $\dfrac{12\times 7!}{9!}=\dfrac{1}{6}$

---

28 이항분포　　　　　　　　　　　　정답률 56% | 정답 ③

좌표평면의 원점에 점 P가 있다. 한 개의 주사위를 사용하여 다음 시행을
한다.

> 주사위를 한 번 던져 나온 ❷ 눈의 수가 2 이하이면 점 P를 x축의 양의
> 방향으로 3만큼, 3 이상이면 점 P를 y축의 양의 방향으로 1만큼 이동시
> 킨다.

이 시행을 ❶ 15번 반복하여 이동된 ❸ 점 P와 직선 $3x+4y=0$ 사이의
거리를 확률변수 X라 하자. $E(X)$의 값은? [4점]

① 13　　② 15　　③ 17　　④ 19　　⑤ 21

STEP 01 ❶에서 시행횟수, ❷에서 확률을 구하여 확률변수 Y에 대한
이항분포를 구하고 $E(Y)$를 구한다.

주사위를 15번 던져서 2 이하의 눈이 나오는 횟수를 확률변수 Y라 하자.

확률변수 Y는 이항분포 $B\left(15,\ \dfrac{1}{3}\right)$을 따르므로

$E(Y)=15\times\dfrac{1}{3}=5$

STEP 02 이동된 점 P의 좌표를 구하고 ❸에 대입하여 두 확률변수 X, Y의 관계를
구한 후 $E(X)$를 구한다.

원점에 있던 점 P가 이동된 점의 좌표는 $(3Y,\ 15-Y)$

이 점과 직선 $3x+4y=0$ 사이의 거리 X는

$X=\dfrac{|3\times 3Y+4\times(15-Y)|}{\sqrt{3^2+4^2}}=\dfrac{|5Y+60|}{5}=Y+12$

따라서 $E(X)=E(Y+12)=E(Y)+12=17$

●핵심 공식

▶ 이항분포의 평균, 분산, 표준편차

확률변수 X가 이항분포 $B(n,\ p)$를 따를 때, X의 평균, 분산, 표준편차는 다음과 같다.
$E(X)=np,\ V(X)=npq,\ \sigma(X)=\sqrt{npq}$ (단, $q=1-p$)

---

29 독립사건의 확률　　　　　　　　　정답률 24% | 정답 587

숫자 3, 3, 4, 4, 4가 하나씩 적힌 5개의 공이 들어 있는 주머니가 있다. 이
주머니와 한 개의 주사위를 사용하여 다음 규칙에 따라 점수를 얻는 시행을
한다.

> 주머니에서 임의로 한 개의 공을 꺼내어 ❶ 꺼낸 공에 적힌 수가 3이면
> 주사위를 3번 던져서 나오는 세 눈의 수의 합을 점수로 하고, ❷ 꺼낸 공
> 에 적힌 수가 4이면 주사위를 4번 던져서 나오는 네 눈의 수의 합을 점수
> 로 한다.

이 ❸ 시행을 한 번 하여 얻은 점수가 10점일 확률은 $\dfrac{q}{p}$ 이다. $p+q$의 값을
구하시오. (단, p와 q는 서로소인 자연수이다.) [4점]

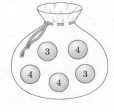

STEP 01 ❶의 경우에서 ❸의 확률을 구한다.

(ⅰ) 꺼낸 공의 수가 3인 경우

주머니에서 꺼낸 공의 수가 3일 확률은

$\dfrac{2}{5}$　　　　　　　　　　……㉠

이때 주사위를 3번 던져서 나오는
눈의 수의 합이 10인 경우는 순서를 생각하지 않으면
6, 3, 1 또는 6, 2, 2 또는 5, 4, 1 또는
5, 3, 2 또는 4, 4, 2 또는 4, 3, 3
이때의 확률은

$\left(3!+\dfrac{3!}{2!1!}+3!+3!+\dfrac{3!}{2!1!}+\dfrac{3!}{2!1!}\right)\times\left(\dfrac{1}{6}\right)^3=\dfrac{1}{8}$　　……㉡

㉠과 ㉡에서 확률은

$\dfrac{2}{5}\times\dfrac{1}{8}=\dfrac{1}{20}$

STEP 02 ❷의 경우에서 ❸의 확률을 구하고 $p+q$의 값을 구한다.

(ⅱ) 꺼낸 공의 수가 4인 경우

주머니에서 꺼낸 공의 수가 4일 확률은

$\dfrac{3}{5}$　　　　　　　　　　……㉢

이때 주사위를 4번 던져서 나오는
눈의 수의 합이 10인 경우는 순서를 생각하지 않으면
6, 2, 1, 1 또는 5, 3, 1, 1 또는
5, 2, 2, 1 또는 4, 4, 1, 1 또는
4, 3, 2, 1 또는 4, 2, 2, 2 또는
3, 3, 3, 1 또는 3, 3, 2, 2
이때의 확률은

$\left(\dfrac{4!}{2!1!1!}+\dfrac{4!}{2!1!1!}+\dfrac{4!}{2!1!1!}+\dfrac{4!}{2!2!}+4!+\dfrac{4!}{3!1!}+\dfrac{4!}{3!1!}+\dfrac{4!}{2!2!}\right)\times\left(\dfrac{1}{6}\right)^4$

$=80\times\left(\dfrac{1}{6}\right)^4$　　　　　　　　……㉣

㉢과 ㉣에서 확률은

$\dfrac{3}{5}\times 80\times\left(\dfrac{1}{6}\right)^4=\dfrac{1}{27}$

(ⅰ), (ⅱ)에서 구하는 확률은

$\dfrac{1}{20}+\dfrac{1}{27}=\dfrac{47}{540}$

따라서 $p+q=540+47=587$

★★★ 등급을 가르는 문제!

30 중복조합　　　　　　　　　　　　정답률 21% | 정답 201

네 명의 학생 A, B, C, D에게 검은색 모자 6개와 흰색 모자 6개를 다음
규칙에 따라 남김없이 나누어 주는 경우의 수를 구하시오. (단, 같은 색
모자끼리는 서로 구별하지 않는다.) [4점]

> (가) 각 학생은 1개 이상의 모자를 받는다.
> (나) 학생 A가 받는 검은색 모자의 개수는 4 이상이다.
> (다) 흰색 모자보다 검은색 모자를 더 많이 받는 학생은 A를 포함하여
> 　　 2명뿐이다.

STEP 01 조건 (나), (다)를 이용하여 학생 A가 받을 수 있는 검은색 모자의 개수를
구한다.

조건 (나)에 의하여 학생 A는 검은색 모자를 4개 이상 받아야 하고

조건 (다)에 의하여 학생 A를 제외한 나머지 학생 중에서 적어도 한 명의 학생이
검은색 모자를 받아야 하므로

학생 A는 검은색 모자를 4개 또는 5개 받을 수 있다.

STEP 02 학생 A가 검은색 모자 4개를 받았을 때의 경우의 수를 구한다.

학생 A가 검은색 모자를 4개 받는 경우

(ⅰ) 나머지 세 학생 중 한 명의 학생이 검은색 모자를 2개 받는 경우

검은색 모자를 2개 받는 학생을 택하는
경우의 수는 3　　　　　　　　……㉠

이 각각에 대하여 다른 두 학생에게 흰색 모자를
1개씩 나누어 주고 나머지 흰색 모자 4개를
나누어주는 경우의 수는 다음과 같다.

ⅰ) 검은색 모자를 2개 받은 학생이 흰색 모자를 받지 않는 경우

나머지 흰색 모자 4개를 세 학생에게 나누어주는 경우의 수에서 학생
A가 4개를 모두 받는 경우의 수를 빼면 되므로

$$_3H_4 - 1 = 14 \qquad \cdots\cdots \text{ⓛ}$$

ⅱ) 검은색 모자를 2개 받은 학생이 흰색 모자를 1개 받는 경우
나머지 흰색 모자 3개를 세 학생에게 나누어주면 되므로
$$_3H_3 = 10 \qquad \cdots\cdots \text{ⓒ}$$

㉠, ⓛ, ⓒ에 의하여 경우의 수는
$$3 \times (14 + 10) = 72$$

(ⅱ) 나머지 세 학생 중 두 명의 학생이 검은색 모자를 1개씩 받는 경우
검은색 모자를 흰색 모자보다 더 많이 받는
학생을 정하는 경우의 수는 3 $\qquad \cdots\cdots$ ⓔ
이 각각에 대하여 나머지 두 학생 중에
검은색 모자를 받는 학생을 정하는
경우의 수는 2 $\qquad \cdots\cdots$ ⓜ
이 각각에 대하여 검은색 모자를 흰색 모자보다
더 많이 받는 학생에게는 흰색 모자를 나누어
주면 안 되고, 다른 두 학생에게는 흰색 모자를
1개 이상씩 나누어주어야 한다.
즉, 두 학생에게 흰색 모자를 1개씩 나누어주고
나머지 흰색 모자 4개를 나누어주는
경우의 수는 학생 A가 4개를 모두 받는
한 가지 경우의 수를 제외해야 하므로
$$_3H_4 - 1 = 14 \qquad \cdots\cdots \text{ⓗ}$$
ⓔ, ⓜ, ⓗ에 의하여 경우의 수는 $3 \times 2 \times 14 = 84$

STEP 03 학생 A가 검은색 모자 5개를 받았을 때의 경우의 수를 구한 후 구하고자 하는 경우의 수를 구한다.

학생 A가 검은색 모자를 5개 받는 경우
다른 세 명의 학생 중 검은색 모자를 받는 학생을 정하는 경우의 수는 3 $\quad \cdots\cdots$ ⓢ
다른 두 학생에게 흰색 모자를 1개씩 나누어주고, 검은색 모자를 1개 받은 학생을
제외한 세 명의 학생에게 나머지 흰색 모자를 4개를 나누어주는 경우의 수는
$$_3H_4 = 15 \qquad \cdots\cdots \text{ⓞ}$$
ⓢ, ⓞ에 의하여 경우의 수는 $3 \times 15 = 45$
따라서 구하고자 하는 경우의 수는
$$72 + 84 + 45 = 201$$

★★ 문제 해결 꿀~팁 ★★

▶ 문제 해결 방법
여러 가지 경우를 많이 나눠주어야 하는 중복조합 문항이다. 일단, 문제부터 살펴보면 나눠주어야 하는 모자의 종류는 두 가지이므로 조건 (가)를 먼저 이용하기 부적절하다. 조건 (나)에서는 학생 A와 검은색 모자, 조건 (다)에서도 학생 A와 검은색 모자가 언급된다. 따라서 이 문제는 학생 A가 받는 검은색 모자의 개수를 기준으로 경우를 나누어 문제를 풀어야 한다.
먼저 학생 A가 받을 수 있는 검은색 모자의 개수부터 알아내야 한다. 조건 (나)에서 최소 4개, 조건 (다)에서 최대 5개이므로 학생 A가 받는 검은색 모자의 개수가 4, 5인 경우로 나누어 문제를 풀어나간다.
그 다음으로는 조건 (다)를 이용하여 검은색 모자를 먼저 나누어주고, 조건 (가)를 이용하여 모자를 하나도 받지 못한 학생들에게 흰색 모자를 나누어준 다음에 남은 흰색 모자는 조건 (다)에 위배되지 않게끔 중복조합을 이용하여 나누어주면 된다.
이 문제와 비슷하게 복잡한 중복조합 문제가 자주 출제되고 있으므로, 꼼꼼히 문제를 풀어나가는 연습을 하는 것이 가장 중요하다.

미적분

23 수열의 극한   정답률 93% | 정답 ②

❶ $\lim\limits_{n \to \infty} \dfrac{1}{\sqrt{4n^2 + 2n + 1} - 2n}$ 의 값은? [2점]

① 1   ② 2   ③ 3   ④ 4   ⑤ 5

STEP 01 ❶의 분모를 유리화하고, 분모의 최고차항으로 분자와 분모를 각각 나누고 수열의 극한을 이용하여 값을 구한다.

$$\lim_{n \to \infty} \frac{1}{\sqrt{4n^2 + 2n + 1} - 2n} = \lim_{n \to \infty} \frac{\sqrt{4n^2 + 2n + 1} + 2n}{\left(\sqrt{4n^2 + 2n + 1}\right)^2 - (2n)^2}$$
$$= \lim_{n \to \infty} \frac{\sqrt{4n^2 + 2n + 1} + 2n}{2n + 1}$$
$$= \lim_{n \to \infty} \frac{\sqrt{1 + \dfrac{1}{2n} + \dfrac{1}{4n^2}} + 1}{1 + \dfrac{1}{2n}} = 2$$

24 곱의 미분법   정답률 91% | 정답 ①

함수 ❶ $f(x) = (x^2 - 2x - 7)e^x$ 의 극댓값과 극솟값을 각각 a, b라 할 때, $a \times b$의 값은? [3점]

① -32 ② -30 ③ -28 ④ -26 ⑤ -24

STEP 01 곱의 미분법에 의하여 ❶을 미분하고 a, b의 값을 구한 후 $a \times b$의 값을 구한다.

$f(x) = e^x(x^2 - 2x - 7)$ 에서
$$f'(x) = e^x(x^2 - 2x - 7) + e^x(2x - 2)$$
$$= e^x(x^2 - 9) = e^x(x + 3)(x - 3)$$
이므로 함수 $f(x)$의 증가와 감소를 표로 나타내면 다음과 같다.

x	$\cdots$	-3	$\cdots$	3	$\cdots$
$f'(x)$	$+$	0	$-$	0	$+$
$f(x)$	↗	극대	↘	극소	↗

따라서 $a = f(-3) = e^{-3} \times 8$, $b = f(3) = e^3 \times (-4)$ 이므로
$a \times b = -32$

25 정적분을 이용한 넓이   정답률 89% | 정답 ②

곡선 ❷ $y = e^{2x}$ 과 x축 및 두 직선 ❶ $x = \ln\dfrac{1}{2}$, $x = \ln 2$로 둘러싸인 부분의 넓이는? [3점]

① $\dfrac{5}{3}$ ② $\dfrac{15}{8}$ ③ $\dfrac{15}{7}$ ④ $\dfrac{5}{2}$ ⑤ 3

STEP 01 ❶을 구간으로 하고 ❷를 정적분하여 넓이를 구한다.

$$\int_{\ln\frac{1}{2}}^{\ln 2} e^{2x} dx = \left[\frac{1}{2}e^{2x}\right]_{\ln\frac{1}{2}}^{\ln 2} = \frac{1}{2}\left(e^{2\ln 2} - e^{2\ln\frac{1}{2}}\right) = \frac{1}{2}\left(e^{\ln 4} - e^{\ln\frac{1}{4}}\right) = \frac{1}{2}\left(4 - \frac{1}{4}\right) = \frac{15}{8}$$

26 정적분과 급수와의 관계   정답률 70% | 정답 ①

❶ $\lim\limits_{n \to \infty} \dfrac{1}{n} \sum\limits_{k=1}^{n} \sqrt{\dfrac{3n}{3n + k}}$ 의 값은? [3점]

① $4\sqrt{3} - 6$ ② $\sqrt{3} - 1$ ③ $5\sqrt{3} - 8$ ④ $2\sqrt{3} - 3$ ⑤ $3\sqrt{3} - 5$

STEP 01 ❶의 근호 안의 분자, 분모를 n으로 나누고 정적분의 형태로 바꾼 후 값을 구한다.

$$\lim_{n \to \infty} \frac{1}{n} \sum_{k=1}^{n} \sqrt{\frac{3n}{3n + k}} = \lim_{n \to \infty} \frac{1}{n} \sum_{k=1}^{n} \sqrt{\frac{3}{3 + \dfrac{k}{n}}}$$
$$= \int_3^4 \sqrt{\frac{3}{x}} dx$$
$$= \sqrt{3} \int_3^4 x^{-\frac{1}{2}} dx$$
$$= \sqrt{3} \left[2x^{\frac{1}{2}}\right]_3^4$$
$$= 2\sqrt{3}(2 - \sqrt{3})$$
$$= 4\sqrt{3} - 6$$

● **핵심 공식**

▶ 정적분과 급수
(1) $\lim\limits_{n \to \infty} \sum\limits_{k=1}^{n} f\left(\dfrac{k}{n}\right) \cdot \dfrac{1}{n} = \int_0^1 f(x)dx$

(2) $\lim\limits_{n \to \infty} \sum\limits_{k=1}^{n} f\left(\dfrac{p}{n}k\right) \cdot \dfrac{p}{n} = \int_0^p f(x)dx$

(3) $\lim\limits_{n \to \infty} \sum\limits_{k=1}^{n} f\left(a + \dfrac{b-a}{n}k\right) \cdot \dfrac{b-a}{n} = \int_a^b f(x)dx$

(4) $\lim\limits_{n \to \infty} \sum\limits_{k=1}^{n} f\left(a + \dfrac{p}{n}k\right) \cdot \dfrac{p}{n} = \int_a^{a+p} f(x)dx = \int_0^p f(a+x)dx = \int_0^1 p \cdot f(a+px)dx$

27 삼각함수의 덧셈정리와 등비급수   정답률 60% | 정답 ③

그림과 같이 $\overline{AB_1} = 2$, $\overline{AD_1} = 4$인 직사각형 $AB_1C_1D_1$이 있다. 선분 AD_1을 $3:1$로 내분하는 점을 E_1이라 하고, 직사각형 $AB_1C_1D_1$의 내부에 점 F_1을 $\overline{F_1E_1} = \overline{F_1C_1}$, $\angle E_1F_1C_1 = \dfrac{\pi}{2}$가 되도록 잡고 삼각형 $E_1F_1C_1$을 그린다.

사각형 $E_1F_1C_1D_1$을 색칠하여 얻은 그림을 R_1이라 하자. 그림 R_1에서 선분 AB_1 위의 점 B_2, 선분 E_1F_1 위의 점 C_2, 선분 AE_1 위의 점 D_2와 점 A를 꼭짓점으로 하고 $\overline{AB_2} : \overline{AD_2} = 1 : 2$인 직사각형 $AB_2C_2D_2$를 그린다.

그림 R_1을 얻은 것과 같은 방법으로 직사각형 $AB_2C_2D_2$에 삼각형 $E_2F_2C_2$를 그리고 사각형 $E_2F_2C_2D_2$를 색칠하여 얻은 그림을 R_2라 하자.

이와 같은 과정을 계속하여 n번째 얻은 그림 R_n에 색칠되어 있는 부분의 넓이를 S_n이라 할 때, $\lim\limits_{n\to\infty}S_n$의 값은? [3점]

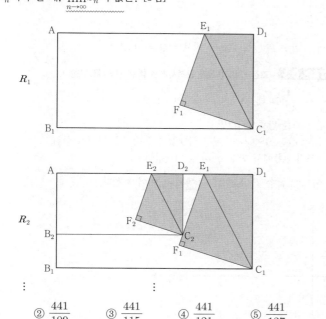

① $\dfrac{441}{103}$ ② $\dfrac{441}{109}$ ③ $\dfrac{441}{115}$ ④ $\dfrac{441}{121}$ ⑤ $\dfrac{441}{127}$

STEP 01 두 삼각형 $C_1D_1E_1$, $C_1E_1F_1$의 넓이를 구하여 S_1을 구한다.

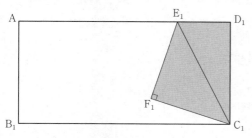

직각삼각형 $C_1D_1E_1$에서 $\overline{D_1E_1}=1$, $\overline{C_1D_1}=2$이므로
$$\overline{C_1E_1}=\sqrt{1^2+2^2}=\sqrt{5}$$
직각삼각형 $C_1E_1F_1$에서 $\overline{C_1F_1}=\overline{E_1F_1}$이므로
$$\overline{C_1F_1}^2+\overline{E_1F_1}^2=5,\ 2\overline{C_1F_1}^2=5$$
$$\overline{C_1F_1}=\overline{E_1F_1}=\frac{\sqrt{10}}{2}$$
$$S_1=\triangle C_1D_1E_1+\triangle C_1E_1F_1=\frac{1}{2}\times2\times1+\frac{1}{2}\times\frac{\sqrt{10}}{2}\times\frac{\sqrt{10}}{2}=\frac{9}{4}$$

STEP 02 삼각함수의 덧셈정리를 이용하여 $\overline{C_2D_2}$를 구하고 닮음비를 구한 후 넓이의 비를 구한다.

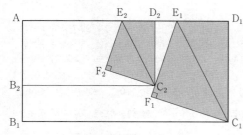

$\angle C_1E_1D_1=\theta$라 하면 $\angle F_1E_1D_2=\dfrac{3}{4}\pi-\theta$

$\tan\theta=2$이므로
$$\tan(\angle F_1E_1D_2)=\tan\left(\frac{3}{4}\pi-\theta\right)=\frac{\tan\frac{3}{4}\pi-\tan\theta}{1+\tan\frac{3}{4}\pi\tan\theta}=\frac{(-1)-2}{1+(-1)\times2}=3$$

이때 $\overline{C_2D_2}=k$라 하면 $\overline{D_2E_1}=3-2k$이고
$\tan(\angle F_1E_1D_2)=\dfrac{k}{3-2k}$이므로
$$\frac{k}{3-2k}=3,\ \therefore k=\frac{9}{7}$$
두 사각형 $AB_1C_1D_1$, $AB_2C_2D_2$의 닮음비가

$2:\dfrac{9}{7}=1:\dfrac{9}{14}$이므로 두 사각형 $C_1D_1E_1F_1$, $C_2D_2E_2F_2$의 넓이의 비는
$$1:\left(\frac{9}{14}\right)^2$$

STEP 03 S_1과 공비를 이용하여 $\lim\limits_{n\to\infty}S_n$의 값을 구한다.

$\lim\limits_{n\to\infty}S_n$은 첫째항이 $\dfrac{9}{4}$이고, 공비가 $\left(\dfrac{9}{14}\right)^2$인 등비급수이므로
$$\lim_{n\to\infty}S_n=\frac{\dfrac{9}{4}}{1-\left(\dfrac{9}{14}\right)^2}=\frac{441}{115}$$

● 핵심 공식

▶ 탄젠트함수의 덧셈정리
$$\tan(\alpha\pm\beta)=\frac{\tan\alpha\pm\tan\beta}{1\mp\tan\alpha\tan\beta}\ (복부호동순)$$

28 부분적분법 정답률 36% | 정답 ⑤

함수 $f(x)=\pi\sin2\pi x$에 대하여 정의역이 실수 전체의 집합이고 치역이 집합 $\{0, 1\}$인 함수 $g(x)$와 자연수 n이 다음 조건을 만족시킬 때, n의 값은? [4점]

> 함수 $h(x)=f(nx)g(x)$는 실수 전체의 집합에서 연속이고
> ❶ $\displaystyle\int_{-1}^{1}h(x)dx=2$, ❷ $\displaystyle\int_{-1}^{1}xh(x)dx=-\frac{1}{32}$
> 이다.

① 8 ② 10 ③ 12 ④ 14 ⑤ 16

STEP 01 함수 $f(nx)$의 정적분을 이용하여 ❶을 만족시키는 $g(x)$를 구한다.

함수 $h(x)=f(nx)g(x)$가 실수 전체의 집합에서 연속이고
함수 $g(x)$의 치역이 $\{0, 1\}$이다.
한편, 구간 $[-1, 1]$에서 함수 $f(nx)$의 함숫값이 0이 되는 x의 값은
$x=\dfrac{k}{2n}$ (k는 $-2n$ 이상 $2n$ 이하의 정수)
그러므로 함수 $g(x)$는 어떤 정수 k에 대하여
구간 $\left[\dfrac{k}{2n}, \dfrac{k+1}{2n}\right]$에서 0이어야 한다.
$$\int_0^{\frac{1}{2n}}f(nx)dx=\int_0^{\frac{1}{2n}}\pi\sin2n\pi x\,dx=\left[-\frac{1}{2n}\cos2n\pi x\right]_0^{\frac{1}{2n}}$$
$$=\frac{1}{2n}-\left(-\frac{1}{2n}\right)=\frac{1}{n}$$
이므로 $f(x)\geq0$인 구간에서 함수 $f(nx)$의 정적분은
$$\frac{1}{n}\times n\times2=2$$
그러므로 $\displaystyle\int_{-1}^{1}h(x)dx=2$이기 위해서는 함수 $g(x)$는
$$g(x)=\begin{cases}1 & f(nx)>0 \\ 0 & f(nx)\leq0\end{cases}$$

STEP 02 함수의 대칭성과 ❷를 이용하여 n의 값을 구한다.

함수 $k(x)=xf(nx)$라 하면
$k(-x)=-xf(-nx)=-x\pi\sin(2n\pi(-x))=x\pi\sin2n\pi x$
즉, 함수 $y=k(x)$는 y축 대칭이다. 그러므로
$$\int_{-1}^{1}xh(x)dx=\int_0^1 xf(nx)dx=\int_0^1 x\pi\sin2n\pi x\,dx$$
$$=\left[-\frac{x}{2n}\cos2n\pi x\right]_0^1-\int_0^1\left(-\frac{1}{2n}\cos2n\pi x\right)dx$$
$$=\left(-\frac{1}{2n}\right)+\frac{1}{2n}\times\left[\frac{1}{2n\pi}\sin2n\pi x\right]_0^1$$
$$=-\frac{1}{2n}=-\frac{1}{32}$$
따라서 $n=16$

[참조]
함수 $y=xf(nx)$는 y축 대칭이므로
$$\int_{-a}^{-b}xf(nx)dx=\int_b^a xf(nx)dx$$이다.
이때,

15회

$$\int_{-1}^{1} xh(x)dx = \int_{-\frac{2n}{2n}}^{-\frac{2n-1}{2n}} xf(nx)dx + \int_{-\frac{2n-2}{2n}}^{-\frac{2n-3}{2n}} xf(nx)dx + \cdots$$
$$+ \int_{0}^{\frac{1}{2n}} xf(nx)dx + \int_{\frac{2}{2n}}^{\frac{3}{2n}} xf(nx)dx + \cdots + \int_{\frac{2n-2}{2n}}^{\frac{2n-1}{2n}} xf(nx)dx$$
$$= \int_{0}^{1} xf(nx)dx$$

---

29 미분가능성과 음함수의 미분법   정답률 33% | 정답 72

두 상수 a, b $(a < b)$에 대하여 함수 $f(x)$를
$$f(x) = (x-a)(x-b)^2$$
이라 하자.
함수 $g(x) = x^3 + x + 1$의 역함수 $g^{-1}(x)$에 대하여 합성함수
$h(x) = (f \circ g^{-1})(x)$가 다음 조건을 만족시킬 때, $f(8)$의 값을 구하시오.　[4점]

> (가) 함수 $(x-1)|h(x)|$가 실수 전체의 집합에서 미분가능하다.
> (나) $h'(3) = 2$

STEP 01　조건 (가)를 이용하여 a의 값을 구한다.

$g^{-1}(x) = k(x)$라 하면
$h(x) = (f \circ g^{-1})(x) = f(k(x)) = (k(x)-a)(k(x)-b)^2$
이때, 조건 (가)에서 함수 $(x-1)|h(x)|$가 실수 전체의 집합에서 미분가능하므로
$k(1) - a = 0$
한편, $y = k(x)$는 음함수 $x = y^3 + y + 1$이므로
$1 = y^3 + y + 1$, $y = 0$ $\therefore a = 0$
$f(x) = x(x-b)^2$

STEP 02　조건 (나)를 이용하여 $h'(x)$에 $x=3$을 대입하고 $k(3)$, $k'(3)$의 값을 구한다.

조건 (나)에서 $h'(3) = 2$
이때, $h'(x) = f'(k(x)) \times k'(x)$이므로
$f'(k(3)) \times k'(3) = 2$　　　　······ ㉠
한편, $k(3)$의 값은
$3 = y^3 + y + 1$
$(y-1)(y^2 + y + 2) = 0$, $\therefore y = 1$
그러므로 $k(3) = 1$
이때, $f'(x) = (x-b)^2 + 2x(x-b)$이므로
$f'(k(3)) = f'(1) = (1-b)^2 + 2(1-b) = (1-b)(3-b)$　　······ ㉡
또, $x = y^3 + y + 1$의 양변을 x에 대하여 미분하면
$1 = (3y^2 + 1)\dfrac{dy}{dx}$
그러므로 $k'(3) = \dfrac{1}{4}$　　　　······ ㉢

STEP 03　㉠에 ㉡, ㉢을 대입하여 b의 값을 구하고 $f(x)$를 구한 후 $f(8)$의 값을 구한다.

㉠에 ㉡, ㉢을 대입하면,
$(1-b)(3-b) \times \dfrac{1}{4} = 2$, $b^2 - 4b + 3 = 8$, $b^2 - 4b - 5 = 0$,
$(b+1)(b-5) = 0$, $\therefore b = 5$ $(\because b > 0)$
따라서
$f(x) = x(x-5)^2$, $f(8) = 8 \times 3^2 = 72$

★★★ 등급을 가르는 문제!

30 합성함수의 미분과 함수의 추론   정답률 10% | 정답 29

최고차항의 계수가 1인 삼차함수 $f(x)$에 대하여 실수 전체의 집합에서 정의된 함수 $g(x) = f(\sin^2 \pi x)$가 다음 조건을 만족시킨다.

> (가) $0 < x < 1$에서 함수 $g(x)$가 극대가 되는 x의 개수가 3이고, 이때 극댓값이 모두 동일하다.
> (나) 함수 $g(x)$의 최댓값은 $\dfrac{1}{2}$이고 최솟값은 0이다.

$f(2) = a + b\sqrt{2}$일 때, $a^2 + b^2$의 값을 구하시오. (단, a와 b는 유리수이다.)
　[4점]

STEP 01　함수 $g(x)$의 대칭축을 구한다.

$g(1-x) = f(\sin^2 \pi(1-x)) = f(\sin^2(\pi - \pi x)) = f(\sin^2 \pi x)$
이므로 함수 $y = g(x)$의 그래프는 직선 $x = \dfrac{1}{2}$에 대하여 대칭이다.

STEP 02　함수 $g(x)$의 도함수를 구하고 극점의 x좌표를 구한다.

$g'(x) = f'(\sin^2 \pi x) \times 2\sin \pi x \times \pi \cos \pi x$
이때, $0 < x < 1$일 때, $\cos \pi x = 0$에서
$x = \dfrac{1}{2}$
따라서 함수 $g(x)$는 $x = \dfrac{1}{2}$에서 극값을 가진다.

STEP 03　조건 (가), (나)를 만족시키는 함수 $f(x)$를 구한다.

$0 < x < \dfrac{1}{2}$일 때, $0 < \sin^2 \pi x < 1$이므로
조건 (가)를 만족시키려면
함수 $f(x)$는 $0 < x < 1$에서 극댓값과 극솟값을 가져야 한다.
또, 조건 (나)에서 함수 $g(x)$의 최댓값이
$\dfrac{1}{2}$이므로 함수 $f(x)$는 $x = 1$에서 $\dfrac{1}{2}$이어야 한다.

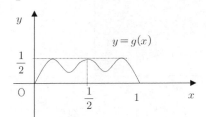

이때, 함수 $f(x)$의 최고차항의 계수가 1이므로
$f(x) - \dfrac{1}{2} = (x-a)^2(x-1)$ $(0 < a < 1)$
이라 놓으면
$f(x) = (x-a)^2(x-1) + \dfrac{1}{2}$
(i) $x = a$에서 최솟값 0을 가질 때,
　$f(a) = \dfrac{1}{2} \neq 0$
(ii) $x = 0$에서 최솟값 0을 가질 때,
　$-a^2 + \dfrac{1}{2} = 0$, $\therefore a = \dfrac{\sqrt{2}}{2}$
따라서
$f(x) = \left(x - \dfrac{\sqrt{2}}{2}\right)^2 (x-1) + \dfrac{1}{2}$이므로
$f(2) = \left(2 - \dfrac{\sqrt{2}}{2}\right)^2 + \dfrac{1}{2}$
$= \left(4 - 2\sqrt{2} + \dfrac{1}{2}\right) + \dfrac{1}{2} = 5 - 2\sqrt{2}$
따라서 $a = 5$, $b = -2$이므로
$a^2 + b^2 = 5^2 + (-2)^2 = 29$

★★ 문제 해결 꿀~팁 ★★

▶ 문제 해결 방법
2021학년도 수능에서 가장 오답률이 높았던 문제지만 다른 30번 문제와 견주어 보았을 때 어렵지는 않은 문제였다. 주어진 합성함수를 이용하여 함수 $f(x)$를 추론하는 문항이다. 먼저, 합성함수 문제에 접근할 때에는 주어진 모든 함수의 개형과 특징을 잘 파악해야 한다. 그러기 위해서는 각 함수의 정의역과 치역, 극점과 절편, 변곡점, 대칭성, 주기성 등을 파악해야 한다. 주어진 함수 $y = \sin^2 \pi x$의 주기는 1이고, $x = n(n$은 정수)을 대칭축으로 가지면서 극솟값(=최솟값) 0을, $x = n + \dfrac{1}{2}$을 대칭축으로 가지면서 극댓값(=최댓값) 1을 가진다. 구간 $(0, 1)$에서 $\sin^2 \pi x$는 0에서 출발하여 극댓값 1을 지나 다시 0으로 돌아온다. 삼차함수 $f(x)$는 최고차항의 계수가 1이고, 극대점, 극소점 둘 가지거나, 둘 다 가지지 않고 변곡점만 가질 것이다. 미적분, 수학II 공부에 소홀히 하지 않은 수험생이라면 삼차함수의 그래프의 개형을 쉽게 구할 수 있다. 이러한 함수의 개형을 직접 그리거나 머릿속으로 떠올리고 문제를 풀면 정답에 보다 쉽게 접근할 수 있다. 또한 주어진 조건 (가)를 이용하면 함수 $f(x)$, $g(x)$의 그래프의 개형을 구할 수 있고, 조건 (나)를 이용하면 함수 위의 점의 좌표를 알 수 있고, 이를 이용하여 함수 $f(x)$를 구할 수 있다.